DÉCISION D'INVESTISSEMENT ET CALCUL ÉCONOMIQUE DANS L'ENTREPRISE

COLLECTION « ÉCONOMIE ET STATISTIQUES AVANCÉES »

Denis BABUSIAUX
Ingénieur civil des Mines (Paris) et ENSPM
Docteur habilité ès Sciences Économiques
Directeur du Centre d'Économie et Gestion
École Nationale Supérieure du Pétrole et des Moteurs, Institut Français du Pétrole

DÉCISION D'INVESTISSEMENT ET CALCUL ÉCONOMIQUE DANS L'ENTREPRISE

Préface de
Jacques LESOURNE
Professeur au Conservatoire National des Arts et Métiers

Economica
49, rue Héricart, 75015 Paris

ÉDITIONS TECHNIP
27, rue Ginoux, 75737 Paris, Cedex 15

ISBN 2-7178-1995-9

ISBN 2-7108-0567-7

Préface

A l'aube des Trente Glorieuses, les élites françaises – dont la culture économique n'était pas jusque-là le point fort – ont découvert durablement qu'il n'y a pas de développement économique sans investissement et sans un choix rigoureux de ces investissements. D'où l'essor du calcul économique qui a marqué la période 1945-1965.

Les années de turbulence de l'économie mondiale, ces années amorcées par la dévaluation du dollar en 1971, ont permis de mieux comprendre ces vérités premières et même de les approfondir :

• Des perspectives de croissance ralentie et incertaine, un partage de la valeur ajoutée favorable aux salariés ont, au cours des années 1970, réduit les investissements des entreprises françaises tout en les concentrant sur les économies de main d'œuvre.
• Quelques années plus tard, au tournant des années 1980, la hausse des taux d'intérêt réels a conduit ces mêmes entreprises, dans un contexte de restauration des profits, à donner la priorité au désendettement avant de contribuer à une croissance auto-entretenue par leurs investissements de capacité.
• Depuis le début de cette décennie, beaucoup de pays du tiers-monde souffrent des conséquences d'une dette écrasante résultant pour une part des mauvais choix d'investissements qu'ils avaient faits dix ans plus tôt.
• Enfin, les événements de 1989 ont mis en évidence le drame que constitue pour la plupart des pays de l'Europe de l'Est la composition de leur stock d'équipements, une composition engendrée par une politique d'investissement discutable.

Ainsi, tant au plan macroéconomique qu'au plan microéconomique, le problème des investissements, tant dans leur volume que dans leur sélection, n'a rien perdu de son acuité. Aussi, faut-il se réjouir de la parution aujourd'hui du livre que D. Babusiaux consacre aux *Décisions d'investissement et* (au) *calcul économique dans l'entreprise.*

Ce livre, très remarquable, a, me semble-t-il, quatre mérites :

- Il peut être lu avec des connaissances préalables limitées : quelques notions d'économie et l'usage des mathématiques courantes. Il s'adresse, en d'autres termes, à la plupart des cadres des entreprises et des administrations.
- Il a été rodé par des années d'enseignement; or, quiconque a pratiqué le métier de professeur sait combien les auditeurs contribuent à supprimer l'accessoire, à clarifier les obscurités, à mettre en valeur l'essentiel, à illustrer les points difficiles.

– Il mélange harmonieusement développements théoriques et présentation d'exemples industriels. Des exemples qui n'ont pas été artificiellement inventés pour les besoins de l'exposé.
– Il est complet, c'est-à-dire aborde tous les problèmes que soulève l'évaluation économique des projets d'investissements, du calcul des revenus actualisés les plus simples à l'introduction des contraintes de financement, de la détermination des durées de vie optimales à la prise en compte de l'inflation, de l'analyse des interdépendances entre projets à l'appréciation des risques. L'ensemble est complété par une bibliographie solide mais qui n'est pas écrasante.

Ces qualités font de l'ouvrage de D. Babusiaux un instrument de travail de premier ordre. Tant pour les étudiants en économie que pour les élèves des grandes écoles scientifiques et commerciales. Tant pour les jeunes hauts fonctionnaires que pour les cadres des entreprises industrielles et financières. Aussi, ce texte devrait-il être promptement reconnu dans son domaine comme un véritable classique.

Jacques LESOURNE
Professeur au Conservatoire National des Arts et Métiers

Remerciements

Mes remerciements vont tout d'abord à M. J. CHAPELLE, ancien Directeur de l'*École Nationale Supérieure du Pétrole et des Moteurs (ENSPM)* et à M. J. MASSERON qui m'ont confié les enseignements de calcul économique dont cet ouvrage est issu. Les encouragements de M. J. MASSERON m'ont particulièrement aidé.

Ma reconnaissance s'adresse également à M. J. LESOURNE dont les suggestions m'ont été très précieuses et qui a bien voulu préfacer cet ouvrage. Elle s'adresse à M. J. MAIRE qui a été mon professeur de calcul économique et qui m'a donné le désir d'aller plus avant dans ce domaine.

Je souhaite remercier ensuite tous mes amis et collègues de l'industrie et de l'*Institut Français du Pétrole (IFP)* qui retrouveront dans ces pages certains fruits de travaux et de réflexions menés en commun et qui ont apporté de nombreuses et pertinentes critiques et propositions :

MM. J.M. BOURDAIRE, M. JOZAN, C. GUERITTE du Groupe *Total Compagnie Française des Pétroles*, P. ALBA, B. PLOTON, A. MOSCONI du Groupe *Elf Aquitaine*, L. GOUNI d'*Électricité de France*, D. LACAZE Professeur à l'*Université Paris X-Nanterre*.

Pour l'*IFP*, je pense d'abord à J.L. KARNIK et G. PENNEGUES qui ont partagé de nombreuses heures de réflexion, à Mme O. PERDU qui a mis en forme l'index et à J. JAYLET.

Il m'est bien sûr impossible de citer ici tous les collègues et tous les étudiants qui ont apporté une contribution à l'occasion de séminaires, stages, mémoires, thèses, mais qu'ils soient ici remerciés.

Enfin, je n'oublierai pas celles et ceux qui ont participé à l'amélioration de la forme et à la réalisation matérielle, Mme P. MATE tout d'abord, Mlle A. THIOUX, Mme C. DOROTHÉE, Mlle I. GODON, Mme Y. PATERNOSTER, Mlle C. VASSAL qui ont fait preuve d'une patience remarquable et les *Éditions TECHNIP*.

Notations les plus courantes

’ : en monnaie courante
(ex : i’ taux d’actualisation en monnaie courante)

^ : après impôt
(ex : $\hat{r}$: taux de rentabilité après impôt)
(ex : $\hat{r}'$: taux de rentabilité après impôt en monnaie courante)

~ : ramené avant impôt
(ex : $\tilde{P}$: coût de revient économique compte tenu de la fiscalité et ramené avant impôt)

n : indice courant d’année
(ex : F_n : flux de trésorerie de l’année n)

N : durée de vie

a : coût des fonds propres - taux d’actualisation des actionnaires

e : taux d’emprunt

i : taux d’actualisation

d : taux d’inflation

r : taux de rentabilité :
- r_m : taux de rentabilité marginale
- r_M : taux de rentabilité moyenne
- r_g : taux de rentabilité globale
- r_p : taux de rentabilité des capitaux propres

t : taux d’imposition sur le revenu des sociétés (sauf calculs en temps continu où t représente la variable temps, paragraphe 3.7 et chapitre 8)

f_n : frais d’exploitation

F_n : flux de trésorerie (d’exploitation)

V_n : valeur de revente

I : coût d’investissement

p : coût de revient économique

R : revenu actualisé (Valeur Actuelle Nette)

Table des matières

Préface VII
Notations les plus courantes X

INTRODUCTION

1. Objectif et limites 1
2. La forme 2
3. Le plan 3

Chapitre 1

LE PROBLÈME DE L'INVESTISSEMENT LA CONSTRUCTION DES ÉCHÉANCIERS

1.1 Le problème de l'investissement. Études de rentabilité et analyse stratégique 7
1.1.1 Présentation 7
1.1.2 L'analyse stratégique 10
1.2 La construction d'un échéancier de flux de trésorerie 14
1.2.1 Définition 14
1.2.2 L'estimation des coûts d'investissement 15
1.2.3 Coûts résiduels 20
1.2.4 L'estimation des dépenses d'exploitation 20
1.2.5 Utilisation de biens disponibles ou produits par l'entreprise et prix de cession interne 21
1.2.6 Les prévisions de recettes 22
1.2.7 Période d'étude et valeur résiduelle 25
1.2.8 Décision de désinvestissement 26
1.2.9 Les frais financiers 26
1.2.10 Comptabilité et échéancier de flux de trésorerie 27
1.2.11 Conclusion. Prévisions et risques d'erreur 28

1.3 Variantes d'un projet et relations entre projets 29
1.3.1 La définition des variantes 30
1.3.2 Projets dépendants et projets indépendants : définitions 33
1.3.3 Étude de projets interdépendants : l'approche globale 34
1.3.4 Étude décentralisée des projets et approche marginale 35
1.3.5 Problèmes de déclassement et remplacement 37

Chapitre 2
LES CRITÈRES EMPIRIQUES

2.1 Le taux de rendement comptable 40
2.1.1 Définitions 40
2.1.2 Taux de rendement et décision d'acceptation ou de rejet 42
2.1.3 Comparaison de différents projets 43

2.2 Le temps de récupération 44
2.2.1 Définition 44
2.2.2 Durée de récupération et décision de réalisation ou de rejet 45
2.2.3 Comparaison de projets incompatibles 46

Chapitre 3
LES FONDEMENTS DE L'ACTUALISATION

3.1 Préférence pour le présent et coefficient d'escompte psychologique 52
3.1.1 Valeur actuelle et coefficient d'actualisation 52
3.1.2 Taux d'actualisation (taux d'escompte psychologique) 53
3.1.3 Taux d'actualisation constant 53
3.1.4 Valeur actuelle d'un échéancier de recettes et dépenses 54
3.1.5 Revenu actualisé ou Valeur Actuelle Nette d'un projet d'investissement .. 54

3.2 La référence à un marché financier «parfait» 55
3.2.1 Hypothèses 55
3.2.2 Rappel : formule des intérêts composés 56
3.2.3 Actualisation 56

3.3 Exemple de calcul, valeur actuelle et revenu actualisé 57
3.3.1 Hypothèses 57
3.3.2 Calcul du revenu actualisé 58
3.3.3 Prix maximum d'achat 58
3.3.4 Actualisation et intérêts composés 59
3.3.5 Interprétation du revenu actualisé 60

3.4 Le coût du financement est défini au moyen d'un taux d'intérêt unique 60

3.5 Cas général. Sources de financement multiples 62

3.6 Formules d'usage courant 64
3.6.1 Valeur actuelle et valeur capitalisée 64
3.6.2 Valeur actuelle de la somme de *n* versements annuels de 1 F de l'année 1 à l'année *n* 65
3.6.3 Formule de l'annuité constante 65
3.6.4 Remboursement d'un prêt par annuités constantes 66
3.6.5 Taux d'intérêt annuel et taux d'intérêt mensuel 67

Compléments au chapitre 3
ACTUALISATION CONTINUE
FONCTION D'UTILITÉ INTERTEMPORELLE

3.7 Actualisation en temps continu 68
3.7.1 Définition 68
3.7.2 Taux d'intérêt continu et taux d'intérêt annuel 68
3.7.3 Valeur actuelle d'une chronique (échéancier) de flux de trésorerie 69
3.7.4 Taux d'actualisation fonction du temps 69
3.7.5 Valeur actuelle d'un flux de trésorerie constant sur une durée donnée 70
3.7.6 Formule de l'annuité constante 70

3.8 Théorie micro-économique et choix intertemporels du consommateur 71
3.8.1 Coefficient d'actualisation et fonction d'utilité intertemporelle 71
3.8.2 Taux d'escompte psychologique et marché parfait du capital 73
3.8.3 Choix intertemporels et possibilités limitées d'emprunt et de placement .. 75

3.9 Choix intertemporels de l'entrepreneur 82
3.9.1 Il n'y a pas de possibilité d'emprunts ou de placements financiers 83
3.9.2 Possibilité d'emprunt illimitée 84
3.9.3 Rationnement du capital emprunté 85
3.9.4 Ratio d'endettement limité 86

Chapitre 4

LES CRITÈRES D'ÉVALUATION DES PROJETS D'INVESTISSEMENT

4.1 Le critère du revenu actualisé ou valeur actuelle nette 90
4.1.1 Introduction 90
4.1.2 Définition 91
4.1.3 Décision d'acceptation ou de rejet d'un projet unique, indépendant de tout autre projet 91

4.1.4 Choix entre projets incompatibles 91
4.1.5 Conditions de validité 92
4.1.6 Définition d'une période d'étude et liaison entre projets 92
4.1.7 Situation en fin de période et valeurs résiduelles 95
4.1.8 Pourquoi d'autres critères ? 95

4.2 Le taux de rentabilité (interne) 96
4.2.1 Définition 96
4.2.2 Critère du taux de rentabilité 98
4.2.3 Taux de rentabilité relative (ou taux de rentabilité différentielle) 101
4.2.4 Exemple numérique. Cas Ammoniac 103

4.3 L'enrichissement relatif en capital 106
4.3.1 Définition 107
4.3.2 Décision d'acceptation ou de rejet d'un projet indépendant de tout autre .. 107
4.3.3 Comparaison de projets incompatibles 107

4.4 La durée de récupération du capital 109
4.4.1 Définition 109
4.4.2 Décision d'acceptation ou de rejet d'un projet 110
4.4.3 Retour sur le critère du temps de récupération en valeurs non actualisées . 110
4.4.4 Comparaison de projets incompatibles 112

Complément au chapitre 4
COMPLÉMENT SUR LES TAUX DE RENTABILITÉ ET SUR LES HYPOTHÈSES DE RÉEMPLOI DES FONDS

4.5 Taux de rentabilité moyenne et taux de rentabilité marginale 115
4.5.1 Définition 115
4.5.2 Propriété 1 116
4.5.3 Propriété 2 117
4.5.4 Exemple numérique 120

4.6 Taux de rentabilité multiple 124
4.6.1 Présentation 125
4.6.2 Conditions d'existence d'un taux de rentabilité unique 130
4.6.3 Interprétation 132

4.7 Taux de rentabilité « intégré » ou « modifié » et réinvestissement des flux de trésorerie 136
4.7.1 L'hypothèse de réinvestissement des flux encaissés lors d'un calcul de taux de rentabilité 136
4.7.2 Taux de rentabilité « intégré » ou « modifié ». Première définition 137
4.7.3 Taux de rentabilité « modifié ». La définition de D. Teichroew, A.A. Robichek et M. Montalbano 140

4.8 Taux de réemploi différent du coût du capital et valeur actuelle nette intégrée 141
4.8.1 Définition 141
4.8.2 Discussion 142

Chapitre 5

ÉTUDE DES COÛTS, COÛT DE REVIENT ÉCONOMIQUE ET DURÉE D'UTILISATION OPTIMALE DES ÉQUIPEMENTS

5.1 Introduction 145

5.2 Coûts moyens et coûts marginaux à court terme 147
5.2.1 Hypothèses et définitions 147
5.2.2 Variations en fonction du niveau de production 148
5.2.3 Recherche d'un niveau de production optimum lorsque le prix de vente est fixé 150
5.2.4 Recherche d'un niveau de production optimum, le prix de vente étant fonction du niveau de production 151
5.2.5 Représentation usuelle des fonctions de coût dans l'entreprise 152
5.2.6 Le cas particulier des produits liés 155
5.2.7 Précautions à prendre lors d'une analyse marginale : un exemple 156
5.2.8 Coût marginal et décentralisation des décisions 159

5.3 Le coût de revient économique 163
5.3.1 Présentation 163
5.3.2 Cas particulier : amortissement économique constant 166
5.3.3 Coût de revient économique annuel constant : généralisation 168
5.3.4 Détermination d'un coût de revient économique constant par unité produite (coût moyen actualisé) 169
5.3.5 Critère du coût de revient économique 172

5.4 Les coûts marginaux à long terme 175
5.4.1 Présentation 175
5.4.2 Coût marginal à capacité adaptée 176
5.4.3 Coût marginal en développement 182
5.4.4 Coût marginal en régression 183

5.5 Remplacements, durées de vie et coût marginal par rapport au temps 183
5.5.1 Détermination d'une politique optimale de remplacement dans l'hypothèse d'un renouvellement à l'identique 184
5.5.2 Interprétation. Coût marginal par rapport au temps 186
5.5.3 Amortissement économique et valeur d'usage 188
5.5.4 Substitution de deux équipements 191
5.5.5 Exemple : Problème de remplacement de camions-citernes 191

Chapitre 6

CALCULS DE RENTABILITÉ ET FISCALITÉ

Introduction 199

6.1 Le calcul du bénéfice imposable et des flux de trésorerie après impôt 201
6.1.1 Les éléments du calcul de l'impôt 201
6.1.2 Paiements d'impôt associés à un projet 206
6.1.3 Flux de trésorerie après impôt 211

6.2 Revenu actualisé et taux de rentabilité après impôt 213
6.2.1 Premier exemple de calcul (Exemple : Unité de production d'ammoniac) . 213
6.2.2 Deuxième exemple : Construction d'un atelier 216
6.2.3 Comparaison des revenus actualisés avant et après impôt pour une même valeur du taux d'actualisation 220
6.2.4 Généralisation. Fiscalité et taux d'actualisation 224
6.2.5 Synthèse 226
6.2.6 Calculs hors fiscalité avec un taux d'actualisation adapté 226

6.3 Les calculs de coûts après impôt 230
6.3.1 Principes généraux 230
6.3.2 Coût de revient économique après impôt 232
6.3.3 Prix de vente minimum. Coût de revient économique compte tenu de la fiscalité et ramené avant impôt 236
6.3.4 Amortissement économique compte tenu de la fiscalité 238
6.3.5 Retour sur l'influence de la fiscalité 240

Complément au chapitre 6
CALCULS DE RENTABILITÉ ET FISCALITÉ

6.4 Influence de la fiscalité à taux d'actualisation inchangé 245
6.4.1 Étude d'un projet unique 246
6.4.2 Comparaison de projets d'investissement soumis à un même régime d'amortissement 249
6.4.3 Conséquence sur le dimensionnement des projets (gamme continue d'investissement) 250
6.4.4 Exemple : Extension d'un atelier 252

6.5 Dépréciation fiscale et dépréciation économique 256

6.6 Coût de revient et amortissement économiques compte tenu de la fiscalité 258
6.6.1 Amortissement économique constant 259
6.6.2 Coût de revient économique annuel constant 260
6.6.3 Coût de revient économique unitaire constant (coût moyen actualisé) 261
6.6.4 Taux d'imposition non constant 263

6.7 Annexe. Éléments de comptabilité. Bilan et compte de résultat 264
Introduction 264
6.7.1 Le bilan 265
6.7.2 Le compte de résultat 269
6.7.3 Le calcul des amortissements 271
6.7.4 Plus-values (ou moins-values) sur cession d'éléments d'actifs 276

Chapitre 7

HYPOTHÈSES D'ÉVOLUTION DES PRIX CALCULS EN MONNAIE COURANTE ET EN MONNAIE CONSTANTE

Introduction 279

7.1 Les méthodes de calcul : monnaie courante et monnaie constante 280
7.1.1 La construction des échéanciers 280
7.1.2 Taux d'actualisation en monnaie courante et en monnaie constante 284
7.1.3 Revenu actualisé 289
7.1.4 Taux de rentabilité 290
7.1.5 Coût de revient économique 291
7.1.6 Calculs numériques. Remarque relative au cas où les taux d'évolution sont constants 292

7.2 Exemple Ammoniac. Calculs numériques 294

7.3 Influence de l'évolution des recettes et dépenses d'exploitation sur la rentabilité des projets 300

7.4 Fiscalité et inflation 302
7.4.1 Comptabilité traditionnelle et inflation 303
7.4.2 La réévaluation des bilans 309
7.4.3 Influence de l'inflation sur la rentabilité des projets à taux d'actualisation donné (en francs constants) 310
7.4.4 Influence sur le taux d'actualisation 314

Chapitre 8

COÛT DE REVIENT ÉCONOMIQUE ET DURÉES DE VIE EN PRÉSENCE DE PROGRÈS TECHNIQUE

Introduction 318

8.1 Le problème du déclassement simple 319

8.2 L'étude d'une suite infinie de déclassements et remplacements 321
8.2.1 Les équations aux trois temps 321
8.2.2 Interprétation des équations aux trois temps : coût marginal par rapport au temps 322
8.2.3 Le coût de revient économique 327
8.2.4 Amortissement économique et valeur d'usage 330
8.2.5 Évolution en fonction du temps 332
8.2.6 Résumé de la section 8.2 337

8.3 Durées de vie déterminées a priori 338
8.3.1 Hypothèses 338
8.3.2 Coût de revient économique 338
8.3.3 Interprétation 339

8.4 La détermination des dates optimales de déclassement (un seul type d'équipement) 340
8.4.1 Chaîne limitée 341
8.4.2 L'hypothèse du renouvellement à l'identique. Complément 343
8.4.3 L'hypothèse et la méthode de Terborgh 345
8.4.4 L'hypothèse de «progrès harmonisé» de J. Desrousseaux 353
8.4.5 Les hypothèses de «progrès limité» 359
8.4.6 Résumé de la section 8.4 363

8.5 Choix et substitution des techniques 364
8.5.1 Premier cas : il n'y a plus d'investissement correspondant à la technique ancienne 365
8.5.2 Généralisation 366

8.6 Synthèse 371

Chapitre 9

TAUX D'ACTUALISATION, COÛT DU CAPITAL ET HYPOTHÈSES DE RATIONNEMENT EN CAPITAL

Introduction 375

9.1 Rentabilité globale et rentabilité des capitaux propres 376

9.2 Le coût des différentes sources de financement : généralités . 378
9.2.1 Rappel : le cas d'un taux d'intérêt unique 378
9.2.2 Détermination du coût associé à une opération de financement quelconque 379

9.3 Le coût des capitaux empruntés 379

9.4 Le coût des capitaux propres 381
9.4.1 Prévisions de dividendes 381
9.4.2 Définition d'une «prime de risque». Le Modèle d'Equilibre des Actifs Financiers et la Théorie de l'Arbitrage 385
9.4.3 L'autofinancement 388
9.4.4 Conclusion 391

9.5 Le coût du capital 391
9.5.1 Coût marginal du financement 392
9.5.2 Coût moyen pondéré du capital 394
9.5.3 Structure du financement 397
9.5.4 Les disponibilités en capital 398

9.6 Les hypothèses de rationnement en capital 399
9.6.1 Position du problème 399
9.6.2 Nécessité de remise en question des critères de choix 400
9.6.3 Première méthode : Enrichissement relatif en capital et coût d'opportunité 401
9.6.4 Deuxième méthode : Taux d'actualisation adapté défini comme un coût de rareté du capital 408
9.6.5 Comparaison des deux méthodes et domaines d'application 415
9.6.6 Croissance de l'entreprise par autofinancement 419

9.7 Taux d'actualisation et planification stratégique 421
9.7.1 Taux d'actualisation inférieur au coût direct du capital 421
9.7.2 Taux d'actualisation différenciés par secteurs 421

Complément au chapitre 9
ÉLÉMENTS DE THÉORIE FINANCIÈRE

9.8 Théorie du portefeuille et Modèle d'Équilibre des Actifs Financiers 423
9.8.1 Portefeuille efficace 423
9.8.2 Portefeuille optimum : 1er cas, tous les actifs sont risqués 424
9.8.3 Portefeuille optimum : 2ème cas, introduction d'un actif sans risque 425
9.8.4 Relation fondamentale du modèle 427
9.8.5 Introduction de taux différents pour les placements et les emprunts 428

9.9 Structure optimale du capital et théorie de Modigliani et Miller 430
9.9.1 La théorie classique 430
9.9.2 La théorie et le théorème de Modigliani et Miller. Présentation 431
9.9.3 Introduction de l'impôt sur le revenu des personnes physiques et théorie de Miller 435
9.9.4 La pratique 437

Chapitre 10

PRISE EN COMPTE DU MODE DE FINANCEMENT DANS LES CALCULS DE RENTABILITÉ

Introduction 442

10.1 Rentabilité des capitaux propres. Définition et exemple de calcul 443
10.1.1 Présentation 443
10.1.2 Notations. Flux de fonds propres 444
10.1.3 Exemple de calcul 445

10.2 Comparaison des deux approches 449
10.2.1 Courbes de rentabilité 449
10.2.2 Décision d'investissement : remarques préliminaires 452
10.2.3 Comparaison des taux de rentabilité 453
10.2.4 Comparaison des revenus actualisés. Hypothèse 1, emprunt défini par référence à la valeur théorique du projet 455
10.2.5 Comparaison des revenus actualisés. Hypothèse 2, emprunt défini par référence au coût d'investissement 459
10.2.6 Conclusion 461

10.3 Domaine d'application des calculs de rentabilité globale et de rentabilité des capitaux propres 462
10.3.1 Ratio d'endettement fixé pour l'ensemble des projets 462
10.3.2 L'étude des grands projets 463

Complément au chapitre 10
CAS PARTICULIERS DE FINANCEMENT

10.4 La méthode des «intérêts seulement déductibles» *(Shadow Interest)* 467
10.4.1 Définition 467
10.4.2 Courbes de rentabilité 470
10.4.3 Taux de rentabilité 471
10.4.4 Comparaison des revenus actualisés. Hypothèses 1, emprunt défini par référence à la valeur théorique du projet 474
10.4.5 Comparaison des revenus actualisés. Hypothèses 2, emprunt défini par référence au coût d'investissement 477
10.4.6 Intérêt de la méthode et domaine d'application : le cas de l'industrie pétrolière 478

10.5 Le critère de la Valeur Actuelle Ajustée *(Adjusted Present Value)* 480

10.6 Taux d'emprunt privilégiés 481
10.6.1 Principes 481
10.6.2 Exemples de calcul 482

10.7 Financement des actifs circulants 484
10.7.1 Actifs circulants financés par ressources durables 485
10.7.2 Actifs circulants financés par crédits à court terme 486
10.7.3 Exemple de calcul 488

10.8 Le recours au crédit-bail 489
10.8.1 Présentation 489
10.8.2 Coût du financement par leasing 491
10.8.3 Valeur actuelle de l'avantage (algébrique) du leasing par rapport à l'emprunt 491

ANNEXE AU CHAPITRE 10

10.9 Comparaison du revenu actualisé global et du revenu actualisé des capitaux propres sous l'hypothèse 2, emprunt défini par référence au coût d'investissement 497

10.10 Comparaison avec le revenu actualisé de la méthode des «intérêts seulement déductibles» sous l'hypothèse 2 500

Chapitre 11

PROJETS INTERDÉPENDANTS ET PROGRAMMATION DES INVESTISSEMENTS

11.1 Liaisons d'ordre technique et modèles statiques 504
11.1.1 Présentation 504
11.1.2 Modèles de gestion du raffinage sur une période. Principes 505
11.1.3 Gestion sur une période. Exemple 506
11.1.4 Projet de construction d'une unité 509
11.1.5 Projet de construction de plusieurs unités 510
11.1.6 Note sur la prise en compte de non-linéarités 512

11.2 Liaisons temporelles et modèles dynamiques 515
11.2.1 La programmation linéaire dynamique 516
11.2.2 Les modèles de commande optimale ou de programmation dynamique .. 517

11.3 Les calculs décentralisés 520
11.3.1 Principes 520
11.3.2 Programmation mathématique et variables duales 521

11.4 Projets liés par des contraintes de budget 523
11.4.1 Projets indépendants. Le modèle de Lorie et Savage 524
11.4.2 Variante. Contraintes portant sur l'ensemble des flux 524
11.4.3 Généralisation 525
11.4.4 Décentralisation des décisions. Coût d'opportunité du capital et taux d'actualisation 527
11.4.5 Invariance de la solution optimale par rapport au taux *i* 531
11.4.6 Discussion. Validité de l'approche 533

11.5 Programmes d'investissement et plans de financement 536
11.5.1 Le modèle de Baumol et Quandt 536
11.5.2 Le modèle de Weingartner 538
11.5.3 Le modèle «Capri» de la *Sema* 541

Chapitre 12

INTRODUCTION AUX MÉTHODES D'ANALYSE EN AVENIR INCERTAIN

12.1 Le critère du temps de récupération 546

12.2 Les analyses de sensibilités 546

12.3 L'introduction de probabilités et le critère d'espérance mathématique 550
12.3.1 L'espérance mathématique 550
12.3.2 Définition des probabilités 551

12.4 Probabilités associées aux paramètres et loi de probabilité du revenu actualisé 552
12.4.1 Présentation 552
12.4.2 La simulation 554
12.4.3 Utilisation de formules approchées 555

12.5 Décisions séquentielles et arbres de décision 556

12.6 Les limites du critère d'espérance du revenu 558

12.7 Taux d'actualisation et prime de risque 561
12.7.1 Eléments de théorie financière 561
12.7.2 Définition empirique d'une prime de risque spécifique 562

12.8 Fonction d'utilité 564

12.9 L'approche de R. Charreton et J.M. Bourdaire 569

12.10 Les critères maximin et minimax 572

CONCLUSION 577

Annexe 1
LES CALCULATRICES FINANCIÈRES 579

Annexe 2
TABLES D'ACTUALISATION 583

BIBLIOGRAPHIE 595

DÉFINITIONS SIMPLIFIÉES ET FORMULES DE BASE 629

LEXIQUE ANGLAIS-FRANÇAIS 635

INDEX 643

Introduction

1. OBJECTIF ET LIMITES

L'objectif essentiel de cet ouvrage est de présenter les techniques de calcul de rentabilité qui apportent un éclairage indispensable lors de l'étude des décisions d'investissement. Il correspond à un enseignement, ou plutôt à des enseignements dispensés à l'École Nationale Supérieure du Pétrole et des Moteurs et dans l'industrie, auprès d'étudiants, d'ingénieurs et de cadres en étroite collaboration avec différents responsables d'études économiques des entreprises.

Son ambition est de fournir une synthèse entre les apports des grands auteurs français (M. Allais, M. Boiteux, J. Desrousseaux, J. Lesourne, P. Masse) et les apports de la théorie financière développée principalement aux États-Unis, les fondements théoriques et les applications pratiques. Cette synthèse intègre un certain nombre d'apports personnels (sur les calculs de coût de revient en présence de progrès technique, sur la prise en compte du mode de financement par exemple), fruits d'une expérience acquise à l'occasion de réflexions menées en liaison avec l'industrie.

Priorité aux calculs déterministes

Un investissement est toujours un pari sur l'avenir. L'analyse des incertitudes et des risques est une composante fondamentale des études préalables à une décision d'investissement.

Il faut cependant remarquer, et il s'agit là d'une évidence, que les méthodes de choix en avenir incertain s'appuient sur des calculs déterministes. Que l'on s'en tienne à une analyse de sensibilité, toujours indispensable, ou que l'on introduise des calculs de probabilités, il faut effectuer un certain nombre d'hypothèses sur le futur. Et pour chaque hypothèse, le calcul est effectué « comme si » l'hypothèse devait être réalisée. D'ailleurs, dans la pratique des entreprises, un grand nombre de décisions d'investissement sont prises au vu d'une analyse de sensibilité et sans faire intervenir, tout au moins de façon explicite, des méthodes spécifiques du traitement de l'incertain.

Dans le cadre de cet ouvrage, il n'était pas possible de présenter de façon détaillée à la fois les calculs déterministes et les techniques de choix en avenir incertain. C'est sur les premiers, les **calculs déterministes**, que nous mettrons l'accent. Pour ce qui concerne le traitement des incertitudes et des risques, nous nous limiterons à un exposé assez rapide des méthodes les plus courantes. Mais nous remarquerons que calcul déterministe n'est pas synonyme d'« avenir certain ». Nous venons d'évoquer le fait que les calculs déterministes constituent des éléments des calculs de probabilités et d'analyse de risque. En outre, un calcul de rentabilité, même limité à une analyse de sensibilité, fait en général référence à un taux d'actualisation représentant le coût du capital de l'entreprise. Celui-ci peut difficilement être défini de façon réaliste en considérant seulement une hypothèse d'avenir certain puisque le coût du capital propre intègre en principe une rémunération du risque pris par les actionnaires.

Le point de vue de l'entreprise

Précisons encore le champ de notre propos. Nous le consacrerons à **l'analyse des projets d'une entreprise** et n'aborderons pas ici les problèmes de choix des investissements publics. Nous nous limiterons **au seul point de vue de l'entreprise** (et de ses propriétaires), à ce qu'il est parfois convenu d'appeler l'« analyse financière » des projets. Nous renvoyons aux ouvrages spécialisés [1] pour l'étude du point de vue d'une collectivité nationale (prise en compte des économies et déséconomies externes, effets macroéconomiques des grands projets, intégration d'un critère de surplus global, etc.).

2. LA FORME

La présentation a été définie de façon telle que la lecture puisse être faite à différents niveaux. Le lecteur qui cherche une introduction aux calculs de rentabilité devrait pouvoir la trouver en laissant de côté certains chapitres et compléments qui ne sont pas nécessaires à la compréhension des chapitres suivants. Des compléments permettant un approfondissement sont parfois rassemblés en deuxième partie des chapitres auxquels ils peuvent être rattachés. D'autres, difficiles à séparer du texte principal, ont été imprimés en petits caractères. Dans tous les cas, ils sont repérés par un liséré grisé en marge.

L'objectif étant de présenter des méthodes opérationnelles, les exemples sont indispensables. Pour qu'ils apparaissent clairement, ils sont imprimés en italique.

---

1. Cf. par exemple [0.18].

3. LE PLAN

Le plan a été retenu dans le souci de proposer un cheminement pédagogique. Pour sérier les problèmes, un certain nombre de concepts et de méthodes sont présentés tout d'abord sous des hypothèses simplificatrices. C'est ainsi que l'actualisation et les critères de choix des investissements qui en découlent sont définis dans un premier temps hors fiscalité et en supposant les prix stables, en particulier la moyenne des prix (absence d'inflation). Remarquons que cette approche n'est pas sans similitudes avec celle qui est souvent retenue dans l'industrie, où les premières études et celles relatives aux petits projets sont souvent effectuées de façon simplifiée. Ceci nous a conduits à adopter le plan suivant.

Dans un **premier chapitre,** après avoir posé **le problème de l'investissement** dans l'entreprise et l'avoir replacé dans le cadre des **analyses stratégiques,** nous aborderons un certain nombre de questions que pose **la construction des échéanciers** de flux de trésorerie, en particulier lorsqu'ils correspondent à des projets qui ne peuvent être considérés comme indépendants.

Les chapitres 2, 3, 4 et 5 présenteront ensuite l'actualisation et les critères de choix des investissements sous les hypothèses simplificatrices d'absence de fiscalité et d'évolution des prix, et dans une optique de rentabilité globale (les données relatives au financement sont résumées par le taux d'actualisation).

Le **deuxième chapitre**, très bref, sera consacré à deux **critères empiriques**, le **taux de rendement comptable** et le **temps de retour**.

Le **troisième** présentera les **fondements de l'actualisation, préférence pour le présent et coût du capital**.

Nous nous placerons principalement sous l'hypothèse d'un ratio d'endettement fixé qui conduit généralement à définir le taux d'actualisation comme un coût moyen du capital.

L'étude complète sera reportée au chapitre 9, car elle nécessitera différents éléments qui ne seront introduits qu'au cours des chapitres 4, 6 et 7.

Les critères utilisant l'actualisation, principalement **revenu actualisé** et **taux de rentabilité interne**, feront l'objet du **quatrième chapitre** : après l'énoncé des définitions et de quelques principes généraux dans une première partie, la deuxième partie donnera des compléments sur le taux de rentabilité (**rentabilité marginale**, taux de **rentabilité multiple**) et les **hypothèses de ré-emploi des encaissements**.

Le cinquième chapitre sera consacré à **l'étude des coûts**. Après un rappel des notions d'analyse marginale, nous introduirons les concepts de coût de revient économique et de coût marginal à long terme. Nous en présenterons les applications aux problèmes de **tarification, de dimensionnement d'équipements**

et de déclassement. Au cours de ce chapitre, ceci sera fait, rappelons-le, sous une hypothèse de prix constants. Les généralisations nécessaires dans le cas contraire feront l'objet du chapitre 8.

Au **sixième chapitre**, nous aborderons les questions posées par la prise en compte de la **fiscalité** dans les calculs de rentabilité. Nous insisterons en particulier sur la détermination de **coûts après impôt**. L'expérience montre en effet qu'il s'agit d'un point souvent mal connu bien que très important pour assurer la cohérence des calculs de coûts et des calculs relatifs aux autres critères d'évaluation.

Le **septième chapitre** traitera des hypothèses **d'évolution des prix**. Il présentera les techniques de calcul en francs courants et en francs constants, ainsi que l'influence de ces hypothèses sur la rentabilité des projets.

Au **huitième chapitre**, nous considérerons une évolution de prix particulière, celle qui est liée au **progrès technique**, qui peut conduire à une diminution des coûts de revient. Lorsque c'est le cas, les méthodes définies au chapitre 5 à prix constants pour déterminer les coûts de revient et des durées de vie des équipements ne sont plus utilisables. Y recourir peut conduire à des décisions non cohérentes. Nous présenterons la théorie générale due à J. Desrousseaux et certaines méthodes opérationnelles de calcul. Remarquons dès à présent que si la théorie est un peu «lourde», les méthodes de calcul sont par contre très simples.

Au **neuvième chapitre**, nous reviendrons sur le **coût du capital** et la détermination d'un **taux d'actualisation** (au chapitre 3 nous nous sommes limités à un exposé des principes généraux). Nous y ferons référence aux apports de la théorie financière, en particulier au modèle d'équilibre des actifs financiers. Nous aborderons les problèmes posés par un **rationnement du capital**.

Pour la plupart des projets, il peut y avoir séparation entre l'étude des décisions d'investissement et l'étude des décisions de financement; le principal instrument de cette décentralisation est le taux d'actualisation. Mais la donnée d'un taux d'actualisation n'est pas toujours suffisante pour résumer l'ensemble des éléments relatifs au financement d'un projet et donc pour effectuer les calculs de rentabilité. Ce peut être le cas lors de l'étude de grands projets pour lesquels l'hypothèse d'un ratio d'endettement donné a priori doit parfois être remise en cause. Un calcul de **rentabilité des capitaux propres** est alors en général effectué. Lorsque les règles fiscales sont complexes, comme dans le domaine de l'exploration et de la production pétrolière, il peut être difficile de définir un taux d'actualisation comme un coût moyen du capital après impôt. Il peut alors être utile de faire appel à la **méthode des intérêts seulement déductibles** (ou méthode d'Arditti du coût du capital avant impôt). C'est à ces différents cas particuliers – et à quelques autres – de **prise en compte du mode de financement** que sera consacré le **dixième chapitre**. Nous y discuterons également des questions posées par les **prêts à taux privilégiés** et par le **financement des capitaux circulants**. Nous y aborderons enfin le problème de la décision **d'achat ou de recours au crédit-bail**.

Lorsque des projets **d'investissements sont interdépendants**, et que les relations qui les lient sont complexes, il peut être utile de faire appel à des **modèles de programmation mathématique**. Le **onzième chapitre** sera consacré à ces modèles. Nous étudierons tout d'abord le cas des **interdépendances techniques** et présenterons quelques applications opérationnelles dans l'industrie. Nous introduirons ensuite des contraintes de **rationnement en capital** et terminerons par un aperçu rapide sur les modèles intégrant **choix d'investissement et décisions de financement**.

Au **douzième chapitre** enfin, nous présenterons les concepts et les méthodes les plus courants utilisés pour les choix d'investissement en **avenir incertain**. Conformément aux priorités que nous nous sommes fixées, nous nous limiterons à une introduction. Nous traiterons successivement des **analyses de sensibilité** et de l'utilisation de **probabilités subjectives**. Nous définirons ensuite les **fonctions d'utilités** permettant de traduire une aversion des décideurs pour le risque; pour les applications, nous nous référerons principalement à l'approche de R. Charreton et J.M. Bourdaire. Nous ferons enfin mention des critères minimax et maximin.

Cet ouvrage peut être naturellement parcouru dans un ordre différent de celui qui correspond à son plan. A titre d'exemple, on peut suivre les indications ci-dessous :

- pour une première lecture, sélectionner les :
  chapitres 1 à 4 (généralités, actualisation, définition des critères) et chapitre 12 (incertain);
- pour un lecteur qui doit participer à des calculs de rentabilité dans une entreprise soumise à l'impôt sur le revenu des sociétés, s'il n'est pas confronté à des grands projets et si le taux d'actualisation de l'entreprise lui est donné, il convient d'ajouter les :
  chapitres 6 et 7 (fiscalité, évolution des prix);
- pour des calculs de coût de revient économique et/ou la détermination d'une politique de déclassement en l'absence de progrès technique, introduire (de préférence avant les chapitres 6 et 7) le :
  chapitre 5;
- en présence de progrès technique ajouter le :
  chapitre 8;
- pour approfondir la notion de coût du capital et pour les choix d'investissement en présence de rationnement en capital on peut aborder le :
  chapitre 9
  sans avoir lu les chapitres 5 et 8;
- de même, la lecture des chapitres 5 et 8 n'est pas un préalable nécessaire à la lecture du chapitre 10 consacré à la prise en compte du mode de financement, ni à la lecture du chapitre 11 traitant de l'apport des modèles de programmation mathématique.

Un deuxième ouvrage consacré à des exercices, problèmes et études de cas devrait prochainement fournir un certain nombre d'illustrations complémentaires.

1 *Le problème de l'investissement La construction des échéanciers*

«Quand la prévision des hommes ne s'est pas réalisée, c'est l'ordre de Dieu qui s'exécute».
Papyrus Pusse, Phahhotep, 5e dynastie

Au cours de ce chapitre, nous présentons quelques caractéristiques générales sur l'étude des projets d'investissement, en replaçant celle-ci dans le cadre des études stratégiques. Nous aborderons ensuite les problèmes que pose la définition des échéanciers de flux de trésorerie en distinguant d'abord le cas d'un projet unique et supposé indépendant des autres puis en considérant différentes variantes et les relations possibles entre projets.

1.1 LE PROBLÈME DE L'INVESTISSEMENT. ÉTUDES DE RENTABILITÉ ET ANALYSE STRATÉGIQUE

1.1.1 Présentation

A. La nature de l'investissement

Investir, c'est consentir une dépense susceptible d'engendrer des revenus futurs. Pour une entreprise industrielle, le plus souvent, c'est acquérir des moyens de production ou de commercialisation. Ces moyens peuvent être de nature très variée.

Les investissements matériels correspondent à l'achat ou à la construction de biens d'équipement. Ils permettent de renouveler le matériel vétuste ou obsolescent (*investissements de remplacement*) ou d'accroître le potentiel d'activité de l'entreprise, que ce soit dans les secteurs où elle opère traditionnellement (*investissements d'expansion)* ou dans de nouveaux secteurs (*investissements de diversification).*

Les investissements incorporels correspondent à l'acquisition de connaissances et d'actifs intellectuels : achats de brevets ou réalisation de travaux de recherche scientifique, actions de formation du personnel, etc.

Dans tous les cas, la décision d'investissement est caractérisée par le fait que ses conséquences porteront sur une longue période.

Il en est de même pour les décisions de **restructuration et de réduction de capacité** de production (désinvestissement), qui seront étudiées comme des décisions d'investissement.

Bien que les méthodes présentées ici puissent dans certains cas et tout au moins partiellement être utilisées pour l'étude de projets d'investissement incorporel, c'est essentiellement aux investissements matériels que nous nous intéresserons.

L'étude des décisions d'investissement pose différents problèmes. Un premier problème, une fois défini un critère d'évaluation, est celui de **l'évaluation quantitative** des biens ou services employés ou produits par un équipement. Ce chapitre lui sera consacré.

Un deuxième problème est lié à **l'analyse des risques**. Un investissement est un pari sur l'avenir, qui n'est jamais connu avec certitude. (P. Masse définit l'investissement comme «l'échange d'une satisfaction immédiate et certaine à laquelle on renonce contre une **espérance** que l'on acquiert ...»).

Comme indiqué en introduction, au cours des onze premiers chapitres nous nous limiterons à des calculs déterministes. Cela ne veut pas dire que l'avenir sera considéré comme certain. Un calcul déterministe est relatif à un jeu d'hypothèses. Pour tenir compte des incertitudes et des risques, que l'on s'en tienne à des études de sensibilité ou que l'on utilise des critères plus sophistiqués, il faut essayer de balayer le champ des possibles et donc utiliser différents calculs déterministes. L'analyse proprement dite des méthodes et critères de décision dans l'incertain sera abordée au chapitre 12.

Enfin, la réalisation d'un projet et l'exploitation d'un équipement s'étendent sur une longue période. Il se pose donc un problème **d'arbitrage dans le temps**, de façon à pouvoir comparer l'utilité de recettes et dépenses intervenant à des dates différentes. Cet arbitrage sera effectué au moyen de la technique de l'actualisation (qui sera exposée au chapitre 3) et des critères qui en sont dérivés et qui feront l'objet des chapitres suivants.

B. Le critère

Rappelons tout d'abord que nous nous limitons ici au point de vue de l'entrepreneur; les analyses socio-économiques et les spécificités du calcul économique public ne seront pas abordées au cours de cet ouvrage.

Pour juger de l'intérêt d'une politique d'investissement dans l'entreprise, les critères sont multiples. Les actionnaires et les dirigeants, qui très souvent ne sont pas propriétaires de l'entreprise, n'ont pas nécessairement les mêmes objectifs. L'actionnaire sera surtout attaché à la valeur de l'action en bourse et au montant des dividendes qui lui seront versés. Le dirigeant, outre la motivation liée à son revenu (lequel n'est d'ailleurs pas indépendant des résultats de l'entreprise) peut avoir des désirs de puissance, de sécurité, etc., qui peuvent se traduire par des objectifs d'expansion, d'accroissement de part de marché, d'augmentation du volume du chiffre d'affaires.

Parmi ceux-ci, l'objectif de rentabilité est naturellement fondamental. En effet, la poursuite des objectifs mentionnés ci-dessus est généralement conditionnée par la réalisation d'un profit qui ne peut descendre en dessous d'un certain seuil sans préjudice grave pour l'entreprise. Il est indispensable à la survie de l'entreprise.

C'est donc un critère de maximisation du profit (valeur de l'entreprise ou richesse de l'actionnaire, nous y reviendrons) qui sera principalement retenu dans la suite de cet ouvrage. Ceci ne veut pas dire qu'il s'agit de l'unique critère à considérer. Mais il constitue toujours un élément important de décision. En effet, lorsque dans une approche multicritère (et en fonction d'éléments stratégiques qui vont être évoqués ci-dessous), la décision est prise en fonction d'autres considérations, il est souhaitable de connaître la perte de revenu ou le manque à gagner qu'entraînera le choix envisagé. Enfin, lorsqu'un objectif à atteindre est fixé, il faut rechercher, parmi les différentes solutions qui permettent de l'atteindre, celle qui correspond au moindre coût. Et la recherche d'un coût minimum pose un certain nombre de problèmes identiques à ceux que pose la maximisation d'un revenu : arbitrage dans le temps pour comparer l'utilité de biens et services utilisés ou produits à des dates différentes, prise en compte des incertitudes, etc.

C. Le problème de la quantification des flux de trésorerie

Dans cette optique, lors de l'étude de projets d'investissement, l'analyste est amené à essayer de prévoir et quantifier les recettes et les dépenses qui seront nécessaires aux calculs de rentabilité; l'essentiel de cet ouvrage traitera de l'étude des décisions à prendre au vu de tels échéanciers. Il faut cependant être conscient des limites de cette approche. Un calcul économique peut constituer un élément déterminant pour le choix d'un mode de mise en production d'un gisement, pour une décision d'implantation ou de fermeture d'un dépôt de produits finis. Il n'est en général pas possible, par contre, de chiffrer de façon précise et complète les données nécessaires à un calcul de rentabilité lorsque l'on étudie différents axes de diversification d'une entreprise.

Ce problème de l'évaluation des conséquences d'une décision d'investissement – il faudrait les évaluer **toutes** – se pose même lorsque l'on considère des projets bien définis. Il est souvent difficile de tenir compte des interactions entre différents projets. Il est pratiquement impossible dans le cas général de mesurer l'impact d'un projet sur les opportunités futures de l'entreprise. Prenons un exemple et considérons deux projets de même rentabilité. Le premier permet d'éviter de perdre de l'argent sur une affaire dont la durée de vie est limitée par contrat. Le deuxième correspond à l'extension du réseau de distribution d'un produit dont le marché est en expansion. Il peut avoir des effets indirects (non comptabilisés en recettes) positifs grâce à une augmentation de la part de marché. Quelle valeur leur attribuer ?

Une autre facette du problème est relative à la comparabilité de projets appartenant à des secteurs différents. Comment choisir entre un investissement en exploration pétrolière et un projet de remodelage d'unités en pétrochimie ?

Ces différentes questions sont liées à la définition des finalités de l'entreprise et de ses grandes options à long terme. Cette définition n'est pas du domaine des études de rentabilité, mais plutôt de l'analyse et de la réflexion stratégiques. C'est cette dernière qui doit permettre de préciser les objectifs de l'entreprise. L'analyse des projets d'investissement aura pour but de déterminer les meilleurs moyens pour y parvenir et de fournir des évaluations chiffrées aux responsables de la stratégie.

Comment se définissent les grandes options stratégiques ? D'une entreprise à l'autre, les méthodes utilisées, ainsi que l'organisation correspondante, sont très variables. Dans de nombreuses petites ou moyennes entreprises (parfois dans les plus grandes) la stratégie est souvent définie à partir de la seule intuition des dirigeants de l'entreprise. Pour certains auteurs (à succès), [1.10], [1.11], il suffit que cette intuition s'appuie sur quelques principes simples : chérir le client, innover sans cesse, stimuler le personnel, simplifier, veiller à la qualité, etc. Dans la plupart des grandes entreprises cependant, un certain nombre de méthodes et de concepts constituent maintenant une référence courante. Nous donnerons ci-dessous un aperçu rapide de certains d'entre eux.

1.1.2 L'analyse stratégique

A. L'analyse externe

Une première démarche consiste à analyser **les facteurs clefs de succès dans les activités actuelles ou envisagées**. Elle passe d'abord par une découpe des activités étudiées en domaines homogènes.

Elle demande ensuite une réflexion sur les rapports de force entre les différents acteurs intervenant dans chacun des domaines considérés : clients, fournisseurs et concurrents. La réflexion doit également porter sur les risques de modification des frontières de ces domaines :

- apparition de nouveaux concurrents ;
- développement de produits substituts ;
- modification des réglementations par les États ;
- mutations technologiques.

Le recours à des grilles d'analyse, du type de celle proposée par M. E. Porter *(Harvard Business School)* [1.12] facilite la mise en évidence des points clefs. Parmi ceux-ci, citons l'importance des coûts, qui peut être primordiale ou non, l'existence ou le risque d'apparition de positions dominantes, etc.

B. L'analyse des points forts et des points faibles

Un certain nombre d'informations doivent être rassemblées de façon synthétique pour déterminer les forces et les faiblesses de l'entreprise dans les domaines où elle souhaite opérer.

«Connais-toi toi-même» disait Socrate. Le diagnostic interne est indispensable. Il doit permettre de situer l'entreprise notamment par rapport à ses concurrents sur différents plans :

- financier (structure du capital, bénéfice rapporté au chiffre d'affaires, taux de croissance possible sans perte d'autonomie, etc.);
- commercial (image de marque, réseau de distribution, part de marché);
- technique (savoir-faire et brevets, potentiel de recherche, âge et efficacité des équipements).

Il doit conduire l'entreprise à porter un jugement sur elle-même avec le maximum d'objectivité. Il est souvent difficile en effet de se rendre compte de ses propres points forts ou points faibles.

C. La construction de scénarios

Ces analyses ne doivent pas être statiques. Elles doivent fournir les éléments nécessaires à la construction **de scénarios**. Ceux-ci simuleront, de façon cohérente, différentes évolutions possibles des principaux paramètres indépendants des décisions de l'entreprise ainsi que les conséquences possibles des décisions étudiées, résultant elles-mêmes du croisement de l'analyse interne et de l'analyse externe.

D. La recherche d'un portefeuille d'activité équilibré

M. Godet [1.5] s'appuie sur l'exemple d'un arboriculteur pour montrer la nécessité de prendre en compte le cycle de vie des produits. L'arboriculteur sait bien que pour survivre à long terme, il doit toujours avoir simultanément en culture ou en exploitation des sujets naissants ou jeunes qui nécessitent des soins pour leur développement et des sujets adultes qui assurent la production désirée. Il en va de même pour les biens et les services produits par l'entreprise. Il faut que les produits «mûrs», qui génèrent des profits sans demander de lourds investissements, puissent financer le développement des produits ou des techniques plus jeunes qui prennent la relève. Différentes méthodes proposées par des consultants tels que le *Boston Consulting Group (BCG)*, *Mac Kinsey* ou *Arthur D. Little* permettent de visualiser la situation relative des différentes activités. Il faut bien sûr (c'est un préalable à toute réflexion stratégique) avoir effectué, dans un premier temps, une segmentation du marché, de façon à considérer des produits ou des groupes de produits homogènes auxquels correspondent des *secteurs stratégiques* ou *segments stratégiques*.

Une première caractéristique d'un secteur stratégique est sa maturité; remarquons toutefois que la vie d'un produit peut présenter des retours en arrière impossibles au cours du cycle naturel d'une plantation d'arbres citée plus haut. Par exemple, le charbon peut connaître une nouvelle jeunesse après une phase de vieillissement.

Une deuxième caractéristique est la compétitivité de l'entreprise sur le segment considéré. Pour la mesurer, le *BCG* remarque que les coûts de production sont une fonction décroissante de l'expérience cumulée, laquelle peut être approchée par la part de marché relative de l'entreprise (la part de marché relative sur un secteur stratégique étant le rapport de la part de marché de l'entreprise à la part de marché du concurrent le mieux placé).

Le *BCG* propose alors une représentation matricielle dont l'usage est devenu courant. Chaque secteur stratégique est repéré dans un plan où l'on porte en abscisses la part de marché relative et en ordonnées le taux de croissance du segment considéré. (fig. 1.1)

Les produits du quadrant Nord-Est sont qualifiés de produits «dilemmes». Pour devenir des produits «vedettes» ou «étoiles» du quadrant Nord-Ouest, ils demandent de forts investissements nécessaires pour acquérir une part de marché suffisante, ou bien doivent être réétudiés ou abandonnés. Les investissements correspondants sont souvent relativement risqués. Les produits «vedettes» sont des produits encore jeunes qui demandent des investissements importants pour maintenir la part de marché de l'entreprise dans un marché en croissance; ils dégagent des rentrées de fonds importantes mais pas toujours suffisantes pour financer les développements nécessaires. Les «vaches à lait» correspondent à des produits «mûrs» qui permettent des profits dus à la position dominante de l'entreprise, sans exiger de gros investissements (remplacement). Il est important de savoir utiliser ces profits hors du secteur considéré pour le développement de nouvelles activités. Quant aux «poids morts», leur qualificatif est assez parlant; dans un marché en récession ou en déclin, leur rentabilité peut difficilement s'améliorer. S'il n'y a pas de bonnes raisons de prévoir un retournement, on sera amené à ne pas réinvestir dans le secteur, voire à désinvestir. L'important est le plus souvent de les avoir correctement repérés.

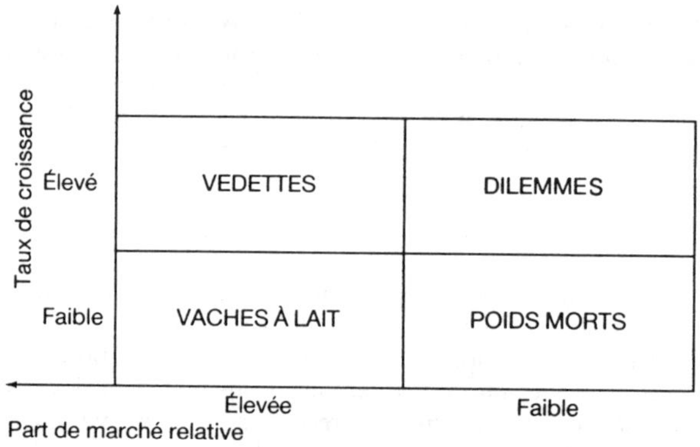

Fig. 1.1 Matrice B.C.G.

La recherche d'un portefeuille équilibré consiste pour une entreprise à sélectionner des activités se répartissant sur la matrice *BCG* de manière à permettre un renouvellement des activités «vedettes» et à assurer un équilibre acceptable entre besoins et ressources en financement.

Cette présentation assez schématique doit naturellement être nuancée. La matrice de la figure 1.1 ne peut être utilisée que pour l'étude de segments pour lesquels la part de marché (qui reflète une expérience cumulée) est un avantage déterminant. Les contre-exemples ne manquent pas où une faible part de marché peut être compensée par une image de marque favorable (*BMW* pour l'industrie automobile). Pour en tenir compte, le *BCG* a proposé au début des années 1980 une nouvelle matrice en considérant deux composantes : l'importance de l'avantage de compétitivité d'une part, et le nombre de possibilités d'approches spécialisées d'autre part. (fig. 1.2)

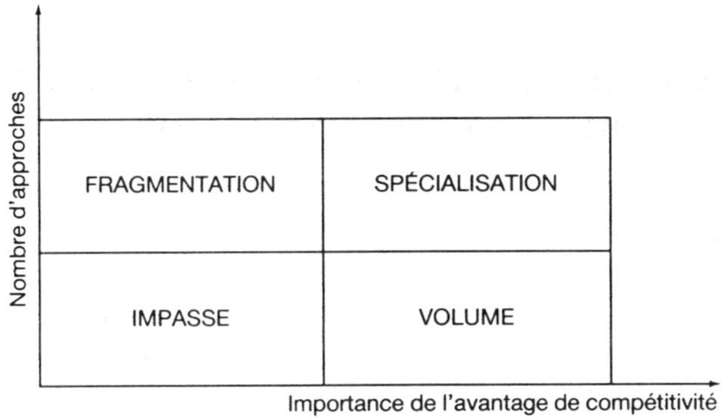

Fig. 1.2 Deuxième matrice B.C.G.

Lorsque la première est élevée et la seconde faible, l'analyse précédente reste valable et la rentabilité est d'autant plus forte que la part de marché est importante. Ceci explique le terme «volume» utilisé pour caractériser le quadrant correspondant.

«L'impasse» correspond à des activités où l'effet de taille a peu d'influence sur la rentabilité qui est faible (exemple de l'industrie sidérurgique aux États-Unis.).

Les activités «fragmentées» sont celles où l'image de marque, la qualité des dirigeants, sont déterminants, la rentabilité n'étant pas corrélée avec la part de marché.

Enfin, le dernier quadrant regroupe des activités où les concurrents se répartissent différentes «spécialités» à l'intérieur desquelles l'effet de volume peut conditionner la rentabilité.

L'approche du *BCG* a été présentée à titre d'exemple. D'autres grilles sont couramment utilisées pour évaluer stratégiquement des activités ou des portefeuilles d'activités.

La méthode d'*Arthur D. Little* utilise des représentations matricielles semblables à celle utilisée par le *BCG* (première formulation ci-dessus pour les activités où l'effet de volume est prépondérant). Mais les deux composantes retenues (maturité d'un secteur, compétitivité de l'entreprise) sont appréciées au moyen de différents critères qui viennent compléter les critères de départ du *BCG* (croissance du marché et part du marché pour l'entreprise).

Citons enfin l'approche de *Mac Kinsey* qui croise les possibilités offertes par un segment, les «attraits» (définis au moyen d'une analyse externe) et les capacités de l'entreprise sur ce segment, les «atouts» (analyse interne) [1.23]. Il s'agit d'une démarche très intéressante car elle permet de faire intervenir de nombreux critères pour compléter ou nuancer les critères «primaires» (parts de marché, croissance des marchés, rapports de force entre acteurs, etc.).

1.2 LA CONSTRUCTION D'UN ÉCHÉANCIER DE FLUX DE TRÉSORERIE

1.2.1 Définition

La production d'un investissement étant répartie sur une longue période, nous devons tout d'abord définir une unité de temps. Certains raisonnements et l'écriture de certains «modèles» sont facilités par le fait de considérer le temps comme une variable continue. Cependant, la plupart des calculs pratiques sont effectués en considérant l'année comme période élémentaire. C'est la convention que nous retiendrons, sauf lorsqu'une autre hypothèse sera explicitement spécifiée.

Pour chaque année de la période d'étude, il faut donc prévoir le coût, la consommation de biens ou de services qui sera nécessaire pour réaliser un projet d'investissement donné, ainsi que la production future de l'équipement correspondant.

Nous avons déjà évoqué la difficulté que présente l'évaluation quantitative de certaines conséquences d'une décision d'investissement (sur la part de marché par exemple). Prenons encore un exemple, relatif à l'introduction d'un matériel informatique dans un secteur d'une entreprise. S'il est possible de chiffrer une économie de frais de personnel, comment évaluer une meilleure rapidité d'obtention de certaines informations, une diminution des risques d'erreurs, un risque d'arrêt de certaines activités en cas de panne ?

Conscients des difficultés que cela présente, nous supposerons cependant au cours des chapitres suivants que les productions et consommations de biens et services associés à un projet ont pu être estimés dans une même unité monétaire. Nous n'aborderons pas ici le problème du choix de cette unité (monnaie courante ou monnaie constante qui sera étudié au chapitre 7, monnaie nationale ou devise étrangère).

Pour un calcul déterministe, un projet d'investissement sera donc caractérisé par la suitc («l'échéancier») des recettes et des dépenses qu'entraîneront la réalisation du projet et l'exploitation de l'équipement. Nous emploierons le terme «**flux de trésorerie**» (en anglais : *cash flow*) pour désigner la différence entre les recettes et les dépenses ou, de façon plus précise, la différence entre les encaissements *(cash input)* et les décaissements *(cash output)* d'une année donnée. On rencontre également comme synonymes les termes suivants : **mouvement de trésorerie, flux de liquidités, flux net de liquidités, flux de fonds**.

Nous insisterons sur le fait qu'**un flux de trésorerie correspond en principe à un mouvement réel de fonds**; sa définition ne fait donc appel à **aucune convention comptable**. Ce principe admet cependant quelques exceptions, que nous définirons au paragraphe 1.2.4 : valeur résiduelle d'un équipement en fin de période d'étude, prix (fictifs) de cession interne associés à des biens échangés à l'intérieur de l'entreprise.

Par ailleurs, il s'agit de **flux différentiels** (nous y reviendrons au paragraphe 1.3.1) définis **par rapport au cas où le projet ne serait pas réalisé**.

Il est enfin important de noter que seuls les **flux futurs liés à la décision étudiée** sont à considérer. Ainsi, si un projet conduit à l'utilisation d'un terrain dont l'entreprise est déjà propriétaire, les dépenses passées correspondant à l'achat du terrain ne doivent pas être prises en compte. Par contre, il faudra associer au projet la perte de recettes qu'aurait procurées une utilisation alternative du terrain (location ou vente par exemple, éventuellement évaluées à prix fictifs) en cas de rejet du projet d'investissement étudié.

Remarquons que la définition du flux de trésorerie lié à l'impôt sur le revenu des sociétés fera l'objet du chapitre 6.

Généralement, les flux de trésorerie seront négatifs la ou les premières années de la vie de l'équipement (dépenses d'investissement) et positifs ensuite (recettes d'exploitation supérieures aux dépenses d'exploitation).

La construction d'un échéancier de flux de trésorerie peut faire appel à la collecte et à l'analyse de nombreuses données, à des études de marché, etc., ce qui représente souvent un travail long et délicat. Celui-ci ne doit pas être négligé ; il est clair que les résultats que l'on obtiendra à la suite d'un calcul de rentabilité ne peuvent que refléter la valeur des hypothèses ayant servi de base au calcul.

Rappelons encore que les incertitudes qui pèsent sur les prévisions conduisent à définir non pas un seul jeu d'hypothèses, donc un seul échéancier, mais plusieurs, de façon à effectuer des analyses de sensibilité et éventuellement des calculs probabilistes.

Cette première section sera consacrée à la définition des différents postes d'un échéancier relatif à un projet donné, supposé isolé. Nous aborderons ensuite quelques questions qui se posent pour tenir compte de l'existence d'autres projets dans l'entreprise, concurrents du premier projet ou dépendant de celui-ci.

1.2.2 L'estimation des coûts d'investissement

L'estimation du coût d'un investissement peut parfois être simple et rapide. C'est le cas lorsque l'entreprise effectue l'achat d'un matériel dont le prix est bien défini par le constructeur, par exemple s'il s'agit d'un équipement produit en série et pour lequel il existe un prix de « catalogue ».

Dans le cas contraire et suivant la précision recherchée (qui peut être elle-même fonction du stade d'avancement de l'étude), on utilisera des méthodes plus ou moins fines. Nous donnerons rapidement le principe des méthodes qui peuvent s'appliquer pour des projets industriels tels que des unités de raffinage, de chimie ou des usines complètes. Nous renvoyons pour une étude plus détaillée aux ouvrages spécialisés [1.15] [1.19].

A. Méthodes globales d'estimation

Elles consistent à utiliser des informations concernant des équipements déjà mis en place et semblables à celui qui fait l'objet de l'étude. Ces équipements peuvent présenter des caractéristiques différentes : date de réalisation, localisation géographique, capacité de production.

a. Date de réalisation

Pour utiliser des coûts observés dans le passé et en déduire une estimation valable pour le présent, on utilisera des indices de variation des prix. Suivant les données disponibles, on utilisera un indice global caractérisant l'évolution des prix des équipements du secteur industriel considéré ou des indices relatifs à l'évolution des prix des différentes composantes de l'investissement. A titre d'exemple, citons les indices de Nelson-Farrar [1.38], [1.39] et [1.34] utilisés dans l'industrie pétrolière (calculés pour les États-Unis) et qui font l'objet d'une publication régulière dans *Oil and Gas Journal* .

b. Localisation géographique et taux de change

De même, on utilisera des formules de correction de coûts en fonction de la localisation géographique pour tenir compte des différences qui peuvent apparaître d'un pays à un autre (parfois même d'une région à une autre d'un même pays), au niveau des frais de personnel, des coûts de transport, [1.30], [1.32], [1.33], ... Ceci peut être fait, comme précédemment, soit de façon globale, soit poste par poste.

Un indice de localisation est ainsi défini comme un rapport de coûts constatés entre deux localisations différentes. Ces coûts sont en principe définis dans la même unité monétaire (en dollars par exemple). Lorsqu'il s'agit d'exprimer un coût d'investissement dans une monnaie nationale différente, il peut être utile d'employer la notion de parité technique [1.29]. Prenons l'exemple d'une comparaison entre des coûts de construction en France et aux États-Unis. La parité technique du franc par rapport au dollar est définie comme le rapport du coût d'investissement en France (en francs) au coût du même investissement aux États-Unis en dollars (pour une même année). Il s'agit donc du produit entre un indice de localisation et la parité monétaire du franc par rapport au dollar (au taux de change officiel).

c. Capacité de production

Enfin, pour effectuer des corrections permettant de passer d'un équipement à un équipement de taille différente, on utilise des formules qui sont généralement de la forme :

$$\frac{I_1}{I_0} = \left(\frac{C_1}{C_0}\right)^k$$

avec :

I_0, I_1 : coûts d'investissement des équipements comparés ;
C_0, C_1 : capacités de production des équipements.

Le facteur *k* est une constante généralement inférieure à 1 (ce qui traduit alors une économie d'échelle, c'est-à-dire une baisse du coût par unité de capacité en fonction de la taille de l'équipement).

Remarque. Une valeur théorique, souvent citée :

$$k = \frac{2}{3}$$

peut être justifiée par le fait que les coûts augmentent assez souvent comme les surfaces de métal des équipements (pipeline, colonnes de distillation, bacs de stockage, etc.) alors que la capacité varie comme le volume.

Une valeur proche de 1 correspond généralement à des équipements dont l'augmentation de capacité est obtenue essentiellement par augmentation du nombre d'éléments composant l'équipement plutôt que par une augmentation de la taille de ces éléments.

Enfin, il faut remarquer que ces formules sont valables seulement lorsque les capacités considérées peuvent être construites de façon courante par l'industrie et donc ne dépassent pas certaines limites (au-delà desquelles le passage à une taille supérieure peut être conditionné par la réalisation d'un progrès technique).

d. Méthodes multiplicatives

Parmi les méthodes globales «rapides» figurent aussi celles qui utilisent des facteurs multiplicatifs pour passer du coût du matériel principal au coût total de l'investissement. Dans le domaine du raffinage et de la pétrochimie, citons les facteurs de Bach [1.28] et de Lang [1.36]. Le premier permet de calculer le coût total de l'investissement en limites d'une unité de fabrication *(battery limit)*, le coefficient multiplicatif prenant en compte les coûts de transport, montage, génie civil, etc. Le deuxième permet de déterminer un coût total comprenant en plus du coût de l'unité proprement dite *(battery limit)* le coût des installations générales *(off-site)*.

B. Méthodes modulaires

Les techniques précédentes peuvent être utilisées en décomposant un investissement en différents modules, représentant chacun un équipement (réel ou fictif moyen). Les coefficients multiplicatifs sont alors appliqués aux coûts de base de chaque module [1.15] [1.16]. Une variante récente de ces méthodes modulaires est la «méthode des modules fonctionnels» [1.31]. Dans le cadre de cette dernière, un module n'est pas relatif à un équipement déterminé, mais recouvre un ensemble de matériels assurant une opération unitaire de génie chimique.

La méthode s'appuie sur des techniques statistiques (analyses en composantes principales, régression linéaire), pour relier directement le coût d'un module à un nombre limité de paramètres dont dépend la dimension des équipements. Le calcul de dimension proprement dit n'est pas alors un préalable, alors qu'il est nécessaire pour l'utilisation des autres méthodes.

C. Méthodes analytiques d'estimation

Elles consistent simplement à analyser et à estimer poste par poste les différentes composantes du coût d'un investissement. Elles demandent donc un travail long et délicat, s'appuyant sur la consultation de fournisseurs éventuels.

Très souvent, les méthodes globales et analytiques sont en fait associées, le coût des matériels proprement dits, par exemple, pouvant faire l'objet d'une analyse détaillée, les autres postes (installations annexes, transport, génie civil, fonds de roulement, etc.) étant estimés de façon globale.

Par analogie avec les méthodes multiplicatives citées ci-dessus, les spécialistes de l'estimation des entreprises d'ingénierie utilisent ainsi des coefficients multiplicatifs. Lorsque le coût d'un équipement principal est connu en détail par catégorie de matériel, le dimensionnement précis ayant été préalablement déterminé, des facteurs tels que ceux de Hand [1.35] peuvent être appliqués à chacun des éléments considérés pour obtenir un coût total.

Les méthodes analytiques permettent habituellement une estimation plus précise, mais présentent le risque d'oublier certains postes de dépenses. Nous donnons ci-dessous une liste (non exhaustive) des principaux éléments composant généralement le coût d'un investissement.

D. Les principales composantes d'un investissement industriel

Il est clair que la liste des postes de dépenses correspondant à un investissement peut être très variable d'un projet à un autre, cette liste étant plus ou moins longue en fonction de la complexité du projet. A titre d'exemple, nous présentons les composantes d'un projet de construction d'une unité de production (telle que : unité de raffinage ou de pétrochimie) :

- Achat de terrain.
- Frais de préparation du site (génie civil).
- Coût des équipements proprement dits, qui comprendront les frais d'emballage, de transport et de montage. Dans l'industrie pétrolière et pétrochimique, on distingue généralement les investissements en limite des unités de fabrication *(battery limit)* des installations générales *(off-site)* qui comprennent les stockages de matières premières et de produits finis, les bâtiments, les services généraux, les installations de production et de distribution des utilités : électricité, vapeur, eau de refroidissement, air, instruments, etc.

- Frais d'études et frais de siège (gestion, action commerciale avant démarrage).
- Frais d'ingénierie et de surveillance du chantier.
- Coût du livre de procédé et redevances sur brevet. Celles-ci peuvent en effet être payées, soit à l'achat de l'équipement, soit en fonction de la production réelle (dans ce dernier cas, elles seront alors comptabilisées en charges d'exploitation).
- Besoin en fonds de roulement, constitution des stocks initiaux de pièces de rechange, de matières premières, produits intermédiaires et produits finis (stock-outil) nécessaires à la marche de l'équipement. Lorsque l'on prévoit une augmentation d'activité au cours de la période d'étude, celle-ci entraîne en général une augmentation du besoin en fonds de roulement qui ne doit pas être oubliée. (Le stock-outil est souvent défini comme proportionnel à la production totale et exprimé en nombre de mois de production). Lorsque la valeur d'un stock est soumise à des variations, il faudra distinguer ce qui correspond à une variation de valeur à volume constant (qui n'entraîne pas en général de flux de trésorerie) et les variations de volume.
- Charges initiales de catalyseur pour les unités de raffinage et de chimie.
- Frais de formation du personnel.
- Frais de démarrage et d'essai qui comprennent, outre la rémunération du personnel effectuant le démarrage, des consommations de produits pendant la période d'essai.
- Assurances et taxes.

Nous ne parlerons pas ici des frais financiers (intérêts intercalaires) et reviendrons sur ce point au cours des chapitres suivants.

Nous remarquerons enfin que pour certains projets les dépenses d'investissement peuvent s'étendre sur plusieurs années : construction d'une centrale nucléaire, d'une usine de liquéfaction de gaz naturel, développement d'un gisement d'hydrocarbures en mer, etc. Il sera alors nécessaire d'obtenir une estimation :

- des délais de réalisation, qui peuvent avoir une influence sensible sur la rentabilité du projet;
- de l'évolution du prix du matériel et des services mis en oeuvre.

L'estimation d'un coût d'investissement (ainsi que des délais de réalisation) sera naturellement plus difficile s'il s'agit de projets faisant appel à des technologies nouvelles ou récentes; l'écart entre estimation initiale et réalisation est alors parfois très important (selon la «loi» de Mac Namara, un facteur multiplicatif égal à π – beaucoup plus scientifique, n'est-ce-pas, que le chiffre 3 – n'a rien d'exceptionnel et peut être qualifié de presque raisonnable). De nombreux exemples peuvent être cités : avion supersonique, premières constructions de plates-formes de production pétrolière en mer du Nord, oléoduc transalaskan, etc.

1.2.3 Coûts résiduels

Dans certains cas, il est nécessaire de prévoir, à l'issue de la période d'exploitation, des dépenses de remise en état : réaménagement du site à la fin d'une exploitation minière, déclassement d'une centrale nucléaire, etc.

1.2.4 L'estimation des dépenses d'exploitation

Pour estimer les dépenses d'exploitation, il est évidemment nécessaire de pouvoir prévoir quelles seront les conditions d'utilisation de l'équipement, en particulier les quantités qui seront produites au cours de la période d'exploitation.

Ceci permettra de calculer les différentes consommations de biens et de services nécessaires à l'exploitation :

- matières premières ;
- utilités (énergies, électricité, vapeur, eau, etc., fournitures diverses (lubrifiants), pièces de rechange, catalyseur, etc. ;
- personnel (exploitation et entretien) ;
- redevances (lorsqu'elles sont fonction des quantités produites) ;
- assurances, frais de siège, frais généraux, etc.

A. Évolution dans le temps des dépenses d'exploitation

Il faut souligner que pour la plupart des projets d'investissement, les frais d'exploitation ne sont généralement pas constants dans le temps.

a. Période de démarrage

Pour des équipements utilisant des techniques récentes, il y a souvent une période (période de « maladies de jeunesse ») pendant laquelle des essais et des mises au point doivent être effectués, ce qui entraîne des coûts plus élevés que ceux qui seront obtenus en régime de croisière.

b. Usure des équipements

Les frais d'entretien augmentent généralement avec l'âge et l'usure des matériels. Le renouvellement de certaines pièces ou de certaines machines peut être nécessaire et devra être pris en compte dans les échéanciers (ces frais de gros entretien seront d'ailleurs, suivant les cas, considérés comme frais d'exploitation ou comme dépenses d'investissement) [1].

---

1. Si l'on fait abstraction de la fiscalité, la distinction entre dépense d'investissement et dépense d'exploitation n'est pas nécessaire pour construire l'échéancier des flux de trésorerie (il suffit de connaître le montant des sommes considérées et les dates auxquelles elles seront effectivement payées). Par contre, si l'entreprise est soumise à l'impôt sur les bénéfices, il faut savoir si les dépenses en question seront considérées comme des charges d'exploitation ou comme investissement donnant lieu à amortissement pour pouvoir déterminer le montant des impôts associés au projet.

c. *Évolution des prix*

Ayant déterminé les quantités de consommables (matières premières, utilités) qui seront utilisées au cours de l'exploitation, il faudra également déterminer leur coût et effectuer des hypothèses concernant l'évolution de ces coûts.

Il est sans doute inutile d'insister sur les difficultés que présentent les prévisions d'évolution des prix des matières premières. Une étude de marché est souvent nécessaire pour apprécier les composantes de l'offre et de la demande des produits considérés : capacités de production et de transport existantes et en projet, projets de construction d'unités consommatrices qui entraîneraient un accroissement de la demande, etc.

Enfin, on remarquera que les frais de personnel et de certains services augmentent généralement plus vite que l'ensemble des prix ; il faudra donc en tenir compte lors de la construction des échéanciers.

B. Frais d'exploitation et gestion des équipements

La connaissance de la capacité de production d'un équipement et des quantités qui seront effectivement produites ne permet pas toujours d'en déduire de façon simple les frais d'exploitation qui devront être supportés. Prenons l'exemple d'un projet de construction d'une raffinerie. Connaissant les quantités de produits finis à fabriquer, le raffineur pourra traiter différents pétroles bruts, utiliser différents types de coupe à la distillation atmosphérique et différentes sévérités de marche des unités de reformage, craquage, etc.

Ces différents paramètres devront être déterminés, au moins de façon approximative, pour estimer les coûts d'exploitation. **Ceci suppose donc connues au préalable les conditions d'une gestion optimale de l'équipement**. L'emploi de modèles de recherche opérationnelle (programmation linéaire dans le cas du raffinage) peut constituer dans ce cas une aide précieuse.

De la même façon, les modèles d'investissement d'*Electricité de France* comportent des sous-modèles représentatifs de la gestion du parc des centrales de production d'électricité.

1.2.5 Utilisation de biens disponibles ou produits par l'entreprise et prix de cession interne

La construction et l'exploitation d'un équipement peuvent conduire à l'utilisation ou la consommation de services et de biens qui ne sont pas achetés à l'extérieur mais qui sont disponibles ou produits à l'intérieur de l'entreprise. Si ces produits doivent être fabriqués dans le seul but de permettre la réalisation du projet étudié, comptabiliser les dépenses correspondantes ne pose pas de problème particulier.

Mais la réalisation ou l'exploitation du projet peut utiliser comme matière première, comme source d'énergie ou d'utilités, des biens ou produits disponibles dans l'entreprise et dont la consommation ne donnera pas lieu, tout au moins de façon directe, à des décaissements réels (sous-produit fatal tel que gaz associé lors de l'exploitation d'un gisement pétrolier, sciure dans l'industrie du bois, etc.).

De façon à pouvoir étudier la rentabilité du projet séparément, on peut cependant considérer que ces échanges internes de produits correspondent à des flux de trésorerie. Pour déterminer ces flux (fictifs), il est nécessaire d'affecter aux produits utilisés une valeur, appelée «prix de cession interne» ou «prix de transfert». La définition de ceux-ci nécessite l'étude de l'ensemble des autres utilisations possibles du bien considéré, de façon à retenir comme prix de cession la valorisation la meilleure que l'on pourrait en obtenir. C'est ainsi que, si l'usage le plus économique que l'on peut faire d'un sous-produit est de le vendre à l'extérieur, le prix de cession interne devra être égal au prix de vente (éventuellement diminué des frais de commercialisation, d'emballage, de transport, etc., qui ne seront pas supportés si le bien considéré est utilisé au cours de la réalisation ou de l'exploitation du projet d'investissement).

Remarquons qu'un prix de cession interne peut être très différent de la valeur comptable du bien considéré.

Le calcul de la meilleure valorisation d'un bien disponible doit naturellement être effectué en envisageant non seulement les utilisations qui pourraient en être faites compte tenu des équipements existants, mais également les utilisations qui seraient possibles si d'autres projets d'investissement étaient réalisés. Mais si plusieurs projets peuvent entraîner l'utilisation d'un bien disponible en quantité limitée, ces projets ne peuvent être considérés comme indépendants les uns des autres et l'étude devra en tenir compte (l'utilisation, par exemple, d'un terrain ou d'un bâtiment inutilisé pour recevoir un équipement en projet, peut limiter les possibilités de réalisation d'autres investissements de l'entreprise). L'étude des projets interdépendants sera abordée au cours de la section suivante.

1.2.6 Les prévisions de recettes

Lorsque la production assurée par l'investissement fait effectivement l'objet d'une commercialisation, les prévisions de recettes seront données par les études de marché. Celles-ci s'appuient sur une analyse statistique (évolution dans le passé des consommations du produit considéré et des produits substituables, analyse des données et études de corrélation pour déterminer les liaisons entre consommations et autres variables économiques); elles s'appuient également sur des enquêtes, des sondages et des études de motivations effectuées auprès des consommateurs, ainsi que sur des hypothèses relatives à la croissance économique.

Elles devront permettre une estimation de la part de marché disponible pour l'entreprise et donc une estimation des quantités qui pourront être introduites ainsi qu'une prévision des prix de vente. Sans aborder les techniques des études de marché, nous ferons quelques remarques sur l'utilisation des résultats de ces études pour la construction des échéanciers de recettes.

A. Estimation des volumes de production

Les volumes de production ne sont généralement pas constants sur la durée de vie d'un équipement. On peut en effet être amené à tenir compte d'une croissance du marché ou d'une pénétration (éventuellement) progressive de ce marché. Ceci peut conduire à dimensionner l'équipement pour répondre à une demande qui ne sera atteinte qu'au bout de quelques années, pendant lesquelles la production ne se fera pas à capacité maximale.

Par ailleurs, même lorsque la demande est suffisante pour permettre un volume de vente correspondant à une production à pleine capacité dès le début de l'exploitation, il est parfois nécessaire de prévoir une période de démarrage pendant laquelle l'installation ne peut produire à sa capacité nominale. C'est surtout le cas des équipements utilisant une technologie récente, sujets à des «maladies de jeunesse» et dont la mise au point demande des périodes d'arrêt de la production au cours des premières années (par exemple centrales nucléaires de production d'électricité).

B. L'estimation des prix de vente

Nous noterons tout d'abord que les estimations de prix de vente sont souvent soumises à des incertitudes beaucoup plus grandes que celles qui concernent les volumes de production. Le cas du pétrole brut est particulièrement significatif.

Capacité de production de la concurrence

Pour essayer d'apprécier les effets de la concurrence sur les prix de vente, on essaiera d'analyser les projets possibles d'augmentation de capacité des entreprises qui opèrent dans le même secteur. En effet, lorsqu'un projet d'investissement semble présenter une rentabilité élevée compte tenu des prix de vente en vigueur au moment de l'étude, il est fort probable que d'autres entreprises effectueront un calcul semblable. Dans ce cas, il faut alors prévoir une augmentation des capacités de production des entreprises concurrentes, ce qui modifiera les caractéristiques de l'offre et peut entraîner une baisse des prix.

Progrès de productivité

A moyen ou long terme, les progrès de productivité peuvent entraîner une baisse (en francs constants) des prix de vente. Dans certains secteurs en effet, les équipements construits dans le futur pourront, grâce au progrès technique, bénéficier d'une baisse des coûts d'investissement ou des frais d'exploitation qui, par les effets de la concurrence, se traduira par une diminution des prix. Il faut alors remarquer que l'équipement en cours d'étude, qui sera construit à brève échéance, ne pourra bénéficier de cette baisse des coûts (à moins qu'une modernisation totale ou partielle ne soit possible ultérieurement; par exemple, modification des catalyseurs, mais celle-ci sera rarement gratuite).

Petits investissements et grands investissements

Le prix de vente peut être dépendant ou non de la réalisation du projet étudié. Pour distinguer ces deux cas, J. Lesourne [1.7] appelle «petit investissement» un investissement dont la réalisation ne modifie pas le système des prix (même si l'on réalise plusieurs investissements du même type). Un «grand investissement» correspond alors à un projet dont l'importance est telle que l'accroissement des productions mises en vente sur le marché peut entraîner une baisse du prix de vente (le montant de cette baisse étant toujours très difficile à prévoir). Cette distinction est importante du fait que lorsque l'on recherche une solution optimale, non pour l'entreprise, mais pour la collectivité, les grands investissements posent des problèmes théoriques et pratiques différents et ne peuvent être étudiés directement au moyen des mêmes méthodes de calcul que celles qui sont utilisées pour les petits investissements (la notion de «surplus» actualisé se substituant alors à la notion de revenu actualisé).

C. Flux de trésorerie correspondant à des économies réalisées par l'investissement

Assez souvent, les biens ou services produits par un équipement ne font pas l'objet d'une commercialisation, mais sont utilisés à l'intérieur même de l'entreprise. Les «recettes» à introduire dans l'échéancier des mouvements de trésorerie correspondent alors à des économies que l'équipement étudié permettra de réaliser. Lorsque le projet entraîne la substitution d'une production interne à un achat à l'extérieur de l'entreprise, les «recettes» seront naturellement calculées en considérant une valorisation (prix de vente fictif) des produits égale en valeur absolue au coût qu'entraînerait l'achat de ceux-ci.

Pour des investissements de modernisation (automatisation par exemple), les économies correspondront à une diminution des frais d'exploitation : diminution des frais de personnel, des frais d'entretien, économies de matières premières ou d'utilités, etc. Lorsque ces économies portent sur des produits fabriqués à l'intérieur de l'entreprise (combustibles, utilités en raffinerie, par exemple), il faut affecter une valeur à ces produits en utilisant, comme nous l'avons vu ci-dessus, des «prix de cession internes».

Remarquons encore qu'il faudrait pouvoir, en théorie, quantifier **tous** les avantages (ou désavantages) à mettre au crédit (ou au débit) d'un projet. Nous avons évoqué les difficultés que cela présente.

1.2.7 Période d'étude et valeur résiduelle

Lors de l'étude d'un projet d'investissement, il convient d'effectuer des prévisions de flux de trésorerie sur l'ensemble de la durée de vie de l'équipement, en remarquant que la durée de vie physique d'un matériel est souvent différente d'une durée d'amortissement comptable.

La durée d'utilisation peut être limitée pour des raisons techniques par suite de l'usure du matériel ou pour des raisons économiques, augmentation des frais d'entretien avec l'âge ou obsolescence. Dans ce dernier cas, la date de déclassement de l'équipement devra elle-même être déterminée par un calcul économique (cf. chapitres 5 et 8). Nous supposerons provisoirement ce problème résolu et la période d'étude déterminée à partir d'une estimation a priori de la durée de vie des équipements étudiés.

Nous remarquerons cependant que les praticiens limitent souvent la période d'étude à 10, 15 ou 20 ans, même lorsque la durée d'utilisation peut être plus longue, ceci pour tenir compte des incertitudes qui pèsent sur les années très éloignées (mais les méthodes de calcul que nous utiliserons, s'appuyant sur l'actualisation, conduisent à attribuer un poids en général très faible à ces années éloignées, ce qui permet assez souvent de considérer cette pratique comme une approximation justifiée).

Valeur résiduelle et flux réels

A la fin de la période d'utilisation, un équipement déclassé peut dans certains cas faire l'objet d'une revente. Il lui correspondra un flux de trésorerie qui apparaîtra à la dernière année de l'échéancier. Rappelons que la valeur ainsi introduite n'est pas toujours positive; des **coûts résiduels** sont parfois à prévoir. C'est ainsi que, à la fin d'une exploitation minière, des dépenses sont nécessaires pour la remise en état du site. De même, le déclassement d'une centrale nucléaire ou d'une plate-forme de production pétrolière en mer peut entraîner des coûts relativement élevés.

Valeur résiduelle et prix fictif

Il arrive qu'un équipement déclassé soit réemployé, en totalité ou en partie, à d'autres usages que ceux qui ont été considérés pour le projet initial (matériel utilisé après déclassement comme matériel de secours par exemple).

D'autre part et comme indiqué ci-dessus, la période d'étude a pu être choisie de telle façon que la durée de vie de certains équipements sera plus longue que la période d'étude (des bâtiments, un pipeline, un bac de stockage, un barrage hydroélectrique, etc., peuvent avoir une durée d'utilisation très longue et souvent difficile à estimer).

Il convient alors, pour tenir compte de l'utilité de l'équipement au-delà de la période d'étude, de porter au crédit du projet, à la dernière année de l'échéancier des mouvements de trésorerie, la valeur de l'équipement, appelée «valeur résiduelle». Cette valeur peut être une valeur de revente; assez souvent cependant, la revente effective ne constitue pas une hypothèse réaliste et la valeur résiduelle est alors un flux de trésorerie fictif (analogue à un prix de cession interne) correspondant à une «valeur d'usage». La valeur d'usage est définie comme le prix que l'entreprise accepterait de payer pour disposer d'un matériel identique si le matériel considéré venait à lui faire défaut. Elle est souvent délicate à apprécier; mais, pour les raisons données ci-dessus (calculs de rentabilité s'appuyant sur l'actualisation), une erreur d'estimation sur un flux de trésorerie d'une année éloignée a beaucoup moins d'influence sur les résultats du calcul qu'une erreur effectuée sur des postes de recettes et de dépenses correspondant aux premières années de l'échéancier, ce qui permet d'accepter une estimation approximative.

En dehors de la valeur résiduelle de l'équipement proprement dit, il faudra également tenir compte de la valeur de certains biens qui ont pu être immobilisés pendant la durée de l'exploitation et qui pourraient être récupérés à la fin de la période d'étude. Il s'agit généralement :

- Du terrain et des bâtiments. Ce poste pose des problèmes d'estimation des plus-values ou moins-values qui peuvent apparaître entre le début et la fin de la période d'étude (les incertitudes étant souvent importantes, par exemple, dans des zones d'urbanisation rapide).
- Du fonds de roulement. Si la dépense correspondant à sa création est prise en compte au début de la période d'étude (comme cela a été indiqué lors de l'étude des coûts d'investissement), une recette devra de même apparaître à la dernière année de l'échéancier.

1.2.8 Décision de désinvestissement

Pour l'étude des décisions de désinvestissement (réduction de capacités), les recettes correspondent à des économies de frais fixes (frais de personnel, entretien, assurances, etc.) tandis que les dépenses correspondent à des pertes de marges (recettes moins frais variables) liées à la diminution des ventes.

Remarquons que lorsqu'une restructuration permet des économies de frais de personnel, ces économies peuvent être d'un montant très différent suivant les cas : réduction de personnel obtenue par départs naturels et diminution de l'embauche ou au contraire par licenciements ou incitations avec primes au départ.

1.2.9 Les frais financiers

Dans la mise en oeuvre des méthodes de calcul économique qui seront étudiées à partir du chapitre 3, la rémunération du capital est prise en compte par l'utilisation d'un taux d'actualisation. Ce taux représente un prix de cession interne du capital, prix auquel les services financiers cèdent le capital aux services techniques chargés de l'étude et de la réalisation des projets. L'utilisation de ce taux permet une décentralisation des décisions en séparant les activités des services financiers et des services techniques.

Dans la majorité des cas, le taux d'actualisation représente un coût associé à l'ensemble du capital de l'entreprise (fonds propres et capitaux empruntés); les frais financiers (intérêts des emprunts) et les remboursements d'emprunt ne doivent alors pas apparaître dans les échéanciers de flux de trésorerie.

Ils n'interviendront que dans certains cas (calcul de rentabilité «des capitaux propres» par exemple) qui seront étudiés aux chapitres 9 et 10. Jusqu'à ce point, nous nous limiterons à la présentation des méthodes de calcul de rentabilité globale et considérerons donc que les échéanciers de flux de trésorerie ne comportent aucun poste de frais financiers.

1.2.10 Comptabilité et échéancier de flux de trésorerie

La comptabilité a pour but d'enregistrer les produits et charges observés dans le passé. Insistons sur le fait que pour étudier une décision d'investissement, seuls les flux de trésorerie **futurs** [2] qu'entraînera la réalisation du projet sont à prendre en compte. Les données de la comptabilité ne sont donc pas utilisées en tant que flux de trésorerie; elles seront cependant utiles dans la mesure où elles facilitent les prévisions de recettes et de dépenses nécessaires à l'analyse d'un projet; en particulier, elles peuvent fournir des éléments pour déterminer de quelle façon certaines dépenses sont variables en fonction des paramètres définissant un projet (par exemple, de combien augmentent les frais de gestion et les frais généraux lorsque l'on construit une unité supplémentaire en raffinerie, en fonction de la taille de celle-ci et de sa complexité).

Il faut bien remarquer (nous reviendrons sur ce point au chapitre 6) que la comptabilité utilise des conventions différentes de celles qui ont été retenues pour définir des flux de trésorerie. Un flux de trésorerie représente la différence entre les encaissements et les décaissements qui seront imputables au projet. Comme un décalage dans le temps est possible entre la comptabilisation des produits et charges dans un compte de résultat et les mouvements de fonds

2. Exemple : Considérons une entreprise possédant des bâtiments qui pourraient recevoir un équipement dont l'achat est envisagé. Pour étudier le projet d'investissement, il est nécessaire de connaître les autres usages possibles des bâtiments considérés dans le cas où le projet ne serait pas réalisé et les flux de trésorerie qu'entraîneraient ces autres usages. Supposons par exemple que la vente constitue la seule hypothèse possible. C'est alors le prix de vente possible des bâtiments qu'il faudra prendre en compte pour étudier le projet : peu importe quel prix l'entreprise a payé dans le passé pour les acquérir (et s'il n'y a pas de fiscalité, peu importe sa valeur comptable. Si, par contre, l'entreprise est soumise à l'impôt, la valeur comptable est nécessaire au calcul des impôts et taxes correspondant à la plus-value ou moins-value réalisée lors de la vente).

correspondants, un échéancier de flux de trésorerie s'apparentera plus à un compte de trésorerie prévisionnel qu'à un compte de résultat prévisionnel.

En particulier, les flux de trésorerie ne doivent comporter aucun terme d'amortissement. L'amortissement, en effet, ne correspond pas à un mouvement de caisse : c'est un enregistrement comptable qui permet de présenter des résultats annuels (compte de résultat et bilan) en répartissant au moyen d'une convention les frais d'investissement sur une certaine durée (durée d'amortissement). Dans la construction d'un échéancier de flux de trésorerie, les dépenses d'investissement doivent apparaître à la date où elles donnent effectivement lieu à décaissement; considérer l'amortissement comme une dépense reviendrait donc à compter deux fois l'investissement.

Par contre, si l'entreprise est soumise à l'impôt sur le revenu des sociétés et si les prévisions conduisent à supposer que l'entreprise présentera des bénéfices positifs au cours des années à venir, il faudra pouvoir déterminer la contribution du projet aux bénéfices imposables et au montant de l'impôt. L'amortissement comptable sera alors un élément du calcul de l'impôt (cf. chapitre 6).

1.2.11 Conclusion. Prévisions et risques d'erreur

Les risques de sous-estimation des coûts d'investissement ou d'évaluation trop optimiste des revenus futurs sont biens connus. Il faut remarquer cependant qu'une attitude trop prudente présente également des dangers : ne pas investir en temps utile peut, par exemple, être la cause d'un retard technique difficile à rattraper par la suite, ou bien peut entraîner la perte de certains marchés au profit d'entreprises concurrentes plus dynamiques.

Confrontation des différentes opinions

Les risques d'erreurs de prévision des coûts et avantages associés à un projet d'investissement peuvent souvent être réduits par la confrontation de différents points de vue. Ceci est vrai pour les grands projets dont l'étude fait appel à des spécialistes d'horizons différents (praticiens des études de marché, techniciens, etc.). Egalement pour les petits projets, la décision d'achat ou de construction d'un matériel peut être éclairée par la prise en compte des avis des futurs utilisateurs de l'équipement et des utilisateurs assurant des services semblables.

Suivi des réalisations

Un autre procédé recommandé pour limiter les risques d'erreur de prévision consiste à confier à une même équipe la responsabilité d'études d'investissement et la responsabilité du suivi des projets en cours de réalisation; l'équipe fait une analyse systématique des causes des écarts observés entre les réalisations (coûts, délais, rendements, etc.) et les prévisions qui avaient été faites. Les renseignements ainsi obtenus sont utilisés lors de l'étude de nouveaux projets plus efficacement que s'ils devaient faire l'objet de communications et de transferts d'une équipe à une autre.

Analyse des coûts permettant d'atteindre un objectif donné

Lors de l'étude des projets importants, il est souvent difficile d'effectuer des prévisions relatives aux volumes des débouchés futurs et surtout aux prix de vente. Lorsque l'entreprise envisage de développer une activité correspondant à des options stratégiques de l'entreprise, il est encore plus difficile de baser la décision sur un calcul de rentabilité proprement dite : à l'incertitude sur les recettes s'ajoute le problème de l'évaluation des effets induits qui conduit, comme nous l'avons vu, à définir des objectifs en fonction de critères souvent plus qualitatifs que quantitatifs. Il est alors important d'analyser la compétitivité que l'entreprise peut présenter dans le domaine étudié (étude des points forts et des points faibles). Les risques qu'elle court sont, en effet, faibles si, compte tenu des moyens à sa disposition (brevets et connaissances techniques, personnel qualifié, etc.), elle peut obtenir des coûts de revient inférieurs à ceux des entreprises concurrentes (si les prix de vente baissent en période de conjoncture défavorable, ce sont naturellement les entreprises les moins bien placées qui en souffriront les premières).

L'étude quantitative s'appuiera alors beaucoup plus sur l'échéancier des dépenses permettant d'atteindre certains objectifs que sur une prévision de recettes.

Ceci constitue une des raisons pour lesquelles nous consacrerons une place importante à l'étude du coût de revient économique qui peut constituer un indicateur de compétitivité et qui est souvent utilisé lorsque l'on recherche une solution de moindre coût.

1.3 VARIANTES D'UN PROJET ET RELATIONS ENTRE PROJETS

Un projet d'investissement ne peut généralement pas être étudié sans tenir compte des autres projets existants ou possibles dans l'entreprise. D'une part, en effet, lorsqu'un problème d'investissement se présente, il est rare qu'il n'y ait qu'une seule façon de le résoudre : il faut alors effectuer l'étude de différentes variantes ; c'est ce point qui sera abordé dans un premier paragraphe. Par ailleurs, il convient d'analyser l'influence du projet sur les autres projets de l'entreprise ; dans les paragraphes suivants, nous donnerons donc quelques définitions et quelques indications relatives aux projets interdépendants.

1.3.1 La définition des variantes

Lorsqu'un problème d'investissement apparaît dans l'entreprise, il ne peut généralement pas se résumer (du moins lors des premières phases de l'étude) par une alternative du type : réaliser ou non un projet unique et parfaitement déterminé. Lorsque l'on envisage, par exemple, de lancer une fabrication ou d'augmenter une production, des questions vont se poser concernant les capacités de production à mettre en place, les procédés de fabrication à utiliser, etc.

Les réponses possibles à ces questions permettront de définir un ensemble de **variantes** qui constitueront autant de projets **incompatibles** – qui s'excluent mutuellement – entre lesquels il faudra effectuer un choix. Le premier souci des responsables de l'étude sera à ce niveau de n'oublier aucune solution possible (la recherche de ces solutions étant facilitée par une consultation aussi large que possible des spécialistes du problème étudié).

Les différences caractérisant les variantes d'un projet peuvent être de natures diverses :

- **Les caractéristiques techniques** peuvent être différentes dune variante à l'autre. Par exemple, une usine peut être plus ou moins automatisée. La fabrication d'essence sans plomb peut faire appel à différents procédés complémentaires ou concurrents. La production d'un gisement en mer peut s'effectuer à partir de supports fixes ou flottants, etc.
- **La localisation géographique**. Il s'agit naturellement d'un paramètre important dans les problèmes de distribution (la localisation d'un ou plusieurs dépôts peut souvent être choisie parmi plusieurs emplacements possibles). Pour une unité de production, citons le problème du choix entre une localisation proche des lieux de consommation et une localisation proche des sources d'approvisionnement en matières premières (près d'un port par exemple). Dans l'industrie pétrolière, les raffineries côtières et les raffineries de l'intérieur donnent un exemple des choix effectués dans le passé.
- **La taille de l'équipement** : capacité de production, capacité de stockage, de transport, etc. Il s'agit d'un paramètre qui peut varier de façon discrète ou continue. Le premier cas correspond à des équipements dont la fabrication (en tout ou partie) est standardisée. C'est ainsi que le diamètre de certaines conduites doit dans certains cas correspondre à un nombre pair de pouces. Dans le deuxième cas (lorsque la taille peut prendre une valeur quelconque, du moins entre certaines limites), on dira que l'ensemble des variantes constitue **une gamme continue d'investissement** (exemple : unité de raffinage ou de pétrochimie).
- **La date de réalisation** est également une caractéristique qui peut différencier certaines variantes. Ce paramètre peut être important et ne devra pas être négligé. Il apparaît naturellement dans les problèmes de renouvellement de matériel, de substitution d'une technique ancienne à une techni-

que plus récente (substitution d'avions à réaction aux avions à hélices, des locomotives électriques aux locomotives à vapeur, introduction de l'informatique, de la robotique, etc.).

- **La durée de réalisation** de certains travaux (construction de l'équipement) peut également dans certains cas faire l'objet d'un choix, la diminution de cette durée entraînant une augmentation des coûts d'investissement, mais permettant un démarrage plus rapide de l'exploitation et donc des recettes.
- **La durée d'utilisation**. Elle peut être plus ou moins longue et sa détermination doit faire l'objet d'un calcul économique. Ce problème sera étudié aux chapitres 5 et 8.

Flux de trésorerie différentiels

A chaque variante, un échéancier de flux de trésorerie sera associé. Dans certains cas, l'une des variantes sera considérée comme un projet de référence (cas de base). Les autres variantes peuvent alors être définies au moyen de différences calculées par rapport au cas de base. Les flux de trésorerie ainsi définis sont appelés **flux de trésorerie différentiels** . Cette présentation peut être utile lorsque des études préliminaires ont montré qu'un investissement était nécessaire (la solution qui consiste à ne rien faire étant écartée) et que l'on recherche des améliorations possibles à partir d'une solution dont la rentabilité a déjà été prouvée.

Prenons un exemple et considérons un projet A de construction d'un atelier peu automatisé, projet qui constitue un «cas de base» et une variante possible B consistant à construire un atelier plus automatisé (tableaux 1.1 et 1.2).

Schématiquement, effectuer l'étude de l'échéancier des flux de trésorerie différentiels revient à présenter le problème de façon un peu différente en substituant à la question «*comparer les projets A et B*» la question «*doit-on*

TABLEAU 1.1
ECHEANCIER DES FLUX DE TRESORERIE

(MF)

	Années	0	1	2	3	...
PROJET *A*	a) Investissement	200				
	b) Recettes		120	120	120	
	c) Frais d'exploitation ..		70	70	70	
	Flux de trésorerie (b – a – c)	–200	50	50	50	
PROJET *B*	Investissement	250				
	Recettes		120	120	120	
	Frais d'exploitation		55	55	55	
	Flux de trésorerie	–250	65	65	65	

TABLEAU 1.2
ECHEANCIER DES FLUX DE TRESORERIE DIFFERENTIELS

(MF)

Années	0	1	2	3	...
Investissement	50				
Recettes		0	0	0	
Frais d'exploitation		– 15	– 15	– 15	
Flux de trésorerie	– 50	+ 15	+ 15	+ 15	

réaliser le supplément d'investissement qui permet de passer du projet A au projet B ?» .

Ceci revient dans notre cas à poser le problème sous la forme «*effectuer ou non l'automatisation de l'atelier considéré*» (nous remarquerons toutefois qu'il ne s'agit pas d'étudier un projet d'automatisation d'un atelier existant, mais d'étudier une modification d'un projet initial, le cas de base, avant toute réalisation).

Soulignons encore une fois qu'**un calcul s'appuyant sur un échéancier de flux de trésorerie différentiels ne peut être utilisé que dans la mesure où la rentabilité du cas de base a elle-même été préalablement établie.**

La variante «ne rien faire»

Lorsqu'aucun projet n'a été choisi comme cas de base, le cas de référence est le statu quo. Cependant, les flux de trésorerie à utiliser doivent également être des flux de trésorerie différentiels (même si c'est souvent fait dans la pratique de façon implicite), toutes les recettes et dépenses de chaque projet étant estimées par comparaison avec la variante «ne rien faire». Ceci implique que cette variante a fait l'objet d'une étude suffisante permettant de répondre de façon assez précise à la question «que se passera-t-il si aucun investissement n'est réalisé ?».

> ***Exemple.***
>
> *L'étude d'un investissement de modernisation ou de remplacement doit tenir compte de l'augmentation des frais d'entretien ou d'exploitation qui pourrait intervenir si l'investissement n'était pas réalisé, par suite de l'usure des équipements existants (dans ce cas, le problème peut consister à rechercher la date à laquelle doit être fait l'investissement).*

L'étude du statu quo prend une importance particulière lorsque la décision à prendre est relative à un désinvestissement.

Enfin il est primordial, avant toute référence à une variante «ne rien faire», de bien s'assurer que celle-ci est viable. Prenons encore un exemple. Des projets de construction d'unités de conversion ou d'économie d'énergie dans une petite raffinerie peuvent présenter une bonne rentabilité. Il est bien évident cependant que la décision de réalisation ne pourra être prise qu'après vérification de la justification du maintien en service de la raffinerie sur une période suffisamment longue; l'étude de la possibilité d'une fermeture à court ou moyen terme est dans ce cas un préalable indispensable.

1.3.2 Projets dépendants et projets indépendants : définitions

On appelle «projets indépendants» deux projets tels que l'échéancier des flux de trésorerie de l'un n'est pas modifié par le fait que le second sera ou non réalisé.

L'incompatibilité entre deux projets, définie plus haut, constitue un cas particulier de dépendance (la réalisation de l'un rendant impossible la réalisation de l'autre).

Exemple 1.

Considérons les projets de construction de deux points de vente peu éloignés l'un de l'autre. Ces deux projets seront dépendants si, en raison de leur proximité, le volume de vente de l'un d'eux est fonction du fait que le deuxième sera ou non construit (le second attirant alors une clientèle qui se serait adressée au premier).

De façon plus générale, seront dépendants des projets qui utilisent une même ressource dont la quantité est limitée : terrain, matière première, débouché commercial, etc. Si la limitation de disponibilité de cette ressource est telle que la réalisation d'un premier projet rend impossible (ou anti-économique de façon évidente) la réalisation d'un deuxième projet, alors les projets considérés sont incompatibles.

Exemple 2.

Considérons un projet de construction d'un pipeline de pétrole brut permettant de transporter la production d'un important gisement en mer vers la côte. Considérons un deuxième projet relatif à la mise en exploitation d'un petit gisement récemment découvert et proche du trajet envisagé pour le pipeline. La construction de la conduite peut améliorer très sensiblement l'intérêt de la découverte, les coûts d'évacuation étant réduits par la mise en place d'une antenne branchée sur le pipeline. Inversement, la taille de l'oléoduc et éventuellement son tracé peuvent être à modifier si la décision d'exploitation du petit gisement est prise.

Lorsque deux projets dépendants sont tels que la réalisation du premier permet **d'améliorer** les revenus (ou de diminuer les dépenses) du second, on dit que le second est «complémentaire» du premier. C'est le cas de l'exemple précédent : les projets de construction du pipeline et de mise en production du petit gisement sont deux projets complémentaires.

1.3.3 Étude de projets interdépendants : l'approche globale

Il est clair que des projets interdépendants ne pourront, du moins sans précautions, être étudiés de façon séparée. On peut alors considérer l'ensemble des projets dépendants comme un seul projet et effectuer une «étude globale» de cet ensemble. Ce sera possible si le nombre de projets interdépendants et le nombre de variantes à considérer pour chaque projet élémentaire est assez petit (c'est le cas des deux exemples qui ont été présentés au paragraphe précédent).

Mais le nombre de combinaisons à envisager devient vite très élevé lorsque le nombre de projets élémentaires et le nombre de variantes augmentent.

Exemple 1.

Une entreprise désire développer son réseau de distribution et envisage d'augmenter le nombre de ses dépôts de produits finis. Mais la rentabilité de l'implantation d'un dépôt en un lieu donné dépend de l'implantation d'autres dépôts voisins. Il est donc nécessaire d'effectuer une étude globale qui permettra de prendre en compte l'ensemble des dépôts à construire sur tout le territoire couvert par l'activité de distribution de l'entreprise. On peut alors envisager d'effectuer le calcul pour chaque réseau possible de dépôts (ces réseaux correspondant à des projets incompatibles). Mais si on appelle n le nombre d'emplacements possibles, le nombre de réseaux composés avec un dépôt au plus à chaque emplacement possible est égal à 2^n (puisqu'à chaque emplacement, il existe deux possibilités : construire ou non un dépôt).

Lorsque n est supérieur à quelques dizaines, le nombre de cas à étudier dépasse les possibilités de calcul des ordinateurs les plus puissants et il peut alors être utile de recourir à des méthodes de recherche opérationnelle (programmation combinatoire) (cf. bibliographie du chapitre 11).

Exemple 2.

De façon semblable, des unités à construire dans une même raffinerie correspondent à des projets dépendants les uns des autres. C'est ainsi que les adaptations nécessaires à la production d'essences sans plomb peuvent conduire à l'étude du remodelage d'une unité de reformage permettant d'obtenir des bases d'indice d'octane élevé. Supposons également envisagée une extension d'une unité de craquage catalytique. La réalisation de ce dernier projet modifiera les conditions d'utilisation des essences provenant d'autres unités ; elle modifiera par conséquent les paramètres de dimensionnement et de réglage de l'unité de reformage.

La taille de chaque unité peut prendre une valeur quelconque (entre certaines limites), ce qui correspond à une infinité de variantes (gamme continue d'investissement). De plus et comme nous l'avons déjà vu, le calcul des frais d'exploitation nécessite de connaître la façon dont seront gérés ces équipements (type de charge, sévérité de fonctionnement, allure de marche, etc.). Pour pouvoir effectuer une étude globale (sous certaines hypothèses), on peut alors faire appel à des modèles de programmation mathématique qui permettent de déterminer simultanément les dimensions optimales des unités à construire et les paramètres de gestion (cf. chapitre 11).

Les limites de l'approche globale

Si l'on veut représenter de façon précise les caractéristiques de nombreux projets interdépendants, on peut être conduit à construire des modèles mathématiques de grande taille; ceux-ci peuvent demander un travail et des temps de calcul très importants aussi bien pour leur mise au point que pour leur exploitation. Ces modèles ne pourront donc le plus souvent être utilisés que pour définir dans ses grandes lignes un programme d'investissement global ou concernant les projets les plus importants. Aussi, chaque fois que cela est possible et surtout pour des petits projets, on essaiera d'analyser séparément chaque projet au moyen d'une approche marginale. Nous reviendrons sur ce point au chapitre 11.

1.3.4 Étude décentralisée des projets et approche marginale

Reprenons quelques-unes des causes d'interdépendance entre différents projets d'investissements :

- certains biens ou services produits par l'un des équipements en projet peuvent être utilisés par un autre équipement également en projet;
- la réalisation des projets étudiés entraîne la consommation ou la production

de biens identiques, semblables ou substituables, ou bien conduit à utiliser une même ressource disponible en quantité limitée.

Ces relations de dépendance mettent en jeu des produits, des services ou des ressources auxquels on peut affecter des prix de cession interne ; ces prix (s'ils ont été définis de façon convenable) pourront permettre une étude indépendante de certains projets.

Exemple.

Soit un problème d'investissement relatif aux moyens de transport permettant d'approvisionner un dépôt de distribution de produits pétroliers. Supposons que ce dépôt peut être approvisionné, soit par une raffinerie R_1, soit par une raffinerie R_2 appartenant à la même entreprise. La résolution du problème considéré nécessite la connaissance du coût des produits à la sortie des raffineries R_1 et R_2 (le dépôt sera en effet relié à la raffinerie à partir de laquelle la somme du coût des produits et du coût de transport est la plus faible). Or, le coût des produits est fonction des projets d'extension des capacités des unités de traitement dans chacune des raffineries. Cependant, une étude décentralisée du projet pourra être effectuée si l'on connaît, au moins dans ses grandes lignes, le programme d'investissement en raffinerie. Pour préciser, supposons maintenant que ce programme soit le résultat d'une optimisation effectuée à l'aide d'un modèle de programmation mathématique. De tels modèles ne permettent pas seulement de déterminer les paramètres de dimensionnement et de gestion des équipements. Ils fournissent également la valeur de « variables duales » qui représentent les coûts marginaux associés aux différentes contraintes du modèle. C'est ainsi que l'on pourra déterminer la valorisation marginale des pétroles bruts, le coût marginal du combustible interne, les coûts marginaux des produits finis, etc. La connaissance de ces coûts marginaux de produits finis, utilisés comme prix de cession interne, permettra une approche « marginale » du problème d'approvisionnement d'un dépôt, en considérant qu'il s'agit d'un investissement « à la marge » du programme d'investissement en raffinerie.

D'une façon semblable, pour étudier la rentabilité d'un investissement permettant une récupération de chaleur en raffinerie, on affectera au combustible économisé un prix de cession interne égal au coût marginal de production de ce combustible.

1.3.5 Problèmes de déclassement et remplacement

Nous avons indiqué ci-dessus que la date de déclassement d'un équipement devait être le résultat d'un calcul économique. Mais il n'est pas possible de comparer des revenus ou des coûts associés à des échéanciers correspondant à des durées d'utilisation différentes sans faire d'hypothèses sur les décisions qui seront prises après déclassement.

Si l'équipement considéré doit être remplacé après déclassement, sa durée d'utilisation optimale sera fonction des caractéristiques de l'équipement de remplacement. De la même façon, la date de déclassement optimale de ce deuxième équipement sera fonction des hypothèses relatives au matériel qui le remplacera et ainsi de suite.

Ainsi, les différents équipements d'une suite de déclassements et remplacements correspondent à des projets interdépendants. Pour effectuer une étude de l'ensemble de ces projets, il faudrait repousser à l'infini la fin de la période d'étude. Ces problèmes de durée de vie optimale et de remplacement seront abordés aux chapitres 5 et 8.

Points repères

La politique d'investissement doit s'inscrire dans le cadre d'une planification stratégique.

Les flux de trésorerie associés à un projet d'investissement sont définis comme la différence entre des encaissements et décaissements.

Le détour par la comptabilité (et en particulier le calcul d'amortissements comptables) ne s'avère nécessaire, éventuellement, que pour la détermination de l'assiette fiscale et de l'impôt.

Il est important d'avoir correctement défini la situation de référence (non réalisation du projet) par rapport à laquelle les flux de trésorerie doivent être estimés.

2 | *Les critères empiriques*

«Deux excès : exclure la raison, n'admettre que la raison».
Blaise Pascal

Au cours de ce chapitre et des chapitres suivants, nous supposerons parfaitement quantifiées les conséquences d'une décision d'investissement. Nous supposons de plus qu'il n'y a pas d'érosion monétaire.

Ayant défini le (ou les) échéancier(s) des flux de trésorerie associés à un (ou des) projet(s) d'investissement, nous devons maintenant essayer d'en apprécier l'intérêt économique de façon à éclairer les décisions à prendre :

- Si l'on considère un projet unique, indépendant de tout autre projet de l'entreprise, la décision à étudier est de réaliser ou non le projet.
- Si plusieurs projets incompatibles sont en concurrence, on éliminera tout d'abord ceux qui ne sont pas intéressants, c'est-à-dire ceux qui auraient entraîné une décision de rejet s'ils avaient été étudiés individuellement comme des projets uniques et indépendants. Parmi les projets restants, il conviendra alors d'effectuer un choix.

Une première remarque de bon sens conduira en général à rejeter les projets qui ne permettraient pas de dégager des revenus supérieurs aux coûts générés par leur réalisation. Autrement dit, un premier «crible» consistera à effectuer pour chaque projet la somme algébrique des flux de trésorerie et à vérifier que celle-ci est positive, c'est-à-dire que les revenus attendus de l'exploitation permettront au moins de rembourser le montant de la mise de fonds initiale.

Il est bien clair cependant que cette condition n'est pas suffisante pour retenir un projet. Il faut également remarquer qu'elle n'est pas toujours nécessaire. Nous étudierons par exemple (chapitre 4) un projet qui permet d'accélérer une production. Les dépenses d'investissement correspondantes peuvent être justifiées, non par un accroissement des recettes, mais par le fait que ces recettes seront rapprochées dans le temps.

Avant de définir l'actualisation et les critères d'évaluation des investissements qui s'en déduisent, nous présenterons deux critères simples d'usage courant : le taux de rendement comptable et la durée de récupération du capital. Ceux-ci ne font pas appel à l'actualisation et permettent d'avoir une première idée, grossière mais rapide, de l'intérêt d'un projet.

2.1 LE TAUX DE RENDEMENT COMPTABLE

2.1.1 Définitions

Pour qu'un projet soit retenu, il faut non seulement qu'il permette de rembourser le capital, mais également qu'il assure une certaine rémunération de ce capital. Les taux de rendement, ou taux de rentabilité, ont pour but de mesurer la rémunération du capital permise par les revenus attendus du projet.

Le taux de rendement comptable fait l'objet de plusieurs définitions (on rencontre d'ailleurs différentes appellations : taux de rentabilité comptable, taux moyen de rendement, taux de rentabilité simple ; en anglais : *conventional return on investment, book rate of return*).

Il s'agit d'un ratio semblable à ceux qui sont utilisés par les spécialistes de gestion financière pour apprécier la rentabilité d'une entreprise. Un taux de rendement comptable peut être défini année après année, pour chacune des années de la période d'étude. Il s'agit alors du rapport du bénéfice comptable d'une année à la valeur nette comptable du capital immobilisé.

Il peut également être défini sur l'ensemble de la durée de vie du projet, de façon à prendre une valeur unique. Le taux de rendement comptable est alors le rapport d'un revenu moyen annuel au coût de l'investissement. Les différences existant entre les différentes définitions proviennent du fait qu'un revenu peut être défini comme un bénéfice brut ou un bénéfice net (amortissements déduits) et qu'au dénominateur peut apparaître le coût de l'investissement initial ou bien une valeur moyenne des immobilisations nettes (c'est-à-dire la moyenne des valeurs nettes comptables [1]).

Nous nous limiterons à deux de ces définitions et donnerons un exemple numérique.

A. Définition 1

Le taux de rendement comptable (de l'investissement initial) θ_1 est égal au rapport du revenu moyen annuel net au coût initial de l'investissement.

Le revenu moyen annuel net peut être calculé comme la moyenne arithmétique des bénéfices comptables nets (amortissements déduits, mais charges financières exclues) ou, ce qui revient au même, comme la somme algébrique des flux de trésorerie (cette somme représentant le revenu total net) divisée par le nombre d'années d'exploitation.

1. La valeur nette comptable est égale à la valeur brute comptable (montant de l'investissement) diminuée des amortissements réalisés au cours des années précédentes.

Dans cette définition, le revenu moyen annuel est rapporté au montant du capital initial, alors que le capital immobilisé est en fait décroissant au cours du temps au fur et à mesure de l'usure de l'équipement. Une deuxième définition permet de pallier, en partie, cet inconvénient.

B. Définition 2

Le taux de rendement comptable (de l'investissement moyen) θ_2 est égal au rapport du revenu moyen annuel net à la valeur moyenne du capital immobilisé.

Considérons le cas où la dépréciation de l'équipement est continue et constante sur la période d'étude. Supposons de plus la valeur résiduelle nulle en fin de période. La valeur moyenne du capital immobilisé est alors égale à la moitié du montant de l'investissement. Le taux θ_2 est dans ce cas égal au double du taux θ_1.

Exemple.

Une entreprise envisage l'achat d'une machine, notée A, qui pourra être exploitée pendant 5 ans. L'achat et la mise en place, effectués à l'année 0, entraînent une dépense d'investissement de 10 000 F. Pour chacune des années 1 à 5, les flux de trésorerie prévisionnels (recettes moins dépenses d'exploitation) sont estimés à 3 000 F/an.

Le revenu net total est alors :

$$5 \times 3\,000 - 10\,000 = 5\,000\ F$$

Le revenu moyen annuel est obtenu en rapportant le revenu total au nombre d'années d'exploitation :

$$\frac{5\,000}{5} = 1\,000\ F/an$$

Si l'on suppose l'amortissement linéaire sur 5 ans, le revenu moyen annuel peut également être calculé comme la différence entre le revenu brut d'exploitation (3 000 F) et l'amortissement (10 000/5 = 2 000 F), puisque chacun de ces deux termes est constant sur la durée d'exploitation.

Le taux de rendement comptable θ_1 obtenu en rapportant le revenu moyen annuel au montant de l'investissement est alors égal à :

$$\frac{1\,000}{10\,000} = 0{,}1$$
$$\theta_1 = 10\ \%$$

En supposant une perte de valeur continue et la perte cumulée proportionnelle à l'âge du matériel, le taux de rendement de l'investissement moyen θ_2 serait égal au double, soit :

$$\theta_2 = 20\ \%$$

2.1.2 Taux de rendement et décision d'acceptation ou de rejet

Pour pouvoir prendre une décision de réaliser ou de rejeter un projet, il faut que l'entreprise définisse un taux de rémunération minimum de son capital ou un taux d'intérêt auquel elle pourrait emprunter le montant de l'investissement (il s'agira en fait d'un emprunt interne à l'entreprise effectué auprès des services financiers par les services techniques), les remboursements et les paiements d'intérêts étant effectués grâce aux revenus de l'exploitation.

Le taux de rendement comptable a pour but, comme un taux d'intérêt, de mesurer la rémunération du capital investi et, comme un taux d'intérêt, il peut s'exprimer en pourcentage. Il faut cependant bien remarquer qu'un taux de rendement comptable n'est pas en général directement comparable à un taux d'intérêt. En effet, il ne tient pas compte des dates effectives auxquelles les flux de trésorerie interviennent (seule la moyenne arithmétique est utilisée) alors qu'il s'agit d'un élément nécessaire pour effectuer le calcul d'un taux d'intérêt. Nous verrons plus loin comment on peut effectuer un tel calcul qui conduit à la définition d'un «taux de rentabilité interne» [2].

Précisons que taux de rendement comptable et taux de rentabilité interne sont égaux dans le cas de projets dont les revenus sont constants sur une période de durée infinie [3]. Le taux de rendement comptable peut donc être considéré comme une valeur approchée du taux de rentabilité interne pour des projets d'une longue durée et dont les revenus seront assez stables.

Dans le cas général cependant, il s'agit d'un instrument de mesure grossier de la rémunération possible du capital; **le taux de rendement comptable ne peut donc pas constituer un critère d'acceptation ou de rejet d'un projet d'investissement.** Tout au moins, il ne peut constituer un critère précis et ne permettra de prendre la décision que dans des cas particuliers : projets présentant

---

2. Dans l'exemple précédent, le taux de rentabilité interne, taux auquel on pourrait emprunter les 10 000 F de l'investissement pour les rembourser au moyen des revenus de l'exploitation (3 000 F/an) est égal à 15,2 %. Le taux θ_1 sous-estime donc la rentabilité du projet tandis que le taux θ_2 correspond à une évaluation par excès (ce résultat, obtenu sur un cas particulier, est assez général).

3. Il s'agit d'un cas limite auquel il est souvent fait référence en théorie financière car il permet des calculs très simples. Remarquons que, lorsque la durée de vie est finie et les flux de trésorerie quelconques, il est possible sous certaines hypothèses de relier taux de rentabilité interne et taux de rendement comptable annuels (ou résultats comptables annuels) [2.1] [2.3] [2.6].

des taux de rendement comptable très élevés ou au contraire très petits ou encore projets retenus en fonction de critères qualitatifs et pour lesquels on souhaitera seulement vérifier que le taux de rendement est d'un ordre de grandeur acceptable.

2.1.3 Comparaison de différents projets

Si le taux de rendement ne permet pas de prendre une décision de réaliser ou non un projet, on peut se demander s'il peut être utilisé comme un moyen de comparaison de différents projets. Pour montrer qu'il n'en est rien et que ce critère ne permet pas d'effectuer un classement entre projets incompatibles, nous reprendrons et complèterons l'exemple précédent. Considérons les hypothèses énoncées ci-dessus : possibilité d'achat à l'année 0 d'une machine *A* (coût : 10 000 F) dont l'exploitation entraînera des flux de trésorerie de 3 000 F/an pendant 5 ans. Supposons de plus que l'entreprise a le choix entre la machine *A*, une deuxième machine *B* ou une troisième *C*. Le prix d'achat de chacune des machines est le même : 10 000 F. Leurs durées de vie sont égales. Les prévisions de revenus sur les 5 années de l'exploitation sont données par le tableau 2.1 (il s'agit d'un exemple très schématique qui n'a pas la prétention d'être représentatif d'un cas réel). La machine *B*, de technologie plus nouvelle, entraîne des frais de démarrage importants tandis que la machine *C* donnant de bons résultats dans les premières années demande ensuite des frais de maintenance élevés.

TABLEAU 2.1
ECHEANCIER DES FLUX DE TRESORERIE

(kF)

Années	0	1	2	3	4	5
Machine A	– 10	3	3	3	3	3
Machine B	– 10	1	2	3	4	5
Machine C	– 10	5	4	3	2	1

Le revenu net total dégagé par chaque projet est le même :

$$15\ 000 - 10\ 000 = 5\ 000 \text{ F.}$$

La durée d'exploitation et le montant de l'investissement initial étant identiques, le taux de rendement comptable sera le même, soit :

$$\theta_A = \theta_B = \theta_C = 10\ \%$$

Ce critère ne nous permet pas de choisir entre les trois projets. Il est clair cependant que la machine *C* sera préférée à la machine *A* qui sera elle-même préférée à la machine B; en effet, à chaque année n, la somme cumulée des revenus de l'année 1 à l'année n, obtenue par l'utilisation de la machine C est, quel que soit n, supérieure ou égale à la somme correspondante obtenue par l'utilisation de la machine B. En d'autres termes, à tout instant, la machine C aura permis de «récupérer» une somme plus importante que celles qui seraient dégagées par les deux autres machines et cette somme pourra être utilisée pour rembourser des emprunts ou effectuer d'autres investissements.

Le critère du taux de rendement comptable est donc inutilisable pour comparer (du moins de façon précise) l'intérêt économique de différents projets. Dans cet exemple, la raison en est que la méthode de calcul conduit à attribuer la même valeur à 1 000 F reçus à une date rapprochée et à 1 000 F reçus à une date éloignée dans le futur, alors que pour tout investisseur, de façon générale, l'utilité d'une somme disponible rapidement est supérieure à celle d'une somme identique mais disponible plus tard.

2.2 LE TEMPS DE RÉCUPÉRATION

2.2.1 Définition

Le temps de récupération d'un projet est égal à la durée d'exploitation de l'équipement nécessaire pour que les revenus dégagés permettent de récupérer le montant de l'investissement.

Ce critère est également appelé durée de remboursement (ou de recouvrement) du capital, ou temps de retour; en anglais : *pay-out* (ou *pay-back*) *time* (ou *period*).

L'année de récupération est l'année T à partir de laquelle la somme algébrique des flux de trésorerie F_k (somme cumulée jusqu'à l'année T) devient positive :

$$\sum_{k=0}^{T} F_k > 0$$

(cf. fig. 2.1).

Lorsque les flux de trésorerie correspondant aux années d'exploitation peuvent être supposés constants (ou peu variables) au cours du temps, la durée de récupération est égale au rapport du montant de l'investissement à la moyenne des flux de trésorerie (revenus bruts) des années d'exploitation :

$$D = \frac{I}{F_m}$$

I : montant de l'investissement;
F_m : flux de trésorerie d'une année d'exploitation «moyenne».

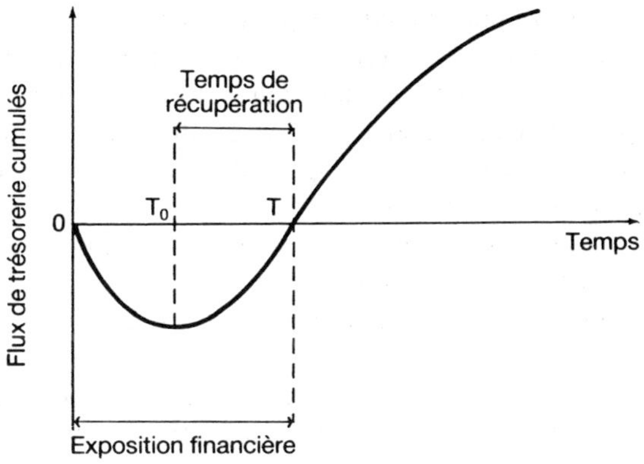

T_0 : démarrage exploitation.

Fig. 2.1 Temps de récupération

Remarque. La détermination d'une durée nécessite la définition d'une origine des temps. L'origine considérée dans la définition ci-dessus correspond à la date de démarrage de l'exploitation. Cette convention n'est pas la seule à être employée; certains auteurs ou certaines entreprises calculent des temps de récupération définis à partir du début des travaux de construction ou de mise en place de l'équipement. Lorsqu'il s'agit d'une durée déterminée à partir de la date où sont effectuées les premières dépenses, elle est parfois nommée «durée d'exposition financière» (fig. 2.1).

2.2.2 Durée de récupération et décision de réalisation ou de rejet

Pour utiliser le temps de récupération comme un critère de réalisation d'un projet donné, il faut se donner un temps de retour maximum de référence. Dans la pratique cela est parfois fait de façon empirique en fonction de la durée de vie estimée de l'équipement.

Mais le temps de récupération maximum peut être aussi défini dans certains cas de façon que son utilisation soit cohérente, au moins dans une première approche, avec l'utilisation des critères utilisant l'actualisation (cf. chapitre 4, section 4.4). Il n'existe pas de règles simples dans le cas général. Il est cependant possible d'y recourir lorsque l'on s'intéresse à certaines classes de projets et particulièrement lorsque l'on considère des projets qui présentent des flux de trésorerie constants (ou à peu près) sur la durée d'exploitation. Nous y reviendrons en fin de chapitre 4.

L'intérêt de ce critère réside alors dans sa simplicité. Il peut être ainsi utilisé pour des décisions décentralisées relatives à des investissements de faible montant.

En avenir incertain, pour l'étude de projets risqués, le temps de retour est fréquemment utilisé. le seuil maximum est défini en fonction des incertitudes qui pèsent sur les possibilités de recettes futures. Ce critère permet de traduire le désir de l'entreprise de ne pas réaliser de projets dont la rentabilité s'appuierait sur des prévisions de revenus trop éloignés dans le temps et donc considérés comme entachés d'un risque trop élevé.

L'analyse des risques (politiques, économiques, commerciaux, techniques, etc.) dépasse le cadre de ce chapitre. Précisons cependant que lorsqu'ils sont élevés, le décideur est très souvent particulièrement sensible à deux paramètres : le montant maximum des dépenses cumulées (parfois appelée l'exposition financière maximum) et la durée de récupération calculée non à partir du début de l'exploitation, mais à partir de la date des premiers décaissements (durée d'exposition financière).

2.2.3 Comparaison de projets incompatibles

Lorsque l'on désire comparer différents projets incompatibles, en utilisant un critère de temps de récupération, il semble assez naturel de retenir le projet qui présente le temps de récupération le plus court.

Exemple.

Machine A. *En reprenant les hypothèses de l'exemple précédent, la durée de récupération correspondant au projet d'achat de la machine A est :*

$$T_A = \frac{10\,000}{3\,000} = 3,33 \text{ ans}$$

Machine B. *La somme des revenus d'exploitation des 4 premières années est égale à :*

$$1\,000 + 2\,000 + 3\,000 + 4\,000 = 10\,000 \text{ F}$$

et permet exactement de rembourser le capital :

$$T_B = 4 \text{ ans}$$

Machine C. *Une exploitation pendant 2 ans permet de récupérer 9 000 F, une exploitation pendant 3 ans : 12 000 F. Si l'on suppose donc le revenu de l'année 3 régulièrement réparti tout au long de l'année, on obtient une durée de récupération de :*

$$T_C = 2,33 \text{ ans.}$$

En effectuant un classement des projets par temps de récupération croissants, on obtient le classement (présenté ci-dessus) C, A, B correspondant à un raisonnement élémentaire s'appuyant sur la préférence pour des encaissements plus rapides (cf. fig. 2.2).

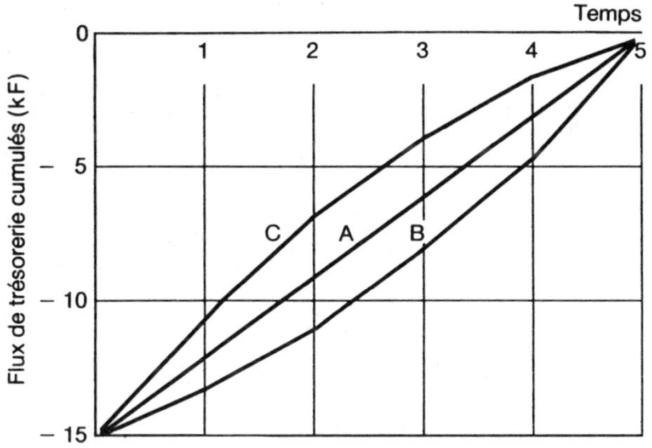

Fig. 2.2 Comparaison de projets

L'avantage du critère du *pay-out*, par rapport au critère du taux de rendement comptable, est qu'il tient compte, d'après sa définition même, des échéances correspondant aux encaissements futurs et traduit la préférence de l'investisseur pour des rentrées de fonds rapides. Ceci n'est cependant vrai qu'en partie : **deux projets ayant même durée de récupération peuvent permettre des encaissements plus ou moins rapprochés au cours des années qui précèdent la date de récupération**. Ce serait le cas si les trois machines *A*, *B*, et *C* coûtaient chacune à l'achat 15 000 F au lieu de 10 000 F (elles auraient alors même durée de récupération : 5 ans, alors que le classement «de bon sens» resterait, dans l'ordre : *C*, *A*, *B*) (cf. fig. 2.3).

Enfin, **le temps de récupération néglige tous les revenus postérieurs à la date de récupération.** C'est ainsi que, si l'on introduit dans notre exemple une quatrième machine *D* présentant l'échéancier des flux de trésorerie du tableau 2.2, cette machine a même durée de récupération que *C*, alors qu'elle lui est évidemment préférable.

TABLEAU 2.2
ECHEANCIER DES FLUX DE TRESORERIE
Machine D

(kF)

Années	0	1	2	3	4	5
Flux de trésorerie ...	– 10	5	4	3	3	3

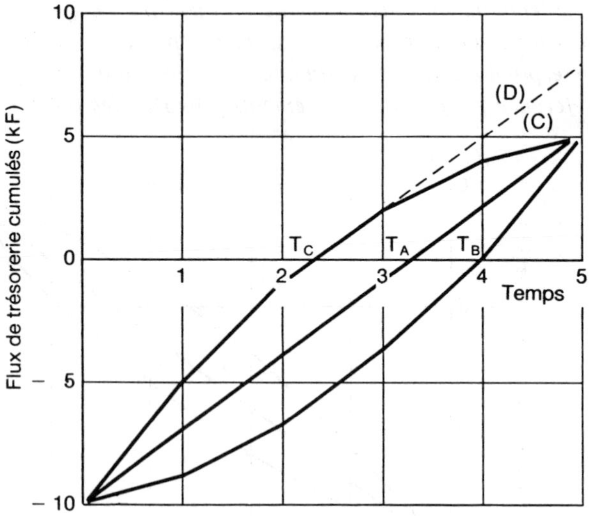

Fig. 2.3 Projets présentant même temps de retour

Ces remarques conduisent à une conclusion semblable à celle qui a été énoncée ci-dessus pour le taux de rendement comptable : le temps de récupération ne peut être utilisé comme un critère précis et général ni pour une décision d'acceptation ou rejet d'un projet, ni comme critère de choix entre projets incompatibles.

Le principal intérêt des critères du taux de rendement comptable et du *pay-out* réside principalement dans leur simplicité, qui permet un calcul rapide et une présentation des résultats facilement compréhensibles par tous.

Ils peuvent être utiles au stade des premières études pour lesquelles on ne dispose pas encore de données détaillées.

Résumé

Le taux de rendement comptable mesure un revenu moyen annuel par franc investi.

Le temps de récupération *(pay-out time)* est le délai nécessaire pour que les revenus d'un projet aient permis de rembourser la mise initiale. Ce délai est en général mesuré à partir du début de l'exploitation.

Ces critères permettent de donner des ordres de grandeur de façon simple et parlante.

Il s'agit cependant de critères empiriques qui ne peuvent constituer, dans le cas général, des critères précis d'évaluation. Ils peuvent pourtant, dans certains cas, conduire à des règles cohérentes, tout au moins de façon approchée, avec les critères utilisant l'actualisation. Leur utilisation peut alors faciliter une décentralisation des décisions pour l'étude de projets de coût peu élevé.

Enfin, le critère du temps de récupération est fréquemment employé de façon empirique comme un critère de rejet pour des investissements qui présentent un degré de risque élevé.

3 Les fondements de l'actualisation

Dans ce chapitre, nous présenterons les premières définitions et les fondements de l'actualisation. L'étude plus complète du coût du capital et la détermination d'un taux d'actualisation dans l'entreprise feront l'objet du chapitre 9.

Une première façon de comparer des sommes d'argent disponibles à des dates différentes consiste à leur attribuer une valeur subjective prenant en compte la «**préférence pour le présent**» d'un agent économique. Elle conduit à la définition de coefficients et de taux d'escompte psychologique. Ces concepts seront introduits en première section et feront l'objet de compléments en sections 3.8 et 3.9. Ils sont utiles pour l'étude et la compréhension du comportement d'un consommateur devant effectuer des choix intertemporels. Dans l'entreprise cependant, l'actualisation est définie par référence au **coût du capital**[1]. Les raisonnements correspondants seront présentés d'abord sous des hypothèses simplifiées (en avenir certain : marché parfait du capital, existence d'une source unique de financement), puis pour une entreprise disposant de différentes ressources en capital.

Nous présenterons ensuite quelques formules d'usage courant qui sont reprises dans les tables d'actualisation ou par les calculatrices financières. En section 3.7 nous aborderons les calculs d'actualisation dans le cas où le temps est considéré comme une variable continue. Ces calculs seront utiles pour certaines démonstrations (durée d'utilisation optimale d'un équipement, chapitre 8).

Nous conserverons au cours de ce chapitre et des deux chapitres ultérieurs les hypothèses suivantes :

- la fiscalité n'intervient pas;
- la monnaie garde une valeur constante.

---

1. Remarquons que les deux approches ne sont pas exclusives mais équivalentes sous certaines hypothèses; c'est l'objet des sections 3.8 et 3.9 que de préciser les relations entre actualisation psychologique et taux d'intérêt des placements ou des emprunts.

3.1 PRÉFÉRENCE POUR LE PRÉSENT ET COEFFICIENT D'ESCOMPTE PSYCHOLOGIQUE

Le problème que nous nous posons est celui de la comparaison de sommes d'argent reçues ou dépensées à des dates différentes.

Nous supposerons le temps divisé en périodes élémentaires. A chaque période nous associerons un indice n (avec, le plus souvent, $n = 0, 1, 2, ...,$). Nous raisonnerons en prenant comme période unitaire l'année et, par convention, nous appellerons année 0 l'année présente.

De façon générale, tout agent économique préfère, pour une somme donnée, une disponibilité immédiate à une disponibilité future. Mais s'il préfère un franc aujourd'hui à un franc disponible l'année prochaine, peut-être préférera-t-il un franc disponible l'année prochaine à 0,5 F disponible aujourd'hui. Entre 0,5 F et 1 F, il pourra alors définir une valeur (0,9 F par exemple) telle qu'il soit équivalent de disposer de cette valeur (0,9 F) aujourd'hui, ou de disposer de 1 F l'année prochaine.

3.1.1 Valeur actuelle et coefficient d'actualisation

De façon plus générale, supposons qu'un agent économique puisse définir un coefficient C_0^1, tel qu'il lui soit équivalent de disposer d'une somme F_1 l'année prochaine ou de disposer d'une somme $C_0^1 \; F_1$ aujourd'hui.

Le coefficient C_0^1 ainsi défini (égal à 0,9 dans notre exemple lorsque F_1 est égal à 1 F) ne prendra peut-être pas la même valeur si l'on considère des sommes de quelques francs, de quelques milliers de francs, ou de quelques millions de francs. Cette question sera étudiée en sections 3.8 et 3.9 de ce chapitre. Mais dans un premier temps, supposons C_0^1 indépendant de F_1.

Ce coefficient C_0^1 est appelé **coefficient d'actualisation** ou **coefficient d'escompte** psychologique de l'année prochaine par rapport à l'année présente (la notation psychologique étant utilisée pour souligner le fait que, ainsi défini, ce coefficient est déterminé à partir de préférences individuelles de nature subjective).

La somme $C_0^1 \; F_1$ sera appelée la **valeur actuelle** (ou valeur escomptée) de la somme F_1 disponible l'année prochaine.

De la même façon, supposons qu'il soit possible de définir des coefficients C_1^2, C_2^3, ..., C_{n-1}^n, etc., tels que, pour l'agent considéré, il soit équivalent de disposer à l'année n d'une somme F_n, ou bien de disposer à l'année $n-1$ d'une somme $C_{n-1}^n \; F_n$.

Il sera alors équivalent de disposer de la somme F_n à l'année n ou bien de disposer à l'année 0 d'une somme :

$$A_0 = C_0^1 \; C_1^2 \; C_2^3 \; \ldots \; C_{n-1}^n \; F_n$$

A_0 est la valeur actuelle de F_n.

Le coefficient $C_0^n = C_0^1 \; C_1^2 \; C_2^3 \ldots C_{n-1}^n$ est le **coefficient d'actualisation de l'année *n* par rapport à l'année 0**, coefficient d'équivalence entre des sommes disponibles à l'année n et des sommes disponibles à l'année 0.

La préférence pour le présent conduit généralement à définir des coefficients d'actualisation C_{n-1}^n inférieurs à 1. La valeur actuelle A_0 d'une somme F_n est alors d'autant plus petite que l'année n de disponibilité est éloignée (ce qui traduit bien le comportement général des individus qui attachent une importance plus grande aux événements des années proches, et moins grande aux événements des années futures plus éloignées).

3.1.2 Taux d'actualisation (taux d'escompte psychologique)

On écrit le plus souvent un coefficient d'actualisation sous la forme :

$$C_{n-1}^n = \frac{1}{1 + a_{n-1}^n}$$

a_{n-1}^n est appelé **taux d'actualisation** (ou taux d'escompte psychologique) de l'année n par rapport à l'année $n - 1$.

La valeur actuelle d'une somme F_n disponible à l'année n s'écrit alors :

$$A_0 = \frac{F_n}{(1 + a_0^1)(1 + a_1^2)...(1 + a_{n-1}^n)}$$

3.1.3 Taux d'actualisation constant

Dans la plupart des calculs, on est amené à retenir des taux d'actualisation constants au cours du temps :

$$a_0^1 = a_1^2 = ... = a_{n-1}^n = a$$

$$C_0^1 = C_1^2 = ... = C_{n-1}^n = C = \frac{1}{1 + a}$$

Le coefficient d'actualisation d'une année n par rapport à l'année 0 s'écrit alors :

$$C_0^n = (C)^n = \frac{1}{(1+a)^n}$$

et la valeur actuelle de F_n :

$$A_0 = \frac{F_n}{(1+a)^n}$$

3.1.4 Valeur actuelle d'un échéancier de recettes et dépenses

Considérons une suite de recettes et dépenses définies sur un ensemble de périodes d'indices $0,\ 1,\ 2,\ \ldots,\ n,\ \ldots,\ N$ (et correspondant ou non, à un projet d'investissement). Comme précédemment, nous appellerons **flux de trésorerie** la différence des recettes et des dépenses d'une période donnée et nous noterons F_n le flux de trésorerie de la période n.

Si l'on a pu définir les coefficients d'actualisation C_0^n d'une année n par rapport à l'année 0, il est possible de déterminer la valeur actuelle de chacun des flux de trésorerie F_n. Ces valeurs actuelles étant directement comparables à des sommes disponibles à l'année 0, il est possible non seulement de les comparer entre elles, mais d'en faire la somme algébrique.

La valeur actuelle de l'échéancier considéré est alors la somme des valeurs actuelles des flux de trésorerie :

$$R = F_0 + C_0^1 F_1 + C_0^2 F_2 + ... + C_0^N F_N$$

Dans le cas où le taux d'actualisation est constant au cours du temps, elle s'écrit :

$$R = \sum_{n=0}^{N} \frac{F_n}{(1+a)^n}$$

3.1.5 Revenu actualisé ou Valeur Actuelle Nette d'un projet d'investissement

Lorsque l'échéancier considéré comprend l'ensemble des flux de trésorerie associé à un projet d'investissement, cette valeur actuelle est appelée **Valeur Actuelle Nette (VAN)**, **revenu actualisé**, **bénéfice actualisé** ou encore ***goodwill***.

Nous disposons ainsi d'un premier critère pour juger de l'intérêt économique d'un projet. Un flux de trésorerie étant la différence entre les recettes et les dépenses d'une année, dire qu'un projet présente un revenu actualisé positif, c'est dire que la valeur actuelle des recettes est supérieure à la valeur actuelle des dépenses.

Remarque. Taux d'actualisation positif et taux d'actualisation négatif. Nous avons indiqué plus haut qu'un coefficient d'actualisation est généralement inférieur à 1 (le taux d'actualisation étant alors positif), ce qui correspond au fait que la plupart des individus préfèrent, pour un bien donné, en disposer immédiatement plutôt qu'à une date future. Il est cependant possible de concevoir l'existence de taux d'actualisation négatifs (coefficients d'actualisation supérieurs à 1). L'apologue des pêcheurs de M. Allais [3.2] en est un exemple. Il décrit une économie rudimentaire sur une île où la pêche est la seule activité économique, le poisson la seule monnaie d'échange. Un pêcheur relativement âgé peut alors accepter de réduire sa consommation ou d'augmenter son effort dans l'immédiat, et échanger une partie de ses ressources actuelles en poisson avec d'autres pêcheurs, contre une quantité moindre dans l'avenir, quantité qui lui permettra cependant de subsister lorsque l'âge lui imposera de réduire son activité. L'échange peut alors être interprété comme la réalisation d'un prêt à taux d'intérêt négatif. Celui-ci s'explique par l'absence de thésaurisation possible. Nous retrouverons ce phénomène lorsque nous parlerons de la prise en compte dans un calcul économique d'hypothèses d'évolution des prix et, en particulier, d'une hypothèse de dépréciation de la monnaie.

3.2 LA RÉFÉRENCE A UN MARCHÉ FINANCIER «PARFAIT»

3.2.1 Hypothèses

Les notions définies précédemment peuvent être utilisées, indépendamment de toute considération de rémunération du capital, la valeur actuelle étant la valeur psychologique à une date donnée d'un bien disponible à une date future. Dans ce qui suit, nous présenterons l'actualisation de façon différente [2], en introduisant l'hypothèse de l'existence d'un marché financier sur lequel peuvent s'effectuer des échanges entre des sommes d'argent disponibles à des dates différentes.

Dans un premier temps, nous supposerons ce **marché parfait** : **l'avenir est certain et il existe un taux d'intérêt i unique** pour toutes les transactions.

2. Nous verrons ultérieurement le lien avec l'actualisation psychologique et, en particulier, en sections 3.8 et 3.9.

Tout agent économique peut ainsi placer une somme d'argent quelconque à ce taux, mais peut également emprunter, à ce même taux d'intérêt i, une somme d'argent quelconque (quelle que soit son importance). Nous supposerons de plus ce taux d'intérêt constant au cours du temps. Nous remarquerons que l'avenir étant certain, l'intérêt représente ici un prix associé à la disponibilité d'un capital et ne comprend aucun élément lié aux risques que pourrait prendre le prêteur si le remboursement du prêt était soumis à des incertitudes.

3.2.2 Rappel : formule des intérêts composés

Nous raisonnerons en supposant que i est un taux d'intérêt annuel, les intérêts étant capitalisés chaque année.

Placer une somme S_0 à l'année 0 permet de disposer :

- d'une somme : $S_1 = (1+i)\ S_0$ à l'année 1 ;
- ou bien d'une somme : $S_2 = (1+i)\ S_1 = (1+i)^2\ S_0$ à l'année 2 ;
- ou plus généralement, d'une somme : $S_n = (1+i)^n\ S_0$ à l'année n.

La valeur S_n est généralement appelée valeur capitalisée à l'année n de la somme S_0.

3.2.3 Actualisation

Revenons à notre hypothèse de marché parfait. Placement ou emprunt étant possible à tout instant au même taux d'intérêt, il est équivalent de disposer de la somme S_0 à l'année 0, ou de disposer de la somme $S_n = S_0(1+i)^n$ à l'année n.

Si, par conséquent, l'on prévoit la disponibilité d'une somme F_n à une année n, il est équivalent de disposer de F_n à l'année n ou de disposer à l'année 0 de la somme :

$$A_0 = \frac{F_n}{(1+i)^n}$$

Nous retrouvons la formule de l'actualisation. La valeur actuelle A_0 est la valeur d'échange à l'année 0 de la somme F_n disponible à l'année n. En avenir certain, lorsqu'il existe un marché parfait du capital, pour tout agent économique, le taux d'actualisation est égal au taux d'intérêt sur ce marché, (nous reviendrons sur cette proposition et la justifierons de façon plus précise en sections 3.8 et 3.9).

Remarque 1. Actualisation et escompte. Le procédé de calcul d'une valeur actuelle est semblable à celui qui permet de déterminer le montant à encaisser lorsqu'une traite est portée à l'escompte. Prenons un exemple : soit une traite d'une valeur nominale de 1 000 F payable au bout de 3 mois. Si le taux d'escompte est de 10 % (taux d'intérêt annuel), ce qui correspond à un taux mensuel de 0,8 %, le porteur de la traite pourra l'échanger auprès d'une banque contre un montant de :

$$\frac{1\ 000}{(1+0,008)^3}$$

soit approximativement : 1 000 − 24 = 976 F.

Remarque 2. Nombre d'années fractionnaires. Il arrive que l'on soit amené à considérer des décalages dans le temps entre flux de trésorerie non pas d'un an, mais de 6 mois. Par exemple, un équipement peut être acheté à une date donnée et donner lieu à exploitation dès sa réception. Si l'on suppose les recettes et dépenses d'exploitation de la première année à peu près régulièrement réparties sur l'année, on pourra les considérer comme localisées en milieu d'année, soit un décalage de 6 mois par rapport à la date d'achat.

Si l'on souhaite en tenir compte, une pratique courante consiste alors, plutôt que de considérer pour période élémentaire le semestre, à conserver l'année comme unité de temps et donc à utiliser des exposants n fractionnaires.

Dans l'exemple considéré, si la date 0 est le milieu de l'année précédant la première année d'exploitation, la dépense d'investissement sera située à la date 0,5 et le coefficient d'actualisation utilisé pour en définir un équivalent à la date 0 sera alors :

$$\frac{1}{(1+i)^{0,5}}$$

3.3 EXEMPLE DE CALCUL, VALEUR ACTUELLE ET REVENU ACTUALISÉ

Avant d'envisager des hypothèses un peu plus réalistes que celles du marché parfait du capital, nous présenterons un exemple de calcul. Celui-ci nous permettra de donner une interprétation du revenu actualisé qui sera utile par la suite.

3.3.1 Hypothèses

Nous étudions un projet d'achat d'équipement dont les caractéristiques sont les suivantes :

– Réalisation de l'investissement à l'année 0. Coût : 30 kF.

- Durée d'utilisation : 4 ans (années 1 à 4 incluses). Revenu annuel d'exploitation : 10 kF/an.
- Revente en fin de quatrième année : 5 000 F.
- Avenir certain.
- Dans un premier temps, supposons l'existence d'un marché parfait du capital, le taux d'intérêt étant égal à 5 %.

Nous calculerons tout d'abord le revenu actualisé du projet (Valeur Actuelle Nette), puis dans l'hypothèse où le prix d'achat de l'équipement n'est pas fixé, le prix maximum que l'entreprise serait disposée à payer pour l'acheter.

3.3.2 Calcul du revenu actualisé

Le revenu actualisé du projet est égal à (en milliers de francs) :

$$R = -30 + \frac{10}{1+i} + \frac{10}{(1+i)^2} + \frac{10}{(1+i)^3} + \frac{10+5}{(1+i)^4}$$
$$R = 9,6 \text{ kF}$$

Remarquons que les calculatrices financières (présentées en Annexe 1) ou les tables d'actualisation (Annexe 2) fournissent la somme des coefficients d'actualisation d'une année 1 à une année n :

$$\sum_{k=1}^{n} \frac{1}{(1+i)^k}$$

La formule correspondante est donnée en section 3.6.

3.3.3 Prix maximum d'achat

Nous supposons maintenant que le prix d'achat n'est pas fixé.

Nous rechercherons le prix maximum que l'entreprise sera disposée à payer pour acheter l'équipement.

Le prix maximum P recherché est la valeur actuelle des flux de trésorerie futurs (en milliers de francs) :

$$P = \frac{10}{1+i} + \frac{10}{(1+i)^2} + \frac{10}{(1+i)^3} + \frac{15}{(1+i)^4} = 39,6$$

En effet, sous l'hypothèse du marché parfait, il est équivalent de disposer de la suite des revenus que procurera l'équipement, (10 kF à l'année 1, 10 kF à l'année 2, 10 kF à l'année 3, 15 kF à l'année 4) ou bien de disposer à l'année 0 de 39,6 kF, valeur actuelle de ces revenus.

3.3.4 Actualisation et intérêts composés

On peut retrouver le résultat précédent en ignorant l'actualisation et en utilisant la formule des intérêts composés. Supposons que pour réaliser le projet l'entreprise envisage d'emprunter la totalité du montant de l'investissement. Soit X le prix maximum qu'elle est disposée à payer pour effectuer l'achat, et par conséquent le montant du prêt effectué à l'année 0.

Supposons de plus que les remboursements du prêt s'effectuent au fur et à mesure des rentrées de fonds procurées par l'exploitation de l'équipement. Nous déterminerons X de façon qu'à la fin de la durée de vie du matériel, le prêt ait pu être remboursé intégralement (y compris les intérêts), mais ceci sans permettre de réaliser un bénéfice.

Pour cela, nous calculerons de proche en proche le montant de la dette de l'entreprise.

La somme X étant empruntée à l'année 0, à l'année 1 la dette de l'entreprise s'élèvera à :

$$X(1+i)$$

Les revenus de l'exploitation de l'année 1 (10 kF) étant affectés au remboursement d'une partie de la dette, celle-ci sera ramenée à la fin de l'année 1 à une valeur de :

$$D_1 = X(1+i) - 10$$

A la fin de la deuxième année, l'entreprise devra le montant D_1 majoré des intérêts d'une année, soit :

$$[X(1+i) - 10]\ (1+i)$$

Après remboursement de 10 kF (utilisation des revenus de l'année 2) cette dette deviendra :

$$D_2 = X(1+i)^2 - 10(1+i) - 10$$

On calculera de la même façon les montants D_3 et D_4 de la dette en fin de troisième et de quatrième années :

$$D_3 = X(1+i)^3 - 10(1+i)^2 - 10(1+i) - 10$$
$$D_4 = X(1+i)^4 - 10(1+i)^3 - 10(1+i)^2 - 10(1+i) - 15$$

L'entreprise n'aura donc ni dette ni bénéfice si la dette D_4 en fin de quatrième année est nulle, c'est-à-dire si le prix d'achat de l'équipement est égal (en kF) à :

$$X = \frac{10}{1+i} + \frac{10}{(1+i)^2} + \frac{10}{(1+i)^3} + \frac{15}{(1+i)^4} = 39,600$$

ce qui correspond bien à la valeur actuelle des revenus des années 1 à 4.

Remarque. On pourrait retrouver le même résultat avec les hypothèses suivantes : l'entreprise envisage de placer de l'argent, soit sur le marché financier (taux d'intérêt : 5 %), soit en achetant le matériel considéré ; dans ce dernier cas, les revenus de l'exploitation seraient à leur tour placés sur le marché financier. L'entreprise achètera l'équipement si son prix est inférieur à 39 600 F, valeur actuelle des revenus futurs associés à l'exploitation du matériel.

3.3.5 Interprétation du revenu actualisé

Nous venons de voir que l'entreprise peut emprunter à l'année 0 une somme de 39 600 F qui sera intégralement remboursée (intérêts compris) grâce aux revenus de l'exploitation de l'équipement. Si le prix d'achat est de 30 000 F, elle peut donc disposer à l'année 0 de 9 600 F (qui est la valeur du revenu actualisé).

Le revenu actualisé est la somme maximum R qui peut être empruntée à l'année 0, en sus des dépenses d'investissement et telle que les revenus du projet permettent de la rembourser, ainsi que les dépenses d'investissement et de rémunérer l'ensemble de ces sommes à un taux égal au taux d'actualisation.

3.4 LE COÛT DU FINANCEMENT EST DÉFINI AU MOYEN D'UN TAUX D'INTÉRÊT UNIQUE

Dans la réalité, il n'existe pas de marché financier parfait. Cependant, dans le cas général, une entreprise industrielle ne s'adresse pas au marché financier pour y effectuer des placements à long terme. Elle fait appel à différentes sources pour financer ses investissements. Dans un premier temps, considérons une source unique, en avenir certain. Nous supposons ainsi que l'entreprise peut obtenir des prêts à un taux d'intérêt unique i, ceci sans limites. Elle n'envisage pas d'effectuer des placements à long terme sur le marché financier, et reste endettée sur toute la période d'étude.

Sous ces hypothèses, nous allons montrer que la technique de l'actualisation peut être utilisée par l'entreprise, en utilisant comme taux d'actualisation le taux i correspondant au coût du financement.

A. L'actualisation prend en compte la rémunération du capital

Une première justification peut en être donnée par l'exemple traité au paragraphe précédent. En effet, au paragraphe 3.3.4, nous avons effectué le calcul sans utiliser l'hypothèse de l'existence d'un marché parfait du capital. Nous avons supposé que l'entreprise pouvait emprunter le capital nécessaire à l'investissement au taux i et n'avons pas utilisé d'hypothèses concernant les taux auxquels elle pourrait effectuer des placements ; nous avons alors retrouvé (au moyen de la formule des intérêts composés) le résultat du calcul effectué en utilisant les valeurs actualisées (au taux i).

De façon plus générale, si l'entreprise utilise un taux d'actualisation égal au coût de son financement, un projet qui présente un revenu actualisé positif est un projet qui permet au moins de rembourser le capital initial et de rémunérer ce capital à un taux égal au taux d'actualisation, c'est-à-dire à un taux correspondant à son coût ; en d'autres termes, il «rapporte» plus qu'il ne coûte, charges financières comprises.

Nous l'avons montré avec l'exemple ci-dessus, et il est clair que la démonstration peut être généralisée sans difficulté au cas d'un échéancier de flux de trésorerie quelconques. La signification du revenu actualisé est la suivante : le capital servant à financer le projet étant emprunté au taux i, le revenu actualisé est une somme supplémentaire qui peut être empruntée et mise à la disposition de l'entreprise dès l'année 0 et telle que les revenus de l'exploitation de l'équipement permettront de rembourser (y compris les charges financières), non seulement le montant de l'investissement, mais également le montant de cette somme R.

Ceci peut suffire à justifier des critères s'appuyant sur l'actualisation. Mais celle-ci permet-elle encore de définir des coefficients d'équivalence entre sommes d'argent disponibles à des dates différentes ?

B. Coefficients d'équivalence

Remarquons, en effet, que la définition de la valeur actuelle qui correspondait à l'hypothèse de l'existence d'un marché parfait du capital peut paraître plus riche que celle qui correspond à notre nouvelle hypothèse. Dans le cas du marché parfait, la valeur actuelle est une somme disponible à l'année 0 **équivalente** à une somme S_n disponible dans le futur, que la somme S_n soit à recevoir ou à payer par l'entreprise. Dans le deuxième cas, nous pouvons facilement définir la valeur actuelle d'une somme S_n à recevoir à une année n future : il s'agit de la somme S_0 dont l'entreprise peut obtenir la disponibilité à l'année 0, en l'empruntant au taux d'intérêt i, la somme S_n étant utilisée pour effectuer le remboursement à l'année n. La définition de la valeur actuelle d'une somme à payer à l'année n est par contre un peu plus délicate : nous n'avons effectué aucune hypothèse concernant le taux d'intérêt auquel on pourrait placer de l'argent à l'année 0 pour avoir des disponibilités dans le futur. Une telle hypothèse n'est cependant pas nécessaire. Nous avons en effet supposé que l'entreprise n'envisagerait pas d'effectuer des placements à long terme sur le marché financier (ses besoins en capital nécessaires à ses investissements étant supérieurs à ses disponibilités).

Si par conséquent, à une date quelconque, elle a des disponibilités en capital, celles-ci seront utilisées pour financer une partie de ses investissements. Or, sans ces disponibilités, le financement correspondant aurait été réalisé par emprunt au taux d'intérêt i. Les disponibilités de l'entreprise lui permettent d'éviter le paiement de ce taux d'intérêt, tout se passe donc comme si elles étaient rémunérées au taux i.

Le même taux d'intérêt i étant alors utilisé pour définir la rémunération à associer à un capital, que celui-ci soit disponible ou à emprunter, nous pourrons donner à l'actualisation la même interprétation que celle qui a été donnée sous l'hypothèse de l'existence d'un marché parfait du capital : le coefficient d'actualisation est un coefficient d'équivalence entre un flux de trésorerie intervenant à une année future et un flux de trésorerie de l'année 0, que ce flux corresponde à une rentrée ou à une sortie de fonds.

Une justification plus formalisée sera donnée au paragraphe 3.9.2.

3.5 CAS GÉNÉRAL. SOURCES DE FINANCEMENT MULTIPLES

Dans la réalité, une entreprise fait appel à différentes sources de financement (autofinancement, émission d'actions, d'obligations, emprunts bancaires). Nous supposerons que les coûts de ces différentes ressources seront stables dans le futur. On peut assez souvent supposer de plus que leurs parts respectives seront stables, et en particulier le ratio d'endettement de l'entreprise. Le coût marginal du capital est alors égal au coût moyen. **C'est ce coût moyen du capital que, tout au moins dans une première approche, nous utiliserons comme taux d'actualisation.**

Ceci peut être illustré en considérant la figure 3.1, qui distingue schématiquement dans l'entreprise, d'une part un département financier et, d'autre part un département chargé de l'étude et de la réalisation des projets d'investissement. Le département financier détermine la politique financière de l'entreprise, la structure optimale du capital et en particulier le ratio d'endettement. Ces

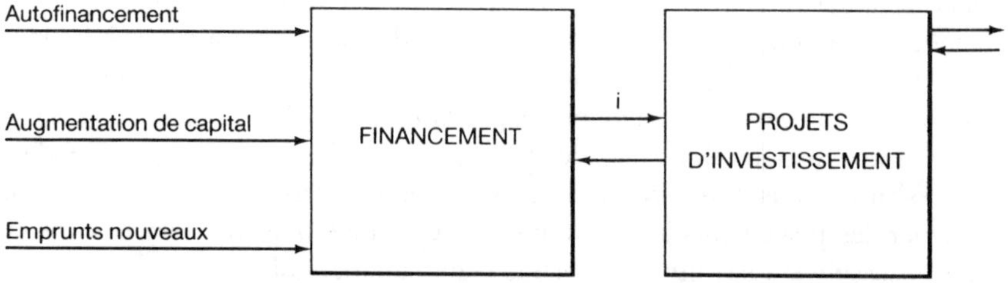

Fig. 3.1 Séparation des décisions d'investissement et de financement

éléments permettent le calcul du coût moyen du financement. Le coût de cession interne du capital i entre les deux départements joue alors le rôle du taux d'intérêt unique de l'hypothèse précédente. Il permet une décentralisation en séparant les décisions de financement et les décisions d'investissement.

Précisons que le point de vue qui sera le nôtre au cours des 8 premiers chapitres est le point de vue du département Projets. Nous supposerons qu'il peut emprunter sans limites au département financier au taux i.

La détermination du taux d'actualisation d'une entreprise est toujours une opération délicate et de nombreux éléments peuvent entrer en ligne de compte. L'étude détaillée sera faite aux chapitres 9 et 10, mais nous ferons dès à présent quelques remarques :

- Les différences de coût entre les ressources en capital sont, au moins en partie, liées aux risques pris par les bailleurs de fonds. Le reconnaître et définir un taux d'actualisation comme un coût moyen du capital, c'est sortir du cadre des hypothèses de l'avenir certain. Pour sérier les problèmes, au cours des chapitres suivants, nous ferons cependant «comme si» les flux de trésorerie étaient prévus de façon parfaite [3]. Les méthodes d'analyse de risque seront abordées seulement au chapitre 12.
- Nous supposons que le département Projets peut emprunter sans limites au département financier, à un taux i égal au coût moyen du capital. Cette hypothèse n'est cependant pas nécessaire pour que l'on puisse utiliser la technique de l'actualisation. Si le coût moyen du financement est un premier élément à considérer lors de la définition d'un taux d'actualisation, ce dernier peut parfois être fixé à une valeur différente de celle du coût du capital. Nous verrons que lorsque le montant du capital disponible n'est pas suffisant pour réaliser tous les projets d'investissement qui présentent un revenu actualisé positif, l'arbitrage entre présent et futur peut être effectué par l'intermédiaire d'un taux d'actualisation jouant le rôle de «crible économique» et défini sans relation directe avec le coût de financement mais représentant un «coût de rareté».
  En effet, un taux d'actualisation de faible valeur conduit à accepter un plus grand nombre de projets et des projets plus capitalistiques que ceux qui seraient retenus en utilisant un taux d'actualisation plus élevé. En modifiant la valeur du taux d'actualisation, il est donc possible d'adapter le nombre et la taille des projets retenus au budget disponible. S'il n'est pas possible d'obtenir du capital sans limites à un taux égal au coût moyen du capital, par contre le taux d'actualisation peut être défini de telle sorte que tout se passe comme si le département projet pouvait emprunter sans limites au département financier à un taux égal au taux d'actualisation.

---

3. En fait, les flux considérés devraient être des espérances mathématiques. L'approche est alors (théoriquement) limitée à l'étude des projets de même classe de risque que l'ensemble des projets de l'entreprise.

– Dans la pratique, le taux d'actualisation peut refléter des choix stratégiques. Par exemple, lui donner une faible valeur pour les projets relatifs à une activité donnée favorise les investissements correspondants. Ceci peut être justifié s'il s'agit de secteurs qui doivent être développés pour des raisons stratégiques, pour des projets qui ont des effets indirects positifs, lesquels peuvent difficilement être pris en compte lors de la détermination des flux de trésorerie.
– Les calculs correspondant au point de vue défini ci-dessus du département Projets sont appelés «calculs de rentabilité globale». Nous étudierons au chapitre 10 d'autres points de vue et principalement celui de l'actionnaire, propriétaire de l'entreprise, ce qui peut conduire à des calculs de rentabilité des capitaux propres. Nous vérifierons alors la cohérence entre ces différents points de vue. Un première vérification sera donnée à la fin de ce chapitre au paragraphe 3.9.4. Nous y montrerons, sur un modèle simplifié et en supposant fixé le ratio d'endettement, que l'utilisation d'un taux d'actualisation défini comme un coût moyen du capital correspond bien à un objectif de maximisation de la satisfaction de l'entrepreneur propriétaire de l'entreprise.
– Certains auteurs préconisent de considérer un taux différent pour l'investissement (coût du capital) et pour le réemploi des rentrées de fonds dégagées par l'exploitation d'un projet d'investissement. Cette question sera abordée au chapitre suivant (section 4.8).

3.6 FORMULES D'USAGE COURANT

Dans cette section, nous présenterons quelques formules qui seront utilisées dans la suite de cet ouvrage. Les coefficients correspondants sont donnés par les calculatrices financières, dont une présentation rapide est donnée en Annexe 1 ou par les tables d'actualisation en Annexe 2.

Remarquons qu'il cxiste également des méthodes graphiques s'appuyant sur des abaques. L'apparition des calculatrices financières de poche rend leur utilisation moins intéressante.

3.6.1 Valeur actuelle et valeur capitalisée

Les deux premiers coefficients des tables d'actualisation ont été définis précédemment. Il s'agit de :

$(1+i)^n$: coefficient de capitalisation (valeur de remboursement d'une somme de 1 F placée pendant n années à un taux d'intérêt i, ou encore : valeur actualisée à l'année n de 1 F disponible à l'année 0) ;

$1/(1+i)^n$: coefficient d'actualisation (valeur actuelle à l'année 0 d'une somme de 1 F disponible à l'année n).

3.6.2 Valeur actuelle de la somme de *n* versements annuels de 1 F de l'année 1 à l'année *n*

Pour obtenir la valeur actuelle d'une suite de flux de trésorerie constants au cours du temps pendant n années, on utilisera la somme des coefficients d'actualisation :

$$\frac{1}{1+i} + \frac{1}{(1+i)^2} + \ldots + \frac{1}{(1+i)^n}$$

Il s'agit de la somme d'une série géométrique de raison :

$$\frac{1}{1+i}$$

soit :

$$\sum_{k=1}^{n} \frac{1}{(1+i)^k} = \frac{1 - \dfrac{1}{(1+i)^n}}{i} = \frac{(1+i)^n - 1}{i(1+i)^n}$$

3.6.3 Formule de l'annuité constante

Nous cherchons à déterminer la valeur d'une somme x à recevoir chaque année d'une année 1 à une année n et équivalente à une somme de 1 F disponible à l'année 0.

En écrivant que la somme des valeurs actuelles (à l'année 0) des annuités est égale à 1 F, il vient :

$$\sum_{k=1}^{n} \frac{x}{(1+i)^k} = 1$$

Soit :

$$x = \frac{1}{\displaystyle\sum_{k=1}^{n} \frac{1}{(1+i)^k}} = \frac{i(1+i)^n}{(1+i)^n - 1}$$

3.6.4 Remboursement d'un prêt par annuités constantes

Soit une somme E_0 empruntée à une année 0, à un taux d'intérêt i. Rembourser la somme E_0 par annuités constantes pendant n années à partir de l'année 1 consiste à effectuer des versements de même montant chaque année, ces versements comportant une part de remboursement du capital et une part d'intérêt. Ces parts sont variables au cours du temps, la part d'intérêt étant décroissante et la partie de remboursement croissante (cf. ci-dessous).

La valeur de l'annuité constante de remboursement est donnée par la formule du paragraphe précédent :

$$x_A = \frac{E_0}{\displaystyle\sum_{k=1}^{n} \frac{1}{(1+i)^k}} = \frac{E_0 i(1+i)^n}{(1+i)^n - 1}$$

(un calcul au moyen de la formule des intérêts composés conduisant aux mêmes résultats qu'un calcul d'actualisation).

La part d'intérêt et la part de remboursement du capital peuvent être déterminées chaque année de la façon suivante :

La première année, le capital immobilisé étant égal à E_0, le montant des intérêts dus est égal à iE_0. Le montant des remboursements en capital de la première année est donc :

$$b_1 = x - iE_0$$

La deuxième année, le capital immobilisé, ayant été diminué du montant de remboursement b_1, est égal à :

$$E_1 = E_0 - b_1$$

Les intérêts portant sur ce capital s'élèvent donc à :

$$j_2 - (E_0 - b_1)i = (E_0 - x + iE_0)i$$

et le montant du remboursement b_2 de la deuxième année à :

$$b_2 = x - j_2 = (x - iE_0)(1+i)$$

Un raisonnement par récurrence permet alors de déterminer pour une année k quelconque le montant du remboursement de capital b_k :

$$b_k = (x - iE_0)(1+i)^{k-1} = \frac{iE_0(1+i)^{k-1}}{(1+i)^n - 1}$$

Ces montants sont donc en progression géométrique de raison $1 + i$. Les intérêts sont obtenus par complément à la somme x.

Remarque. On peut obtenir ce résultat en remarquant que le capital qui reste dû à la fin d'une année k, E_k est égal à la valeur actuelle (actualisée à l'année k) des annuités qui restent à payer au cours des années suivantes.

3.6.5 Taux d'intérêt annuel et taux d'intérêt mensuel

Il est parfois nécessaire d'utiliser des taux d'intérêt ou d'actualisation définis sur des périodes autres que l'année (mois, trimestre). A titre d'exemple, nous écrivons la relation entre un taux d'intérêt annuel i et un taux d'intérêt mensuel équivalent i_m :

$$1 + i = (1 + i_m)^{12}$$

La définition d'un taux d'actualisation continu sera donnée en section 3.7.

Compléments au chapitre 3
ACTUALISATION CONTINUE.
FONCTION D'UTILITÉ INTERTEMPORELLE

Les sections suivantes fournissent quelques compléments. La section 3.7 est consacrée à la formulation des calculs d'actualisation lorsque l'on considère le temps comme une variable continue. Cette formulation sera utilisée au chapitre 8 pour le calcul de coûts de revient économique et l'étude des problèmes de déclassement et de remplacement de matériel dans le cas de régime non permanent (progrès technique).

Les sections 3.8 et 3.9 présentent des éléments de théorie microéconomique permettant de formaliser le comportement en matière de choix intertemporels d'un consommateur ou d'un entrepreneur.

3.7 ACTUALISATION EN TEMPS CONTINU

3.7.1 Définition

Soit t la variable représentant le temps. Un taux d'intérêt continu j est tel que le montant des intérêts associés au placement d'une somme d'une unité monétaire (1 F) pendant un intervalle de temps infinitésimal $\mathrm{d}t$ soit égal à : $j\,\mathrm{d}t$.

3.7.2 Taux d'intérêt continu et taux d'intérêt annuel

Recherchons tout d'abord la relation entre le taux d'intérêt continu j et le taux d'intérêt annuel i équivalent. Nous considérons l'année comme unité de temps.

Une somme de 1 F disponible à l'instant t sera échangée contre une somme de $1 + j\,\mathrm{d}t$ à l'instant $t + \mathrm{d}t$.

Divisons l'année en un nombre n de périodes (n étant grand). 1 F placé en début d'année sera alors échangé contre $1 + j/n$ francs à la fin de la première période ou contre une somme :

$$S = \left(1 + \frac{j}{n}\right)^n$$

à la fin de l'année.

Si le nombre de périodes tend vers l'infini, la somme :

$$S = \left(1 + \frac{j}{n}\right)^n$$

tend vers e^j.

D'où la relation :

$$\mathrm{e}^j = 1 + i$$

3.7.3 Valeur actuelle d'une chronique (échéancier) de flux de trésorerie

Soient j un taux d'actualisation continu et $f(t)\ \mathrm{d}t$ le flux de trésorerie intervenant entre l'instant t et l'instant $t+\ \mathrm{d}t$. La valeur à l'instant 0 de ce flux est égale à :

$$f(t)\ \mathrm{e}^{-jt}\ \mathrm{d}t$$

Si l'on a pu définir une chronique de flux de trésorerie entre une date 0 et une date T au moyen d'une fonction $f(t)$ (flux de trésorerie à la date t par unité de temps), la valeur actuelle de la chronique s'écrira :

$$\int_0^T f(t)\ \mathrm{e}^{-jt}\ \mathrm{d}t$$

3.7.4 Taux d'actualisation fonction du temps

Nous avons supposé le taux j constant. Celui-ci peut cependant varier au cours du temps : soit alors $j(t)$ le taux d'actualisation de l'instant t.

La valeur actuelle de 1 F disponible à la date t (coefficient d'actualisation) est alors égale à :

$$\exp\left[-\int_0^t j(\theta)\mathrm{d}\theta\right]$$

En effet, soient t_1, t_2, …, t_n des dates telles que les intervalles de temps

$\Delta_0 = t_1$, $\Delta_1 = t_2 - t_1$, $\Delta_2 = t_3 - t_2$, ..., $\Delta_{n-1} = t_n - t_{n-1}$ etc, sont petits. A la date t_1, la valeur capitalisée de 1 F disponible à la date 0 sera égale à :

$$e^{j(0)t_1}$$

A la date t_2, la valeur capitalisée de 1 F disponible à la date 0 sera :

$$e^{j(0)t_1}\ e^{j(t_1)(t_2-t_1)} = e^{j(0)\Delta 0 + j(t_1)\Delta 1}$$

et à la date t_n :

$$\exp[j(0)\Delta_0 + j(t_1)\Delta_1 + \ldots + j(t_{n-1})\Delta_{n-1}]$$

3.7.5 Valeur actuelle d'un flux de trésorerie constant sur une durée donnée

Soit f un flux de trésorerie par unité de temps, supposé constant au cours du temps pendant un intervalle de temps $[0, T]$ ($f\mathrm{d}t$ étant le flux de trésorerie intervenant entre une date t et une date $t+\mathrm{d}t$).

La valeur actuelle de ce flux entre 0 et T est alors :

$$\int_0^T f\ e^{-jt}\ \mathrm{d}t = \frac{1 - e^{-jT}}{j} f$$

Cas particulier d'une durée infinie :

$$\int_0^\infty e^{-jt}\ \mathrm{d}t = \frac{f}{j}$$

3.7.6 Formule de l'annuité constante

Soit une somme E_0 disponible à la date 0. Nous cherchons à déterminer un flux de trésorerie par unité de temps x constant au cours du temps sur un intervalle $[0, T]$ et équivalent à la somme E_0.

En écrivant l'égalité des valeurs actuelles, il vient :

$$\int_0^T x e^{-jt}\ \mathrm{d}t = E_0$$

Soit :

$$x = \frac{jE_0}{1 - e^{-jT}}$$

Cas particulier d'un intervalle de temps infini :

$$x = jE_0$$

3.8 THÉORIE MICRO-ÉCONOMIQUE ET CHOIX INTERTEMPORELS DU CONSOMMATEUR

La lecture de cette section n'est pas nécessaire à la compréhension des chapitres suivants.

Dans un premier paragraphe, nous verrons comment on peut définir un coefficient d'actualisation à partir d'une fonction d'utilité intertemporelle. Nous étudierons ensuite le problème du choix entre des consommations à des dates différentes lorsque l'on introduit des possibilités de placements ou d'emprunts.

3.8.1 Coefficient d'actualisation et fonction d'utilité intertemporelle

Nous reviendrons dans cette section sur la définition du taux d'actualisation psychologique d'un consommateur. En effet, dans ce qui précède, nous avons supposé que la valeur d'un coefficient d'actualisation C_n était indépendant de l'importance des sommes F_n considérées. Si l'on désire lever cette hypothèse, on peut effectuer une analyse des choix d'un individu entre des revenus disponibles à des périodes différentes d'une façon semblable à celle qui est utilisée en théorie microéconomique pour l'étude des choix d'un consommateur sur une courte période entre différents biens. Pour présenter le raisonnement, considérons seulement deux périodes, par exemple les années 0 et 1. Soit F_0 le revenu d'un consommateur à la période d'indice 0, F_1 son revenu à la période 1. Nous supposons fixés les revenus des autres périodes.

Dans un plan de coordonnées F_0, F_1, il est possible de tracer un réseau de courbes d'indifférence, une courbe d'indifférence étant le lieu des points (F_0, F_1) tels que la disponibilité des revenus F_0 et F_1 conduise le consommateur considéré à la même satisfaction (fig. 3.2).

Supposons que cette satisfaction peut être représentée par une fonction d'utilité U (F_0, F_1). Les courbes d'indifférence seront généralement convexes par rapport à l'origine (pente de la tangente non décroissante) ; ceci correspond au fait qu'un individu sera disposé à échanger, contre un supplément de revenu donné à la période 0, une partie de son revenu de la période 1 d'autant plus élevée que F_1 sera lui-même élevé. A partir de revenus F_0 et F_1 donnés, soient ΔF_0 et ΔF_1 des petites variations de ces revenus qui laissent inchangée la fonction de satisfaction. Il vient :

$$\frac{\partial U}{\partial F_0}\Delta F_0 + \frac{\partial U}{\partial F_1}\Delta F_1 = 0$$

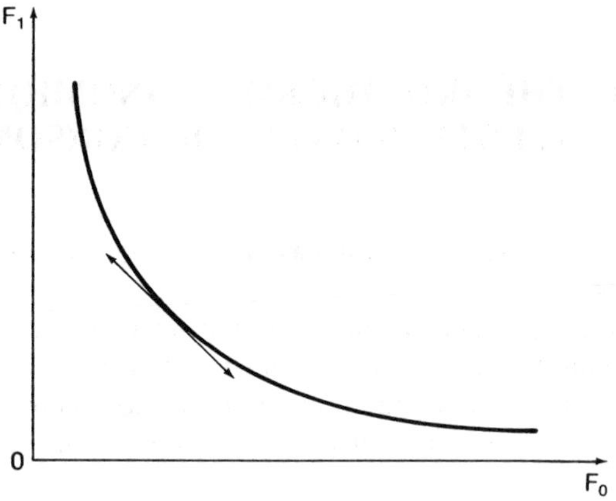

Fig. 3.2 Courbe d'indifférence intertemporelle

Le rapport $\Delta F_0/\Delta F_1$ (taux marginal de substitution du revenu de l'année 0 à celui de l'année 1) est donc égal à :

$$\frac{\Delta F_0}{\Delta F_1} = -\frac{\partial U}{\partial F_1} / \frac{\partial U}{\partial F_0}$$

Ce rapport est égal à l'inverse de la pente de la tangente à la courbe d'indifférence au point de coordonnées (F_0, F_1). ΔF_0 et ΔF_1 sont de signes opposés (on accepte une diminution de la somme disponible à une période si elle est compensée par une augmentation de la somme disponible à l'autre période).

Le rapport :

$$\frac{|\Delta F_0|}{|\Delta F_1|} = -\frac{\Delta F_0}{\Delta F_1}$$

mesure la variation de revenu de l'année 0 qui entraîne même satisfaction qu'une variation d'une unité (petite) du revenu de l'année 1. Nous dirons donc qu'il s'agit du coefficient d'actualisation de l'année 1 par rapport à l'année 0.

$$C_0^1(F_0, F_1) = \frac{-\Delta F_0}{\Delta F_1} = \frac{\partial U}{\partial F_1} / \frac{\partial U}{\partial F_0}$$

ce qui peut s'énoncer de la façon suivante :

Le coefficient d'actualisation d'une période par rapport à une autre est égal au rapport de l'utilité marginale du revenu de la deuxième période à l'utilité marginale du revenu de la première.

Si l'hypothèse de convexité énoncée plus haut est vérifiée $C_0^1(F_0, F_1)$ est une fonction non croissante de F_0 sur l'ensemble des points d'une même courbe d'indifférence. Le coefficient d'actualisation est constant si les courbes d'indifférence sont des droites parallèles. C'est dans ce cas que nous nous étions placés (implicitement) en première partie de ce chapitre. Dans le cas contraire, le coefficient d'actualisation permet de comparer la disponibilité à des dates différentes, non plus des revenus, mais seulement des petites variations de ces revenus.

Le raisonnement effectué pour deux périodes consécutives d'indices 0 et 1 peut naturellement être généralisé au cas de périodes quelconques. Si $U(F_0, F_1, \dots, F_n, \dots, F_N)$ est la fonction d'utilité associée à des revenus $F_0, F_1, \dots, F_N$ disponibles aux périodes $0, 1, 2, \dots, N$, le coefficient d'actualisation d'une période m par rapport à une période n s'écrit :

$$C_n^m(F_0, F_1, \dots, F_n, \dots, F_N) = \frac{\partial U}{\partial F_m} / \frac{\partial U}{\partial F_n}$$

Par ailleurs, il vient :

$$C_n^m = \left(\frac{\partial U}{\partial F_n} / \frac{\partial U}{\partial F_k} \right) \left(\frac{\partial U}{\partial F_k} / \frac{\partial U}{\partial F_m} \right) = C_n^k C_k^m$$

Ce qui permet de généraliser la formule du paragraphe 3.1.1 : $C_0^n = C_0^1 C_1^2 C_2^3 \dots C_{n-1}^n$. Enfin, la valeur actuelle d'une suite de petites variations de revenus ΔF_n, l'indice n prenant les valeurs $0, 1, 2, \dots N$, s'écrira comme précédemment :

$$A = \Delta F_0 + C_0^1 \Delta F_1 + C_0^2 \Delta F_2 + \dots + C_0^N \Delta F_N$$

3.8.2 Taux d'escompte psychologique et marché parfait du capital

Dans la deuxième section de ce chapitre, nous avons indiqué qu'en présence d'un marché parfait du capital, les taux d'actualisation des différents agents économiques sont égaux au taux d'intérêt du marché. C'est cette proposition que nous allons justifier ici, en utilisant les fonctions de satisfaction intertemporelle.

Supposons qu'il existe un marché parfait du capital, le taux d'intérêt étant constant au cours du temps. Chaque consommateur, disposant d'une suite de revenus donnés et dont les taux d'escompte psychologiques a_{n-1}^n sont différents du taux d'intérêt i du marché, effectuera des échanges d'une partie de ses revenus contre des revenus disponibles à des dates différentes, jusqu'à ce que ses taux a_{n-1}^n soient égaux à i. Prenons un exemple et supposons que le taux d'escompte psychologique a_0^1 de l'année 1 par rapport à l'année 0 est plus élevé que le taux du marché (forte préférence pour la liquidité présente). Le consommateur empruntera alors pour augmenter ses disponibilités à l'année 0; cette augmentation aura pour effet de diminuer son taux d'escompte psychologique a_0^1 (hypothèse de convexité des courbes d'indifférence). Il empruntera ainsi jusqu'à ce que son taux d'escompte psychologique soit égal au taux d'intérêt.

De la même façon, si son taux d'actualisation était inférieur au taux du marché, il effectuerait des placements jusqu'à ce que a_0^1 soit égal à i.

Nous illustrerons ce raisonnement en considérant un modèle à deux périodes.

Soient R_0 et R_1 les revenus **donnés**, disponibles aux périodes 0 et 1. Ceux-ci peuvent être échangés contre des sommes différentes F_0 et F_1 disponibles aux périodes 0 et 1 en effectuant un placement ou un emprunt. Ces sommes F_0 et F_1 seront utilisées pour la consommation du particulier considéré.

Considérons le cas d'un emprunt de montant $F_0 - R_0$ (F_0 supérieur à R_0). Celui-ci, majoré des intérêts correspondants, sera remboursé à la période 1, à l'aide du revenu non consommé $R_1 - F_1$, d'où la relation :

$$(1+i)(F_0 - R_0) = R_1 - F_1$$

On obtient la même équation dans le cas d'un prêt.

De façon plus symétrique :

$$(1+i)F_0 + F_1 = (1+i)R_0 + R_1 = \text{constante} \tag{3.1}$$

Cette relation exprime l'égalité des sommes capitalisées à la période 1 au taux d'intérêt i.

Dans un plan de coordonnées (F_0, F_1),l'ensemble des points dont les coordonnées F_0 et F_1 vérifient cette relation est une droite D (fig. 3.3). Si

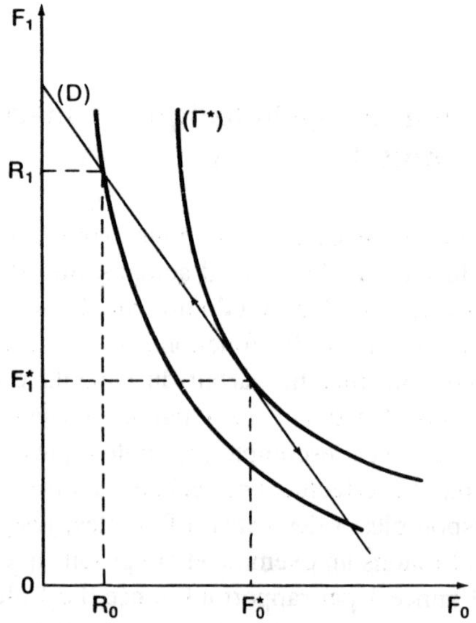

Fig. 3.3 Consommations optimales

la courbe d'indifférence intertemporelle Γ passant par le point (R_0, R_1) n'est pas tangente à la droite D, il est possible de trouver sur la droite un point de coordonnées F_0 et F_1 appartenant à une courbe d'indifférence associée à une utilité plus élevée que celle associée à la courbe Γ. L'agent économique considéré échangera donc contre ses revenus R_0 et R_1 des sommes F_0^* et F_1^* telles que la courbe d'indifférence Γ^* passant par le point (F_0^*, F_1^*), soit tangente à D.

En écrivant alors l'égalité des pentes de la droite et de la tangente à la courbe Γ, il vient :

$$\frac{-\partial U(F_0^*, F_1^*)}{\partial F_0} / \frac{\partial U(F_0^*, F_1^*)}{\partial F_1} = -(1+i)$$

D'où le coefficient d'actualisation :

$$C_0^1 = \frac{\partial U}{\partial F_1} / \frac{\partial U}{\partial F_0} = \frac{1}{1+i}$$

Cette relation peut être retrouvée par la méthode des multiplicateurs de Lagrange en écrivant que F_0^* et F_1^* maximisent U sous la contrainte (3.1).

A l'optimum, le taux d'actualisation a_0^1 est égal au taux d'intérêt i.

Ce résultat peut être généralisé au cas où l'on considère un nombre quelconque de périodes : si le taux d'intérêt i est constant au cours du temps, des échanges intertemporels auront lieu jusqu'à ce que tous les taux d'escompte psychologiques a_{n-1}^n soient égaux à i (maximisation de la fonction d'utilité sous une contrainte exprimant l'égalité de la valeur capitalisée des revenus initiaux et des sommes F_0, F_1, ..., F_N, obtenues en échange).

3.8.3 Choix intertemporels et possibilités limitées d'emprunt et de placement

Nous abandonnerons maintenant l'hypothèse du marché parfait du capital pour étudier, toujours au moyen d'un modèle à deux périodes, les choix intertemporels d'un consommateur, tout d'abord dans le cas où il y a une possibilité de placement non limitée sans possibilité d'emprunt, puis dans le cas où il existe simultanément des possibilités d'emprunt et de placement limitées.

Pour alléger les notations, nous noterons a le taux d'actualisation psychologique de la période 1 par rapport à la période 0, noté jusqu'à présent a_0^1.

A. Possibilité de placement à taux unique, pas de possibilité d'emprunt

Considérons un consommateur qui prévoit la disponibilité des revenus R_0 et R_1 aux années 0 et 1. Il a la possibilité d'effectuer des placements à un taux d'intérêt i et aucune possibilité d'emprunt. Il peut donc échanger ses revenus

R_0 et R_1 contre des sommes F_0 et F_1 telles que :

$$(1+i)F_0 + F_1 = (1+i)R_0 + R_1 \tag{3.1}$$

Il s'agit de la même relation (3.1) que celle qui a été utilisée dans le cas d'un marché parfait du capital, à laquelle nous devons maintenant ajouter la contrainte :

$$F_0 \leq R_0$$

qui exprime l'impossibilité d'emprunter.

L'ensemble des sommes possibles $(F_0,\ F_1)$ peut être représenté dans un plan de coordonnées $(F_0,\ F_1)$ par un segment de droite D. Deux cas peuvent alors se présenter :

1er cas. Le taux d'escompte psychologique a du consommateur est inférieur au taux d'intérêt.

Ce cas est illustré par la figure 3.4. La pente de la tangente à la courbe d'indifférence Γ passant par le point $(R_0,\ R_1)$, est :

$$-\frac{\partial U(R_0, R_1)}{\partial F_0} / \frac{\partial U(R_0, R_1)}{\partial F_1} = -(1+a)$$

Elle est alors supérieure à la pente de la droite D, soit $-(1+i)$.

Comme dans le cas d'un marché parfait du capital, le consommateur effectuera un placement de façon à échanger ses revenus R_0 et R_1 contre les sommes F_0^* et F_1^* permettant de maximiser la fonction d'utilité. Le point $(F_0^*,\ F_1^*)$ est

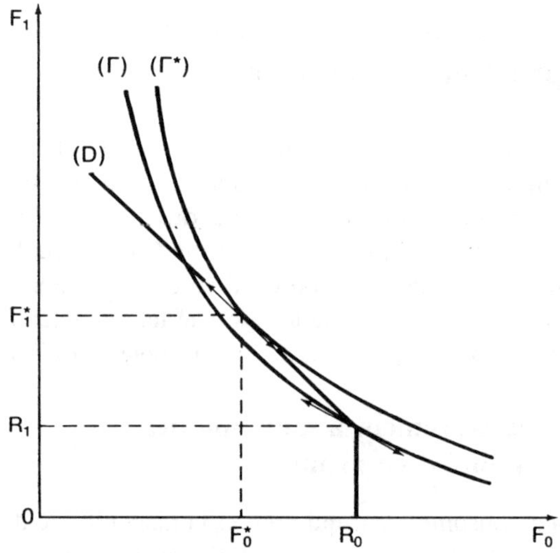

Fig. 3.4 Possibilité de placement

le point de contact de la droite D avec la courbe Γ^* qui lui est tangente, point pour lequel **le taux d'actualisation est égal à *i*.**

2ème cas (fig.3.5). Le taux d'escompte psychologique est supérieur au taux d'intérêt (pente de la tangente à Γ inférieure à la pente de D).

Le consommateur ne peut alors effectuer des échanges lui permettant d'augmenter sa fonction de satisfaction. $F_0^* = R_0$, $F_1^* = R_1$. Son taux d'actualisation, supérieur à i, reste inchangé.

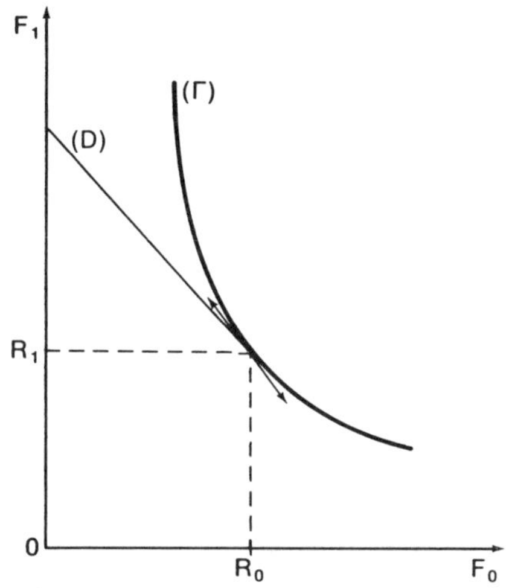

Fig. 3.5 Possibilité de placement non utilisée

En résumé : Si le taux d'actualisation du consommateur est supérieur au taux d'intérêt, il n'effectuera aucun placement. Si son taux d'actualisation est inférieur, il effectuera un placement de façon à ce qu'il y ait égalité du taux d'actualisation et du taux d'intérêt.

B. Possibilité d'emprunt illimité à taux d'intérêt unique

D'une façon semblable à ce qui vient d'être fait, si un consommateur a la possibilité d'emprunter à un taux d'intérêt i et si, compte tenu de ses revenus initiaux, son taux d'actualisation psychologique est supérieur au taux i, il empruntera un montant tel que son taux d'actualisation soit égal au taux de l'emprunt i (fig. 3.6).

Ce résultat est à rapprocher des indications données en 1ère partie de ce chapitre, relatives à une entreprise ayant une possibilité d'emprunt à taux unique. **Si la possibilité d'effectuer des placements à long terme est exclue (besoins en capital supérieurs aux disponibilités) et si la possibilité d'emprunt au taux *i* est illimitée, le taux d'actualisation est égal au taux *i*.**

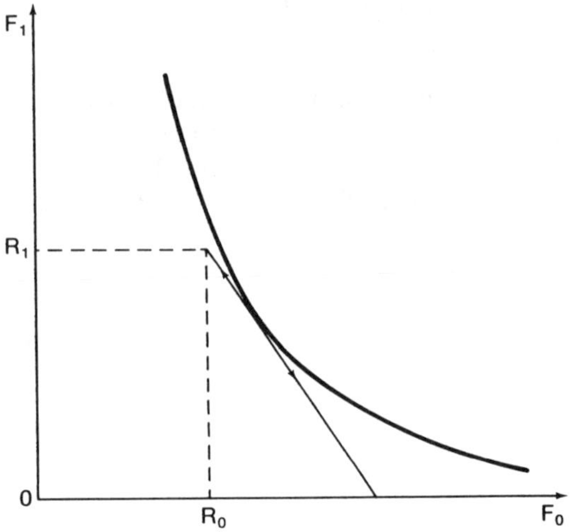

Fig. 3.6 Possibilité d'emprunt

C. Possibilités de placement et d'emprunt limitées

Dans certains cas (achat immobilier par exemple), un particulier peut faire appel à différents emprunts. Le montant de chacun est alors le plus souvent limité. Considérons ainsi différentes possibilités d'emprunt classées par taux d'intérêt croissants : $e_1, e_2, \ldots, e_n$. Soient $M_1, M_2, \ldots, M_n$, les sommes qu'il est possible d'emprunter aux taux $e_1, e_2, \ldots, e_n$.

De la même façon, considérons plusieurs placements possibles, les taux d'intérêt étant cette fois classés par taux d'intérêt décroissants, $i_1, i_2, \ldots, i_m$, les montants maxima de ces placements étant $M'_1, M'_2, \ldots, M'_m$.

Nous supposerons de plus que $i_1 \leq e_1$.

Naturellement, le consommateur fera appel au $k^{\text{ème}}$ emprunt seulement après avoir emprunté le maximum possible, soit :

$$\sum_{h=1}^{k-1} M_h$$

correspondant au $k-1$ premières possibilités d'emprunt à un taux d'intérêt inférieur. De même, s'il effectue un placement, il utilisera un classement des différentes possibilités par taux d'intérêt décroissant.

L'ensemble des points (F_0, F_1) correspondant aux sommes que le consommateur peut échanger contre ses revenus initiaux R_0 et R_1 est alors représenté par une succession S de segments de droite dans un plan de coordonnées F_0, F_1 (fig. 3.7). Comme précédemment, chaque segment de droite D_k représentant une possibilité d'emprunt a pour pente $-(1 + e_k)$, la variation de F_0 permise par cet emprunt étant limitée par M_k. De même, un segment de droite D'_k correspondant à une possibilité de placement a pour pente $-(1+i_k)$.

Remarque. Si la seule possibilité de transfert de revenus de la période 0 à la période 1 est la thésaurisation (pas de placement à taux d'intérêt positif), celle-ci sera représentée par un segment de droite parallèle à la seconde bissectrice. L'impossibilité d'emprunter est représentée par une droite parallèle à l'axe des ordonnées.

Un raisonnement semblable à celui des paragraphes précédents permet alors de décrire le comportement du consommateur; si pour les revenus initiaux R_0, R_1, son taux d'actualisation a est :

- supérieur à e_1 : il empruntera;
- inférieur à i_1 : il effectuera un placement;
- compris entre i_1 et e_1 : il n'effectuera ni emprunt ni placement.

Plaçons-nous par exemple dans le 1er cas (illustré par la figure 3.7).

Le premier emprunt conduit à un point (F_0, F_1) situé sur D_1. Si une courbe d'indifférence est tangente à D_1, en un point d'abscisse F_0^* tel que $R_0 < F_0^* \leq R_0 + M_1$, alors le consommateur empruntera la somme $F_0^* - R_0$, son taux d'actualisation étant alors égal à e_1.

Sinon, on sait alors qu'au point d'abscisse R_0+M_1 sur la droite D_1 : $a > e_1$. Plaçons-nous maintenant dans ce cas.

Si $e_1 \leq a \leq e_2$: seul le premier emprunt (de montant M_1) sera utilisé.

Si $a > e_2$: le consommateur fera appel à un deuxième emprunt. La quantité empruntée sera déterminée en continuant le raisonnement qui correspond à un déplacement du point (F_0, F_1) le long de la suite S des segments de droite D_1, D_2, etc., de façon à atteindre la courbe d'indifférence Γ^* correspondant à la satisfaction la plus élevée (fig. 3.7 et 3.8).

Cette démarche peut également être illustrée par le deuxième graphique de la figure 3.7 qui donne la courbe représentative des variations du taux d'intérêt marginal des emprunts et des placements en fonction de F_0. Traçons sur ce même graphique la courbe représentative des variations du taux d'actualisation du consommateur en fonction de F_0. Ce taux est une fonction décroissante de F_0 (la valeur de F_1, correspondant à une valeur donnée de F_0, étant l'ordonnée du point d'abscisse F_0 sur la suite des segments de droite S de la figure 3.7).

Si (F_0^*, F_1^*) sont les revenus qui maximisent la satisfaction du consommateur, F_0^* est l'abscisse du point d'intersection de la courbe représentative des variations du taux d'intérêt marginal et de la courbe représentative des variations du taux d'actualisation a.

Le taux d'actualisation est alors :

- Soit égal au taux dintérêt du dernier emprunt. Ce premier cas correspond au fait que la courbe d'indifférence Γ^* (satisfaction maximum) est tangente à l'un des segments de droite appartenant à S (fig. 3.7).
- Soit compris entre le taux d'intérêt du dernier emprunt et le taux de l'emprunt suivant (fig. 3.8).

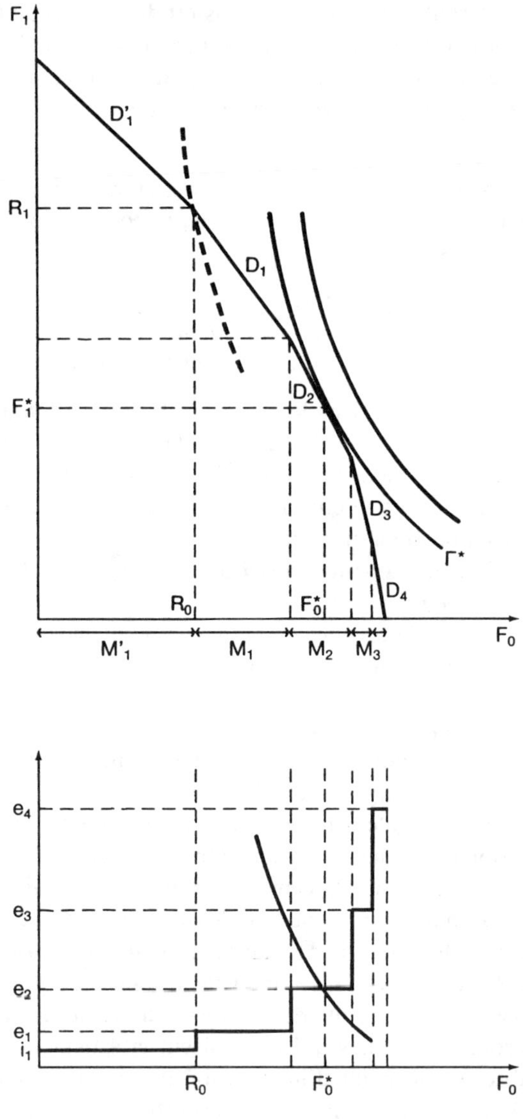

Fig. 3.7 Possibilités d'emprunts et de placements

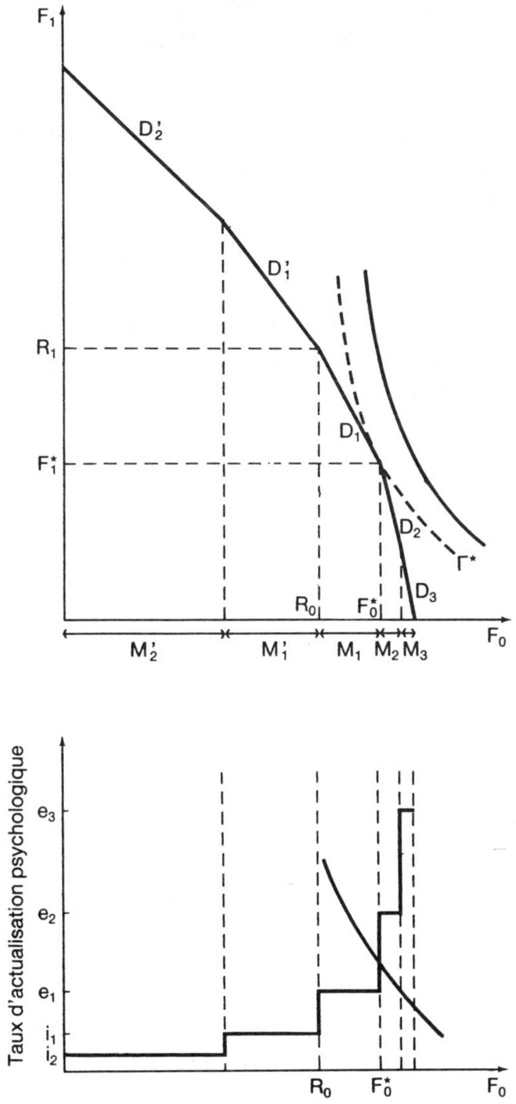

Fig. 3.8 Optimum en un point anguleux

3.9 CHOIX INTERTEMPORELS DE L'ENTREPRENEUR

Aux hypothèses précédentes concernant les possibilités d'emprunts et de placements financiers, on peut ajouter une hypothèse relative à la possibilité d'effectuer des placements en actifs physiques. Pour un entrepreneur, il s'agit d'investissements industriels. Pour un particulier, ce peut être par exemple l'achat d'une maison qui nécessite éventuellement un emprunt.

Nous raisonnerons toujours sur un modèle à deux périodes.

Nous reprendrons de façon un peu plus formalisée les hypothèses étudiées en sections 3.4 et 3.5 : possibilité d'emprunt illimitée d'une part, ratio d'endettement fixé d'autre part. Nous les complèterons par une hypothèse de rationnement du capital emprunté.

Nous nous limiterons à quelques indications rapides et renvoyons pour une étude plus détaillée aux références citées en bibliographie [3.3], [3.4], [3.8] [4].

Nous supposerons décroissant le taux de rentabilité marginale du placement en actif physique.

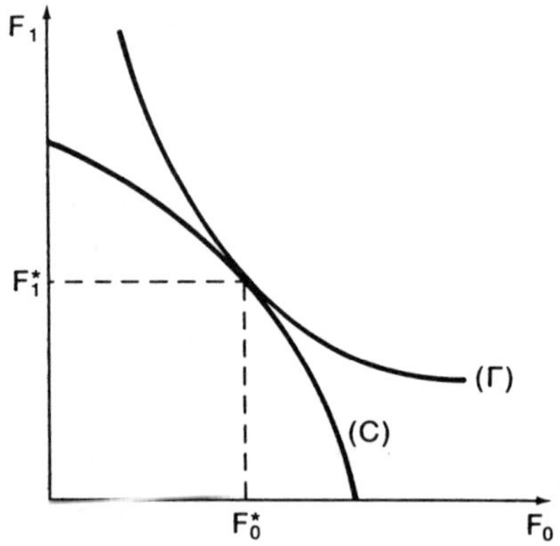

Fig. 3.9 Placement en actif physique. Pas de possibilité d'emprunt ou de placement

4. Hirshleifer [3.8] constitue une référence majeure dans le cadre du développement des travaux de Fisher [3.3]. H. Levy-Lambert et J.P. Dupuy [3.4] présentent une analyse détaillée, sous des hypothèses plus générales que celles qui seront utilisées ici (possibilités d'emprunt et de placement quelconques par exemple).

Les notions de taux de rentabilité [5] seront définies au chapitre suivant.

A un investissement (et à un désinvestissement si les choix sont réversibles) en actifs physiques de montant x_0 correspond un flux de trésorerie $x_1 = \phi(x_0)$ à la période 1.

Notons comme précédemment F_0 et F_1 des sommes disponibles aux périodes d'indice 0 et 1. A l'investissement considéré correspond dans le plan (F_0, F_1) une courbe telle que (C) (fig. 3.9). (C) est le lieu des points qui peuvent être atteints à partir des disponibilités initiales.

3.9.1 Il n'y a pas de possibilité d'emprunts ou de placements financiers

Le point (F_0^*, F_1^*) correspondant à la décision optimale d'investissement est obtenu comme à la section précédente. C'est le point de contact entre la courbe (C) et la courbe d'indifférence intertemporelle (Γ) la plus éloignée possible de l'origine.

Le taux de rentabilité marginale r_m de l'investissement est tel que :

$$\frac{1}{1+r_m} = -\frac{\Delta F_0}{\Delta F_1}$$

5. Dans le cas du modèle à deux périodes considéré ici, les taux de rentabilité moyenne et marginale peuvent être définies comme suit. Soit un projet d'investissement auquel correspondent des flux de trésorerie F_0 et F_1 aux périodes d'indice 0 et 1 (avec F_0 négatif).

Le taux de rentabilité (moyenne) est la valeur r_M du taux d'actualisation qui annule le revenu actualisé du projet :

$$F_0 + F_1/(1+r_M) = 0$$

ou encore :

$$F_0(1+r_M) + F_1 = 0$$

C'est le taux maximum auquel la rentrée de fonds F_1 permet de rémunérer la mise initiale $-F_0$ sans que l'opération ne soit déficitaire. Le revenu actualisé au taux i est positif si et seulement si le taux de rentabilité r_M est supérieur au taux d'actualisation.

Le taux de rentabilité marginale est le taux de rentabilité r_m d'un (petit) supplément d'investissement, auquel correspondent des flux de trésorerie ΔF_0 et ΔF_1, soit :

$$\Delta F_0 + \Delta F_1/(1+r_m) = 0$$

Lorsque le taux d'actualisation i est fixé, et si le taux de rentabilité marginale est décroissant, le montant d'investissement d'une gamme continue qui maximise le revenu actualisé est tel que $r_m = i$ (nous reviendrons sur ce point au chapitre 4, section 4.5).

ΔF_0 et ΔF_1 étant représentatifs d'un (petit) déplacement le long de la courbe (C).

L'égalité des pentes des tangentes à la courbe (C) et à la courbe (Γ) entraîne donc :

$$\boxed{r_m = a}$$

A l'optimum le taux de rentabilité marginale est égal au taux d'actualisation (phychologique) de l'entrepreneur.

Remarque. Si la courbe (C) présente des points anguleux, autrement dit si le taux de rentabilité marginale n'est pas une fonction continue de l'investissement, l'analyse peut être conduite comme cela a été fait ci-dessus pour des placements financiers. Si l'optimum est en un point anguleux, le taux d'actualisation de l'entrepreneur peut alors être compris entre deux valeurs du taux de rentabilité marginale (à droite et à gauche).

3.9.2 Possibilité d'emprunt illimitée

Introduisons maintenant une possibilité d'emprunt illimitée à un taux unique e. Les déplacements alors autorisés dans le plan (F_0, F_1) se font sur une demi-droite de pente $-(1 + e)$. Si l'emprunt permet d'améliorer l'utilité de l'entrepreneur, la maximisation de celle-ci conduit à la solution suivante :

- Le placement optimum en actif physique est caractérisé par le point M^* (fig. 3.10), point de contact de la courbe (C) et de sa tangente (D) de pente $-(1 + e)$.
- L'optimum global (investissement et financement) est représenté par le point N^*, point de contact entre la courbe (Γ) d'indifférence intertemporelle et la droite (D) d'emprunt.

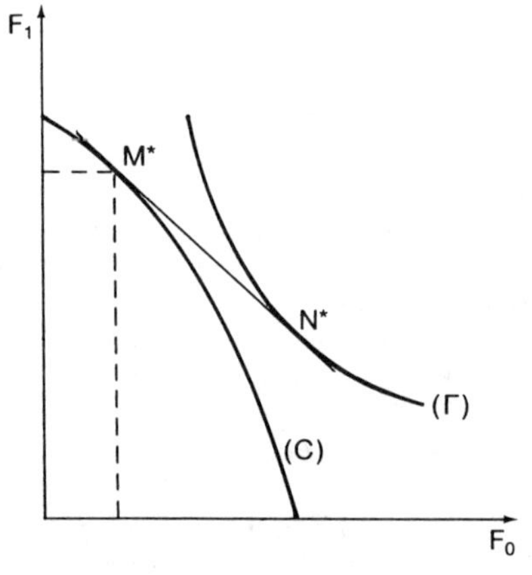

Fig. 3.10 Possibilité d'emprunt illimitée

L'égalité des pentes des tangentes s'écrit :

$$\boxed{r_m = a = e}$$

A l'optimum, le taux de rentabilité marginale de l'investissement, le taux d'intérêt de l'emprunt et le taux d'actualisation (psychologique) de l'actionnaire sont égaux.

Si l'entrepreneur s'endette pour investir, **la décision d'investissement peut donc être définie de façon décentralisée**, indépendamment de la décision de financement et de la fonction d'utilité intertemporelle de l'entrepreneur en utilisant un calcul de revenu actualisé, **le taux d'actualisation étant égal au taux d'intérêt de l'emprunt**.

Remarque 1. Si le taux d'intérêt de l'emprunt est une fonction croissante du montant emprunté, on peut montrer [3.4] que la relation reste vraie en remplaçant « taux d'intérêt » par « taux d'intérêt marginal ».

Remarque 2. Un résultat semblable et symétrique peut être obtenu en supposant possibles un désinvestissement en actif physique et un placement financier à un taux d'intérêt donné.

Remarque 3. Parmi les hypothèses étudiées au cours de cette section, nous n'avons pas introduit l'hypothèse d'existence d'un marché parfait du capital. Il est clair, cependant, que le résultat ci-dessus peut être énoncé s'il y a possibilité de placement et d'emprunt au même taux. Il est alors valable que l'entrepreneur ait intérêt à s'endetter pour investir ou à désinvestir pour placer sur le marché.

3.9.3 Rationnement du capital emprunté

Nous reprenons les hypothèses précédentes, mais supposons maintenant que le montant d'emprunt possible E est limité. Nous supposons que cette limitation ne permet pas d'atteindre, à partir du point M^*, le point N^* défini ci-dessus (s'il peut être atteint, il n'y a pas réellement rationnement de capital), mais seulement un point tel que L^1 sur la figure 3.11.

Comment obtenir alors l'optimum ? A partir d'un point quelconque M de la courbe (C) il est possible à l'aide d'un emprunt de se déplacer sur une demi-droite de pente $-(1+e)$ jusqu'à un point L. Le lieu des points L ainsi définis est la courbe (C') obtenue à partir de la courbe (C) par translation de vecteur M^*L^1. L'optimum est alors le point de contact entre la courbe (C') et la courbe (Γ) d'indifférence la plus éloignée de l'origine. L'égalité des pentes des tangentes aux deux courbes à l'optimum permet encore d'écrire :

$$\boxed{r_m = a}$$

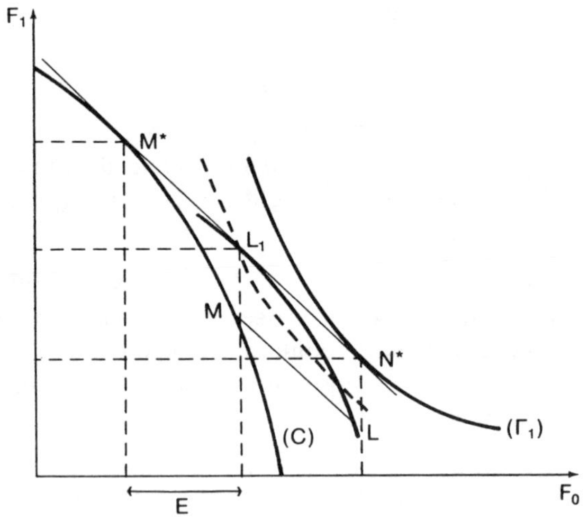

Fig. 3.11 Rationnement de capital emprunté

A l'optimum, le taux de rentabilité marginale de l'investissement est égal au taux d'actualisation (psychologique) de l'entrepreneur.

Mais il n'y a plus d'égalité avec le taux d'intérêt. Les calculs de revenus actualisés doivent être effectués avec un taux d'actualisation égal au taux psychologique de l'entrepreneur différent du taux d'intérêt des emprunts. Il faut cependant remarquer que la définition de ce taux ne peut être faite avant d'avoir déterminé la décision optimale d'investissement.

Remarque. Pour une généralisation au cas où l'on considère plusieurs possibilités d'emprunt limitées avec des taux d'intérêt différents, on pourra consulter H. Levy-Lambert, J.P. Dupuy [3.4].

3.9.4 Ratio d'endettement limité

Les résultats ci-dessus peuvent naturellement être démontrés en recherchant le maximum d'une fonction de satisfaction sous contrainte. C'est ce que nous ferons, toujours sur un modèle à deux périodes, en supposant maintenant qu'un ratio d'endettement maximum α doit être respecté.

Nous notons comme précédemment R_0, R_1 les sommes initialement disponibles pour l'entrepreneur aux périodes 0 et 1, x_0 un investissement en actif physique à la période 0, $x_1 = \phi(x_0)$ le flux de trésorerie correspondant au revenu de l'investissement à la période 1.

Soit E_0 le montant emprunté au taux e à la période 0. Les flux F_0 et F_1

disponibles pour la consommation de l'entrepreneur s'écrivent :

$$F_0 = R_0 + E_0 - x_0$$
$$F_1 = R_1 - (1+e)E_0 + \phi(x_0)$$

Si à l'optimum la contrainte relative au ratio d'endettement n'est pas saturée, la solution est celle du paragraphe 3.9.2. Si la contrainte est serrée, le problème s'écrit :

$$\text{maximiser } U(F_0,\ F_1)$$
$$\text{avec } E_0/x_0 = \alpha$$

En remplaçant E_0 par αx_0, et en annulant la dérivée de U par rapport à x_0 il vient :

$$(\alpha - 1)\frac{\partial U}{\partial F_0} + [\phi'(x_0) - \alpha(1+e)]\frac{\partial U}{\partial F_1} = 0$$

Soit en remplaçant $\phi'(x_0)$ par $1 + r_m$:

$$\boxed{r_m = (1-\alpha)a + \alpha e}$$

A l'optimum, le taux de rentabilité marginale est égal au coût moyen du capital. C'est le seuil de rentabilité, donc le taux d'actualisation qui doit être utilisé pour l'étude des décisions d'investissement.

Le coût du capital propre est évalué au taux d'actualisation psychologique de l'entrepreneur. Le coût moyen est une moyenne arithmétique pondérée, les coefficients de pondération correspondent à la part de chaque source de financement.

Ce schéma est très simplifié. Il permet cependant, sous les hypothèses retenues, de vérifier qu'il y a bien cohérence entre le point de vue de l'entrepreneur et le point de vue du département Projets, le premier cherchant à maximiser sa fonction d'utilité, le second à maximiser un revenu actualisé calculé avec un taux d'actualisation égal au coût moyen du capital.

Résumé

En avenir certain, si l'on suppose l'existence d'un marché parfait du capital (marché sur lequel tout agent économique peut placer ou emprunter une somme d'argent quelconque à un taux d'intérêt unique i), il est équivalent de disposer d'une somme S_0 à une année 0 ou d'une somme $S_0(1+i)^n$ à une année n, l'une pouvant être échangée contre l'autre. Sous ces hypothèses, une somme S_n disponible à une année n a pour équivalent à l'année 0 sa valeur actuelle (ou actualisée) :

$$\frac{S_n}{(1+i)^n}$$

Dans la pratique, un tel marché n'existe pas. Une entreprise fait appel à différentes sources de financement (autofinancement, émission d'actions, emprunts, etc.). Le taux d'actualisation utilisé est alors le coût i associé à l'ensemble du capital. Il s'agit, en général, d'une moyenne pondérée, égale au coût marginal du financement si les proportions des différentes ressources sont supposées stables (ce point sera développé au chapitre 9). Le taux d'actualisation est un prix de cession interne du capital entre le département financier et le(s) département(s) responsable(s) de l'étude et de la réalisation des projets d'investissement.

Pour justifier la formule de l'actualisation, il suffit de remarquer que l'hypothèse d'égalité du taux d'intérêt pour les placements et les emprunts n'est pas nécessaire. En effet, si l'entreprise a des disponibilités en capital à une période donnée, ces disponibilités ne seront pas, le plus souvent, placées sur les marchés financiers mais lui permettront de diminuer, au cours de la période considérée, le recours au capital de coût i. Tout se passe donc comme si ces disponibilités étaient placées au taux i.

4 | *Les critères d'évaluation des projets d'investissement*

Objectifs du chapitre

Présenter les critères utilisant l'actualisation, principalement le revenu actualisé ou Valeur Actuelle Nette et le taux de rentabilité interne sous nos hypothèses simplificatrices : calculs déterministes, absence de fiscalité et d'inflation. Préciser les conditions d'application. Le critère du coût de revient économique sera étudié au chapitre 5.

Au cours de ce chapitre, nous donnerons les définitions des principaux critères d'évaluation des projets d'investissement : revenu actualisé ou Valeur Actuelle Nette (VAN), taux de rentabilité, enrichissement relatif en capital, durée de récupération en valeurs actualisées. Le coût de revient économique sera étudié au chapitre suivant.

Nous considérons les hypothèses suivantes :

- La monnaie garde une valeur constante.
- La fiscalité n'intervient pas.
- Les biens et services produits et consommés lors de la réalisation et de l'exploitation d'un projet sont parfaitement quantifiés. Nous nous limiterons à un calcul déterministe. Par conséquent, pour ce qui concerne les flux de trésorerie, nous « ferons comme si » l'avenir était certain et les recettes et dépenses prévues de façon parfaite.
- L'entreprise a défini un taux d'actualisation, coût de cession interne du capital du département financier au département responsable des investisements. Dans une première approche, il est supposé égal au coût moyen du financement de l'entreprise, lui-même égal au coût marginal. Ceci suppose prédéterminée la structure (optimale) du capital. Le taux d'actualisation résume l'ensemble des données financières à prendre en compte pour l'étude des projets. En particulier, le capital disponible à ce taux n'est pas limité.

Les quatre premières sections seront consacrées aux définitions et principes généraux, les suivantes à des compléments relatifs aux taux de rentabilité et aux hypothèses de réemploi des flux encaissés (taux de rentabilité marginale, taux de rentabilité multiple, taux de rentabilité modifié ou intégré, valeur actuelle intégrée).

4.1 LE CRITÈRE DU REVENU ACTUALISÉ OU VALEUR ACTUELLE NETTE

Synonyme : Bénéfice actualisé.

En anglais : *Net Present Value (NPV), Net Present Worth, Discounted Cash Flow (DCF), Goodwill.*

4.1.1 Introduction

Nous avons défini au chapitre précédent le revenu actualisé d'un projet. Dans cette section, nous rappellerons cette définition, puis donnerons quelques compléments.

Considérons un projet d'investissement correspondant à l'achat ou à la construction d'un équipement. Nous supposons que l'on a pu prévoir (de façon parfaite) les différents délais de réalisation, la durée d'utilisation de l'équipement, les coûts d'investissement et la valeur des frais d'exploitation sur l'ensemble de la durée de vie. Nous supposons également que des recettes sont associées à l'exploitation de l'équipement. Celles-ci ont pu être déterminées par exemple à l'aide d'une étude de marché qui a permis de prévoir les quantités et le prix de vente du ou des produits fabriqués au moyen de l'équipement considéré. Dans tous les cas, les recettes devront être déterminées en effectuant une évaluation des biens ou des services produits par l'équipement, même si ceux-ci ne sont pas destinés à faire l'objet d'une transaction commerciale.

Enfin, nous supposerons qu'à partir de ces différents postes de recettes et de dépenses, le flux de trésorerie a pu être calculé pour chacune des années de la période d'étude, cette période comprenant le temps de construction et de mise en place de l'équipement.

Rappelons qu'il ne s'agit pas de bénéfices ou de dépenses comptables, mais de flux de trésorerie réels, définis comme la différence entre la somme des encaissements et des décaissements effectués par l'entreprise et associés au projet considéré. En particulier, les dépenses d'investissement doivent être comptatibilisées au moment où elles sont effectuées et non par l'intermédiaire d'amortissements.

Le flux de trésorerie de la (ou des) première(s) année(s) sera généralement négatif (dépenses d'investissement) et les flux de trésorerie des années suivantes positifs (revenus d'exploitation supérieurs aux dépenses d'exploitation).

Nous noterons F_n le flux de trésorerie d'une année n et N la dernière année d'exploitation du projet.

L'indice n peut parfois prendre des valeurs négatives. Il est en effet possible de définir comme année 0 une année future, par exemple l'année qui correspond à la fin de la construction d'un équipement et précédant le démarrage de l'exploitation. Les investissements des années antérieures seront alors affectés d'un indice négatif. L'indice n peut également être fractionnaire (cf. chapitre 3, section 3.2). Des valeurs négatives ou fractionnaires ne présentent aucune difficulté, mais pour alléger la présentation, nous considérerons seulement des valeurs positives entières ($n = 0,\ 1,\ 2,\ \ldots,\ N$).

Soit i le taux d'actualisation retenu par l'entreprise.

4.1.2 Définition

On appelle Revenu Actualisé d'un projet (ou Bénéfice Actualisé ou Valeur Actuelle Nette) la somme algébrique des valeurs actualisées de chacun des flux de trésorerie associés au projet :

$$R = \sum_{n=0}^{N} \frac{F_n}{(1+i)^n}$$

4.1.3 Décision d'acceptation ou de rejet d'un projet unique, indépendant de tout autre projet

Lorsque la décision à prendre est de réaliser ou non un projet unique donné, considéré comme indépendant de tout autre projet, utiliser le critère du revenu actualisé consiste à réaliser le projet si son revenu actualisé est positif.

Rappelons qu'un projet qui présente un revenu actualisé positif est un projet qui permet au moins de rembourser le capital initial et de rémunérer celui-ci à un taux égal au taux d'actualisation i.

De façon précise, il s'agit de la somme maximum R qui peut être empruntée à l'année 0 (par le département Projets au département financier), en plus du coût de l'investissement, à un taux égal au taux d'actualisation, telle que les revenus du projet permettent de la rembourser, en plus des dépenses d'investissement, et de rémunérer l'ensemble de ces sommes à un taux égal au taux d'actualisation.

4.1.4 Choix entre projets incompatibles

Lorque l'on désire effectuer un choix entre différents projets d'investissement incompatibles (c'est-à-dire qui ne peuvent être réalisés simultanément) utiliser le critère du revenu actualisé consiste à réaliser le projet qui présente le revenu actualisé le plus élevé.

4.1.5 Conditions de validité

Dans le cadre des hypothèses énoncées ci-dessus, le critère du revenu actualisé permet de résoudre le problème d'évaluation des investissements que nous nous sommes posé.

Parmi ces hypothèses, rappelons en particulier celle concernant la possibilité (pour le département Projets) d'emprunter (au département financier) du capital sans limites à un taux égal au taux d'actualisation. Autrement dit, nous supposons les disponibilités en capital suffisantes pour réaliser tous les projets qui ont un revenu actualisé positif. L'étude du cas où cette condition n'est pas satisfaite sera effectuée au chapitre 9.

Une autre hypothèse importante est celle de l'indépendance entre projets, dont nous allons considérer ci-dessous un cas particulier.

4.1.6 Définition d'une période d'étude et liaison entre projets

Une difficulté apparaît lorsque l'on désire comparer des projets qui présentent des durées de vie différentes. Nous raisonnerons sur un exemple. Reprenons le projet étudié en section 3.3 du chapitre précédent : il s'agit du projet d'achat d'un matériel que nous noterons A, qui serait mis en place à l'année 0 (coût : 30 000 F) et qui permettrait une exploitation pendant 4 ans (années 1 à 4). L'excédent des recettes sur les dépenses serait alors de 10 000 F par an pendant chacune de ces quatre années. L'équipement serait revendu 5 000 F en fin de quatrième année. Le taux d'actualisation de l'entreprise est égal à 5 %.

Le calcul du revenu actualisé de ce projet a été effectué au chapitre précédent :

$$R_A = -30\,000 + \frac{10\,000}{1+i} + \frac{10\,000}{(1+i)^2} + \frac{10\,000}{(1+i)^3} + \frac{15\,000}{(1+i)^4}$$
$$R_A = 9\,600\text{F}$$

Nous supposerons maintenant que pour effectuer l'exploitation considérée, l'entreprise a le choix entre l'équipement A défini ci-dessus et un équipement B, plus robuste, qui peut donc être utilisé sur une période plus longue (6 ans) et dont le prix d'achat est également plus élevé (42 000 F). Nous supposerons que les revenus annuels sont inchangés, soit 10 000 F par an (mêmes conditions d'exploitation) et que lors du déclassement en fin de sixième année, l'équipement B peut être revendu au prix de 5 000 F.

Le revenu actualisé de ce deuxième projet, calculé en utilisant une période d'étude de 7 ans (années 0 à 6), est égal à :

$$R_B = -42\,000 + \sum_{n=1}^{6} \frac{10\,000}{(1+i)^n} + \frac{5\,000}{(1+i)^6}$$
$$R_B = 12\,500\,\mathrm{F}$$

Si nous désirons comparer les deux projets, il nous faut préciser certaines hypothèses.

A. Décisions (après déclassement) dépendantes du choix étudié

Supposons que l'équipement considéré doit assurer un service qui, en cas de rejet du projet, serait effectué par une entreprise extérieure (par exemple : reproduction de documents, transport, etc.).

Dans ce cas, il est vraisemblable que le problème consiste, non à comparer une exploitation pendant 4 ans à une exploitation pendant 6 ans, mais deux modes d'exploitations correspondant à l'utilisation de chacun des matériels considérés, la période d'exploitation n'étant pas précisée. Cette période peut être indépendante des durées de vie des matériels A et B et fonction, par exemple, de caractéristiques de l'activité générale de l'entreprise. Si l'exploitation au moyen de matériel acheté est rentable, il est naturel de trouver un revenu actualisé d'autant plus élevé que la durée d'exploitation est longue. Les deux revenus R_A et R_B calculés ci-dessus ne sont donc pas comparables.

Le problème qui se pose alors est un problème d'interdépendance entre projets : le choix entre les deux types d'équipement est fonction de la façon dont sera poursuivie l'exploitation après déclassement.

Il est nécessaire de comparer les deux modes d'exploitation sur une même période. Faute de renseignements plus précis relatifs à la durée de l'exploitation, si l'on prévoit que celle-ci sera nettement plus longue que la durée de vie des matériels A et B, il est possible que l'on puisse utiliser l'hypothèse du « renouvellement à l'identique ». Celle-ci consiste à supposer que, si le matériel A a été retenu, lorsque ce matériel sera déclassé, il sera remplacé par un matériel identique. De la même façon, un matériel de type B sera remplacé par un matériel de même type B. Cette hypothèse nous permet alors de considérer une période d'étude commune à chacun des modes d'exploitation, définie par les années 0 à 12 et au cours de laquelle, dans un cas, le matériel A sera renouvelé 2 fois, dans l'autre cas, le matériel B sera renouvelé 1 fois. Calculons alors dans chacun de ces deux cas le revenu actualisé sur cette nouvelle période.

Pour éviter de calculer la valeur actualisée des flux de trésorerie de chacune des années, nous utiliserons les revenus actualisés R_A et R_B correspondant à une exploitation respectivement pendant 4 ans avec le matériel A et pendant 6 ans avec le matériel B.

C'est ainsi, par exemple, que le revenu actualisé à l'année 4, correspondant au premier renouvellement d'un matériel A à l'année 4 et à son exploitation au cours des années 5 à 8 est égal à R_A. Sa valeur actualisée à l'année 0 est donc :

$$\frac{R_A}{(1+i)^4}$$

Les revenus actualisés (années 0 à 12) s'écrivent alors :

$$R_A^{12} = R_A + \frac{R_A}{(1+i)^4} + \frac{R_A}{(1+i)^8} = 23\,900\ \text{F}$$

$$R_B^{12} = R_B + \frac{R_B}{(1+i)^6} = 21\,800\ \text{F}$$

Ces deux valeurs sont alors comparables et conduisent à préférer une exploitation avec du matériel de type A.

Remarque 1. Il est possible d'effectuer la comparaison en prenant l'année comme période de référence (annuité constante). Ce mode de calcul (conduisant au même résultat que celui qui a été obtenu au moyen de l'hypothèse du renouvellement à l'identique) sera étudié au chapitre 5.

Remarque 2. Si l'hypothèse du renouvellement à l'identique conduit à un procédé de calcul commode, il convient cependant de s'assurer, lors de son utilisation, qu'elle n'est pas trop éloignée de la réalité. Dans certains cas, il sera nécessaire de tenir compte d'une évolution prévisible dans le temps de certains postes des échéanciers étudiés. Certains facteurs, comme le progrès technique (cf. chapitre 8), peuvent en effet rendre cette hypothèse inutilisable.

B. Décision indépendante de toute autre décision

Nous avons raisonné ci-dessus en supposant que l'exploitation assurée par l'un ou l'autre des équipements se poursuit après déclassement. L'hypothèse contraire peut, dans certains cas, être vérifiée (déclassement « sans suite »). Reprenons l'exemple de nos projets A et B mais en supposant maintenant qu'aucune activité de l'entreprise, qu'aucun flux de trésorerie (autres que ceux déjà pris en compte au cours du calcul et en particulier après la date de déclassement de l'équipement) ne dépendront du choix effectué. Il est alors correct de comparer directement les revenus R_A et R_B (9,6 kF et 12,5 kF). C'est implicitement effectuer les calculs sur une même période de 6 ans, mais avec des flux de trésorerie nuls aux années 5 et 6 pour le projet A.

La comparaison de différents modes de mise en production d'un gisement pétrolier permettant une exploitation plus ou moins rapide du champ peut constituer un exemple du même type.

Remarque. Pour l'étude de projets dont la durée de vie est différente, certains auteurs préconisent de prendre en compte un réinvestissement des revenus des projets à un taux différent du coût du capital. Nous discuterons ce point en deuxième partie de ce chapitre, section 4.8.

4.1.7 Situation en fin de période et valeurs résiduelles

L'exemple précédent a permis de montrer l'importance de la définition d'une période d'étude. Il faut également remarquer que la comparaison de différents projets peut être effectuée seulement si, en fin de période, l'entreprise est ramenée à une même situation quel que soit le projet retenu.

Ce ne sera pas le cas si parmi les différents projets étudiés, certains comportent la mise en place d'équipements qui n'auraient pas terminé leur durée de vie à la fin de la période d'étude considérée.

En théorie, il faudrait donc prolonger la période d'étude de façon adaptée et c'est ce que nous avons fait ci-dessus avec l'exemple de nos projets A et B de durées de vie différentes. Dans la pratique et comme nous l'avons indiqué au chapitre 1, la durée de la période d'étude est souvent limitée, compte tenu de la difficulté de faire des prévisions à très long terme. Pour se ramener alors en fin de période à des situations comparables pour chacun des projets, rappelons qu'une pratique courante consiste à définir une valeur résiduelle de ces équipements. Cette valeur résiduelle, valeur de revente par exemple, sera portée au crédit du projet, à la dernière année de la période d'étude. La définition d'une valeur résiduelle est toujours délicate, mais nous remarquerons que son influence sur le résultat des calculs est réduite par le jeu de l'actualisation si la période est assez longue.

4.1.8 Pourquoi d'autres critères ?

Le critère du revenu actualisé est le critère fondamental du calcul économique. Dans l'entreprise, pour présenter les résultats d'une étude d'investissement, on lui préfère cependant assez souvent d'autres critères, que nous définirons ci-dessous.

On reproche tout d'abord au revenu actualisé d'être un critère relativement peu parlant. Une valeur actuelle est parfois considérée comme une grandeur abstraite. Un dirigeant a l'habitude d'utiliser des ratios et en particulier des taux de rendement comptable. Il peut alors préférer analyser des résultats présentés au moyen de taux de rentabilité.

Par ailleurs, nous avons indiqué (et nous y reviendrons) que la détermination d'un taux d'actualisation dans l'entreprise est toujours délicate. Ceci aussi peut conduire à préférer caractériser un projet par son taux de rentabilité dont la valeur ne dépend pas du taux d'actualisation, même si l'on sait très bien que la décision nécessite une hypothèse sur la valeur de ce dernier.

4.2 LE TAUX DE RENTABILITÉ (INTERNE)

En anglais : *(internal) rate of return, discounted cash-flow rate, D.C.F. rate.*

4.2.1 Définition

Au cours de cette section, nous nous limiterons à l'étude de projets d'investissement appelés **projets d'investissement simples**. Un tel projet est un projet dont l'échéancier des flux de trésorerie est composé **d'un ou plusieurs flux négatifs suivis d'un ou plusieurs flux de trésorerie positifs**. En d'autres termes, l'échéancier admet un seul changement de signe.

La grande majorité des projets que l'on rencontre dans la réalité sont de ce type. L'étude des projets non simples (par exemple, projets faisant intervenir des dépenses d'investissement après une première période d'exploitation ou projets permettant d'accélerer des recettes) fera l'objet des sections 4.6 et 4.7 de ce chapitre.

Nous considérons donc un projet d'investissement simple auquel est associé un échéancier de flux de trésorerie $F_n (n = 0, 1, 2, \ldots, N)$. Avec les notations de la section précédente, le revenu actualisé s'écrit :

$$R(i) = \sum_{n=0}^{N} \frac{F_n}{(1+i)^n}$$

Si l'on considère le taux d'actualisation comme une variable, le revenu actualisé est une fonction décroissante de ce taux.

En effet, augmenter la valeur du taux d'actualisation diminue la valeur actualisée (en valeur absolue) des flux de trésorerie des années futures. Mais les flux de trésorerie des années éloignées dans le futur ont été supposés positifs (recettes supérieures aux dépenses) tandis que le flux de trésorerie de l'année 0 et éventuellement ceux des années proches ont été supposés négatifs (dépenses d'investissement). Lorsque le taux i varie, la valeur actuelle des flux de trésorerie (négatifs) des années proches varie moins vite que la valeur actuelle des flux de trésorerie (positifs) des années éloignées. Le revenu actualisé diminue donc lorsque le taux i augmente.

Un cas particulier, où ceci est vérifié de façon évidente, est le cas où le seul flux de trésorerie négatif de l'échéancier étudié correspond à une dépense d'investissement réalisée à l'année 0.

Le fait que le revenu actualisé soit une fonction décroissante du taux d'actualisation peut également être justifié en utilisant l'interprétation du revenu actualisé donnée précédemment : le revenu actualisé est la valeur d'une somme qui peut être empruntée à l'année 0, en plus du montant de l'investissement, et remboursée au moyen des revenus de l'exploitation de l'équipement, le remboursement étant effectué en rémunérant cet emprunt à un taux égal au taux d'actualisation. Si la valeur du taux d'actualisation augmente, le montant des charges financières augmente également; la valeur du revenu actualisé est donc décroissante.

Enfin, nous noterons que si le taux d'actualisation est nul, le revenu actualisé est généralement positif (en effet, si la valeur nominale des recettes n'était pas supérieure à la valeur nominale des dépenses, le projet ne pourrait généralement pas être retenu pour des motifs de rentabilité). D'autre part, lorsque la valeur du taux d'actualisation tend vers l'infini, le revenu actualisé tend vers F_0, flux de trésorerie négatif.

Les variations du revenu actualisé en fonction du taux d'actualisation peuvent alors être généralement représentées par une courbe (courbe de rentabilité) dont la forme est donnée par la figure 4.1.

Par définition, **la valeur *r* du taux d'actualisation pour laquelle le revenu actualisé s'annule est appelée «taux de rentabilité» ou «taux de rentabilité interne»** du projet.

Interprétation

Pour expliquer cette définition, revenons à l'interprétation du revenu actualisé. Dire que le revenu actualisé au taux r est nul, c'est dire que les revenus du projet permettent de rembourser le capital initial et de le rémunérer au taux r, sans gain ni perte.

Le taux de rentabilité *r* est donc le taux maximum auquel on peut rémunérer les capitaux ayant servi à financer le projet, sans que l'opération devienne déficitaire.

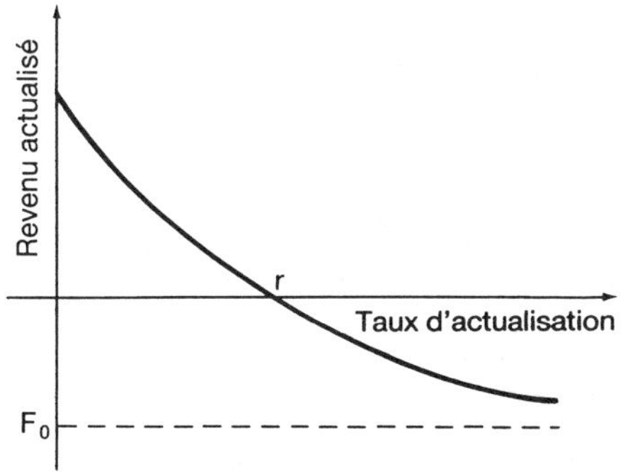

Fig. 4.1 Taux de rentabilité interne

Calcul

La détermination du taux de rentabilité d'un projet peut être effectuée par approximations successives, le revenu actualisé étant calculé pour différentes valeurs du taux d'actualisation.

Elle est facilitée par l'utilisation des calculatrices de poche financières. Toutes donnent le taux de rentabilité d'un échéancier composé d'une dépense d'investissement suivie de flux constants sur la durée d'exploitation. Un certain nombre fournissent le taux de rentabilité d'échéanciers quelconques.

Un exemple de calcul sera présenté ci-dessous (paragraphe 4.2.4).

Notations

Nous avons vu au chapitre 1 la définition du «taux de rentabilité comptable» d'un projet d'investissement. Il peut y avoir un risque de confusion entre ces deux notions «comptable» et «interne»; dans ce cas, on utilisera l'adjectif «interne» pour désigner un taux de rentabilité correspondant à la définition ci-dessus. Cependant, la convention la plus courante consiste à réserver la notation «taux de rentabilité» pour désigner un taux de rentabilité interne; c'est celle que nous utiliserons ici.

4.2.2 Critère du taux de rentabilité

A. Décision d'acceptation ou de rejet d'un projet indépendant de tout autre

Considérons un projet unique, indépendant de tout autre projet. Si la décision à prendre est de réaliser ou non le projet considéré, utiliser le critère du taux de rentabilité, c'est réaliser le projet si le taux de rentabilité r est supérieur au taux d'actualisation i de l'entreprise. Comme le taux d'actualisation représente le coût du financement de l'entreprise, cela signifie que **les revenus attendus de l'investissement permettront de rémunérer le capital servant à financer le projet à un taux supérieur à son coût**.

Comparaison avec le critère du revenu actualisé

Pour un projet d'investissement simple, la courbe de rentabilité a la forme de la courbe de la figure 4.1. Si le taux de rentabilité r est supérieur au taux d'actualisation i, le revenu actualisé est positif. De même, si le taux de rentabilité est inférieur au taux d'actualisation, le revenu actualisé est négatif.

Le critère du taux de rentabilité et celui du revenu actualisé conduisent donc bien à la même décision.

Ce critère présente deux caractéristiques importantes (qui peuvent être considérées comme des avantages) :

- le taux de rentabilité est indépendant du taux d'actualisation;
- il permet souvent de présenter les résultats d'un calcul économique de façon plus «parlante» que lorsque ces résultats sont présentés en termes de revenus actualisés (un taux de rentabilité est comparable à un taux d'intérêt et s'exprime en pourcentage). Un taux de rentabilité peut être comparé non seulement au coût de financement de l'entreprise, mais également au taux de rentabilité moyen des opérations de l'entreprise ou des activités d'un secteur donné, etc.

B. Comparaison de projets incompatibles

Considérons le problème du choix entre différents projets d'investissement incompatibles. Nous remarquerons tout d'abord que :

Le projet qui présente le taux de rentabilité le plus élevé n'est pas nécessairement celui qui présente le revenu actualisé le plus élevé.

Considérons deux projets A et B et supposons que, pour chacun d'eux, on a pu déterminer la courbe représentative des variations du revenu actualisé en fonction du taux d'actualisation. Supposons de plus que ces projets sont tels que les revenus actualisés de chacun d'eux soient égaux pour une valeur i_0 du taux d'actualisation (ces revenus actualisés étant alors positifs) (fig. 4.2). Nous rencontrerons un exemple de ce cas au paragraphe 4.2.4 ci-dessous.

Soient r_A et r_B les taux de rentabilité des projets A et B; supposons que r_A soit supérieur à r_B.

Si le taux d'actualisation défini par l'entreprise est supérieur à i_0, le projet qui présente le revenu actualisé le plus élevé est le projet A et c'est également celui qui a le taux de rentabilité le plus élevé. Mais si le taux d'actualisation est inférieur à i_0, c'est le projet B qui présentera le revenu actualisé le plus élevé.

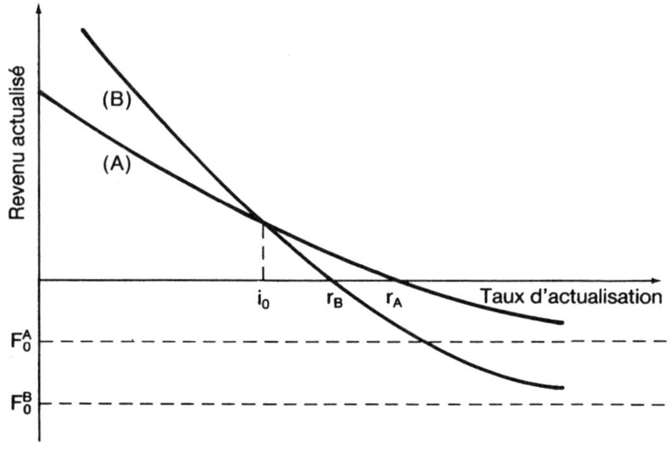

Fig. 4.2 Comparaison de projets incompatibles

Quel est alors le critère à retenir ?

Le critère justifié par la théorie de l'actualisation est le critère du revenu actualisé maximum. Par contre, la comparaison de deux taux de rentabilité n'est pas pertinente. En effet, le taux de rentabilité est le taux maximum auquel on peut rémunérer le capital initial investi dans un projet sans que l'opération ne devienne déficitaire. Peu importe ce taux maximum dans la mesure où il est supérieur au coût du capital (et dans la mesure où le capital n'est pas limité).

Ceci sera justifié de façon plus précise en utilisant la notion de rentabilité relative.

Remarque. Conséquence de l'utilisation d'un critère de rentabilité maximum. Nous désirons comparer plusieurs projets incompatibles et nous nous intéressons au cas où classer les projets par taux de rentabilité décroissants conduit à un classement différent de celui qui serait obtenu par application du revenu actualisé maximum.

Considérons par exemple deux projets A et B (fig. 4.2) tels que, i étant le taux d'actualisation de l'entreprise, le taux de rentabilité r_A du premier est supérieur à celui du second r_B, le revenu actualisé du premier $R_A(i)$ étant par contre inférieur à celui du second $R_B(i)$. Dans ce cas, **retenir le projet qui présente le taux de rentabilité le plus élevé conduirait, de façon générale, à retenir le projet dont le montant d'investissement est le plus petit (projet de plus petite taille ou projet moins capitalistique**).

Une justification de cette propriété sera donnée en deuxième partie de ce chapitre dans le cas d'une gamme continue d'investissement. Le principe en est le suivant (nous retrouverons ce raisonnement à propos du critère de l'enrichissement relatif en capital) : le taux de rentabilité caractérise la rémunération que l'on peut affecter **en moyenne à une unité de capital** investi dans le projet. Or, maximiser une caractéristique de rentabilité moyenne par franc investi conduit généralement à investir un montant moins élevé que lorsque l'on se donne comme objectif de maximiser un revenu total. En effet, et à cause du phénomène des rendements décroissants, lorsque l'on augmente le montant d'investissement affecté à un projet donné, à partir d'une certaine somme, le dernier franc investi a généralement une rentabilité inférieure à la rentabilité moyenne; augmenter le montant d'investissement conduit à diminuer la rentabilité moyenne du projet, même si cela permet d'en augmenter le revenu global (revenu actualisé par exemple).

Une deuxième justification rapide de cette propriété peut être donnée en vérifiant que lorsque deux projets A et B présentent des courbes de rentabilité telles que celles de la figure 4.2, c'est généralement le projet B qui demande le montant d'investissement le plus élevé. En effet, le projet plus cher à l'acquisition doit généralement présenter un revenu non actualisé $R(0)$ plus élevé que le projet moins cher (sinon, le supplément d'investissement ne pourrait être justifié puisque le supplément de recettes futures ne permettrait pas de compenser la dépense d'investissement supplémentaire). Or, nous constatons sur la figure 4.2 que le revenu non actualisé le plus élevé est bien celui du projet B : $R_B(0) > R_A(0)$.

Ceci peut être confirmé, si nous supposons les investissements entièrement réalisés à l'année 0, par la position relative des asymptotes horizontales des courbes de rentabilité. Lorsque le taux d'actualisation i tend vers l'infini :

$$R_A(i) \rightarrow F_0^A$$
$$R_B(i) \rightarrow F_0^B$$

où F_0^A et F_0^B sont les flux de trésorerie de l'année 0. Ces flux correspondent aux dépenses d'investissement, la dépense la plus importante étant celle du projet B.

Remarque : Il est possible de rencontrer des courbes de rentabilité analogues à celles de la figure 4.2 dans des cas différents. Prenons l'exemple de deux projets dont les échéanciers sont les suivants :

$$(-100,\ 60,\ 60,\ 60)$$
$$\text{et : } (-100,\ 0,\ 0,\ 200)$$

Leurs courbes de rentabilité se coupent comme sur la figure 4.2 (pour un taux d'actualisation de 11 % environ) bien qu'ils demandent un même montant d'investissement.

4.2.3 Taux de rentabilité relative (ou taux de rentabilité différentielle)

En anglais : *Incremental Rate of Return.*

A. Définition

Lorsque l'on étudie deux projets A et B de caractéristiques voisines, mais nécessitant un montant d'investissement différent, il peut être intéressant de définir non seulement la rentabilité de chacun mais aussi la rentabilité d'un projet par rapport à l'autre.

Le taux de rentabilité relative est le taux d'actualisation qui annule le supplément de revenu actualisé obtenu par le supplément d'investissement permettant de passer d'un projet à l'autre.

Soit $R_A(i)$ le revenu actualisé du projet A, $R_B(i)$ celui du projet B et supposons que le projet B demande un montant d'investissement plus élevé que le projet A; le taux de rentabilité relative sera racine de l'équation :

$$R_B(i) - R_A(i) = 0$$

Prenons un exemple et considérons un projet de construction d'une usine qui comporte deux variantes; l'une de ces variantes correspond à une automatisation plus poussée des équipements, entraînant par conséquent des coûts d'investissement plus élevés au départ, mais des économies de frais de personnel par la suite. Le taux de rentabilité relative caractérisera l'opération «automatisation» de l'usine en remarquant cependant que le calcul est effectué *avant* toute réalisation. C'est-à-dire que cette rentabilité relative pourra être très différente de la rentabilité d'un projet d'automatisation de l'usine, automatisation effectuée après la construction de l'usine.

Si l'on considère les projets A et B dont les courbes de rentabilité sont données par la figure 4.2, le taux de rentabilité relative $r_{B/A}$ du projet B par rapport au projet A est le taux pour lequel les revenus actualisés de A et B sont égaux, c'est-à-dire $r_{B/A} = i_0$.

Il est à noter enfin que la notion de rentabilité relative ne peut avoir un sens que si le projet de référence (ici A) est lui-même rentable.

B. Flux de trésorerie différentiels

Dans la pratique, les calculs de rentabilité différentielle sont fréquemment utilisés, en particulier dans le cas où une étude préliminaire a montré qu'un projet d'investissement serait réalisé (la solution qui consisterait à ne rien faire ayant été écartée) et où le problème consiste à effectuer un choix entre plusieurs variantes possibles du projet étudié. Tous les calculs peuvent alors être présentés de façon différentielle, en définissant un cas de référence et en définissant les différents paramètres caractérisant les variantes étudiées au moyen d'écarts par rapport au cas de référence.

Un exemple est donné ci-dessous (paragraphe 4.2.4).

C. Choix entre projets incompatibles

Nous avons vu que classer différents projets incompatibles en fonction de leurs taux de rentabilité pouvait ne pas conduire au même classement que celui que l'on obtiendrait en classant ces projets en fonction de leurs revenus actualisés. Or, il est souvent plus parlant de présenter les résultats d'un calcul économique en utilisant des taux de rentabilité plutôt que des revenus actualisés. Le calcul des taux de rentabilité relative permet de le faire et de le faire de telle sorte que l'utilisation de ces taux de rentabilité conduise aux mêmes conclusions que celles données par l'application du critère du revenu actualisé maximum.

En effet, si l'on désire comparer deux projets A et B tels que ceux de la figure 4.2, comparer le taux de rentabilité relative de B par rapport à A (soit $r_{B/A} = i_0$) à la valeur du taux d'actualisation de l'entreprise donnera le même résultat que de comparer les revenus actualisés de A et B, puisque compte tenu de l'allure des courbes de rentabilité on a :

$$R_A(i) > R_B(i) \quad \text{si} \quad r_{B/A} < i$$
$$R_A(i) < R_B(i) \quad \text{si} \quad r_{B/A} > i$$

Ceci peut être exprimé d'une autre façon en remarquant que choisir entre deux projets incompatibles tels que A et B, c'est prendre la décision d'effectuer ou non une augmentation du montant de l'investissement, augmentation qui permettrait de passer du projet A au projet B. Le taux de rentabilité de cette augmentation d'investissement est par définition le taux de rentabilité relative de B par rapport à A.

Or, nous avons vu que, lorsque l'on étudie une décision qui consiste à réaliser ou non un projet donné, le critère du taux de rentabilité ($r > i$) conduit à la même conclusion que l'utilisation du critère du revenu actualisé positif.

Cette notion permet d'éclairer le problème du critère à retenir (revenu actualisé ou taux de rentabilité), en remarquant que la question pertinente est bien : *réaliser ou non le supplément d'investissement permettant de passer de A à B ?* (si A est lui-même rentable) et non pas *quel est le projet dont le taux de rentabilité est le plus élevé ?*. S'il est possible, ce qui est bien notre hypothèse, d'obtenir du capital à un taux égal au taux d'actualisation pour financer le supplément d'investissement, celui-ci sera réalisé si son taux de rentabilité $r_{B/A}$ est supérieur au taux d'actualisation.

4.2.4 Exemple numérique. Cas Ammoniac

Ce paragraphe sera consacré à la présentation d'un exemple (très) simplifié d'étude de projets d'investissement. Il s'agit d'un exemple que nous reprendrons à différentes occasions, en particulier lorsque nous introduirons des hypothèses de fiscalité, d'évolution des prix, de financement, etc.

Dans un pays producteur de gaz naturel, une entreprise envisage la construction d'une usine de production d'ammoniac.

Projet A.

L'étude de marché a permis d'estimer les débouchés possibles sur le marché local et le prix de vente sur ce marché. On étudie donc un premier projet A, permettant de satisfaire la demande de consommation locale. Dans un souci de simplification des calculs, nous supposerons cette demande constante sur la période d'étude et égale à 300 000 t/an. Le prix de vente est estimé à 1 100 F/t. Le montant d'investissement nécessaire à la construction d'une unité de 300 000 t/an est estimé à 1 milliard de francs. On supposera cet investissement réalisé en une seule année que nous noterons par convention l'année 0. Les frais d'exploitation (matière première, énergie, frais de personnel, assurances, etc.) s'élèveront à 420 F/t, soit 126 millions de francs par an.

La durée de vie est supposée limitée à 10 ans et la valeur résiduelle nulle en fin de période.

Projet B.

La construction d'une unité de plus grande taille permettrait de bénéficier d'économies d'échelle. Nous étudierons donc un deuxième projet, B, relatif à la construction d'une usine de capacité égale à 500 000 t/an. Le montant de l'investissement initial, supposé réalisé en une année à l'année 0, serait alors de 1,47 milliard de francs. Nous négligerons les économies d'échelle sur les frais d'exploitation égaux à 420 F/t comme précédemment. Nous supposons inchangées les hypothèses de vente sur le marché local (volume annuel de 300 000 t/an, prix de vente de 1 100 F/t). La production supplémentaire (200 000 t/an) devra être écoulée sur des marchés plus éloignés. Compte tenu des caractéristiques de ces marchés et des frais de transport et de commercialisation, la valorisation moyenne de cette production supplémentaire est estimée à 800 F/t.

Dans un premier temps, nous supposons qu'il n'y a ni fiscalité, ni évolution des prix. Le taux d'actualisation de l'entreprise est égal à 7 %.

Revenus actualisés.

Pour le projet A, les recettes annuelles sont égales à :

$$300\ 000 \times 1\ 100 = 330\ MF/an$$

Les frais d'exploitation à : 126 MF/an.

Le flux de trésorerie des années d'exploitation est donc égal à : 330 − 126 = 204 MF/an.

D'où le revenu actualisé à l'année 0 (en millions de francs) :

$$R_A = -1\ 000 + \sum_{k=1}^{10} \frac{204}{(1+i)^k} = 433\ MF$$

Pour le projet B, les recettes annuelles sont égales à :

$$1\ 100 \times 300\ 000 + 800 \times 200\ 000 = 490\ MF/an$$

Les dépenses d'exploitation : 420 × 500 000 = 210 MF/an.

Les flux de trésorerie d'une année d'exploitation :
490 − 210 = 280 MF/an.

Le revenu actualisé :

$$R_B = 497\ MF$$

Taux de rentabilité.

Le calcul des revenus actualisés est effectué pour différentes valeurs du taux d'actualisation. Les résultats sont donnés par le tableau 4.1.

TABLEAU 4.1
REVENUS ACTUALISES

i (%)	0	5	7	10	14
$R_A(i)$ (MF)	1 040	575	433	254	64
$R_B(i)$ (MF)	1330	692	497	250	−9

Les courbes de rentabilité sont données par la figure 4.3. Les taux de rentabilité sont :

$$r_A \simeq 16\,\%$$
$$r_B \simeq 14\,\%$$

On constate que pour un taux d'actualisation inférieur à 10 %, le projet qui présente le taux de rentabilité le plus élevé (A) n'est pas celui qui présente le meilleur revenu actualisé.

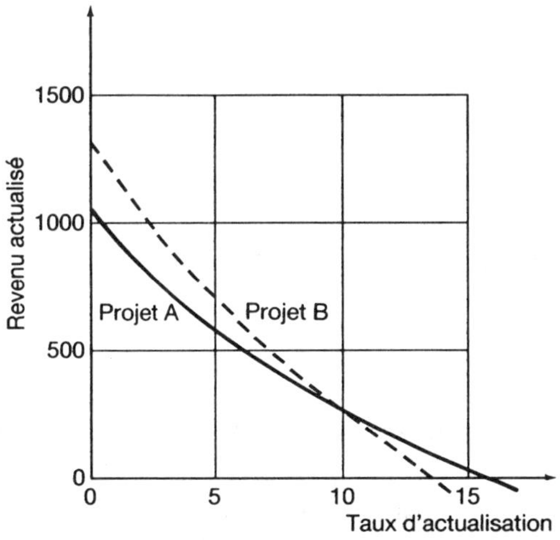

Fig. 4.3 Rentabilité d'une unité d'ammoniac

Taux de rentabilité relative.

C'est la valeur du taux d'actualisation qui annule le supplément de revenu actualisé $R_B(i) - R_A(i)$ obtenu au moyen de l'investissement supplémentaire de 470 MF permettant d'augmenter la taille de l'usine.

Il est peu différent de 10 %.

Il est supérieur au taux d'actualisation de l'entreprise (7 %), ce qui justifie (tout au moins sous des hypothèses d'avenir parfaitement quantifié) l'investissement supplémentaire et conduit à retenir le projet B.

Flux de trésorerie différentiels.

Pour illustrer ce qui a été dit ci-dessus concernant les flux de trésorerie différentiels, remarquons que le résultat précédent aurait pu être obtenu en construisant un échéancier de flux différentiels construit comme suit.

Le cas de référence est le projet A. Le projet B permet une production supplémentaire de 200 000 t/an, qui sont valorisées à 800 F/t. Les recettes supplémentaires sont donc de : 200 000 × 800 = 160 MF/an.

Les frais d'exploitation différentiels sont de : 200 000 × 420 = 84 MF/an.

Le flux différentiel pour chacune des années d'exploitation est donc égal à : 160 − 84 = 76 MF/an.

Le revenu actualisé différentiel du projet B par rapport au projet A est donc :

$$R_{B/A} = -470 + \sum_{k=1}^{10} \frac{76}{(1+i)^k} = 64 \ MF$$

Le calcul pour différents taux permet de retrouver le taux de rentabilité relative $r_{B/A}$ peu différent de 10 %.

4.3 L'ENRICHISSEMENT RELATIF EN CAPITAL

Synonyme : gain relatif en valeur actuelle.

En anglais : *Index of Profitability, Present Value to Investment Ratio, Net Present Value Index.*

4.3.1 Définition

Considérons un projet d'investissement et supposons connu le taux d'actualisation i de l'entreprise.

On appelle **enrichissement relatif en capital** d'un projet, le rapport du revenu actualisé de ce projet au montant de l'investissement nécessaire à sa réalisation (revenu actualisé par franc investi) :

$$E = \frac{R}{I}$$

Dans le cas où la construction et la mise en route de l'équipement sont échelonnées sur plusieurs années, on rapportera le revenu actualisé à la somme des dépenses d'investissement actualisées.

Nous verrons l'utilité de ce critère lorsque nous étudierons le cas où l'on considère une limitation du montant de capital disponible pour les investissements.

4.3.2 Décision d'acceptation ou de rejet d'un projet indépendant de tout autre

Sous les hypothèses qui sont les nôtres (nous «faisons comme si» l'avenir était connu avec certitude), lorsque l'on étudie un projet unique, indépendant de tout autre projet, le critère consiste à réaliser le projet si son enrichissement relatif en capital est positif.

En dehors des hypothèses de rationnement en capital, le principal intérêt de ce critère est de pouvoir être exprimé en pourcentage. Dans la pratique en effet, les hypothèses d'avenir certain ou parfaitement quantifié n'étant jamais vérifiées, il arrive qu'un décideur accepte un projet si son revenu actualisé est «suffisamment» élevé. Il est alors assez naturel d'exprimer le revenu minimum acceptable en pourcentage de l'investissement.

4.3.3 Comparaison de projets incompatibles

Lorsque l'on désire comparer plusieurs projets incompatibles, utiliser un critère d'enrichissement relatif en capital maximum pourrait conduire à des conclusions différentes de celles déduites de l'utilisation du critère du revenu actualisé maximum. Lorsque ces deux critères conduisent à des résultats différents, le critère de l'enrichissement relatif en capital amène généralement à choisir des investissements d'un montant moins élevé que ceux qui seraient retenus par application du critère du revenu actualisé.

Ceci peut être justifié par le phénomène de rendement décroissant du capital, le raisonnement étant semblable à celui qui a été utilisé lors de l'étude du critère du taux de rentabilité. Nous présenterons ce résultat dans le cas d'une gamme continue d'investissement. Lorsque le montant I de l'investissement varie, les variations du revenu actualisé du projet peuvent généralement être représentées au moyen d'une courbe semblable à celle de la figure 4.4 (le taux d'actualisation étant fixé).

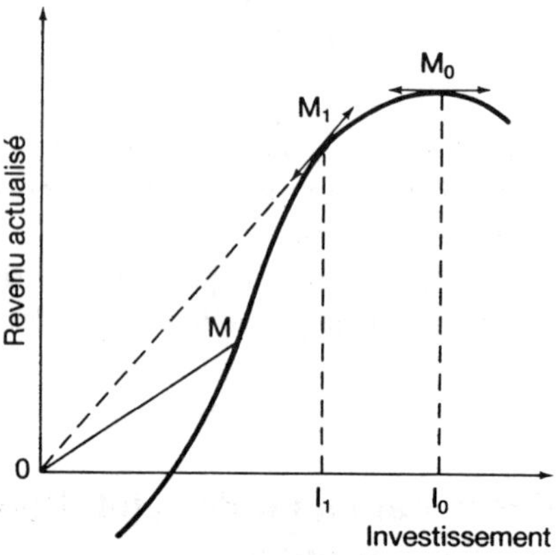

Fig. 4.4 Gamme continue d'investissement

Le revenu actualisé croît généralement plus vite que le montant d'investissement dans une première phase (économies d'échelle) et moins vite ensuite (saturation du marché par exemple). Sur ce graphique, l'enrichissement relatif en capital, R/I, est égal à la pente de la droite OM (M étant le point courant de la courbe, d'abscisse I). Avec les notations de la figure 4.4, l'utilisation du critère du revenu actualisé maximum conduira à investir un montant I_0 ; le critère de l'enrichissement relatif maximum conduira à investir un montant I_1 tel que la droite OM_1 soit tangente à la courbe.

Le montant I_1 est inférieur à I_0, ce qui justifie la propriété énoncée ci-dessus.

Le résultat est très semblable à celui qui est obtenu dans le cas du taux de rentabilité. Le projet qui présente l'enrichissement relatif en capital le plus élevé n'est pas nécessairement le meilleur. Ce critère peut cependant être utilisé comme critère auxiliaire pour effectuer des choix entre projets présentant des revenus actualisés peu différents : entre deux projets incompatibles ayant même revenu actualisé, donc équivalents en théorie, on préférera en pratique, toutes choses étant égales par ailleurs, celui qui nécessite le montant d'investissement le moins élevé.

Remarquons enfin que le choix entre deux projets incompatibles A et B peut être fait en utilisant la notion d'enrichissement relatif en capital. Comme cela a été fait avec la définition du taux de rentabilité relative, il suffit en effet de raisonner en différentiel et d'analyser l'intérêt du supplément d'investissement permettant de passer du projet le moins lourd en investissement (soit A) à l'autre (soit B). L'enrichissement relatif du projet différentiel $B - A$ sera alors positif si, et seulement si, le revenu actualisé du projet B est plus élevé que le revenu actualisé du projet A.

Exemple.

Dans notre cas Ammoniac ci-dessus, les revenus actualisés des projets A et B sont respectivement égaux à 433 et 497 MF. Les montants d'investissement s'élèvent à 1 000 et 1 470 MF. Les enrichissements relatifs en capital sont donc :

$$E_A = \frac{433}{1\,000} = 0,433$$

$$E_B = \frac{497}{1\,470} = 0,338$$

L'enrichissement relatif en capital du supplément d'investissement permettant de passer d'une capacité de 300 000 t/an à une capacité de 500 000 t/an est :

$$E_{B/A} = \frac{64}{470} = 0,136$$

4.4 LA DURÉE DE RÉCUPÉRATION DU CAPITAL

Synonymes : temps de retour, durée de remboursement.
En anglais : *Pay-out Time, Pay-out Period, Pay-back, Pay-off.*

4.4.1 Définition

Considérons un projet auquel est associé un échéancier des flux de trésorerie, F_n étant le flux de trésorerie de l'année n, N étant la dernière année d'exploitation du projet.

Calculons la valeur des flux de trésorerie actualisés et cumulés jusqu'à une année n $(0 \leq n \leq N)$. Il s'agit du revenu actualisé que l'on obtiendrait si l'on arrêtait l'exploitation à la fin de l'année n :

$$S(n) = \sum_{k=0}^{n} \frac{F_k}{(1+i)^k}$$

On appelle **date de récupération (en valeurs actualisées)** la date à partir de laquelle la somme des flux de trésorerie actualisés $S(n)$ devient positive.

Comme pour une durée de récupération en valeurs non actualisées présentée au chapitre 2, la définition d'une durée nécessite la définition d'une origine de temps. La convention la plus fréquente est de calculer cette durée à partir du démarrage de l'exploitation de l'équipement.

La durée de récupération en valeurs actualisées est alors la durée d'exploitation au bout de laquelle les revenus du projet ont permis de rembourser le montant de l'investissement initial et de rémunérer les capitaux correspondant à un taux égal au taux d'actualisation. Ceci découle immédiatement de l'interprétation du revenu actualisé.

4.4.2 Décision d'acceptation ou de rejet d'un projet

Considérons un projet d'investissement unique, indépendant de tout autre projet. En avenir certain, il suffit en théorie de vérifier que le projet aura permis sur l'ensemble de la période d'étude de récupérer les dépenses initiales et de les rémunérer à un taux égal au taux d'actualisation. Pour un projet d'investissement simple [1], il suffit donc de vérifier que sa durée de récupération est inférieure ou égale à sa durée d'exploitation. L'intérêt de ce critère est alors son caractère très parlant.

Dans la pratique et comme pour le critère du temps de récupération en valeurs non actualisées, il s'agit souvent d'un **critère empirique** particulièrement utilisé en **avenir incertain**. Le seuil de rejet est alors défini de façon à éliminer les projets dont la rentabilité s'appuierait sur des estimations de flux de trésorerie considérés comme trop éloignés dans le futur et donc trop risqués.

4.4.3 Retour sur le critère du temps de récupération en valeurs non actualisées

A. Comparaison des temps de récupération en valeurs actualisées et non actualisées

Le temps de récupération en valeurs non actualisées est la durée d'exploitation à partir de laquelle les revenus du projet ont permis de récupérer l'investissement initial, mais ceci sans tenir compte d'une rémunération du capital.

La durée de récupération en valeurs actualisées est donc toujours (pour un projet d'investissement simple) supérieure à la durée de récupération en valeurs non actualisées.

1. Rappelons qu'il s'agit d'un projet dont l'échéancier comprend un ou plusieurs flux de trésorerie négatifs suivis d'un ou plusieurs flux positifs (un seul changement de signe).

B. Temps de récupération en valeurs non actualisées et critères utilisant l'actualisation

Au cours de ce paragraphe, nous considérerons un projet d'investissement dont la dépense d'investissement I est réalisée en une seule année (année 0) et qui dégage ensuite des flux de trésorerie constants (soit F) sur toute la durée d'exploitation (année 1 à N). Dans la pratique, les projets qui relèvent, tout au moins en première approximation, de ce cas particulier sont relativement fréquents. L'approximation est particulièrement utilisée pour des petits projets qui font l'objet d'une étude sommaire.

Nous effectuerons tout d'abord une remarque relative aux projets dont la durée de vie est infinie.

Pour ceux-ci, le revenu actualisé s'écrit :

$$R = -I + F \sum_{n=1}^{\infty} \frac{1}{(1+i)^n}$$
$$R = -I + \frac{F}{i}$$

Le taux de rentabilité est :

$$r = \frac{F}{I}$$

Le temps de récupération T en valeurs non actualisées est :

$$T = \frac{I}{F} = \frac{1}{r}$$

Revenons maintenant aux projets présentant des flux constants sur une durée finie de N années. On observe alors que la relation :

$$T = \frac{1}{r}$$

est vérifiée avec une assez bonne approximation (à 10 % près), à condition que la durée T ne dépasse pas le tiers de la durée d'exploitation N.

Ainsi, pour des taux d'actualisation élevés (que l'on peut rencontrer en cas de rationnement du capital) ou pour des projets de durée de vie assez longue, l'utilisation d'un critère de temps de récupération peut être cohérente avec l'utilisation de critères utilisant l'actualisation. Par exemple, fixer un *pay-out* maximum à 4 ans correspond à un taux de rentabilité minimum de 25 % (pour des projets de durée d'exploitation supérieure à 12 ans).

Nous verrons qu'il existe aussi une « règle du pouce » pour obtenir un ordre de grandeur du taux de rentabilité après impôt à partir du taux de rentabilité avant impôt. **L'utilisation d'un critère simple** (*pay-out* en valeurs non actualisées, calculé hors fiscalité) **peut donc permettre une décentralisation des décisions pour des petits projets,** de façon cohérente, grosso modo, avec des critères utilisés par les services spécialisés.

4.4.4 Comparaison de projets incompatibles

Remarquons immédiatement que choisir le projet qui présente le temps de récupération le plus petit peut conduire à des décisions différentes de celles auxquelles conduirait l'application du critère du revenu actualisé.

En effet, le *pay-out* ne permet pas de prendre en compte les revenus postérieurs à la date de récupération. Une illustration de ceci est donnée par la figure 4.5, qui présente les courbes représentatives des variations du revenu actualisé cumulé $S(k)$ en fonction du temps pour deux projets A et B ; le projet A présente un temps de récupération T_A plus petit que celui, T_B, du projet B, alors que le revenu actualisé du projet B, $R_B = S_B(N)$, est plus élevé que celui du projet A, $R_A = S_A(N)$.

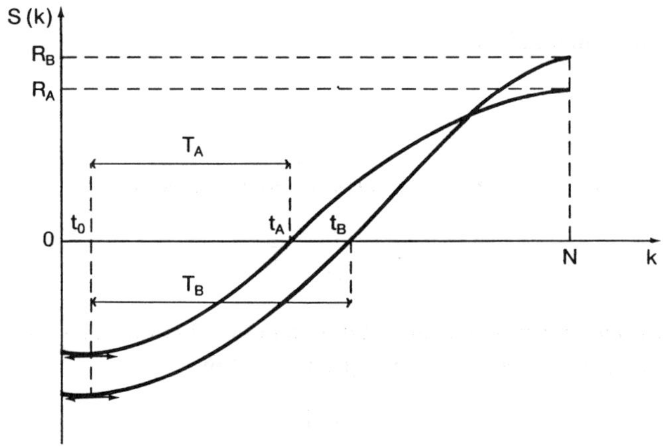

Fig. 4.5 Temps de récupération en valeurs actualisées

Comme cela a été fait pour les critères du taux de rentabilité et de l'enrichissement relatif en capital, si l'on souhaite analyser un choix entre deux projets en utilisant le critère du *pay-out* mais de façon cohérente avec l'utilisation du critère du revenu actualisé, il convient de raisonner en différentiel.

Par contre, le temps de récupération peut éventuellement permettre de départager des projets présentant des revenus actualisés peu différents.

Exemple de calcul.

Reprenons l'étude du projet de construction d'une unité de production d'ammoniac. Calculons le flux de trésorerie actualisé cumulé correspondant aux projets A et B.

Projet A :

$$S_A(n) = -1\,000 + \sum_{k=1}^{n} \frac{204}{(1+i)^k}$$

Projet B :

$$S_B(n) = -1\,470 + \sum_{k=1}^{n} \frac{280}{(1+i)^k}$$

Les valeurs numériques sont données par le tableau 4.2.

Le temps de récupération est donc peu différent de 6 ans pour le projet A et de 7 ans pour le projet B.

TABLEAU 4.2
REVENU ACTUALISE CUMULE

(MF)

n	1	2	3	4	5	6	7
$S_A(n)$	− 809	−631	−465	−309	−164	−28	99
$S_B(n)$	−1 208	−964	−735	−521	−322	−135	39

Remarque. *Le pay-out en valeur non actualisée est égal, pour le projet A, à :*

$$\frac{1\,000}{204} = 4,9 \text{ ans}$$

et, pour le projet B, à :

$$\frac{1\,470}{280} \simeq 5,3 \text{ ans}$$

Résumé

Le critère fondamental du calcul économique est celui du revenu actualisé. Le revenu actualisé (ou valeur actuelle nette) d'un projet est la somme des valeurs actuelles des flux de trésorerie associés au projet.

Il s'agit de la somme maximum qui peut être empruntée (au département financier) en plus des dépenses d'investissement et telle que les revenus du projet permettront de rembourser l'ensemble et de le rémunérer à un taux égal au taux d'actualisation.

Critère du revenu actualisé : un projet unique, indépendant de tout autre projet, sera réalisé si son revenu actualisé est positif.

Parmi différents projets incompatibles, on retiendra celui qui présente le revenu actualisé le plus élevé.

Le taux de rentabilité est la valeur du taux d'actualisation qui annule le revenu actualisé; c'est le taux maximum auquel les revenus du projet permettent de remunérer le capital investi sans que l'opération ne devienne déficitaire.

Pour un projet simple (flux de trésorerie négatifs suivis de flux positifs), il est équivalent de vérifier si son taux de rentabilité est supérieur au taux d'actualisation ou de vérifier si son revenu actualisé est positif.

Pour choisir entre deux projets incompatibles A et B, on préférera le projet demandant l'investissement le plus élevé B si le taux de rentabilité relative de B par rapport à A est supérieur au taux d'actualisation (le taux de rentabilité relative est le taux de rentabilité du supplément d'investissement permettant de passer de l'un à l'autre).

L'enrichissement relatif en capital est le rapport du revenu actualisé à la dépense d'investissement (actualisée).

Le temps de récupération en valeurs actualisées est la durée d'exploitation nécessaire pour que la somme des flux de trésorerie actualisés devienne positive c'est-à-dire pour que les revenus du projet permettent de rembourser l'investissement et de le rémunérer à un taux égal au taux d'actualisation.

Complément au chapitre 4
COMPLÉMENT SUR LES TAUX DE RENTABILITÉ ET SUR LES HYPOTHÈSES DE RÉEMPLOI DES FONDS

Au cours des sections qui suivent, nous reviendrons de façon un peu plus détaillée sur les taux de rentabilité et sur les hypothèses de réinvestissement des encaissements.

La section 4.5 est consacrée au taux de rentabilité marginale : définition et utilisation pour le dimensionnement de gammes continues d'investissement. La section suivante traitera des taux de rentabilité multiple : dans quels cas ils peuvent apparaître, et comment ils peuvent être interprétés. Au cours de la section 4.7, nous donnerons quelques compléments sur l'hypothèse de réemploi des fonds lors d'un calcul de taux de rentabilité, et sur les taux de rentabilité «intégrés» ou «modifiés» qui peuvent éventuellement être utiles lorsqu'un projet présente plusieurs taux de rentabilité interne. Nous discuterons ensuite des hypothèses de réemploi des encaissements dans les calculs de valeur actuelle (valeur actuelle intégrée).

4.5 TAUX DE RENTABILITÉ MOYENNE ET TAUX DE RENTABILITÉ MARGINALE

4.5.1 Définition

Considérons une gamme continue d'investissements et parmi les projets de cette gamme, un projet nécessitant un montant d'investissement I. Nous supposerons la dépense correspondante réalisée en une année [2].

On appelle taux de rentabilité marginale du projet, la valeur du taux d'actualisation qui annule le supplément de revenu actualisé que l'on

2. La généralisation au cas où l'investissement est réparti sur plusieurs années ne pose aucun problème. Il convient alors d'introduire une variable θ caractérisant la taille du projet, et d'écrire les formules qui suivent et, en particulier, les revenus actualisés en fonction non de I, mais de la variable θ. Nous ne le ferons pas ici pour ne pas alourdir l'exposé. Nous l'introduirons par contre lors de la présentation d'un exemple numérique au paragraphe 4.5.4.

obtiendrait par une petite augmentation ΔI du montant de l'investissement. Il s'agit donc du taux de rentabilité relative du projet de montant $I + \Delta I$ par rapport au projet de montant I.

Si l'on note $R(I, i)$ le revenu actualisé du projet en fonction du montant d'investissement I et du taux d'actualisation i, I étant donné, le taux de rentabilité marginale est racine de l'équation :

$$R(I + \Delta I, r_m) - R(I, r_m) = 0$$

ou en passant à la limite et en supposant vérifiées les conditions habituelles de continuité et de dérivabilité :

$$\frac{\partial R(I, r_m)}{\partial I} = 0$$

4.5.2 Propriété 1

Notons $r_M(I)$ le taux de rentabilité du projet de montant d'investissement I. Lorsqu'il y a risque de confusion, ce taux est appelé **taux de rentabilité moyenne**. Les variations du taux de rentabilité moyenne r_M et du taux de rentabilité marginale r_m en fonction du montant I de l'investissement peuvent généralement être représentées par des courbes semblables à celles de la figure 4.6.

La forme de ces courbes est due au phénomène de rendement marginal décroissant du capital que nous avons déjà rencontré. Pour les petites valeurs de I, une augmentation de la taille de l'équipement entraîne en général une augmentation du taux de rentabilité moyenne du projet grâce aux économies

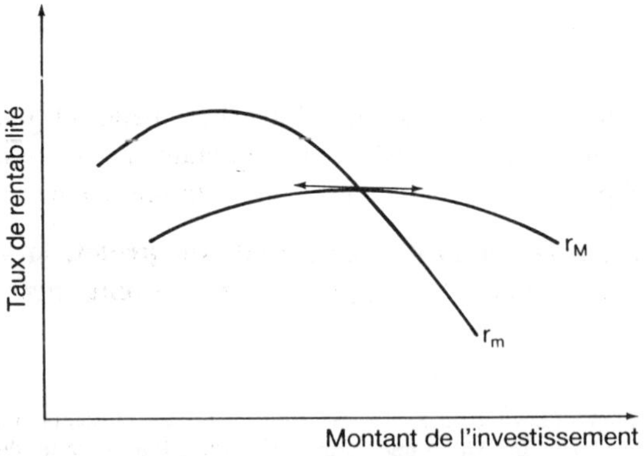

Fig. 4.6 Taux de rentabilité moyenne et taux de rentabilité marginale

d'échelle. Mais à partir d'une certaine taille, les économies d'échelle disparaissent ; le marché des biens et services procurés par l'équipement se sature ; le taux de rentabilité est alors une fonction décroissante du montant d'investissement.

On remarquera que **lorsque le taux de rentabilité moyenne est à son maximum, les taux de rentabilité moyenne et de rentabilité marginale sont égaux**.

Ce résultat peut être justifié (sans prétention de rigueur) par un raisonnement marginal : si pour un projet de montant d'investissement donné le taux de rentabilité marginale est supérieur au taux de rentabilité moyenne, cela signifie que l'on peut rémunérer un accroissement d'investissement à un taux supérieur au taux de rentabilité moyenne. Réaliser cet accroissement d'investissement va augmenter le taux de rentabilité moyenne. Si r_m est supérieur à r_M, la rentabilité moyenne r_M est donc fonction croissante de I. Un raisonnement semblable permet d'écrire : si r_m est inférieur à r_M, r_M est fonction décroissante de I.

Le taux de rentabilité moyenne passe donc par un maximum lorsque $r_m = r_M$.

La justification mathématique est la suivante :

r_M est racine de l'équation :

$$R(I, r_M) = 0$$

En différenciant cette équation, il vient :

$$\frac{\partial R(I, r_M)}{\partial I}\,\mathrm{d}I + \frac{\partial R(I, r_M)}{\partial r_M}\,\mathrm{d}r_M = 0$$

Lorsque r_M est maximum :

$$\frac{\mathrm{d}r_M}{\mathrm{d}I} = 0$$

soit :

$$\frac{\partial R(I, r_M)}{\partial I} = 0$$

Le premier membre de cette équation est égal au supplément de revenu actualisé obtenu en augmentant I de une unité (infinitésimale) ; cette équation est l'équation de définition du taux de rentabilité marginale r_m ; r_M est donc égale à r_m lorsque r_M est maximum.

4.5.3 Propriété 2

Lorsque l'on étudie l'ensemble des projets qui constituent une gamme continue d'investissement, se pose la question de la taille optimale de l'équipement.

Sous les hypothèses qui sont les nôtres, la taille optimale est celle qui permet de maximiser le revenu actualisé.

Lorsque l'on souhaite présenter l'étude d'un projet en utilisant un critère de taux de rentabilité, on utilisera la propriété suivante :

Le revenu actualisé est maximum pour un montant d'investissement I_0 tel que le taux de rentabilité marginale est égal au taux d'actualisation.

En effet, dans ce cas :

$$\frac{\partial R(I,i)}{\partial I} = 0$$

ce qui est l'équation de définition du taux de rentabilité marginale.

Retrouvons ce résultat par un raisonnement à la marge : si pour un montant d'investissement donné, le taux de rentabilité marginale est supérieur au taux d'actualisation i, réaliser un accroissement de l'investissement entraînera un supplément de revenu actualisé positif. Augmenter le montant de l'investissement augmentera donc le revenu actualisé tant que r_m sera supérieur à i.

Lorsque la courbe de rentabilité marginale est coupée en deux points par la droite horizontale d'ordonnée i (comme sur la fig. 4.7), le raisonnement marginal montre également que l'optimum correspond au point situé sur la partie décroissante de la courbe.

Remarque 1. Revenu actualisé maximum et taux de rentabilité maximum. L'allure des courbes de la figure 4.7 permet de justifier une proposition énoncée à la section 4.2 de ce chapitre : chercher à maximiser le taux de rentabilité conduit généralement à favoriser des solutions moins lourdes en investissement que celles qui seraient retenues par utilisation du critère du revenu actualisé maximum. En effet, le taux de rentabilité r_M est maximum pour un montant I_1 d'investissement inférieur à I_0.

Remarque 2. Taux de rentabilité et taux d'enrichissement relatif en capital. Le résultat et le raisonnement ci-dessus sont semblables à ceux qui ont été présentés dans le cas de l'enrichissement relatif en capital. Les critères de l'enrichissement relatif et du taux de rentabilité sont, en effet, tous deux des critères de rendement moyen par franc investi. Ceci peut être illustré par l'exemple suivant. Considérons une gamme continue d'investissement, la durée de vie des équipements étant supposée infinie [3], l'investissement I étant réalisé à l'année 0, le flux de trésorerie $F(I)$ étant constant au cours du temps et fonction du montant de l'investissement. Nous supposerons que les variations de $F(I)$ peuvent être représentées par une courbe semblable à celle de la figure 4.8 (phénomène de rendement décroissant).

3. Le résultat obtenu est valable pour une durée de vie finie. Nous le retrouverons au chapitre 9 (paragraphe 9.6.5).

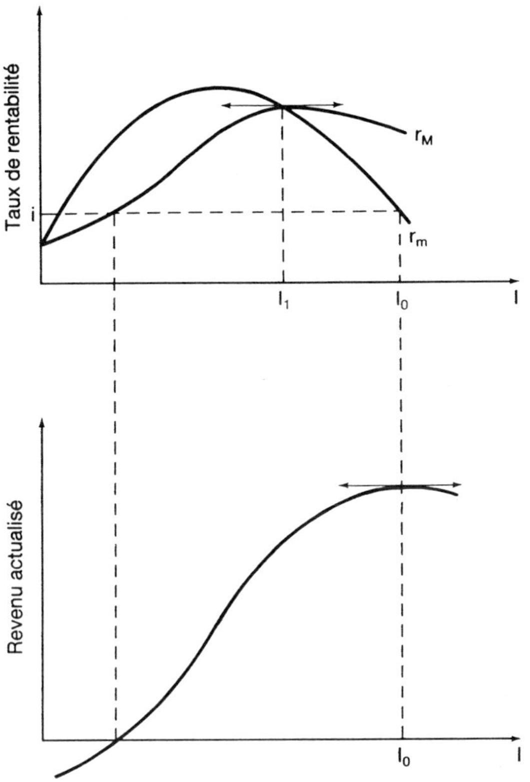

Fig. 4.7 Dimension optimale

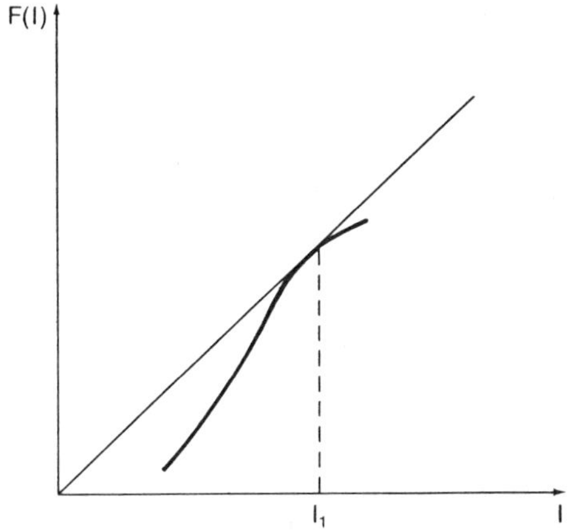

Fig. 4.8 Flux de trésorerie annuel d'une gamme continue

Le revenu actualisé s'écrit :

$$R(I,i) = -I + \sum_{n=1}^{\infty} \frac{F(I)}{(1+i)^n} = -I + \frac{F(I)}{i}$$

Le taux de rentabilité (moyenne) est donc :

$$r_M(I) = \frac{F(I)}{I}$$

et l'enrichissement relatif en capital :

$$E(I) = -1 + \frac{F(I)}{iI} = -1 + \frac{r_M}{i}$$

Sous les hypothèses retenues, taux de rentabilité et enrichissement relatif en capital passent donc par un maximum pour le même montant de capital I_1 (abscisse du point de contact d'une droite issue de l'origine et tangente à la courbe).

Conclusion

La notion de taux de rentabilité marginale permet de présenter les résultats d'un calcul économique en utilisant des taux de rentabilité plutôt que des revenus actualisés, tout en conduisant aux mêmes conclusions (le revenu actualisé étant maximum lorsque le taux de rentabilité marginale est égal au taux d'actualisation). Très employée dans les études de dimensionnement d'équipement, cette notion est particulièrement utile lorsque l'on désire effectuer différentes hypothèses relatives à la valeur du taux d'actualisation.

4.5.4 Exemple numérique

Revenons à l'exemple de construction d'une unité d'ammoniac, traité en première partie. Nous avions considéré deux tailles possibles seulement. On peut considérer en fait ce projet comme une gamme continue. Nous utiliserons les hypothèses suivantes :

- *Investissement réalisé à l'année 0.*
- *Exploitation aux années 1 à 10.*
- *Frais d'exploitation : 420 F/t.*
- *Valeur résiduelle nulle.*

Le coût d'investissement en fonction de la taille est donné par le tableau 4.3. Ces valeurs correspondent approximativement à un

TABLEAU 4.3
COUT D'INVESTISSEMENT EN FONCTION DE LA TAILLE

Capacité (Mt/an)	*0,2*	*0,3*	*0,4*	*0,5*	*0,6*
Coût d'investissement (MF)	*740*	*1 000*	*1 242*	*1 470*	*1 680*

coefficient d'extrapolation α = 0,75 de la formule :

$$\frac{I_1}{I_0} = \left(\frac{C_1}{C_0}\right)^{\alpha}$$

Le prix de vente sur le marché local, limité à 300 000 t/an est égal à 1 100 F/t. La valorisation à l'exportation est schématisée comme suit (fig. 4.9) : Les 50 000 premières tonnes supplémentaires seraient valorisées à 1 000 F/t, les 50 000 suivantes à 800 F/t, les 100 000 suivantes à 700 F/t, les suivantes à 650 F/t.

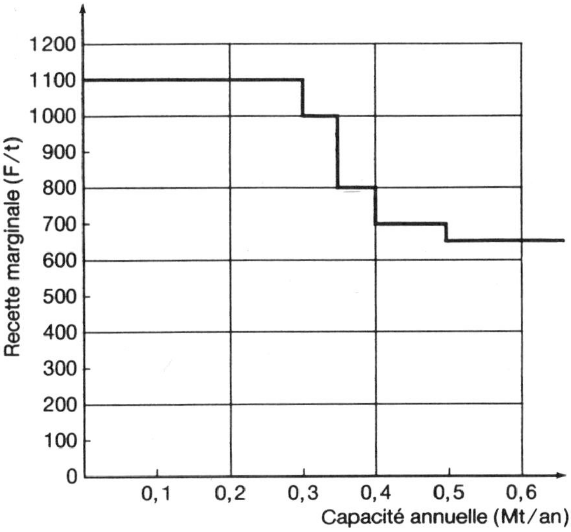

Fig. 4.9 Recette marginale

Pour déterminer le taux de rentabilité marginale une première façon de procéder consiste à assimiler ce taux à un taux de rentabilité relative.

A titre d'exemple, calculons le taux correspondant au passage d'une taille de 400 000 t/an à une taille de 500 000 t/an. Le supplément de coût d'investissement est de 228 MF. Les 100 000 t supplémentaires sont valorisées à 700 F/t, soit un supplément de recettes de 70 MF. Les frais d'exploitation correspondants sont de 42 MF. Le flux de trésorerie différentiel pour une année d'exploitation est donc de 70 − 42 = 28 MF/an.

Le taux de rentabilité relative est de 4 % environ. Il constitue une approximation du taux de rentabilité marginale correspondant à la taille de 450 000 t (milieu de l'intervalle de variation considéré).

Les résultats des calculs complets sont résumés par le tableau 4.4.

TABLEAU 4.4
TAUX DE RENTABILITE RELATIVE

Capacité (Mt/an)	*0,2*		*0,3*		*0,4*		*0,5*		*0,6*
Taux de rentabilité moyenne (%)	*13*		*16*		*15,5*		*14*		*12,5*
Investissement différentiel (MF)		*260*		*242*		*228*		*210*	
Flux de trésorerie (exploitation) différentiel (MF/an)		*68*		*48*		*28*		*23*	
Taux de rentabilité relative (%)		*23*		*15*		*4*		*2*	

Les courbes de rentabilité moyenne et marginale sont données par la figure 4.10. Sur celle-ci les croix correspondent à la rentabilité relative d'un projet d'une taille donnée par rapport à un projet dont la capacité est inférieure de 0,1 Mt/an.

Un calcul analytique peut également être effectué en remarquant que le coût d'investissement s'écrit :

$$\frac{I_1}{I_0} = \left(\frac{C_1}{C_0}\right)^{\alpha}$$

$$I = 2\,470\ C^{\alpha} = 2\,470\ C^{0,75}$$

Notons $V(c)$ la recette marginale obtenue par la vente d'ammoniac. La courbe de la figure 4.9 donne les variations de $V(c)$ correspondant à nos hypothèses de départ.

Le revenu actualisé s'écrit :

$$R = -2\,470\ C^{0,75} + \int_0^C [V_{(u)} - 420] \sum_{n=1}^{10} \frac{1}{(1+i)^n}\ du$$

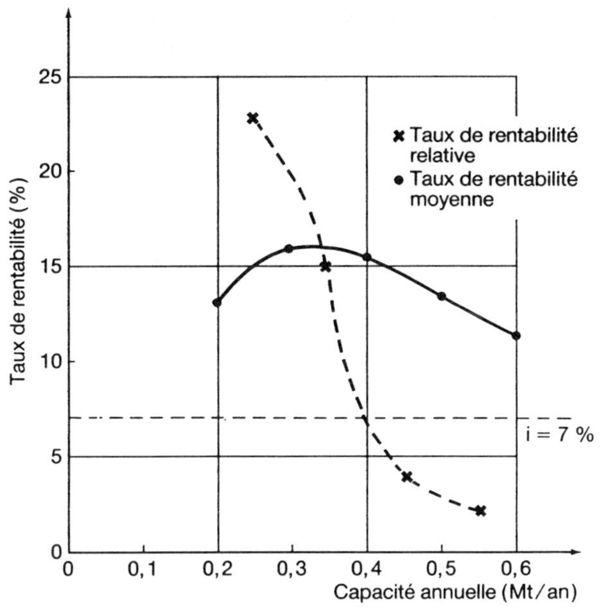

Fig. 4.10 Taux de rentabilité

Le taux de rentabilité marginale r_m est défini par :

$$\frac{\partial R(I, r_m)}{\partial I} = 0$$

Comme :

$$\frac{\partial R}{\partial I} = \frac{\partial R}{\partial C}\frac{\partial C}{\partial I}$$

le taux r_m est la valeur du taux d'actualisation qui annule :

$$\frac{\partial R}{\partial C} = -1\,850\ C^{-0,25} + [V_{(C)} - 420] \sum_{n=1}^{10} \frac{1}{(1+i)^n}$$

Prenons tout d'abord un exemple correspondant à une valorisation de l'ammoniac sur le marché national. Pour $C = 0,25$, il vient :

$$r_m(0,25) \simeq 23\ \%$$

Bien que l'augmentation de capacité de 200 à 300 000 t soit relativement importante par rapport à la capacité de départ, l'approximation faite ci-dessus en calculant un taux de rentabilité relative est donc justifiée.

Lorsque l'on envisage des augmentations de capacités qui conduiront à des productions exportées, des discontinuités apparaissent. En effet, si l'on considère les hypothèses définies ci-dessus au sens strict, correspondant à une recette marginale définie par paliers, le taux de rentabilité marginale varie également par sauts (courbe en traits pleins sur la figure 4.11). Si l'on suppose une évolution plus «lissée» de la recette marginale, on retrouve les résultats obtenus par utilisation d'une rentabilité relative (courbe en tiretés sur les figures 4.10 et 4.11). Quoiqu'il en soit, la rentabilité marginale (comme la valorisation marginale à l'exportation) chute assez rapidement et la taille optimale de l'unité pour un taux d'actualisation égal à 7 % est de l'ordre de 400 000 t/an.

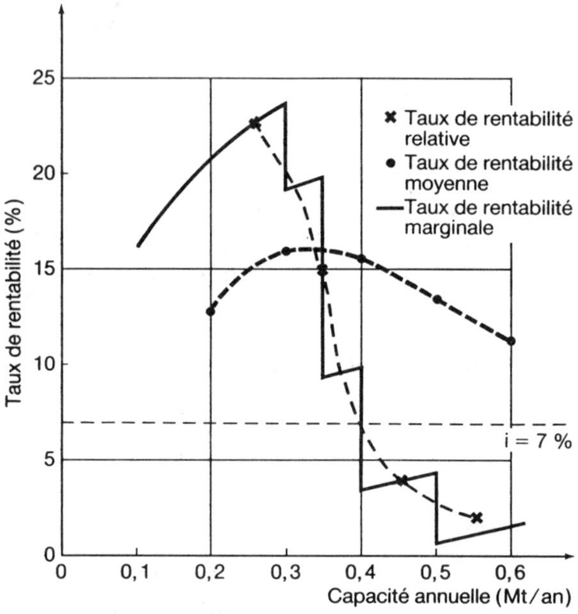

Fig. 4.11 Taux de rentabilité (calcul analytique)

4.6 TAUX DE RENTABILITÉ MULTIPLE

Dans ce qui précède, nous avons supposé l'existence d'un taux de rentabilité unique associé à un échéancier de flux de trésorerie. Dans cette section, nous verrons quelques conditions suffisantes pour qu'un échéancier possède effectivement un taux de rentabilité unique et nous donnerons quelques éléments d'interprétation concernant les projets qui présentent plusieurs taux de rentabilité.

4.6.1 Présentation

A. Équation de définition du (ou des) taux de rentabilité d'un projet

Considérons un échéancier de flux de trésorerie associé à un projet d'investissement. Nous utilisons les notations habituelles : F_n flux de trésorerie de l'année n ; N dernière année de la période d'étude. Le revenu actualisé s'écrit :

$$R(i) = F_0 + \frac{F_1}{1+i} + \ldots + \frac{F_N}{(1+i)^N}$$

Le revenu capitalisé à la date N s'écrit :

$$(1+i)^N R(i) = (1+i)^N F_0 + (1+i)^{N-1} F_1 + \ldots + F_N$$

En posant $x = 1 + i$, soit :

$$P(x) = x^N F_0 + x^{N-1} F_1 + \ldots + F_N$$

Le (ou les) taux de rentabilité du projet sont racines de l'équation :

$$R(i) = 0$$

Il revient au même de chercher les racines de l'équation :

$$P(x) = 0$$

$P(x)$ étant un polynôme de degré n peut avoir n racines réelles.

B. Projet d'investissement «classique» ou «simple»

Dans ce qui précède, nous avions présenté un échéancier associé à un projet d'investissement comme généralement composé d'un ou plusieurs flux de trésorerie négatifs (dépenses d'investissement) suivis de flux de trésorerie positifs (revenus attendus de l'exploitation). Considérons le cas où il en est ainsi et où, de plus, la somme non actualisée des flux de trésorerie $R(0)$ est positive. C'est le cas que l'on rencontre le plus fréquemment lors des études de projet.

Nous parlerons alors de projet d'investissement «classique» ou «simple». Un tel projet possède au moins un taux de rentabilité positif ; en effet $R(0)$ est positif et $R(i)$ tend vers F_0 négatif lorsque i tend vers l'infini.

Par ailleurs, d'après la règle des signes de Descartes [4], la suite des coefficients

4. Un polynôme ne peut avoir plus de racines positives que le nombre de changements de signe de la suite des coefficients de ce polynôme.

du polynôme $P(x)$ présentant un seul changement de signe, le polynôme $P(x)$ a au plus une racine réelle positive.

Dans ce cas par conséquent, le projet possède un taux de rentabilité unique.

C. Projet d'investissement « non simple »

L'échéancier d'un projet d'investissement n'est pas toujours composé de flux de trésorerie négatifs suivis de flux positifs. Donnons quelques exemples :

a. Investissement de renouvellement

Certains projets comportent des dépenses d'investissement correspondant à des renouvellements d'équipement à l'intérieur de la période d'étude. L'échéancier comprend alors des flux de trésorerie négatifs qui peuvent suivre un certain nombre de flux positifs et précéder une nouvelle suite de flux positifs.

b. Valeur résiduelle négative

D'autres projets nécessitent, en fin de période d'exploitation, d'importants travaux de remise en état du site (fin d'exploitation d'une mine par exemple). Un exemple schématique d'échéancier obtenu dans un cas de ce type est donné par le tableau 4.5. La courbe de rentabilité de ce projet est présentée par la figure 4.12.

TABLEAU 4.5
EXPLOITATION D'UNE MINE AVEC
REAMENAGEMENT DU SITE EN FIN DE PERIODE

Années	0	1	2	3	4	5
Flux de trésorerie	– 82	50	50	50	50	– 120

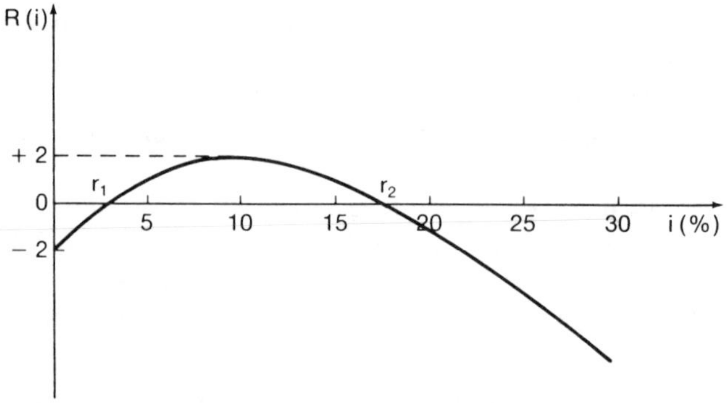

Fig. 4.12 Courbe de rentabilité. Exploitation d'une mine

c. *Flux différentiels*

Des changements de signe peuvent également apparaître lorsque les flux de trésorerie considérés sont des flux différentiels associés à l'étude d'une variante d'un projet par rapport à un cas de référence. Le projet différentiel peut alors présenter des flux positifs à certaines dates et négatifs à d'autres.

Exemple 1.

Choix du mode d'exploitation d'un gisement. On étudie un projet de développement d'un gisement pétrolier. Une première solution A consiste à forer un petit nombre de puits. Coût : 310 MF. Elle permet une production de 2 millions de tonnes par an pendant 15 ans. Une deuxième solution B conduirait à un nombre de forages plus important. Coût : 540 MF. La capacité de production serait alors de 3 millions de tonnes par an. Dans ce cas, le gisement serait épuisé en 10 ans.

Il s'agit d'un exemple fortement schématisé qui néglige la phase de déclin du gisement et suppose que le volume de réserves récupérables n'est pas affecté par une production accélérée.

Le flux de trésorerie pour l'entreprise d'une année d'exploitation est estimé à 100 F/t, soit 200 MF/an pendant 15 ans dans le premier cas, 300 MF/an pendant 10 ans dans le second cas.

Les courbes de rentabilité sont données par la figure 4.13. Elles font apparaître deux taux de rentabilité relative, voisins respectivement de 5 % et 40 %.

L'échéancier des flux différentiels est décrit par le tableau 4.6.

La courbe de rentabilité de cet échéancier différentiel est donnée par la figure 4.14.

Exemple 2.

Le tableau 4.7 donne un exemple d'échéanciers correspondant à deux projets C et D. Le projet D fait apparaître un investissement de renouvellement. L'échéancier des flux différentiels présente 3 taux de rentabilité dont les valeurs sont voisines de 4 %, 30 % et 80 %.

En fait, il faut remarquer que les deux projets sont pratiquement équivalents pour une large gamme de taux d'actualisation, l'écart entre les deux revenus actualisés ne dépassant pas 16 kF pour un taux d'actualisation positif inférieur à 100 %.

Des exemples de ce type, avec plus de deux taux de rentabilité, sont extrêmement rares dans la réalité.

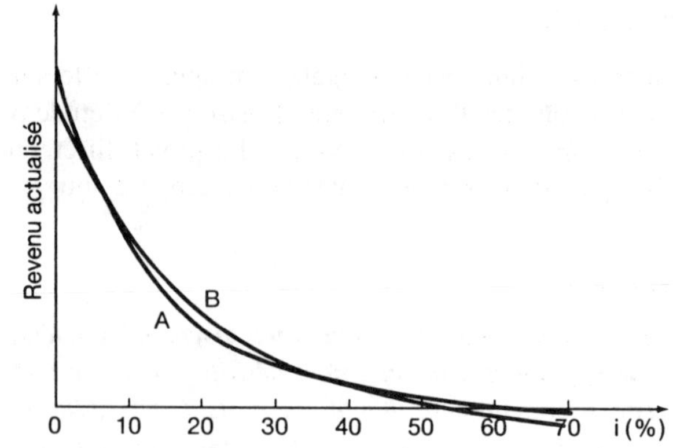

Fig. 4.13 Développement d'un gisement

TABLEAU 4.6
ECHEANCIER DES FLUX DIFFERENTIELS

Années	*0*	*1 à 10*	*11 à 15*
Flux différentiel (MF)	*– 230*	*100*	*– 200*

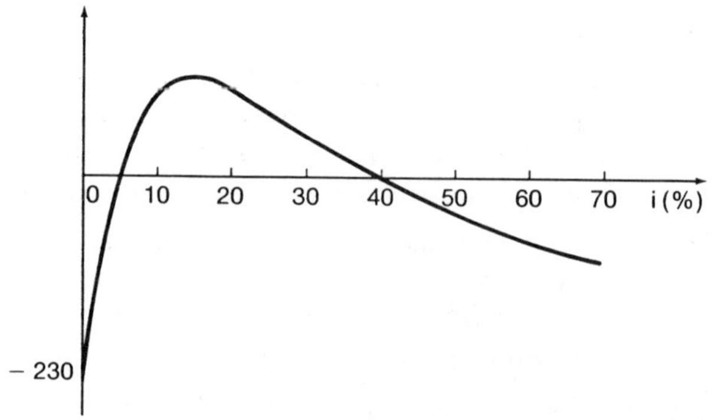

Fig. 4.14 Taux de rentabilité relative

TABLEAU 4.7
ECHEANCIER DES FLUX DE TRESORERIE

(kF)

Années	0	1	2	3	4	5	6
Projet D	*- 1 000*	*625*	*1 530*	*773*	*- 720*	*741*	*737*
Projet C	*- 900*	*710*	*715*	*720*	*723*	*700*	*0*
Projet D-C	*- 100*	*- 85*	*815*	*53*	*- 1 443*	*41*	*737*

d. Accélération d'une mise en production

Des projets d'investissement qui ont pour but d'accélérer la mise en route d'une exploitation peuvent présenter des échéanciers construits comme les échéanciers de flux différentiels cités ci-dessus, les flux de trésorerie étant définis par rapport à une situation de référence pour laquelle les flux ne sont pas nuls. Des exemples peuvent être fournis dans l'industrie pétrolière par les opérations de mise en production anticipée de gisement en mer (exploitation à partir de supports flottants pendant la construction de plates-formes fixes de production). Pour ces projets, une dépense d'investissement peut ne pas entraîner un accroissement de la valeur nominale des recettes, mais être justifiée par une augmentation de leur valeur actualisée, augmentation due seulement à leur décalage dans le temps. Le revenu nominal $R(0)$ peut alors être négatif, et la courbe de rentabilité présenter la même forme que celle de la figure 4.14.

e. Augmentation de capacité

Dans le même ordre d'idée, citons enfin les projets qui permettent d'augmenter la capacité de production d'une ressource disponible en quantité limitée (carrière, mine, etc).

Revenons à l'exemple 1 du paragraphe 4.6.1.C.c. Cet exemple était relatif au développement d'un gisement pétrolier. Nous l'avons présenté en plaçant l'étude à une date antérieure au choix d'un mode de production, et nous avons étudié un projet différentiel. Un projet différentiel correspond souvent à une abstraction. Mais un projet réel peut très bien présenter un échéancier semblable à celui du tableau 4.6. C'est le cas d'un projet de forage d'un certain nombre de puits supplémentaires sur un gisement déjà en production.

Remarquons qu'avec l'échéancier du tableau 4.6, et contrairement à l'exemple du paragraphe 4.6.1.C.b illustré par le tableau 4.5 et la figure 4.12, le revenu actualisé peut prendre des valeurs significativement positives. Pour des taux d'actualisation de l'ordre de 12 à 15 %, le revenu actualisé est de l'ordre de 100 MF pour un investissement de 230 MF.

4.6.2 Conditions d'existence d'un taux de rentabilité unique

Remarquons tout d'abord que la règle des signes de Descartes donne une condition suffisante pour qu'il y ait un seul taux de rentabilité (un seul changement de signe dans la suite des flux de trésorerie) et non une condition nécessaire. Un échéancier peut présenter plusieurs changements de signe et avoir un taux de rentabilité unique.

Si la méthode de Sturm [4.10] [4.16] permet de déterminer de façon exacte le nombre de racines distinctes d'un polynôme sur un intervalle donné, elle est lourde et son interprétation économique n'est pas simple.

Différents auteurs se sont donc attachés à définir des conditions relativement simples mais plus «fortes» que la règle des signes de Descartes. De telles conditions peuvent être utiles pour faciliter la programmation d'un calcul de taux de rentabilité sur ordinateur. Les plus simples sont celles de C.J. Norstrom et de C.S. Soper. Remarquons bien qu'il s'agit de conditions suffisantes d'unicité : un échéancier peut ne pas satisfaire ces conditions et présenter un taux de rentabilité unique.

A. La condition de Soper

Nous utilisons les notations précédentes, soit en particulier N la dernière année de la période d'étude. C.S. Soper [4.22] considère la somme capitalisée à l'année n des flux de trésorerie des n premières années, soit :

$$S(i, n) = \sum_{k=0}^{n} (1 + i)^{n-k} F_k$$

La condition de Soper s'écrit alors :

Si r^* est un taux de rentabilité de l'échéancier, ce taux est unique sur $[-1, +\infty[$ si $S(r^*, n)$ est strictement négatif quel que soit n inférieur ou égal à $N - 1$.

Nous verrons au paragraphe 4.6.3 une interprétation de cette condition.

B. La condition de Norstrom

C.J. Norstrom [4.19] considère la somme des n premiers flux de trésorerie :

$$Z(n) = S(0, n) = \sum_{k=0}^{n} F_k$$

La condition de Norstrom est la suivante : un échéancier admet un taux de rentabilité non négatif unique si la suite des $Z(k)$ change de signe une fois seulement, et si $Z(N)$ est différent de zéro.

C. Généralisations

La condition de Norstrom a fait l'objet de généralisations, telles que celle de R. Bernhard [4.9] :

Il y a un taux de rentabilité non négatif unique si la suite $B(k)$ présente un seul changement de signe et si $B(N)$ est différent de 0, $B(k)$ étant défini par :

$$B(k) = \sum_{p=0}^{k} C_{k-p}^{N-p} \, F_p$$

avec :

$$C_n^q = \frac{n!}{q!(n-q)!}$$

Elle est plus générale que la règle de Norstrom en ce sens qu'un échéancier qui satisfait à la condition de Norstrom satisfait à celle de Bernhard, la réciproque n'étant pas toujours vraie.

J.W. Pratt et J.S. Hammond [4.20] raisonnent sur un tableau construit en calculant des cumuls successifs :

$$Z_1(p) = \sum_{k=0}^{p} F_k$$

$$Z_2(p) = \sum_{k=0}^{p} Z_1(k)$$

$$\cdots\cdots\cdots$$

$$Z_n(p) = \sum_{k=0}^{p} Z_{n-1}(k)$$

Les colonnes du tableau sont relatives aux années p, la $k^{\text{ème}}$ ligne donne les valeurs de $Z_k(p)$.

Des bornes supérieures du nombre de taux de rentabilité sont alors données par le nombre de changements de signe observés lors de déplacements définis sur ce tableau. Il s'agit de déplacements définis comme les déplacements de pièces sur un échiquier. Le point de départ d'un déplacement est une case quelconque de la colonne de gauche

FLUX :	– 2	3	2	– 5	1	3	3	– 1
CUMUL :								
Stage 1	– 2	1	3	– 2	– 1	2	5	4
Stage 2	– 2	– 1	2	0				
Stage 3	– 2	– 3	– 1					

Fig. 4.15 Tableau de Pratt et Hammond

correspondant à une valeur $Z_k(0)$ pour k quelconque. La case d'arrivée est le coin Nord-Est, de valeur $Z_1(N)$. Les déplacements autorisés sont ceux d'une dame de jeu d'échec, mais seuls les déplacements vers le Nord et vers l'Est présentent un intérêt. La figure 4.15 reproduit un exemple donné par J.W. Pratt et J.S. Hammond pour lequel le taux de rentabilité est unique.

D. Fréquence d'apparition dans la pratique

Dans la pratique, les cas où l'on rencontre des taux de rentabilité multiple ne sont pas très fréquents. De façon plus précise, en se référant aux exemples du paragraphe précédent, on peut effectuer les remarques suivantes.

Dans les cas ***a*** et ***b*** du paragraphe 4.6.1.C (dépenses importantes en cours ou en fin de période), il arrive très souvent que les échéanciers présentent plusieurs changements de signe mais un taux de rentabilité positif unique.

Dans les cas ***d*** et ***e*** par contre (accélération d'une production) et lorsque le revenu non actualisé $R(0)$ est négatif, ou bien le projet présente un revenu actualisé négatif pour toutes les valeurs positives du taux d'actualisation, ou bien il présente deux taux de rentabilité positifs. Ainsi, lors de l'étude de projets réels, l'apparition de taux de rentabilité double n'est pas très rare ; celle de taux de rentabilité triple est par contre tout à fait exceptionnelle.

4.6.3 Interprétation

Ce paragraphe a pour but de donner une interprétation des taux de rentabilité multiple, ce qui sera fait après avoir caractérisé et comparé projet d'investissement simple et projet de financement simple.

A. Projet d'investissement simple

Nous avons vu qu'un projet d'investissement dont l'échéancier est composé de flux de trésorerie négatifs suivis de flux de trésorerie positifs admet un taux de

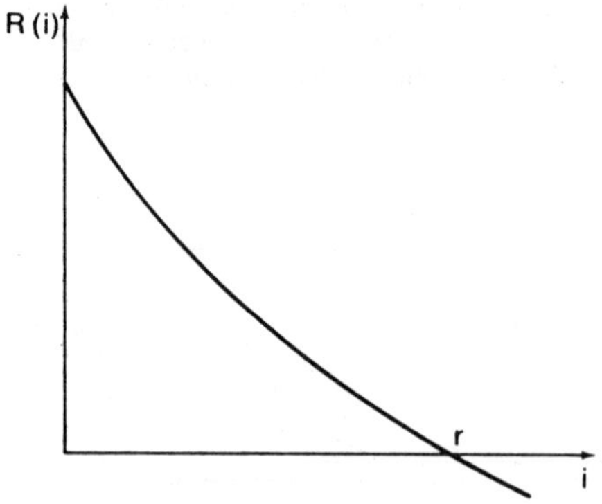

Fig. 4.16 Projet d'investissement simple

rentabilité unique si la somme non actualisée des flux de trésorerie est positive (projet d'investissement «classique» ou «simple»). La courbe de rentabilité a alors la forme de celle de la figure 4.16.

B. Projet de financement simple

Une opération de financement (le lancement d'obligations par exemple), sera par contre caractérisée par une (ou des) rentrée(s) de fonds suivie(s) de remboursements. A un tel échéancier de trésorerie est associé un **taux de rentabilité,** plus couramment appelé **taux d'intérêt réel** ou **taux actuariel** de l'opération. Rappelons en effet l'interprétation donnée à un échéancier dont le revenu actualisé est nul. C'est un échéancier tel que les encaissements permettent exactement de rembourser les sorties de fonds et de les rémunérer à un taux égal au taux d'actualisation (sans dette ni bénéfice).

En fonction du taux d'actualisation de l'entreprise, les variations du revenu actualisé d'un tel échéancier peuvent être représentées au moyen d'une courbe semblable à celle de la figure 4.17.

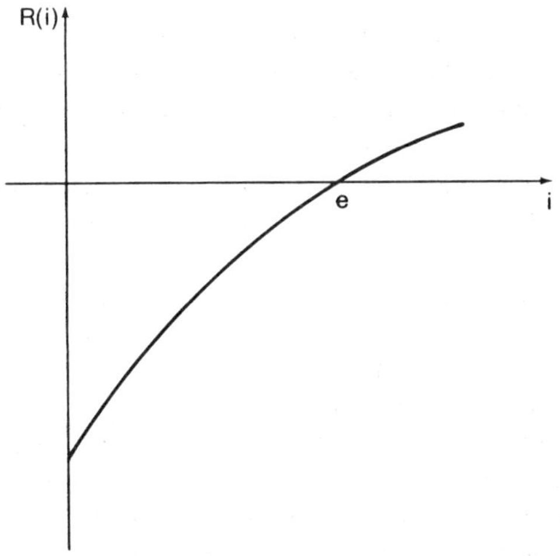

Fig. 4.17 Projet de financement simple

S'il n'y avait pas de contraintes relatives au ratio d'endettement, l'entreprise aurait intérêt à réaliser l'opération dès qu'elle a la possibilité d'utiliser et de rémunérer le capital ainsi obtenu à un taux supérieur au taux d'intérêt. Contrairement à ce qui se passe pour un projet d'investissement, le revenu actualisé est ici positif si le taux de rentabilité (taux actuariel) est inférieur au taux d'actualisation.

Exemple.

Une émission d'obligations a les caractéristiques suivantes :
– Nominal : 100 F.
– Prix d'émission : 95 F.
– Taux d'intérêt nominal : 9 %.
– Remboursement au pair à la fin de la quinzième année.

La valeur du coupon étant de 9 F, la valeur actuelle de l'échéancier associé à cette opération, hors frais d'émission et d'intermédiation bancaire, est :

$$95 - 9\sum_{n=1}^{15} \frac{1}{(1+i)^n} - \frac{100}{(1+i)^{15}}$$

Le taux actuariel, taux qui annule cette valeur actualisée, est égal à 9,65 %.

C. Projet présentant plusieurs taux de rentabilité

Reprenons l'exemple du paragraphe ci-dessus relatif à un projet de forage de puits supplémentaires sur un gisement pétrolier permettant d'augmenter la capacité de production. La courbe de rentabilité est donnée par la figure 4.14.

Elle a la forme d'une courbe de rentabilité d'un projet de financement pour les petites valeurs du taux d'actualisation et la forme d'une courbe de rentabilité d'un projet d'investissement «simple» pour les valeurs plus élevées du taux d'actualisation.

Le projet a donc certaines caractéristiques d'un projet d'investissement «simple» (dépense immédiate et revenus futurs) mais également certaines caractéristiques d'un projet de financement. En effet, en valeur non actualisée, le projet aura entraîné des sorties de fonds plus importantes que les recettes. Mais il est une source de revenus aux années 1 à 10. Si ces revenus, après remboursement de la mise initiale, peuvent être utilisés à des placements ou investissements permettant d'obtenir une rémunération supérieure à 5 % (comprise entre 5 et 40 %), ceux-ci compenseront les dépenses à venir et le projet pourra être retenu (même si, comme dans tout remboursement de prêt, la dépense totale est en valeur nominale supérieure à la recette totale).

De façon plus générale, considérons un échéancier de flux de trésorerie quelconque avec F_0 négatif. Nous utilisons les notations précédentes :

$$S(i,n) = \sum_{k=0}^{n} (1+i)^{n-k} F_k$$

Nous avons vu que l'échéancier considéré satisfait la condition de Soper si, étant donné un taux de rentabilité r tel que $S(r,N) = 0$, la somme $S(r,n)$ est négative pour tout n inférieur ou égal à $N - 1$.

$S(i, n)$ s'interprète comme le bilan à l'année n d'un compte-courant portant intérêt au taux i, que le compte soit débiteur ou créditeur. Le compte est crédité ou débité grâce aux flux associés au projet étudié. Ceci permet d'interpréter la condition de Soper : si le projet est constamment débiteur au taux r (vis-à-vis du département financier qui fournit le capital), le taux de rentabilité r est unique. En d'autres termes, lorsque la condition de Soper est vérifiée, et comme pour un projet simple, le taux de rentabilité est bien le taux maximum auquel les revenus du projet permettent de rémunérer les dettes du projet, qui n'est jamais créditeur à ce taux. Le projet est qualifié de projet d'investissement «pur» pour ce taux [4.23].

Un projet de financement pur peut être défini de façon symétrique (projet constamment créditeur au taux r).

Il ne peut y avoir de taux de rentabilité multiple que si le projet est à certaines périodes débiteur, et à d'autres périodes créditeur au taux r. Il peut alors être qualifié de projet «mixte». Un taux de rentabilité ne peut plus être interprété comme un taux s'appliquant seulement à un compte débiteur (projet d'investissement) ou seulement à un compte créditeur (projet de financement).

En résumé, un projet qui présente plusieurs taux de rentabilité positifs peut être interprété comme présentant à la fois certaines caractéristiques d'un projet d'investissement simple et certaines caractéristiques d'un projet de financement simple, le projet étant débiteur à certaines périodes et créditeur à d'autres.

En présence de taux multiples, le critère du taux de rentabilité ne peut être utilisé sans précautions. Il est alors préférable, lors de l'étude économique de tels projets, de revenir au critère du revenu actualisé. Un tracé de la courbe de rentabilité sera toujours recommandé pour apprécier la sensibilité du revenu actualisé à l'hypothèse relative au taux d'actualisation.

Notons cependant que des taux de rentabilité «modifiés» ou «intégrés» ont été définis par différents auteurs. Ces définitions conduisent à une valeur unique du taux de rentabilité, mais cette valeur est fonction du taux d'actualisation (ou, de façon plus générale, du taux de réemploi des flux encaissés). Si le taux de réemploi est égal au taux d'actualisation, elles conduisent bien aux mêmes décisions qu'un calcul de revenu actualisé. Certaines n'ont pas été données dans le but spécifique de l'étude des projets présentant des taux de rentabilité multiple. Pour cette étude, l'approche de D. Teichroew, A.A. Robichek et M. Montalbano est sans doute la plus intéressante. Elle sera présentée rapidement au dernier paragraphe de la section 4.7 après quelques réflexions sur l'hypothèse de réinvestissement des flux et une première définition de taux de rentabilité intégré.

4.7 TAUX DE RENTABILITÉ «INTÉGRÉ» OU «MODIFIÉ» ET RÉINVESTISSEMENT DES FLUX DE TRÉSORERIE

Remarque. La lecture de cette section et de la suivante n'est pas nécessaire à la compréhension des chapitres suivants, qui ne feront aucune référence aux concepts définis ci-dessous.

4.7.1 L'hypothèse de réinvestissement des flux encaissés lors d'un calcul de taux de rentabilité

Rappelons tout d'abord que le placement d'une somme d'argent quelconque pendant une durée quelconque à un taux égal au taux d'actualisation est une opération qui présente un revenu actualisé nul. La valeur du revenu actualisé d'un projet d'investissement n'est donc pas modifiée si l'on suppose explicitement que les flux de trésorerie correspondant aux revenus du projet sont placés à un taux égal au taux d'actualisation.

On en déduit immédiatement que la valeur du taux de rentabilité (interne) n'est pas modifiée si l'on introduit une hypothèse de placement des rentrées de fonds à un taux égal au taux de rentabilité.

Par ailleurs, l'équation de définition d'un taux de rentabilité peut s'écrire :

$$I_0(1+r)^N = \sum_{n=1}^{N} F_n(1+r)^{N-n}$$

Dans cette relation, le second membre fait apparaître un placement des flux F_n au taux r pendant $N - n$ années.

Ces deux remarques amènent différents auteurs à écrire que l'utilisation d'un taux de rentabilité sous-entend une hypothèse de réinvestissement des encaissements à un taux égal au taux de rentabilité. Dans la mesure où cette hypothèse est contestable, certains proposent d'introduire un taux de réemploi des fonds différent. Ceci conduit à la définition de taux de rentabilité «intégré» ou «modifié».

Avant de présenter ce concept, revenons sur cette hypothèse de réinvestissement. Le taux de rentabilité interne est le taux maximum auquel les revenus du projet permettent de rémunérer le capital investi. Il peut être interprété comme indiqué ci-dessus en supposant un réemploi des encaissements à un taux égal au taux de rentabilité. Sous cette hypothèse, il mesure le taux auquel les flux encaissés permettent de rémunérer la **totalité du capital investi** sur la **totalité de la période d'étude**.

Mais il peut aussi être interprété comme nous l'avons fait jusqu'ici en supposant que les rentrées de fonds dégagées par le projet sont affectées au remboursement et à la rémunération du capital au fur et à mesure de leur apparition. (Il s'agit en fait d'un remboursement effectué par le département responsable du projet au département financier collecteur de capital). A chaque année de la période d'étude, c'est alors le capital non encore remboursé qui est rémunéré à un taux égal au taux de rentabilité, et non le capital initial. Avec cette interprétation, **aucune hypothèse de réemploi des fonds n'est nécessaire. Si les rentrées de fonds sont remises au département financier, le département projet n'est plus concerné par leur réutilisation.**

4.7.2 Taux de rentabilité «intégré» ou «modifié». Première définition

Il existe différentes définitions de taux de rentabilité «modifié» et nous y reviendrons. Nous donnerons tout d'abord une première définition à laquelle il est souvent fait référence [4.21].

A. Définition

Considérons un projet nécessitant un investissement I_0 à l'année 0. Soient F_n les flux de trésorerie d'une année $n(n = 1,\ 2,\ \ldots,\ N)$.

Nous considérons maintenant deux taux différents. Un taux v auquel les flux encaissés F_n seront réinvestis, et un taux u auquel l'investissement I_0 sera rémunéré (coût du capital).

La valeur capitalisée à l'année N de l'investissement (supposé remboursé en fin de période) est :

$$I_0(1+u)^N$$

La valeur capitalisée des flux F_n s'écrit (à l'année N) :

$$F_n(1+v)^{N-n}$$

Le taux de rentabilité «intégré» ou taux de rentabilité «modifié» est la valeur $\rho(v)$ du taux d'actualisation u pour laquelle ces deux valeurs capitalisées sont égales :

$$[1+\rho(v)]^N I_0 = \sum_{n=1}^{N} F_n(1+v)^{N-n}$$

$$\rho(v) = \left(\frac{\sum\limits_{n=1}^{N} F_n(1+v)^{N-n}}{I_0}\right)^{\frac{1}{N}} - 1 \tag{4.1}$$

Il est clair que le taux de rentabilité intégré ρ est égal au taux de rentabilité interne r si le taux de réinvestissement v est égal au taux de rentabilité interne r.

B. Critère

Considérons le cas où le taux de réemploi des fonds v est égal au taux d'actualisation de l'entreprise i (coût du capital). Alors le taux de rentabilité intégré $\rho(i)$ constitue un critère d'acceptation ou rejet de projets d'investissements indépendants, qui conduira bien à une même décision qu'un critère de revenu actualisé.

En effet, le revenu actualisé $R(i)$ est positif si, et seulement si :

$$\sum_{n=1}^{N} \frac{F_n}{(1+i)^n} > I_0$$

ou encore :

$$\sum_{n=1}^{N} F_n(1+i)^{N-n} > I_0(1+i)^N$$

Mais d'après (4.1), le premier membre de cette inéquation est égal à $I_0[1+\rho(i)]^N$.

Nous avons supposé I_0 positif. $R(i)$ est donc positif si, et seulement si :

$$[1+\rho(i)]^N > (1+i)^N$$

c'est-à-dire si : $\rho(i) > i$.

Exemple.

Reprenons un exemple déjà traité au chapitre précédent (section 3.3) et au début de ce chapitre (paragraphe 4.1.6). Considérons un projet A relatif à l'achat d'un équipement à une année 0, dont le coût est de 30 kF. Le projet dégagera un revenu annuel estimé à 10 kF/an pendant 4 ans (années 1 à 4). La valeur de revente est estimée à 5 kF (réalisée en fin de 4ème année). Soit i = 5 % le taux d'actualisation (coût du capital).

Le revenu actualisé est (en kF) :

$$R_A(i) = -30 + \sum_{n=1}^{4} \frac{10}{(1+i)^n} + \frac{5}{(1+i)^4} = 9{,}6\ kF$$

Le taux de rentabilité est égal à 17 %, le «taux de rentabilité intégré» $\rho(i)$ est tel que :

$$30(1+\rho)^4 = \sum_{n=1}^{4} 10(1+i)^{4-n} + 5$$

Soit : ρ (0,05) = 12,5 %.

C. Interprétation et discussion

Le **taux de rentabilité interne** peut être interprété comme le taux auquel les revenus du projet permettent de rembourser et de rémunérer le capital investi, la rémunération à chaque année portant sur le capital restant à rembourser.

Le **taux de rentabilité intégré**, par définition, mesure le taux auquel les revenus du projet, et **leur réemploi**, permettent de rémunérer la **totalité** de l'investissement initial sur la **totalité** de la période d'étude.

Lorsque le taux de réemploi des encaissements est égal au taux d'actualisation, le critère du taux de rentabilité intégré conduit bien, pour des projets indépendants, et comme nous venons de le voir, aux mêmes décisions d'acceptation ou de rejet qu'un critère de revenu actualisé, et donc qu'un critère de taux de rentabilité interne [5].

Un avantage des taux de rentabilité intégrés est qu'ils n'admettent qu'une seule valeur. Par ailleurs, lorsque l'on compare deux projets de même durée de vie et demandant un même montant d'investissement I_0, le projet qui présente le taux de rentabilité intégré le plus élevé est également celui qui présente le revenu actualisé le plus élevé.

Par contre, l'interprétation de ces taux peut être délicate, d'autant plus qu'il en existe différentes définitions [4.7] [4.18] [4.21]. Les variantes diffèrent sur la façon de prendre en compte les dépenses (dépenses brutes ou flux négatifs) des années postérieures à l'année 0. Faut-il les capitaliser à un taux égal au taux de rentabilité que l'on cherche ou au taux de réemploi des encaissements ? Par exemple, dans la formule (4.1), I_0 peut être remplacé par la somme actualisée des dépenses considérées, ces dépenses étant alors exclues des flux F_n.

Quelle que soit la variante retenue, il peut être discutable de chercher à définir un taux de rémunération de la totalité de la mise initiale sur toute la période d'étude, alors que le département Projets peut rembourser cette mise au fur et à mesure des encaissements engendrés par le projet. Il peut être discutable également d'imputer au projet le rendement d'un réemploi de fonds (même égal au taux d'actualisation) non directement associé au projet considéré.

Enfin, sur un plan pratique, l'utilisation d'un taux de rentabilité interne, indépendant du taux d'actualisation, peut être beaucoup plus commode que celle d'un taux de rentabilité «intégré», par définition fonction du taux de réinvestissement retenu.

5. Si le taux de rentabilité interne est unique.

Une autre méthode conduisant à des taux de rentabilité «modifiés» échappe cependant à ces critiques. Parmi différentes raisons figure, en particulier, le fait que le taux défini est égal au taux de rentabilité interne lorsque celui-ci est unique. Nous présentons rapidement cette approche ci-dessous.

4.7.3 Taux de rentabilité «modifié». La définition de D. Teichroew, A.A. Robichek et M. Montalbano

Pour l'étude des taux de rentabilité multiple, D. Teichroew, A.A. Robichek, M. Montalbano [4.23], [4.24] suggèrent une méthode de calcul de taux de rentabilité modifiés dont le principe est différent de celui qui vient d'être présenté ci-dessus.

Ils proposent de déterminer pour chaque année k un bilan actualisé (ou capitalisé) calculé en employant deux taux d'intérêt u et v. Le premier est utilisé lorsque le projet est débiteur (bilan négatif), tandis que le deuxième est utilisé lorsque le projet est créditeur (bilan positif).

De façon plus précise, le bilan capitalisé $W_n(u, v)$ est défini de la façon suivante :

$$
\begin{aligned}
&W_0(u,v) = F_0 \\
&W_1(u,v) = F_0(1+u) + F_1 \qquad \text{si} \qquad F_0 < 0 \\
&W_1(u,v) = F_0(1+v) + F_1 \qquad \text{si} \qquad F_0 \geq 0 \\
&\ldots\ldots\ldots \\
&W_n(u,v) = (1+u)W_{n-1} + F_n \qquad \text{si} \qquad W_{n-1} < 0 \\
&W_n(u,v) = (1+v)W_{n-1} + F_n \qquad \text{si} \qquad W_{n-1} \geq 0
\end{aligned}
$$

Remarquons que, contrairement à la définition précédente (paragraphe 4.7.2), le taux v ne s'applique pas aux flux encaissés, mais au solde associé au projet lorsque ce solde est créditeur.

D. Teichroew, A.A. Robichek, M. Montalbano définissent alors, pour toute valeur donnée de v, un taux de rentabilité modifié $\rho(v)$ comme la valeur du taux d'intérêt u qui annule le bilan capitalisé $W_N(\rho, v)$.

Ce taux est appelé taux de rentabilité modifié d'investissement. D. Teichroew, A.A. Robichek et M. Montalbano ont démontré quelques propriétés de ce taux. Il est unique. Il est égal au taux de rentabilité interne dans le cas où ce dernier satisfait la condition de Soper. Si v est égal au taux d'actualisation i de l'entreprise, le projet a un revenu actualisé positif si, et seulement si, le taux de rentabilité modifié $\rho(v)$ est supérieur au taux d'actualisation i.

L'interprétation découle immédiatement de la définition et généralise celle donnée pour le taux de rentabilité interne. Le taux $\rho(v)$ est le taux maximum auquel les revenus du projet permettent de rémunérer le compte associé au projet lorsque ce compte est débiteur, la rémunération étant faite à un taux égal au taux d'actualisation lorsque ce compte est créditeur.

Il est de même possible de définir un taux de rentabilité modifié de financement $\tau(u)$. Il s'agit de la valeur du taux d'intérêt v qui annule le bilan $W_N(u, \tau)$ pour une valeur donnée du taux u. De façon symétrique à ce qui vient d'être dit, ce taux est unique. Le revenu actualisé au taux i du projet est positif si et seulement si $\tau(i)$ est inférieur au taux d'actualisation i. La définition du taux de rentabilité de financement généralise ainsi la notion de taux actuariel assoçié à une opération de financement simple.

4.8 TAUX DE RÉEMPLOI DIFFÉRENT DU COÛT DU CAPITAL ET VALEUR ACTUELLE NETTE INTÉGRÉE

4.8.1 Définition

La première définition donnée ci-dessus (paragraphe 4.7.2) d'un taux de rentabilité intégré s'appuie sur une hypothèse de réemploi des flux encaissés. Nous avons indiqué que le taux de réemploi pouvait être ou non égal au coût du capital (taux d'actualisation). Si ces deux taux sont égaux, alors des critères de taux de rentabilité intégré et de revenu actualisé sont équivalents.

De façon plus générale, certains auteurs (cf. biblio. [4.1] [4.2]) proposent de considérer un taux de rémunération du capital différent pour les dépenses d'investissement d'une part et pour les rentrées de fond procurées par un projet d'autre part, non seulement pour des calculs de taux de rentabilité mais aussi pour des calculs de revenus actualisés.

Soient :

u le premier taux (coût du capital);

v le second (taux de réemploi des encaissements).

En supposant la dépense d'investissement I_0 réalisée en une seule année à l'année 0, la valeur capitalisée à l'année N s'écrit :

$$I_0(1+u)^N$$

La valeur capitalisée des flux F_n à l'année N est :

$$\sum_{n=1}^{N} F_n(1+v)^{N-n}$$

La valeur du projet à l'année N est ainsi :

$$-I_0(1+u)^N + \sum_{n=1}^{N} F_n(1+v)^{N-n}$$

Les auteurs précités définissent alors la Valeur Actuelle Intégrée *VAI* :

$$VAI = \frac{-I_0(1+u)^N + \sum_{n=1}^{N} F_n(1+v)^{N-n}}{(1+u)^N}$$

$$VAI = -I_0 + \frac{\sum_{n=1}^{N} F_n(1+v)^{N-n}}{(1+u)^N}$$

Elle est naturellement égale au revenu actualisé si le taux de réemploi v est égal au coût du capital u.

Remarque. Cette notion permet de donner une définition équivalente à celle de la section précédente (paragraphe 4.7.2) du taux de rentabilité intégré : il s'agit de la valeur du coût du capital u pour laquelle la Valeur Actuelle Intégrée s'annule.

4.8.2 Discussion

Comme nous l'avons indiqué au chapitre précédent, lorsqu'un projet dégage des revenus, ces revenus sont supposés retourner à la «caisse commune» (département financier). Le capital disponible permet d'éviter de recourir aux différentes sources de financement dont le coût [6] est égal au taux d'actualisation. Économiser un coût égal au taux d'actualisation est bien équivalent à effectuer un placement à ce taux. Par ailleurs, si l'on se réfère au taux de rendement des placements effectués à l'intérieur de l'entreprise, il est clair que c'est un taux marginal qu'il convient de considérer. Or, le taux de rentabilité marginale est bien égal au taux d'actualisation (taux de rentabilité marginale pour une gamme continue ou taux de rentabilité du dernier projet accepté). Remarquons que ceci reste vrai même sous des hypothèses de rationnement en capital que l'on utilise, comme nous le verrons au chapitre 9, un taux d'actualisation incorporant une prime de rareté (le taux d'actualisation n'étant plus alors égal au coût direct moyen du capital) ou un coût d'opportunité du capital. L'hypothèse d'un taux unique pour la rémunération des sorties de fonds et des rentrées de fonds nous paraît donc généralement plus justifiée que celle de taux différenciés.

Les partisans de deux taux différents préconisent leur utilisation particulièrement dans le cas où l'on compare des projets de montants d'investissement différents ou de durées de vie différentes. En ce qui concerne le premier cas, nous ajouterons à la discussion précédente un élément supplémentaire. Les auteurs cités acceptent, ou considèrent comme acceptable, le critère du revenu actualisé (calculé avec un seul taux) pour l'étude d'une décision d'acceptation ou de rejet d'un projet unique et indépendant de tout autre projet. Sous les hypothèses qui sont les leurs (taux de réemploi des fonds différent), ils lui préfèrent un critère de valeur actuelle intégrée lorsqu'il s'agit de comparer des projets incompatibles de montants d'investissement différents. Or, dire que le revenu actualisé d'un projet B est supérieur à celui d'un projet A, c'est dire que le revenu actualisé du

6. Comme nous le verrons de façon plus détaillée au chapitre 9 le coût marginal du financement est égal à son coût moyen si l'on suppose stables les coûts et les proportions des différentes sources de fonds.

projet différentiel $B - A$ est positif. Rejeter le critère du revenu actualisé pour comparer A et B, c'est rejeter le critère du revenu actualisé pour la décision d'acceptation du projet différentiel $B - A$. Sous les hypothèses que nous retenons, il s'agit d'une décision de même nature que celle relative à l'acceptation d'un projet unique. Toujours sous nos hypothèses, il n'est donc pas possible d'utiliser un critère différent.

Considérons maintenant le cas de deux projets de durées de vie différentes. Pour les auteurs cités [4.1] [4.2], la comparaison peut se faire sur une même période, la plus longue, à condition de faire une hypothèse sur le réemploi des encaissements. Le calcul d'une valeur actuelle intégrée permet alors de considérer un réinvestissement des revenus à un taux différent du coût du capital. Si dans la pratique la question peut parfois se poser en ces termes (réinvestissement des flux encaissés), il nous semble que, le plus souvent, la question est celle de la dépendance qui peut exister entre la décision de faire l'un ou l'autre projet et d'autres décisions d'investissements. Rappelons rapidement l'analyse effectuée en première partie de ce chapitre.

S'il n'y a aucune relation de dépendance (déclassement sans suite à la fin de la durée de vie d'un projet), alors il est correct de comparer directement des revenus actualisés calculés sur des durées différentes. C'est, implicitement, effectuer les calculs sur une même période, la plus longue, en considérant des flux de trésorerie nuls après déclassement pour le projet de durée la plus courte.

Si, par contre, le problème est d'assurer une production sur une longue période allant largement au-delà de la durée de vie des équipements étudiés, alors la décision d'acheter un équipement et la décision de son remplacement après déclassement sont liées. En théorie, c'est donc toute la chaîne des déclassements et remplacements qu'il faut considérer pour chaque projet. Lorsqu'une hypothèse de régime permanent peut être faite, remarquons que considérer une annuité constante conduit aux mêmes décisions qu'une hypothèse de renouvellement à l'identique. Le cas général est étudié au chapitre 8.

En résumé, l'utilisation de taux différents pour le coût du capital et le réemploi des flux encaissés ne nous paraît pouvoir être justifiée que sous des hypothèses très particulières. Cette approche ne sera donc pas retenue dans la suite de cet ouvrage.

Points importants

La dimension optimale d'une gamme continue d'investissement est en général celle pour laquelle le taux de rentabilité marginale est égal au taux d'actualisation. Le taux de rentabilité marginale est le taux de rentabilité du dernier franc investi.

Un projet ne peut présenter des taux de rentabilité multiples que si son échéancier de flux de trésorerie fait apparaître plusieurs changements de signe. Un projet qui possède plusieurs taux de rentabilité peut être interprété comme présentant à la fois certaines caractéristiques d'un projet d'investissement et certaines caractéristiques d'un projet de financement.

Aucune hypothèse de réemploi des encaissements n'est nécessaire pour définir un taux de rentabilité interne. L'utilisation d'une hypothèse de réinvestisssement à un taux donné conduit à la définition de taux de rentabilité «modifiés». Lorsque ce taux de réinvestissement est égal au taux d'actualisation, les taux de rentabilité modifiés peuvent constituer des critères d'acceptation ou de rejet cohérents avec un critère de revenu actualisé. Il en existe plusieurs définitions.

5 *Étude des coûts, coût de revient économique et durée d'utilisation optimale des équipements*

Questions posées

Nous utilisons tous l'analyse marginale, souvent comme M. Jourdain faisait de la prose. A quoi servent un coût moyen, un coût marginal ? Quels sont les dangers d'une analyse marginale conduite sans les précautions indispensables ?

Comment définir et utiliser un coût moyen actualisé ou coût de revient économique, et un coût marginal à long terme lors de l'étude d'une décision d'investissement ?

Comment déterminer une durée d'utilisation optimale d'un équipement ?

5.1 INTRODUCTION

Ce chapitre sera consacré à l'étude des coûts. Celle-ci peut être très importante non seulement pour la gestion, mais aussi lors de l'analyse de projets d'investissement. Différentes raisons peuvent conduire à raisonner en termes de coûts plutôt qu'en termes de bénéfices.

Il arrive souvent que les objectifs en matière de production soient fixés. Ce sera par exemple le cas d'*Electricité de France (EdF)* dont le programme d'investissement est déterminé de façon à répondre à la demande de consommation au moindre coût. Il en sera de même chaque fois que le marché d'un produit de l'entreprise sera, soit une donnée sur laquelle l'entreprise a peu de moyens d'action, soit un objectif défini pour des raisons stratégiques difficiles à quantifier dans un calcul de rentabilité. Dans ce cas, pour choisir entre différentes solutions assurant les mêmes services, on peut utiliser un critère de coût actualisé minimum, qui conduira bien aux mêmes décisions qu'un critère de revenu actualisé maximum.

Lorsque cela est possible, la notion de coût de revient économique peut alors être préférée, un coût annuel ou un coût par unité produite étant plus parlant qu'un coût actualisé sur longue période.

Par ailleurs, dans certains cas, une production ou un service doit être facturé au «coût de revient», le plus souvent marginal. Il en est ainsi des services fournis par une entreprise du secteur public telle qu'*EdF*. C'est également le cas d'établissements constitués par différentes entreprises pour assurer une tâche d'intérêt commun : transport de pétrole brut ou de produits pétroliers, stockage en dépôt de distribution par exemple.

Une autre raison de l'intérêt des calculs de coûts vient des incertitudes sur les prix de vente. Assez souvent, les estimations d'un prix de vente futur sont très dispersées. Cette dispersion peut conduire à des variations possibles de la rentabilité d'un projet telles qu'un calcul de rentabilité soit difficilement utilisable.

La décision peut alors relever d'une analyse stratégique. Elle devra prendre en compte les actions possibles des producteurs concurrents : en effet, si le prix de vente constaté fait apparaître pour un projet d'investissement un profit pour l'entreprise, ce prix de vente peut également être considéré comme attrayant par d'autres entreprises. Des décisions d'investissement et de production de leur part conduiront alors à une baisse des prix. Dans ce cas, par conséquent, l'estimation d'une valorisation de la production ne pourra être effectuée qu'à partir d'une évaluation des coûts de revient possibles des firmes concurrentes. L'analyse portera sur les écarts de coûts qui peuvent apparaître ou non en faveur de l'entreprise : économie d'échelle, savoir-faire, brevets, rentes géographiques (coût de transport, proximité d'une source d'approvisionnement en matières premières, etc.).

De façon plus générale, les incertitudes sur les composantes d'un coût de revient sont souvent moins fortes que celles qui pèsent sur les prévisions de prix de vente. Il est alors utile de connaître le prix de vente minimum qui permet de rentabiliser un investissement. La notion de coût de revient économique permettra, sous certaines hypothèses, de répondre à cette question. Elle fera l'objet de la troisième section de ce chapitre.

Auparavant, nous aurons fait quelques rappels concernant la définition et l'utilisation des concepts de coûts moyens et de coûts marginaux à court terme. La quatrième section sera consacrée aux coûts marginaux à long terme qui peuvent être utiles pour des problèmes de dimensionnement et de tarification. Enfin, au cours de la dernière section, nous aborderons les problèmes de déclassement et de durée d'utilisation optimale d'un équipement.

5.2 COÛTS MOYENS ET COÛTS MARGINAUX A COURT TERME

La notion de coût marginal est très couramment utilisée, souvent comme M. Jourdain faisait de la prose. Lorsque, par exemple, on décide de ne comptabiliser que des coûts de carburants lors de l'utilisation d'un véhicule automobile, c'est, implicitement ou explicitement, par référence à la notion de coût marginal.

L'objet de cette section est de présenter quelques brefs rappels de théorie microéconomique permettant de préciser les définitions du coût moyen et du coût marginal et leur domaine d'utilisation.

Mais auparavant, il convient de faire une mise en garde. Dans la pratique industrielle et commerciale, **une analyse marginale effectuée sans précautions suffisantes peut conduire à des erreurs parfois très lourdes**.

En effet, une recette marginale est souvent difficile à estimer; sa valeur peut être sensiblement différente de celle d'un prix de vente. Dans la pratique, cependant, on observe trop souvent une tendance à assimiler la première à la seconde.

Nous présenterons ces dangers et les illustrerons par un exemple au paragraphe 5.2.7.

5.2.1 Hypothèses et définitions

Au cours de cette section, nous considérons les hypothèses suivantes :

- nous raisonnons sur une **courte période** (un an maximum);
- l'entreprise dispose d'un **équipement donné**; la capacité de production ne peut être modifiée par des investissements (courte période);
- l'entreprise fabrique **un seul produit**.

Appelons Q le volume des quantités produites pendant la période considérée et supposons connue pour chaque niveau de production Q la dépense minimum $D(Q)$ que l'entreprise devra consentir pour assurer cette production.

On appelle **coût moyen** le rapport de la dépense totale pendant la période considérée à la quantité produite :

$$C_M = \frac{D(Q)}{Q}$$

Supposons maintenant que, à partir d'un niveau de production Q donné, l'entreprise désire augmenter sa production d'une petite quantité $\Delta(Q)$. Ses dépenses vont augmenter d'une quantité ΔD.

On appelle **coût marginal** le coût de production d'une unité supplémentaire, soit :

$$C_m = \frac{\Delta D}{\Delta Q}$$

En considérant une unité infinitésimale et si l'on peut définir la dépense totale $D(Q)$ comme une fonction dérivable du niveau de production :

$$C_m = \frac{\mathrm{d}D}{\mathrm{d}Q}$$

5.2.2 Variations en fonction du niveau de production

Comment varient la dépense totale $D(Q)$, le coût moyen et le coût marginal quand le niveau de production Q varie ?

Dans ce paragraphe, nous présenterons la forme des célèbres «courbes en U» de la théorie microéconomique. Nous reviendrons sur la détermination pratique des fonctions de coût au paragraphe 5.1.5.

En général, pour de faibles valeurs du niveau de production Q, la dépense totale $D(Q)$ augmente moins vite que la production : en effet, à équipement donné, le matériel est mal employé quand les quantités produites sont faibles. L'augmentation du volume des quantités produites permet de rationaliser la production, d'organiser des productions en série, etc. Les rendements sont croissants, le coût moyen et le coût marginal sont décroissants.

Mais à partir d'un certain niveau de production, le phénomène s'inverse : le matériel arrive à saturation, il est nécessaire de faire appel à du personnel supplémentaire, etc. Si l'on veut «pousser» la production au-delà d'une certaine valeur, les dépenses augmentent plus vite que la production.

La courbe représentative des variations du coût total a alors l'allure donnée par la figure 5.1 ou la figure 5.2. La première correspond à l'absence de coûts fixes.

Remarquons que si M est le point courant de la courbe de dépense, le coût moyen est égal à la pente de OM et le coût marginal à la pente de la tangente en M à la courbe.

Cette interprétation graphique permet très simplement de déduire les formes des courbes de coût moyen et de coût marginal à partir de la courbe de coût total. En particulier elle montre que **la courbe de coût marginal coupe la courbe de coût moyen au minimum de cette dernière** : au point d'abscisse Q_0, la droite OM est tangente à la courbe de dépense totale.

Cette propriété peut être retrouvée par un raisonnement direct : quand le coût marginal est inférieur au coût moyen, produire une unité supplémentaire entraîne un abaissement du coût moyen. Quand le coût marginal est supérieur au coût moyen, produire une unité supplémentaire entraîne une augmentation du coût

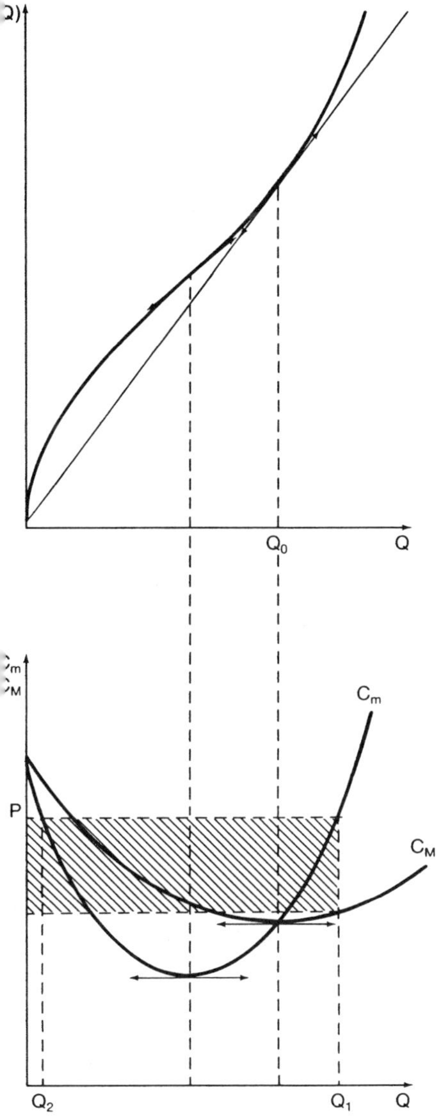

Fig. 5.1 Coût moyen et coût marginal en absence de coûts fixes

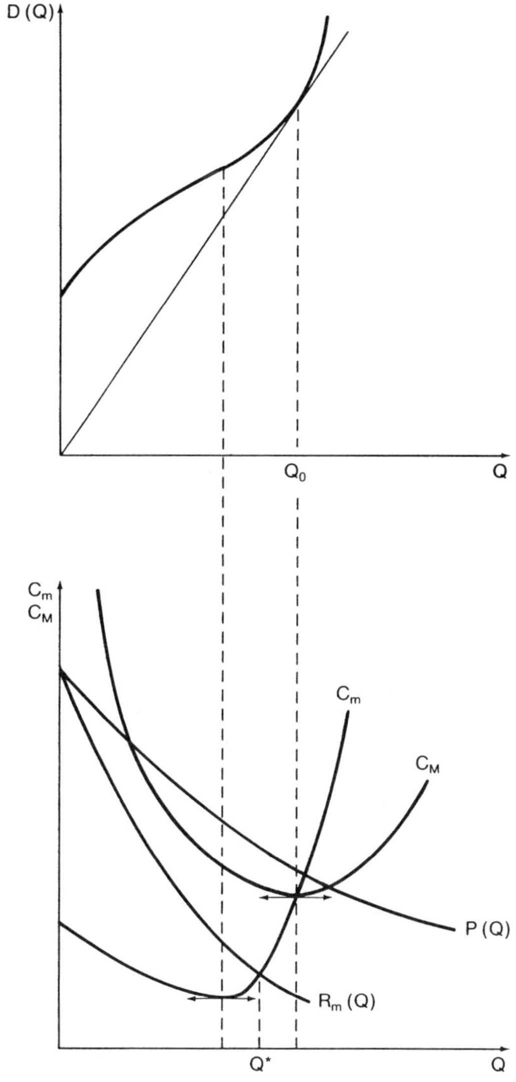

Fig. 5.2 Coût moyen et coût marginal en présence de coûts fixes

moyen. Ce dernier passe donc par un minimum lorsque le coût marginal est égal au coût moyen.

La démonstration mathématique en est immédiate. Le minimum du coût moyen est obtenu pour :

$$\frac{dC_M}{dQ} = \frac{QdD}{dQ} - D = 0$$

soit :

$$\frac{dD}{dQ} = \frac{D}{Q}$$

5.2.3 Recherche d'un niveau de production optimum lorsque le prix de vente est fixé

Supposons fixé le prix de vente P de la production de l'entreprise.

Si à partir d'une production donnée, l'entreprise doit choisir entre produire ou non une quantité supplémentaire, c'est le coût marginal et non le coût moyen qu'elle doit comparer au prix de vente. Elle ne produira évidemment cette quantité supplémentaire que si les recettes correspondantes sont supérieures (ou égales) aux dépenses nécessaires, c'est-à-dire si le prix de vente est supérieur au coût marginal.

Supposons maintenant que l'entreprise cherche à déterminer son niveau de production de façon à maximiser son bénéfice. Le raisonnement précédent nous montre qu'elle augmentera sa production tant que le coût marginal sera inférieur au prix de vente. Elle fixera donc le niveau de production de façon à **égaliser prix de vente et coût marginal**.

Sur les figures 5.1 ou 5.2, ceci revient à chercher l'intersection d'une droite d'ordonnée P avec la courbe de coût marginal (niveau optimal de production : Q_1).

Lorsque cette horizontale coupe la courbe de coût marginal en deux points (d'abscisses Q_1 et Q_2 sur la figure 5.1) l'optimum correspond au point pour lequel le coût marginal est croissant. En effet, sur la figure 5.1, pour chacune des premières unités produites, le bénéfice (marginal) est négatif (coût marginal supérieur au prix de vente). Le point d'abscisse Q_2 correspond donc, non pas à un bénéfice maximum, mais à une perte maximum.

La formulation mathématique est la suivante. Le bénéfice sur la période considérée s'écrit :

$$B = PQ - D(Q)$$

Il est maximum lorsque sa dérivée s'annule, soit :

$$P = \frac{\mathrm{d}D}{\mathrm{d}Q} = C_m$$

La condition du second ordre :

$$\frac{\mathrm{d}^2 B}{\mathrm{d}Q^2} > 0$$

exprime le fait que le coût marginal doit être croissant.

Le bénéfice à l'optimum (production Q_1) est représenté sur la figure 5.1 par l'aire hachurée.

Il est positif si le prix de vente P est supérieur au coût moyen minimum $C_M(Q_0)$. Si le prix P est inférieur à ce coût moyen $C_M(Q_0)$ l'entreprise est en perte ; elle peut cependant avoir intérêt à poursuivre sa production si le prix de vente permet de payer les frais variables et une partie des frais fixes. Dans ce cas, elle minimisera sa perte en déterminant comme précédemment le niveau de production Q de façon à égaler coût marginal et prix de vente. L'étude de la décision de maintenir une production peut alors demander une prévision de l'évolution du prix de vente au-delà de la courte période et une analyse sur longue période des possibilités de réduction des frais fixes en cas d'arrêt de l'exploitation (désinvestissement).

5.2.4 Recherche d'un niveau de production optimum, le prix de vente étant fonction du niveau de production

Il arrive souvent que le prix de vente de la production soit une fonction des quantités produites et offertes sur le marché par l'entreprise (cas d'un monopole en particulier).

On définit alors la recette marginale comme l'augmentation de recette entraînée par la vente d'une unité supplémentaire du produit.

Si l'on souhaite déterminer le niveau de production qui permet d'obtenir le bénéfice maximum, on utilisera un raisonnement marginal analogue à celui du paragraphe précédent. On remarque que, à partir d'un certain seuil, le coût marginal est croissant, tandis que la recette marginale est en général décroissante. On augmentera le niveau de production tant que la production d'une unité supplémentaire rapporte plus qu'elle ne coûte, c'est-à-dire tant que la recette marginale est supérieure au coût marginal. L'optimum est donc obtenu en **égalant coût marginal et recette marginale** (Q^* sur la figure 5.2).

Un exemple de calcul est donné au paragraphe 5.2.7.

La justification mathématique est immédiate : si l'on note R la recette, le bénéfice $B = R - D$ est maximum lorsque :

$$\frac{\mathrm{d}B}{\mathrm{d}Q} = 0 \quad \text{soit} \quad \frac{\mathrm{d}R}{\mathrm{d}Q} = \frac{\mathrm{d}D}{\mathrm{d}Q}$$

Si le prix de vente $P(Q)$ est une fonction continue dérivable de la production Q, la recette marginale s'écrit :

$$R_m = \frac{\mathrm{d}(PQ)}{\mathrm{d}Q} = P + Q\frac{\mathrm{d}P}{\mathrm{d}Q}$$

Le prix de vente est en général une fonction décroissante de Q :

$$\frac{\mathrm{d}P}{\mathrm{d}Q}$$

est donc négatif. Le deuxième terme :

$$\left(Q\frac{\mathrm{d}P}{\mathrm{d}Q}\right)$$

s'interprète comme la perte de recette entraînée par une variation du prix de vente due à l'augmentation de la production d'une unité.

5.2.5 Représentation usuelle des fonctions de coût dans l'entreprise

La forme en U des courbes de coût moyen et de coût marginal constitue une référence dans tous les ouvrages de microéconomie. Il arrive qu'on la rencontre dans la réalité. Par exemple, la production d'un gisement pétrolier en récupération assistée par injection de fluides est à coût marginal croissant, les variations de coûts sont souvent assez «régulières». Dans le domaine du transport d'hydrocarbures par conduite [5.3], on peut observer de «jolies» courbes en U et il est possible de déterminer des coûts en capacité adaptée à l'aide de courbes enveloppes conformes à la théorie (cf. paragraphe 5.3.2).

A. Coûts fixes et coûts proportionnels

Assez souvent cependant, l'analyse des dépenses d'exploitation en fonction de la production conduit à définir la fonction $D(Q)$, dépense totale pendant une période donnée, comme la somme d'un terme fixe et d'un terme proportionnel à la production Q :

$$D(Q) = a + bQ$$

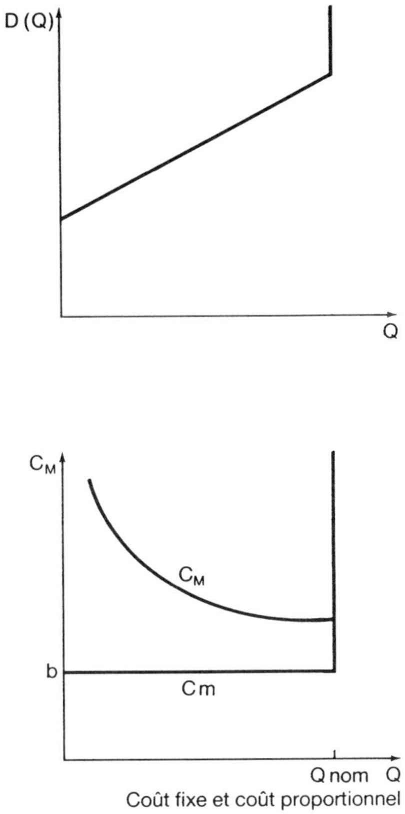

Fig. 5.3 Coût fixe et coût proportionnel

ceci pour des valeurs de Q inférieures à une valeur Q_{nom} correspondant à une capacité de l'équipement en marche «normale» (capacité nominale). C'est en particulier vrai dans le domaine du raffinage et de la pétrochimie.

Les courbes représentatives de la dépense $D(Q)$, du coût moyen C_M et du coût marginal C_m présentent alors les formes données par la figure 5.3. Le coût marginal est constant et égal au coefficient b du terme proportionnel pour l'ensemble des valeurs de Q inférieures à la capacité nominale Q_{nom}.

Si le prix de vente de la production est fixé, l'optimum est défini comme au paragraphe 5.1.3 ci-dessus. Ceci conduit, soit à produire à capacité maximum, soit à arrêter la production.

La forme des courbes de la figure 5.3 est assez éloignée de celle des figures 5.1 et 5.2. On remarquera cependant qu'il est souvent possible de «pousser» un équipement au-delà de sa capacité nominale. Cela ne peut se faire qu'en faisant appel à des moyens coûteux (heures supplémentaires, détérioration des rendements, de la qualité, etc.). La dépense sur la période considérée croît donc très rapidement en fonction du niveau de production. Enfin, le supplément

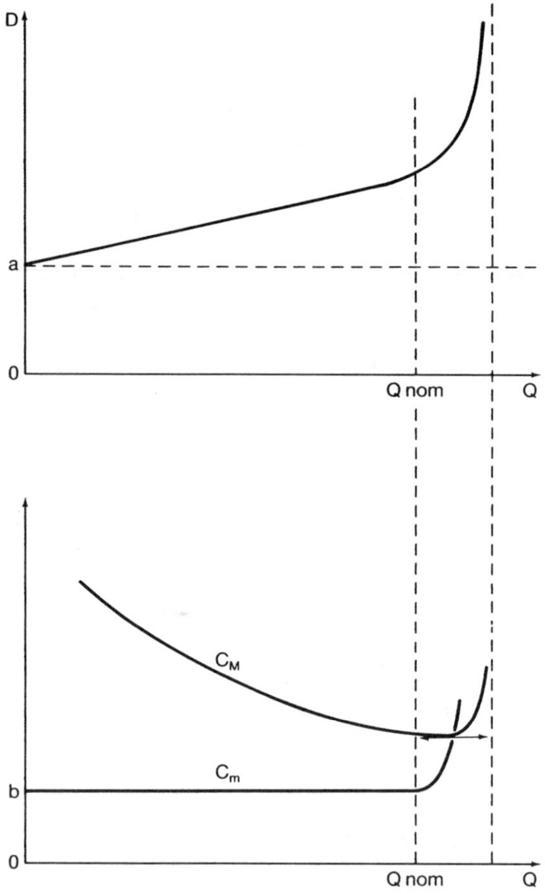

Fig. 5.4 Dépassement de capacité

de production ainsi obtenu est limité (5 à 10 % par exemple de la capacité nominale). La courbe représentative de la fonction de dépense possède une asymptote verticale. Les fonctions de coût moyen et de coût marginal peuvent alors être représentées par des courbes (fig. 5.4) dont la forme au voisinage de la capacité nominale est analogue à celle des figures 5.1 et 5.2. Mais ceci est vrai seulement sur un petit intervalle de variation de la production.

B. Discontinuité des fonctions de coût

Un autre problème que l'on rencontre lors de la détermination d'un coût marginal vient du fait que dans certains cas le coût total pendant la période varie par sauts.

Le coût marginal dans ce cas ne peut être défini au sens strict. Pour obtenir des solutions pratiques on considère généralement des intervalles de variations des niveaux de production suffisamment larges pour que la variation du coût total par période soit quelque peu « lissée ».

Prenons l'exemple de l'utilisation d'un véhicule automobile. Les dépenses d'entretien, le remplacement des pneumatiques, etc. n'interviennent qu'après un certain kilométrage. Cependant, pour obtenir une détermination opérationnelle du coût marginal, il est assez naturel de rapporter les dépenses considérées au kilométrage réalisé entre deux interventions.

Nous reviendrons sur ce point lorsque nous traiterons des coûts marginaux à long terme (paragraphe 5.4.3).

5.2.6 Le cas particulier des produits liés

Considérons maintenant le cas où un même équipement assure simultanément la fabrication de plusieurs produits.

Le coût moyen d'un produit ne peut plus alors être défini de façon unique : il existe en effet une infinité de clefs de répartition de la dépense totale entre les différents produits.

Quant aux coûts marginaux, leur détermination nécessite la connaissance du procédé qui permet d'obtenir au moindre coût une production supplémentaire de l'un des biens en supposant la production des autres inchangée. En raffinerie par exemple, ces éléments peuvent généralement être obtenus lors de la détermination par programmation linéaire des programmes de mise en oeuvre de pétrole brut (*cf.* chapitre 11).

Dans ce cas, la courbe représentative des variations du coût marginal d'un produit en fonction des quantités fabriquées est une courbe par paliers (fig. 5.5), non décroissante. Lorsqu'il s'agit de définir un niveau de production optimal, ce qui a été dit précédemment pour un bien unique reste valable : toutes choses égales par ailleurs, il est intéressant d'augmenter la production tant que le coût marginal est inférieur à la recette marginale.

Si le procédé de fabrication est tel que les quantités des différents produits restent dans un rapport constant lorsque la production totale varie, on ne pourra

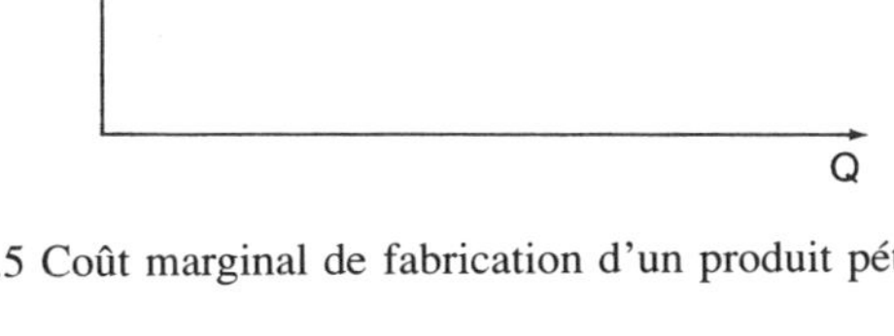

Fig. 5.5 Coût marginal de fabrication d'un produit pétrolier

définir le coût marginal de chaque produit pris séparément, mais seulement le coût marginal de production de l'ensemble.

5.2.7 Précautions à prendre lors d'une analyse marginale : un exemple

Nous avons mentionné en tête de cette section les dangers d'une analyse marginale mal fondée. Nous les illustrerons par un exemple.

A. Énoncé

Considérons une entreprise qui fabrique un produit (produit pétrolier par exemple) dont le marché habituel correspond à 1,5 million de tonnes par an. Le prix de vente est aujourd'hui de 2 000 F/t. Le coût marginal est égal à 1 600 F/t. Il est supposé stable sur un large intervalle de variation des quantités produites car il existe des capacités de production excédentaires.

On étudie une action commerciale qui permettrait d'augmenter les ventes de l'entreprise au cours de l'année à venir.

L'augmentation maximale possible est estimée à 0,3 Mt. Elle nécessiterait une baisse du prix de vente de 100 F/t, qui passerait ainsi à 1 900 F/t. Il est possible d'obtenir un accroissement des ventes inférieur à 0,3 Mt. On suppose qu'il y aura alors proportionnalité entre la baisse du prix de vente et l'augmentation des tonnages vendus.

La question posée est de savoir si une telle politique est souhaitable et, si oui, quel est le niveau de production optimum.

B. Solution

Calculons la recette marginale correspondant à un niveau de production Q quelconque compris entre 1,5 et 1,8 Mt/an. La vente d'une tonne supplémentaire entraîne une recette égale au prix de vente P, mais entraîne également une baisse du prix qui sera appliqué à l'ensemble des ventes.

La baisse de prix est de 100 francs par tonne pour un accroissement de production de 300 000 t. Compte tenu de l'hypothèse de proportionnalité, elle est donc de :

$$\frac{100}{300\,000} = \frac{1}{3\,000} \text{ F/t}$$

pour une augmentation de production de 1 t. Cette baisse de prix s'applique à la totalité des ventes Q.

Finalement la recette marginale est donc égale au prix de vente P dimininué de la perte de recette correspondant à la variation du prix de vente, soit :

$$R_m = P - \frac{1}{3\,000}\,Q$$

Pour une production Q de 1,5 Mt, on obtient une recette marginale de :

$$R_m = 2\,000 - \frac{1}{3\,000} 1\,500\,000 = 1\,500 \text{ F/t}$$

Celle-ci est inférieure au coût marginal. La politique d'accroissement des ventes est donc à rejeter.

La figure 5.6 donne une représentation graphique des variations du prix de vente et de la recette marginale en fonction de la production Q.

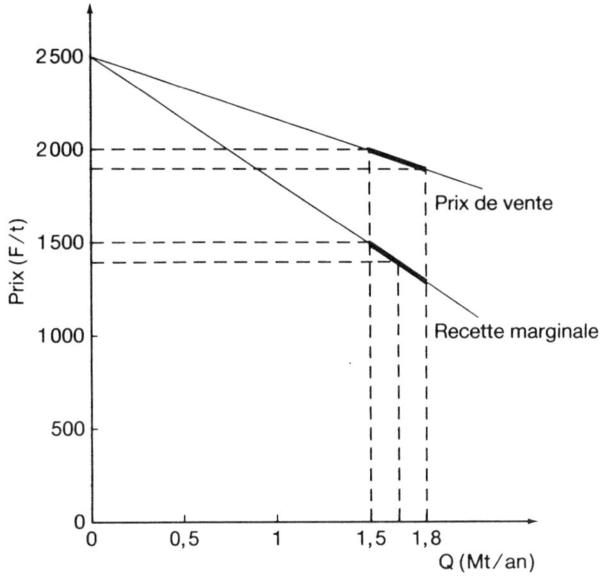

Fig. 5.6 Prix de vente et recette marginale

La formulation mathématique est la suivante : la relation entre quantités produites et prix de vente (pour 1,5 Mt $< Q <$ 1,8 Mt) s'écrit :

$$2\,000 - P = \frac{100}{300\,000}(Q - 1,5.10^6)$$

$$P = 2\,500 - 3,33.10^{-4}Q$$

La recette marginale est :

$$R_m = \frac{\mathrm{d}(PQ)}{\mathrm{d}Q} = P + Q\frac{\mathrm{d}P}{\mathrm{d}Q} = 2\,500 - 6,67.10^{-4}Q$$

Compte tenu de l'hypothèse relative à la valeur du coût marginal (1 600 F/t), une augmentation de la production n'est pas intéressante. Remarquons que pour une valeur différente de ce coût marginal, par exemple égal à 1 400 F/t, l'optimum serait déterminé en écrivant $R_m = C_m$ = 1 400, soit Q = 1,65 Mt.

Remarque. Si l'on recherche une réponse en tout ou rien (passage ou non à une production de 1,8 Mt/an), on peut l'obtenir à partir d'un calcul très simple, et par exemple rechercher le prix de vente minimum acceptable. Ce dernier peut être défini comme le prix P pour lequel la marge totale de l'entreprise est inchangée, soit :

$$(P - 1\,600)1,8 = (2\,000 - 1\,600)1,5$$
$$P = 1\,933 \text{ F/t}$$

Le prix de 1 900 F/t conduirait donc à une dégradation de la marge totale. L'action étudiée est donc à rejeter.

C. Discussion

Dans la pratique et sauf cas particuliers (entreprise en situation de monopole, demande de consommation estimée à l'aide de techniques économétriques), il est très difficile de quantifier les données d'un problème tel que celui-ci. Lorsqu'une baisse de prix est envisagée dans le but d'accroître une part de marché, le résultat, fonction des réactions des entreprises concurrentes, est très aléatoire, et l'augmentation attendue du chiffre d'affaires peut ne pas être au rendez-vous. L'intérêt d'un tel calcul est avant tout de permettre de dégager des ordres de grandeur qui ne sont pas toujours intuitifs.

Le raisonnement du paragraphe 5.2.3 ci-dessus est bien connu : **si le prix de vente est fixé**, il est intéressant d'augmenter la production tant que le coût marginal est inférieur au prix de vente.

Il peut alors être tentant, quand on observe un prix de vente de 2 000 F/t et un coût marginal de 1 600 F/t, d'augmenter le tonnage produit : non seulement l'écart (20 %) entre prix de vente et coût marginal paraît élevé, mais les variations envisagées du prix de vente (5 % maximum) paraissent faibles.

Le calcul ci-dessus a permis de montrer les limites de ce raisonnement intuitif. **En résumé, il ne faut pas comparer coût marginal et prix de vente sans s'assurer que les hypothèses permettant de le faire sont bien vérifiées.** La recette marginale n'est égale au prix de vente que si ce dernier est invariable lorsque l'on modifie le niveau de production. De plus, la recette marginale est souvent très difficile à estimer.

5.2.8 Coût marginal et décentralisation des décisions

A. Principe

Il arrive fréquemment qu'une division de l'entreprise consomme des biens produits par une autre division de l'entreprise. Si l'on souhaite une décentralisation des décisions, une question qui se pose est alors de définir le prix de transfert, le prix de cession interne auquel doivent être facturés les biens échangés.

Pour qu'une gestion décentralisée conduise aux mêmes décisions qu'une gestion centralisée, il suffit (sous certaines hypothèses) que ce prix soit égal au coût marginal de production.

Ceci est à rapprocher d'une propriété qui dépasse le cadre de cet ouvrage, mais qui est bien connue. Lorsque l'on recherche un optimum, non pour une entreprise, mais pour une collectivité nationale, c'est au coût marginal que doivent être vendus les biens et services produits par une entreprise du secteur public.

Pour justifier de façon simple cette règle lors des échanges internes de l'entreprise, nous reprendrons rapidement quelques arguments de M. Boiteux [5.16]. Nous renvoyons à son article pour une argumentation plus complète. Nous donnerons ensuite une démonstration plus formalisée.

Pourquoi vendre au coût marginal et non au coût moyen ?

Considérons un produit intermédiaire, fabriqué par une division A de l'entreprise et utilisé par une division B. Supposons, ce que suggèrent les courbes des figures 5.1 ou 5.2, que le coût marginal de production soit supérieur au coût moyen (la division A n'est pas en excédent de capacité). Si la division B paie le produit à son coût moyen, elle aura tendance à demander une quantité plus importante que s'il était facturé au coût marginal. Or, ce que coûte à l'entreprise un accroissement de quantité, c'est justement le coût marginal. Lors des choix effectués entre différents facteurs de production, la division B serait donc incitée à de « mauvaises » décisions.

On pourrait objecter que ce raisonnement n'est valable que pour les dernières quantités produites. En fait *toute consommation est toujours « nouvelle » car la décision d'y renoncer peut être prise à tout instant* [5.16]. Le prix d'achat par la division B ne doit pas être seulement le coût que l'augmentation de sa consommation ferait supporter à l'entreprise, c'est aussi l'économie que permettrait une diminution de sa demande.

Lorsqu'il s'agit d'étudier des décisions d'investissement, c'est le coût marginal à long terme, défini en section 5.4, prenant en compte les charges d'investissement, qui doit être utilisé.

B. Démonstration

a. Combinaison optimale des facteurs de production

Avant d'effectuer la démonstration proprement dite, nous présenterons rapidement une propriété classique en théorie microéconomique. Nous considérons une entreprise ou une division de l'entreprise, fabriquant un seul produit et utilisant différents facteurs de production, dont le prix d'achat est supposé fixé. Nous recherchons les quantités de chacun des facteurs à acheter de façon à assurer une production donnée au moindre coût. Nous supposons donnée la fonction de production et vérifiées les hypothèses de continuité et dérivabilité nécessaires au calcul. Nous nous limiterons aux conditions du premier ordre.

Nous utiliserons les notations suivantes :

q_k : quantité de facteur k consommée pendant la période considérée : $(k = 1,\ 2,\ \ldots,\ n)$;
P_k : prix d'achat du facteur k;
Q : quantité produite $Q = Q(q_1,\ q_2,\ \ldots,\ q_n)$

Les conditions d'une gestion optimale sont données par :

$$Min\ D = \sum_{k=1}^{n} P_k q_k$$

avec $Q(q_1,\ q_2,\ \ldots,\ q_n)$ = constante.

En notant λ le multiplicateur de Lagrange et en annulant les dérivées du Lagrangien par rapport aux variables q_k il vient :

$$P_k - \lambda \frac{\partial Q}{\partial q_k} = 0$$

ce qui s'écrit :

$$\frac{\dfrac{\partial Q}{\partial q_1}}{P_1} = \frac{\dfrac{\partial Q}{\partial q_2}}{P_2} = \ldots = \frac{\dfrac{\partial Q}{\partial q_n}}{P_n} \tag{5.1}$$

$\partial Q/\partial q_k$ est le supplément de production obtenue grâce à la consommation d'une unité supplémentaire du facteur de production k. C'est le rendement marginal du facteur k. La propriété s'énonce alors :

A l'optimum, les rendements marginaux des différents facteurs de production sont proportionnels à leur prix.

La justification directe est la suivante. Le rapport du rendement marginal d'un facteur k à son prix mesure l'accroissement de production obtenu grâce à l'acquisition, pour une valeur de un franc, d'une quantité supplémentaire du facteur k. A l'optimum, un franc utilisé à l'achat d'un facteur de production doit permettre d'obtenir le même supplément de production quel que soit le facteur k considéré. S'il n'en était pas ainsi, l'entreprise aurait intérêt à augmenter la consommation du facteur présentant le rapport le plus élevé (à condition qu'il ne soit pas à une borne) et à diminuer la consommation du facteur dont le rapport est le plus bas.

Les relations (5.1) peuvent être complétées en écrivant :

$$\frac{\dfrac{\partial Q}{\partial q_1}\mathrm{d}q_1}{P_1\mathrm{d}q_1} = \ldots = \frac{\dfrac{\partial Q}{\partial q_n}\mathrm{d}q_n}{P_n\mathrm{d}q_n} = \frac{\displaystyle\sum_{k=1}^{n}\frac{\partial Q}{\partial q_k}\mathrm{d}q_k}{\displaystyle\sum_{k=1}^{n}P_k\mathrm{d}q_k} = \frac{\mathrm{d}Q}{\mathrm{d}D} = \frac{1}{C_m(Q)} \qquad (5.2)$$

Le coût marginal de production est égal au rapport du prix d'achat d'un facteur de production à son rendement marginal. Produire une unité supplémentaire se fait au même coût, quels que soient le ou les facteurs de production mis en oeuvre pour la produire (toujours dans la mesure où les facteurs de production sont substituables).

b. Gestion centralisée et gestion décentralisée. Hypothèses et notations

Nous nous limiterons à un cas particulier [5.4] et à l'énoncé des conditions du premier ordre. Nous nous plaçons dans le cadre d'hypothèses du paragraphe 5.2.8.B.a ci-dessus.

Nous considérons une division A de l'entreprise fabriquant un seul produit. Cette division utilise m facteurs de production, achetés à l'extérieur de l'entreprise et dont le prix est fixé. La division B correspond au reste de l'entreprise. Elle utilise n facteurs de production achetés à l'extérieur, et un $(n+1)^{\text{ème}}$ facteur correspondant au produit intermédiaire fabriqué par la division A (fig. 5.7).

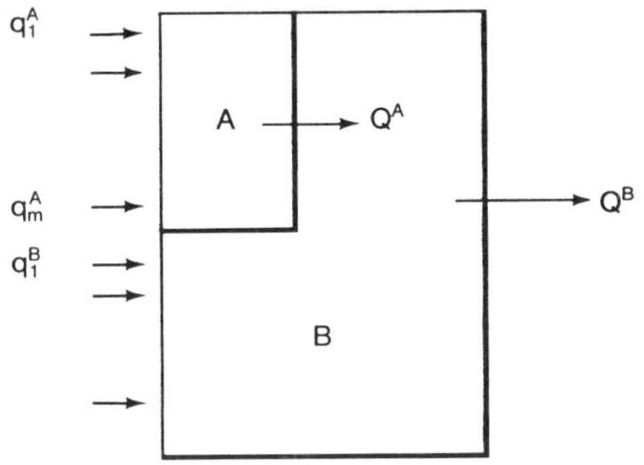

Fig. 5.7 Divisions de l'entreprise

Nous noterons :

q_j^A (respectivement q_k^B) : la quantité du $j^{\text{ème}}$ (respectivement $k^{\text{ème}}$) facteur de production de la division A (respectivement B) consommée par cette division ;

P_j^A (respectivement P_k^B) : prix d'achat du $j^{\text{ème}}$ (respectivement $k^{\text{ème}}$) facteur de production de la division A (respectivement B) ;

Q^A : la quantité de produit intermédiaire fabriquée par la division A et consommée par la division B : $Q^A = Q^A(q_1^A,\ q_2^A, \ldots,\ q_m^A)$;

Q^B : la production de la division B : $Q^B = Q^B(q_1^B, q_2^B, \ldots, q_n^B, Q^A)$.

c. Optimum de gestion centralisée

Nous appliquons les résultats du paragraphe 5.2.8.B. Les conditions de l'optimum pour l'ensemble de l'entreprise s'écrivent :

$$\frac{\frac{\partial Q^B}{\partial q_1^A}}{P_1^A} = \ldots = \frac{\frac{\partial Q^B}{\partial q_m^A}}{P_m^A} = \frac{\frac{\partial Q^B}{\partial q_1^B}}{P_1^B} = \ldots = \frac{\frac{\partial Q^B}{\partial q_n^B}}{P_n^B} \tag{5.3}$$

d. Optimum pour la division B

Soit π le prix d'achat du produit intermédiaire.

$$\frac{\frac{\partial Q^B}{\partial q_1^B}}{P_1^B} = \ldots = \frac{\frac{\partial Q^B}{\partial q_n^B}}{P_n^B} = \frac{\frac{\partial Q^B}{\partial Q^A}}{\pi} \tag{5.4}$$

e. Optimum pour la division A

Notons $C_m^A(Q^A)$ le coût marginal de fabrication du produit intermédiaire. Les conditions de l'optimum pour la division A sont données par les $m-1$ premières équations du système :

$$\frac{\frac{\partial Q^A}{\partial q_1^A}}{P_1^A} = \ldots = \frac{\frac{\partial Q^A}{\partial q_m^A}}{P_m^A} = \frac{1}{C_m^A(Q^A)}$$

En multipliant chaque terme par $\partial Q^B / \partial Q^A$ il vient :

$$\frac{\frac{\partial Q^B}{\partial q_1^A}}{P_1^A} = \ldots = \frac{\frac{\partial Q^B}{\partial q_m^A}}{P_m^A} = \frac{\frac{\partial Q^B}{\partial Q^A}}{C_m^A(Q^A)} \tag{5.5}$$

f. Conditions de décentralisation

Supposons le prix de cession interne π du produit intermédiaire égal à son coût marginal de production $C_m^A(Q^A)$. Le système des équations (5.4) et (5.5) est alors le système (5.3) des conditions de l'optimum centralisé.

Si le produit intermédiaire est cédé à son coût marginal, une gestion décentralisée conduit aux mêmes décisions qu'une gestion centralisée.

5.3 LE COÛT DE REVIENT ÉCONOMIQUE

En anglais : *Equivalent Cost.*

5.3.1 Présentation

Coût de revient comptable et coût de revient économique

Au cours des chapitres précédents, nous avons parlé de recettes et de dépenses sans faire appel à la notion comptable de coût.

En effet, alors que la comptabilité enregistre les recettes et dépenses passées, l'économiste s'intéresse seulement aux flux de trésorerie futurs qui seront liés aux décisions qu'il doit évaluer. L'économiste n'utilise les données de la comptabilité que dans la mesure où celle-ci peut lui fournir des éléments permettant une prévision de certains postes de recettes et dépenses futures.

Cependant, la notion de coût de revient comptable, permettant de présenter des résultats annuels, est une notion courante et d'un usage répandu, alors que les résultats du calcul économique (revenu actualisé sur une longue période par exemple) sont souvent beaucoup moins parlants.

Le but de cette section est de montrer que dans certains cas il est possible d'employer le langage des coûts de revient, son utilisation conduisant cependant aux mêmes conclusions qu'un calcul de valeurs actualisées, ceci grâce à la définition d'un coût de revient appelé **coût de revient économique**.

Mais auparavant, nous rappellerons de façon très schématique, comment est défini un coût de revient comptable. Prenons notre exemple d'unité de production d'ammoniac. Quel est le coût de revient annuel de l'exploitation de cette unité ? Ce coût de revient sera composé de deux éléments :

- Les frais d'exploitation annuels, qui sont effectivement dépensés chaque année pour payer la matière première, les frais de personnel, les dépenses d'énergie, d'entretien, les assurances, etc. Ceux-ci se montent à 126 MF/an.
- Les charges d'investissement. Celles-ci sont réparties sur la durée d'exploitation au moyen d'un amortissement qui est « la constatation comptable de la perte de valeur de l'équipement ». En supposant un amortissement linéaire sur 10 ans, on comptabilisera chaque année un dixième du montant de l'investissement, soit 100 MF.

Le coût de revient annuel de l'exploitation s'élève alors à :

$$126 + 100 = 226 \text{ MF/an}$$

Ce coût de revient peut être comparé à la recette annuelle qui est de 330 MF. Chaque année, le bénéfice de l'exploitation est donc de 104 MF et le projet est donc globalement bénéficiaire (on peut retrouver le revenu non actualisé de 1 040 MF calculé précédemment en multipliant par le nombre d'années le bénéfice annuel).

Si donc le coût de revient annuel est constant, et les recettes annuelles également constantes, une simple comparaison du coût de revient et des recettes permet de vérifier si le projet est bénéficiaire ou non. L'intérêt de cette présentation est de raisonner sur des chiffres annuels, souvent plus parlants que des chiffres relatifs à une longue période. Mais ceci est valable en valeurs non actualisées seulement. Nous allons donc essayer de définir un **coût de revient économique** qui permette le même type de raisonnement, mais conduisant non aux mêmes conclusions qu'un calcul de revenu nominal, mais aux mêmes conclusions qu'un calcul de revenu actualisé.

Cette notion est particulièrement utile lorsque le prix de vente est un paramètre entaché d'incertitudes ou doit, par exemple, faire l'objet d'une négociation.

Le coût de revient économique devra donc être tel que (M. Boiteux [5.15]) :

- il soit équivalent de comptabiliser celui-ci à chacune des années d'exploitation, ou bien de comptabiliser la suite réelle de toutes les dépenses nécessaires à l'exploitation considérée ;
- si le coût de revient économique annuel est chaque année inférieur (respectivement supérieur) à la recette annuelle, le revenu actualisé du projet est positif (respectivement négatif) ;
- si deux projets d'investissement conduisent aux mêmes productions, le projet présentant le coût total actualisé le plus faible présentera également le coût de revient économique le plus faible.

Remarquons dès à présent que, comme un coût de revient comptable, un coût de revient économique sera composé de deux éléments de nature différente : les frais d'exploitation d'une part et un terme représentant les charges d'investissement d'autre part, qui sera appelé **amortissement économique** [1].

Coût de revient économique unitaire

Considérons un projet d'investissement correspondant à un équipement assurant la production d'un bien qui fera l'objet d'une commercialisation. Sur courte période, le prix de vente minimum permettant d'obtenir un bénéfice positif est le coût moyen. Sur longue période, le **coût de revient économique unitaire** sera défini de façon à généraliser la notion de coût moyen. Il s'agira du prix de vente minimum permettant d'obtenir un revenu actualisé positif.

---

1. Il existe d'autres définitions de l'amortissement économique. Elles seront citées au paragraphe 5.5.3.

Coût de revient économique constant

Lors de l'étude d'un projet d'investissement, on effectue souvent des calculs en supposant que les services rendus, ou les recettes procurées par un équipement seront constants (en francs constants) ou bien en supposant que le prix de vente d'un produit sera stable au cours du temps. Dans ce cas, et si l'on néglige l'influence du progrès technique (diminution des coûts d'investissement et des frais opératoires en francs constants en fonction du temps), on sera amené à définir un coût de revient économique lui-même constant.

C'est à ce cas particulier que nous nous limiterons au cours de ce chapitre. Il faut cependant être conscient des limites de la définition d'un coût de revient économique constant. Prenons un exemple et mettons-nous à la place d'un fabricant de calculatrices électroniques de poche, ceci dans les années 1970. En supposant qu'une prévision parfaite était alors possible, notre fabricant était amené à prévoir une baisse du prix de vente de ses calculatrices. Lors de l'étude d'un investissement en équipement de production, la définition d'un coût de revient économique constant lui aurait été de peu d'utilité. L'intérêt est en effet de comparer prix de vente et coût de revient. Un coût de revient constant aurait sans doute été inférieur au prix de vente pendant une première période, puis supérieur ensuite (fig. 5.8).

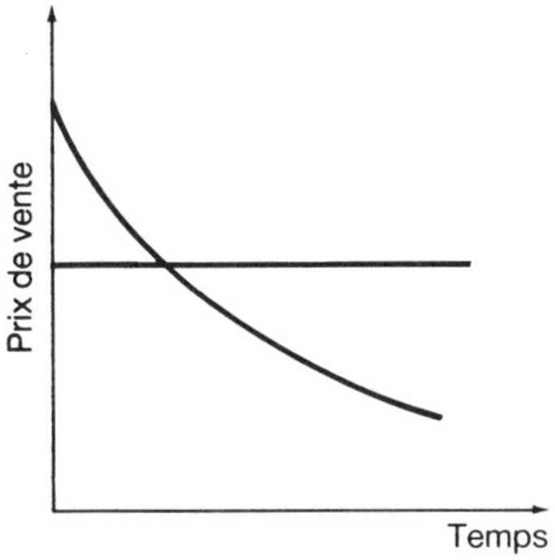

Fig. 5.8 Progrès technique

La définition d'un coût de revient économique constant aurait été en contradiction avec la deuxième condition de M. Boiteux. Le coût de revient n'aurait donc pas pu constituer un critère simple de décision.

L'étude de l'influence du progrès technique, qui conduit à des coûts de revient décroissants, sera faite au chapitre 8.

Dans un premier temps nous verrons comment définir un coût de revient économique **annuel** constant, puis traiterons ensuite du cas où l'on recherche un coût de revient économique **unitaire**. Nous discuterons ensuite des modalités d'application d'un critère de coût de revient.

5.3.2 Cas particulier : amortissement économique constant

Considérons un projet d'investissement auquel est associé un échéancier de recettes, ou de services rendus, constants sur la durée de vie de l'équipement. Nous supposons de plus les **dépenses d'exploitation constantes** sur toute la période.

Nous cherchons à déterminer un coût de revient économique annuel constant. Celui-ci est, rappelons-le, la somme des frais d'exploitation et d'un terme représentant les charges d'investissement, l'amortissement économique. Les frais d'exploitation annuels étant constants, nous sommes amenés à déterminer un amortissement économique constant.

Soit N le nombre d'années d'exploitation. Par convention nous noterons année 0 l'année précédant le début de l'exploitation. Nous noterons I le montant de l'investissement initial. S'il est payé en une seule année, nous supposons que c'est à l'année 0. Si les coûts d'investissement sont répartis sur plusieurs années, I en est la somme actualisée à l'année 0. Si une revente d'équipement ou de stock intervient, si une valeur résiduelle est récupérée en fin de période, la valeur actuelle correspondante sera déduite des dépenses d'investissement.

Soit i le taux d'actualisation de l'entreprise.

Soit x l'amortissement économique cherché. Il doit être tel qu'il soit équivalent, soit de comptabiliser I à l'année 0, soit de comptabiliser la somme x au cours de chacune des années d'exploitation. La somme des valeurs actualisées de chacun des amortissements économiques doit donc être égale à I.

Soit :

$$\frac{x}{1+i} + \frac{x}{(1+i)^2} + \ldots + \frac{x}{(1+i)^N} = I$$

d'où :

$$x = \frac{I}{\sum_{n=1}^{N} \frac{1}{(1+i)^n}}$$

ou encore (voir chapitre 3 section 3.6) :

$$x = \frac{Ii(1+i)^N}{(1+i)^N - 1}$$

La quantité :

$$\frac{i(1+i)^N}{(1+i)^N - 1}$$

est donnée dans les tables d'actualisation ou par les calculatrices financières (touche PMT).

x est l'annuité constante équivalente à la dépense d'investissement I. C'est l'annuité au moyen de laquelle on pourrait rembourser (par annuités constantes) en N années l'investissement I si celui-ci avait été emprunté à un taux égal au taux d'actualisation i.

Remarque 1. L'annuité d'amortissement économique sera plus élevée qu'une annuité d'amortissement comptable calculée sur le même nombre d'années : l'amortissement économique comprend en effet non seulement une partie représentant la dépréciation de l'équipement, mais également une partie représentant la rémunération du capital à un taux égal au taux d'actualisation. Rappelons, par ailleurs, que ces parties ne sont pas constantes au cours du temps : le rythme de dépréciation est progressif, la part des charges financières étant plus élevée au cours des premières années (voir chapitre 3 section 3.6).

Remarque 2. L'amortissement économique devra être calculé sur la durée totale prévue de l'exploitation. Il n'en est pas toujours de même d'un amortissement comptable dont la durée est définie par l'administration fiscale, cette durée étant souvent plus courte que la durée d'exploitation réelle de l'équipement.

La formule d'annuité constante d'amortissement économique est très fréquemment utilisée dans la pratique, chaque fois que l'on désire raisonner sur des données annuelles. Prenons un exemple. Pour définir une structure de raffinage, on fait généralement appel à des modèles de programmation linéaire (ou de programmation linéaire en variables mixtes) qui permettent de tenir compte de l'ensemble des liaisons existant entre les différentes variables du problème : quantité de bruts à traiter, sévérité de marche des unités, affectations des produits intermédiaires, etc. Ces modèles sont le plus souvent relatifs à une période (par exemple l'année) pour laquelle on dispose de prévisions de consommation caractérisant un objectif de production moyen. Si l'on fait intervenir dans le modèle des unités dont on envisage la création, il faudra comptabiliser non seulement les frais d'exploitation de ces unités, mais également les charges d'investissement. Celles-ci seront alors calculées au moyen d'un amortissement économique.

Exemple de calcul.

Revenons à notre exemple d'unité de production d'ammoniac.

L'investissement est de 1 000 MF à l'année 0, l'exploitation a lieu pendant 10 ans, les frais d'exploitation étant de 126 MF/an. Au taux d'actualisation de 7 %, l'amortissement économique (annuité constante sur 10 ans équivalente à l'investissement de 1 000 MF) est égal à : 142,4 MF/an.

Le coût de revient économique annuel est donc égal à :

$$142{,}4 + 126 = 268{,}4 \ MF/an$$

La production annuelle étant constante et égale à 300 000 t/an, soit 0,3 million de tonnes, le coût de revient économique unitaire s'établit à :

$$\frac{268,4}{0,3} \simeq 895\ F/t$$

Nous remarquerons qu'il revient au même de vérifier que ce coût de revient est inférieur au prix de vente (1 100 F/t) ou bien de vérifier que le revenu actualisé est positif. On peut, en effet, retrouver le revenu actualisé à partir du coût de revient économique ; le bénéfice moyen par tonne (en valeur actualisée) est de :

$$1\,100 - 895 = 205\ F/t$$

Soit, en produisant 300 000 t/an pendant 10 ans, un revenu actualisé de :

$$205 \times 0,3 \sum_{n=1}^{10} \frac{1}{(1+i)^n} = 433\ MF$$

qui est bien le résultat obtenu au chapitre précédent, paragraphe 4.2.4.

5.3.3 Coût de revient économique annuel constant : généralisation

Comme au paragraphe ci-dessus, nous considérons un projet d'acquisition d'un équipement qui assurera pendant une période de N années une production constante. Nous cherchons à déterminer un coût de revient économique constant sur les N années d'exploitation. Mais contrairement à ce qui précède, nous **supposons maintenant que les dépenses d'exploitation sont quelconques.**

On peut alors se poser la question de savoir s'il est encore possible de définir un coût de revient constant. Prenons un exemple que nous développerons en section 5.5 et considérons un parc de véhicules (camions-citernes par exemple). Compte tenu de l'usure, les frais d'exploitation augmentent en général avec l'âge des véhicules. Mais le service rendu par ces camions peut être indépendant de leur âge si l'entretien est effectué en conséquence. Le coût de location en particulier peut être dans ce cas indépendant de l'âge. Il sera alors naturel de lui comparer un coût de revient économique lui-même indépendant du temps.

Considérons donc un équipement qui sera exploité pendant N années, l'année 0 étant par convention l'année précédant la première année d'exploitation.

Dans un premier temps, on calculera la valeur actualisée C_0 de l'ensemble des dépenses, dépenses d'investissement[2] et dépenses d'exploitation.

Ayant un équivalent à l'année 0 de la suite des dépenses, nous en obtiendrons un équivalent annuel (constant) en prenant l'annuité constante équivalente à C_0 :

$$\text{Coût de revient économique annuel} = \frac{C_0}{\displaystyle\sum_{n=1}^{N} \frac{1}{(1+i)^n}} = \frac{C_0 i(1+i)^N}{(1+i)^N - 1}$$

Amortissement économique

L'amortissement économique d'une année n peut alors être calculé comme égal à la différence entre le coût de revient économique et les frais d'exploitation de l'année n. Si les frais d'exploitation sont constants au cours du temps, on retrouve la formule du paragraphe précédent. Si les frais d'exploitation sont variables au cours du temps, par exemple croissants en fonction de l'âge de l'équipement (ce qui sera le cas le plus fréquent), l'amortissement économique sera naturellement décroissant en fonction de cet âge.

On vérifiera facilement dans tous les cas que la somme actualisée des amortissements économiques est égale à la somme actualisée des dépenses d'investissement.

Un exemple de calcul sera développé en section 5.4.

5.3.4 Détermination d'un coût de revient économique constant par unité produite (coût moyen actualisé)

Considérons le projet d'acquisition d'un équipement qui produira un bien en quantités variables au cours du temps. Un exemple peut en être donné par un projet de mise en production d'un gisement pétrolier qui permettra d'obtenir une production à capacité maximale après quelques années de production croissante, la période de débit maximum étant suivie d'une phase de déclin (fig. 5.9).

La définition d'un coût de revient **annuel** constant de l'exploitation n'est généralement pas pertinente dans un cas semblable.

Par contre, il est possible de définir un coût de revient économique **unitaire** (par unité produite) constant dans la mesure où l'on peut supposer que le prix de vente sera stable au cours du temps.

Pour déterminer un **coût de revient économique unitaire** constant (encore appelé parfois **coût moyen actualisé**), nous utiliserons la propriété suivante, caractéristique d'un coût de revient : si l'ensemble de la production est vendu

2. Rappelons qu'une revente d'actif ou une valeur résiduelle récupérée en fin de période sont considérées comme des dépenses d'investissement négatives.

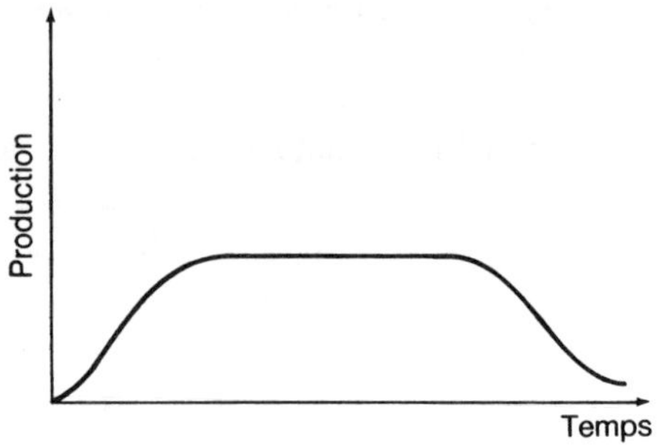

Fig. 5.9 Profil de production

à un prix égal au coût de revient, l'opération de production n'aura entraîné ni bénéfice ni perte.

Nous définirons donc le coût de revient économique unitaire comme le prix de vente (supposé constant au cours du temps) tel que le revenu actualisé du projet soit nul.

Notons :

- N : la dernière année d'exploitation;
- Q_n : la quantité produite à l'année n;
- D_n : les décaissements de l'année n (ceci comprenant l'ensemble des dépenses de l'année, dépenses d'investissement et dépenses d'exploitation).

Remarque. Lorsqu'un équipement, ou un stock, est revendu en cours ou en fin de la période d'étude, la valeur correspondante vient en déduction des décaissements de l'année considérée.

La vente de la production ayant lieu à un prix P, la valeur actualisée des recettes sera égale à :

$$PQ_0 + \frac{PQ_1}{1+i} + \frac{PQ_2}{(1+i)^2} + \ldots + \frac{PQ_N}{(1+i)^N}$$

La dépense actualisée étant égale à :

$$D_0 + \frac{D_1}{1+i} + \frac{D_2}{(1+i)^2} + \ldots + \frac{D_N}{(1+i)^N}$$

le revenu actualisé est nul si les recettes actualisées sont égales à la dépense actualisée et donc si :

$$P = \frac{D_0 + \frac{D_1}{1+i} + \frac{D_2}{(1+i)^2} + \ldots + \frac{D_N}{(1+i)^N}}{Q_0 + \frac{Q_1}{1+i} + \frac{Q_2}{(1+i)^2} + \ldots + \frac{Q_N}{(1+i)^N}}$$

Le coût de revient économique unitaire, ou coût moyen actualisé, est donc le rapport de la somme des dépenses actualisées à la somme des quantités produites actualisées.

Cette notion généralise la notion de coût moyen.

Le revenu actualisé d'un projet sera naturellement positif si le prix de vente effectif du produit est supérieur au coût de revient économique.

On vérifiera facilement que dans le cas où les quantités produites sont constantes chaque année, cette formule conduit au même résultat qu'un calcul de coût de revient annuel, le coût de revient annuel étant calculé comme aux paragraphes 5.3.2 ou 5.3.3 et divisé par la quantité produite annuellement.

Exemple.

Revenons à notre exemple d'unité de production d'ammociac. Pour une capacité de 300 000 t/an, l'investissement est de 1 000 MF à l'année 0, les frais d'exploitation de 420 F/t, la durée de vie de 10 ans (années 1 à 10). En appliquant la formule précédente, les dépenses actualisées au taux de 7 % sont égales à :

$$1\,000 + 126 \sum_{n=1}^{10} \frac{1}{(1+i)^n} = 1\,885 \text{ MF}$$

La production actualisée :

$$0,3 \sum_{n=1}^{10} \frac{1}{(1+i)^n} = 2,107 \text{ Mt}$$

D'où le coût de revient économique unitaire :

$$p = 895 \text{ F}/t$$

Remarque. On peut observer que dans cet exemple les frais d'exploitation sont donnés en F/t. Il suffit donc d'ajouter à ces frais la dépense d'investissement rapportée à la quantité actualisée, soit :

$$p = \frac{1\,000}{0,3 \sum_{n=1}^{10} \frac{1}{(1+i)^n}} + 420 = 895 \text{ F}/t$$

5.3.5 Critère du coût de revient économique

A. Acceptation ou rejet d'un projet

Considérons un projet unique, indépendant de tout autre projet. Supposons satisfaites les conditions de définition d'un coût de revient économique constant sur la durée d'exploitation (recettes annuelles constantes ou prix de vente de la production constant si l'équipement permet la fabrication d'un seul produit).

Alors, un critère de coût de revient économique conduira bien aux mêmes décisions qu'un critère de revenu actualisé.

En effet, dans le premier cas (recettes annuelles constantes), rappelons que le coût de revient économique annuel est l'équivalent annuel de l'ensemble des dépenses. Si la recette annuelle est supérieure au coût de revient économique annuel, la recette totale actualisée sera supérieure au coût total actualisé. Il revient donc bien au même de vérifier si la recette annuelle est supérieure au coût de revient économique, ou de vérifier que le revenu actualisé est positif.

De même, dans le cas d'une production unique, il résulte de la définition même du coût de revient économique unitaire que si ce dernier est inférieur au prix de vente, le revenu actualisé est positif.

B. Choix entre projets incompatibles

a. Premier cas. Projets assurant les mêmes productions

Considérons différents projets incompatibles qui assurent les mêmes services sur toute la période d'étude (production imposée a priori). Les recettes étant les mêmes pour les différents projets, il revient au même de rechercher la solution qui maximise le revenu actualisé ou celle qui minimise le coût total actualisé. Le coût de revient économique étant un équivalent (en valeurs actualisées) de l'ensemble des dépenses, il revient au même de retenir le projet qui conduit au coût de revient économique minimum (qu'il s'agisse d'un coût annuel ou d'un coût unitaire).

Exemple. Critère du coût de revient minimum.

Revenons à l'exemple traité au chapitre 4, paragraphe 4.1.6 ; soit à comparer les projets A et B dont les caractéristiques sont les suivantes :

Projet A

- *Dépense d'investissement : 30 000 F (année 0).*
- *Exploitation pendant 4 ans. Valeur de revente en fin de 4ème année : 5 000 F.*

Projet B

- *Investissement : 42 000 F (année 0).*
- *Exploitation pendant 6 ans. Valeur de revente en fin de 6ème année : 5 000 F.*

Les services rendus par les équipements A et B sont les mêmes et procurent un revenu annuel de 10 000 F/an. Le taux d'actualisation est de 5 %.

On pourra comparer les amortissements économiques qui prennent en compte le coût d'investissement et la valeur de revente.

Le coût actualisé correspondant, pour l'équipement A, est égal à :

$$C_A(4) = 30 - \frac{5}{(1+i)^4} = 25{,}9\ kF$$

L'amortissement économique est :

$$x_A = \frac{C_A}{\displaystyle\sum_{n=1}^{4} \frac{1}{(1+i)^n}} = 7{,}3\ kF$$

Pour l'équipement B :

$$C_B(6) = 42 - \frac{5}{(1+i)^6} = 38{,}3\ kF$$

et l'amortissement économique :

$$x_B = 7{,}5\ kF$$

On observera que l'on obtient le même résultat en raisonnant sur une période d'étude de 12 ans. Pour l'équipement A par exemple, le coût actualisé est :

$$C_A(12) = C_A(4) + \frac{C_A(4)}{(1+i)^4} + \frac{C_A(4)}{(1+i)^8} = 64{,}7\ kF$$

et l'annuité constante équivalente sur 12 ans est :

$$\frac{C_A(12)}{\displaystyle\sum_{n=1}^{12} \frac{1}{(1+i)^n}} = 7{,}3\ kF = \frac{C_A(4)}{\displaystyle\sum_{n=1}^{4} \frac{1}{(1+i)^n}}$$

La démonstration en est immédiate. L'interprétation également : compte tenu de l'hypothèse du renouvellement à l'identique, l'amor-

tissement économique d'un matériel acheté à l'année 4 ou à l'année 8 est égal à l'amortissement économique d'un matériel acheté à l'année 0. A l'échéancier des dépenses considérées correspond donc un équivalent annuel constant sur les 12 années ; cet équivalent peut alors être calculé comme une annuité constante sur les 12 ans, équivalente au coût $C_A(12)$.

Il est important de noter (et nous y reviendrons en section 5.5) que le fait de ***comparer des annuités constantes*** x_A *et* x_B*, même si elles ont été calculées respectivement sur 4 et 6 ans,* ***implique une hypothèse de renouvellement à l'identique, ou tout au moins une hypothèse de poursuite de l'exploitation après déclassement à un même coût de revient économique.*** *C'est ce type d'hypothèse qui permet une comparaison sur une même période.*

Enfin, si nous revenons au résultat numérique de cet exemple, nous retrouvons le même résultat que précédemment au chapitre 4, à savoir que l'équipement A sera préféré à l'équipement B. Par ailleurs, on peut vérifier que chacune de ces annuités étant inférieure à la recette annuelle (10 000 F/an), chacun de ces projets présenterait un revenu actualisé positif.

b. Deuxième cas. Productions différentes

Considérons maintenant des projets qui permettent d'obtenir des niveaux de production différents. Le coût de revient économique minimum ne peut pas alors constituer un critère de choix.

Considérons par exemple le cas où un même prix de vente s'applique à la totalité de la production, quel que soit le projet réalisé. L'équipement qui présente le coût de revient le plus bas, et donc la marge par unité produite la plus élevée (prix de vente moins coût de revient économique), n'est pas nécessairement celui qui conduira au revenu actualisé le plus élevé. Il est en effet possible qu'un revenu plus important soit obtenu avec un équipement permettant une marge moins élevée, mais grâce à une production en quantités plus importantes.

Lorsque l'on compare deux projets A et B, on peut cependant, comme nous l'avons déjà vu, raisonner en étudiant le projet différentiel $B - A$ (en supposant B plus cher à l'acquisition que A). Un critère de coût de revient peut alors être utilisé : le supplément d'investissement permettant de passer du projet A au projet B est à réaliser si le supplément de production ainsi obtenu a un coût de revient annuel (respectivement, unitaire) inférieur à la recette annuelle (respectivement, unitaire).

Enfin, lorsqu'il s'agit de définir la taille d'un équipement correspondant à une gamme continue d'investissement, le dimensionnement optimal n'est pas en général celui qui permet de rendre minimum le coût de revient économique. Le raisonnement est le même que celui qui a été effectué sur courte période. Nous avons vu en effet, à la section précédente (5.2), que le niveau de production optimal n'est pas celui qui minimise le coût moyen mais, sous certaines hypothèses, celui pour lequel la recette marginale est égale au coût marginal.

Cette section a présenté le coût de revient économique, qui est un coût moyen sur longue période.

L'analyse marginale sur longue période nécessitera la définition d'un coût marginal à long terme. C'est l'objet de la section suivante (5.4).

5.4 LES COÛTS MARGINAUX A LONG TERME

5.4.1 Présentation

Les coûts marginaux à court terme présentés en deuxième section sont définis à équipement donné. Ils mesurent des variations de dépenses qui n'ont pas d'effet sur les périodes ultérieures et qui sont en général réversibles, tout au moins de façon approchée.

Il n'en est pas de même lorsque les dépenses engagées comprennent des dépenses d'investissement qui permettent de faire varier la capacité de production d'un équipement.

Le coût d'une unité de production supplémentaire est alors appelé **coût marginal à long terme**.

Pour définir celui-ci, il faut tout d'abord que la détermination de coûts constants sur la durée de vie de l'équipement ait un sens. Les conditions de validité sont les mêmes que celles que nous avons rencontrées au sujet de la détermination du coût de revient économique unitaire (coût moyen) : le coût marginal ne pourra être comparé à une valeur du prix de vente, ou à une recette marginale, que si celle-ci peut être supposée stable sur la période étudiée. Le mode de calcul est le même que celui du coût de revient économique unitaire. Il s'agit du rapport d'un supplément de dépenses actualisées à un supplément de production actualisée. De façon plus précise notons :

ΔD_n : le supplément de dépenses de l'année n, supposé petit, comprenant dépenses d'investissement (lesquelles permettent une augmentation de la taille de l'équipement) et dépenses d'exploitation;

ΔQ_n : le supplément de production obtenu à l'année n.

Le coût marginal sur longue période est alors :

$$C_{ml} = \frac{\Delta D_0 + \dfrac{\Delta D_1}{1+i} + \dfrac{\Delta D_2}{(1+i)^2} + \ldots + \dfrac{\Delta D_N}{(1+i)^N}}{\Delta Q_0 + \dfrac{\Delta Q_1}{1+i} + \dfrac{\Delta Q_2}{(1+i)^2} + \ldots + \dfrac{\Delta Q_N}{(1+i)^N}}$$

On distingue en général le coût marginal à capacité adaptée (ou en structure adaptée), le coût marginal en développement d'une capacité existante, le coût marginal de régression [5.9].

5.4.2 Coût marginal à capacité adaptée

Synonyme : coût marginal en structure adaptée.

A. Définition

Considérons un projet de construction d'un équipement correspondant à une gamme continue d'investissement. Nous supposons qu'il est possible de déterminer la taille optimale permettant de réaliser au moindre coût (actualisé) un objectif de production donné.

Le coût de revient économique unitaire correspondant à une taille optimale est également appelé **coût moyen à long terme à capacité adaptée**. Envisageons, sur le papier et avant toute construction, une augmentation de production. Celle-ci entraîne un accroissement de la taille **optimale**, et donc un accroissement des dépenses d'investissement et des coûts d'exploitation. Ces dépenses supplémentaires figureront au numérateur de la formule ci-dessus tandis que les augmentations de production figureront au dénominateur.

En d'autres termes, le coût marginal à capacité adaptée est le coût (de revient économique) d'une unité de production supplémentaire, ce coût étant calculé en supposant l'équipement parfaitement adapté à chacun des niveaux de production envisagés.

La **dimension optimale d'un équipement** est alors obtenue par un raisonnement identique à celui qui a été effectué en deuxième section sur courte période : il est intéressant d'augmenter la taille tant que le coût marginal est inférieur à la recette marginale. **La taille optimale est donc celle pour laquelle le coût marginal est égal à la recette marginale**, ceci à condition que la différence entre recette marginale et coût marginal soit décroissante (condition du second ordre). Si le prix de vente est indépendant de la dimension de l'équipement, celle-ci est optimale lorsque le coût marginal à long terme est égal au prix de vente.

Pour la taille ainsi déterminée, vérifier si le revenu actualisé est positif peut se faire en comparant le coût moyen (coût de revient économique unitaire) au prix de vente.

B. Exemple. Unité de production d'ammoniac

Reprenons notre exemple relatif à une unité de production d'ammoniac. L'investissement est réalisé à l'année 0, la durée d'exploitation est de 10 ans, le taux d'actualisation égal à 7 %. L'investissement en fonction de la taille est donné par la formule :

$$\frac{I}{I_0} = \left(\frac{C}{C_0}\right)^{\alpha}$$

avec :

- I : *coût d'investissement* (I_0 = *1 000 MF) ;*
- C : *capacité correspondante* (C_0 = *0,3 Mt/an) ;*
- α : *coefficient d'extrapolation, voisin de 0,75.*

Pour une capacité de 400 000 t/an par exemple, l'investissement serait de 1 242 MF.

Pour simplifier, nous avons négligé l'économie d'échelle sur les frais d'exploitation, qui sont estimés à 420 F/t. A partir d'une capacité de 300 000 t/an, une augmentation de capacité de 100 000 t/an entraîne une augmentation d'investissement de 242 MF et donc une augmentation de l'amortissement économique de :

$$\frac{242}{\sum_{n=1}^{10} \frac{1}{(1+i)^n}} = 34,5\ MF/an$$

(annuité constante équivalente à l'augmentation d'investissement), soit 345 F/t supplémentaire.

Le coût de revient unitaire de ce supplément de production est donc égal à : 420 + 345 = 765 F/t.

Il peut être assimilé au coût marginal à long terme correspondant à une production annuelle de 350 000 t/an (milieu de l'intervalle de variation utilisé pour le calcul).

La validité de cette approximation peut être vérifiée par un calcul algébrique. La formule donnant l'investissement en fonction de la taille permet d'écrire :

$$\frac{dI}{I} = \alpha \frac{dC}{C}$$

Le coût de revient économique annuel est :

$$p_a = \frac{I}{\sum_{n=1}^{10} \frac{1}{(1+i)^n}} + 420\ C$$

Le coût marginal à long terme est donc :

$$C_{ml} = \frac{\mathrm{d}p_a}{\mathrm{d}C} = \frac{\alpha I}{C \sum_{n=1}^{10} \frac{1}{(1+i)^n}} + 420$$

Soit, pour une capacité de 350 000 tonnes par an, un investissement de : 1 123 MF.

$$C_{ml} = 343 + 420 = 763 \text{ F/t}$$

Bien qu'une augmentation de 100 000 t/an ne puisse être considérée comme « petite » l'approximation ci-dessus est donc justifiée.

Un calcul semblable effectué pour différentes tailles permet de tracer la courbe représentative du coût marginal à long terme en fonction de la capacité de l'unité (fig. 5.10).

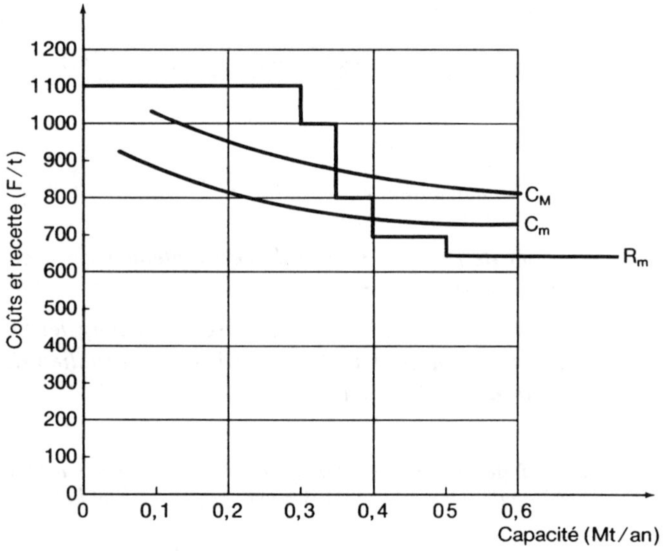

Fig. 5.10 Coûts à long terme et recette marginale

Recette marginale

Reprenons les hypothèses données au chapitre 4 (section 4.5) concernant la valorisation de l'ammoniac sur les marchés à l'exportation

(300 000 t/an peuvent être vendues sur le marché local au prix de 1 100 F/t ; l'excédent est exporté).

La dimension optimale correspond à l'abscisse du point d'intersection des courbes de coût marginal et de recette marginale, soit 400 000 t/an. Nous retrouvons ainsi le résultat obtenu au chapitre précédent.

C. Relation entre coûts à court terme et coûts à long terme

Considérons un projet de construction d'un équipement correspondant à une gamme continue d'investissement. Supposons que sa production annuelle sera constante sur toute la période d'exploitation. Comme précédemment, nous supposons que le prix de vente de la production sera stable sur toute la période, tout au moins une fois fixée la taille de l'équipement. Nous envisageons des variations de cette production, sur le papier et avant toute construction. Pour chaque taille [3] possible θ, supposons déterminés en fonction du niveau de production annuel :

- le coût de revient économique annuel $D(\theta,\ Q)$;
- le coût de revient économique unitaire $C_M(\theta,\ Q)$;
- le coût marginal à court terme $C_m(\theta,\ Q)$.

Le coût de revient économique annuel correspond à la dépense totale par période de l'analyse faite en deuxième section sur courte période, à la différence près de l'amortissement économique qui est une charge équivalente à l'investissement et ne donne pas lieu à une dépense effective.

De même, le coût de revient économique unitaire (à la même différence près) correspond au coût moyen de court terme.

Nous avons décrit en deuxième section les principales représentations usuelles des fonctions de coût. Considérons celle de la figure 5.2 qui conduit à la « forme en U » des courbes de coût moyen et de coût marginal. La figure 5.11 présente les courbes de coût de revient économique annuel, de coût moyen et coût marginal correspondant à différentes tailles possibles d'un équipement $\theta_1,\ \theta_2,\ \ldots,\ \theta_k,\ \ldots$

A une taille plus grande correspond une dépense d'investissement plus élevée et donc une ordonnée à l'origine plus élevée de la courbe de coût de revient annuel.

Pour une production annuelle donnée, la taille optimale sera celle qui permet d'obtenir le coût annuel le plus bas. Ainsi, sur le graphique de la figure 5.11 à l'abscisse Q_2 correspond la taille θ_2.

Supposons que la taille peut varier de façon continue. Le lieu des points de coût annuel minimum peut être obtenu graphiquement. Il s'agit de la courbe enveloppe des courbes de coût annuel (en trait plein sur la figure 5.11). Le coût (de revient économique) annuel minimum est appelé **coût annuel à capacité adaptée**. Nous le noterons $L(Q)$.

La formulation mathématique est la suivante. Supposons vérifiées les hypothèses habituelles de continuité et de dérivabilité. Pour une production annuelle Q donnée, la taille optimale θ^* est celle qui minimise $D(\theta,\ Q)$ soit :

$$\frac{\partial D(\theta,\ Q)}{\partial \theta} = 0 \tag{5.6}$$

3. De façon plus générale, nous supposons la taille caractérisée par un paramètre θ qui n'est pas nécessairement exprimé en unités physiques de capacité. Il peut représenter, par exemple, le coût d'investissement.

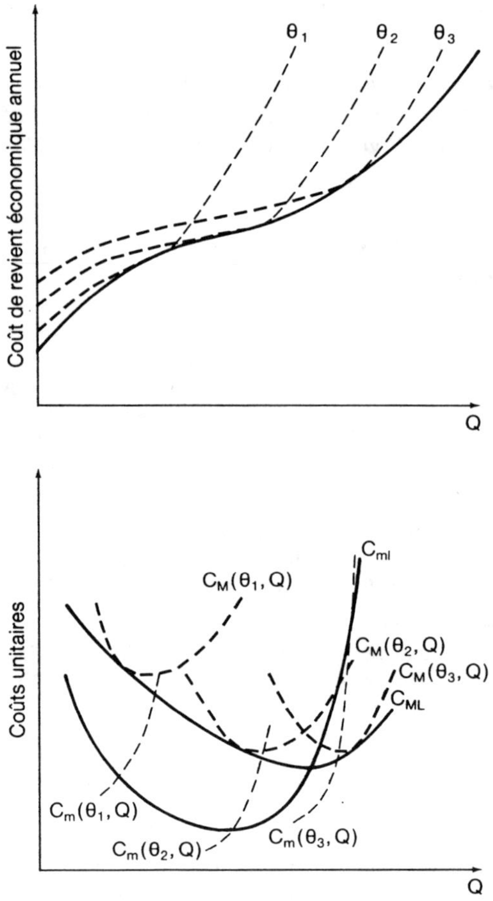

Fig. 5.11 Coûts à court terme et coûts à long terme

La courbe de coût annuel à capacité adaptée, en trait plein sur la figure 5.11, est le lieu des points de coordonnées Q, L avec :

$$L(Q) = D[\theta^*(Q), Q] \tag{5.7}$$

Elle s'obtient en éliminant le paramètre θ entre les équations (5.6) et (5.7).

La courbe de **coût moyen** (actualisé) **à capacité adaptée** C_{ML} peut être construite en calculant le rapport du coût annuel à capacité adaptée $L(Q)$ à la production annuelle. **C'est la courbe enveloppe des courbes de coût moyen de taille donnée**. En effet, à production Q donnée, la taille qui minimise le coût annuel est également celle qui minimise le coût moyen. Le point de contact entre une courbe de coût annuel de taille donnée $D(\theta,\ Q)$ et sa courbe enveloppe $L(Q)$ a donc même abscisse que le point de contact entre la courbe de coût moyen $C_M(\theta,\ Q)$ associé à la même taille θ et sa courbe enveloppe C_{ML}.

Le **coût marginal à capacité adaptée** est la dérivée du coût annuel à capacité adaptée. Il est égal à la pente de la tangente à la courbe L.

Remarquons également que pour une production Q_1 correspondant à l'abscisse du point de contact entre une courbe $D(\theta_1,\ Q)$ et sa courbe enveloppe, le coût marginal à long terme est égal au coût marginal à court terme associé à l'utilisation d'un équipement de taille θ_1. En effet, le premier est égal à la pente de la tangente à la courbe L tandis que le second est égal à la pente de la tangente à la courbe $D(\theta_1,\ Q)$, et les deux tangentes sont confondues au point d'abscisse Q_1 pour lequel la taille θ_1 est optimale.

Si le parc de production est adapté, coût marginal à court terme et coût marginal à long terme sont égaux.

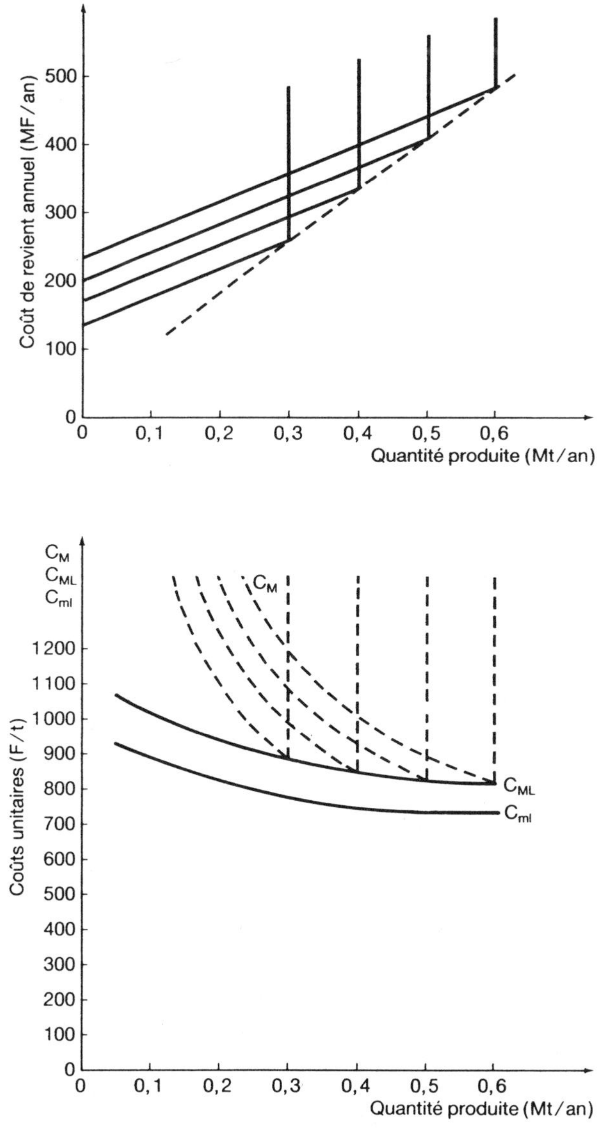

Fig. 5.12 Coûts à long terme de l'ammoniac

Cas particulier : Exemple.

Dans notre cas Ammoniac, le coût de revient économique annuel $D(\theta, Q)$ est la somme d'un terme fixe et d'un coût proportionnel à la quantité produite annuellement. Les courbes correspondantes sont données par la figure 5.12.

Chacune présente, comme indiqué en première section, un point anguleux correspondant à la limite de capacité. La courbe, en tirets, représentative des variations du coût annuel à capacité adaptée est le lieu des point anguleux des courbes de coût annuel de capacité donnée. De même, la courbe de coût moyen à capacité adaptée est le lieu des points anguleux des courbes de coût moyen (courbes en traits pleins).

En ce qui concerne le coût marginal, nous ferons une remarque. La taille optimale de l'unité pour une production donnée correspond à une capacité égale à la production considérée. Or le coût marginal à court terme n'est pas défini pour une production annuelle égale à la capacité maximale de l'unité. Le coût marginal à long terme est cependant déterminé sans difficultés ; le calcul en a été effectué ci-avant.

Sur l'intervalle de variation de la capacité étudié, compte tenu des économies d'échelle, le coût moyen et le coût marginal à long terme sont constamment décroissants.

5.4.3 Coût marginal en développement

Considérons un équipement existant, dont la capacité de production peut être accrue au moyen d'un investissement. Prenons un exemple : la capacité d'un gazoduc existant ne peut être augmentée en modifiant son diamètre. On pourra par contre, éventuellement, augmenter le nombre et la puissance des stations de compression.

Un autre exemple est donné par le développement d'un gisement pétrolier. Lorsqu'un certain nombre de puits ont été forés, il peut être encore possible d'accroître la capacité de production en forant un ou plusieurs puits supplémentaires.

Dans chacun de ces deux exemples il est possible de calculer des coûts marginaux de longue période qui ne correspondent pas à des coûts en structure adaptée. On parle alors de coût marginal en développement d'une capacité existante. Remarquons que dans nos deux exemples, les coûts d'investissement et la capacité de production ne varient pas de façon continue, mais par sauts, le nombre de stations de compression ou le nombre de forages étant nécessairement des nombres entiers. Le coût marginal ne peut donc être défini au sens strict : il prendrait une valeur infinie lorsque produire une unité infinitésimale nécessite la construction d'une station ou le forage d'un puits supplémentaire. Dans la mesure où les augmentations de production ainsi obtenues sont relativement petites par rapport à la production totale, on pourra cependant calculer et utiliser pour les applications pratiques des coûts marginaux calculés à partir de fonctions de coût « lissées ». Il suffit alors de considérer des suppléments de production ΔQ_n correspondant à un investissement élémentaire (un puits foré par exemple).

5.4.4 Coût marginal en régression

Nous avons considéré ci-dessus des projets d'investissement qui permettaient des augmentations de capacité de production. Il est parfois nécessaire d'étudier et de prendre des décisions de réduction de capacité : fermeture d'ateliers, d'usines, d'infrastructure de stockage et de transport. Naturellement, les économies faites en régression ne sont pas symétriques des coûts en développement. Ce sont les équipements les moins performants et les plus anciens qui seront déclassés les premiers. Lorsque l'on peut considérer des variations de production relativement petites, le coût marginal correspondant est appelé coût marginal en régression. Au dénominateur de la formule figurent alors les pertes de production réalisées, tandis qu'au numérateur apparaissent les économies qui peuvent être dégagées par la décision étudiée. Pour certaines années, ces économies peuvent d'ailleurs être parfois négatives (coûts de reconversion du personnel, coûts de déclassement).

5.5 REMPLACEMENTS, DURÉES DE VIE ET COÛT MARGINAL PAR RAPPORT AU TEMPS

Jusqu'à présent, les raisonnements ont été conduits en supposant connues a priori les durées de vie des équipements considérés. En fait, le choix d'une durée de vie doit être le résultat d'un calcul économique.

En effet, la date de déclassement d'un matériel n'est pas généralement une donnée technique. Les principales raisons qui conduisent au déclassement sont l'usure et l'obsolescence. L'usure se manifeste par une augmentation des coûts d'exploitation, ou par une diminution de la productivité de l'équipement. L'obsolescence se manifeste par une diminution de l'utilité de l'équipement, par suite de l'apparition de procédés plus efficaces.

Le calcul de la durée de vie optimale d'un équipement (en hypothèse d'avenir certain) s'effectue en comparant les revenus actualisés correspondant aux différentes durées possibles. Mais nous avons vu que ceci n'est correct que si la décision relative à la durée d'utilisation est indépendante de toute autre décision. Ce n'est pas le cas si le matériel est remplacé après déclassement.

Il convient alors d'effectuer des hypothèses sur le (ou les) matériel(s) de remplacement et de définir une période d'étude. Rappelons, en effet, que lorsque l'on compare des projets de durée de vie différente, une même période de référence doit être retenue.

Nous présenterons ici les calculs correspondant à une hypothèse couramment utilisée, qui est celle du renouvellement à l'identique.

Cette hypothèse implique une absence de progrès technique, le remplacement étant effectué par suite de l'usure du matériel et non pour cause d'obsolescence. Elle est cohérente avec l'hypothèse d'absence d'évolution des prix qui est la nôtre jusqu'au chapitre 6 inclus.

Les hypothèses de progrès technique et la théorie générale du déclassement et du coût de revient économique feront l'objet du chapitre 8.

5.5.1 Détermination d'une politique optimale de remplacement dans l'hypothèse d'un renouvellement à l'identique

Nous recherchons la date optimale de déclassement d'un équipement en supposant que lorsque cet équipement est déclassé, il est remplacé par un équipement identique et ceci indéfiniment.

Supposons constant au cours du temps et indépendant de l'âge de l'équipement le service rendu. Nous supposons par exemple que l'usure du matériel est compensée par un entretien adéquat. Pour déterminer une durée de vie optimale, un mode de calcul consiste à minimiser le coût de revient économique annuel[4]. Il s'agit du critère le plus «parlant». Il reviendrait au même de minimiser un coût total actualisé sur une durée infinie, ou bien un coût actualisé sur une période qui serait un commun multiple de chaque durée possible. La démonstration, dans le cas d'une durée infinie, est présentée ci-dessous.

L'utilisation d'un coût moyen annuel ne doit cependant pas faire oublier que l'utilisation des formules ci-après implique l'hypothèse d'un chaîne de remplacements à l'identique, ou tout au moins, la poursuite de l'exploitation à un coût de revient identique.

Nous présenterons les calculs en temps discrétisé, en prenant comme période élémentaire l'année, option la plus couramment retenue dans les applications pratiques.

Nous noterons :

N : une durée de vie possible;

I_0 : le coût d'investissement supposé payé à l'année 0, ou la somme

---

4. En fait, il serait plus correct d'écrire : la durée de vie optimale est déterminée en minimisant l'annuité constante équivalente aux coûts considérés; le coût de revient économique est alors égal à l'annuité constante de valeur minimale.

actualisée à l'année 0 des coûts d'investissements si ceux-ci sont répartis sur plusieurs années;

f_n : les frais d'exploitation de l'année n, $n = 1, 2, \ldots, N$ (ces frais d'exploitation sont généralement croissants en fonction de l'âge de l'équipement);

V_n : la valeur de revente à l'année n (avec par convention $V_0 = I_0$).

Le coût actualisé total d'utilisation de l'équipement pendant N années est :

$$C(N) = I_0 + \sum_{n=1}^{N} \frac{f_n}{(1+i)^n} - \frac{V_N}{(1+i)^N} \tag{5.8}$$

L'annuité constante équivalente à ce coût est :

$$x(N) = \frac{C(N)}{\displaystyle\sum_{n=1}^{N} \frac{1}{(1+i)^n}} = \frac{i(1+i)^N}{(1+i)^N - 1} C(N)$$

La solution optimale sera de renouveler l'équipement toutes les N^* années, N^* étant la durée qui rend $x(N)$ minimum. Le coût de revient économique annuel est alors égal à $x(N^*)$. Un exemple de calcul est donné ci-dessous (paragraphe 5.5.5).

Démonstration. Coût actualisé de la chaîne infinie des remplacements

Le calcul peut être effectué en comparant le coût des différentes solutions sur une durée de vie infinie. Soit $D(N)$ le coût actualisé d'un chaîne infinie de remplacements toutes les N années :

$$D(N) = C(N) + \frac{C(N)}{(1+i)^N} + \frac{C(N)}{(1+i)^{2N}} + \ldots + \frac{C(N)}{(1+i)^{kN}} + \ldots$$

Le coût actualisé $D(N)$ est la somme d'une série géométrique :

$$D(N) = \frac{C(N)}{1 - \dfrac{1}{(1+i)^N}} = \frac{(1+i)^N C(N)}{(1+i)^N - 1}$$

En rapprochant de l'expression donnant l'annuité constante $x(N)$ définie ci-dessus, il vient :

$$D(N) = \frac{x(N)}{i}$$

Nous retrouvons le fait que l'annuité constante à recevoir ou payer pendant une durée infinie, équivalente à une somme donnée, est égale au produit de cette somme par le taux d'actualisation.

Enfin, nous vérifions ainsi qu'il est bien équivalent de minimiser le coût actualisé de la chaîne infinie des remplacements ou de minimiser le coût de revient économique annuel de l'équipement.

5.5.2 Interprétation. Coût marginal par rapport au temps

A. Définition

On appelle coût marginal par rapport au temps [5] le coût associé à l'utilisation de l'équipement considéré pendant une année supplémentaire.

Comment le calculer ?

Considérons dans un premier temps le cas où la valeur de revente de l'équipement est nulle. Le coût marginal par rapport au temps est alors égal aux frais d'exploitation de l'année considérée.

Lorsque la valeur de revente n'est pas nulle, le coût marginal de l'année n est égal à :

$$\boxed{\mu_n = f_n + (1+i)V_{n-1} - V_n}$$

Différentes approches permettent de démontrer et d'interpréter cette formule :

- Aux frais d'exploitation s'ajoute une perte de valeur de l'équipement (actualisée). Si nous nous plaçons à l'année n (par exemple en fin d'année), la valeur, actualisée à l'année n, de l'équipement à l'année $n-1$ est : $(1+i)V_{n-1}$. La perte de valeur de l'équipement au cours de l'année n est donc (en valeur actualisée) :

$$(1+i)V_{n-1} - V_n$$

- Une autre interprétation peut être donnée en remarquant qu'à la perte de valeur nominale de l'équipement $V_{n-1} - V_n$, il convient d'ajouter les charges financières correspondant à l'immobilisation du capital, soit : iV_{n-1}.
- Enfin, on peut écrire le coût marginal par rapport au temps comme une différence entre un coût total associé à une durée d'utilisation égale à n années et le coût associé à une durée égale à $n-1$ années. De façon plus précise, avec les notations précédentes et en valeurs actualisées à l'année 0 :

$$\frac{\mu_n}{(1+i)^n} = C(n) - C(n-1)$$

5. Lorsque c'est nécessaire, on peut préciser et qualifier le coût marginal défini ici de coût marginal « instantané » par rapport au temps, de façon à distinguer celui-ci du coût marginal généralisé qui sera défini au chapitre 8.

En remplaçant d'après (5.8) :

$$\frac{\mu_n}{(1+i)^n} = \frac{f_n}{(1+i)^n} - \frac{V_n}{(1+i)^n} + \frac{V_{n-1}}{(1+i)^{n-1}}$$

ce qui correspond bien à la formule annoncée.

B. Remarque. Dépenses ponctuelles et dépenses réparties sur l'année

Supposons que les frais d'exploitation sont à peu près répartis au cours de l'année. Il est approxivement équivalent de comptabiliser une dépense régulièrement distribuée sur l'année, ou de la comptabiliser en milieu d'année. La dépense d'investissement peut par contre dans certains cas être ponctuelle. Il en est ainsi lors de l'achat d'un camion-citerne, exemple qui sera traité au paragraphe 5.5.5.

Mais il y a alors six mois, et non un an, de décalage entre la dépense d'investissement et les frais d'entretien supposés comptabilisés en milieu de première année. Il y a de même, en moyenne, un décalage de six mois entre la dépense d'entretien d'une dernière année d'exploitation et une revente supposée intervenir en fin d'année.

Si l'on souhaite en tenir compte sans passer à des calculs semestriels, il suffit par exemple d'utiliser pour la dépense d'investissement et la valeur de revente des valeurs actualisées en milieu d'année.

En convenant d'affecter l'indice d'année n à une dépense localisée en milieu d'année n, on a alors, avec les notations précédentes :

$$C(N) = \frac{I}{(1+i)^{0,5}} + \sum_{n=1}^{N} \frac{f_n}{(1+i)^n} - \frac{V_N}{(1+i)^{N+0,5}}$$

$$\frac{\mu_n}{(1+i)^n} = C(n) - C(n-1) = \frac{V_{n-0,5}}{(1+i)^{n-0,5}} + \frac{f_n}{(1+i)^n} - \frac{V_{n+0,5}}{(1+i)^{n+0,5}}$$

$$\mu_n = f_n + \frac{1}{(1+i)^{0,5}}[(1+i)V_{n-0,5} - V_{n+0,5}]$$

$$\mu_n \simeq f_n + V_{n-0,5} - V_{n+0,5} + i\frac{V_{n-0,5} + V_{n+0,5}}{2}$$

L'interprétation de cette formule est immédiate. A l'année n, le coût d'immobilisation du capital est calculé sur la moyenne des valeurs de l'équipement en début et en fin d'année.

C. Interprétation

Un raisonnement marginal permet d'interpréter la date optimale de déclassement : c'est la date à partir de laquelle le coût marginal par rapport au temps de l'équipement existant deviendrait supérieur au coût moyen d'un équipement neuf (fig. 5.13). La démonstration de cette propriété, triviale en cas de renouvellement à l'identique, sera établie dans un cadre plus général au chapitre 8.

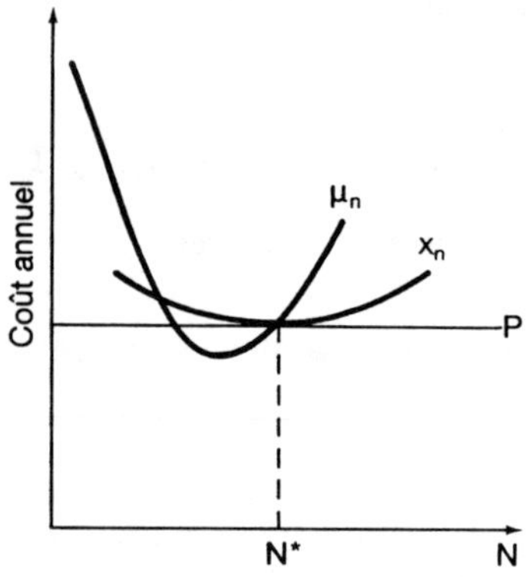

Fig. 5.13 Date optimale de déclassement

Remarque. Nous supposons indépendant de l'âge de l'équipement le service rendu, ce qui permet de raisonner en minimisation de coûts. Dans l'hypothèse contraire (production fonction de l'âge de l'équipement), il est possible de rechercher une solution qui maximise le revenu actualisé. On peut opérer alors en maximisant l'annuité constante équivalente au revenu actualisé. Les calculs seraient formellement les mêmes, l'interprétation semblable : la date optimale est celle à partir de laquelle le bénéfice marginal par rapport au temps deviendrait inférieur au bénéfice moyen actualisé (annuité constante).

5.5.3 Amortissement économique et valeur d'usage

A. Relation entre valeur d'usage et amortissement économique

On appelle valeur d'usage d'un équipement le prix maximum que l'entreprise serait disposée à payer pour acquérir un matériel identique si l'équipement considéré venait à lui faire défaut.

Nous considérons comme précédemment un matériel qui sera remplacé à l'identique après déclassement, et ainsi de suite sur une durée théoriquement infinie.

Notons U_n la valeur d'usage d'un équipement d'âge n.

A l'année 0 d'achat de l'équipement, la valeur d'usage est égale au coût d'investissement. A l'année N de déclassement, elle est égale à la valeur de revente V_N.

Le prix maximum que l'on est prêt à payer pour un équipement d'âge n est déterminé en comparant les coûts obtenus, soit en se procurant un équipement d'âge n identique au matériel considéré, soit en achetant tout de suite un équipement neuf. De façon plus précise, la valeur d'usage U_n est telle que soient égaux les coûts actualisés correspondant aux deux solutions possibles :

- paiement du prix U_n à l'année n, exploitation du matériel considéré de l'année $n + 1$ à l'année N, revente à l'année N initialement prévue, renouvellement à l'identique sur une période de durée infinie à partir de l'année N;

– achat à l'année n d'un équipement neuf, exploitation pendant N années, puis renouvellement à l'identique sur une période de durée infinie.

En notant comme précédemment D le coût actualisé à l'année 0 d'une chaîne infinie démarrant à l'année 0, la relation s'écrit :

$$\frac{U_n}{(1+i)^n} + \sum_{k=n+1}^{N} \frac{f_k}{(1+i)^k} - \frac{V_N}{(1+i)^N} + \frac{D}{(1+i)^N} = \frac{D}{(1+i)^n}$$

En notant p le coût de revient économique, on remarque que :

$$\sum_{k=n+1}^{\infty} \frac{p}{(1+i)^k} = \frac{D}{(1+i)^n}$$

On obtient alors :

$$\frac{U_n}{(1+i)^n} + \sum_{k=n+1}^{N} \frac{f_k}{(1+i)^k} - \frac{V_N}{(1+i)^N} = \sum_{k=n+1}^{N} \frac{p}{(1+i)^k} \tag{5.9}$$

Cette relation s'interprète comme suit. La valeur d'usage est le prix maximum que l'entreprise est prête à payer pour poursuivre avec un matériel identique l'exploitation **au même coût de revient économique** que celui obtenu avec le matériel considéré.

Remplaçons le coût de revient économique p par la somme de l'amortissement économique a_k et des frais d'exploitation f_k :

$$\frac{U_n}{(1+i)^n} = \sum_{k=n+1}^{N} \frac{a_k}{(1+i)^k} + \frac{V_N}{(1+i)^N}$$

Par différence des relations correspondant à deux années consécutives, il vient :

$$\frac{U_{n-1}}{(1+i)^{n-1}} - \frac{U_n}{(1+i)^n} = \frac{a_n}{(1+i)^n}$$

$$\boxed{a_n = (1+i)U_{n-1} - U_n} \tag{5.10}$$

$(1+i)U_{n-1}$ est la valeur actualisée à l'année n de la valeur d'usage U_{n-1}.

L'amortissement économique s'interprète ainsi comme une perte de valeur d'usage actualisée.

La relation précédente s'écrit encore :

$$\boxed{a_n = U_{n-1} - U_n + iU_{n-1}}$$

L'amortissement économique est égal à la perte nominale de valeur d'usage majorée du coût d'immobilisation de la valeur d'usage.

Donnons encore une interprétation, plus financière. Nous avons vu que l'amortissement économique représente l'annuité au moyen de laquelle on pourrait rembourser l'investissement initial s'il était emprunté à un taux égal au taux d'actualisation. La perte nominale de valeur d'usage correspond donc à la part de remboursement en capital de cette annuité. La valeur d'usage correspond ainsi au capital non encore remboursé.

B. Valeur d'Usage. Autres définitions

Considérons un projet dont la durée d'exploitation est fixée a priori, la production étant arrêtée après déclassement à la date N. La définition d'une valeur d'usage est alors plus délicate. Pour certains auteurs [5.19] [5.5] il s'agit de la somme des valeurs actuelles des revenus qu'engendrera la poursuite de l'exploitation jusqu'au déclassement. Pour un projet dont le revenu actualisé est positif, la valeur d'usage à la date d'acquisition est donc supérieure à son prix d'achat. Elle est égale à la somme du coût d'investissement et du revenu actualisé.

Pour d'autres auteurs [5.13], dans la mesure où l'achat d'un matériel neuf est toujours possible et constitue une solution alternative, la valeur d'usage ne peut dépasser le prix d'achat d'un équipement neuf, si tout au moins la disponibilité en équipements neufs n'est pas limitée [6].

L'utilisation de la formule (5.9) dans le cas d'un arrêt de la production à l'année N correspond à une hypothèse particulière, celle où l'entreprise pourrait, en cas de disparition de l'équipement étudié, trouver d'autres moyens pour assurer la production à un coût de revient économique identique. Ou bien, hypothèse qui revient au même, l'entreprise n'envisagerait pas de poursuivre l'exploitation avec un coût de revient économique plus élevé.

Les trois formulations conduisent à une même valeur d'usage dans un cas particulier, celui d'un projet « marginal », c'est-à-dire dont le revenu actualisé est nul. En effet, pour un tel projet, la recette (annuelle par exemple) est égale au coût de revient économique. Si on définit la valeur d'usage comme la différence entre les recettes actualisées et les dépenses actualisées on obtient :

$$\frac{U_n}{(1+i)^n} = \sum_{k=n+1}^{N} \frac{p - f_k}{(1+i)^k} + \frac{V_N}{(1+i)^N}$$

Il s'agit bien de la formule (5.9).

C. Autres définitions de l'amortissement économique

Il faut savoir qu'il existe plusieurs définitions de l'amortissement économique. Celle que nous avons retenue conduit à définir d'abord la loi d'évolution du coût de revient économique [5.19] [5.4] [5.17]. L'amortissement économique est ensuite déterminé par différence entre le coût de revient et les frais d'exploitation de l'année considérée. Il s'agit d'une charge équivalente, en valeur actualisée, aux dépenses d'investissement [5.10] [5.13] [5.21] [5.22].

Pour *EdF* [5.5], nous avons indiqué au paragraphe précédent (5.5.3.B) que la valeur d'usage est chaque année définie comme la somme des valeurs actuelles des revenus futurs du projet. Elle peut donc être, au cours des premières années, supérieure au coût d'investissement (éventuellement diminué de la valeur de revente actualisée). Pour ces

6. Pendant une certaine période, la capacité de production de centrales nucléaires par l'industrie était inférieure à la demande qui aurait pu être formulée par *EdF*.

auteurs, l'amortissement économique est égal à la perte de valeur d'usage actualisée. La somme actualisée des amortissements économiques ainsi définis peut donc être supérieure au coût d'investissement.

M. Albouy [5.2] définit l'amortissement économique comme la perte nominale de valeur d'usage.

Enfin, un amortissement économique peut être défini avec la « méthode des valeurs actuelles » [5.13]. Le terme de dépréciation (nominale) est alors défini comme la part de remboursement en capital de l'annuité qui permettrait de rembourser le capital s'il était emprunté à un taux égal au taux de rentabilité du projet, et remboursé au moyen des rentrées de fonds (flux de trésorerie positifs) associées au projet. Autrement dit, un flux de trésorerie positif est interprété comme une annuité de remboursement de l'investissement dont le montant serait emprunté à un taux égal au taux de rentabilité. La part de remboursement en capital dans cette annuité constitue la perte de valeur de l'équipement. Cette définition rejoint celle que nous avons retenue lorsque le projet étudié est un projet « marginal ».

5.5.4 Substitution de deux équipements

L'apparition sur le marché d'équipements de meilleure productivité ou de moindre coût d'achat, faisant éventuellement appel à une technique différente, peut entraîner le remplacement d'un matériel existant avant la date initialement prévue.

Considérons un premier équipement dont le coût marginal par rapport au temps est croissant au cours du temps. Supposons que par suite de l'évolution technique, il soit économiquement plus intéressant de ne pas remplacer cet équipement par un équipement identique, mais par un équipement différent permettant de rendre les mêmes services. Nous supposons, de plus, que le nouvel équipement sera l'objet d'une chaîne infinie de remplacements à l'identique ou bien que l'exploitation continuera à être effectuée à un coût de revient économique constant. La date optimale de substitution sera alors la date à partir de laquelle le coût marginal par rapport au temps μ_k deviendrait supérieur au coût de revient économique annuel d'un équipement correspondant à la technique nouvelle.

Ce raisonnement sera illustré par un exemple développé au cours du paragraphe suivant, dans le cas où l'on peut faire une hypothèse de régime permanent (absence de progrès technique) pour le nouvel équipement.

Le cas général sera étudié au chapitre 8.

5.5.5 Exemple : Problème de remplacement de camions-citernes

Présentation.

Une entreprise utilise un parc de camions-citernes important. Elle dispose de statistiques relatives aux frais d'exploitation et d'entretien

TABLEAU 5.1
CAMIONS-CITERNES

Années	*1*	*2*	*3*	*4*	*5*	*6*	*7*	*8*	*9*	*10*	*11*
Frais d'entretien (kF/an)	*10*	*15*	*20*	*30*	*40*	*50*	*60*	*75*	*100*	*115*	*130*
Valeur de revente (kF)	*400*	*320*	*250*	*200*	*160*	*130*	*100*	*70*	*50*	*35*	*25*

des camions, ainsi qu'aux prix de revente sur le marché de l'occasion. Les valeurs moyennes sont données par le tableau 5.1. On suppose que l'entretien est réalisé de façon que le service assuré soit identique quel que soit l'âge des camions.

Le coût d'achat d'un camion est de 500 kF. La valeur du taux d'actualisation est de 10 %.

Dans la pratique, le déclassement d'un camion peut être décidé en fonction de réparations dont la nécessité (échange d'un moteur par exemple) peut apparaître de façon aléatoire. Pour simplifier, nous raisonnons ici sur des frais d'entretien moyens. Nous les supposons payés en fin d'année. Nous ne prendrons pas en compte les frais de carburant. En supposant qu'ils sont indépendants de l'âge du camion, leur introduction dans le calcul reviendrait à ajouter un coût annuel constant et ne modifierait pas la politique de déclassement. L'entreprise n'envisage pas d'acheter des camions d'occasion.

Hypothèse de renouvellement à l'identique.

Le calcul du coût de revient économique et la détermination de la durée optimale (moyenne) d'utilisation sont effectués comme indiqué au paragraphe 5.5.1. En reprenant les notations des paragraphes 5.5.1 et 5.5.2, le tableau 5.2 résume les principales étapes du calcul. La figure 5.14 donne les variations de l'annuité constante en fonction de la durée d'exploitation, ainsi que les variations du coût marginal par rapport au temps μ*. La durée de vie optimale est de 8 ans. Nous remarquerons que l'optimum est assez «plat». Pour un camion donné, il peut se faire que l'évolution des frais d'entretien soit quelque peu différente de celle de la moyenne utilisée pour les calculs. Ceci peut conduire à déclasser le camion à une date différente de l'optimum qui vient d'être déterminé. Elle sera obtenue par un raisonnement marginal, par comparaison du coût marginal par rapport au temps* μ *(et de son évolution prévisible) du camion considéré avec le coût de revient économique moyen (120,6 kF/an).*

TABLEAU 5.2
CALCUL DE LA DUREE D'UTILISATION OPTIMALE

(kF)

n	1	2	3	4	5	6	7	8	9	10	11
f_n	10	15	20	30	40	50	60	75	100	115	130
$\Sigma_1^n \frac{f_k}{(1+i)^k}$	9,1	21,5	36,5	57,0	81,8	110,1	140,9	175,9	218,3	262,6	308,2
$C_n = I - \frac{V_n}{(1+i)^n} + \Sigma_1^n \frac{f_k}{(1+i)^k}$	145,5	257,1	348,7	420,4	482,5	536,7	589,6	643,2	687,1	748,1	799,4
$x_n = \frac{i(1+i)^n}{(1+i)^n - 1} C_n$	160	148,1	140,2	132,6	127,3	123,2	121,1	120,6	121,0	121,9	123,1
$\mu_n = V_{n-1} - V_n + iV_{n-1} + f_n$	160	135	122	105	100	96	103	115	127	135	143,5

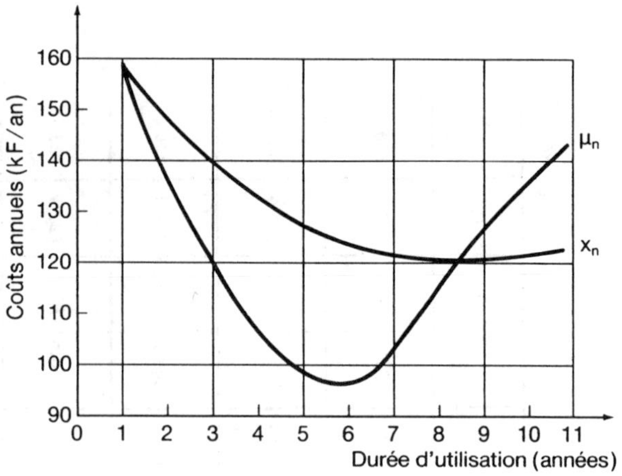

Fig. 5.14 Coût marginal par rapport au temps et coût de revient économique

Amortissement économique et valeur d'usage.

Pour chaque année, l'amortissement économique est obtenu par différence, en retranchant du coût de revient économique annuel les frais d'exploitation de l'année considérée. La valeur d'usage peut être déterminée de proche en proche à l'aide de la relation (5.10) :

$$U_n = (1 + i)U_{n-1} - a_n$$

Le calcul peut être effectué soit à partir de U_0 égale à la valeur d'achat d'un camion neuf (500 kF), soit à partir de U_8 égale à la valeur de revente à l'année 8 (70 kF).

Les résultats numériques sont donnés par le tableau 5.3.

TABLEAU 5.3
AMORTISSEMENT ECONOMIQUE ET VALEUR D'USAGE

n	0	1	2	3	4	5	6	7	8
a_n		110,6	105,6	100,6	90,6	80,6	70,6	60,6	45,6
U_n	500	439,4	377,8	315,0	256,0	201,0	150,5	105,0	70,0

La figure 5.15 présente l'évolution de la valeur d'usage en fonction de l'âge du camion.

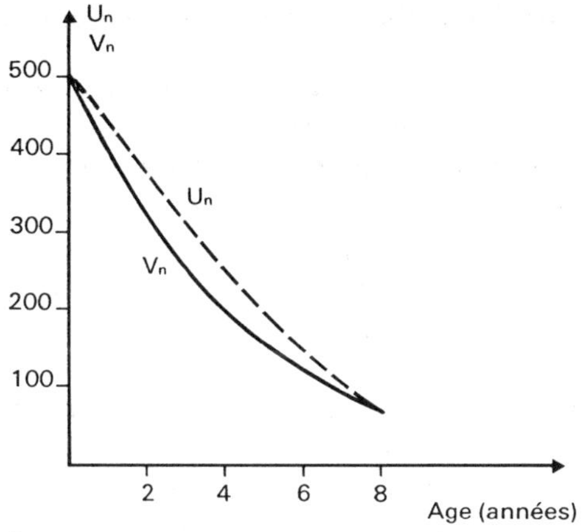

Fig. 5.15 Valeur de revente et valeur d'usage

Remarque. Dépenses ponctuelles et dépenses réparties sur l'année.

Considérons le cas où l'on souhaite tenir compte du fait que les frais d'entretien sont répartis sur une année tandis que la dépense correspondant à l'achat ou à la revente d'un camion est ponctuelle. L'application des formules du paragraphe 5.5.2.B conduit aux valeurs numériques suivantes :

- *l'annuité constante sur 8 ans équivalente à l'ensemble des dépenses est égale à 116,5 kF/an ;*
- *le coût marginal par rapport au temps est à l'année 8 égal à 110,9 kF. A l'année 9 il est égal à 124,2 kF ;*
- *la durée d'utilisation optimale reste égale à 8 ans.*

Le coût de revient économique est égal à 116,5 kF/an, à comparer avec la valeur de 120,6 kF/an obtenue précédemment. Rappelons que l'hypothèse correspondant au premier calcul consistait à supposer que tous les flux de trésorerie étaient localisés en fin d'année, tandis que l'application des formules du paragraphe 5.5.2.B peut revenir à supposer les coûts d'entretien payés en milieu d'année, l'achat et la revente intervenant en fin d'année. Si le coût de revient économique est à comparer avec un tarif de location, il doit être comparé à une location :

- *payée en fin d'année dans le premier cas ;*
- *payée en milieu d'année dans le second, ou répartie régulièrement sur l'année.*

Ce décalage de 6 mois constitue la principale explication de l'écart entre les valeurs numériques obtenues dans chaque cas. L'écart résiduel vient du fait que l'achat du camion est, avec ces nouvelles hypothèses, supposé retardé de six mois par rapport aux années d'exploitation.

Apparition d'un nouveau type de camion.

Pour illustrer le raisonnement marginal présenté au paragraphe 5.5.4, nous supposons qu'un nouveau type de camions, importés, apparaît sur le marché. Ils rendront à l'entreprise les mêmes services que les camions nationaux étudiés ci-dessus.

Leur coût de revient économique p_I est évalué à 105 kF/an. On ne prévoit pas l'arrivée d'autres camions. L'entreprise va donc progressivement remplacer son parc par des camions importés. On suppose (ce qui n'est peut-être pas très réaliste) que la cote à la revente des camions anciens nationaux ne sera pas affectée par l'apparition des camions importés, qui, sur l'ensemble du marché, ne sont pas tout à fait substituables. Nous allons déterminer l'impact de ces importations sur la politique de déclassement des camions anciens. Les calculs se font à partir des coûts marginaux μ_n donnés par le tableau 5.2.

Considérons un camion ayant une ancienneté de 4, 5, 6 ou 7 ans. Un tel camion sera déclassé, non à la fin de sa 8ème année comme précédemment, mais à la fin de sa 7ème année. En effet, le coût marginal (μ_8 = 115 kF) serait à la huitième année supérieur au coût de revient économique d'un camion neuf importé (p_I = 105 kF/an). Un camion de trois ans d'âge supportera au cours de sa 4ème année un coût μ_4 = 105 kF, égal au coût de revient d'un camion importé. Mais les coûts marginaux des années 5, 6 et 7 seront inférieurs à p_I (μ_5 = 100, μ_6 = 96, μ_7 = 103). Ce camion sera donc utilisé jusqu'à la fin de la 7ème année, date à laquelle il sera déclassé.

Considérons maintenant des camions d'un ou deux ans.

Si l'on suppose connus avec certitude les coûts définis par hypothèse, un tel camion sera soit déclassé immédiatement, soit déclassé en fin de 7ème année. Dans la pratique, il est possible que l'entreprise n'envisage pas un déclassement immédiat de camions presque neufs, à moins d'un gain nettement significatif. Présentons cependant les calculs correspondant à l'hypothèse selon laquelle coûts et valeurs de revente seront connus avec certitude pour les années futures.

Pour un camion de deux ans que l'on garderait jusqu'à la fin de sa 7ème année, la somme actualisée des coûts à prendre en compte est :

$$\sum_{n=1}^{5} \frac{\mu_{n+2}}{(1+i)^n} = 402 \text{ kF}$$

Tandis que la somme actualisée des coûts associés à l'utilisation de camions importés pendant les cinq années à venir est égale à :

$$\sum_{n=1}^{5} \frac{p_I}{(1+i)^n} = 398\ kF$$

Les deux solutions sont donc à peu près équivalentes. Sous nos hypothèses d'avenir parfaitement quantifié, l'entreprise aurait intérêt à déclasser immédiatement un camion d'âge 2. A fortiori, un camion d'un an devrait également être déclassé immédiatement.

Apparition des nouveaux camions prévue à l'avance.

Si l'apparition des camions importés peut être prévue un an à l'avance, l'achat d'un camion neuf national l'année précédant les importations peut éventuellement être remis en question. Il peut être en effet préférable de garder un camion ancien un an de plus que prévu sous l'hypothèse du renouvellement à l'identique, soit une 9ème année. Le coût correspondant au cours de cette 9ème année est $\mu_9 = 127\ kF$. *Un camion neuf serait déclassé au bout d'un an, ce qui entrainerait un coût* $\mu_1 = 160\ kF$*, nettement plus élevé.*

Un an avant l'apparition du nouveau type de camions, retarder le déclassement d'un camion ancien est donc préférable à l'achat d'un camion national neuf.

Résumé

Pour une unité de production fabriquant un seul produit, le niveau de production optimal n'est pas en général celui qui minimise le coût moyen.

Si le coût de production par période, ainsi que sa dérivée (supposée croissante à partir d'un certain niveau) sont des fonctions continues du volume de production, le niveau optimal est celui pour lequel le coût marginal (coût de la dernière unité produite) est égal à la recette marginale (recette procurée par la vente de la dernière unité).

Le coût de revient économique à été défini au cours de ce

chapitre dans le cas où il est pertinent de le définir comme constant au cours du temps, lorsque l'on peut supposer que la recette annuelle ou le prix de vente de la production seront eux-même stables sur la période d'étude. Le coût de revient économique est un équivalent de l'ensemble des coûts associés à un projet d'investissement. Lorsque l'on définit un coût de revient annuel, il s'agit de l'annuité constante équivalente à la somme (actualisée) des dépenses d'investissement et d'exploitation. Un coût de revient économique unitaire, ou coût moyen actualisé, est le rapport de la somme des dépenses actualisées à la somme des productions actualisées.

Un projet présente un revenu actualisé positif si et seulement si le coût de revient annuel (respectivement le coût de revient unitaire) est inférieur à la recette annuelle (respectivement au prix de vente de la production).

Pour une unité de production dont la taille est à définir (gamme continue d'investissement), le coût marginal à long terme est le coût de revient économique de la dernière unité produite. Contrairement au calcul du coût marginal à court terme, le calcul du coût marginal à long terme fait intervenir le coût d'investissement (supposé variable en fonction de la taille). La dimension optimale d'une unité est celle à partir de laquelle le coût marginal à long terme deviendrait supérieur à la recette marginale.

Lorqu'un équipement assurant une production constante doit être renouvelé à l'identique, sa durée de vie optimale est celle qui minimise le coût de revient économique. Le coût marginal par rapport au temps est le coût associé à l'utilisation de l'équipement pendant une période supplémentaire. Il est égal au coût d'exploitation, éventuellement majoré de la perte de valeur de revente pendant la période et du coût d'immobilisation de la valeur (de revente) de l'équipement. La date de déclassement optimale d'un équipement est celle à partir de laquelle son coût marginal par rapport au temps deviendrait supérieur au coût de revient économique de l'équipement de remplacement[7].

7. Sous une hypothèse de régime permanent après déclassement.

6 | *Calculs de rentabilité et fiscalité*

«C'est sûr comme les impôts ; ça, il n'y a rien de plus sûr».
Charles Dickens

Objectifs du chapitre

Rappeler les principales conventions comptables nécessaires pour déterminer les versements d'impôt à associer à un projet d'investissement.

Evaluer l'influence de la fiscalité sur la rentabilité des projets.

Présenter les calculs de coûts après impôt : rechercher une solution de moindre coût ne dispense pas de tenir compte de la fiscalité.

INTRODUCTION

Comme au cours des chapitres précédents, nous supposerons parfaitement quantifiés les flux de trésorerie associés à un projet d'investissement, en nous limitant à des calculs déterministes. Nous supposerons qu'il n'y a pas d'érosion monétaire, celle-ci sera introduite au chapitre suivant.

La réalisation d'un projet d'investissement entraîne des bénéfices (ou des pertes) et, par conséquent, modifie le montant des impôts payés par l'entreprise. Lors d'une étude économique, dans la construction d'un échéancier de flux de trésorerie, il convient donc de déterminer la contribution du projet considéré aux sorties de fonds correspondant aux paiements d'impôts.

Nous consacrerons ce chapitre (la remarque ci-dessous mise à part) à la prise en compte de l'impôt sur les bénéfices des sociétés.

La détermination du montant de l'impôt s'effectue à partir du bénéfice imposable, calculé au moyen de conventions comptables. Celles-ci font l'objet, en annexe de ce chapitre, de quelques rappels (définition d'un bilan et du compte de résultat, méthodes de calcul de l'amortissement).

Nous n'aborderons pas ici les fiscalités pétrolières, très particulières, variables non seulement d'un pays à un autre mais souvent d'un permis d'exploitation à un autre [6.2].

Dans une première section, nous présenterons les principaux éléments du calcul du bénéfice imposable et des flux de trésorerie après impôt. Ceci sera fait sous différentes hypothèses concernant la situation bénéficiaire ou déficitaire de l'entreprise. Nous effectuerons ensuite une première analyse de l'influence de la fiscalité sur le résultat des calculs de rentabilité. Il s'agira seulement d'une analyse partielle compte tenu de notre hypothèse d'absence d'érosion monétaire. Dans une troisième section, nous présenterons les calculs de coûts après impôt et, en particulier, les calculs de coût de revient économique. Ce point est important. En effet, ce n'est pas parce qu'un échéancier de flux de trésorerie ne fait pas apparaître de recettes qu'il faut négliger l'influence de la fiscalité qui peut conduire à des décisions différentes de celles que l'on obtiendrait hors fiscalité.

Les sections 6.4 à 6.6 seront consacrées à la présentation de quelques formules et démonstrations plus générales que celles qui auront été données au cours des sections précédentes.

Remarque. Impôts autres que l'impôt sur les sociétés. Les impôts et taxes payés par l'entreprise sont de nature variée : Taxe à la Valeur Ajoutée (TVA), impôts locaux, taxes diverses (taxe d'apprentissage, taxe sur le chiffre d'affaires, droits de douane, etc.). Lorsque la réalisation d'un projet d'investissement a une influence sur le calcul de ces impôts, il doit, naturellement, en être tenu compte lors de la construction des échéanciers de flux de trésorerie permettant l'étude du projet.

Nous remarquerons cependant que la TVA est, en général, un impôt neutre vis-à-vis des problèmes d'investissement et que les calculs de rentabilité peuvent le plus souvent être effectués hors TVA. En effet, si l'entreprise intervient comme collecteur de TVA, celle-ci est en fait payée par les clients, acheteurs des biens ou services produits par l'entreprise. Le montant des taxes payées aux fournisseurs est «récupéré» par l'entreprise qui ne verse au fisc que la différence entre le montant de TVA payé par ses clients et le montant de TVA qu'elle a versé à ses fournisseurs.

Lorsque cette différence est négative, elle donne lieu (depuis 1972) à un crédit d'impôt. Ceci peut se produire lorsque les facteurs de production sont taxés à un taux plus élevé que le taux appliqué à la production de l'entreprise (produits agricoles par exemple). Ce cas se présente également lorsque les dépenses d'investissement, au cours de certaines années, sont plus élevées que le montant des ventes (entreprise en démarrage). Il y a alors (éventuellement) un décalage entre versement des taxes et récupération du crédit d'impôt correspondant, ce qui peut rendre nécessaire un accroissement du fonds de roulement de l'entreprise. Pour en tenir compte, il convient dans ce cas de majorer la valeur du fonds de roulement défini lors de l'estimation des dépenses d'investissement (une autre méthode consistant, naturellement, à porter dans les échéanciers des flux de trésorerie les sorties et rentrées de fonds correspondant aux montants de TVA considérés).

6.1 LE CALCUL DU BÉNÉFICE IMPOSABLE ET DES FLUX DE TRÉSORERIE APRÈS IMPÔT

L'impôt sur les bénéfices des sociétés est une fraction du bénéfice imposable. En France, le taux d'imposition, égal à 50 % jusqu'en 1986, est passé à 45 % pour 1987 et à 42 % à partir de 1988 [1].

Le bénéfice imposable est égal à la différence entre les produits et les charges dont la déduction est autorisée par l'administration fiscale. Ceux-ci peuvent être différents des recettes et dépenses réelles effectuées par l'entreprise au cours de l'année considérée et correspondent (à certaines corrections près) aux produits et charges qui figurent au compte de résultat. Les éléments de comptabilité correspondants sont rappelés en Annexe.

Nous passerons en revue les principaux éléments du calcul d'un bénéfice imposable, en reprenant en particulier les différents postes de recettes et dépenses qui interviennent lors de la construction d'un échéancier de flux de trésorerie, de façon à dégager leur incidence sur le calcul de l'impôt.

6.1.1 Les éléments du calcul de l'impôt

A. L'investissement

Cas général : l'amortissement comptable

Une dépense d'investissement ne peut pas être déduite du bénéfice imposable à l'année où elle est effectuée ; la charge correspondante est répartie sur plusieurs années par l'intermédiaire des amortissements.

---

1. **Remarque.** Le taux d'imposition des bénéfices réinvestis dans l'entreprise est passé à 39% pour 1989 et à 37% pour 1990 mais est resté égal à 42% pour les bénéfices distribués. Lors de l'étude d'un projet, c'est naturellement le taux d'imposition marginal qu'il convient de retenir (sur les raisons qui conduisent à utiliser des valeurs marginales, cf. par exemple le paragraphe 5.2.8). Pour une entreprise qui distribue des dividendes, il s'agit donc du taux qui s'applique aux bénéfices distribués.

L'amortissement représente la perte de valeur de l'équipement enregistrée au cours d'une année d'exploitation. Cette dépréciation peut difficilement être mesurée dans l'absolu. Elle est définie au moyen de règles comptables; les durées d'amortissement autorisées par l'administration fiscale sont fonction du type d'équipement considéré. Les méthodes de calcul sont données en annexe de ce chapitre.

Il peut arriver que l'amortissement utilisé pour présenter le compte de résultats et le bilan d'une entreprise soit différent de celui qui est pratiqué pour définir le bénéfice imposable et l'impôt. Nous nous intéresserons ici seulement à l'amortissement «fiscal».

Dépenses comptabilisées en charge d'exploitation ou amorties dans l'année

Il convient de remarquer que certaines dépenses, bien que liées directement à un investissement, sont considérées comme des charges d'exploitation et sont immédiatement déductibles pour le calcul du bénéfice imposable. Il en est ainsi de certains frais d'étude et de formation du personnel. Dans l'industrie pétrolière, certaines dépenses d'exploration [2] peuvent également être amorties dans l'année.

Biens non soumis à dépréciation

Par ailleurs, certains biens (les terrains par exemple) sont considérés comme non soumis à dépréciation et ne peuvent donner lieu à la comptabilisation d'amortissements.

Constitution de stocks

Enfin, parmi les dépenses qui peuvent être analysées comme des dépenses d'investissement, nous avons cité au chapitre 1 les frais de constitution d'un stock-outils et d'un fonds de roulement qui sont souvent nécessaires avant la mise en exploitation d'un équipement. De même, dans l'industrie du raffinage et de la pétrochimie, une première charge de catalyseur doit être mise en place lors de la construction d'unités catalytiques. En comptabilité, ces dépenses ne donnent pas lieu à amortissement (en effet, un stock-outils ne fait pas l'objet d'une dépréciation inévitable). Les dépenses effectuées pour constituer un stock sont enregistrées au poste **achats** du compte de résultat, mais ont une influence sur le résultat d'un exercice seulement dans la mesure où il y a consommation.

---

2. En France, les frais de recherche géologique et les dépenses de forage réalisées sur des puits improductifs sont amortis dans l'année. Les règles fiscales sont variables d'un pays à l'autre. Par exemple, la fiscalité pétrolière américaine distingue les dépenses de forage «tangibles» et les dépenses «intangibles». Les coûts tangibles correspondent aux investissements matériels qui donnent lieu à amortissement (tête de puits, tubages) tandis que les coûts intangibles correspondent à des frais incorporels (par exemple, frais de transports) ou à des dépenses en matériel non récupérable (outil de forage). Les coûts intangibles peuvent être amortis dans l'année.

Exemple.

Considérons un projet d'achat de marchandises (coût : 10 000 F) qui seraient stockées pendant deux ans et revendues ensuite pour la somme de 12 000 F.

Cette opération n'aura pas d'influence sur les paiements d'impôts de la première année, mais fera apparaître au moment de la vente un bénéfice imposable de 12 000 F − 10 000 F = 2 000 F (la valeur comptable du stock étant égale à 10 000 F).

Le compte de résultat de l'année 2 est donné par le tableau 6.1.

TABLEAU 6.1
COMPTE DE RESULTATS

(F)

Charges		*Produits*	
Consommation de marchandises	*: 10 000*	*Vente*	*: 12 000*
Bénéfice d'exploitation	*: 2 000*		

En supposant que le taux d'imposition est égal à 50 %, le montant de l'impôt s'élève à 1 000 F. Le flux de trésorerie après impôt est alors de 11 000 F (tableau 6.2).

TABLEAU 6.2
ECHEANCIERS DES FLUX DE TRESORERIE

(F)

Années	*0*	*2*
Flux de trésorerie hors impôt	*− 10 000*	*+ 12 000*
Impôt		*− 1 000*
Flux de trésorerie après impôt	*− 10 000*	*+ 11 000*

En résumé, les dépenses relatives à la constitution d'un stock n'ont pas d'influence sur l'impôt de l'année où la dépense est effectuée, mais à l'année où il y a consommation ou revente, si cette revente est effectuée à un prix différent du prix d'achat.

Rappelons que pour tenir compte de la valeur d'un stock à la fin de la période d'étude d'un projet, on peut introduire une « valeur résiduelle » dans l'échéancier de flux de trésorerie, à la dernière année, sans qu'il y ait revente effective. Ce point sera repris plus loin.

Remarquons que les dépenses de constitution d'un stock-outils peuvent ne pas apparaître seulement au moment de la mise en place d'un équipement. En effet, lorsque l'étude d'un projet fait apparaître une augmentation de la production au cours de la période d'étude, cette augmentation entraîne généralement une augmentation du volume du stock-outils nécessaire, qui est souvent une fraction fixe de la production (par exemple : stock de matières premières correspondant à 2 semaines de production, stock de produits intermédiaires et de produits finis correspondant à 3 semaines).

B. Recettes et dépenses d'exploitation

Aux recettes et dépenses d'exploitation correspondent des produits et des charges figurant au compte de résultat (cf. Annexe). En règle générale, le calcul du bénéfice imposable d'une année donnée fait donc intervenir les recettes diminuées des frais d'exploitation de l'année.

Cependant, nous noterons que cette pratique ne constitue, dans certains cas, qu'une approximation. En effet, les produits et charges sont rattachés à l'exercice au cours duquel ils ont trouvé leur origine, qui n'est pas nécessairement l'exercice au cours duquel sont effectués les encaissements ou décaissements correspondants. (Par exemple : des travaux d'entretien, réalisés en 1987 mais payés en 1988 apparaissent en charge de l'exercice 1987).

Par ailleurs, et comme nous venons de le rappeler ci-dessus, le compte de résultat n'enregistre pas seulement les ventes et achats de produits et de matières premières, mais également les variations de stocks.

Pour ces différentes raisons, un certain décalage dans le temps peut donc apparaître entre les flux de trésorerie et l'enregistrement comptable associés à des recettes et dépenses d'exploitation. Cependant, ces décalages sont généralement beaucoup moins importants (pour un calcul de rentabilité) que ceux qui existent entre une dépense d'investissement et la comptabilisation des amortissements. La plupart, souvent difficiles à prévoir, portent sur des sommes relativement faibles et peuvent être négligés lors de la construction des échéanciers de flux de trésorerie; d'autres pourront faire l'objet d'un traitement semblable à celui qui a été présenté ci-dessus concernant la constitution (ou la reprise) d'un stock ou d'un fonds de roulement.

C. Revente

Lorsque l'étude d'un projet d'investissement conduit à prévoir la revente d'une immobilisation, on devra tenir compte de l'impôt (respectivement : de l'économie d'impôt) liée à la plus-value (respectivement : moins-value) correspondante. Rappelons que la plus-value est la différence entre la valeur de revente et la valeur nette comptable si cette différence est positive; dans le cas contraire il y a moins-value, égale à la différence entre la valeur nette comptable et la valeur de revente.

Le taux de taxation (voir Annexe) est différent selon qu'il s'agit d'une plus-value à court terme (intégrée au bénéfice imposable) ou d'une plus-value à long terme (taxée au taux de 15 %, 25 % pour les terrains à bâtir).

D. Valeur résiduelle

Nous avons vu (chapitre 1) que, en dehors de l'hypothèse de revente effective, une valeur résiduelle peut être introduite dans un échéancier pour tenir compte de la valeur d'usage d'un matériel à la fin de la période d'étude. Il est alors difficile d'apprécier l'impact de la fiscalité sur ce poste ; cependant, si les services rendus par l'équipement au-delà de la période d'étude conduisent à des bénéfices, ceux-ci seront soumis à l'impôt ; s'il y a vente, celle-ci donnera lieu à une taxation de la plus-value (dans le cas où la valeur de revente est supérieure à la valeur nette comptable [3]). Il est donc prudent de comptabiliser, le cas échéant, un impôt qui viendra en déduction de cette valeur résiduelle. En l'absence d'hypothèses permettant un calcul rigoureux de celui-ci, une pratique courante consiste à effectuer le calcul de l'impôt comme s'il y avait vente effective.

E. Provisions admises en déduction du bénéfice imposable

Lors de la construction des comptes de résultat prévisionnels associés à un projet d'investissement, on peut en général négliger les postes de provisions telles que provisions pour dépréciation ou provisions pour risques et charges (cf. Annexe). En effet, il est difficile de prévoir les sommes correspondantes qui pourraient être comptabilisées au cours d'une année future et affectées au projet étudié ; leur montant est en général peu élevé et le décalage dans le temps entre la comptabilisation d'une provision et la charge effective correspondante est également, en général, peu important.

Par contre, certaines provisions spéciales doivent parfois être prises en compte pour l'étude d'un projet.

Provisions spéciales

La fiscalité française admet en franchise d'impôt des provisions spéciales dans le cadre de certaines activités particulières : travaux effectués à l'étranger, exploitation de journaux, exploitation de gisements d'hydrocarbures liquides ou de certaines substances minérales solides. Dans ce dernier cas (exploitation de gisements), la « provision pour reconstitution de gisements » permet de déduire du bénéfice imposable 23,5 % des recettes dans la limite de la moitié du bénéfice imposable. Pour que la déduction d'impôt correspondante soit définitivement acquise, il faut cependant que la provision soit utilisée dans un délai d'un an maximum à des dépenses d'exploration. Dans le cas contraire, la provision est réintégrée au bénéfice imposable de l'année qui suit sa comptabilisation.

Remarque. Provisions pour investissement. La provision pour investissement est définie par les règles relatives à la participation des salariés aux bénéfices de l'entreprise. D'un montant égal à une fraction (50 % depuis 1975) des sommes comptabilisées au titre de la participation, elle est constituée en franchise d'impôt à condition d'être consacrée (dans un délai d'un an) à l'acquisition d'immobilisations amortissables. Ces dispositions

3. En particulier ne donne pas lieu à imposition la valeur résiduelle associée à la reprise en fin de période d'un stock ou d'un bien non amortissable (terrain), si cette reprise est comptabilisée pour une valeur égale à la valeur d'achat.

pourraient diminuer le coût de l'investissement associé à un projet donné dans le cas où le montant total des autres investissements prévus par l'entreprise ne dépasserait pas le montant de la provision autorisée. En fait, dans la pratique, le montant de l'ensemble des investissements est (presque) toujours nettement supérieur au montant de la provision autorisée ; ce qui fait que cette dernière peut être considérée comme indépendante de la réalisation d'un projet particulier, et ne doit pas être prise en compte (sauf cas très particulier) lors d'un calcul de rentabilité.

Naturellement, des conditions fiscales particulières pour des projets importants devront être étudiées en liaison avec des spécialistes de la fiscalité, ceci surtout pour la réalisation d'investissements à l'étranger nécessitant une bonne connaissance des réglementations en vigueur dans le pays d'accueil. La production pétrolière, par exemple, est soumise à une fiscalité spécifique variable suivant les pays.

6.1.2 Paiements d'impôt associés à un projet

L'analyse de l'enregistrement comptable et de l'incidence fiscale de chaque poste de recettes et de dépenses d'un projet d'investissement, effectuée comme ci-dessus, permet de déterminer pour chaque année de la période d'étude les comptes de résultat prévisionnels et le montant du bénéfice imposable (éventuellement de la perte) associés au projet.

Sauf cas particuliers (tels que celui des provisions spéciales évoquées ci-avant), les principales indications du paragraphe précédent peuvent être résumées par la formule simplifiée :

bénéfice imposable = recettes d'exploitation – frais d'exploitation – amortissements

Pour les années où apparaissent des cessions d'actifs ou des valeurs résiduelles, cette formule doit être corrigée en ajoutant (respectivement : en retranchant) au bénéfice les plus-values (respectivement : moins-values) correspondantes [4].

Remarque. Pertes comptables. Même pour un projet économiquement justifié, il peut arriver que le bénéfice comptable soit négatif pour certaines années, généralement au début de l'exploitation. Par exemple, les praticiens des études de rentabilité de l'implantation de nouvelles stations-services font généralement des hypothèses correspondant à de faibles volumes de vente (bénéfices peu élevés ou négatifs) au cours des premières années d'exploitation d'une station, pendant lesquelles la clientèle des habitués n'est pas encore complètement formée. De façon plus générale, assez souvent, la production correspondant à la capacité nominale d'un équipement n'est pas atteinte au

4. En remarquant toutefois que certains éléments (plus-values à long terme par exemple) peuvent être taxés à un taux différent.

cours des premières années; ceci peut être dû à l'augmentation progressive des ventes sur un marché, ou bien aux «maladies de jeunesse» des matériels de technologie nouvelle dont la mise au point entraîne des arrêts fréquents.

Le bénéfice imposable étant déterminé, il convient de calculer le montant d'impôt associé au projet. Le mode de calcul sera fonction des résultats imposables de l'entreprise (résultats globaux correspondant à l'ensemble de ses activités).

Nous ne reviendrons pas sur le cas où l'entreprise prévoit de ne pas payer d'impôts sur toute la période d'étude et effectue donc les calculs hors fiscalité.

Différentes hypothèses peuvent alors se présenter :

A. Hypothèse 1 : L'entreprise prévoit que ses résultats imposables seront bénéficiaires (pour l'ensemble de ses opérations) au cours de chacune des années de la période d'étude

De façon plus précise, nous supposons que le bénéfice imposable global sera positif même si, pour certains exercices, des pertes comptables sont associées au projet considéré (pertes qui viendront en déduction des bénéfices provenant d'autres activités).

Dans cette hypothèse, si au cours d'une année donnée, le bénéfice imposable associé au projet est positif, la réalisation de l'investissement accroîtra le bénéfice d'ensemble de l'entreprise, et donc le montant d'impôt de l'exercice considéré. L'impôt qui doit être imputé au projet s'obtient donc simplement en appliquant le taux d'imposition[5] en vigueur au bénéfice imposable dégagé par le projet.

Si la réalisation de l'investissement entraîne pour un exercice une perte comptable, celle-ci viendra en déduction du bénéfice imposable de l'entreprise, ce qui conduira à une diminution d'impôt. Cette économie d'impôt devra alors se traduire par l'introduction d'un flux de trésorerie positif (recette) dans l'échéancier associé au projet.

Par exemple, si le taux d'imposition est de 40 % et si un projet fait apparaître une perte de 10 000 F au cours d'un exercice, la comptabilisation de cette perte entraîne une diminution du bénéfice imposable de l'entreprise de 10 000 F; elle dégage donc une économie d'impôt de 4 000 F, dont on devra créditer le projet.

En résumé, sous l'hypothèse étudiée, et en convenant de considérer une perte comme un bénéfice négatif, on peut utiliser la relation suivante quel que soit le signe du bénéfice imposable :

impôt associé au projet = taux d'imposition
× bénéfice imposable associé au projet

5. Eventuellement différents taux, lorsque certains bénéfices tels que des plus-values à long terme sont soumis à des taux distincts.

B. Hypothèse 2 : Prévisions quantitatives de pertes comptables (sur l'ensemble des activités de l'entreprise)

Nous supposons que certains exercices de la période d'étude feront apparaître des pertes, pour l'ensemble des activités de l'entreprise, et qu'il est possible d'en prévoir le montant.

Pour calculer la contribution du projet aux paiements d'impôts, il faut alors avoir déterminé, non seulement le bénéfice associé au projet, mais aussi le montant du bénéfice imposable (ou de la perte) que réaliserait l'entreprise si le projet étudié n'était pas retenu. Le calcul du supplément (algébrique) d'impôt entraîné par le projet sera effectué par différence : en retranchant du montant total d'impôt payé dans le cas où le projet serait réalisé le montant total d'impôt qui serait payé si le projet était rejeté. On devra tenir compte du fait que les pertes peuvent être reportées sur des exercices futurs. Il peut ainsi y avoir un décalage dans le temps entre l'enregistrement d'un bénéfice imposable dégagé par un projet et les paiements (ou économies) d'impôts correspondants.

Exemple.

Considérons un projet d'investissement dont la réalisation permettrait une exploitation de 1991 à 1995. Le bénéfice imposable du projet ainsi que celui que l'entreprise présenterait si le projet n'était pas retenu sont donnés par les deux premières lignes du tableau 6.3 ci-après. Le taux d'imposition est égal

TABLEAU 6.3
CALCUL DE L'IMPOT A IMPUTER A UN PROJET

(MF)

Années	*1991*	*1992*	*1993*	*1994*	*1995*	*Total*
Bénéfice imposable avant report des pertes :						
Associé au projet	–20	–10	8	30	50	58
Autres activités	30	6	– 10	4	40	70
Total	10	– 4	– 2	34	90	128
Bénéfice imposable après report des pertes :						
Si le projet n'est pas réalisé	30	6	– 10	– 6	34	
Total si le projet est réalisé	10	– 4	– 6	28	90	
Impôt :						
Si le projet n'est pas retenu (a)	15	3	0	0	17	35
Total si le projet est réalisé (b)	5	0	0	14	45	64
A imputer au projet (b – a)	– 10	– 3	0	14	28	29
Impôt qui serait imputé au projet dans l'hypothèse 1 (entreprise constamment en bénéfice)	– 10	– 5	4	15	25	29

à 50 %. Les dernières lignes donnent les éléments et les résultats du calcul de l'impôt qui doit être associé au projet. Le total sur les cinq années de l'impôt associé au projet est le même que dans l'hypothèse 1 ; la répartition dans le temps est différente.

Il faut bien dire qu'il est très difficile d'effectuer des prévisions de bénéfice imposable pour l'ensemble des activités d'une entreprise. D'autant plus que ce bénéfice dépend non seulement de la poursuite des activités existantes, mais également de la réalisation d'autres projets dans le futur. En toute rigueur, il faudrait alors considérer comme interdépendants les différents projets qui peuvent avoir une influence sur le calcul du report des pertes comptables [6].

Dans la pratique, en général, une étude complète s'appuyant sur des prévisions de résultats comptables à moyen et long terme n'est donc effectuée que pour des projets très importants. Pour des petits projets, on peut se limiter à une prévision qualitative pour déterminer les années où l'entreprise présentera des résultats en bénéfice ou en perte.

C. Hypothèse 3 : Prévisions qualitatives du signe du bénéfice comptable

Nous considérons un projet d'investissement dont la taille est insuffisante pour modifier le signe du bénéfice imposable de l'entreprise au cours des années à venir. Nous supposons ce signe connu sur toute la période d'étude. Le calcul peut alors être effectué de façon simplifiée :

- pour chacun des exercices au cours desquels l'entreprise sera en perte, le montant d'impôt à imputer au projet sera nul et les bénéfices ou pertes associés au projet pendant ces exercices seront reportés jusqu'à la première année de bénéfice ;
- au cours des années où le bénéfice global est supposé positif, l'impôt à affecter au projet s'obtient en appliquant le taux d'imposition au bénéfice du projet majoré (ou diminué) éventuellement des reports des années antérieures.

Exemple.

Les comptes de résultat prévisionnels associés à un projet d'investissement ont permis de déterminer les bénéfices imposables associés au projet qui sont reportés dans le tableau 6.4. Les années déficitaires s'expliquent par un faible niveau de production au démarrage et la possibilité d'amortir de façon accélérée un premier matériel mis en service en 1990 et un deuxième mis en service en 1994. L'entreprise prévoit qu'elle commencera à payer des impôts seulement à partir de 1993, et ceci que le projet soit réalisé ou non. Le taux d'imposition est de 50 %.

La perte associée au projet pour l'année 1990 va s'ajouter aux pertes des autres activités qui seront reportées jusqu'en 1993 ; elle entraîne donc un crédit d'impôt en 1993. De même, les bénéfices du projet dans les années 1991, 1992, 1993 vont diminuer les pertes à reporter et vont donc augmenter l'impôt de l'année 1993.

---

6. Considérons l'exemple d'une entreprise qui prévoit, en l'absence d'investissement, des résultats déficitaires au cours des cinq années à venir, la perte annuelle étant égale à 1 MF. Deux projets sont étudiés, qui présentent chacun un bénéfice imposable annuel de 0,8 MF. L'entreprise ne paiera pas d'impôt au cours des cinq années si un seul des projets est réalisé ; elle en paiera si les deux sont réalisés. Le montant d'impôt qui doit être associé à l'un des projets (et par conséquent sa rentabilité) dépend donc de la décision qui sera prise pour le second projet.

TABLEAU 6.4
RESULTATS PREVISIONNELS

Années	*1990*	*1991*	*1992*	*1993*	*1994*	*1995*	*1996*	...
Situation fiscale de l'entreprise	*Déficitaire*			*Bénéficiaire*				
Bénéfice imposable associé au projet ...	*− 7*	*5*	*10*	*12*	*− 2*	*8*	*20*	...

L'impôt à associer au projet pour 1993 est donc égal à :

$$0,5(-7+5+10+12) = 10$$

L'échéancier des montants d'impôt est alors donné par le tableau 6.5.

TABLEAU 6.5
IMPOT ASSOCIE AU PROJET

Années	*1990*	*1991*	*1992*	*1993*	*1994*	*1995*	*1996*	...
Impôt à imputer au projet	*0*	*0*	*0*	*10*	*− 1*	*4*	*10*	...

Remarque. Lorsque l'entreprise fait partie d'un groupe de sociétés dont les comptes sont consolidés fiscalement, les prévisions concernant l'imposition doivent être effectuées au niveau du groupe.

C'est ainsi qu'une entreprise du groupe peut être amenée à effectuer des calculs de rentabilité en tenant compte de la fiscalité, même si elle prévoit d'être en situation déficitaire sur plusieurs années, dans le cas où les comptes consolidés font apparaître un bénéfice imposable positif (et inversement).

Enfin signalons qu'une pratique utilisée consiste à effectuer les calculs comme dans l'hypothèse 1 (résultats d'ensemble en bénéfice sur toute la période d'étude), même lorsque cette hypothèse n'est pas exactement vérifiée, lorsqu'il est difficile de prévoir de façon précise les années où l'entreprise paiera des impôts. Cette méthode conduit le plus souvent (mais pas dans tous les cas) à affecter à un projet des dépenses d'impôts égales en valeurs nominales à celles qui résulteraient d'un calcul plus précis, mais plus rapprochées dans le temps ; en effet, si le projet présente un bénéfice positif, il donne lieu à un impôt dans l'année sous l'hypothèse 1, la dépense d'impôt étant par contre retardée si l'entreprise est momentanément en perte. L'hypothèse 1 conduit donc généralement à sous-estimer la rentabilité du projet (dépenses d'impôt plus élevées en valeurs actualisées puisque plus rapprochées), ce qui est conforme à un souci de prudence souhaitable lorsque l'on effectue des calculs approchés.

D. Hypothèse 4 : La réalisation du projet considéré constitue la seule activité de l'entreprise

Cette hypothèse peut être vérifiée lorsqu'une nouvelle société est constituée, éventuellement par plusieurs partenaires, pour construire et exploiter un équipement. C'est ainsi, par exemple, que des sociétés de raffinage ont été créées par plusieurs entreprises prenant chacune une participation dans un projet de construction d'une raffinerie.

Dans le domaine de la production de gisements d'hydrocarbures, une hypothèse semblable est souvent vérifiée. De nombreuses législations pétrolières prévoient en effet une interdiction de consolider les résultats de l'exploration et de la production relatifs à différents permis (barrières fiscales). Tout se passe alors comme si les opérations effectuées sur un permis donné étaient celles d'une société indépendante ayant pour seule activité l'exploration et la production sur le permis étudié.

Il s'agit d'un cas particulier de l'hypothèse 2 ci-dessus. Si un projet présente des pertes au cours des premières années d'exploitation, elles ne donneront pas lieu à un crédit d'impôt immédiat, mais devront être reportées, sur les années ultérieures (5 ans au maximum en France).

6.1.3 Flux de trésorerie après impôt

A. Calcul direct

Une première façon de calculer un flux de trésorerie après impôt consiste, naturellement, à retrancher le montant d'impôt aux flux de trésorerie définis hors impôts (encaissements moins décaissements).

En toute rigueur, il faudrait d'ailleurs tenir compte du fait que l'impôt relatif à un exercice n donné n'est pas payé entièrement[7] à l'année n, mais à l'année suivante $n+1$.

Il est également possible d'effectuer le calcul à partir des éléments comptables utilisés pour déterminer le bénéfice imposable.

B. Utilisation des éléments comptables

a. Calcul de la Capacité Brute d'Autofinancement

Ce calcul des flux de trésorerie relatifs à un projet donné peut être mené d'une façon semblable à celle qui est utilisée en analyse financière pour déterminer à partir du résultat comptable (figurant au bilan) la capacité d'autofinancement engendrée au cours d'un exercice par l'activité de l'entreprise. Celle-ci est définie comme la différence entre les produits encaissables et les charges

7. Pour l'ensemble de l'entreprise, des acomptes correspondant à 90 % des impôts de l'année $n-1$ sont payés au cours de l'année n.

décaissables. Pour l'obtenir, sans rechercher dans le compte de résultat chacun des postes de produits et de charges donnant effectivement lieu à encaissement ou à décaissement, il est possible de partir du calcul du bénéfice comptable. Le bénéfice comptable fait en effet intervenir des produits et des charges auxquels correspondent dans l'année considérée des mouvements de fonds; il s'agit essentiellement des recettes et des dépenses d'exploitation[8]. Mais il fait également apparaître (en charge) les amortissements et les provisions comptabilisées au cours de l'exercice, éléments auxquels ne correspond aucun flux de trésorerie.

Pour obtenir la capacité d'autofinancement (anciennement appelée : «Marge Brute d'Autofinancement», MBA ou *cash flow* net disponible), il faut donc ajouter au bénéfice comptable après impôts les montants de ces deux postes :

$$\begin{array}{c}\text{capacité}\\\text{d'autofinancement}\\\text{(ex MBA)}\end{array} = \begin{array}{c}\text{bénéfice}\\\text{comptable}\\\text{après}\\\text{impôts}\end{array} + \begin{array}{c}\text{dotation aux}\\\text{amortissements}\end{array} + \begin{array}{c}\text{variations}\\\text{de la}\\\text{dotation aux}\\\text{provisions}\end{array}$$

Lorsqu'on effectue ce calcul pour un projet d'investissement, on peut, en général, comme nous l'avons vu ci-dessus, négliger les postes de provisions (sauf cas particuliers) et calculer la Capacité Brute d'Autofinancement associée au projet au moyen de la formule :

CBA = bénéfice comptable après impôts + dotation aux amortissements

Remarque. La capacité d'autofinancement ainsi définie mesure le montant des fonds engendrés au cours de l'exercice et qui restent à la disposition de l'entreprise *avant versement des dividendes.*

b. Flux de trésorerie

Pour déterminer à partir de la CBA le flux de trésorerie à affecter à un projet d'investissement, quelques corrections, le cas échéant, doivent encore être apportées.

Nous ne revenons pas sur les décalages dans le temps d'importance mineure signalés en note infra-paginale 8, en particulier ceux qui sont relatifs aux paiements de l'impôt :

– La CBA mesure les ressources en financement dégagées au cours d'un exercice, mais ne comptabilise pas les emplois de ces ressources. Plus précisément, le calcul de la capacité d'autofinancement effectué ci-dessus ne prend pas en compte les encaissements et décaissements correspondant à des opérations qui modifient la composition du patrimoine de l'entreprise sans modifier sa valeur. Ainsi, les dépenses d'investissements ou de

8. En considérant éventuellement comme négligeables quelques décalages dans le temps (par exemple, une vente effectuée en 1987 apparaît en produit de l'année 1987 même si l'encaissement de la facture correspondante n'a lieu qu'en 1988).

création d'actifs circulants (stocks) n'interviennent pas dans le calcul de la CBA [9]. A titre d'exemple, considérons un projet qui entraîne une dépense d'investissement I localisée à une année 0, l'exploitation commençant à l'année 1. La CBA de l'année 0 sera nulle tandis que le flux de trésorerie est égal à $-I$. De même, lorsqu'il y a revente d'actifs, les mouvements de trésorerie correspondants ne sont pas pris en compte dans la détermination de la CBA (définition du Plan Comptable Général de 1982). Ils devront naturellement être introduits dans l'échéancier des flux de trésorerie utilisé pour un calcul de rentabilité. Il devra d'ailleurs en être de même pour les éléments tels qu'une valeur résiduelle, auxquels ne correspond pas nécessairement un mouvement de fonds effectif.

- Enfin, certaines opérations modifient la valeur du patrimoine de l'entreprise et, par conséquent, le résultat comptable, sans qu'il y ait mouvement de trésorerie : par exemple, lorsqu'il y a consommation de matières premières disponibles en stock au cours de la dernière année d'exploitation d'un équipement. Dans ce cas, la charge correspondante doit être rajoutée à la CBA calculée ci-dessus pour définir le flux de trésorerie de l'année considérée.

Des exemples de calcul de CBA et de flux de trésorerie seront donnés à la section suivante.

6.2 REVENU ACTUALISÉ ET TAUX DE RENTABILITÉ APRÈS IMPÔT

Au cours de cette section, nous présenterons des exemples de calcul de revenu actualisé et de taux de rentabilité après impôt. Ensuite, et en nous appuyant en particulier sur ces exemples, nous essaierons de dégager quelques résultats concernant l'influence de la fiscalité sur la rentabilité d'un projet d'investissement.

6.2.1 Premier exemple de calcul (Exemple : Unité de production d'ammoniac)

Les hypothèses.

Nous reprendrons l'étude du projet de construction d'une unité de production d'ammoniac. Rappelons rapidement les hypothèses utilisées précédemment :

9. Au bilan, l'augmentation d'un poste «immobilisations» est équilibrée par l'écriture au passif d'une dette (si l'achat a lieu en faisant appel à l'emprunt) ou par la diminution d'un poste valeurs disponibles (par exemple, banques) de l'actif.

La réalisation d'un projet A permet une production de 300 000 t par an pendant 10 ans, les frais d'exploitation étant de 420 F/t, le prix de vente de 1 100 F/t. Le coût d'investissement est de 1 000 MF.

Un projet B est relatif à la construction d'une unité de 500 000 t par an, les frais d'exploitation sont de 420 F/t, le prix de vente des 300 000 t par an vendues sur le marché local est de 1 100 F/t, la valorisation à l'exportation des 200 000 t par an supplémentaires est de 800 F/t. Le coût d'investissement est de 1 470 MF.

A ces hypothèses, nous ajouterons les suivantes :

L'entreprise prévoit des résultats imposables en bénéfice sur toute la période d'étude. Le taux d'imposition est de 40 % du bénéfice imposable. L'amortissement est linéaire sur 10 ans. Pour simplifier les calculs, nous supposerons que l'impôt relatif aux résultats d'une année donnée est payé dans l'année considérée.

Echéancier des flux de trésorerie du Projet A.

Année 0 : le mouvement de trésorerie correspond à la dépense d'investissement, soit : − 1 000 MF. La réalisation du projet n'a pas d'influence sur le bénéfice imposable ni sur l'impôt dû par l'entreprise pour l'année 0.

Années d'exploitation (années 1 à 10) : compte tenu des hypothèses simplificatrices utilisées, la valeur de chacun des postes de recettes, de dépenses et de charges déductibles du bénéfice imposable (amortissement) est constante au cours du temps sur la durée d'exploitation.

Dans un premier temps, nous calculerons le bénéfice imposable, qui s'obtient en retranchant des recettes d'exploitation, les dépenses d'exploitation et l'amortissement.

Recettes : $1\,100 \times 300\,000 = 330$ *MF/an.*

Dépenses d'exploitation : $420 \times 300\,000 = 126$ *MF/an.*

L'amortissement étant linéaire sur 10 ans est égal chaque année à $1/10^{e}$ *de l'investissement, soit :* $1\,000/10 = 100$ *MF/an.*

D'où le bénéfice imposable : $330 - 126 - 100 = 104$ *MF/an.*

Le montant de l'impôt est donc égal à 41,6 MF/an.

Le flux de trésorerie s'obtient en retranchant des recettes les décaissements relatifs aux frais d'exploitation et à l'impôt, soit :

Flux de trésorerie = $330 - 126 - 41{,}6 = 162{,}4$ *MF/an.*

Il peut également être obtenu en utilisant le calcul de la Capacité Brute d'Autofinancement par addition du bénéfice après impôt et des amortissements. Dans cet exemple, et pour chacune des années d'exploitation, le flux de trésorerie est égal à la CBA. (Un exemple plus complet, faisant intervenir des valeurs résiduelles, une constitution de stocks, etc., est donné plus loin).

Revenu actualisé et taux de rentabilité du Projet A.

Le revenu actualisé $\widehat{R}_A$ après impôt est égal à :

$$\widehat{R}_A = -1\,000 + \sum_{n=1}^{10} \frac{162,4}{(1+i)^n}$$

Pour $i = 7\ \%$, $\widehat{R}_A = 141$ MF.

La valeur du revenu actualisé pour différentes valeurs du taux d'actualisation est donnée par le tableau 6.6.

TABLEAU 6.6
REVENU ACTUALISE

i	0	4 %	7 %	10 %	12 %
$\hat{R}(i)$ (MF)	624	317	141	– 2	– 82

Le taux de rentabilité après impôt est : $\widehat{r}_A \simeq 10\ \%$.

Revenu actualisé du Projet B.

Le calcul est effectué comme précédemment.

Le flux de trésorerie annuel est égal à 226,8 MF pour chacune des années d'exploitation.

Au taux $i = 7\ \%$, le revenu actualisé est égal à 123 MF.

Le taux de rentabilité est peu différent de 9 %.

Première analyse des résultats.

Pour chacun des projets, les courbes représentatives des variations du revenu actualisé en fonction du taux d'actualisation sont données par la figure 6.1. Sur cette figure ont été également reportées les courbes de rentabilité avant impôt.

Dans un premier temps, nous comparerons les résultats après impôt aux résultats avant impôt obtenus pour une même valeur du taux d'actualisation.

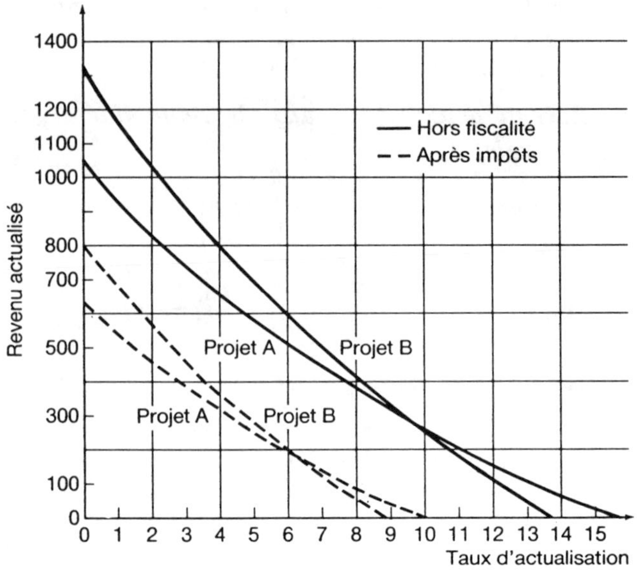

Fig. 6.1 Courbes de rentabilité des projets A et B avant et après impôt

Cette comparaison appelle les remarques suivantes :

- *le revenu actualisé après impôt (141 MF au taux i=7 % pour le projet A) n'est pas égal à 60 % (260 MF) du revenu actualisé avant impôt et lui est sensiblement inférieur ;*
- *la prise en compte de la fiscalité peut conduire à des choix différents de ceux qui seraient retenus si l'on effectuait les calculs hors fiscalité. Si l'on utilise une même valeur du taux d'actualisation de 10 % par exemple, les deux projets ont chacun un revenu actualisé positif hors impôt, négatif après impôt.*

Au taux d'actualisation de 7 %, le projet B est préféré au projet A si l'on ne tient pas compte de la fiscalité ($R_A = 433$ MF tandis que $R_B = 497$ MF) ; c'est le résultat inverse qui est obtenu si l'on en tient compte ($\widehat{R}_A = 141$ MF; $\widehat{R}_B = 123$ MF).

6.2.2 Deuxième exemple : Construction d'un atelier

L'exemple suivant a pour but de présenter un calcul de CBA et de flux de trésorerie après impôt correspondant à un cas plus général que celui étudié ci-dessus. Il fait intervenir des immobilisations non amortissables (terrain), des actifs circulants (stocks) et des valeurs résiduelles.

Nous considérons un projet de construction d'un atelier de fabrication d'objets en matières plastiques dont les caractéristiques sont :

Période d'étude : limitée à la fin de l'année 2002. Début d'exploitation : 1992.

Investissement :		
année 1990 :	*achat d'un terrain*	*: 300 000 F*
	bâtiment	*: 400 000 F*
	matériel	*: 1 500 000 F*
année 1991 :	*matériel (fin)*	*: 900 000 F*
	constitution de stocks	*: 100 000 F*
année 1992 :	*augmentation du stock*	*: 80 000 F*
Recette d'exploitation :		
année 1992		*: 800 000 F*
années 1993 à 2002		*: 1 400 000 F*
Dépenses d'exploitation :		
année 1992		*: 400 000 F*
années 1993 à 2002		*: 600 000 F*
Valeurs résiduelles :		
fin d'année 2002 :	*terrain*	*: 300 000 F*
	stocks	*: 180 000 F*
	valeur de récupération du bâtiment	*: 250 000 F*
	valeur de récupération de l'équipement	*: 150 000 F*

Le taux d'imposition est égal à 50 %. On suppose que les résultats imposables d'ensemble de l'entreprise seront bénéficiaires sur toute la période d'étude. Le bâtiment est amorti sur 20 ans (amortissement linéaire), l'équipement sur 8 ans (amortissement dégressif). Le taux d'actualisation retenu par l'entreprise est égal à 8 %.

L'incidence de la fiscalité sur les valeurs résiduelles sera calculée comme dans l'hypothèse d'une vente effective à la fin de l'année 2002.

***Bâtiment :** Les annuités d'amortissement du bâtiment sont égales à 20 000 F par an. En 2002, la valeur comptable (non encore amortie) est égale à 180 000 F. La valeur résiduelle étant égale à 250 000 F, nous comptabiliserons une plus-value de 70 000 F qui sera intégrée au bénéfice imposable (plus-value à court terme).*

***Matériel :** Les annuités d'amortissement* [10] *du matériel sont données par le tableau 6.7 ; le taux d'amortissement est égal à 2,5 fois le taux de l'amortissement linéaire sur 8 ans, soit : 2,5/8.*

TABLEAU 6.7
ANNUITE D'AMORTISSEMENT DE L'EQUIPEMENT

(kF)

Années	*1992*	*1993*	*1994*	*1995*	*1996*	*1997*	*1998*	*1999*
Valeur restant à amortir	2 400	1 650	1 134	780	536	369	246	123
Annuité d'amortissement	750	516	354	244	167	123	123	123

Le passage à l'amortissement linéaire aura lieu en 1997. En effet, en 1996, l'annuité d'amortissement dégressif est égale à 167 000 F, tandis que l'annuité d'amortissement linéaire permettant d'amortir 536 000 F sur 4 ans serait égale à 134 000 F. L'amortissement dégressif est donc pratiqué.

En 1997, par contre, l'annuité d'amortissement linéaire (123 000 F) est supérieure à l'annuité d'amortissement dégressif (115 000 F). C'est l'amortissement linéaire qui est retenu.

En 2002, le matériel est complètement amorti. C'est donc la totalité de la valeur résiduelle du matériel qui sera considérée comme imposable (plus-value à court terme).

La somme des valeurs résiduelles se décompose alors comme suit :

valeurs imposables :	*bâtiment*	*: 70 000 F*	*(plus-values à court terme)*
	matériel	*: 150 000 F*	
valeurs non imposables :	*terrain*	*: 300 000 F*	
	stocks	*: 180 000 F*	
	bâtiment	*: 180 000 F*	*(valeur non encore amortie)*

L'échéancier des flux de trésorerie est donné par le tableau 6.8.

Au taux d'actualisation de 8 %, le revenu actualisé à l'année 1990 après impôt est :

$$\widehat{R}(0,08) = 543\,000F$$

10. La méthode de calcul de l'amortissement dégressif est donnée en Annexe.

TABLEAU 6.8
ECHEANCIER DES FLUX DE TRESORERIE

(kF)

Années	1990	1991	1992	1993	1994	1995	1996	1997	1998	1999	2000	2001	2002
Investissement (1)													
Terrain	300												
Bâtiment	400												
Matériel	1 500	900											
Stocks		100	80										
Recettes d'exploitation (2)			800	1 400	1 400	1 400	1 400	1 400	1 400	1 400	1 400	1 400	1 400
Dépenses d'exploitation (3)			400	600	600	600	600	600	600	600	600	600	600
Amortissement comptable (4)			770	536	374	264	187	143	143	143	20	20	20
Valeur résiduelle imposable (5)													220
Bénéfice imposable (6) = (2) + (5) – (3) – (4)			– 370	264	426	536	613	657	657	657	780	780	1 000
Impôt (7) = 0,5 (6)			– 185	132	213	268	307	329	329	329	390	390	500
Marge brute d'autofinancement (6) – (7) + (4)			585	668	587	532	494	472	472	472	410	410	520
Valeurs résiduelles non soumises à l'impôt (8)													660
Flux de trésorerie (2) + (5) + (8) – (1) – (3) – (7)	– 2 200	– 1 000	505	668	587	532	494	472	472	472	410	410	1 180
Flux de trésorerie hors impôt ...	– 2 200	– 1 000	320	800	800	800	800	800	800	800	800	800	1 680

Le taux de rentabilité après impôt est peu différent de 11 %.
Le taux de rentabilité hors fiscalité est peu différent de 17 %.

6.2.3 Comparaison des revenus actualisés avant et après impôt pour une même valeur du taux d'actualisation

Les remarques effectuées ci-dessus à propos de l'exemple Ammoniac ont une portée assez générale : à taux d'actualisation donné, la fiscalité n'est pas «neutre» vis-à-vis des calculs de rentabilité et peut conduire à des décisions différentes de celles qui seraient prises si l'on effectuait les calculs sans en tenir compte.

De façon à en préciser la cause, nous présenterons tout d'abord un cas théorique avant de revenir au cas général.

A. Un cas particulier où la fiscalité est neutre

Considérons un projet d'investissement pour lequel la dépense d'investissement peut faire l'objet d'un amortissement immédiat ou bien être comptabilisée intégralement en charge d'exploitation dès l'année où intervient cette dépense.

Il s'agit ici d'une hypothèse d'école. Nous avons vu cependant qu'elle est parfois vérifiée. Même si elles portent leurs fruits sur plusieurs années et doivent alors être considérées pour une étude économique comme des investissements, certaines dépenses peuvent être comptabilisées en charges d'exploitation (ou amorties dans l'année). C'est le cas pour des frais de gros entretien, des dépenses d'exploration dans l'industrie pétrolière, des frais d'études ou de formation du personnel.

Nous supposons qu'il n'y a ni constitution de stocks, ni provisions spéciales, ni cession d'actifs. Pour chacune des années n de la période d'étude, le bénéfice imposable est alors égal à la différence entre les recettes y_n et les frais d'exploitation f_n ; il est donc égal au flux de trésorerie avant impôt F_n :

$$F_n = y_n - f_n$$

Supposons que l'entreprise est en bénéfice quel que soit le bénéfice imposable associé au projet. Si le taux d'imposition est de 40 %, le montant de l'impôt est égal à : 0,4 F_n (même si celui-ci est négatif, en particulier à l'année où l'investissement est effectué).

Le flux de trésorerie après impôt $\widehat{F}_n$ est donc égal à :

$$\widehat{F}_n = F_n - 0,4F_n = 0,6F_n$$

Le revenu actualisé après impôt $\widehat{R}$ est alors :

$$\widehat{R} = \sum_{n=0}^{N} \frac{\widehat{F}_n}{(1+i)^n} = 0,6R$$

(en notant N la dernière année de la période d'étude et R le revenu actualisé avant impôt).

De façon générale, soit t le taux d'imposition. Supposons-le constant sur toute la période d'étude.

Si les dépenses d'investissement sont comptabilisées comme des charges d'exploitation, le montant de l'impôt d'une année n est tF_n.

Le flux de trésorerie après impôt $\widehat{F}_n$ est donc égal à :

$$\widehat{F}_n = (1-t)F_n$$

Le revenu actualisé après impôt est :

$$\widehat{R} = (1-t)R$$

Dans ce cas, la fiscalité est neutre : sa prise en compte ne modifie pas le signe du bénéfice actualisé et ne modifie donc pas une décision d'acceptation ou de rejet du projet (à taux d'actualisation inchangé).

De même, le classement entre différents projets incompatibles est conservé.

Remarquons enfin que sous l'hypothèse étudiée (amortissement immédiat des dépenses d'investissement) le taux de rentabilité après impôt $\widehat{r}$ est égal au taux de rentabilité avant impôt r :

$$\widehat{r} = r$$

En effet, la valeur du taux d'actualisation qui annule $R(i)$ annule également $\widehat{R}(i) = (1-t)R(i)$; les courbes de rentabilité avant et après impôt se déduisent l'une de l'autre par affinité (fig. 6.2).

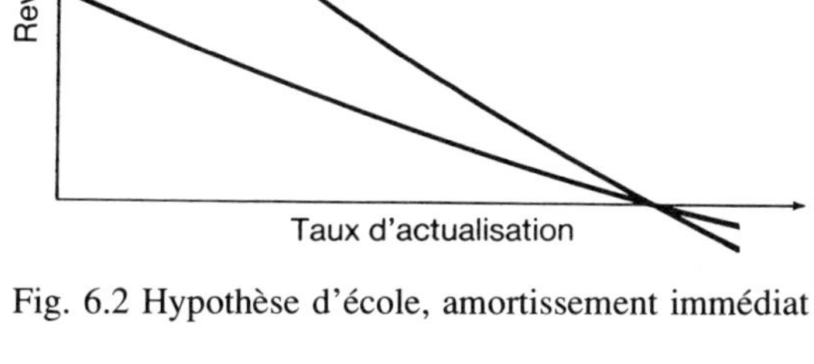

Fig. 6.2 Hypothèse d'école, amortissement immédiat

B. Cas général : Revenu actualisé avant et après impôt pour une même valeur donnée du taux d'actualisation

Lorsque l'entreprise effectue une dépense de 1 F, comptabilisée en charge d'exploitation, cette somme vient en déduction du bénéfice imposable de l'année. Elle entraîne donc une diminution de l'impôt relatif à l'exercice considéré, diminution égale à tF si le taux d'imposition est égal à t.

Par contre, et sauf sous l'hypothèse d'école étudiée ci-dessus, une dépense d'investissement ne peut être déduite du bénéfice imposable de l'année où elle est effectuée. La comptabilisation des amortissements conduit à diminuer le bénéfice imposable et donc les montants d'impôt des années d'exploitation, mais les diminutions d'impôt correspondantes interviennent ainsi au cours d'années plus éloignées dans le temps. Leur somme en valeur nominale est égale à la diminution d'impôt qu'entraînerait un amortissement immédiat, mais leur valeur actualisée est inférieure. La somme des valeurs actualisées des paiements d'impôt est donc supérieure à celle qu'entraînerait un amortissement immédiat (hypothèse étudiée au paragraphe précédent). Or, nous avons vu que sous cette hypothèse la valeur actualisée des montants d'impôt est égale à une fractiont du revenu actualisé (si le taux d'imposition est constant au cours du temps). Le revenu actualisé après impôt est donc (en général) [11] inférieur à $(1 - t)$ fois le revenu actualisé avant impôt (un calcul littéral est donné en section 6.4) :

$$\widehat{R}(i) < (1 - t)R(i)$$

Le revenu actualisé après impôt peut donc être négatif alors que le revenu actualisé avant impôt est positif. A taux d'actualisation donné, la prise en compte de la fiscalité peut ainsi conduire à rejeter des projets qui, en l'absence d'impôt, seraient retenus.

Ceci peut encore s'énoncer : le taux de rentabilité après impôt d'un projet est (en général) [11] inférieur au taux de rentabilité avant impôt : $\widehat{r} < r$. Un projet peut donc présenter un taux de rentabilité avant impôt supérieur au taux d'actualisation i et un taux de rentabilité après impôt inférieur à i.

Remarque. Le raisonnement utilisé ci-dessus est à rapprocher d'un principe bien connu : l'entreprise soumise à l'impôt sur les bénéfices a intérêt à choisir, lorsque cela lui est possible, les régimes d'amortissement les plus rapides, de façon à rapprocher dans le temps les économies d'impôt correspondantes. (C'est ainsi que l'on peut considérer que les règles fiscales permettant d'utiliser un amortissement dégressif constituent des mesures favorables à l'investissement).

Pour illustrer l'influence de la durée d'amortissement comptable sur le revenu actualisé, la figure 6.3 présente les courbes de rentabilité

11. Ces propriétés ne sont pas toujours vérifiées. Nous en donnerons un contre-exemple au paragraphe 6.4.2.

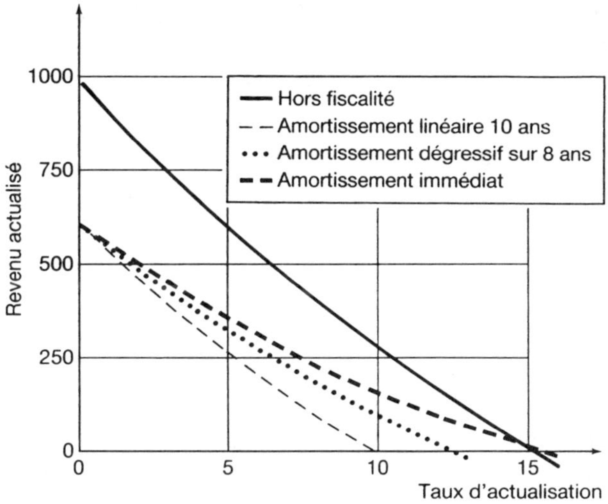

Fig. 6.3 Influence du régime d'amortissement

après impôt du projet de construction d'une unité de production d'ammoniac (projet A) sous différentes hypothèses : amortissement linéaire sur 10 ans, amortissement dégressif sur 8 ans, amortissement immédiat (hypothèse d'école).

C. Comparaison de projets incompatibles

Lorsque l'on désire comparer plusieurs projets, utiliser des revenus actualisés après impôt peut conduire à un classement différent de celui qui serait obtenu au moyen de calculs effectués hors fiscalité. Lorsqu'effectivement les classements avant et après impôt sont différents, et lorsque l'on compare des projets qui sont soumis à des régimes d'amortissement similaires, on peut remarquer que la prise en compte de la fiscalité conduit généralement à pénaliser les projets dont le coût d'investissement est le plus élevé. C'est effectivement ce qui a été constaté dans l'exemple traité plus haut (Unité de production d'ammoniac). Au taux d'actualisation de 7 %, le revenu actualisé avant impôt du projet B est supérieur à celui du projet A, tandis que l'on obtient un résultat inverse après impôt : le projet A sera préféré au projet B qui demande une mise de fonds initiale plus élevée.

La proposition énoncée peut être justifiée de la façon suivante (un calcul littéral est donné en section 6.4).

Soient ΔR et $\Delta\widehat{R}$ les revenus actualisés avant et après impôt associés à un échéancier de flux de trésorerie différentiels d'un projet B par rapport à un projet A, B étant plus cher à l'achat que A. (Autrement dit, ΔR est le supplément de revenu actualisé correspondant au supplément d'investissement qui permet de passer du projet A au projet B). Comme indiqué ci-dessus, si le taux d'impôt est égal à t :

$$\Delta\widehat{R} < (1-t)\Delta R$$

ou encore : le taux de rentabilité relative après impôt du projet B par rapport au projet A, $\widehat{r}_{B/A}$ est inférieur au taux de rentabilité relative avant impôt :

$$\widehat{r}_{B/A} < r_{B/A}$$

Si le revenu actualisé ΔR avant impôt est négatif, ($r_{B/A} < i$) le revenu actualisé après impôt $\Delta\widehat{R}$ sera négatif ($\widehat{r}_{B/A} < i$). Dans ce cas, la décision n'est pas modifiée par la fiscalité (A est préféré à B).

Si le revenu actualisé ΔR est positif, $\Delta\widehat{R}$ peut être soit positif (B est préféré à A après comme avant impôt), soit négatif. Dans ce dernier cas, le classement des deux projets est modifié, et le projet B, qui aurait été retenu hors fiscalité sera rejeté.

Certaines conséquences sont liées à ce résultat :

Comparaison de technologies différentes

Lorsque, pour un investissement, un choix est à faire entre des procédés de technologies différentes et lorsque la solution est modifiée par l'introduction d'une hypothèse de fiscalité dans le calcul de rentabilité, la fiscalité conduit à pénaliser (si le taux d'actualisation est inchangé) les solutions les plus capitalistiques.

Dimensionnement d'un projet

La taille optimale d'un projet faisant partie d'une gamme continue d'investissement est en général inférieure, lorsqu'il y a fiscalité, à celle que l'on obtiendrait hors fiscalité (cf. paragraphe 6.4.3).

Durée d'utilisation optimale

Lors de l'étude d'un problème de déclassement de matériel avec remplacement, la date de déclassement optimale peut être retardée par la prise en compte de l'impôt. (En effet, la fiscalité alourdit les charges d'investissement par rapport aux recettes et dépenses d'exploitation). Nous reviendrons sur ce point au paragraphe 6.3.3.D.b.).

6.2.4 Généralisation. Fiscalité et taux d'actualisation

Nous avons effectué ci-dessus une première analyse de l'influence de la fiscalité sur le calcul économique, dans le cas où une même valeur du taux d'actualisation était utilisée, qu'il y ait ou non fiscalité. Ce cas peut apparaître dans une entreprise financée essentiellement par capitaux propres et qui définirait la valeur du taux d'actualisation par référence à une rémunération minimum du capital souhaitée par les propriétaires de l'entreprise.

Dans le cas général cependant, la fiscalité peut conduire à utiliser un taux d'actualisation différent de celui qui serait fixé s'il n'y avait pas d'imposition des bénéfices. Nous reviendrons ultérieurement (chapitre 9) sur le problème de la détermination d'un taux d'actualisation et nous nous limiterons ici à quelques indications rapides (et incomplètes) concernant l'incidence de la fiscalité sur le calcul de ce taux, en considérant tout d'abord le cas où celui-ci représente un coût moyen de financement, puis le cas où il représente un coût associé à une contrainte de disponibilité en capital (coût de « rareté »).

A. Le taux d'actualisation représente le coût moyen du financement de l'entreprise

Le taux d'actualisation est alors défini comme une moyenne des coûts des différentes sources de financement, pondérée en fonction de la part de chaque source dans le financement total. Le calcul fait donc intervenir le coût des capitaux empruntés. Pour déterminer ce coût, il convient de noter que les intérêts payés par l'entreprise sont des charges déductibles du bénéfice imposable. Ainsi, une charge d'intérêt de 1 F payée au cours d'un exercice permet de diminuer le bénéfice imposable de l'exercice de 1 F et, par conséquent, de diminuer le montant d'impôt de t F (en considérant un taux d'imposition égal à t). Compte tenu de cette économie d'impôt, le coût associé au montant de 1 F d'intérêt est alors égal à $(1 - t)$ Francs.

De façon plus générale, le coût après impôt d'un emprunt effectué à un taux d'intérêt e est égal à une fraction $(1 - t)e$ du taux d'intérêt.

La prise en compte de la fiscalité peut conduire par conséquent à un coût moyen de financement après impôt inférieur à celui qui serait obtenu si l'entreprise n'était pas soumise à l'impôt.

B. Le taux d'actualisation représente un « coût de rareté » du capital

Le taux d'actualisation est dans ce cas défini de façon que tous les projets présentant un revenu actualisé positif puissent effectivement être réalisés compte tenu des possibilités de financement de l'entreprise.

Supposons qu'une entreprise a ainsi défini un taux d'actualisation i_1 sans tenir compte de la fiscalité ; autrement dit, le capital nécessaire pour financer les projets dont le revenu actualisé hors impôt au taux i_1 est positif est égal au capital disponible. Si maintenant les calculs sont effectués après impôt au taux i_1, le nombre des projets retenus (dont le taux de rentabilité après impôt est supérieur à i_1) et, éventuellement leur taille, seront généralement plus petits que le nombre des projets (et éventuellement les capacités) qui auraient été retenus en l'absence de fiscalité. (Nous avons vu en effet que, à taux d'actualisation donné, le revenu actualisé après impôt est inférieur à $(1 - t)$ fois le revenu actualisé avant impôt; certains projets qui ont un revenu actualisé avant impôt positif peuvent présenter un revenu actualisé après impôt négatif).

La réalisation des projets dont le revenu actualisé après impôt au taux i_1 est positif ne permettra pas d'utiliser tout le capital disponible.

Il convient donc d'utiliser un taux d'actualisation i_2, inférieur à i_1, si l'on désire qu'il y ait égalité entre les disponibilités (supposées données) en capital et les besoins en financement nécessaires pour réaliser les projets retenus à l'issue de calculs de rentabilité après impôt.

C. Conclusion

Dans les deux cas qui ont été présentés ci-dessus, nous obtenons un résultat semblable : la valeur du taux d'actualisation qui doit être utilisée pour des calculs de rentabilité après impôt est en général inférieure (ou égale) à la valeur qui serait définie hors fiscalité.

6.2.5 Synthèse

En résumé, on peut schématiser l'influence de la fiscalité sur les calculs de rentabilité en distinguant deux effets :

- à taux d'actualisation donné, la fiscalité peut conduire à éliminer des projets dont le revenu actualisé aurait été positif hors fiscalité; lors d'une comparaison entre différents projets, elle peut conduire à retenir des solutions moins lourdes en investissement;
- le taux d'actualisation qui doit être utilisé pour des calculs de rentabilité après impôt est inférieur (ou égal) à celui qui serait utilisé en l'absence d'imposition des bénéfices. Ce deuxième effet est naturellement opposé au premier (un taux d'actualisation moins élevé favorisant des investissements plus capitalistiques ou de taille plus importante).

6.2.6 Calculs hors fiscalité avec un taux d'actualisation adapté

A partir de ce qui précède, on peut se demander s'il ne suffit pas de modifier la valeur du taux d'actualisation pour pouvoir utiliser des calculs de rentabilité hors impôt. Une méthode approchée parfois proposée consiste, en effet, à construire les échéanciers de flux de trésorerie hors fiscalité et à effectuer ensuite les calculs d'actualisation avec un taux d'actualisation $\widetilde{i}$ corrigé. Si le taux d'imposition est de 50 %, la valeur de $\widetilde{i}$ est égale au double de celle, i, qui serait retenue pour actualiser des flux de trésorerie après impôt. Avec un taux d'imposition t, on retiendra une valeur :

$$\tilde{i} = \frac{i}{1-t}$$

que l'on peut appeler «taux d'actualisation ramené avant impôt».

Une justification réside dans le fait que la méthode est exacte si, pour l'ensemble des projets étudiés, la loi d'amortissement fiscale correspond à un rythme de «dépréciation économique» [12]. Rappelons que l'amortissement économique comprend un terme de dépréciation et un terme de rémunération du capital. Une condition pour que cette propriété soit vérifiée est que l'amortissement fiscal soit égal à ce terme de dépréciation. La démonstration est donnée section 6.5.

De façon plus empirique, on peut faire la constatation suivante : lorsque le taux d'imposition est de 50 %, la valeur du taux de rentabilité après impôt d'un projet est assez souvent voisine de la moitié de la valeur du taux de rentabilité avant impôt. De façon plus générale, si t est le taux d'imposition, on a assez fréquemment :

$$\widehat{r} \simeq (1-t)r$$

Cette relation [13] est d'ailleurs assez bien vérifiée dans notre exemple Ammoniac ($r_A \simeq 16$ %, $\widehat{r}_A \simeq 10$ % avec $t = 0,4$).

Lorsqu'il en est ainsi, il revient effectivement au même de rejeter les projets dont le taux de rentabilité après impôt est inférieur au taux d'actualisation i, ou bien de rejeter les projets dont le taux de rentabilité avant impôt est inférieur au taux d'actualisation $\widehat{i}$.

Cette méthode n'est cependant pas rigoureuse et peut fournir des résultats qui, dans certains cas, sont fortement erronés. Pour le montrer, nous prendrons quelques exemples, pour lesquels la valeur du taux de rentabilité après impôt d'un projet n'est pas toujours voisine de $(1 - t)$ fois la valeur du taux de rentabilité avant impôt.

Un premier exemple nous en a été donné par l'étude de la «construction d'un atelier» (paragraphe 6.2.2, ci-dessus). Le taux de rentabilité avant impôt était voisin de 17 %, le taux de rentabilité après impôt voisin de 11 %, alors que le taux d'imposition était de 50 %.

Nous verrons en section 6.4 un autre exemple, où le taux de rentabilité après impôt est supérieur au taux de rentabilité avant impôt.

Rappelons l'influence du régime d'amortissement sur le revenu actualisé et le taux de rentabilité d'un projet (fig. 6.3).

Supposons, ce qui est le cas dans notre exemple Ammoniac, que la relation :

$$\widehat{r} = (1-t)r$$

---

12. On peut donner plusieurs définitions d'une loi de «dépréciation économique», cf. section 6.5.

13. La relation est exacte dans le cas où l'amortissement fiscal correspond à une certaine loi de dépréciation économique, cf. section 6.5.

est vérifiée lorqu'il y a amortissement linéaire sur une durée proche de la durée de vie réelle. La figure 6.3 montre que, pour des régimes d'amortissement plus rapides, le taux de rentabilité $\widehat{r}$ peut varier entre $(1-t)r$ et r.

Ainsi, considérons plusieurs projets qui présentent, si l'on ne tient pas compte de la fiscalité, des flux de trésorerie indentiques. Supposons (ce qui constitue évidemment une hypothèse d'école) que ces projets permettent de pratiquer des régimes d'amortissement différents. Il est clair que le projet autorisant l'amortissement le plus rapide doit être préféré aux autres. Ceci se traduira naturellement par un revenu actualisé plus élevé si le calcul est effectué après impôt. Cependant, quelle que soit la valeur du taux d'actualisation, ces projets seront considérés comme équivalents si le calcul de rentabilité est effectué hors impôt.

Nous traiterons enfin un exemple relatif à une comparaison entre deux projets.

Exemple. Comparaison d'éléments en acier inoxydable et en réfractaire.

On envisage de remplacer des éléments de conduite associés à une unité de raffinage, de façon à pouvoir augmenter température et débits par rapport à une solution antérieure. Deux options sont possibles, qui permettent le même accroissement de débit et donc le même gain, estimé à 360 000 F par an :

A. *Mise en place d'éléments en acier inoxydable. Durée de vie : 12 ans. Durée d'amortissement : 12 ans. Investissement : 1,2 million de francs.*

B. *Utilisation d'éléments en acier ordinaire associé à un réfractaire. Le remplacement doit alors être effectué à chaque arrêt d'entretien de la raffinerie (tous les trois ans). Le coût à chaque remplacement est égal à 580 000 F. Cette dépense peut être comptabilisée en charge d'exploitation.*

Hors impôt, les revenus actualisés s'écrivent (en milliers de francs) :

$$R_A(i) = -1\,200 + 360 \sum_{n=1}^{12} \frac{1}{(1+i)^n}$$

$$R_B(i) = -\left(580 + \frac{580}{(1+i)^3} + \frac{580}{(1+i)^6} + \frac{580}{(1+i)^9}\right) + 360 \sum_{n=1}^{12} \frac{1}{(1+i)^n}$$

Au taux d'actualisation $i = 20$ %, il vient :

$$R_A(0,20) = 400$$
$$R_B(0,20) = 375$$

Hors fiscalité, la solution A sera donc préférée à la solution B.

Effectuons maintenant les calculs en supposant que le taux d'imposition est égal à 50 % du bénéfice imposable. Dans le cas de l'option A, l'amortissement (linéaire sur 12 ans) est égal à 100 kF par an. Le bénéfice imposable est donc égal chaque année d'exploitation à :

$$360 - 100 = 260$$

Le montant d'impôt est donc de 130 kF et le flux de trésorerie de 230 kF.

D'où le revenu actualisé après impôt :

$$\widehat{R}_A(i) = -1200 + 230\sum_{n=1}^{12} \frac{1}{(1+i)^n}$$

Pour l'option B, les dépenses de remplacement étant comptées en charges d'exploitation :

$$\widehat{R}_B(i) = 0,5R_B(i)$$

Si l'on considère une valeur du taux d'actualisation égale à 10 %, soit la moitié de la valeur utilisée pour le calcul effectué hors fiscalité, il vient :

$$\widehat{R}_A(0,10) = 367 \text{ kF}$$
$$\widehat{R}_B(0,10) = 432 \text{ kF}$$

La solution B sera donc préférée à la solution A, ce qui correspond à un choix opposé à celui qui a été défini ci-dessus hors impôt. Dans ce cas, on obtient donc un résultat incorrect si l'on utilise le procédé qui consiste à effectuer les calculs hors fiscalité avec une valeur du taux d'actualisation égale au double de la valeur qui serait retenue pour des calculs prenant en compte la fiscalité.

6.3 LES CALCULS DE COÛTS APRÈS IMPÔT

6.3.1 Principes généraux

A. Présentation

Dans cette section, nous supposerons que l'entreprise est soumise à l'impôt sur les bénéfices et que son bénéfice imposable sera positif sur toute la période d'étude des projets d'investissement analysés. Sous ces hypothèses, nous présenterons les principes permettant d'effectuer des calculs de coût compte tenu de la fiscalité.

Considérons, par exemple, différents projets incompatibles qui assurent une même production, ou procurent les mêmes recettes, et ceci pour chacune des années de la période d'étude. Pour effectuer un choix entre ces projets, on peut rechercher la solution qui rend minimum le coût total actualisé, ou bien un coût de revient économique associé à l'ensemble des dépenses (investissement et exploitation) qui permettent d'atteindre les objectifs de production fixés.

Les échéanciers de flux de trésorerie ne font alors apparaître ni recettes, ni bénéfice imposable (positif). Il est clair cependant que l'influence de la fiscalité ne doit pas être négligée, les coûts devant être calculés après impôt pour que leur utilisation conduise au même résultat que celui qui serait obtenu par le calcul d'un revenu actualisé après impôt.

On rencontre un autre exemple de calcul de coût lorsque l'on cherche à définir des prix de cession interne. Pour que leur utilisation permette une décentralisation des décisions correspondant à la recherche d'un optimum centralisé, il sera nécessaire que le calcul de ces prix soit effectué en tenant compte de la fiscalité.

Le principe du calcul d'un coût après impôt est alors de déterminer les économies d'impôt qu'entraîne la comptabilisation des différents postes de dépenses considérés et de retrancher les économies d'impôt aux coûts effectivement supportés, ceci pour chacune des années de la période d'étude.

Nous illustrerons ce principe sur un exemple simple, avant de traiter un exemple de portée plus générale.

Nous définirons ainsi le coût de revient économique après impôt et le coût de revient économique compte tenu de la fiscalité ramené avant impôt. Les formules plus générales seront données en section 6.6.

B. Exemple introductif

Considérons un particulier qui envisage l'achat d'un appartement en utilisant un emprunt bancaire. Il désire comparer (pour les premières années) le coût d'une location et les dépenses qu'entraîneraient, dans le cas d'un achat, les rembousements d'emprunt. Le montant des mensualités de remboursement est supposé connu et égal à 2 000 F par mois. Les dispositions actuelles relatives à l'impôt sur le revenu des personnes physiques permettent de bénéficier d'un crédit d'impôt correspondant à 25 % du montant des intérêts versés pour l'acquisition d'une résidence principale, ceci dans la limite de 9 000 F, majorée de 1 500 F par enfant à charge. Supposons alors que le particulier considéré a deux enfants et que le montant des intérêts à payer dépasserait, au cours des premières années, la somme de 12 000 F.

Dans le cas d'un achat avec recours à l'emprunt, le paiement d'intérêts permet de bénéficier d'une économie d'impôt de 25 % de 12 000 F, soit : 3 000 F par an.

Compte tenu de la fiscalité, la dépense mensuelle est ainsi ramenée de 2 000 F à :

$$2\,000 - \frac{3\,000}{12} = 1\,750 \text{ F par mois}$$

C. Généralisation

L'exemple précédent a montré qu'il n'est pas nécessaire de connaître le revenu imposable du particulier pour déterminer l'incidence de la fiscalité sur un poste de dépense donné; il suffit de connaître le taux d'imposition qui doit être appliqué (lorsque l'on peut supposer que celui-ci ne sera pas modifié par la réalisation du projet étudié).

Lors de l'étude d'un projet industriel, le calcul sera mené de façon semblable, c'est-à-dire en calculant les modifications d'impôt entraînées par chaque poste de dépense et en déduisant les économies d'impôt des dépenses considérées. Il faut remarquer toutefois que les dépenses d'exploitation entraînent des économies sur le montant de l'impôt relatif à l'année où elles ont été effectuées, tandis que les crédits d'impôt associés aux dépenses d'investissement interviennent au cours des années où sont comptabilisés les amortissements.

Pour donner un exemple de calcul de coûts après impôt, nous reprendrons l'exemple du projet de construction d'une unité de production d'ammoniac et analyserons l'influence de la fiscalité sur le calcul du coût de revient économique. Nous définirons ainsi les notions de **coût de revient économique après impôt, de coût de revient compte tenu de la fiscalité et ramené avant impôt**, d'amortissement économique après impôt et d'amortissement économique compte tenu de la fiscalité et ramené avant impôt.

Les formules plus générales sont données en section 6.6.

6.3.2 Coût de revient économique après impôt

A. Remarques préliminaires

Avant de calculer le coût de revient économique après impôt, nous insisterons sur la remarque suivante :

Un coût de revient économique après impôt ne sera pas défini en ajoutant aux dépenses d'investissement et d'exploitation les montants d'impôt que l'entreprise va effectivement payer sur le revenu de l'exploitation. Si l'on opérait ainsi, on obtiendrait un indicateur de coût, une grandeur qui serait une fonction du prix de vente (le montant d'impôt étant fonction des recettes). Or, nous demanderons à un coût de revient d'avoir la propriété suivante : si le prix de vente d'un produit ou d'un service est supérieur à son coût de revient, l'opération est bénéficiaire, déficitaire sinon. Pour qu'un coût de revient soit comparable à un prix de vente quelconque, il est nécessaire que les éléments du calcul de ce coût de revient soient indépendants du prix de vente.

Rappelons d'ailleurs que dans l'exemple précédent relatif à un achat immobilier, nous n'avons pas calculé un montant d'impôt payé par le particulier considéré, mais seulement les économies d'impôt associées aux dépenses d'acquisition de l'appartement.

B. Exemple. Unité de production d'ammoniac

Les éléments de dépenses du projet A de construction d'une unité de production d'ammoniac sont les suivants :

- *Investissement : 1 000 MF à l'année 0. Amortissement linéaire sur 10 ans.*
- *Frais d'exploitation (années 1 à 10) : 126 MF par an.*

Le taux d'imposition est égal à 40 %. Rappelons par ailleurs l'hypothèse utilisée dans cette section : l'entreprise prévoit que les résultats relatifs à l'ensemble de ses activités seront bénéficiaires sur toute la durée d'étude du projet.

Nous effectuerons les calculs en considérant une valeur du taux d'actualisation égale à 7 %.

Nous chercherons, comme au chapitre précédent (hors fiscalité), à définir un coût de revient économique constant au cours de toute la période d'exploitation (le prix de vente est supposé constant sur cette période).

Nous analyserons séparément l'incidence sur l'impôt de chacun des deux types de dépenses (par comparaison avec le cas où le projet ne serait pas réalisé).

Dépenses d'exploitation : *La comptabilisation de 126 MF de frais d'exploitation chaque année diminue le bénéfice imposable de l'entreprise de 126 MF par an, et donne donc lieu à un diminution d'impôt de :*

$$0,4 \times 126 = 50,4 \ MF/an$$

Cette économie d'impôt est à mettre au crédit du projet. Autrement dit (et compte tenu de cette économie d'impôt), le coût après impôt des frais d'exploitation est égal à :

$$126 - 50,4 = 75,6 \ MF/an$$

Investissement : *La réalisation de l'investissement et le paiement de la somme de 1 000 MF effectué à l'année 0 n'entraînent pas de modification du bénéfice imposable et de l'impôt de l'année 0. Par contre, la comptabilisation de 100 MF d'amortissement pour chacune des années 1 à 10 diminue le bénéfice imposable des exercices correspondants de 100 MF/an et entraîne donc une économie d'impôt de 0,4 × 100 MF/an.*

L'échéancier des coûts après impôt est alors le suivant :

année 0	*: 1 000 MF*
années 1à 10	*: – 40 MF/an (crédit d'impôt)*

Si nous regroupons maintenant dépenses d'exploitation et d'investissement et les crédits d'impôts qui leur sont associés, nous obtenons l'échéancier :

année 0	*: 1 000 MF*
années 1 à 10	*: 126 – 50,4 – 40 = 35,6 MF*

Le coût de revient économique annuel après impôt est alors l'annuité constante équivalente à cet échéancier. Pour le calculer, en remarquant que le solde des dépenses des années 1 à 10 est constant au cours du temps (35,6 MF/an), il suffit d'ajouter à ce chiffre l'annuité constante équivalente à la dépense de 1 000 MF effectuée à l'année 0 (soit : 142,4 MF au taux d'actualisation de 7 %).

Le coût de revient économique après impôt est alors égal à :

$$142,4 + 35,6 = 178 \ MF/an$$

En rapportant ce chiffre au montant de la production annuelle

(300 000 tonnes) nous obtenons le coût de revient économique unitaire[14] *(coût moyen actualisé) après impôt :*

$$\widehat{p}_u = 593 \ F/t$$

Comparaison du coût de revient économique et du prix de vente : *Rappelons la valeur du prix de revient économique hors fiscalité calculée pour une même valeur du taux d'actualisation (7 %)*

$$\widehat{p}_u = 895 \ F/t$$

Ce coût de revient économique avant impôt peut être interprété de la façon suivante : s'il n'y a pas de fiscalité et si la production est vendue à un prix de vente unitaire constant au cours des dix années d'exploitation, le revenu actualisé au taux de 7 % sera positif si (et seulement si) le prix de vente est supérieur à p_u, *soit 895 F/t. Hors fiscalité, lorsqu'il s'agit d'étudier une décision d'acceptation ou de rejet d'un projet d'investissement, l'utilisation du coût de revient économique conduit aux mêmes résultats qu'un calcul de revenu actualisé : il revient au même, si le prix de vente du produit est constant, de comptabiliser pour chaque tonne produite la différence entre prix de vente et coût de revient économique, ou bien de comptabiliser la suite des recettes et des dépenses réelles. Ceci peut encore s'écrire : si P est le prix de vente unitaire du produit, le revenu actualisé est égal à :*

$$(P - p_u) \ (\textit{production actualisée})$$

On peut alors se poser la question de savoir s'il est possible d'effectuer un raisonnement semblable compte tenu de la fiscalité. En particulier, quel est le prix de vente minimum qui permet de dégager un revenu actualisé après impôt positif ?

Nous remarquerons tout d'abord que ce prix de vente minimum n'est pas égal au coût de revient après impôt (593 F/t) défini ci-dessus, d'une valeur sensiblement inférieure à celle du coût de revient économique avant impôt.

---

14. Rappelons que celui-ci peut également s'obtenir en effectuant le rapport de la dépense actualisée à la production actualisée, soit :

$$\frac{1\,000 + 35,6 \displaystyle\sum_{n=1}^{10} \frac{1}{(1+i)^n}}{0,3 \displaystyle\sum_{n=1}^{10} \frac{1}{(1+i)^n}} = 593 \ \mathrm{F/t}$$

Rappelons comment ce coût de revient après impôt a été calculé : nous n'avons pas déterminé le montant d'impôt associé à la fabrication et à la vente de l'ammoniac, mais seulement l'influence sur l'impôt des postes de dépenses (investissement et exploitation). Si nous désirons comparer les dépenses après impôt aux recettes entraînées par la vente du produit, nous devrons donc déterminer l'influence sur l'impôt de ces recettes.

Le raisonnement est alors semblable à celui qui a été effectué ci-dessus. Si le prix de vente d'une tonne d'ammoniac est de 1 100 F/t, chaque tonne vendue augmente le bénéfice imposable de l'entreprise de 1 100 F et augmente donc le montant d'impôt de 0,4 × 1 100 = 440 F. La recette après impôt est donc seulement de 1 100 − 440 = 660 F par tonne vendue.

C'est à cette recette après impôt que le coût de revient après impôt peut être comparé.

C. Coût de revient après impôt et revenu actualisé

En résumé, le coût de revient économique après impôt est l'équivalent des dépenses diminuées des crédits d'impôt que leur comptabilisation permet d'obtenir.

Si le coût de revient doit être comparé à une recette, cette recette doit elle-même être calculée après impôt. Si le taux d'impôt est t, la recette après impôt est égale à $(1 - t)$ fois la recette avant impôt.

De façon semblable à ce qui a été fait hors fiscalité, nous pouvons donc écrire :

Le revenu actualisé après impôt est positif si (et seulement si) le coût de revient économique après impôt est inférieur à la recette après impôt.

Le revenu actualisé après impôt peut être exprimé en fonction du coût de revient après impôt, comme suit. Considérons par exemple un projet permettant la fabrication d'un seul produit. Soit P le prix de vente unitaire de la production, $\widehat{p}_u$ le coût de revient économique unitaire après impôt, $P\overline{Q}$ la production actualisée.

La recette hors fiscalité est $P\overline{Q}$.

Soit après impôt $(1 - t)P\overline{Q}$.

Par définition du coût de revient économique unitaire après impôt, la dépense actualisée après impôt est alors $\widehat{p}_u\overline{Q}$. Le revenu actualisé après impôt s'écrit donc :

$$\widehat{R} = [(1 - t)P - \widehat{p}_u]\bar{Q}$$

6.3.3 Prix de vente minimum. Coût de revient économique compte tenu de la fiscalité et ramené avant impôt

Compte tenu de ce qui précède, le prix de vente minimum $\widetilde{p}$ permettant d'obtenir un revenu actualisé positif est égal à $1/(1-t)$ fois le coût de revient économique après impôt :

$$\widetilde{p} = \frac{\widehat{p}}{1-t}$$

Dans notre exemple Ammoniac, on obtient :

$$\widetilde{p} = 990F/t$$

Remarque. *Ce résultat peut être retrouvé directement, en recherchant le prix de vente $\widetilde{p}$ tel que le revenu actualisé (après impôt) est nul.*

Effectuons ce calcul sur notre exemple Ammoniac. La production annuelle étant de 0,3 million de tonnes par an, si le prix de vente est $\widetilde{p}$, la recette est égale à (en millions de F/an) : 0,3 $\widetilde{p}$.

Le bénéfice imposable d'une année d'exploitation est alors égal à :

$$\text{recettes} - \text{frais d'exploitation} - \text{amortissement} = 0{,}3\widetilde{p} - 126 - 100$$

L'impôt est égal à :

$$0{,}4(0{,}3\widetilde{p} - 226)$$

Le flux de trésorerie (années 1 à 10) :

$$0{,}3\widetilde{p} - 126 - 0{,}4(0{,}3\widetilde{p} - 226) = 0{,}18\widetilde{p} - 35{,}6$$

Le revenu actualisé s'écrit :

$$-1\,000 + (0{,}18\widetilde{p} - 35{,}6)\sum_{n=1}^{10} \frac{1}{(1+i)^n}$$

La valeur de $\widetilde{p}$ qui annule ce revenu est alors :

$$\widetilde{p} = \frac{1}{0,18}\left[35,6 + \frac{1\,000}{\sum_{n=1}^{10} \frac{1}{(1+i)^n}}\right]$$

$$\widetilde{p} \simeq 990\ F/t$$

C'est ce mode de calcul qui sera généralement retenu lorsque les règles fiscales sont plus complexes (fiscalités pétrolières en particulier).

Dans la pratique, il est souvent plus commode et plus parlant d'utiliser ce prix $\widetilde{p}$, plutôt que d'utiliser le coût de revient économique après impôt $\widehat{p}$. En effet, le coût de revient après impôt $\widehat{p}$ doit être comparé, comme nous venons de le voir, à $(1-t)$ fois le prix de vente.

Le prix $\widetilde{p}$ est par contre directement comparable à un élément de recette ou de dépense[15] avant impôt. C'est ainsi qu'il pourra, par exemple, être utilisé pour effectuer un choix entre l'achat et la location d'un équipement qui rendrait les mêmes services que l'équipement étudié, par comparaison du prix $\widetilde{p}$ et du coût de location[16].

Cette notion est particulièrement importante lorsqu'il s'agit de définir des prix de cession internes qui puissent être considérés par chacune des entités échangeant des biens, comme des prix d'achat ou de vente effectifs, définis hors fiscalité.

Nous l'appellerons «coût de revient économique compte tenu de la fiscalité et ramené avant impôt».

On peut alors écrire :

Le revenu actualisé après impôt est positif si, et seulement si, le coût de revient économique, compte tenu de la fiscalité et ramené avant impôt, est inférieur au prix de vente.

Si P est le prix de vente et si le taux d'imposition est constant et égal à t, le revenu actualisé après impôt est égal à :

$$\widehat{R} = (1-t)(P-\widetilde{p}) \text{ (production actualisée)}$$

15. Si, naturellement, cet élément de recette ou de dépense est comptabilisé comme un produit ou une charge d'exploitation pour le calcul du bénéfice imposable.

16. Sous réserve d'une prise en compte des incidences financières du recours à la location (cf. chapitre 10, section 10.7).

6.3.4 Amortissement économique compte tenu de la fiscalité

Nous avons vu au chapitre précédent que le coût de revient économique est la somme des frais d'exploitation et de l'amortissement économique, ce dernier représentant une charge équivalente aux dépenses d'investissements.

De façon semblable, nous écrirons :

$$\text{coût de revient économique après impôt} = \text{frais d'exploitation après impôt} + \text{amortissement économique après impôt}$$

Nous avons vu que le calcul des frais d'exploitation après impôt est effectué en retranchant aux dépenses d'exploitation avant impôt les crédits d'impôt associés. Si le taux d'imposition est t, les dépenses après impôt sont donc égales à $(1 - t)$ fois les dépenses avant impôt.

L'amortissement économique après impôt s'obtient donc, dans le cas général, par différence. Il constitue une charge équivalente aux dépenses d'investissement et aux crédits d'impôts associés aux amortissements comptables.

Si l'on désire utiliser une charge équivalente compte tenu de la fiscalité, mais comparable à des éléments de recettes et de dépenses avant impôt, nous définirons l'amortissement économique compte tenu de la fiscalité et ramené avant impôt au moyen de la relation :

$$\text{coût de revient économique compte tenu de la fiscalité et ramené avant impôt} = \text{frais d'exploitation} + \text{amortissement économique compte tenu de la fiscalité et ramené avant impôt}$$

Dans le cas particulier où le coût de revient économique après impôt est constant au cours de la période d'exploitation et où les frais d'exploitation sont également constants au cours de cette période, l'amortissement économique est lui-même constant.

Il peut alors être calculé directement au moyen d'une annuité constante. C'est le cas dans l'exemple Ammoniac étudié ci-dessus, que nous reprendrons rapidement.

Exemple. Unité de production d'ammoniac.

L'amortissement économique après impôt est égal à l'annuité constante équivalente à la dépense d'investissement (1 000 MF à l'année 0) et aux crédits d'impôts dus à la comptabilisation de 100 MF d'amortissement pour chaque année d'exploitation. Ces crédits d'impôt correspondent à des annuités constantes de 40 MF/an, soit une charge de – 40 MF/an. L'amortissement économique s'obtient donc en re-

tranchant ces crédits d'impôts de l'annuité constante équivalente à l'investissement, soit :

$$\widehat{a} = 142,4 - 40 = 102,4 \ MF/an$$

Ce qui permet d'écrire le prix de revient économique après impôt sous la forme :

amortissement économique après impôt		frais d'exploitation après impôt		prix de revient économique après impôt
102,4	+	*75,6*	=	*178 MF/an*

Pour définir une charge équivalente à l'investissement compte tenu de la fiscalité, mais équivalente à une dépense avant impôt, nous calculerons l'amortissement économique ramené avant impôt en multipliant l'amortissement après impôt par 1/0,6, soit :

$$\widetilde{a} = \frac{\widehat{a}}{0,6} = \frac{1}{0,6} \times 102,4 = 171 \ MF/an$$

Le coût de revient économique compte tenu de la fiscalité et ramené avant impôt étant alors défini par :

amortissement économique compte tenu de la fiscalité ramené avant impôt		frais d'exploitation		coût de revient économique compte tenu de la fiscalité et ramené avant impôt
171	+	*126*	=	*297 MF/an*

L'amortissement économique compte tenu de la fiscalité et ramené avant impôt est très utile pour présenter de façon plus parlante des calculs effectués sur des charges annuelles, lorsque les frais d'exploitation sont supposés constants au cours de la période d'étude.

Reprenons un exemple déjà évoqué. Considérons un problème d'évolution à long terme d'une structure de raffinage. On recherche, au moyen d'un modèle de programmation linéaire, la taille des unités et les paramètres de gestion qui permettent de satisfaire la demande de produits finis d'une année-type, de façon à minimiser le coût moyen annuel (coût de revient économique).

Si l'entreprise est soumise à l'impôt sur les bénéfices, le calcul peut être effectué en considérant des dépenses d'exploitation et des amortissements économiques après impôt. Il sera cependant plus parlant pour l'utilisateur d'un tel programme de considérer des frais d'exploitation avant impôt, ce qui est possible si les charges d'investissement sont «ramenées avant impôt». Par ailleurs, l'interprétation des résultats en sera facilitée : les coûts marginaux des produits (coûts marginaux à long terme) seront directement comparables à des prix de vente possibles de ces produits.

De même, si l'entreprise doit déterminer des prix de cession internes des produits intermédiaires ou de produits finis (pour une cession effective, ou pour des calculs décentralisés), il peut être préférable d'utiliser des coûts «ramenés avant impôt». Certaines décisions décentralisées et n'entraînant pas d'investissement peuvent alors être prises à la lumière de calculs effectués en ignorant la fiscalité.

6.3.5 Retour sur l'influence de la fiscalité

A. Étude d'un projet unique

Dans l'exemple Ammoniac ci-dessus, au taux d'actualisation de 7 %, le coût de revient économique annuel, compte tenu de la fiscalité et ramené avant impôt est égal à 297 MF/an, ou 990 F/t. Il est supérieur au coût de revient économique avant impôt (895 F/t) calculé pour une même valeur du taux d'actualisation. Nous retrouvons un résultat étudié plus haut : à taux d'actualisation fixé, la prise en compte de la fiscalité ne peut (en général) que diminuer la rentabilité d'un projet. Nous en donnerons ici une interprétation en utilisant le coût de revient et l'amortissement économique.

Si toutes les dépenses (y compris celles d'investissement) étaient considérées comme des charges d'exploitation par l'administration fiscale, il reviendrait au même de mettre en balance dépenses et recettes avant ou après impôt. En effet, dans ce cas et en supposant un taux d'imposition t, coûts et recettes après impôt sont égaux à $(1 - t)$ fois coûts et recettes avant impôt. Le coût de revient économique après impôt est égal à $(1 - t)$ fois le coût de revient économique avant impôt; il suffit donc que le coût de revient économique avant impôt soit inférieur au prix de vente pour que le revenu actualisé, après comme avant impôt, soit positif.

Dans le cas général, et comme dans notre exemple Ammoniac, le coût de revient économique compte tenu de la fiscalité et ramené avant impôt est supérieur au coût de revient économique hors impôt. La différence entre ces deux valeurs est égale à la différence existant entre l'amortissement économique compte tenu de la fiscalité (ici : $\widetilde{a}$ =171 MF/an pour l'unité d'ammoniac) et l'amortissement économique hors impôt (a = 142 MF/an). L'explication en a été donnée à la section précédente (6.2) : les amortissements comptables viennent en déduction du bénéfice imposable au cours des années d'exploitation, ce qui entraîne des économies d'impôts inférieures, en valeurs actualisées, à l'économie d'impôt que dégagerait la possibilité de déduire une dépense d'investissement du résultat de l'exercice où cette dépense est effectivement réalisée.

B. Durée d'utilisation optimale d'un équipement

Comme cela a été indiqué ci-dessus (paragraphe 6.2.3.C), lors de l'étude d'une chaîne de déclassements et remplacements, la date de déclassement optimale d'un matériel peut être modifiée par l'introduction d'une hypothèse de fiscalité. Si le taux d'actualisation est inchangé, la durée d'utilisation optimale est en général allongée. Elle est déterminée à l'aide d'un calcul de coût de revient économique.

Considérons par exemple un problème de déclassement avec une hypothèse de renouvellement à l'identique. Nous supposons que la valeur résiduelle du matériel déclassé est nulle et que la date de déclassement est postérieure à la période d'amortissement comptable. A taux d'actualisation inchangé et pour une même valeur de la durée d'utilisation de l'équipement, le coût de revient économique compte tenu de la fiscalité et ramené avant impôt $\widetilde{p}$ est supérieur au coût de revient p calculé hors fiscalité. La date de déclassement est celle à partir de laquelle les frais d'exploitation deviendraient supérieurs au coût de revient économique. La date optimale $\widehat{T}^*$ est donc postérieure à celle qui serait obtenue en l'absence d'impôt T^*. Ceci est illustré par la figure 6.4, où $x(T)$ et $\widetilde{x}(T)$ représentent les annuités constantes $x(T)$ hors fiscalité et $\widetilde{x}(T)$ ramenée avant impôt, associées à une durée d'utilisation de T années.

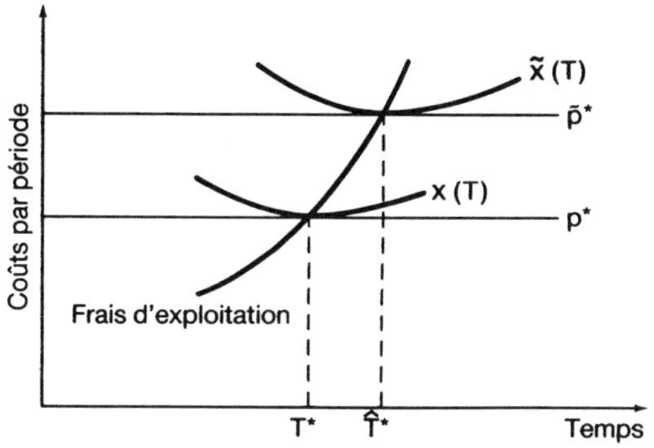

Fig. 6.4 Date de déclassement optimale

Un exemple numérique avec valeur résiduelle non nulle est donné ci-dessous.

Exemple. Camions-citernes.

Reprenons l'exemple de calcul de coût de revient économique relatif à des camions-citernes. Cet exemple a été traité au chapitre 5 (paragraphe 5.5.5) hors fiscalité. On considère des camions dont le coût d'achat est de 500 kF, dont les frais d'entretien sont rappelés ligne 1 du tableau 6.9. Nous introduisons une hypothèse de fiscalité ; le taux d'imposition sur le revenu des sociétés est égal à 42 %. Nous supposons que l'entreprise présentera des résultats positifs sur toute la période d'étude. L'amortissement comptable est dégressif sur 5 ans, le taux correspondant est égal à 40 %. Le taux d'actualisation

TABLEAU 6.9
DEPENSE APRES IMPOT

(kF)

Années	0	1	2	3	4	5	6	7	8	9
Investissement (a)	500									
Entretien (b)		10	15	20	30	40	50	60	75	100
Revente (c)										50
Amortissement (d)		200	120	72	54	54				
Economie d'impôt (e) 0,42 (b + d – c)		88,2	56,7	38,6	35,3	39,5	21,0	25,2	31,5	21,0
Dépense après impôt (a + b – c – e)	500	–78,2	–41,7	–18,6	–5,3	0,5	29,0	34,8	43,5	29,0

de l'entreprise est i = 10 %. On remarquera que pour une année postérieure à l'année 5, un camion est complètement amorti ; la valeur de revente est donc considérée comme une plus-value à court terme et taxée au taux de 42 %.

A titre d'exemple, le tableau 6.9 résume le calcul des dépenses après impôt pour une durée de vie de 9 ans. La somme de leurs valeurs actuelles est égale à 444 kF. Le coût de revient économique après impôt est alors l'annuité constante équivalente à cet échéancier, soit :

$$\widehat{p} = 77,1\ kF/an$$

Les coûts marginaux par rapport au temps après impôt d'une année postérieure à l'année 5, date à partir de laquelle la valeur comptable d'un camion est nulle, s'écrivent :

$$\widehat{\mu}_n = (1-t)\mu_n = (1-t)(V_{n-1} - V_n + iV_{n-1})$$

soit :

$$\widehat{\mu}_9 = 73,7\ kF$$
$$\widehat{\mu}_{10} = 78,3\ kF$$

Les inégalités :

$$\widehat{\mu}_9 < \widehat{p} < \widehat{\mu}_{10}$$

permettent de vérifier que la durée d'utilisation optimale est de 9 ans.

Le coût de revient économique compte tenu de la fiscalité et ramené avant impôt est :

$$\widetilde{p} = \frac{77,1}{0,58} = 132,9\ kF/an$$

Les coûts marginaux par rapport au temps des années postérieures à l'année 5, calculés compte tenu de la fiscalité et ramenés avant impôt, sont égaux aux coûts marginaux calculés hors fiscalité.

C. Exemple complémentaire. Acier inoxydable ou réfractaire

Nous avons traité ci-dessus (paragraphe 6.2.6) un exemple de choix entre des éléments en acier inoxydable et des éléments en acier ordinaire associé à un réfractaire. Il a permis de montrer qu'il ne suffit pas de modifier la valeur du taux d'actualisation pour prendre en compte la fiscalité. Nous avions considéré un taux d'imposition de 50 %. Le taux d'actualisation est de 10 % pour les calculs après impôt. La «règle du pouce» présentée au paragraphe 6.2.6 peut alors conduire à utiliser un taux d'actualisation de 20 % pour des calculs effectués hors fiscalité, $i/(1-t)$ dans le cas général. Reprenons cet exemple. Les deux solutions étudiées entraînent une même augmentation de débit, donc mêmes recettes. Il est alors possible d'effectuer une comparaison de coûts, coûts de revient économiques par exemple.

La solution A demande un investissement de 1,2 MF, sa durée de vie est de 12 ans, sa durée d'amortissement comptable est également de 12 ans.

Le coût de revient économique annuel hors fiscalité, réduit ici à l'amortissement économique, est :

$$p_A(i) = \frac{1,2}{\sum_{n=1}^{12} \frac{1}{(1+i)^n}}$$

soit, pour un taux d'actualisation de 20 % :

$$p_A(0,20) = 270\ kF$$

Nous introduisons l'hypothèse de fiscalité au taux de 50 %. L'amortissement comptable est égal à 100 kF/an. Sa comptabilisation entraîne un crédit d'impôt de 50 kF/an. Le coût de revient économique après impôt est donc :

$$\widehat{p}_A(i) = \frac{1,2}{\displaystyle\sum_{n=1}^{12} \frac{1}{(1+i)^n}} - 50$$

soit, si on considère un taux d'actualisation après impôt de 10 % :

$$\widehat{p}_A(0,10) = 176 - 50 = 126 \ kF/an$$

et ramené avant impôt :

$$\widetilde{p}_A(0,10) = \frac{126}{0,5} = 252 \ kF/an$$

La solution B entraîne une dépense de 580 kF tous les trois ans. D'où le coût de revient économique hors fiscalité [17] *:*

$$p_B(i) = \frac{580}{\displaystyle\sum_{n=1}^{3} \frac{1}{(1+i)^n}}$$

$$p_B(0,20) = 275 \ kF/an$$

$$p_B(0,10) = 233 \ kF/an$$

La dépense considérée étant comptabilisée en charge d'exploitation, il vient :

$$\widehat{p}_B(0,10) = 0,5 p_B(0,10) = 117 \ kF/an$$

$$\widetilde{p}_B(0,10) = p_B(0,10) = 233 \ kF$$

On retrouve les conclusions précédentes. Avec un calcul hors fiscalité au taux de 20 %, la solutionA est préférable à la solution B (l'écart étant cependant peu élevé). Avec un calcul prenant en compte la fiscalité, la solution B est assez nettement préférable à la solution A.

17. Comme nous l'avons vu au chapitre 5, paragraphe 5.3.5.B.a, on obtiendrait le même résultat en calculant une annuité constante sur 12 ans équivalente à la somme actualisée des dépenses de 580 kF réalisées aux années 0, 3, 6 et 9.

Complément au chapitre 6
CALCULS DE RENTABILITÉ ET FISCALITÉ

Les compléments ci-dessous (sections 6.4 à 6.6) ont pour but de donner quelques formules et démonstrations plus générales que celles qui ont été présentées au cours des sections précédentes.

La section (6.4) est consacrée à l'influence de la fiscalité sur l'étude des projets d'investissement lorsque le taux d'actualisation n'est pas modifié.

Au cours de la section suivante (6.5) nous présenterons la démonstration d'une propriété évoquée au paragraphe 6.2.6; la fiscalité serait neutre si, moyennant l'utilisation d'un taux d'actualisation adapté, la loi d'amortissement comptable correspondait à une loi de «dépréciation économique».

La dernière section (6.6) donnera quelques formules permettant de calculer coût de revient et amortissement économiques compte tenu de la fiscalité.

Sauf pour un cas particulier évoqué au paragraphe 6.6.4, nous supposerons que l'entreprise prévoit des résultats bénéficiaires sur l'ensemble de la durée d'étude des projets considérés.

6.4 INFLUENCE DE LA FISCALITÉ A TAUX D'ACTUALISATION INCHANGÉ

Nous noterons t le taux d'imposition sur le revenu des sociétés et supposerons ce taux stable sur la période d'étude.

Nous avons vu dans ce qui précède que le revenu actualisé après impôt est en général inférieur à $(1 - t)$ fois le revenu actualisé avant impôt, dans le cas où le calcul est effectué pour une même valeur du taux d'actualisation. Le taux de rentabilité après impôt est alors inférieur au taux de rentabilité avant impôt. Nous justifierons ici cette proposition de façon plus précise et reviendrons sur les conséquences de la fiscalité lors de la comparaison de projets incompatibles. Nous donnerons ensuite l'exemple d'un cas où les propriétés présentées ne sont pas vérifiées.

6.4.1 Étude d'un projet unique

A. Hypothèses simplifiées

Nous effectuerons les calculs de revenu actualisé d'un projet en considérant, dans un premier temps, quelques hypothèses simplificatrices. Nous utiliserons les notations suivantes :

t : taux d'imposition;
N : durée d'exploitation du projet;
y_n : recettes d'exploitation de l'année $n(n = 1, 2, \ldots, N)$;
f_n : frais d'exploitation de l'année n;
I : dépense d'investissement, supposée réalisée à l'année 0;
M_n : amortissement [18] comptable de l'année n;
δ_n : fraction de l'investissement comptabilisée au titre de l'amortissement. Dans le cas général, la somme des amortissements comptables est égale au montant de l'investissement, ce qui conduit à la relation :

$$M_n = \delta_n I, \text{ avec } \sum_{n=1}^{N} \delta_n = 1$$

V_N : valeur résiduelle à l'année N. Nous supposerons que la valeur résiduelle est soumise à l'impôt (par exemple, valeur de revente correspondant à une plus-value à court terme en supposant que la valeur nette comptable est nulle en fin d'année N).

Le bénéfice imposable d'une année d'exploitation n, $(n \neq N)$ est égal à :

$$y_n - f_n - M_n$$

L'impôt est égal à :

$$t(y_n - f_n - M_n)$$

Pour l'année N, le bénéfice imposable est :

$$y_N - f_N - M_N + V_N$$

L'impôt :

$$t(y_N - f_N - M_N + V_N)$$

18. La durée d'amortissement comptable peut être inférieure à la durée d'étude. Dans ce cas, certains postes d'amortissement M_n auront une valeur nulle.

Si pour simplifier nous supposons que l'impôt d'une année n est effectivement payé à l'année n, le flux de trésorerie s'écrit :

$$F_n = y_n - f_n - t(y_n - f_n - M_n) = (1-t)(y_n - f_n) + tM_n$$

et à l'année N :

$$F_N = (1-t)(y_N - f_N + V_N) + tM_N$$

Notons $R(i)$ le revenu actualisé compte non tenu de la fiscalité, $\widehat{R}(i)$ le revenu actualisé après impôt.

Il vient :

$$R(i) = -I + \sum_{n=1}^{N} \frac{y_n - f_n}{(1+i)^n} + \frac{V_N}{(1+i)^N}$$

$$\widehat{R}(i) = -I + \sum_{n=1}^{N} \frac{(1-t)\ (y_n - f_n) + tM_n}{(1+i)^n} + (1-t)\frac{V_N}{(1+i)^N}$$

$$\widehat{R}(i) = (1-t)\ \left[-I + \sum_{n=1}^{N} \frac{y_n - f_n}{(1+i)^n} + \frac{V_N}{(1+i)^N}\right] - tI + t\sum_{n=1}^{N} \frac{M_n}{(1+i)^n} \tag{6.1}$$

$$\widehat{R}(i) = (1-t)\ R(i) - t\left[I - \sum_{n=1}^{N} \frac{M_n}{(1+i)^n}\right]$$

$$\widehat{R}(i) = (1-t)\ R(i) - tI\ \left[1 - \sum_{n=1}^{N} \frac{\delta_n}{(1+i)^n}\right] \tag{6.2}$$

Comme :

$$\sum_{n=1}^{N} \delta_n = 1$$

le terme :

$$1 - \sum_{n=1}^{N} \frac{\delta_n}{(1+i)^n}$$

est positif.

Ceci justifie la proposition :

$$\widehat{R}(i) \leq (1-t)R(i) \tag{6.3}$$

Le taux de rentabilité après impôt $\widehat{r}$ est alors en général inférieur au taux de rentabilité avant impôt r.

Nous retrouvons la propriété énoncée en première partie ; la prise en compte de la fiscalité peut conduire, à taux d'actualisation donné, à rejeter des projets qui, hors fiscalité, auraient été retenus.

B. Généralisation

Le résultat précédent peut être obtenu avec des hypothèses un peu plus générales.

– Si les dépenses d'investissement sont réalisées en plusieurs années et en notant I leur somme actualisée, on obtient comme précédemment la formule (6.1). Le terme :

$$I - \sum_{n=1}^{N} \frac{M_n}{(1+i)^n}$$

est positif. En effet, la somme des valeurs nominales des amortissements est égale à la valeur nominale de l'investissement. La valeur actualisée des amortissements ne peut donc qu'être inférieure à la valeur actualisée de l'investissement, puisque les amortissements sont comptabilisés à des dates plus éloignées dans le temps.

– Si l'investissement fait apparaître l'acquisition d'actifs non amortissables (terrains, stocks), il conviendra d'ajouter lors du calcul de I, la valeur actualisée des dépenses correspondantes aux dépenses d'investissement amortissables. Mais à ces actifs non soumis à amortissement est généralement associée une valeur de récupération en fin de période, dont une partie au moins, soit J_N, n'est pas soumise à l'impôt. Il peut alors en être tenu compte en déduisant des coûts d'investissement, lors du calcul de I, la valeur actualisée de J_N, soit :

$$I = J_0 + K - \frac{J_N}{(1+i)^N}$$

avec :

- K : valeur actualisée des dépenses amortissables ;
- J_0 : valeur actualisée des dépenses non amortissables ;
- J_N : valeur de récupération non soumise à l'impôt.
  La partie soumise à l'impôt (plus-value ou moins-value) sera comptabilisée lors de la détermination de la valeur résiduelle V_N (Rappelons que V_N représente une valeur résiduelle soumise à l'impôt).

La formule (6.1) peut alors être encore utilisée :

$$\widehat{R}(i) = (1-t)R(i) - t\left[J_0 - \frac{J_N}{(1+i)^N} + K - \sum_{n=1}^{N} \frac{M_n}{(1+i)^n}\right]$$

Comme précédemment :

$$K - \sum_{n=1}^{N} \frac{M_n}{(1+i)^n} > 0$$

Généralement, $J_0 - J_N/(1+i)^N$ est positif.

Le terme :

$$I - \sum_{n=1}^{N} \frac{M_n}{(1+i)^n} = J_0 - \frac{J_N}{(1+i)^N} + K - \sum_{n=1}^{N} \frac{M_n}{(1+i)^n}$$

est alors positif et la formule (6.3) est vérifiée.

Il convient cependant de noter que ce calcul ne fait pas intervenir certains éléments qui peuvent apparaître lors d'une étude d'investissement tels que plus-value à long terme taxée à un taux réduit, provisions,...

Remarque. Nous donnerons ci-dessous (paragraphe 6.4.4) un exemple d'exception à la propriété énoncée ici.

6.4.2 Comparaison de projets d'investissement soumis à un même régime d'amortissement

Considérons deux variantes A et B d'un projet d'investissement. Nous supposerons que l'investissement est réalisé [19] en une année à l'année 0 et que la durée d'exploitation et le régime d'amortissement comptable sont les mêmes pour les deux projets (la valeur des termes δ_n étant donc la même pour chacun des deux projets).

Nous utiliserons les notations précédentes en appelant :

- I_A et I_B les dépenses d'investissement des projets A et B;
- R_A et R_B les revenus actualisés avant impôt;
- $\widehat{R}_A$ et $\widehat{R}_B$ les revenus actualisés après impôt.

Nous supposerons que le coût d'investissement du projet B est plus élevé que celui du projet $A (I_B > I_A)$.

La formule (6.1) permet d'écrire :

$$\widehat{R}_B(i) - \widehat{R}_A(i) = (1-t)\ [R_B(i) - R_A(i)] - t(I_B - I_A)\ \left[1 - \sum_{n=1}^{N} \frac{\delta_n}{(1+i)^n}\right]$$

19. La généralisation au cas où les dépenses d'investissement sont réparties sur plusieurs années serait immédiate, si du moins la fraction de l'investissement payée chaque année est égale pour chacun des deux projets (hypothèse souvent acceptable lorsqu'il s'agit de deux variantes d'un même projet).

Le terme :

$$t(I_B - I_A)\left[1 - \sum_{n=1}^{N} \frac{\delta_n}{(1+i)^n}\right]$$

est positif (nous avons supposé $I_B > I_A$), d'où :

$$\widehat{R}_B(i) - \widehat{R}_A(i) < (1-t)\,[R_B(i) - R_A(i)]$$

Ceci s'énonce encore : le taux de rentabilité relative après impôt du projet B par rapport au projet A est inférieur au taux de rentabilité relative avant impôt.

Deux cas peuvent alors se présenter :

- Si $R_B(i) < R_A(i)$, alors $\widehat{R}_B(i) < \widehat{R}_A(i)$ c'est-à-dire : si le résultat d'un calcul hors fiscalité conduit à préférer le projet A au projet B, ce choix ne sera pas modifié par la prise en compte de l'impôt.
- Par contre, si hors fiscalité $R_B(i) > R_A(i)$, le choix entre les variantes A et B peut être modifié par la fiscalité ; la différence $\widehat{R}_B(i) - \widehat{R}_A(i)$ est inférieure à $(1-t)[R_B(i) - R_A(i)]$ et peut être soit positive, soit négative suivant les hypothèses considérées pour définir les échéanciers de flux de trésorerie.

D'où la conclusion énoncée en première partie :

Si l'on retient une même valeur du taux d'actualisation pour effectuer les calculs avant et après impôt, et si l'on utilise le critère du revenu actualisé pour effectuer un choix entre deux variantes d'un projet qui sont soumises à un même régime d'amortissement comptable, effectuer le calcul « après impôt » conduit ou bien au même choix qu'un calcul « avant impôt », ou bien à rejeter la solution qui demande le montant d'investissement le plus élevé.

6.4.3 Conséquence sur le dimensionnement des projets (gamme continue d'investissement)

De même qu'un taux de rentabilité relative après impôt est en général inférieur au taux de rentabilité relative avant impôt, le taux de rentabilité marginale après impôt $\widehat{r}_m$ d'une gamme continue d'investissement est en général inférieur au taux de rentabilité marginale avant impôt r_m. Les courbes représentatives des variations des taux de rentabilité moyenne et marginale en fonction du montant d'investissement ont donc en général la forme représentée sur la figure 6.5 (cf. chapitre 4, section 4.5). Le dimensionnement optimal est obtenu lorsque le taux de rentabilité marginale est égal au taux d'actualisation. Si ce dernier est inchangé, la taille optimale du projet correspond à un montant d'investissement $\widehat{I}^*$ inférieur s'il y a fiscalité à celui qui serait obtenu hors fiscalité (I^*).

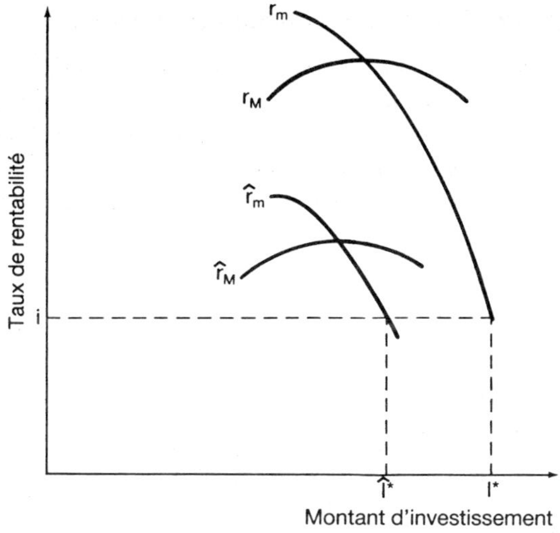

Fig. 6.5 Taille optimale d'un projet (gamme continue)

Une autre façon de présenter une analyse de dimensionnement consiste à utiliser le coût marginal à long terme en capacité adaptée. I^* correspond alors à la taille pour laquelle ce coût marginal est égal à la recette marginale. Le coût marginal à long terme compte tenu de la fiscalité et ramené avant impôt est supérieur au coût calculé hors fiscalité (comme pour un coût de revient). La recette marginale compte tenu de la fiscalité et ramenée avant impôt est égale à la recette marginale hors fiscalité. Il s'agit en général d'une fonction décroissante des quantités produites. Le point d'intersection des courbes de coût marginal $\widetilde{C}_m$ et de recette marginale a donc une abscisse inférieure à celle que l'on obtient par un calcul effectué hors fiscalité (fig. 6.6).

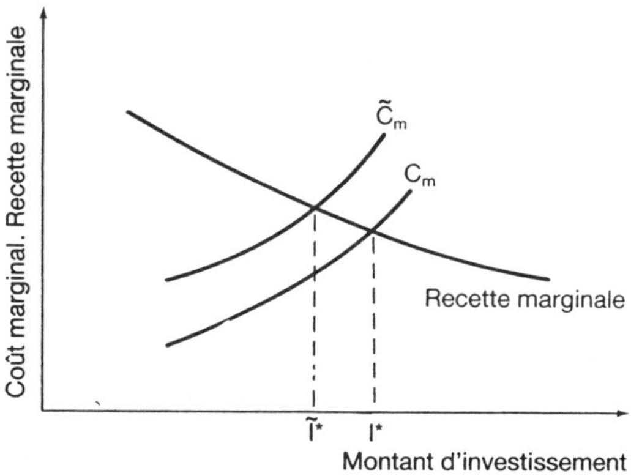

Fig. 6.6 Coût marginal et recette marginale

Exemple. Unité de production d'ammoniac.

Revenons à l'exemple traité aux chapitres 4 et 5 (paragraphes 4.5.4 et 5.4.2). Les calculs de taux de rentabilité moyenne et marginale ou de coût marginal après impôt ne présentent aucune difficulté particulière. Ils ne seront pas repris ici. Nous nous limitons donc à la présentation des résultats numériques résumés à l'aide de la figure 6.7.

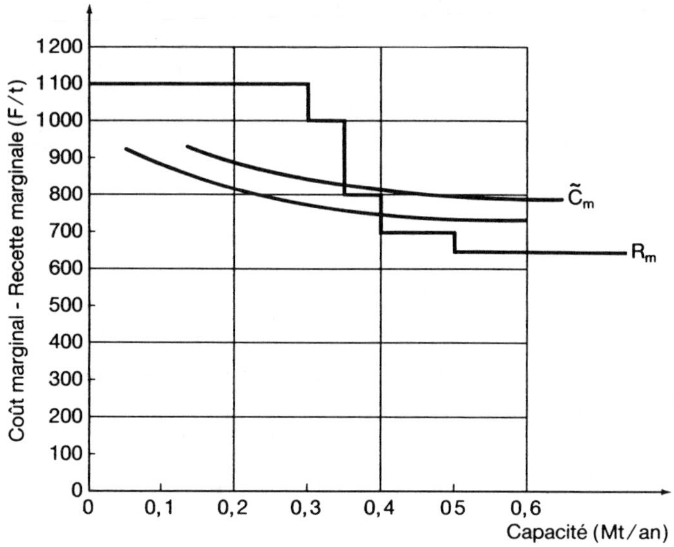

Fig. 6.7 Dimension optimale de l'unité d'ammoniac

6.4.4 Exemple : Extension d'un atelier

La fiscalité peut, dans certains cas particuliers, avoir des effets sur un calcul de rentabilité différents de ceux qui ont été analysés ci-dessus. L'exemple qui suit correspond à un échéancier de flux de trésorerie pour lequel le taux de rentabilité après impôt est plus élevé que le taux de rentabilité avant impôt.

Enoncé du problème

Pour augmenter la capacité de production d'un atelier de conditionnement, une entreprise a le choix entre les deux solutions suivantes

Solution A : Acheter un terrain voisin de l'atelier existant (coût : 400 000 F à l'année 0) et construire à côté de l'ancien un nouvel atelier. Le coût correspondant à la construction du nouvel atelier et au réaménagement de l'ancien est estimé à 600 000 F (dépensés à l'année 0). Il s'agit essentiellement de dépenses en matériel, donnant lieu à un amortissement linéaire sur 5 ans. Le revenu annuel brut d'exploitation est estimé à 250 000 F par an. La période d'exploitation est de 10 ans (années 1 à 10). La valeur de récupération du terrain à la fin de l'année 10 est supposée égale à son prix d'achat. La valeur résiduelle du matériel à cette date est nulle.

Solution B : Refonte complète de l'ancien atelier et construction à la place d'un équipement plus moderne et de capacité de production plus élevée. Coût : 1 500 000 F à l'année 0. Amortissement linéaire sur 5 ans. Période d'exploitation 10 ans (années 1 à 10). Le revenu annuel brut d'exploitation est estimé à 350 000 F par an. La valeur résiduelle à l'année 10 est nulle.

Nous supposerons que l'entreprise prévoit de payer un impôt sur le revenu des sociétés au cours des années 1 à 10 quel que soit le bénéfice imposable associé au projet. Le taux d'imposition est égal à 50 %.

Le taux d'actualisation de l'entreprise est égal à 8 %.

Revenus actualisés et taux de rentabilité

La construction des échéanciers de flux de trésorerie de chacune des solutions A et B, est résumée par le tableau 6.10.

D'où les revenus actualisés au taux de 8 %, R_A et R_B avant impôt, $\widehat{R}_A$ et $\widehat{R}_B$ après impôt :

$$R_A(0,08) = 863\,000 \text{ F}$$
$$R_B(0,08) = 848\,000 \text{ F}$$
$$\widehat{R}_A(0,08) = 263\,000 \text{ F}$$
$$\widehat{R}_B(0,08) = 273\,000 \text{ F}.$$

Les taux de rentabilité sont :

$$r_A = 23\ \% \qquad \widehat{r}_A = 13,5\ \%$$
$$r_B = 19\ \% \qquad \widehat{r}_B = 12,5\ \%$$

Au taux d'actualisation de 8 %, le projet A est préféré au projet B s'il n'y a pas de fiscalité ; on obtient un choix inverse si le calcul est effectué après impôt. Or, c'est le projet B qui demande le montant d'investissement le plus élevé et qui sera cependant favorisé par la prise en compte de la fiscalité. Il s'agit d'un résultat opposé à celui qui a été présenté ci-dessus. La propriété du paragraphe précédent s'applique en effet à des projets d'investissement soumis à un même

TABLEAU 6.10
ECHEANCIERS DES FLUX DE TRESORERIE
Projet A

(kF)

Années	*0*	*1 à 5*	*6 à 9*	*10*
Investissement	*1 000*			
Revenu brut d'exploitation		*250*	*250*	*250*
Amortissement		*120*	–	–
Bénéfice imposable		*130*	*250*	*250*
Impôt		*65*	*125*	*125*
Valeur résiduelle				*400*
Flux de trésorerie avant impôt	*– 1 000*	*250*	*250*	*650*
Flux de trésorerie après impôt	*– 1 000*	*185*	*125*	*525*

Projet B

Années	*0*	*1 à 5*	*6 à 10*
Investissement	*1 500*		
Revenu brut d'exploitation		*350*	*350*
Amortissement		*300*	–
Bénéfice imposable		*+ 50*	*350*
Impôt		*+ 25*	*175*
Flux de trésorerie avant impôt	*– 1 500*	*350*	*350*
Flux de trésorerie après impôt	*– 1 500*	*325*	*175*

régime d'amortissement, ce qui n'est pas le cas ici puisque l'un des projets fait intervenir une dépense d'investissement non amortissable pour le terrain.

Projet différentiel B-A

L'échéancier des flux de trésorerie différentiels du projet B par rapport au projet A est donné par le tableau 6.11.

Les courbes de rentabilité relatives au projet B par rapport au projet A, avant et après impôt, sont données par la figure 6.8. Les taux de rentabilité associés à l'échéancier des flux de trésorerie différentiels (taux de rentabilité relative) sont :

$$\text{hors impôt} \quad : r_{B/A} = 7\ \%$$
$$\text{après impôt} \quad : \widehat{r}_{B/A} = 9\ \%$$

TABLEAU 6.11
ECHEANCIER DES FLUX DIFFERENTIELS

(kF)

Années	*0*	*1 à 5*	*6 à 9*	*10*
Flux différentiel avant impôt	*– 500*	*100*	*100*	*– 300*
Flux différentiel après impôt	*– 500*	*140*	*50*	*– 350*

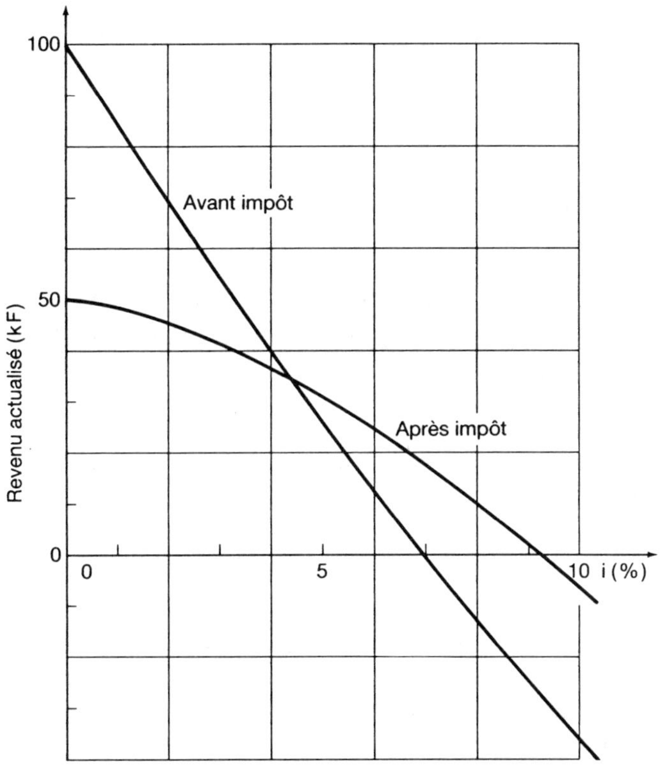

Fig. 6.8 Revenu actualisé différentiel.
Projet B par rapport au projet A après et avant impôt

Dans ce cas, le taux de rentabilité après impôt est plus élevé que le taux de rentabilité avant impôt. Le revenu actualisé après impôt est plus grand que la moitié du revenu avant impôt pour les valeurs positives du taux d'actualisation. (Il est plus élevé que le revenu actualisé avant impôt pour i > 4,5 %). La propriété du paragraphe 6.4.1.A) n'est pas vérifiée dans ce cas.

La raison en est la suivante (nous reprendrons les notation du paragraphe 6.4.1.B). L'échéancier des flux de trésorerie différentiels fait apparaître :

– une dépense d'investissement amortissable :

$$K = 1\,500 - 600$$

– une économie d'investissement non amortissable :

$$J_0 = -\,400$$

La valeur $J_0 - J_N/(1+i)^N$ *est alors négative :*

$$J_0 - \frac{J_N}{(1+i)^N} = -\,400 + \frac{400}{(1+i)^N}$$

6.5 DÉPRÉCIATION FISCALE ET DÉPRÉCIATION ÉCONOMIQUE

L'objet de cette section est principalement de démontrer[20] la propriété énoncée au paragraphe 6.2.6. Rappelons-la. Soit $\tilde{i}$ le taux d'actualisation «ramené avant impôt» :

$$\tilde{i} = \frac{i}{1-t}$$

Les calculs de revenus actualisés effectués hors fiscalité au taux $\tilde{i}$ conduisent aux mêmes choix d'investissement que des calculs de revenus actualisés après impôt au taux i si la loi d'amortissement fiscal correspond à une loi de «dépréciation économique».

Amortissement économique

Il existe plusieurs définitions d'une «loi de dépréciation économique». Celle à laquelle nous nous référons principalement est cohérente avec la définition qui a été donnée de l'amortissement économique. Ce dernier comprend un terme de dépréciation proprement dite et un terme de rémunération du capital. Sous certaines hypothèses, le terme de dépréciation correspond à une variation nominale de valeur d'usage (cf. paragraphe 5.5.3). Rappelons que la valeur

20. On trouvera une démonstration équivalente dans [6.12].

d'usage peut d'ailleurs faire elle-même l'objet de différentes interprétations, ce qui conduit à différentes définitions d'un amortissement économique.

Amortissement selon la méthode des valeurs actuelles au taux de rentabilité

Considérons un projet demandant un montant d'investissement I à l'année 0 et auquel sont associés des flux de trésorerie positifs F_n aux années 1 à N. Soit r son taux de rentabilité avant impôt. Les flux de trésorerie permettent de rembourser l'investissement I et de le rémunérer au taux r. Les flux F_n peuvent donc être interprétés comme des annuités de remboursement de l'investissement I, comprenant remboursement en capital et rémunération du capital au taux r. Dans un tel schéma, notons U_n la valeur du capital restant dû à l'année n. $U_{n-1} - U_n$ est la part de remboursement en capital dans l'annuité F_n et représente la «dépréciation économique calculée selon la méthode des valeurs actuelles» [21]. La loi d'évolution de U_n est donnée par l'équation :

$$F_n = U_{n-1} - U_n + rU_{n-1}$$

avec : $U_0 = I$ et $U_N = 0$.

Taux de rentabilité après impôt

A. Thomas [6.10] a montré que si l'amortissement fiscal est égal au terme de dépréciation $U_{n-1} - U_n$ de la définition précédente, le taux de rentabilité après impôt $\widehat{r}$ est :

$$\widehat{r} = (1-t)r$$

En effet, si M_n désigne l'amortissement comptable de l'année n, le flux de trésorerie après impôt est à l'année n :

$$\widehat{F}_n = F_n - t(F_n - M_n) = (1-t)F_n + t(U_{n-1} - U_n) = U_{n-1} - U_n + (1-t)rU_{n-1}$$

Cette relation montre que les flux de trésorerie après impôt $\widehat{F}_n$ permettent de rembourser l'investissement initial et de le rémunérer au taux $(1-t)r$. Ce taux est donc le taux de rentabilité après impôt $\widehat{r}$.

Projet marginal

. Considérons maintenant un projet «marginal», dont le revenu actualisé hors fiscalité au taux $\widetilde{i}$ est nul (taux de rentabilité égal à $\widetilde{i}$).

Remarquons que dans ce cas, U_n représente la valeur d'usage de l'équipement (cf. paragraphe 5.5.3). La dépréciation de la méthode des valeurs actuelles

21. Nous utiliserons ici la notation de A. Thomas [6.10]. Remarquons que R. Dorfman [6.16] fait référence à cette définition de la dépréciation économique en l'appelant «définition d'Hotelling».

au taux de rentabilité et le terme de dépréciation nominale inclus dans l'amortissement économique coïncident alors.

Si l'amortissement fiscal est égal à cette dépréciation, le taux de rentabilité après impôt de notre projet marginal est égal à $(1 - t)\widetilde{i} = i$. Le dernier projet retenu est donc le même, que l'on calcule le revenu actualisé hors fiscalité au taux $\widetilde{i}$, ou après impôt au taux i.

Conclusion

Ceci démontre la propriété annoncée. En effet, l'échéancier des flux de trésorerie d'un projet dont le revenu actualisé n'est pas nul peut toujours être considéré comme l'addition :

- de l'échéancier d'un projet « marginal » de même montant d'investissement et de recettes égales au coût de revient économique du projet initial;
- d'un échéancier de flux égaux aux différences entre les recettes et le coût de revient économique, différences de même signe pour chaque année et dont le signe n'est pas modifié par l'introduction de l'impôt.

Neutralité fiscale. Nous avons rencontré ci-avant un premier cas de neutralité fiscale. Il s'agissait du cas où le taux d'actualisation n'était pas modifié et où l'amortissement des coûts d'investissement était immédiat.

De ce qui précède se dégage un deuxième cas. C'est celui où l'amortissement fiscal serait égal à la « dépréciation économique » (quelle qu'en soit la définition) et où le taux d'actualisation après impôt serait égal à $(1 - t)$ fois la valeur du taux d'actualisation hors fiscalité. Cette relation est celle qui relie le coût d'un emprunt hors fiscalité et son coût après impôt $\widehat{e} = (1-t)e$. La fiscalité serait donc neutre si, l'amortissement fiscal étant égal à la « dépréciation économique », le taux d'actualisation était défini comme un coût (marginal) d'emprunt. Rappelons que la détermination d'un taux d'actualisation fait l'objet du chapitre 9.

6.6 COÛT DE REVIENT ET AMORTISSEMENT ÉCONOMIQUES COMPTE TENU DE LA FISCALITÉ

Nous présenterons les formules permettant de calculer un coût de revient économique sous différentes hypothèses.

Nous utiliserons les mêmes notations que précédemment en considérant un projet d'investissement dont la réalisation permettra une exploitation aux années $1, 2, \ldots, N$.

Nous appellerons I la somme actualisée à l'année 0 des dépenses d'investissement [22].

6.6.1 Amortissement économique constant

Le but de ce paragraphe est de définir un amortissement économique après impôt constant sur la durée d'exploitation, en supposant que les frais d'exploitation sont eux-mêmes constants sur cette période. Nous utiliserons une annuité constante équivalente à l'échéancier des dépenses d'investissement, des valeurs résiduelles et des variations d'impôt associées.

Les crédits (ou suppléments) d'impôt seront calculés selon les principes énoncés en section 6.3 de ce chapitre :

- pour une année d'exploitation n, la comptabilisation d'un amortissement M_n entraîne une diminution du bénéfice imposable de l'année égale à M_n, et donc une diminution d'impôt égale à tM_n ;
- à l'année N, le montant d'impôt associé à la valeur résiduelle V_N est égale à tV_N.

La recette après impôt correspondant à la valeur résiduelle est donc égale à $(1-t)V_N$.

Remarque. Dans le cas où une partie de la valeur résiduelle n'est pas imposable, il en est tenu compte dans la définition de I [22].

Le coût actualisé après impôt correspondant à l'investissement est alors :

$$I - t\sum_{n=1}^{N}\frac{M_n}{(1+i)^n} - \frac{(1-t)V_N}{(1+i)^N}$$

dépenses d'investissement (avant impôt) actualisées	−	crédits d'impôts associés à la comptabilisation des amortissements	−	valeur résiduelle après impôt

L'amortissement économique après impôt est l'annuité constante équivalente à ce coût, soit :

$$\widehat{a} = \frac{I - t\displaystyle\sum_{n=1}^{N}\frac{M_N}{(1+i)^n} - \frac{(1-t)V_N}{(1+i)^N}}{\displaystyle\sum_{n=1}^{N}\frac{1}{(1+i)^n}}$$

22. Comme précédemment (paragr. 6.4.1.B), le calcul de I peut faire intervenir des dépenses d'investissement amortissables K, des dépenses d'investissement non amortissables J_0 et une valeur résiduelle non imposable J_N :

$$I = J_0 - \frac{J_N}{(1+i)^N} + K$$

Pour obtenir le coût de revient économique après impôt, il suffit d'ajouter à l'amortissement économique le coût après impôt associé aux frais d'exploitation du projet. Les frais d'exploitation étant égaux à f entraînent une diminution d'impôt pour chacune des années d'exploitation égale à tf.

Le coût d'exploitation après impôt est donc :

$$(1-t)f$$

Le coût de revient économique après impôt est alors :

$$\widehat{p} = \widehat{a} + (1-t)f$$

Pour obtenir une charge annuelle équivalente à l'investissement et comparable à des éléments de recettes et de coûts avant impôt, on utilisera l'amortissement économique compte tenu de la fiscalité et ramené avant impôt :

$$\widetilde{a} = \frac{\widehat{a}}{1-t} = \frac{I - t\displaystyle\sum_{n=1}^{N} \frac{M_n}{(1+i)^n} - (1-t)\frac{V_N}{(1+i)^N}}{(1-t)\displaystyle\sum_{n=1}^{N} \frac{1}{(1+i)^n}}$$

Le coût de revient économique compte tenu de la fiscalité et ramené avant impôt étant égal à :

$$\widetilde{p} = \widetilde{a} + f$$

6.6.2 Coût de revient économique annuel constant

Les frais d'exploitation étant maintenant quelconques (f_n à l'année n), nous cherchons à définir un coût de revient économique annuel constant sur la durée d'exploitation. De façon semblable à ce qui a été fait au chapitre précédent, le coût de revient économique après impôt est égal à l'annuité constante équivalente à la somme actualisée de l'ensemble des coûts après impôt correspondant à la réalisation et à l'exploitation du projet.

Le coût actualisé après impôt associé à l'investissement a été calculé ci-dessus. Il est égal à :

$$I - t\sum_{n=1}^{N} \frac{M_n}{(1+i)^n} - (1-t)\frac{V_N}{(1+i)^N}$$

Quant aux frais d'exploitation, la comptabilisation d'une dépense f_n à l'année n entraîne une économie d'impôt égale à tf_n. La somme actualisée des coûts d'exploitation après impôt est donc égale à :

$$(1-t)\sum_{n=1}^{N}\frac{f_n}{(1+i)^n}$$

Le coût de revient économique après impôt est égal à l'annuité constante équivalente à la somme de ces deux coûts, soit :

$$\widehat{p}=\frac{1}{\displaystyle\sum_{n=1}^{N}\frac{1}{(1+i)^n}}\left[I+\sum_{n=1}^{N}\frac{(1-t)f_n-tM_n}{(1+i)^n}-(1-t)\frac{V_N}{(1+i)^N}\right]$$

L'amortissement économique après impôt d'une année n s'obtient par différence :

$$\widehat{a}_n=\widehat{p}-(1-t)f_n$$

Le coût de revient économique compte tenu de la fiscalité et ramené avant impôt est calculé comme précédemment :

$$\widetilde{p}=\frac{\widehat{p}}{1-t}$$

L'amortissement économique compte tenu de la fiscalité et ramené avant impôt est égal à l'année n, à :

$$\widetilde{a}_n=\frac{\widehat{a}_n}{1-t}=\widetilde{p}-f_n$$

6.6.3 Coût de revient économique unitaire constant (coût moyen actualisé)

Considérons un projet d'investissement relatif à un équipement assurant la production d'un bien unique. Soit Q_n la quantité produite à l'année n.

Pour définir un coût de revient économique unitaire constant après impôt, il suffit de rapporter le coût total actualisé après impôt, calculé comme ci-dessus, à la production actualisée.

Le coût de revient ramené avant impôt s'obtient en divisant le coût après impôt par $1-t$.

Ce mode de calcul n'est cependant valable que si le taux d'imposition est une constante. Dans le cas contraire, si l'on suppose stable le prix de vente de la production, c'est le coût de revient ramené avant impôt qui doit être déterminé comme constant sur la période d'étude et non le coût de revient après impôt.

Dans tous les cas, il est possible de calculer le coût de revient compte tenu de la fiscalité et ramené avant impôt en cherchant la valeur $\widetilde{p}_u$ du prix de vente unitaire du produit pour lequel le revenu actualisé est nul. Ce procédé pourra être utilisé même en présence de fiscalités complexes telles que certaines fiscalités pétrolières (le taux marginal d'imposition peut, par exemple, être fonction du volume de production).

Nous présenterons rapidement les calculs correspondants en supposant au cours de ce paragraphe le taux d'imposition constant. Le paragraphe suivant sera consacré au cas contraire.

Si le prix de vente P est constant sur toute la période d'étude, la recette d'une année n est égale à :

$$PQ_n$$

Le bénéfice imposable est donc à l'année n :

$$PQ_n - f_n - M_n$$

L'impôt :

$$t(PQ_n - f_n - M_n)$$

Et le flux de trésorerie :

$$(1-t)(PQ_n - f_n) + tM_n$$

Le revenu actualisé après impôt :

$$-I + \sum_{n=1}^{N} \frac{(1-t)\ (PQ_n - f_n) + tM_n}{(1+i)^n} + (1-t)\frac{V_N}{(1+i)^N}$$

La valeur $\widetilde{p}_u$ de P qui annule ce revenu actualisé est :

$$\widetilde{p}_u(1-t)\sum_{n=1}^{N} \frac{Q_n}{(1+i)^n} = I + \sum_{n=1}^{N} \frac{(1-t)f_n - tM_n}{(1+i)^n} - \frac{(1-t)V_N}{(1+i)^N}$$

D'où le coût de revient économique compte tenu de la fiscalité et ramené avant impôt :

$$\widetilde{p}_u = \frac{I + \displaystyle\sum_{n=1}^{N} \frac{(1-t)f_n - tM_n}{(1+t)^n} - \frac{(1-t)V_N}{(1+i)^N}}{(1-t)\displaystyle\sum_{n=1}^{N} \frac{Q_n}{(1+i)^n}}$$

6.6.4 Taux d'imposition non constant

On peut être amené à considérer un taux d'imposition non constant dans différents cas : modification de ce taux (cas de la France en 1987, 1988 et 1989), fiscalités particulières telles que les fiscalités pétrolières déjà évoquées, exonération de l'impôt sur le revenu pendant quelques années pour certains projets. Par ailleurs, nous avons vu que lorsque les résultats d'ensemble de l'entreprise ne sont pas constamment bénéficiaires, des calculs de report de bénéfices ou de pertes doivent être effectués.

Plaçons-nous sous les hypothèses qui permettent de déterminer un coût de revient économique constant (prix de vente de la production stable au cours du temps). C'est alors en général un coût de revient compte tenu de la fiscalité et ramené avant impôt qu'il sera pertinent de définir comme constant au cours du temps (pour le comparer à un prix de vente ou à une recette avant impôt) tandis qu'un coût de revient après impôt constant serait sans signification.

Comme indiqué au paragraphe précédent, le calcul peut être effectué en déterminant le prix de vente (pour un coût unitaire) ou la recette annuelle (pour un coût annuel) tel que le revenu actualisé soit nul. A titre d'exemple, nous donnons ci-dessous les formules relatives à un taux d'imposition variable au cours du temps, mais supposé indépendant de tout autre paramètre (tel que le résultat d'ensemble de l'entreprise ou le volume de production). Leur démonstration est triviale.

Nous noterons t_n le taux d'imposition de l'année n.

A. Coût de revient économique annuel constant

Le coût de revient économique annuel, compte tenu de la fiscalité et ramené avant impôt, s'écrit :

$$\widetilde{p} = \frac{\text{dépenses actualisées après impôt}}{\displaystyle\sum_{n=1}^{N} \frac{(1-t_n)}{(1+i)^n}}$$

ou encore :

$$\widetilde{p} = \frac{1}{1-\theta} \times \frac{\text{dépenses actualisées après impôt}}{\displaystyle\sum \frac{1}{(1+i)^n}}$$

où θ représente une moyenne en valeurs actualisées des taux d'imposition :

$$\theta = \frac{\displaystyle\sum_{n=1}^{N} \frac{t_n}{(1+i)^n}}{\displaystyle\sum_{n=1}^{N} \frac{1}{(1+i)^n}}$$

B. Coût de revient économique unitaire

$$\widetilde{p}_u = \frac{\text{dépenses actualisées}}{\displaystyle\sum_{n=1}^{N} \frac{(1-t_n)Q_n}{(1+i)^n}}$$

ou :

$$\widetilde{p}_u = \frac{1}{1-\theta} \times \frac{\text{dépenses actualisées}}{\text{production actualisée}}$$

avec :

$$\theta = \frac{\displaystyle\sum_{n=1}^{N} \frac{t_n Q_n}{(1+i)^n}}{\displaystyle\sum_{n=1}^{N} \frac{Q_n}{(1+i)^n}}$$

6.7 ANNEXE. ÉLÉMENTS DE COMPTABILITÉ. BILAN ET COMPTE DE RÉSULTAT

«Il y a trois sortes d'êtres au langage mystérieux :
Les plus aisés à comprendre sont les fous,
Puis viennent les polytechniciens,
Et enfin les comptables».

Auguste Detœuf

Introduction

L'objet de cette annexe est de présenter de façon succinte les éléments de comptabilité qui peuvent être utiles lors de la détermination de l'impôt sur le revenu des sociétés. Le premier paragraphe sera consacré à l'étude du bilan, le second au compte de résultat. Les méthodes de calcul de l'amortissement seront définies dans le troisième paragraphe. Enfin, dans un quatrière paragraphe, nous donnerons quelques indications relatives à la taxation des plus-values. Des indications sur des éléments liés à l'évolution des prix (provisions pour fluctuations des cours ou pour hausse des prix) seront données au chapitre suivant.

Nous présenterons les règles de constitution des documents comptables prévus par le Plan Comptable Général français de 1982, actuellement en vigueur et par les décrets relatifs à l'utilisation de ces documents en matière de fiscalité (Nouveau Plan Comptable).

6.7.1 Le bilan

Le bilan d'une société, établi une fois par an (au moins), constitue une présentation de la situation patrimoniale et financière de l'entreprise à la date à

TABLEAU 6.12
MODELE D'ACTIF (Système abrégé)

Actif	Exercice N			Exercice N – 1
	Brut	Amortissements et provisions	Net	Net
Actif immobilisé :				
Immobilisations incorporelles :				
Fonds commercial				
Autres				
Immobilisations corporelles				
Immobilisations financières (1) :				
Total I	X	X	X	X
Actif circulant :				
Stocks et en-cours				
Avances et acomptes versés sur commandes				
Créances (2) :				
Clients et comptes rattachés				
Autres				
Valeurs mobilières de placement				
Disponibilités				
Charges constatées d'avance (2)				
Total II	X	X	X	X
Total général (I + II)	X	X	X	X
(1) dont à moins d'un an				
(2) dont à plus d'un an				

Le modèle d'actif figurant ci-dessus est celui retenu pour la présentation des comptes du système abrégé. La plupart des entreprises seront en fait obligées d'utiliser la normalisation du système de base qui est plus détaillée.

TABLEAU 6.13
MODELE DE PASSIF (Système abrégé)

Passif	Exercice N	Exercice N – 1
Capitaux propres :		
Capital		
Ecarts de réévaluation		
Réserves :		
Réserve légale		
Réserves réglementées		
Autres (3)		
Report à nouveau		
Résultat de l'exercice (bénéfice ou perte)		
Provisions réglementées		
Total I	X	X
Provisions pour risques et charges (II)	X	X
Dettes (4) :		
Emprunts et dettes assimilées		
Avances et acomptes reçus sur commandes en cours		
Fournisseurs et comptes rattachés		
Autres (2)		
Produits constatés d'avance (1)..................		
Total III	X	X
Total Général (I + II + III)	X	X
(1) dont à plus d'un an		
(2) dont comptes courants d'associés		
(3) dont réserves statutaires		
(4) dont à plus de 5 ans		
dont à plus d'un an et moins de 5 ans		
dont à moins d'un an		

laquelle il est établi. Il constitue un inventaire des avoirs de l'entreprise (actif) et de l'origine de ses fonds (passif). (Des présentations schématiques sont données par les tableaux 6.12 et 6.13).

A. Composition de l'actif

A l'actif du bilan figurent les biens et créances de l'entreprise :

– actif immobilisé (immobilisations incorporelles, corporelles et financières);
– actif circulant (stocks, créances, liquidités).

Autrement dit, **l'actif décrit les emplois des fonds de l'entreprise.**

Ceux-ci sont classés par nature des opérations dans le cadre du Nouveau Plan Comptable et non plus par liquidité croissante comme dans l'ancien Plan Comptable.

La valeur des immobilisations qui figurent à l'actif est la valeur d'acquisition diminuée des amortissements.

L'amortissement est défini par le Plan Comptable comme la « constatation comptable de la perte subie sur la valeur d'actif des immobilisations qui se déprécient avec le temps ». Il correspond à la dépréciation due à l'usure d'un équipement au fur et à mesure de son exploitation. Il est défini au moyen de conventions qui seront étudiées dans le troisième paragraphe.

B. Composition du passif

Le passif décrit l'origine des fonds de l'entreprise (classés par nature dans le Nouveau Plan Comptable) :

- Capitaux propres (capital social et réserves).
- Provisions pour risques et charges.
- Dettes financières (dont dettes à plus d'un an et dettes à moins d'un an).

L'actif est égal au passif (le total des fonds employés étant égal au total des ressources).

La situation nette

Le poste capitaux propres, encore appelé « actif net », représente la valeur comptable du patrimoine de l'entreprise, égale à la différence entre la valeur des biens possédés par l'entreprise (actif) et le total des dettes (passif exigible).

Il regroupe (après affectation des résultats) les apports en capital (capital social) effectués par les actionnaires ou les propriétaires de l'entreprise et les réserves, qui correspondent à la partie des bénéfices qui n'a pas été distribuée sous forme de dividendes et qui restent donc à la disposition de l'entreprise.

Un schéma simplifié du bilan, après affectation des résultats, est représenté par le tableau 6.14.

TABLEAU 6.14
BILAN SIMPLIFIE

<table>
<tr><th>Actif</th><th>Passif</th></tr>
<tr><td rowspan="3">Biens possédés par l'entreprise</td><td>Capitaux propres</td></tr>
<tr><td>Provisions pour risques et charges</td></tr>
<tr><td>Dettes</td></tr>
</table>

C. Les résultats

Les résultats mesurent la variation d'actif net enregistrée au cours d'un exercice (l'année écoulée) (hors augmentation de capital et mouvements de provisions réglementées). Ils apparaissent ainsi au poste «Fonds propres» dans la présentation du Nouveau Plan Comptable.

a. Si le résultat est positif (bénéfice)

Cela représente un accroissement de l'actif net des dettes de l'entreprise au cours de l'exercice écoulé (total des produits supérieur au total des charges). Il est donc naturel de voir le bénéfice venir augmenter la rubrique capitaux propres de l'entreprise (tableau 6.15).

TABLEAU 6.15
BILAN (avant affectation des résultats)

Actif	Passif
Biens et créances de l'entreprise	Capitaux propres à la fin de l'exercice précédent dont résultat (bénéfice) de l'exercice
	Dettes

Les résultats sont affectés pour une part au paiement de dividendes aux actionnaires, la partie restante étant incorporée aux capitaux propres de l'entreprise (réserves ou report à nouveau).

b. Si le résultat constitue une perte

Cela signifie que l'actif net des dettes de l'entreprise a diminué au cours de l'exercice écoulé (total des produits inférieur au total des charges). Il vient donc en déduction des capitaux propres de l'entreprise et il est enregistré dans cette rubrique avec un signe négatif (tableau 6.16).

TABLEAU 6.16
BILAN (après affectation des résultats)

Actif	Passif
Biens et créances	Capitaux propres dont perte (en diminution des postes précédents)
	Dettes

6.7.2 Le compte de résultat

Le bilan constitue un inventaire des avoirs et des dettes de l'entreprise à une date donnée, mais il ne fournit pas d'indications permettant de savoir comment ont été obtenus les résultats d'un exercice. Ces indications sont données par le compte de résultat.

Le compte de résultat décrit les produits (facteurs d'accroissement des avoirs nets des dettes de l'entreprise) et les charges (facteurs de diminution de la richesse de l'entreprise) enregistrés au cours d'un exercice. La différence entre produits et charges constitue le résultat qui est reporté au bilan.

Le Plan Comptable de 1957 demandait l'élaboration de deux comptes de résultat :

- le *Compte d'Exploitation Générale* qui fournissait les éléments de l'activité courante de l'entreprise ;
- le *Compte de Pertes et Profits* où figuraient les éléments relatifs à des opérations qui ne font pas partie de l'activité courante de l'entreprise, ainsi que des éléments correspondant à des opérations réalisées au cours d'exercices antérieurs.

Le Nouveau Plan Comptable prévoit un seul compte de résultat, mais également un nouveau document, l'annexe, détaillant nombre d'informations de première importance.

Les principaux postes sont définis par le tableau 6.17 :

TABLEAU 6.17
COMPTE DE RESULTAT

Charges d'exploitation	Produits d'exploitation
Charges financières	Produits financiers
Charges exceptionnelles	Produits exceptionnels
Participation des salariés	
Impôts sur les bénéfices	
Bénéfice de l'exercice ou perte de l'exercice	

- Le bénéfice (si le résultat est bénéficiaire) apparaît à gauche, du côté des charges, de façon à permettre l'équilibre du compte. La perte (le cas échéant) apparaît à droite, du côté des produits.

- Les produits et charges doivent être rattachés à la période pendant laquelle l'opération correspondante a eu lieu, qui peut être différente de la période au cours de laquelle sont intervenus les flux de trésorerie associés. Par exemple, des travaux effectués par une société de service en novembre 1986 et payés en janvier 1987 apparaîtront en charge de l'exercice 1986 et non de l'exercice 1987.
- Suivant ce principe, le résultat prend en compte non seulement les achats et ventes de produits et de matières, mais également les variations de stocks. Considérons l'exemple suivant relatif à un poste «Matière première» (tableau 6.18) dont le stock initial est de 900, le stock final de 1 100.

TABLEAU 6.18
VARIATIONS DE STOCKS

Charges		Produits
Variations de stocks	: – 200	Production de l'exercice : 6 000
Achats	: 5 400	

Les consommations de matière première sont égales à :

$$5\,400 - 200 = 5\,200$$

ou encore :

$$900 + 5\,400 - 1\,100 = 5\,200$$

Ce sont elles qui interviennent sur le résultat (ces consommations étant ici différentes du poste «Achats»).
Le classement des produits et charges est effectué par nature des opérations, en distinguant les éléments relatifs à l'exploitation, aux opérations financières et aux autres opérations (amendes par exemple).
- Le terme «charges calculées» correspond aux dotations aux amortissements et aux postes de provision (pour dépréciation et pour risques et charges).

Enfin, le compte de résultat permet de calculer des soldes intermédiaires de gestion tels que la production de l'entreprise, la Valeur Ajoutée (ou contribution de l'entreprise à la création de richesse de la nation), l'Excédent Brut d'Exploitation (V.A. – Frais de personnel – Impôts et Taxes) nécessaire pour la rémunération des créanciers (frais financiers), des actionnaires (dividendes), le paiement de l'impôt sur les bénéfices et l'autofinancement de l'entreprise.

6.7.3 Le calcul des amortissements

A. Présentation

L'amortissement, comme nous l'avons indiqué plus haut, mesure la perte de valeur d'une immobilisation. Il permet, en comptabilisant des charges annuelles d'amortissement au compte de résultat, de répartir le coût correspondant à l'acquisition d'un équipement [23] sur une certaine période (la durée d'amortissement). En effet, une dépense d'investissement n'est pas comptabilisée en charge d'exploitation à l'année où elle est effectuée puisqu'il n'y a pas, au cours de cette année-là, consommation totale de l'actif correspondant.

Si la dépréciation d'un équipement pouvait être connue et prévue à l'avance de façon parfaite, la durée d'amortissement devrait être égale à la durée de l'exploitation. En fait, la mesure de la dépréciation au cours de chacune des années d'exploitation n'étant pas possible, le calcul de l'amortissement repose sur des conventions et des règles comptables.

L'amortissement étant un élément du calcul du bénéfice imposable, ces règles sont définies par l'administration fiscale. Elles fixent les modalités de la répartition des charges annuelles d'amortissement sur une durée d'amortissement variable suivant la nature des équipements, de façon que la somme des valeurs nominales des amortissements soit égale à la valeur nominale (coût d'acquisition) [24] de l'actif correspondant (en supposant que la valeur à la fin de la durée d'amortissement est nulle).

Remarque. Certaines immobilisations (terrain par exemple) ne peuvent donner lieu à amortissement.

Les deux méthodes [25] de calcul utilisées en France sont celle de l'amortissement linéaire et celle de l'amortissement dégressif.

B. L'amortissement linéaire (ou amortissement constant)

Cette première méthode (la plus courante avant1959) consiste à comptabiliser chaque année un même pourcentage de la valeur initiale de l'équipement; si N est la durée d'amortissement et I le montant de l'investissement, l'annuité d'amortissement est égale à I/N.

---

23. De façon plus générale, d'un avoir matériel ou immatériel destiné à être utilisé de façon durable dans l'entreprise.

24. C'est le cas de la fiscalité française et de la plupart des fiscalités étrangères. Il existe cependant, dans certains cas, des réglementations qui autorisent à pratiquer des amortissements dont la somme est supérieure à la valeur d'acquisition de l'équipement (par exemple, fiscalité indonésienne dans le domaine de l'exploration pétrolière).

25. D'autres méthodes peuvent être employées lorsqu'elles sont jugées plus conformes à la réalité économique, pour présenter un bilan «sincère», mais elles ne sont généralement pas admises par l'administration fiscale pour le calcul de l'impôt.

Exemple.

Un matériel acheté 200 000 F et dont la durée d'amortissement est de 10 ans donnera lieu à une charge annuelle d'amortissement de 20 000 F.

L'amortissement doit être comptabilisé à partir de la date de mise en service de l'équipement. Pour tenir compte de l'intervalle de temps écoulé entre la date de mise en service et la fin de l'exercice, la première et la dernière annuités sont calculées *prorata temporis*.

Exemple.

Considérons un matériel acheté 100 000 F et amorti sur 10 ans, mis en service au début du 2e semestre de l'année 1987. L'annuité d'amortissement sera en 1987 égale à la moitié de 10 000 F, soit 5 000 F. Chacune des annuités de 1988 à 1996 sera de 10 000 F. Enfin, l'annuité de 1997 sera de 5 000 F.

Les durées d'amortissement doivent être conformes aux durées usuellement employées par l'industrie et admises par la jurisprudence. Parmi les valeurs couramment utilisées, citons, à titre d'exemple :

- bâtiments industriels : 20 ans;
- unités de fabrication (raffinage par exemple) : 8 à 12 ans;
- mobilier : 10 ans;
- voitures, camions, matériel roulant : 4 à 6 ans.

C. L'amortissement dégressif

L'amortissement dégressif traduit la prise en compte d'une dépréciation variable dans le temps et plus forte au cours des premières années d'utilisation d'un équipement ce qui, dans certains cas, correspond mieux à la réalité économique (la perte annuelle de valeur d'un véhicule automobile, par exemple, est effectivement plus importante pour une voiture neuve que pour une voiture plus âgée). Introduit en France en 1959, il a pour but de favoriser l'investissement en permettant une diminution d'impôt plus forte au cours des premières années. La possibilité d'y recourir est limitée à certains biens d'équipement dont la durée d'utilisation est supérieure à 3 ans; certaines modalités d'application (taux d'amortissement notamment) peuvent être modifiées en fonction de la politique fiscale suivie par le gouvernement.

La méthode consiste à comptabiliser chaque année un pourcentage fixe du montant des immobilisations nettes (c'est-à-dire du montant de la valeur initiale diminuée des amortissements comptabilisés au cours des exercices précédents).

En France, le pourcentage à utiliser est obtenu en multipliant par un coefficient α le taux d'amortissement qui serait appliqué si l'on pratiquait un amortissement linéaire sur la durée d'amortissement retenue. Ce coefficient α est égal à :

1,5 pour les matériels dont la durée d'amortissement est de 3 à 4 ans ;
2 pour les matériels dont la durée d'amortissement est de 5 à 6 ans ;
2,5 pour les matériels dont la durée d'amortissement est supérieure à 6 ans.

Exemple.

Considérons un véhicule dont la durée de vie est de 5 ans. Le taux d'amortissement linéaire est alors de 1/5 = 20 %. Le taux d'amortissement dégressif est donc de : 2 × 20 % = 40 %.

L'amortissement linéaire peut être appliqué à la valeur résiduelle comptable sur le nombre d'années restant à courir à partir de l'année où l'annuité correspondant à cet amortissement linéaire deviendrait supérieure à l'annuité calculée suivant le mode dégressif.

Exemple.

Considérons un matériel acheté 100 000 F au début de l'exercice 1988, l'amortissement étant dégressif sur 5 ans.

Le taux d'amortissement dégressif est égal à 40 %. La première année (1988), l'annuité d'amortissement est égale à 40 000 F.

En 1989, la valeur restant à amortir est égale à :

$$100\,000 - 40\,000 = 60\,000 \text{ F}$$

L'amortissement sera donc en 1989 :

$$0,4 \times 60\,000 = 24\,000 \text{ F}$$

Si l'on utilisait la méthode de l'amortissement linéaire sur les 4 années restant à courir, l'annuité serait de :

$$\frac{60\,000}{4} = 15\,000 \text{ F}$$

Celle-ci étant inférieure à l'annuité d'amortissement dégressif, c'est cette dernière qui sera comptabilisée.

Pour les années suivantes, le calcul se poursuit de façon semblable :

1990 : Valeur résiduelle comptable : 100 000 − 40 000 − 24 000 = 36 000 F
Amortissement dégressif : 0,4 × 36 000 = 14 400 F
Amortissement linéaire : 36 000/3 = 12 000 F
Méthode retenue : amortissement dégressif

1991 : Valeur restant à amortir : 36 000 − 14 400 = 21 600 F
Amortissement dégressif : 0,4 × 21 600 = 8 640 F
Amortissement linéaire : 21 600/2 = 10 800 F

Cette dernière étant supérieure à l'annuité d'amortissement dégressif, c'est l'amortissement linéaire qui sera pratiqué en 1991 et 1992 pour amortir la valeur de 21 600 F non encore amortie.

Les calculs sont résumés dans le tableau 6.19; l'amortissement effectivement pratiqué correspond aux grandeurs en italique gras.

TABLEAU 6.19
CALCUL D'UN AMORTISSEMENT DEGRESSIF

(F)

Années	*Valeur restant à amortir*	*Annuité d'amortissement dégressif (taux : 40 %)*	*Annuité d'amortissement linéaire (de la valeur résiduelle sur la durée restant à courir)*
1988	*100 000*	***40 000***	*20 000*
1989	*60 000*	***24 000***	*15 000*
1990	*36 000*	***14 400***	*12 000*
1991	*21 600*	*8 640*	***10 800***
1992	*10 800*		***10 800***

Lorsqu'un équipement est acheté ou construit en cours d'exercice, la première annuité est calculée *prorata temporis* à compter du 1er jour du mois d'acquisition.

Exemple.

Considérons un matériel acheté 100 000 F au début du 2e semestre 1987, amorti sur 10 ans. Le taux d'amortissement dégressif est : 2,5 × 10 = 25 %. Les annuités correspondantes sont données par le tableau 6.20, qui reprend également les annuités d'amortissement linéaire présentées plus haut (exemple du paragraphe précédent).

TABLEAU 6.20
ANNUITES D'AMORTISSEMENT

(F)

Années	*Amortissement linéaire*	*Amortissement dégressif*
1987	*5 000*	*12 500*
1988	*10 000*	*21 875*
1989	*10 000*	*16 406*
1990	*10 000*	*12 305*
1991	*10 000*	*9 229*
1992	*10 000*	*6 921*
1993	*10 000*	*5 191*
1994	*10 000*	*5 191*
1995	*10 000*	*5 191*
1996	*10 000*	*5 191*
1997	*15 000*	–

D. Remarque *(Sum of the years' digits method)*

Les méthodes d'amortissement linéaire ou d'amortissement dégressif (à taux constant) sont couramment utilisées dans la plupart des pays. Signalons cependant que certaines législations permettent d'employer d'autres méthodes. Nous présenterons ici la *Sum of the years' digits method* (amortissement par annuités linéairement décroissantes) pratiquée aux États-Unis.

Il s'agit d'une méthode d'amortissement dégressif. Si n est la durée d'amortissement, la première annuité est proportionnelle à n, la deuxième à $(n-1)$, etc. La k^{e} annuité est proportionnelle à $(n-k+1)$.

De façon plus précise, comme la somme des n premiers nombres entiers est égale à $n(n+1)/2$, les annuités sont les suivantes (en notant I le coût d'acquisition du bien à amortir) :

Première année :

$$\frac{2n}{n(n+1)}I, \text{ soit } \frac{2I}{n+1}$$

Deuxième année :

$$\frac{2(n-1)}{n(n+1)}I$$

. . .

k^{e} année :

$$\frac{2(n-k+1)}{n(n+1)}I$$

Dernière année :

$$\frac{2I}{n(n+1)}$$

En d'autres termes, l'annuité d'une année donnée se déduit de l'annuité de l'année précédente en lui retranchant une somme constante et égale à :

$$\frac{2I}{n(n+1)}$$

Exemple.

Considérons un investissement de 100 000 F dont la durée d'amortissement est de 4 ans. La somme des 4 premiers nombres entiers est égale à :

$$1+2+3+4=10$$

Les annuités correspondant à la méthode «Sum of the years' digits» sont données par le tableau 6.21.

TABLEAU 6.21
SUM OF THE YEARS DIGITS

(F)

Années	*1*	*2*	*3*	*4*
Annuité d'amortissement	*40 000*	*30 000*	*20 000*	*10 000*

Nous remarquerons enfin que lorsque l'entreprise peut choisir entre la méthode *Sum of the years' digits* et la méthode d'amortissement dégressif à taux constant, ce choix peut être fonction du taux d'actualisation retenu par l'entreprise et devra être effectué en comparant la somme des crédits d'impôts actualisés obtenus par chacune des deux méthodes.

6.7.4 Plus-values (ou moins-values) sur cession d'éléments d'actifs

Une plus-value (ou moins-value) est égale à la différence entre le prix de vente d'un bien et sa valeur nette comptable.

Les plus-values (ou moins-values) constituent un élément du résultat comptable qui figure au bilan et au compte de résultats. Cependant, elles sont soumises à un régime fiscal particulier pour tenir compte du fait que certaines plus-values dues à l'augmentation du niveau général des prix ne correspondent pas à des gains en valeur réelle.

A. Plus-values à court terme

Sont considérées comme plus-values à court terme, les plus-values :
- enregistrées sur la cession d'un bien lorsque la revente intervient moins de deux ans après son acquisition;
- correspondant à la vente d'actifs amortissables à concurrence des amortissements déjà pratiqués.

Les plus-values à court terme font partie du bénéfice imposable et supportent donc l'impôt [26] au taux normal.

B. Plus-values à long terme

Sont considérées comme plus-values à long terme :

- celles qui sont réalisées sur la vente d'actifs non amortissables acquis depuis au moins deux ans;
- la différence entre le prix de vente et le prix d'achat d'un bien amortissable acquis depuis au moins deux ans lorsque cette différence est positive.

Les plus-values à long terme sont taxées au taux réduit [27] de 15 %. Celles qui apparaissent lors de la vente de terrains à bâtir sont imposées au taux de 25 %.

Exemple.

Considérons un matériel acheté 10 000 F et donnant lieu à un amortissement linéaire sur 5 ans.

Si l'équipement est vendu 5 000 F au bout de 4 ans, sa valeur nette comptable est égale à 2 000 F, la plus-value est égale à 3 000 F et sera considérée comme plus-value à court terme.

S'il est vendu 11 000 F au bout de deux ans, la valeur comptable est égale à 6 000 F. La plus-value totale est égale à :

$$11\,000 - 6\,000 = 5\,000 \text{ F}$$

Elle se décompose en une plus-value à long terme de 1 000 F et une plus-value à court terme de 4 000 F.

---

26. L'impôt correspondant à une plus-value peut cependant être réparti sur plusieurs exercices (3 ans au maximum).

27. A condition cependant que le bénéfice correspondant soit affecté aux réserves et ne soit pas distribué.

Résumé

Lors du calcul du revenu actualisé ou du taux de rentabilité d'un projet, les flux de trésorerie doivent prendre en compte les décaissements d'impôt associés au projet. La détermination du bénéfice imposable s'appuie sur des conventions comptables, en particulier sur la notion d'amortissement comptable.

Le flux de trésorerie à considérer (flux après impôt) n'est pas en général égal au bénéfice comptable après impôt. Pour une année d'exploitation, hors investissement et sous certaines hypothèses simplificatrices, le flux de trésorerie est égal à la capacité brute d'autofinancement (CBA, ex MBA), égale au bénéfice comptable après impôt majorée des amortissements.

Lors d'un calcul de coût, coût actualisé ou coût de revient économique, il est important de ne pas oublier de prendre en compte la fiscalité qui peut conduire à des décisions différentes de celles qui seraient prises hors fiscalité. Un coût après impôt est déterminé en retranchant du coût hors fiscalité les économies d'impôt qu'entraîne l'enregistrement comptable des dépenses considérées.

Le coût de revient économique unitaire (respectivement : annuel) compte tenu de la fiscalité et ramené avant impôt $\widetilde{p}$ est égal au prix de vente (respectivement : à la recette annuelle) qui annule le revenu actualisé.

Si le taux d'imposition est une constante, soit t, et en notant $\widehat{p}$ le coût de revient économique après impôt :

$$\widetilde{p} = \frac{\widehat{p}}{1-t}$$

7 *Hypothèses d'évolution des prix. Calculs en monnaie courante et en monnaie constante*

Questions posées

Comment introduire des hypothèses d'évolution des prix, et particulièrement une hypothèse d'inflation ?

Comment effectuer des calculs en monnaie courante et en monnaie constante ?

Comment passer de l'un à l'autre ?

Quelle est l'influence de ces hypothèses sur la rentabilité des projets ?

INTRODUCTION

Pour définir un échéancier de flux de trésorerie associé à un projet d'investissement, il convient de faire des prévisions concernant l'évolution au cours de la période d'étude de chacun des postes de recettes et de dépenses liés au projet. Ceci demande une prévision des variations de prix : prix d'achat des matières premières, prix de vente des produits finis, frais de personnel, etc. Une variation de prix peut être définie en distinguant deux composantes : une composante correspondant à l'augmentation du niveau général des prix, l'autre à la variation relative du prix considéré par rapport à la moyenne des prix.

Les évolutions de prix peuvent être très différentes d'un bien ou d'un service à un autre. Dans le passé par exemple, les frais de personnel ont augmenté plus vite que l'indice général des prix. Par contre, le prix d'achat de certains matériels de technologie récente (électronique notamment) a fortement diminué.

Le but de ce chapitre est de présenter les méthodes qui permettent de prendre en compte des hypothèses d'évolution des prix lors d'une étude économique. Il est bien certain que les prévisions de variations de prix sont difficiles, en particulier celles qui concernent le mouvement général des prix (inflation). Cette remarque ne doit pas cependant constituer une objection à la recherche et à l'utilisation de ces prévisions. En effet, effectuer un calcul de rentabilité avec des prix observés au moment de l'étude en négligeant les variations de prix ultérieures conduit à faire, même de façon implicite, l'hypothèse très précise que tous les prix seront stables au cours de la période d'étude. Cette éventualité est généralement assez peu probable, et l'hypothèse de prix constants ne pourra donc être retenue, en première approximation, que pour des projets dont la durée de vie est très courte.

Dans une première section 7.1, nous présenterons les méthodes de calcul en monnaie courante et en monnaie constante. La deuxième section 7.2 sera consacrée à un exemple d'application. Nous effectuerons ensuite une brève analyse de l'influence des variations de prix sur les résultats d'un calcul économique, en étudiant successivement l'effet des évolutions relatives de certains prix (section 7.3) et les conséquences de l'inflation sur le calcul du bénéfice imposable et la rentabilité après impôt (section 7.4).

7.1 LES MÉTHODES DE CALCUL : MONNAIE COURANTE ET MONNAIE CONSTANTE

7.1.1 La construction des échéanciers

Pour évaluer les différents postes d'un échéancier de flux de trésorerie, il convient de choisir une unité monétaire : monnaie courante ou monnaie constante.

A. Echéancier en monnaie courante

Un flux de trésorerie est défini en « francs courants » ou de façon plus générale en « **monnaie courante** », ou encore en « **valeur nominale** », lorsque l'unité monétaire utilisée pour l'évaluer est l'**unité monétaire en cours** à la date où ce flux de trésorerie donne effectivement lieu à encaissement ou décaissement.

Prenons un exemple. Considérons un particulier dont le salaire en 1983 était de 100 kF. En 1984, il était de 111 kF, en francs effectivement touchés en 1984, donc en francs courants. Si cependant l'ensemble des prix a augmenté entre 1983 et 1984 (inflation), la « valeur réelle », le « pouvoir d'achat » du salaire n'aura pas augmenté de 11 %. En effet, 1 franc touché en 1984 n'a pas la même valeur qu'un franc touché en 1983, ceci indépendamment de toute considération de préférence pour le présent. Si l'on désire exprimer le salaire touché en 1984 avec une unité monétaire non dépréciée par rapport aux francs 1983, il convient d'utiliser une estimation en « francs constants ».

B. Echéancier en monnaie constante

Pour construire un échéancier de flux de trésorerie en « francs constants », plus généralement en « **monnaie constante** » ou encore en « **valeurs réelles** », il convient tout d'abord de choisir une année de référence. Chaque poste de recette et de dépense sera alors estimé au moyen d'une unité monétaire fictive, de valeur constante et égale à la valeur d'une **unité monétaire de l'année de référence** (ayant même pouvoir d'achat moyen que l'unité monétaire de l'année de référence). Autrement dit, chaque flux de trésorerie sera évalué en francs de l'année de référence.

Assez souvent, lors de l'étude de projets d'investissement, (mais ce n'est naturellement pas nécessaire) l'année choisie pour définir l'unité monétaire est l'année considérée comme « année 0 » pour les calculs d'actualisation (correspondant au début ou à la fin des travaux de construction de l'équipement).

Exemple.

Reprenons l'exemple ci-avant. Si nous désirons évaluer en «francs constants 1983» le salaire touché en 1984 par le particulier considéré, connaissant la valeur de celui-ci (111 kF) en francs 1984, il nous faut estimer la perte de valeur d'un franc 1984 par rapport à un franc 1983. Ceci pose le problème de la mesure de l'augmentation moyenne des prix entre 1983 et 1984. Supposons que le taux d'inflation était alors de 7 %. Ceci signifie que 1 franc 1984 avait une valeur inférieure de 7 % environ à 1 franc 1983 ; par conséquent, en première approximation, le salaire considéré est égal, en francs constants 1983 à :

$$100(1,11 - 0,07) = 104$$

En valeurs réelles (en francs constants), le revenu du salarié aura augmenté de 4 %.

De façon plus précise, si x est le taux d'augmentation du salaire en francs constants, x est donné par la relation :

$$100(1 + 0,07)(1 + x) = 111$$

La valeur du salaire, en francs constants 1983, est donc égale à :

$$\frac{111}{1,07} \simeq 104$$

C. Evolution relative et évolution générale des prix

Estimer la variation d'une période à une autre en francs constants d'un prix donné, c'est estimer la variation relative de ce prix par rapport à la moyenne de l'ensemble des prix.

Flux de trésorerie définis en francs courants

Cependant, construire un échéancier de flux de trésorerie en francs constants ne dispense pas nécessairement d'effectuer certaines hypothèses concernant l'évolution de la moyenne de l'ensemble des prix. En effet, certains postes de recettes et de dépenses d'un échéancier peuvent être définis en francs courants. Pour passer d'une estimation en monnaie courante d'un flux de trésorerie à une estimation en monnaie constante, il est nécessaire de disposer d'une hypothèse relative aux taux d'inflation à considérer pour chacune des années de la période d'étude, de façon à définir la valeur d'une unité monétaire courante par rapport à l'unité monétaire de référence.

Parmi les postes qui, par nature, sont exprimés en francs courants, les plus importants sont les suivants :

- Les amortissements comptables. Nous avons vu qu'ils sont nécessaires au calcul de l'impôt. Compte tenu des règles fiscales actuellement en vigueur, ils ne sont pas en général [1] réévalués et la somme en monnaie courante des amortissements comptabilisés sur la durée d'amortissement doit alors être égale à la valeur nominale de l'investissement.
- Les charges de remboursement et d'intérêts relatives aux emprunts sont également, en général, exprimées en monnaie courante (sauf cas particulier d'emprunts indexés). Si l'on met à part les calculs de rentabilité des capitaux propres (qui seront étudiés aux chapitres 9 et 10), ces charges n'apparaissent pas dans les échéanciers de flux de trésorerie. Par contre, lors du calcul du coût du financement, il faudra tenir compte du fait que le coût du capital emprunté est fixé en monnaie courante, le coût en monnaie constante étant par conséquent fonction des taux de dépréciation de la monnaie.

Evolution générale des prix

Pour définir une évolution relative des prix par rapport à une tendance moyenne, il faut au préalable avoir défini cette tendance. La prévision des taux d'inflation au cours des années à venir pose le problème du choix d'un indice représentatif du niveau général des prix. En effet, les prévisions s'appuient généralement, en partie tout au moins, sur une analyse du passé. Celle-ci s'effectue en utilisant des indices faisant l'objet d'une publication régulière, tel que l'indice des prix du PIB (Produit Intérieur Brut).

---

1. La réévaluation des bilans sera abordée au paragraphe 7.4.2.

On peut remarquer toutefois que la valeur, le pouvoir d'achat d'une unité monétaire, n'est pas nécessairement la même pour tous les agents économiques : un consommateur sera plus sensible à la variation des prix de détails qu'à celle des prix de gros ou des prix industriels.

D. Relations entre valeurs en monnaie courante et en monnaie constante

Supposons que l'année de référence choisie pour définir l'unité monétaire (franc constant par exemple) est l'année 0.

Nous noterons F_n la valeur en monnaie constante (année 0) d'un flux de trésorerie intervenant à l'année n, F'_n sa valeur en monnaie courante.

Reprenons l'exemple du salarié dont le salaire en francs courants 1984 était égal à 111 kF. Nous avons vu que s'il y avait une augmentation moyenne des prix de 7 % entre 1983 et 1984, la valeur en francs constants 1983 du salaire est égale à :

$$\frac{111}{1,07}$$

De façon plus générale, en notant d_1 le taux d'inflation de l'année 1 par rapport à l'année 0, nous aurons :

$$F'_1 = (1 + d_1)F_1$$

Si l'on suppose que le taux d'inflation est constant au cours de la période d'étude et égal à d, il vient :

$$F'_n = (1 + d)^n F_n$$

Dans le cas où le taux d'augmentation de la moyenne des prix est variable au cours du temps, soit d_n celui de l'année n par rapport à l'année $n - 1$, il vient :

$$F'_n = (1 + d_1)(1 + d_2)\ldots(1 + d_n)F_n$$

ou encore :

$$F_n = F'_n \frac{\text{indice des prix à la date } 0}{\text{indice des prix à la date } n}$$

Si l'année de référence pour la monnaie constante est une année m, on aura :

$$F_n = F'_n \frac{\text{indice des prix à la date } m}{\text{indice des prix à la date } n}$$

ou encore :

$$F'_n = (1 + d_{m+1})\ (1 + d_{m+2}) \dots (1 + d_n) F_n \quad \text{si } m < n$$

$$F'_n = \frac{F_n}{(1 + d_{n+1})\ (1 + d_{n+2}) \dots (1 + d_m)} \quad \text{si } m > n$$

et si le taux d'inflation est supposé constant :

$$F'_n = F_n (1 + d)^{n-m}$$

7.1.2 Taux d'actualisation en monnaie courante et en monnaie constante

A chacune des deux méthodes de construction des échéanciers (francs courants et francs constants) correspondent des taux d'actualisation différents. La formule qui relie ces taux est celle qui relie taux d'intérêt en monnaie courante et taux d'intérêt en monnaie constante.

A. Taux d'intérêt en monnaie courante et en monnaie constante

Nous présenterons tout d'abord un exemple :

Considérons une entreprise qui doit rémunérer son capital au taux de 5 % en francs constants. Si elle emprunte à ce taux à l'année 0 une somme de 1 franc, sa dette au bout d'un an s'élève à 1,05 F (en francs constants année 0).

Si le taux d'inflation est égal à 7 %, la dette de l'entreprise à l'année 1 est égale en francs courants à :

$$1,05 \times 1,07 = 1,1235$$

Le taux d'intérêt en francs courants associé à cet emprunt est alors e'_1 tel que :

$$1 + e'_1 = 1,05 \times 1,07$$

soit :

$$e'_1 \simeq 0,05 + 0,07$$

$$e'_1 \simeq 12\ \%$$

Une formulation plus générale est la suivante. Soit une somme S_0 empruntée à l'année 0 à un taux d'intérêt e'_1 en monnaie courante (emprunt non indexé).

Soit d_1 le taux d'inflation de l'année 1 par rapport à l'année 0.

En supposant que la totalité des intérêts et du capital est remboursée au bout d'un an, la somme S'_1 remboursée à l'année 1 est égale, en monnaie courante, à :

$$S'_1 = (1 + e'_1)S_0$$

La valeur en monnaie constante (année 0) de la somme S'_1 est d'après les formules du paragraphe précédent :

$$S_1 = \frac{S'_1}{1 + d_1} = \frac{1 + e'_1}{1 + d_1} S_0$$

En valeur réelle (monnaie constante) la rémunération du capital est égale à e_1 tel que :

$$(1 + e_1)S_0 = S_1$$

soit :

$$1 + e_1 = \frac{1 + e'_1}{1 + d_1}$$

$$\boxed{1 + e'_1 = (1 + e_1)(1 + d_1)} \qquad (7.1)$$

Une formule approchée s'écrit :

$$e'_1 \simeq e_1 + d_1$$

En première approximation, la valeur d'un taux d'intérêt en monnaie constante est égale à la différence entre la valeur de ce taux en monnaie courante et le taux d'inflation.

B. Taux d'actualisation de l'année 1 par rapport à l'année 0

Nous noterons :

- i_1 : le taux d'actualisation de l'année 1 par rapport à l'année 0 retenu pour effectuer des calculs en monnaie constante (taux d'actualisation en monnaie constante);
- i'_1 : le taux d'actualisation en monnaie courante;
- d_1 : le taux d'inflation de l'année 1 par rapport à l'année 0.

Pour établir la relation entre taux d'actualisation en monnaie courante et en monnaie constante, une première façon de procéder consiste à reprendre la relation (7.1) ci-dessus. En l'appliquant au taux d'actualisation, qui représente la rémunération à affecter au capital de l'entreprise[2], il vient :

$$\boxed{1 + i'_1 = (1 + i_1)(1 + d_1)} \qquad (7.1')$$

Un deuxième raisonnement, équivalent, s'appuie sur le fait qu'**une valeur actualisée doit être indépendante du mode de calcul (monnaie courante ou constante) retenu pour la définir.** De façon plus précise, notons :

- F_1 : la valeur en monnaie constante (année 0) d'un flux de trésorerie disponible à l'année 1 ;
- F'_1 : sa valeur en monnaie courante.

Nous avons vu que :

$$F'_1 = F_1(1 + d_1)$$

La valeur actualisée à l'année 0 de ce flux est égale à la valeur d'une somme disponible à l'année 0. L'année 0 étant choisie comme année de référence pour la définition de la monnaie constante, une somme disponible à l'année 0 a même valeur qu'elle soit évaluée en monnaie courante ou en monnaie constante.

On doit donc avoir :

$$\frac{F'_1}{1 + i'_1} = \frac{F_1}{1 + i_1}$$

En remplaçant dans cette relation F'_1 par $F_1(1 + d_1)$, on obtient bien la relation (7.1′) ci-dessus :

$$1 + i'_1 = (1 + i_1)(1 + d_1)$$

ou, en première approximation :

$$i'_1 \simeq i_1 + d_1$$

La valeur du taux d'actualisation en monnaie courante est peu différente de la somme du taux d'actualisation en monnaie constante et du taux d'augmentation du niveau général des prix.

C. Généralisation à plusieurs périodes. Taux d'inflation constant

Supposons que le taux d'augmentation de la moyenne des prix soit constant sur toute la période d'étude, et égal à d. Si l'entreprise utilise un taux d'ac-

2. Rappelons que le taux d'actualisation peut s'interpréter comme le taux d'intérêt auquel les services financiers «prêtent» le capital aux services chargés de l'étude et de la réalisation des projets d'investissement.

tualisation constant en monnaie constante i, le taux d'actualisation en monnaie courante i' sera lui-même constant (et réciproquement). La relation entre ces deux taux s'écrit alors, comme ci-dessus :

$$1 + i' = (1 + i)(1 + d) \tag{7.2}$$

D. Plusieurs périodes. Taux d'inflation variable

Considérons maintenant le cas où le taux d'inflation est variable au cours du temps ; soit d_n sa valeur à l'année n.

Si l'entreprise utilise un taux d'actualisation constant en monnaie constante, le taux d'actualisation en monnaie courante sera variable ; de façon semblable, si le taux d'actualisation est constant en monnaie courante, sa valeur en monnaie constante sera variable.

Remarquons que dans la pratique, et lorsque l'on est amené à considérer une série de taux d'inflation variables, l'hypothèse la plus fréquemment retenue consiste à supposer que le taux d'actualisation est constant en monnaie constante. C'est en particulier le cas pour les entreprises utilisant le taux d'actualisation du Plan français qui est défini en francs constants.

De façon plus générale (taux d'actualisation variable au cours du temps en monnaie constante et en monnaie courante), notons :

i_n : le taux d'actualisation en monnaie constante à l'année n ;
i'_n : le taux d'actualisation en monnaie courante à l'année n.

La relation entre les deux séries de taux est donnée par la formule :

$$1 + i'_n = (1 + i_n)(1 + d_n) \tag{7.3}$$

Pour justifier cette formule, il suffit de reprendre le raisonnement effectué au paragraphe A. ci-dessus pour établir la relation (7.1) entre taux d'intérêt en monnaie courante et taux d'intérêt en monnaie constante. Le résultat est indépendant de l'année de référence choisie pour définir la monnaie constante (le calcul fait intervenir seulement des taux de variations).

Le raisonnement s'appuyant sur l'égalité de valeurs actualisées obtenues à l'issue d'un calcul en monnaie courante ou en monnaie constante peut également être généralisé de la façon suivante. Notons m l'année de référence pour la définition de la monnaie constante. Soit F'_n un flux de trésorerie d'une année n, défini en monnaie courante. Soit F_n sa valeur en monnaie constante (monnaie de l'année m). Supposons par exemple l'année m antérieure à l'année n (le principe de la démonstration pour $m > n$ serait identique). On a alors, d'après les formules du paragraphe A. ci-dessus :

$$F'_n = (1 + d_{m+1})(1 + d_{m+2}) \dots (1 + d_n) F_n \tag{7.4}$$

D'après la relation (7.1′) du paragraphe B :

$$1 + i'_{m+1} = (1 + i_{m+1})(1 + d_{m+1})$$

Nous effectuons une démonstration par récurrence.

Supposons la relation (7.3) vérifiée pour les années $m + 2$ à $n - 1$. Ecrivons que la valeur actualisée à l'année m du flux considéré est indépendante du mode de calcul, monnaie courante ou constante :

$$\frac{F'_n}{(1 + i'_{m+1})(1 + i'_{m+2})\dots(1 + i'_n)} = \frac{F_n}{(1 + i_{m+1})(1 + i_{m+2})\dots(1 + i_n)}$$

Il suffit alors de remplacer F'_n d'après (7.4) et $1 + i'_n$ par $(1 + i_n)(1 + d_n)$ pour chacune des années $m + 1$ à $n - 1$ pour obtenir la relation (7.3).

E. Taux d'actualisation et calcul en temps continu

Considérons maintenant le temps comme une variable continue.

a. *Taux d'inflation constant*

Supposons le taux d'augmentation générale des prix constant au cours du temps.

Soit δ ce taux (continu).

Soient :

j : le taux d'actualisation continu en francs constants (date 0);
j' : le taux d'actualisation continu en francs courants.

La relation entre la valeur en francs constants $F(t)$ d'un flux de trésorerie par unité de temps, et sa valeur $F'(t)$ en francs courants s'écrit :

$$F'(t) = F(t)e^{\delta t}$$

Comme en temps discrétisé, nous obtiendrons même valeur actualisée de ce flux à partir d'un calcul en francs courants ou en francs constants, d'où :

$$F'(t)\ e^{-j't} = F(t)\ e^{-jt}$$

En remplaçant $F'(t)$ par $F(t)\ e^{\delta t}$, cette équation fournit la relation entre les taux d'actualisation.

$$\boxed{j' = j + \delta}$$

b. *Taux d'inflation fonction du temps*

La relation ci-dessus reste valable dans ce cas. Soit $\delta(t)$ le taux (continu) d'augmentation moyenne des prix à l'instant t. Soient $j(t)$ et $j'(t)$ les taux (continus) d'actualisation en francs constants et en francs courants à l'instant t :

$$j'(t) = j(t) + \delta(t)$$

Les valeurs en francs constants (date 0) et en francs courants d'un flux de trésorerie sont liées par la relation :

$$F'(t) = F(t) \exp \left[\int_0^t \delta(\theta) \, \mathrm{d}\theta \right]$$

7.1.3 Revenu actualisé

Nous avons vu ci-avant que la valeur actuelle d'un flux de trésorerie, en francs de l'année 0, est indépendante de la façon dont elle est calculée (francs courants ou francs constants) puisqu'elle représente l'équivalent d'une somme reçue ou dépensée à l'année 0.

Le revenu actualisé est une somme algébrique de flux de trésorerie. **On obtiendra donc même valeur pour le revenu actualisé d'un projet en effectuant les calculs en monnaie courante ou en monnaie constante.**

Ceci est vrai que l'on suppose constants ou non sur la période d'étude le taux de dépréciation de la monnaie et le taux d'actualisation de l'entreprise.

Considérons le cas où ces deux paramètres sont constants. Nous retenons toujours l'année 0 comme année de référence pour les calculs en monnaie constante. Avec les notations précédentes, le revenu actualisé calculé à partir de flux de trésorerie définis en francs constants s'écrit :

$$R(i) = \sum_{n=0}^{N} \frac{F_n}{(1+i)^n}$$

Notons R' le revenu actualisé obtenu à partir d'un calcul en francs courants :

$$R'(i') = \sum_{n=0}^{N} \frac{F'_n}{(1+i')^n}$$

On peut alors écrire :

$$\boxed{R'(i') = R(i)} \tag{7.5}$$

Dans le cas où l'année de référence pour la monnaie constante n'est pas l'année 0 de l'actualisation, l'égalité reste vraie à condition d'exprimer chacun des deux revenus actualisés dans une même unité monétaire.

Par définition, un calcul en monnaie courante conduit à définir un revenu actualisé à l'année 0 en monnaie de l'année 0. Un calcul en monnaie constante donne une valeur en monnaie de l'année de référence choisie pour définir la monnaie constante. Il y aura égalité si l'on exprime chacun des deux résultats en monnaie d'une même année.

7.1.4 Taux de rentabilité

A. Premier cas : Le taux d'inflation est supposé constant au cours de la période d'étude

Soit r le taux de rentabilité obtenu à partir d'un calcul effectué en francs constants. Ce taux, appelé «taux de rentabilité en monnaie constante» est la valeur du taux d'actualisation (en monnaie constante) qui annule le revenu actualisé :

$$R(r) = \sum_{n=0}^{N} \frac{F_n}{(1+r)^n} = 0$$

Soit de même r' le taux de rentabilité en monnaie courante.

La relation qui lie r' et r est la même que celle qui lie taux d'actualisation en monnaie courante et taux d'actualisation en monnaie constante.

En effet, nous avons vu que l'on obtient une même valeur du revenu actualisé, que les calculs soient effectués en monnaie courante ou en monnaie constante, si l'on utilise les taux d'actualisation i' en monnaie courante et i en monnaie constante tels que :

$$1 + i' = (1 + i)(1 + d)$$

r étant défini par $R(r) = 0$, on obtiendra une même valeur du revenu actualisé (égale à 0) :

$$R'(r') = R(r) = 0$$

si les calculs sont effectués en monnaie courante avec un taux d'actualisation r' satisfaisant la relation :

$$\boxed{1 + r' = (1 + r)(1 + d)}$$

de façon approchée :

$$r' \simeq r + d$$

B. Deuxième cas : le taux d'inflation est variable

Nous avons vu que, dans ce cas, un seul des taux d'actualisation en monnaie courante ou en monnaie constante peut être considéré comme constant au cours du temps. Le taux de rentabilité sera donc calculé en monnaie constante si l'entreprise utilise un taux d'actualisation constant en monnaie constante. Il sera calculé en monnaie courante si l'entreprise utilise un taux d'actualisation constant en monnaie courante.

Remarque. Dans le cas où le taux d'inflation est variable et où le taux d'actualisation est considéré comme constant en francs constants, un taux de rentabilité en francs courants peut être calculé. Il n'y a pas alors de relation simple entre taux de rentabilité en francs courants et taux de rentabilité en francs constants. Par ailleurs, le taux de rentabilité en francs courants ne pourra pas être utilisé, dans le cas général, pour étudier une décision d'acceptation ou de rejet d'un projet d'investissement; en effet, il est difficile d'effectuer une comparaison du taux de rentabilité et des taux d'actualisation (le taux d'actualisation en francs courants étant variable au cours du temps) à moins que les différences $(r' - i'_n)$ entre le taux de rentabilité et chacune des valeurs prises par le taux d'actualisation ne soient toutes de même signe.

Ce problème peut cependant être résolu en définissant un taux de rentabilité variable au cours du temps, ce qui est possible si l'on se donne a priori sa loi d'évolution [7.10].

7.1.5 Coût de revient économique

Lorsque l'on est amené à faire une hypothèse de stabilité d'un prix de vente (ou d'une recette annuelle) il s'agit le plus souvent d'une stabilité en monnaie constante. Plaçons-nous dans cette hypothèse (le cas général est étudié au chapitre 8). Il est alors justifié de définir un coût de revient économique constant en monnaie constante. Il convient dans ce cas d'utiliser, pour le calcul d'une annuité constante ou d'une production actualisée, un taux d'actualisation en monnaie constante.

De façon plus précise, considérons le calcul d'un coût de revient annuel constant en monnaie constante. Si l'exploitation a lieu d'une année 1 à une année N, celui-ci s'écrit :

$$p = \frac{C_0}{\displaystyle\sum_{n=1}^{N} \frac{1}{(1+i)^n}}$$

où C_0 est la somme des dépenses associées au projet considéré, actualisées à l'année 0. Remarquons que C_0 peut être calculé indifféremment à partir de dépenses définies en monnaie courante ou en monnaie constante à condition d'utiliser le taux d'actualisation adéquat (rappelons qu'une valeur actuelle est indépendante du mode de calcul utilisé). Le coût de revient p sera exprimé dans la même unité monétaire que C_0.

Si l'on souhaite définir un coût de revient unitaire constant en monnaie constante, il est donné par la formule :

$$p = \frac{C_0}{Q_0 + \dfrac{Q_1}{1+i} + \dots \dfrac{Q_N}{(1+i)^N}}$$

avec :

C_0	: somme des dépenses actualisées à l'année 0 définie ci-dessus ;
$Q_0, Q_1, \dots, Q_N$	: quantités produites aux années 0, 1, 2, ..., N.

Le coût de revient en monnaie courante est alors variable au cours du temps et augmentera au même rythme que l'indice général des prix.

Supposons le coût de revient p défini en monnaie constante de l'année 0. Avec les notations précédentes, et en notant p'_n le coût de revient en monnaie courante à l'année n :

$$p'_n = p(1 + d_1)(1 + d_2)\dots(1 + d_n)$$

Et si le taux d'inflation est supposé constant :

$$p'_n = p(1 + d)^n$$

7.1.6 Calculs numériques. Remarque relative au cas où les taux d'évolution sont constants

Lors d'une première analyse rapide d'un projet d'investissement, on peut être amené à utiliser des hypothèses simplificatrices. C'est ainsi que l'on peut supposer que différents postes de recettes et de dépenses augmenteront ou diminueront à un taux constant sur une longue période.

Pour une étude détaillée, des prévisions plus précises sont généralement effectuées pour définir les postes des premières années. Mais pour les années ultérieures, l'hypothèse de variation à taux constant est fréquemment retenue.

Dans ces cas, plutôt que de déterminer la valeur de chaque poste de l'échéancier pour chaque année, il est possible d'utiliser les formules donnant la somme de séries géométriques. Les valeurs correspondantes peuvent être fournies par les tables d'actualisation ou les calculatrices dites « financières ». Nous présenterons la formulation correspondante en prenant l'exemple d'un flux de trésorerie dont on prévoit l'augmentation à un taux constant α.

Le flux de trésorerie d'une année n peut s'écrire :

$$F_n = F_0(1+\alpha)^n$$

La valeur actualisée est égale à :

$$\frac{F_n}{(1+i)^n} = F_0 \left(\frac{1+\alpha}{1+i}\right)^n$$

En posant :

$$1+\lambda = \frac{1+i}{1+\alpha}$$

il vient :

$$\sum_{n=1}^{N} \frac{F_n}{(1+i)^n} = F_0 \sum_{n=1}^{N} \frac{1}{(1+\lambda)^n}$$

Le terme :

$$\sum_{n=1}^{N} \frac{1}{(1+\lambda)^n}$$

se trouve dans les tables d'actualisation[3]. Généralement, on ne trouve dans ces tables que des valeurs entières du taux d'actualisation. Elles seront donc particulièrement utilisées dans le cas où l'on peut utiliser l'approximation :

$$\frac{1+i}{1+\alpha} \simeq 1+i-\alpha$$

soit :

$$\lambda \simeq i-\alpha$$

ce qui donne des valeurs entières de λ lorsque i et α sont entiers.

Les machines à calculer électroniques de poche «financières» donnent par contre la somme des coefficients d'actualisation pour des valeurs quelconques du taux d'actualisation, et permettent donc le calcul pour des valeurs quelconques de λ.

3. Rappelons la formule :

$$\sum_{n=1}^{N} \frac{1}{(1+i)^n} = \frac{1-\frac{1}{(1+i)^N}}{i} = \frac{(1+i)^N-1}{i(1+i)^N}$$

Lorsque l'on ne dispose pas de machine financière, on peut utiliser le fait que la somme des valeurs actualisées sur N années est la somme d'une série géométrique de raison :

$$\frac{1+\alpha}{1+i}$$

$$\sum_{n=1}^{N} \frac{F_n}{(1+i)^n} = F_0 \left(\frac{1+\alpha}{1+i}\right) \sum_{n=0}^{N-1} \left(\frac{1+\alpha}{1+i}\right)^n =$$

$$F_0 \left(\frac{1+\alpha}{1+i}\right) \frac{1-\left(\frac{1+\alpha}{1+i}\right)^N}{1-\left(\frac{1+\alpha}{1+i}\right)}$$

$$\sum_{n=1}^{N} \frac{F_n}{(1+i)^n} = F_0 \frac{1+\alpha}{i-\alpha} \left[1-\left(\frac{1+\alpha}{1+i}\right)^N\right]$$

7.2 EXEMPLE AMMONIAC. CALCULS NUMÉRIQUES

Nous reprendrons l'exemple traité précédemment, en introduisant quelques hypothèses supplémentaires d'évolution des prix. Nous construirons les échéanciers de flux de trésorerie en francs courants et en francs constants et calculerons la valeur des principaux critères : revenu actualisé, taux de rentabilité et coût de revient économique.

Les hypothèses.

Nous étudierons le projet A, relatif à la construction d'une unité dont la capacité de production est de 300 000 tonnes par an. Nous supposerons qu'au cours des 10 années à venir, la moyenne des prix augmentera au taux (constant) de 5 % par an. L'année de référence retenue pour les calculs en francs constants est l'année 0.

Le montant de l'investissement est estimé à 1 000 millions de francs (année 0).

Les hypothèses utilisées jusqu'à présent et relatives au prix de vente (1 100 francs par tonne) et aux frais d'exploitation (126 millions de francs par an) ont été effectuées en francs de l'année 0 par référence au niveau auquel ces éléments se chiffreraient s'il y avait effectivement production et vente à l'année 0.

Nous supposerons que le prix de vente suivra le mouvement général des prix et augmentera au rythme de 5 % par an.

Quant aux frais d'exploitation, leur total se décomposerait, s'il y avait production à l'année 0, de la façon suivante :

- *matière première (gaz), énergie et autres frais variables : 66 MF/an ;*
- *frais de personnel et autres frais fixes : 60 MF/an.*

On prévoit pour le premier poste (matière première, énergie, frais variables) la même évolution que l'ensemble des prix, soit une augmentation en francs courants de 5 % par an.

On suppose par contre pour le deuxième poste (frais fixes) une augmentation de 9 % par an en francs courants, plus rapide que celle de l'indice général des prix.

Comme précédemment nous supposerons que l'entreprise est soumise à l'impôt sur le revenu des sociétés (taux : 40 %) et que l'amortissement est linéaire sur 10 ans.
Le taux d'actualisation est de 7 % en francs constants.

Construction de l'échéancier des flux de trésorerie en francs courants.

A l'année 0, seule la dépense d'investissement est à prendre en compte. Etant défini en francs de l'année 0, le flux de trésorerie est, comme au chapitre précédent, égal à – 1 000 MF.

Au cours des années d'exploitation, les différents postes de l'échéancier évolueront comme suit.

Les recettes augmentent de 5 % par an à partir de l'estimation de 330 MF année 0 ; leur montant s'élèvera à :

$$330(1,05) = 346,5 \text{ à l'année } 1$$
$$330(1,05)^n \text{ à l'année } n$$

De même, la somme des frais fixes sera de :

$$60(1,09)^n \text{ à l'année } n$$

les frais variables étant de :

$$66(1,05)^n$$

Pour calculer le bénéfice imposable et l'impôt, nous retrancherons du résultat brut d'exploitation (recettes – frais d'exploitation) les amortissements. Ceux-ci seront constants en francs courants et égaux à 100 MF/an si l'on prévoit que les réglements actuels seront maintenus dans le futur (pas de possibilité de réévaluation).

L'échéancier des flux de trésorerie en francs courants est donné par le tableau 7.1.

Construction de l'échéancier en francs constants.

Nous construirons l'échéancier des flux de trésorerie en francs constants pour illustrer la méthode, sachant que, dans la pratique, il est naturellement inutile d'effectuer les deux types de calcul puisque, comme nous l'avons indiqué ci-dessus, nous obtiendrons les mêmes résultats que l'échéancier soit défini en francs courants ou en francs constants.

A l'année 0, le flux de trésorerie est égal à – 1 000 MF.

Au cours des années d'exploitation, les recettes évoluant au même rythme que l'ensemble des prix ont une valeur constante en francs constants (330 MF par an) ainsi que les frais variables (66 MF par an).

Les frais fixes augmentent plus vite (9 % par an) que le niveau général des prix (5 % par an); leur montant en francs constants augmente donc de 4 % par an (en première approximation). De façon plus précise, ce poste de dépense est égal, en francs constants, à l'année n, à :

$$\frac{60(1,09)^n}{(1,05)^n}$$

En ce qui concerne le bénéfice imposable les éléments en sont toujours présentés à l'administration en francs courants. Cependant, il est naturellement possible, pour déterminer le montant de l'impôt en francs constants, de définir le bénéfice imposable en francs constants. Le calcul ayant été fait pour les recettes et dépenses d'exploitation, il reste à calculer la valeur en francs constants des amortissemens. Ceux-ci étant constants en valeurs nominales vont perdre chaque année 5 % de leur valeur en francs constants.

Plus précisément, l'amortissement à l'année n sera égal en francs constants à :

$$\frac{100}{(1,05)^n}$$

L'échéancier des flux de trésorerie en francs constants est donné par le tableau 7.2.

TABLEAU 7.1

ECHEANCIER DES FLUX DE TRESORERIE EN FRANCS COURANTS

(MF)

Années	*0*	*1*	*2*	*3*	*4*	*5*	*6*	*7*	*8*	*9*	*10*
cettes		*346,5*	*363,8*	*382,0*	*401,1*	*421,2*	*442,2*	*464,3*	*487,6*	*511,9*	*537,5*
ais fixes		*65,4*	*71,3*	*77,7*	*84,7*	*92,3*	*100,6*	*109,7*	*119,6*	*130,3*	*142,0*
atière première et ais variables opé- atoires		*69,3*	*72,8*	*76,4*	*80,2*	*84,2*	*88,4*	*92,9*	*97,5*	*102,4*	*107,5*
ortissement		*100*	*100*	*100*	*100*	*100*	*100*	*100*	*100*	*100*	*100*
néfice imposable ...		*111,8*	*119,8*	*127,9*	*136,2*	*144,6*	*153,2*	*161,8*	*170,5*	*179,2*	*188,0*
ôt		*44,7*	*47,9*	*51,1*	*54,5*	*57,8*	*61,3*	*64,7*	*68,2*	*71,7*	*75,2*
x de trésorerie	*– 1 000*	*167,1*	*171,9*	*176,7*	*181,7*	*186,8*	*191,9*	*197,1*	*202,3*	*207,5*	*212,8*

TABLEAU 7.2

ECHEANCIER DES FLUX DE TRESORERIE EN FRANCS CONSTANTS

(MF)

Années	*0*	*1*	*2*	*3*	*4*	*5*	*6*	*7*	*8*	*9*	*10*
ettes		*330*	*330*	*330*	*330*	*330*	*330*	*330*	*330*	*330*	*330*
is fixes		*62,3*	*64,7*	*67,1*	*69,7*	*72,3*	*75,1*	*77,9*	*80,9*	*84,0*	*87,2*
ière première et is variables opé- oires		*66*	*66*	*66*	*66*	*66*	*66*	*66*	*66*	*66*	*66*
ortissement		*95,2*	*90,7*	*86,4*	*82,3*	*78,3*	*74,6*	*71,1*	*67,7*	*64,5*	*61,4*
éfice imposable ...		*106,5*	*108,6*	*110,5*	*112,0*	*113,3*	*114,3*	*115,0*	*115,4*	*115,5*	*115,4*
ôt		*42,6*	*43,5*	*44,2*	*44,8*	*45,3*	*45,7*	*46,0*	*46,2*	*46,2*	*46,2*
x de trésorerie	*– 1 000*	*159,1*	*155,9*	*152,7*	*149,5*	*146,3*	*143,2*	*140,1*	*136,9*	*133,8*	*130,6*

Revenu actualisé et taux de rentabilité.

Le taux d'actualisation en francs constants étant égal à 7 %, le taux d'actualisation en francs courants est égal :

- *en première approximation à : 7 + 5 = 12 % ;*
- *de façon exacte à i' tel que :*

  $1 + i' = (1 + i)(1 + d) = 1,07 \,.\, 1,05 = 1,1235$;

  soit :

  $i' = 12,35$ %.

Le revenu actualisé est calculé à partir de l'échéancier en francs courants au taux $i' = 12,35$ % ou à partir de l'échéancier en francs constants au taux $i = 7$ %.
On trouve :

$$R(i) = R'(i') = 29 \text{ millions de francs}$$

Le taux de rentabilité en francs constants est peu différent de 8 %, soit 13 % environ en francs courants.

Les valeurs du revenu actualisé et du taux de rentabilité en francs constants sont plus petites que celles qui avaient été obtenues lorsque le calcul avait été effectué sans hypothèse d'évolution des prix. Cette baisse de rentabilité est due à deux facteurs (qui jouent dans le même sens) :

- *certains frais d'exploitation (frais fixes) augmentent plus rapidement que le niveau moyen des prix ;*
- *la valeur réelle (en francs constants) des amortissements est érodée par l'augmentation générale des prix. Les crédits d'impôts correspondants sont donc également dépréciés, ce qui concourt à diminuer la rentabilité du projet.*

Nous verrons à la section 7.3 que les remarques effectuées sur cet exemple ont une portée plus générale.

Coût de revient économique.

Le prix de vente étant constant en francs constants sur la durée d'exploitation, nous chercherons à définir un coût de revient économique également constant en francs constants.

Les éléments à prendre en compte pour le calcul d'un coût de revient économique après impôt sont :

– investissement : 1 000 MF à l'année 0 ;

– frais d'exploitation après impôt (en francs constants) à l'année n :

$$(1-0,4)\left[\frac{60(1,09)^n}{(1,05)^n}+66\right]$$

– crédits d'impôt dus aux amortissements à l'année n (francs constants) :

$$0,4\times\frac{100}{(1,05)^n}$$

Les dépenses actualisées diminuées des crédits d'impôt associés sont donc égales à :

$$D=1\,000+\sum_{n=1}^{10}\left[\frac{0,6\times 60(1,09)^n}{(1+i)^n\,(1,05)^n}+\frac{0,6\times 66}{(1+i)^n}-\frac{0,4\times 100}{(1+i)^n\,(1,05)^n}\right];$$

$D = 1\,361$ *MF.*

Le coût de revient économique annuel après impôt est égal à l'annuité constante équivalente à cette somme, soit :

$$\frac{D}{\displaystyle\sum_{n=1}^{10}\frac{1}{(1+i)^n}}=193,8\ MF/an$$

Le coût de revient économique unitaire après impôt est obtenu en divisant cette valeur par la production annuelle (300 000 t), soit :

$$\widehat{p}_u=646\ F/t$$

Le coût de revient compte tenu de la fiscalité et ramené avant impôt est égal à :

$$\widetilde{p}_u=\frac{\widehat{p}_u}{0,6}=1\,077\ F/t$$

Ce coût de revient économique étant constant en francs constants, le prix de vente nominal minimum permettant d'obtenir un revenu actualisé positif doit, comme le prix de vente, augmenter au rythme de 5 % par an et prendre à l'année n la valeur :

$$\widetilde{p}'_u = \widetilde{p}_u(1,05)^n = 1\,077(1,05)^n$$

7.3 INFLUENCE DE L'ÉVOLUTION DES RECETTES ET DÉPENSES D'EXPLOITATION SUR LA RENTABILITÉ DES PROJETS

Différents facteurs liés à l'évolution des prix peuvent avoir une influence sur la rentabilité des projets d'investissement.

Au cours de cette section, nous analyserons les conséquences de l'évolution relative des prix de vente ou des postes de dépenses. L'influence du mouvement général des prix sur les résultats comptables et le calcul de l'impôt fera l'objet de la section suivante 7.4.

Dans l'exemple Ammoniac traité ci-avant, la rentabilité du projet était diminuée par l'introduction d'une hypothèse de croissance de certains frais d'exploitation (matière première et main-d'œuvre) plus rapide que le mouvement général des prix, tandis que les autres frais ainsi que le prix de vente suivaient la même évolution que l'indice des prix retenu pour caractériser l'inflation. Il s'agissait ici d'hypothèses spécifiques d'un projet particulier. De façon plus générale, nous essaierons d'analyser quelle est l'influence sur les calculs de rentabilité des hypothèses les plus courantes concernant les évolutions des prix, ceci par comparaison avec les résultats d'un calcul effectué à prix constants, c'est-à-dire en négligeant le glissement des prix.

Les frais d'exploitation

Les frais de personnel et le coût des services ont augmenté en moyenne plus vite que l'ensemble des prix jusque vers le milieu des années 1980. Malgré une relative stabilité observée ensuite, la reprise et la poursuite de ce mouvement à moyen et long termes font partie des scénarios possibles utilisés par un certain nombre d'analystes. La prise en compte d'une telle hypothèse conduit à prévoir une augmentation en francs constants des dépenses d'exploitation. Cette augmentation s'ajoute, naturellement, à celle qui est due à l'usure des matériels et que l'on observerait également si les prix étaient constants (augmentation en volume des charges d'entretien).

Il s'agit d'une hypothèse qui entraîne, le plus souvent, une détérioration – par comparaison avec une hypothèse de prix constants – de la rentabilité des projets d'investissement. Ceci est vrai, bien sûr, seulement lorsque l'exploitation de l'équipement étudié demande du personnel supplémentaire par rapport au cas où le projet serait rejeté ; par contre, ce facteur peut accroître l'intérêt d'un projet, automatisation par exemple, permettant des économies de main-d'œuvre.

Progrès technique

Si certains prix augmentent plus vite que la moyenne, d'autres augmentent moins vite. Parmi ces derniers, on trouve essentiellement le prix d'achat de certains équipements qui diminue en francs constants grâce au progrès technique.

Mais il s'agit d'une baisse qui n'apparaît généralement pas lors de la construction d'un échéancier de flux de trésorerie, dans la mesure où un seul équipement est acheté ou construit au cours des premières années de la période d'étude. Dans notre exemple Ammoniac, si le coût de construction d'une unité de production d'ammoniac diminue dans le futur en francs constants, cela n'entraînera pas d'amélioration de la rentabilité du projet étudié.

Le progrès technique se traduit souvent, également, par une amélioration des caractéristiques techniques des équipements (augmentation des rendements, de la qualité des produits, diminution des coûts opératoires,...). Mais un équipement construit au début de la période d'étude ne bénéficiera généralement pas (ou tout au moins, pas complètement)[4] des progrès enregistrés au cours des années plus éloignées.

Au contraire, la prise en compte d'une hypothèse de progrès technique peut conduire à des dates de déclassement plus rapprochées que celles que l'on obtiendrait avec une hypothèse de prix constants (cf. chapitre 8). Naturellement, si la durée de vie des équipements est inférieure, les recettes apparaissant sur une durée plus courte, la rentabilité du projet ne peut qu'en être diminuée.

Prix de vente des produits

Les conséquences du progrès technologique sur les équipements (baisse du prix d'achat ou amélioration de la productivité) peuvent conduire au cours des années futures à une baisse du prix de vente des produits fabriqués au moyen de l'équipement étudié (baisse entraînée par la construction dans le futur, par des firmes concurrentes, de nouveaux matériels bénéficiant de ces améliorations et conduisant à des coûts de revient plus faibles en francs constants). Là aussi, l'introduction d'une hypothèse de progrès technique, qui peut entraîner une

---

4. Certaines améliorations techniques peuvent être apportées à des équipements anciens. Par exemple, lorsqu'il est nécessaire de changer le catalyseur d'une unité de reformage en raffinerie, il est possible de le remplacer par un nouveau plus efficace (par contre, il ne sera pratiquement pas possible de changer le mode de régénération du catalyseur). Il est de même possible de changer les brûleurs d'une chaudière. Dans d'autres cas, des travaux de modernisation peuvent entraîner des dépenses beaucoup plus élevées sur un équipement ancien que celles qui seraient nécessaires pour obtenir des caractéristiques similaires lors de la construction d'un équipement neuf.

baisse des recettes, constitue donc un facteur de diminution de la rentabilité de nombreux projets d'investissement [5].

En résumé

Effectuer un calcul économique à prix constants revient assez souvent à surestimer la rentabilité des projets étudiés; l'erreur commise en négligeant l'évolution des prix peut être importante, particulièrement lorsque plusieurs des effets mentionnés ci-dessus sont cumulés.

Il faut remarquer cependant qu'un calcul correct ne pénalise pas tous les projets (nous avons cité ci-dessus l'exemple des projets «d'automatisation» qui permettent des économies de frais de personnel; voir également note infra-paginale 5 ci-avant). Mais peu nombreux sont ceux pour lesquels une hypothèse de prix constants sur toute la période d'étude peut être justifiée.

7.4 FISCALITÉ ET INFLATION

Au cours de cette section, nous considérerons une entreprise soumise à l'impôt sur le revenu des sociétés et analyserons les effets de l'inflation sur la détermination de l'impôt et les conséquences sur la rentabilité des projets d'investissements.

Le calcul du bénéfice imposable et de l'impôt s'appuie, comme nous l'avons vu au chapitre précédent, sur des conventions comptables. La comptabilité française traditionnelle prévoit l'enregistrement des opérations au coût historique. Les bilans et les comptes de résultats sont donc établis en valeurs nominales et non en valeurs réelles, ce qui entraîne des distorsions lorsque les prix ne sont pas stables.

Les règles, relativement récentes en France, qui régissent la réévaluation des bilans, permettent de présenter des résultats plus conformes à la réalité. Elles seront présentées rapidement au paragraphe 7.4.2. Mais les réévaluations obligatoires de 1977 et 1978 n'entraînaient pas de modifications, par rapport à une comptabilité aux coûts historiques, des modalités du calcul de l'impôt. Et les entreprises n'effectuent pratiquement pas de réévaluation «libre».

C'est donc à la comptabilité traditionnelle et aux distorsions créées par l'inflation que nous consacrerons le premier paragraphe de cette section. A partir de là, les conséquences sur la rentabilité des projets à taux d'actualisation

5. Cette baisse du prix de certains produits peut permettre une diminution des frais d'exploitation pour des projets conduisant à utiliser ces produits comme facteurs de production (par exemple, produits de la pétrochimie utilisés comme matière première pour l'industrie des plastiques ou d'autres industries de transformation). Ceci peut constituer un élément d'amélioration de la rentabilité d'un projet, mais seulement dans la mesure où la baisse n'est pas entièrement répercutée au niveau des prix de vente des produits finis.

inchangé pourront être dégagées (paragraphe 7.4.3). Nous étudierons enfin (paragraphe 7.4.4) l'influence de l'inflation sur la détermination d'un taux d'actualisation.

7.4.1 Comptabilité traditionnelle et inflation

Les coûts historiques enregistrés par la comptabilité ne reflètent pas, en présence d'inflation (et en l'absence de réévaluation des immobilisations), la valeur réelle des éléments qui figurent au bilan et au compte de résultat. Cela est particulièrement vrai pour les éléments qui sont associés de façon durable à l'activité de l'entreprise.

A. Immobilisations et fonds propres

Ces postes sont généralement sous-estimés. Prenons un exemple : un terrain acheté en 1965 pour 100 000 F figurera toujours pour une valeur de 100 000 F au bilan de l'année 1975, alors que sa valeur à la revente peut avoir doublé entre 1965 et 1975. La valeur de l'entreprise calculée à partir des éléments du bilan peut ainsi être sensiblement inférieure à sa valeur réelle.

Pour effectuer un calcul de rentabilité après impôt, il faut connaître le bénéfice imposable et donc l'influence de l'inflation sur les comptes de résultats. Lorsque les immobilisations ne sont pas réévaluées, la somme des dotations aux amortissements sur la durée d'amortissement est égale, en valeurs nominales, à la valeur (nominale) d'acquisition de l'équipement considéré.

Cela signifie que la somme des amortissements, en monnaie constante, est inférieure à la valeur en monnaie constante de l'équipement (ou encore : la somme en monnaie constante des amortissements est en général inférieure à celle qui serait nécessaire, en fin de période, pour renouveler l'équipement). C'est ce que nous avons observé dans l'exemple Ammoniac : l'investissement étant de 1 000 MF à l'année 0 et l'amortissement linéaire sur 10 ans, l'amortissement est égal à 100 MF par an en francs courants. S'il y une érosion monétaire de 5 % par an, l'amortissement à l'année n est égal, en francs constants année 0, à :

$$\frac{100}{(1,05)^n}$$

Cette sous-évaluation (en monnaie constante) conduit à un gonflement du bénéfice imposable et par conséquent de l'impôt. En d'autres termes, les crédits d'impôts engendrés par la comptabilisation des amortissements ont une valeur inférieure, en monnaie constante, à celle qui serait observée en l'absence d'inflation.

Les paiements d'impôts étant plus élevés, la rentabilité après impôt (en monnaie constante) ne peut qu'être diminuée par l'introduction d'une hypothèse d'érosion monétaire (toutes choses étant égales par ailleurs, c'est-à-dire, en considérant ici seulement l'effet sur les postes «Amortissement»).

B. Les stocks

Le compte de résultat enregistre, comme nous l'avons vu au chapitre 6, la variation des stocks. Lorsque la quantité des produits en stocks reste inchangée au cours d'un exercice et que le prix des produits suit le mouvement général des prix en période d'inflation, il en résulte une augmentation du résultat en monnaie courante qui ne correspond pas à un accroissement de bénéfice en valeurs réelles.

Exemple.

– Stocks au début de l'exercice	*:*	*100.*
– Stocks en fin de l'exercice	*:*	*103.*
– Variation de résultat (bénéfice)	*:*	*3.*

S'il y a eu au cours de l'exercice une inflation de 5 % par an, au bénéfice nominal de 3 correspond une perte (en francs constants), peu différente de 2. (Celle-ci peut être due à une diminution du volume du stock ou à une diminution en francs constants de la valeur des produits en stock).

Pour compenser ces distorsions, l'administration fiscale française prévoit la possibilité de comptabiliser en charge, sous certaines conditions, des provisions. Elles ont pour objet, dans une certaine mesure, de permettre à l'entreprise de renouveler ses stocks sans prélèvement sur son bénéfice.

Les provisions pour fluctuation des cours

Elles concernent certaines matières premières dont les cours peuvent varier en fonction des prix sur les marchés internationaux (par exemple, cuivre, plomb, coton, laine, soja, caoutchouc, pétrole brut, pâte de bois, etc.). Constituées en franchise d'impôt, leur montant cumulé est limité et ne peut pas dépasser le montant du bénéfice imposable (calculé avant déduction de ces provisions) [6].

Les provisions pour hausse des prix

Tous les produits en stock dans l'entreprise, à l'exception de ceux qui peuvent faire l'objet d'une provision pour fluctuation des cours, peuvent donner lieu à une «provision pour hausse des prix». Celle-ci est constituée lorsqu'une

---

6. Pour un calcul précis (les formules font intervenir le cours du dollar) et les conditions particulières d'applications, se reporter aux ouvrages spécialisés (par exemple [7.5]).

augmentation de plus de 10 % a été constatée sur le prix d'un produit au cours d'une période ne dépassant pas deux exercices successifs.

La dotation pratiquée au titre de cette provision (ou la somme des dotations de deux exercices successifs dans le cas où la période retenue pour le calcul correspond à deux exercices) est limitée au montant de la variation, au cours de la période considérée, de la valeur d'inventaire du stock, diminué d'un montant égal à 10 % de la valeur initiale de ce stock.

Ces dotations sont constituées en franchise d'impôt, mais ne sont pas acquises à titre définitif : elles doivent être réintégrées au bénéfice imposable à l'expiration de la sixième année suivant l'exercice au cours duquel elles ont été comptabilisées.

Conséquences sur la rentabilité des projets

Les dispositions fiscales concernant les provisions définies ci-dessus, limitent les conséquences de l'inflation; celle-ci, rappelons-le, entraîne une augmentation de valeur nominale des stocks ne correspondant pas à une augmentation de valeur réelle. Ces dispositions ne compensent cependant pas intégralement les effets de l'inflation : la variation de valeur d'un stock n'est comptabilisée en provision pour hausse des prix que pour la partie de cette variation excédant 10 % (sur deux exercices éventuellement). De plus, ces provisions permettent un report d'imposition et non une déduction définitive. Lors de la construction des comptes de résultat prévisionnels et des échéanciers de flux de trésorerie d'un projet d'investissement, les montants d'impôt relatifs à des bénéfices provenant de variations de stocks seront donc plus élevés en francs constants s'ils sont calculés avec une hypothèse d'inflation que s'ils le sont avec une hypothèse de prix constants. La rentabilité du projet sera donc diminuée par l'introduction d'une hypothèse d'évolution des prix.

Les conséquences de l'inflation sur la comptabilisation des stocks sont pour la plupart des projets moins importantes que celles qui ont été analysées ci-dessus concernant les postes d'amortissement. Elles peuvent cependant, dans certains cas, ne pas être négligeables.

Exemple.

Considérons un stock de valeur 100 constitué à une année 0. Pour présenter un calcul simple, supposons que la valeur du stock au cours des 10 ans de la période d'étude d'un projet augmentera au même rythme que la moyenne des prix, au taux de 5 % par an. Le taux d'actualisation en francs constants est de 10 %.

La valeur du stock à une année n s'élèvera en francs courants, à :

$$100(1,05)^n$$

La plus-value (nominale) de l'année n est de :

$$5(1,05)^{n-1}$$

Elle donne lieu à un impôt (au taux de 50 %) de :

$$2,5(1,05)^{n-1}$$

Soit, en francs constants année 0 :

$$\frac{2,5}{1,05}$$

La somme des valeurs actualisées des paiements d'impôts est donc égale à :

$$\frac{2,5}{1,05}\sum_{n=1}^{10}\frac{1}{(1+i)^n} \simeq 15$$

Par ailleurs, la dépense actualisée, hors fiscalité, associée à la constitution et à la récupération du stock en fin de période est égale à :

$$100 - \frac{100}{(1+i)^{10}} = 61,5$$

La dépense d'impôt, en valeurs actualisées, vient donc majorer de 24 % le coût relatif au stock.

C. Revente d'actifs

Lorsqu'il y a revente d'un actif, la plus-value (ou moins-value) comptable est définie comme égale à la différence entre la valeur de revente et la valeur nette comptable. En présence d'inflation, une plus-value nominale peut être due à l'augmentation du niveau général des prix et ne pas correspondre à une plus-value en valeurs réelles. Lors de la construction d'un échéancier de flux de trésorerie pour l'étude d'un projet d'investissement, le bénéfice (et par conséquent l'impôt) d'une année au cours de laquelle il y a revente d'un actif, peut ainsi être plus élevé, s'il est calculé avec une hypothèse d'évolution des prix, que celui qui résulterait d'un calcul effectué à prix constants.

Rappelons cependant que pour limiter (dans une certaine mesure) l'imposition de plus-values qui peuvent être seulement nominales, les plus-values «à long terme» sont soumises à un taux d'imposition réduit (cf. chapitre 6).

D. Les dettes. Le coût des emprunts

Les taux d'intérêt et les modalités de remboursement de la plupart des emprunts sont définis en monnaie courante et (sauf naturellement en cas d'indexation) ne sont pas modifiés après signature des contrats en fonction de la dérive des prix.

Nous avons vu ci-dessus que, lorsqu'il y a une inflation à un taux annuel d supposé constant sur la période d'étude et si on fait abstraction de la fiscalité, le taux d'intérêt en monnaie constante e associé à un emprunt effectué au taux nominal e' est, en première approximation :

$$e \simeq e' - d$$

De façon plus précise :

$$1 + e' = (1 + e)(1 + d)$$
$$e = \frac{e' - d}{1 + d}$$

Si l'entreprise est soumise à l'impôt sur le revenu, les intérêts sont déductibles de l'assiette fiscale. Supposons le taux d'imposition t constant sur la période d'étude. Nous avons vu au chapitre précédent que le coût après impôt de l'emprunt est alors :

$$\widehat{e'} = (1 - t)e'$$

Il s'agit d'un coût en monnaie courante puisque le taux de l'emprunt et le calcul de l'impôt sont définis en monnaie courante.

Le coût en monnaie constante après impot $\widehat{e}$ est alors donné par la formule :

$$1 + \widehat{e'} = (1 + \widehat{e})(1 + d)$$

$$\boxed{\widehat{e} = \frac{\widehat{e'} - d}{1 + d} = \frac{(1 - t)e' - d}{1 + d}}$$

Et de façon approchée :

$$\widehat{e} \simeq \widehat{e'} - d$$
$$\widehat{e} \simeq (1 - t)e' - d$$

Exemple.

Considérons une hypothèse d'augmentation du niveau général des prix de 7 % par an et un emprunt effectué au taux de 9 %. Pour une entreprise payant l'impôt sur le revenu des sociétés, si l'on considère un taux d'imposition de 50 %, le coût après impôt de cet emprunt est égal à : 4,5 %.

Pour simplifier, considérons une somme de 100 F empruntée à l'année 0 et remboursée (intérêt et capital) un an plus tard. Le flux de trésorerie après impôt correspondant à ce remboursement est égal à 104,5 F (en francs courants).

En francs constants année 0, cette somme est égale à :

$$\frac{104,5}{1,07} \simeq 97,5$$

Cette somme est inférieure, en valeurs réelles, à la somme empruntée. A l'emprunt considéré est donc associé un coût négatif (– 2,5 %) en francs constants après impôt.

Les valeurs des taux d'intérêt observées sur le marché financier pour des crédits à long terme sont généralement supérieures de quelques points au taux d'inflation. Ceci correspond à un coût du capital positif, en monnaie constante et avant impôts ($e \simeq e' - d$).

Le coût après impôt des intérêts est également positif (en monnaie constante) si le taux d'inflation est nul (ou faible).

Mais si le taux d'érosion monétaire est élevé, et si le coût avant impôt ($e \simeq e' - d$) garde en présence d'inflation une valeur semblable à celle que l'on observe en période de stabilité des prix (ce qui correspond à la règle de Fisher [7.1], assez souvent vérifiée), le coût après impôt en monnaie constante peut être négatif, comme dans l'exemple ci-dessus.

Le coût en monnaie constante après impôt s'écrit en effet, de façon approchée :

$$\widehat{e} \simeq (1-t)e' - d$$
$$\widehat{e} \simeq (1-t)(e' - d) - td$$
$$\widehat{e} \simeq (1-t)e - td$$

Si e est invariant, $\widehat{e}$ est d'autant plus petit que d est élevé.

Exemple.

Dans le cas où e est égal à 4 %, avec un taux d'imposition t = 50 %, on a :

pour $d = 0\ \%$	$\hat{e} = 2\ \%$
pour $d = 4\ \%$	$\hat{e} = 0\ \%$
pour $d = 10\ \%$	$\hat{e} = -3\ \%$

Un coût négatif correspond à une «rente de l'emprunteur». Celle-ci est d'autant plus élevée que le taux d'érosion monétaire est élevé (pour les entreprises soumises à l'impôt sur le revenu des sociétés). Insistons cependant sur le fait que les formules précédentes sont relatives au cas où le taux d'érosion monétaire est stable sur la période d'étude.

Pour déterminer le coût après impôt en monnaie constante d'un emprunt lorsque l'on suppose variable le taux d'inflation et/ou le taux d'imposition, il convient de revenir au principe général : le coût d'une opération de financement est égal au taux de rentabilité de l'échéancier des flux associés à l'opération considérée (cf. chapitre 4, paragraphe 4.6.3 et chapitre 9, section 9.3). Pour obtenir le coût en monnaie constante, il suffit de construire l'échéancier des tirages et remboursements d'emprunts en monnaie constante, sans oublier de tenir compte des économies d'impôt dues à la déductibilité des intérêts.

7.4.2 La réévaluation des bilans

La réévaluation des bilans permet de pallier, au moins en partie, les inconvénients de la comptabilité aux coûts historiques. Des comptes réévalués donnent une image plus réaliste de la situation financière de l'entreprise.

En France, la réévaluation des immobilisations a été autorisée en 1945 et en 1959, à partir d'indices généraux des prix. Elle a été de nouveau autorisée, et obligatoire pour les sociétés cotées en bourse, leurs filiales et les sociétés faisant publiquement appel à l'épargne :

- pour les actifs non amortissables : lors de la loi de Finances pour 1977;
- pour les actifs amortissables : lors de la loi de Finances pour 1978 (décembre1977).

Cependant, les dispositions correspondant à ces réévaluations de 1977 et 1978 prévoyaient «une parfaite neutralité fiscale», les règles de calcul de l'impôt n'étant pas modifiées par la réévaluation.

Pour qu'il en soit ainsi et que l'équilibre du bilan soit conservé, la plus-value de réévaluation était inscrite en franchise d'impôt au passif du bilan, à un poste de réserve intitulé «Ecart de réévaluation» pour les actifs non amortissables, à un poste de provision spéciale pour les actifs amortissables. Les annuités d'amortissement étaient calculées à partir des valeurs réévaluées, et la provision spéciale rapportée aux résultats des exercices correspondant à la période d'amortissement dans les mêmes conditions et aux mêmes taux que ceux qui sont utilisés pour définir l'amortissement.

Les actifs non amortissables sont réévalués «en fonction de l'utilité que leur possession présente pour l'entreprise», le mode de calcul étant libre (valeur de remplacement, indice sectoriel ou général des prix).

Les réévaluations des actifs amortissables sont limitées à des montants calculés par utilisation d'indices (prix de construction ou prix des matériels et outillages) déterminés par le Ministère de l'Economie et des Finances.

Depuis les réévaluations de 1977 et 1978, les entreprises ont la possibilité de pratiquer une réévalution «libre». Celle-ci doit être exceptionnelle et porter sur l'ensemble des immobilisations. Le principe de neutralité fiscale défini pour les réévaluations de 1977 et 1978 ne s'applique plus. Les plus-values dégagées sont donc soumises à imposition. Ceci explique le fait que les réévaluations libres soient très peu fréquentes.

Remarquons qu'à l'étranger également de nombreuses études ont été effectuées sur la réévaluation des comptes (rapport *Sandilands* en Grande-Bretagne et recommandations de la *Securities and Exchange Commission* aux États-Unis, qui préconisent une réévaluation en fonction de la valeur de remplacement). Cependant, à l'heure actuelle, aucune disposition ne prévoit une modification des conventions utilisées pour la détermination de l'impôt.

7.4.3 Influence de l'inflation sur la rentabilité des projets à taux d'actualisation donné (en francs constants)

Pour sérier les questions nous considérerons dans ce paragraphe le cas où le taux d'actualisation (en francs constants) n'est pas modifié par la prise en compte de l'inflation (nous verrons en fait au paragraphe suivant 7.4.4 qu'il peut l'être). Nous étudierons ici l'effet de l'augmentation du niveau général des prix sur le montant des impôts, toutes choses étant égales par ailleurs (en particulier l'évolution relative des prix).

Décision d'acceptation ou de rejet d'un projet indépendant

Sauf cas particulier (calcul de rentabilité de capitaux propres, cf. chapitre 10), les échéanciers de flux de trésorerie construits pour l'étude de projets d'investissement ne font pas intervenir les modalités de financement. Dans ces échéanciers, l'érosion des dettes n'apparaît pas; les effets de l'inflation sur chacun des postes analysés au paragraphe 7.4.1. (A, B et C) (dépréciation des postes d'amortissement, imposition de plus-values nominales sur stocks ou sur valeur de revente) sont de même sens, s'ajoutent et conduisent à définir un bénéfice imposable et, par conséquent, un montant d'impôt (en francs constants) plus élevé qu'en l'absence de dérive des prix. Le taux de rentabilité en francs constants d'un projet ne peut donc qu'être inférieur à celui que l'on obtiendrait en l'absence d'inflation.

A taux d'actualisation inchangé, un projet (indépendant de tout autre projet) qui serait rejeté à l'issue d'un calcul effectué à prix constants le sera également si une hypothèse d'inflation est prise en compte. Par contre, un projet qui serait retenu hors inflation peut être rejeté par l'introduction d'une hypothèse d'érosion monétaire.

Comparaison de projets incompatibles

Une hypothèse d'érosion monétaire peut entraîner un classement entre projets incompatibles différent de celui que l'on obtiendrait au moyen d'une hypothèse de stabilité des prix.

Lorsqu'effectivement le classement est différent, l'hypothèse d'inflation conduit généralement à favoriser les projets dont le coût d'investissement est le moins élevé. En effet, cette hypothèse accroît l'influence de la fiscalité (étudiée au chapitre précédent) qui avait conduit, hors inflation, à un résultat analogue. Pour le justifier, considérons deux projets A et B, le projet A demandant un montant d'investissement I_A plus faible que le projet $B(I_B > I_A)$. L'inflation conduisant à des taux de rentabilité inférieurs, en francs constants, à ceux que l'on obtiendrait si les prix étaient stables, va églement entraîner une diminution du taux de rentabilité relative du projet B par rapport au projet A (si du moins les régimes d'amortissement des deux projets sont semblables). Un supplément d'investissement permettant de passer de A à B, rentable hors inflation, peut ainsi devenir non rentable.

Calcul avec des hypothèses simplificatrices

Des démonstrations plus précises peuvent être effectuées au moyen de calculs semblables à ceux qui ont été présentés au chapitre précédent (section 6.4). Sans les reprendre de façon complète, nous calculerons la perte de revenu actualisé entraînée par l'inflation, moyennant quelques hypothèses simplificatrices, en nous limitant à l'effet de dépréciation des amortissements.

Considérons un projet d'investissement dont toutes les données, amortissement exclu, sont définies en francs constants. Nous utiliserons les notations du chapitre 6 :

- i : taux d'actualisation en francs constants;
- d : taux de dépréciation de la monnaie (supposé constant sur la période d'étude);
- N : durée d'exploitation du projet;
- I : dépense d'investissement (supposée réalisée à l'année 0);
- y_n : recettes d'exploitation de l'année $n(n = 1, 2, \ldots, N)$ en francs constants année 0;
- f_n : frais d'exploitation de l'année n (en francs constants, année 0);
- M'_n : amortissement comptable de l'année n (en francs courants);
- δ_n : fraction de l'investissement comptabilisée au titre de l'amortissement :

$$M'_n = \delta_n I \qquad \text{avec} \qquad \sum_{n=1}^{N} \delta_n = 1$$

  cette relation exprime le fait que la somme des amortissements est égale au coût d'investissement et suppose que la revente n'intervient pas avant la fin de la période d'amortissement;
- V_N : valeur résiduelle (considérée comme imposable, francs constants année 0);
- t : taux d'imposition.

La valeur en francs constants d'un amortissement M'_n est égale à :

$$\frac{M'_n}{(1+d)^n}$$

En francs constants, le bénéfice imposable d'une année $n (n \neq N)$ est égal à :

$$y_n - f_n - \frac{M'_n}{(1+d)^n}$$

Le revenu actualisé après impôt est égal à :

$$\widehat{R}_d(i) = -I + (1-t) \sum_{n=1}^{N} \frac{y_n - f_n}{(1+i)^n} + t \sum_{n=1}^{N} \frac{M'_n}{(1+i)^n (1+d)^n} + (1-t) \frac{V_N}{(1+i)^N}$$

En notant $\widehat{R}_0(i)$ le revenu actualisé obtenu s'il n'y a pas d'inflation, il vient :

$$\widehat{R}_0(i) - \widehat{R}_d(i) = t \sum_{n=1}^{N} M_n \left[\frac{1}{(1+i)^n} - \frac{1}{(1+i)^n (1+d)^n} \right] \tag{7.6}$$

Cette différence est posiiive et donc :

$$\widehat{R}_d(i) < \widehat{R}_0(i)$$

Comparaison de deux projets :

Considérons deux projets dont les régimes d'amortissement comptable sont identiques. Soient I_A et I_B les montants d'investissements, avec $I_B > I_A$, $R^A(i)$ et $R^B(i)$ les revenus actualisés de ces projets. En utilisant la formule (7.6) ci-dessus, il vient :

$$[\widehat{R}_0^B(i) - \widehat{R}_0^A(i)] - [\widehat{R}_d^B(i) - \widehat{R}_d^A(i)] = t(I_B - I_A) \sum_{n=1}^{N} \delta_n \left[\frac{1}{(1+i)^n} - \frac{1}{(1+i)^n (1+d)^n} \right]$$

Cette différence est positive. Le supplément de revenu actualisé $R^B(i) - R^A(i)$ obtenu par le supplément d'investissement qui permet de passer du projet A au projet B est donc inférieur s'il y a inflation à ce qu'il serait sans inflation (et il est d'autant plus petit que le taux d est élevé) :

$$\widehat{R}_d^B(i) - \widehat{R}_d^A(i) < \widehat{R}_0^B(i) - \widehat{R}_0^A(i) \qquad \text{si } d > 0$$

L'inflation ne modifiera pas le choix entre A et B si $\widehat{R}_0^B(i) - \widehat{R}_0^A(i)$ est négatif (A préféré à B hors inflation) puisqu'alors $\widehat{R}_d^B(i) - \widehat{R}_d^A(i)$ est négatif également.

Par contre, si $\widehat{R}_0^B(i) - \widehat{R}_0^A(i)$ est positif (B préféré à A hors inflation) il peut se faire que $\widehat{R}_d^B(i) - \widehat{R}_d^A(i)$ soit négatif (A préféré à B).

Si la prise en compte de l'inflation modifie le choix entre A et B, elle favorise donc le projet A qui demande le montant d'investissement le moins élevé.

Choix entre procédés plus ou moins capitalistiques. Durées de vie

Il résulte de ce qui précède que le choix entre différentes technologies plus ou moins capitalistiques peut être modifié par la hausse générale des prix qui pénalise, en général (toujours à taux d'actualisation inchangé), les projets les plus capitalistiques. De la même façon, dans un problème de déclassement de matériel, l'érosion des amortissements conduit à alourdir le poids de l'investissement par rapport aux recettes et dépenses d'exploitation et peut conduire à une durée d'utilisation optimale d'un équipement plus longue qu'en l'absence d'inflation [7].

Exemple. Remplacements de camions-citernes.

Reprenons l'exemple traité aux chapitres 5 et 6 (paragraphes 5.5.5 et 6.3.3.D.b). Nous recherchons la durée d'utilisation optimale et le coût de revient économique de camions-citernes remplacés à l'identique après déclassement. L'entreprise est soumise à l'impôt sur le revenu des sociétés au taux de 42 %. Le coût d'achat d'un camion est de 500 kF. L'amortissement est dégressif sur 5 ans. Les frais d'entretien et la valeur de revente en fonction de l'âge du camion sont donnés par le tableau 7.3. Nous supposons maintenant ces valeurs définies en francs constants d'une année 0 et les supposons stables sur une période suffisamment longue. Nous introduisons une hypothèse d'inflation de 5 % par an (sur toute la période d'étude). Nous négligeons l'évolution relative des prix.

Nous supposons que le taux d'actualisation de l'entreprise est égal à 10 % en francs constants. Compte tenu de l'hypothèse de stabilité en francs constants des coûts étudiés, nous chercherons à déterminer un coût de revient économique constant en francs constants.

Nous avions trouvé au chapitre 6 une durée d'utilisation optimale de 9 ans et un coût de revient économique, compte tenu de la fiscalité et ramené avant impôt, de 132,9 kF/an.

L'hypothèse d'inflation modifie seulement le calcul des crédits d'impôt dus aux amortissements. Leur somme en valeurs actuelles est égale à :

$$0,42 = \left[\frac{200}{1+i} + \frac{120}{(1+i)^2} + \frac{72}{(1+i)^3} + \frac{54}{(1+i)^4} + \frac{54}{(1+i)^5}\right]$$

En l'absence d'érosion monétaire, pour un taux i égal à 10 %, cette somme est égale à 170,3 kF. Avec une hypothèse d'inflation égale à

7. Ce n'est cependant pas toujours vrai (cf. [7.4]).

TABLEAU 7.3
FRAIS D'ENTRETIEN ET VALEUR DE REVENTE

Années	*1*	*2*	*3*	*4*	*5*	*6*	*7*	*8*	*9*	*10*	*11*
Frais d'entretien (kF/an)	*10*	*15*	*20*	*30*	*40*	*50*	*60*	*75*	*100*	*115*	*130*
Valeur de revente (kF)	*400*	*320*	*250*	*200*	*160*	*130*	*100*	*70*	*50*	*35*	*25*

5 %, le taux d'actualisation en francs courants est égal à 15,5 % et la somme des crédits d'impôts actualisés est égale à 153,9 kF.

L'hypothèse d'inflation conduit à majorer la dépense actualisée après impôt de 170,3 − 153,9 = 16,4 kF et donc à majorer l'annuité constante équivalente sur 9 ans de 2,8 kF.

Ramenée avant impôt, cette majoration est de 4,9 kF/an. D'où la nouvelle valeur de l'annuité constante sur 9 ans : 132,9 + 4,9 = 137,8 kF/an.

Le raisonnement marginal habituel montre alors que la durée de vie optimale est supérieure à 9 ans, puisque le coût marginal instantané μ à l'année 9 est égal à 135 kF, inférieur à l'annuité de 137,8 kF/an.

Il s'agit d'un écart assez faible ; l'optimum est relativement «plat». Sans entrer dans une discussion sur la précision comparée des données et du résultat du calcul, si nous poursuivons nos calculs «déterministes», nous constatons que la nouvelle durée d'utilisation optimale est de 10 ans. Le coût de revient économique, compte tenu de la fiscalité et ramené avant impôt, est de 137,6 kF/an.

7.4.4 Influence sur le taux d'actualisation

La prise en compte d'une hypothèse d'érosion monétaire en calcul économique, pour une entreprise soumise à l'impôt sur le revenu des sociétés, va conduire à des conclusions semblables à celles qui ont été données au chapitre 6 ou, plus exactement, va renforcer ces conclusions. Le taux d'actualisation à retenir en période d'inflation peut être différent de celui que l'on utiliserait en période de stabilité des prix. Comme au chapitre 6, nous le montrerons en distinguant le cas où le taux d'actualisation représente un coût moyen de financement, et celui où il représente un coût de rareté du capital.

A. Le taux d'actualisation représente le coût moyen du capital

Nous venons de voir que le coût en francs constants des capitaux empruntés peut être sensiblement inférieur, après impôt, à ce qu'il serait en l'absence d'inflation (ce coût peut même être négatif). Dans la mesure où l'entreprise souhaite rémunérer ses capitaux propres à un même taux (en francs constants) quelle que soit l'évolution du niveau général des prix, le coût des capitaux empruntés étant diminué, le coût moyen du financement peut être abaissé par l'introduction d'une hypothèse d'érosion monétaire.

B. Le taux d'actualisation est défini comme un «coût de rareté» du capital

Le raisonnement et les conclusions sont semblables à ceux qui ont été présentés au chapitre 6. Nous avons vu que la prise en compte d'hypothèses d'évolution des prix conduit, pour la plupart des projets d'investissement, à une rentabilité inférieure à celle que l'on obtiendrait si les prix étaient stables. Cela signifie que, la valeur du taux d'actualisation étant fixée à une valeur donnée i_1 en francs constants, le nombre des projets retenus à la suite d'un calcul économique prenant en compte une hypothèse d'évolution des prix sera plus petit que le nombre de ceux qui seraient retenus après un calcul effectué à prix constants. (Pour des gammes continues d'investissement, la taille optimale des projets peut également être inférieure à celle que l'on obtiendrait sans hypothèse de dérive des prix).

Supposons que l'entreprise dispose d'un montant de capital fixé pour l'ensemble de ses projets. Supposons qu'un taux d'actualisation i_1 a été défini de telle sorte qu'il y ait égalité entre ce capital disponible et le montant de capital nécessaire pour réaliser l'ensemble des projets dont le taux de rentabilité, calculé à prix constants, est supérieur à i_1. Si les calculs de rentabilité sont effectués au taux i_1 en tenant compte des variations de prix, le capital disponible ne sera pas entièrement utilisé pour le financement des projets retenus (le nombre de projets rentables au taux i_1 étant plus petit lorsque l'on introduit des hypothèses d'évolution des prix). Pour qu'il y ait équilibre entre disponibilités en capital et besoins en financement des projets à réaliser, il faudra augmenter le nombre des projets retenus et donc définir une valeur du taux d'actualisation inférieure à i_1.

En conclusion

Lorsque l'entreprise est soumise à l'impôt sur le revenu des sociétés, la prise en compte d'une hypothèse d'évolution des prix lors de l'étude d'un projet renforce l'influence de la fiscalité. Elle conduit généralement à une rentabilité inférieure, en francs constants, à celle que l'on obtiendrait par un calcul effectué à prix constants.

Par contre, l'entreprise peut être amenée à utiliser une valeur du taux d'actualisation (en francs constants) inférieure à celle qu'elle retiendrait si les prix étaient stables. Ces deux effets sont naturellement de sens opposés; pour l'étude d'une décision d'acceptation ou de rejet d'un projet, ils peuvent se compenser en partie.

Résumé

La construction d'un échéancier de flux de trésorerie peut être effectuée en monnaie courante ou en monnaie constante.

En monnaie courante : les postes de recettes et de dépenses d'une année *n* sont définis en monnaie de l'année *n* (valeurs nominales).

En monnaie constante : les flux d'une année *n* sont définis en monnaie d'une année de référence (par exemple l'année 0).

A chaque option correspond un taux d'actualisation différent.

Nous nous limitons ici au rappel des formules valables dans le cas où le taux d'augmentation du niveau général des prix est stable sur la période d'étude.

Notations :

F'_n et F_n	:	flux de trésorerie d'une année n en monnaie courante et en monnaie constante ;
d	:	taux d'inflation ;
i' et i	:	taux d'actualisation en monnaie courante et en monnaie constante.

Alors :

$$1 + i' = (1 + i)(1 + d)$$

Les taux de rentabilité sont liés par la relation :

$$1 + r' = (1 + r)(1 + d)$$

De façon approchée : $r' \simeq r + d$.

Si de plus l'année de référence est l'année 0 :

$$F'_n = (1 + d)^n F_n$$

Les revenus actualisés correspondant à chacune des deux méthodes sont égaux.

Pour une entreprise soumise à l'impôt sur le revenu des sociétés, et par rapport à un calcul à prix constants, la prise en compte d'hypothèses d'inflation détériore en général la rentabilité des projets. Par contre, une hypothèse d'inflation régulière peut éventuellement conduire l'entreprise à retenir une valeur du taux d'actualisation moins élevée.

8 *Coût de revient économique et durées de vie en présence de progrès technique*

«Tout ralentissement équivalant à un recul, l'humanité est condamnée au progrès à perpétuité».

Alfred Sauvy

La lecture de ce chapitre n'est pas nécessaire à la compréhension des chapitres suivants.

Questions posées

Lorsqu'il y a progrès technique, le coût de revient d'une production peut être décroissant au cours du temps. Comment le calculer dans ce cas ?

Comment déterminer les durées d'utilisation optimales des équipements ?

La réponse à cette dernière question est-elle modifiée lorsqu'apparaît une nouvelle technique ?

La théorie et les méthodes présentées ici ne sont pas d'un usage très courant. Mais raisonner à prix constants lorsqu'il y a progrès technique peut conduire dans certains cas à de grossières erreurs.

INTRODUCTION

Au cours du chapitre 5, nous avons présenté les raisonnements qui permettent de déterminer un coût de revient économique, lorsqu'il est possible de définir un coût de revient économique constant sur chacune des années de la période d'étude d'un projet d'investissement. Nous avons vu comment pouvait être effectué le calcul de la durée d'utilisation optimale d'un équipement sous une hypothèse de régime permanent. Il est des cas cependant où il n'est pas possible d'utiliser un coût de revient constant. Le progrès technique conduit, en effet, fréquemment à une diminution des coûts de revient qui se traduit le plus souvent par une diminution des prix de vente (tout au moins en monnaie constante). L'industrie du matériel électronique en fournit de nombreux exemples, celui des machines à calculer électroniques de poche étant particulièrement significatif. Une partie importante de ce chapitre sera consacrée à la détermination de coûts de revient décroissants pour tenir compte de l'évolution des procédés de fabrication.

Mais le problème de la définition d'un coût de revient économique ne peut être séparé de celui de la détermination des durées de vie des équipements. Le calcul des dates optimales sera présenté tout d'abord **(section 8.1)** dans le **cas particulier du «déclassement simple»**, c'est-à-dire lorsque le matériel considéré ne doit pas être remplacé.

Nous développerons ensuite l'étude des problèmes de déclassement lorsqu'il y a **renouvellement des équipements déclassés** et dans le cas où la **technique utilisée est unique**. Il s'agit du cas où, sous certaines hypothèses, il est possible de définir simultanément un coût de revient économique. La **théorie générale** fera l'objet de la **section 8.2**. Nous y présenterons en particulier les «**équations aux trois temps**» qui traduisent les conditions nécessaires que doivent satisfaire les dates optimales de déclassement et remplacement. Elles seront interprétées à l'aide de la notion de coût marginal par rapport au temps.

La **section 8.3** sera consacrée au cas particulier où l'on souhaite définir un coût de revient économique, lorsque l'on connaît **la durée de vie des équipements supposée déterminée a priori** pour des raisons techniques.

Nous reviendrons ensuite au problème du **calcul des dates de déclassement optimales**. Lorsque la chaîne des déclassements et remplacements est illimitée, les équations aux trois temps ne sont pas suffisantes pour obtenir une solution. La **section 8.4** présentera certaines hypothèses qui permettent de le faire, dont celles de **M. Terborgh et de J. Desrousseaux**.

Enfin, en **section 8.5** nous donnerons quelques indications relatives aux questions que pose le **passage d'une technique à une autre plus nouvelle** et à évolution plus rapide.

Les éléments théoriques seront présentés en considérant le temps comme une variable continue, ce qui facilite certaines démonstrations. Les exemples seront cependant traités en temps discrétisé car cette option correspond à la pratique la plus courante pour les applications. Pour alléger l'exposé, la présentation sera effectuée sans faire apparaître la fiscalité, dont l'introduction conformément aux principes du chapitre 6 ne pose pas de problèmes particuliers. L'ensemble des données sera supposé défini en monnaie constante.

Enfin, précisons que si la théorie est d'un accès un peu plus difficile qu'avec une hypothèse de régime permanent, les techniques de calcul pratique qui seront présentées sont en fait très simples.

8.1 LE PROBLÈME DU DÉCLASSEMENT SIMPLE

La date de déclassement d'un équipement, nous l'avons vu, doit être déterminée en fonction des décisions qui seront prises dans le futur, décisions liées à la décision de déclassement.

Dans cette section, nous chercherons à déterminer la date optimale de déclassement d'un matériel dans le cas particulier où l'on peut supposer que la **décision de déclassement est indépendante de toute autre décision** de l'entreprise : nous supposons donc en particulier qu'il n'y aura pas remplacement du matériel considéré.

Nous raisonnons en considérant le temps comme une variable continue.

Soient :

- j : le taux d'actualisation continu de l'entreprise ;
- I_0 : le montant de l'investissement, supposé réalisé à l'année 0 (ou la valeur actualisée des dépenses d'investissement si celles-ci sont réparties sur plusieurs périodes) ;
- $V(t)$: la valeur de revente de l'équipement à la date t ;
- $y(t)$: les recettes d'exploitation par unité de temps à la date t ;
- $f(t)$: les frais d'exploitation par unité de temps à la date t.

$V(t)$ est généralement une fonction décroissante du temps, ainsi que le revenu brut d'exploitation $y(t) - f(t)$ (au moins à partir d'une certaine date, par suite de l'augmentation des frais d'entretien avec l'âge du matériel).

Nous supposerons vérifiées les conditions habituelles de continuité et de dérivabilité nécessaires au calcul.

Le revenu actualisé associé à l'exploitation de l'équipement jusqu'à une date T s'écrit :

$$-I_0 + \int_0^T [y(t) - f(t)]\, e^{-jt}\, dt + V(T)\, e^{-jT}$$

La date optimale de déclassement est celle qui maximise le revenu actualisé. La condition nécessaire obtenue en annulant sa dérivée s'écrit :

$$[y(T) - f(T)]\, e^{-jT} + \frac{\partial V(T)}{\partial T}\, e^{-jT} - jV(T)\, e^{-jT} = 0$$

$$y(T) = f(T) + jV(T) - \frac{\partial V(T)}{\partial T}$$

Interprétation

La date optimale de déclassement de l'équipement est la date à partir de laquelle les recettes pendant une unité de temps compensent juste le coût associé à la poursuite de l'exploitation pendant l'unité de temps.

Ce coût est le « coût marginal par rapport au temps » qui a été défini en temps discrétisé au chapitre 5. Nous reviendrons sur cette définition au paragraphe 8.2.2.A. Précisons qu'il s'agit ici du coût marginal « instantané ». Il est la somme :

- des frais d'exploitation ;
- du coût associé à l'immobilisation d'un capital égal à la valeur résiduelle, les charges financières étant calculées pour un taux d'intérêt égal au taux d'actualisation ;
- de la perte de valeur résiduelle $-\partial V(T)/\partial T$ (ce terme est en effet positif, la fonction $V(T)$ étant généralement décroissante).

Dans le cas où la valeur de revente est nulle ou négligeable (ce qui est le cas d'un assez grand nombre d'équipements) la date optimale de déclassement est la date à partir de laquelle le revenu brut d'exploitation s'annule, les recettes d'exploitation compensant juste les frais d'exploitation.

Nous remarquerons que la date optimale est indépendante du montant I_0 de l'investissement. En effet, la prise d'une décision doit se faire en fonction des hypothèses concernant le futur et doit être indépendante des réalisations passées. Par contre, naturellement, le montant de l'investissement sera pris en compte pour analyser la rentabilité du projet avant la construction ou l'achat de l'équipement (et le projet sera réalisé si le revenu actualisé est positif). Cette analyse de rentabilité ne peut être effectuée cependant que lorsque la date de déclassement est supposée connue.

8.2 L'ÉTUDE D'UNE SUITE INFINIE DE DÉCLASSEMENTS ET REMPLACEMENTS

8.2.1 Les équations aux trois temps

Nous venons de voir comment déterminer la date de déclassement d'un équipement qui ne sera pas remplacé. Dans la pratique, cependant, ce cas ne se rencontre pas très fréquemment. Assez souvent, un matériel déclassé est remplacé par un matériel de type semblable, lequel sera lui-même remplacé après déclassement, etc. C'est dans ce cas toute **la suite des déclassements et renouvellements** qu'il convient d'étudier. Nous le ferons en considérant une période d'étude de durée infinie.

Nous considérons **un équipement assurant un service donné quel que soit son âge** (en supposant que l'entretien du matériel est effectué de façon à ce qu'il en soit ainsi). Nous supposons qu'**il existe un seul type d'équipement** permettant d'assurer le service en question. Nous supposons qu'il est possible de prévoir, moyennant certaines hypothèses concernant le progrès technique, les coûts d'achat ou de construction des équipements du type considéré en fonction du temps, ainsi que l'évolution des frais d'exploitation. Le service rendu par l'équipement étant supposé constant, nous rechercherons une solution de coût minimum.

Remarque. Lorsque le service rendu n'a pas une valeur constante sur la durée de vie d'un équipement, il est possible de rechercher une solution maximisant un revenu actualisé. Les équations aux trois temps seraient formellement semblables.

Nous noterons :

- $I(t)$: Le coût d'investissement d'un équipement de capacité de production donnée, la dépense étant supposée réalisée à l'instant t. Compte tenu du progrès technique, ce coût est généralement une fonction décroissante du temps (en monnaie constante).
- T_1, T_2,... : Les dates de déclassement et renouvellement.
- $f(T_N, t)$: Le coût d'exploitation par unité de temps, à la date t, d'un équipement construit à la date T_N. Par suite de l'usure du matériel, l'entretien étant réalisé de façon à assurer une production constante, ce coût est généralement une fonction croissante de l'âge du matériel et donc du temps t. Par contre, le coût d'exploitation d'un équipement neuf construit à une date

t, soit $f(t,t)$, sera généralement une fonction décroissante du temps (progrès technique).

$V(T_N, t)$: Le prix de revente à la date t d'un équipement construit à la date T_N. Ce prix de vente peut éventuellement être nul à partir d'une certaine date. Nous supposerons que $V(T_N, T_N)$ est égal au coût d'investissement $I(T_N)$ (ce qui n'enlève rien à la généralité des calculs présentés).

Nous supposons satisfaites les hypothèses de continuité et dérivabilité nécessaires au calcul.

Le coût total actualisé de production à partir de la date 0 associé à une chaîne infinie de déclassements et renouvellements s'écrit :

$$D = I(0) + \int_0^{T_1} f(0,t)\, \mathrm{e}^{-jt}\mathrm{d}t + [I(T_1) - V(0,T_1)]\, \mathrm{e}^{-jT} + \ldots$$
$$+ [I(T_{N-1}) - V(T_{N-2},\, T_{N-1})]\, \mathrm{e}^{-jT_{N-1}} + \int_{T_{N-1}}^{T_N} f(T_{N-1},t)\, \mathrm{e}^{-jt}\, \mathrm{d}t$$
$$+ [I(T_N) - V(T_{N-1},\, T_N)]\, \mathrm{e}^{-jT_N} + \ldots$$

Une condition nécessaire pour que ce coût soit minimum est obtenue en annulant ses dérivées partielles par rapport à T_1, T_2, ..., T_N, ...

Il vient :

$$\frac{\partial D}{\partial T_N} = f(T_{N-1}, T_N)\, \mathrm{e}^{-jT_N} + \left[\frac{\mathrm{d}I(T_N)}{\mathrm{d}T_N} - \frac{\partial V(T_{N-1}, T_N)}{\partial T_N}\right] \mathrm{e}^{-jT_N}$$
$$-j[I(T_N) - V(T_{N-1}, T_N)]\, \mathrm{e}^{-jT_N} - f(T_N, T_N)\, \mathrm{e}^{-jT_N}$$
$$+ \int_{T_N}^{T_{N+1}} \frac{\partial f(T_N,t)}{\partial T_N}\, \mathrm{e}^{-jt}\, \mathrm{d}t - \frac{\partial V(T_N, T_{N+1})}{\partial T_N}\, \mathrm{e}^{-jT_{N+1}} = 0 \qquad (8.1)$$

Chacune des équations ainsi obtenues fait intervenir trois inconnues : T_{N-1}, T_N, T_{N+1}. Elles sont appelées **équations aux trois temps** ou **équations de Terborgh** [8.4].

8.2.2 Interprétation des équations aux trois temps : coût marginal par rapport au temps

L'interprétation des équations aux trois temps est due à J. Desrousseaux [8.12], qui a défini un coût marginal par rapport au temps « généralisé ». Avant de présenter ce concept, nous rappellerons la définition du coût marginal par rapport au temps donné au chapitre 5.

A. Coût marginal par rapport au temps «instantané»

a. Définition

Considérons un équipement donné, construit à une date T_N. Le **coût marginal par rapport au temps,** défini au chapitre 5, est le **coût associé à l'exploitation** de cet équipement **pendant une unité de temps supplémentaire.** Il sera qualifié d'«**instantané**» pour le distinguer du coût marginal «**généralisé**» défini ci-dessous.

Notons $C(T_N, t)$ le coût, actualisé à l'année 0, correspondant à l'achat à la date T_N de l'équipement et à son exploitation jusqu'à une date t :

$$C(T_N, t) = I(T_N)\ \mathrm{e}^{-jT_N} + \int_{T_N}^{t} f(T_N, \theta)\ \mathrm{e}^{-j\theta}\ \mathrm{d}\theta - V(T_N, t)\ \mathrm{e}^{-jt}$$

Soit $\mu(T_N, t)$ le coût marginal instantané à la date t de l'équipement construit à la date T_N.

En valeurs actualisées à la date 0 :

$$\mu(T_N, t)\ \mathrm{e}^{-jt} = \frac{\partial C(T_N, t)}{\partial t} = f(T_N, t)\ \mathrm{e}^{-jt} - \frac{\partial}{\partial t}\ [V(T_N, t)\ \mathrm{e}^{-jt}] \quad (8.2)$$

$$\mu(T_N, t) = f(T_N, t) - \frac{\partial V(T_N, t)}{\partial t} + jV(T_N, t)$$

b. Interprétation

Il s'agit de l'expression en temps continu de la formulation donnée au chapitre 5, section 5.5. Le coût marginal par rapport au temps «instantané» est la somme des frais d'exploitation et du terme :

$$-\frac{\partial V(T_N, t)}{\partial t} + jV(T_N, t)$$

Celui-ci représente la perte actualisée de la valeur de revente de l'équipement pendant une période d'une unité de temps, perte actualisée au début de la période. En effet :

$$\frac{\partial}{\partial t}[V(T_N, t)\ \mathrm{e}^{-jt}] = \frac{\partial V(T_N, t)}{\partial t}\ \mathrm{e}^{-jt} - jV(T_N, t)\ \mathrm{e}^{-jt}$$

Il peut également être interprété comme la somme d'une perte de valeur nominale due au retard de la vente : $-\partial V(T_N, T)/\partial t$ et du coût d'immobilisation pendant une unité de temps de la valeur résiduelle de l'équipement $jV(T_N, t)$.

Remarquons que la valeur de revente étant une fonction généralement décroissante du temps, la dérivée $\partial V(T_N, t)/\partial t$ est négative, il s'agit donc bien d'un coût.

Exemple.

Considérons un véhicule faisant l'objet d'une cotation du type «Argus» sur le marché de l'occasion. Pour déterminer le coût d'utilisation de ce véhicule pendant une année supplémentaire, il conviendra d'ajouter aux frais d'exploitation la perte de valeur à l'Argus, ainsi qu'une rémunération du capital immobilisé, ce capital étant égal à la valeur «Argus», les charges financières étant évaluées au taux d'actualisation.

c. *Propriété*

Le coût marginal par rapport au temps, ou plus exactement sa valeur actualisée à l'année 0, $\mu(T_N,t)\ \mathrm{e}^{-jt}$, a été défini comme la dérivée du coût $C(T_N,t)$ associé à l'acquisition à la date T_N d'un équipement et à son exploitation jusqu'à la date t. Par conséquent :

$$\int_{T_N}^{t} \mu(T_N,t)\ \mathrm{e}^{-jt}\ \mathrm{d}t = C(T_N,t) = I(T_N)\ \mathrm{e}^{-jT_N} + \int_{T_N}^{t} f(T_N,u)\ \mathrm{e}^{-ju}\ \mathrm{d}u - V(T_N,t)\ \mathrm{e}^{-jt} \qquad (8.3)$$

La somme actualisée des coûts marginaux d'un équipement donné, somme calculée entre la date de construction T_N et une date quelconque t, est égale au coût total actualisé associé à la construction et l'exploitation de l'équipement entre les dates T_N et t.

En effet, si l'on opère par intégration de la relation (8.2) :

$$\int_{T_N}^{t} \mu(T_N,\theta)\ \mathrm{e}^{-j\theta}\ \mathrm{d}\theta = \int_{T_N}^{t} f(T_N,\theta)\ \mathrm{e}^{-j\theta}\ \mathrm{d}\theta - [V(T_N,\theta)\ \mathrm{e}^{-j\theta}]_{T_N}^{t}$$

Comme nous avons supposé que $V(T_N,T_N)$ est égal à $I(T_N)$, il vient :

$$[V(T_N,\theta)\ \mathrm{e}^{-j\theta}]_{T_N}^{t} = V(T_N,t)\ \mathrm{e}^{-jt} - I(T_N)\ \mathrm{e}^{-jT_N}$$

ce qui redonne bien la relation (8.3) ci-dessus.

La relation (8.3) est vraie en particulier pour T_{N+1}, date (optimale) de déclassement. La somme actualisée des coûts marginaux $\mu(T_N,t)$ sur la durée de vie de l'équipement est égale à la somme actualisée des dépenses effectives associées à l'achat et à l'exploitation de l'équipement. Nous pouvons donc noter dès à présent (et nous reviendrons plus loin sur cette propriété) que le coût μ satisfait la première condition de définition d'un coût de revient économique.

B. Coût marginal par rapport au temps «généralisé»

J. Desrousseaux [8.12] définit le coût marginal par rapport au temps comme

le coût unitaire d'une production obtenue pendant une courte période, par anticipation ou retard de l'investissement qui y prendrait normalement place, la gestion ultérieure du programme restant optimale.

La formulation présentée par J. Desrousseaux était relative au cas où la valeur de revente est nulle, mais la généralisation est immédiate.

Coût marginal vers le futur m_f

A la date T_N, le coût marginal vers le futur est le coût associé à l'anticipation d'une unité de temps de l'investissement $I(T_N)$, les déclassements postérieurs à la date T_N étant supposés réalisés de façon que le nouveau coût total soit minimal.

Nous notons comme précédemment $D(T_N)$ le coût total actualisé associé à une chaîne infinie d'investissements et déclassements démarrant à la date T_N. L'actualisation est cependant effectuée par rapport à la date 0.

La valeur actualisée du coût marginal est alors égale à :

$$
\begin{aligned}
m_j(T_N)\,\mathrm{e}^{-jT_N} &= -\frac{\mathrm{d}D(T_N)}{\mathrm{d}T_N} \\
&= -\left[\frac{\partial D(T_N)}{\partial T_N} + \frac{\partial D(T_N)}{\partial T_{N+1}}\,\frac{\partial T_{N+1}}{\partial T_N} + \frac{\partial D(T_N)}{\partial T_{N+2}}\,\frac{\partial T_{N+2}}{\partial T_N} + \dots\right]
\end{aligned}
$$

Mais les dérivées partielles $\partial D(T_N)/\partial T_{N+1}$, $\partial D(T_N)/\partial T_{N+2}, \dots$, sont nulles si les dates $T_{N+1}, T_{N+2}, \dots$, correspondent à une politique de déclassement optimale (équations aux trois temps).

Le coût marginal vers le futur est donc égal en valeur actualisée à :

$$
m_f(T_N)\,\mathrm{e}^{-jT_N} = -\frac{\mathrm{d}D(T_N)}{\mathrm{d}T_N} = -\frac{\partial D(T_N)}{\partial T_N} \tag{8.4}
$$

La deuxième équation exprime que ce coût est égal au coût associé à l'anticipation de l'investissement $I(T_N)$ sans modifications des dates T_{N+1}, $T_{N+2}, \dots$, des déclassements ultérieurs.

Remarque. On retrouve simplement le fait que le coût total $D(T_N)$ étant stationnaire, sa valeur n'est pas changée par une petite variation des dates T_{N+1}, $T_{N+2}, \dots$ (au deuxième ordre près). On obtient ainsi même valeur pour la variation de ce coût total associée à une variation de T_N (le coût marginal) en supposant que les dates $T_{N+1}, T_{N+2}, \dots$ sont recalculées pour tenir compte de la modification de T_N ou bien en supposant que celles-ci sont inchangées.

Il vient alors :

$$m_f(T_N)\,\mathrm{e}^{-jT_N}$$
$$= -\frac{\partial}{\partial T_N}\left[I(T_N)\,\mathrm{e}^{-jT_N} + \int_{T_N}^{T_{N+1}} f(T_N,t)\,\mathrm{e}^{-jt}\,\mathrm{d}t - V(T_N,T_{N+1})\,\mathrm{e}^{-jT_{N+1}}\right]$$
$$= -\frac{\mathrm{d}I(T_N)}{\mathrm{d}T_N}\,\mathrm{e}^{-jT_N} + jI(T_N)\,\mathrm{e}^{-jT_N} + f(T_N,T_N)\,\mathrm{e}^{-jt_N}$$
$$- \int_{T_N}^{T_{N+1}} \frac{\partial f(T_N,t)}{\partial T_N}\,\mathrm{e}^{-jt}\,\mathrm{d}t + \frac{\partial V(T_N,T_{N+1})}{\partial T_N}\,\mathrm{e}^{-jT_{N+1}}$$

Le coût m_f est composé des éléments suivants :

$-\mathrm{d}I(T_N)/\mathrm{d}T_N$: perte correspondant à l'achat de l'équipement $I(T_N)$ une unité de temps plus tôt (le coût $I(t)$ est une fonction décroissante du temps);

$jI(T_N)$: coût d'immobilisation du capital $I(T_N)$ pendant l'unité de temps;

$f(T_N,T_N)$: coût d'exploitation de l'équipement neuf pendant l'unité de temps;

$$-\mathrm{e}^{jT_N}\int_{T_N}^{T_{N+1}} \frac{\partial f(T_N,t)}{\partial T_N}\,\mathrm{e}^{-jt}\,\mathrm{d}t = \int_0^{T_{N+1}-T_N} \frac{\partial f(T_N,t+T_N)}{\partial T_N}\,\mathrm{e}^{-jt}\,\mathrm{d}t$$

: somme actualisée des suppléments de coûts d'exploitation entre T_N et T_{N+1}, suppléments dus au fait que l'on utilise un équipement moins récent;

$$\frac{\partial V(T_N,T_{N+1})}{\partial T_N}\,\mathrm{e}^{-j(T_{N+1}-T_N)}$$

: perte de valeur de revente de l'équipement due au fait que la vente du $(N+1)^{\text{ième}}$ équipement à la date T_{N+1} correspondra à la vente d'un équipement plus ancien si la date T_N de construction est avancée.

Coût marginal vers le passé

A la date T_N, **le coût marginal vers le passé est le coût associé au retard du déclassement du $N^{\text{ième}}$ équipement de une unité de temps.**

Il est donc égal au coût marginal «instantané» de l'équipement construit à la date T_{N-1}.

$$\begin{aligned} m_p(T_N) &= \mu(T_{N-1},T_N) \\ &= f(T_{N-1},T_N) - \frac{\partial V(T_{N-1},T_N)}{\partial T_N} + jV(T_{N-1},T_N) \end{aligned}$$

Pour bien distinguer coût marginal instantané et coût marginal généralisé vers le passé remarquons que :

- le coût marginal instantané est relatif à un équipement donné. Il est défini pour n'importe quelle date, pour n'importe quel âge de l'équipement;
- le coût marginal généralisé est défini à la seule date de déclassement d'un équipement, supposée optimale.

C. Les équations aux trois temps

Lorsque le coût total actualisé de la chaîne des déclassements-remplacements est minimum (stationnaire), la valeur de ce coût total ne doit pas être modifiée si l'on modifie une date T_N d'une petite quantité $\mathrm{d}T_N$. Le coût entraîné par un retard du déclassement du $N^{\text{ième}}$ équipement (coût marginal vers le passé) est alors compensé par le gain réalisé sur le retard de la mise en exploitation du $(N+1)^{\text{ième}}$ équipement (opposé du coût marginal vers le futur).

$$m_p - m_f = 0$$

C'est ce qu'expriment les équations aux trois temps. **La date optimale de déclassement est la date pour laquelle le coût marginal vers le futur est égal au coût marginal vers le passé.**

8.2.3 Le coût de revient économique

A. Conditions de définition

Nous avons vu au chapitre 5 (5.3.1) les conditions qui doivent être satisfaites pour définir un coût de revient économique (M. Boiteux [8.8]) :

- Il doit être équivalent de comptabiliser à chaque période le coût de revient économique ou de comptabiliser la suite des dépenses effectives engagées par l'entreprise pour la construction et l'exploitation de l'équipement considéré. Autrement dit, la somme des valeurs actualisées des coûts de revient économiques doit être égale à la somme des valeurs actualisées des dépenses réelles.
- Si le revenu actualisé d'un projet d'investissement est positif (respectivement négatif), le coût de revient économique annuel doit être inférieur (respectivement supérieur) à la recette annuelle et ceci pour chacune des années d'exploitation.
- Si deux équipements produisent à tout instant les mêmes biens et services, celui qui présente le coût total actualisé le plus élevé devra également présenter à tout instant un coût de revient économique plus élevé.

B. Les hypothèses et le «théorème» de J. Desrousseaux

Revenons maintenant à l'étude d'une chaîne d'investissements-déclassements en considérant les hypothèses complémentaires suivantes :

- pour assurer une production donnée, les équipements disponibles sont tous de même capacité (ou bien, il n'y a pas d'économie d'échelle);
- il existe un flux continu d'investissements : à tout instant des équipements du type considéré sont construits, d'autres sont déclassés.

Sous ces hypothèses, J. Desrousseaux [8.12] a montré [1] que **le coût de revient économique est à tout instant égal au coût marginal généralisé par rapport au temps** $p = m_p = m_f$.

C. Démonstration

Remarquons tout d'abord qu'à tout instant, par hypothèse, des équipements sont déclassés. Il est donc possible de calculer à tout instant le coût marginal généralisé qui est, rappelons-le, défini par rapport à une date de déclassement.

La proposition peut alors être justififée de la façon suivante.

Dans un premier temps, vérifions que la première condition de définition d'un coût de revient économique est bien satisfaite, c'est-à-dire que la somme actualisée des coûts $m(t)$ entre la date de construction d'un équipement et sa date de déclassement est égale à la dépense totale actualisée entre ces dates. En effet, d'après (8.4) :

$$\int_{T_N}^{T_{N+1}} m(t)\ \mathrm{e}^{-jt}\ \mathrm{d}t = D(T_N) - D(T_{N+1}) = I(T_N)\ \mathrm{e}^{-jT_N} + \int_{T_N}^{T_{N+1}} f(T_N, t)\ \mathrm{e}^{-jt}\ \mathrm{d}t - V(T_N, T_{N+1})\ \mathrm{e}^{-jT_{N+1}}$$

Par ailleurs, si nous supposons que les équipements considérés assurent la même production quel que soit leur âge, nous serons amenés à définir un coût de revient indépendant de l'âge et donc de la date de construction des équipements. En effet, si l'on peut supposer que le prix de vente de la production est indépendant de l'âge des équipements, hypothèses de concurrence par exemple, il doit en être de même du coût de revient économique pour que la propriété (2) énoncée ci-dessus soit satisfaite quel que soit le prix de vente.

Mais alors, il ne peut exister d'autre coût de revient que le coût marginal $m(t)$. Pour le montrer, commençons par le cas où la valeur de revente de l'équipement est supposée nulle.

Cas où la valeur de revente est nulle. Le raisonnement se fait par l'absurde. S'il existait un coût de revient autre que $m(t)$, soit $p(t)$, celui-ci serait

1. La démonstration initiale de J. Desrousseaux est relative au cas où la valeur de revente est nulle.

nécessairement pour certaines valeurs de t inférieur à $m(t)$. En effet, si $p(t)$ était supérieur à $m(t)$ pour tout t, la somme actualisée des $p(t)$ serait supérieure à la somme actualisée des $m(t)$ et serait donc supérieure au coût actualisé. Mais, lorsque la valeur de revente de l'équipement est nulle, $m(t)$ est égal au coût d'exploitation d'un équipement en cours de déclassement. Le coût de revient économique de cet équipement à la date t ne peut pas être inférieur au coût d'exploitation; ce coût de revient ne peut donc pas être inférieur à $m(t)$.

Cas général. Considérons maintenant le cas général où la valeur de revente de l'équipement n'est pas nulle. Utilisons le fait que le coût de revient économique est le prix de vente assurant une stricte rentabilité des investissements, prix de vente qui s'établirait sous des hypothèses de concurrence.

Supposons ces hypothèses vérifiées et le prix de vente égal au coût de revient économique (prix de vente de la production obtenue par exploitation d'un équipement pendant une unité de temps). Soit $p(t)$ ce prix. Considérons un équipement donné, construit à une date T_N. Soit $\mu(t_N, t)$ son coût marginal instantané à la date t. Soit T_{N+1} la date (optimale) de son déclassement.

L'hypothèse d'un prix assurant une stricte rentabilité permet d'écrire que la somme actualisée du prix de vente $p(t)$ sur la durée de vie de l'équipement est égale au coût total actualisé associé à cet équipement (première condition de définition d'un coût de revient économique).

$$\int_{T_N}^{T_{N+1}} p(t)\ \mathrm{e}^{-jt}\ \mathrm{d}t = C(T_N, T_{N+1})$$

Mais nous avons vu ci-dessus (paragraphe 8.2.2.A.c) que l'on a également :

$$\int_{T_N}^{T_{N+1}} \mu(T_N, t)\ \mathrm{e}^{-jt}\ \mathrm{d}t = C(T_N, T_{N+1})$$

Le coût marginal μ satisfait également la première condition de définition d'un coût de revient économique.

La somme actualisée de $\mu(T_N, t)$ étant égale à la somme actualisée de $p(t)$ sur la même période, deux cas peuvent se présenter, que nous analyserons de façon plus détaillée ci-dessous (paragraphe 8.2.5) :

- $\mu(T_N, t)$ est constamment égal à $p(t)$. Alors en particulier :

$$\mu(T_N, T_{N+1}) = m(T_{N+1}) = p(T_{N+1})$$

- Dans le cas contraire, il n'est pas possible que $\mu(T_N, t)$ soit constamment supérieur à $p(t)$.

Considérons alors une date t pour laquelle le coût marginal instantané $\mu(T_N, t)$ serait inférieur au prix $p(t)$. Poursuivre l'exploitation d'une unité de temps supplémentaire permettrait de dégager un bénéfice. Il est donc intéressant, à partir de la date t, d'augmenter la durée d'exploitation, ceci jusqu'à ce que le coût associé à l'exploitation pendant la dernière unité de temps soit égal au prix de vente de la production correspondante. **La date de déclassement optimale est donc telle qu'il y ait égalité entre le coût marginal instanté et le coût de revient économique :**

$$\mu(T_N, T_{N+1}) = p(T_{N+1})$$

Réciproquement, le coût de revient économique est donc à tout instant égal au coût marginal instantané d'un équipement en cours de déclassement (résultat déjà énoncé par H. Hotelling [8.16] [2] en 1925) et, par conséquent, au coût marginal généralisé.

8.2.4 Amortissement économique et valeur d'usage

Ce paragraphe a pour but de présenter une généralisation des propriétés énoncées au chapitre 5 dans le cas d'un régime permanent.

A. Amortissement économique

Le coût de revient économique étant égal à $m(t)$, l'amortissement économique $a(T_N, t)$ à la date t d'un équipement construit à la date T_N est obtenu par différence, en retranchant du coût de revient les frais d'exploitation :

$$a(T_N, t) = m(t) - f(T_N, t)$$

On peut vérifier que la somme actualisée des amortissements économiques est égale au montant de l'investissement $I(T_N)$ diminué de la valeur de revente actualisée :

$$\int_0^{T_{N+1}-T_N} a(T_N, T_N + t)\, \mathrm{e}^{-jt}\, \mathrm{d}t = I(T_N) - V(T_N, T_{N+1})\, \mathrm{e}^{-j(T_{N+1}-T_N)}$$

B. Valeur d'usage

Comme nous l'avons vu au chapitre 5, la valeur d'usage d'un équipement peut être définie comme égale au prix que l'entreprise serait disposée à payer pour s'assurer les services d'un équipement identique si l'équipement considéré venait à lui faire défaut.

Considérons un équipement de la famille étudiée, construit à une date T_N. Supposons qu'il disparaisse à une date t. Soit $U(T_N, t)$ le prix (maximum) que l'entreprise sera disposée à payer pour acheter un matériel identique. Ce prix est

2. H. Hotelling avait alors donné des indications permettant de définir un coût de revient variable au cours du temps.

tel qu'il conduise à un coût actualisé égal à celui que l'on obtiendrait en achetant à la date t un équipement neuf permettant de poursuivre l'exploitation. En cas de remplacement par un matériel identique à celui qui vient de disparaître, de même âge, le déclassement se fera à la date T_{N+1} correspondant à la date de déclassement optimale du matériel initial.

L'égalité des coûts actualisés sur une période de durée infinie s'écrit :

$$U(T_N,t)\ \mathrm{e}^{-jt}+ \int_t^{T_{N+1}} f(T_N,\theta)\ \mathrm{e}^{-j\theta}\ \mathrm{d}\theta - V(T_N,T_{N+1})\ \mathrm{e}^{-jT_{N+1}} + D(T_{N+1}) = D(t)$$

Mais comme :

$$p(t) = m(t) = \frac{\mathrm{d}D(t)}{\mathrm{d}t}$$

$$D(t) - D(T_{N+1}) = \int_t^{T_{N+1}} p(\theta)\ \mathrm{e}^{-j\theta}\ \mathrm{d}\theta$$

d'où :

$$U(T_N,t)\ \mathrm{e}^{-jt} + \int_t^{T_{N+1}} f(T_N,\theta)\ \mathrm{e}^{-j\theta}\ \mathrm{d}\theta - V(T_N,T_{N+1})\ \mathrm{e}^{-jT_{N+1}} = \int_t^{T_{N+1}} p(\theta)\ \mathrm{e}^{-j\theta}\ \mathrm{d}\theta$$

L'interprétation de cette relation est la suivante. La valeur d'usage d'un équipement est le prix (maximum) d'achat d'un équipement identique permettant de poursuivre l'exploitation jusqu'à la date T_{N+1} au même coût de revient économique.

C. Relation entre valeur d'usage et amortissement économique

En dérivant par rapport au temps la relation ci-dessus, il vient :

$$\frac{\mathrm{d}}{\mathrm{d}t}[U(T_N,t)\ \mathrm{e}^{-jt}] - f(T_N,t)\ \mathrm{e}^{-jt} = -p(t)\ \mathrm{e}^{-jt}$$

$$\frac{\mathrm{d}}{\mathrm{d}t}[U(T_N,t)\ \mathrm{e}^{-jt}] = -a(T_N,t)\ \mathrm{e}^{-jt}$$

ce qui s'énonce :

L'amortissement économique actualisé est égal à la variation de la valeur d'usage actualisée.

Ou encore, ce qui revient à prendre des valeurs actualisées non plus à la date 0 mais à la date t :

$$a(T_N, t) = jU(T_N, t) - \frac{\partial U(T_N, t)}{\partial t}$$

L'amortissement économique pendant une période de une unité de temps est égal à la perte de valeur d'usage pendant cette période, perte actualisée en début de période.

Ou encore : **l'amortissement économique est égal à la perte nominale de valeur d'usage majorée du coût d'immobilisation d'un capital égal à la valeur d'usage.**

8.2.5 Évolution en fonction du temps

A. Premier cas : valeur résiduelle nulle

La figure 8.1 donne une représentation graphique des fonctions de coûts associées à une chaîne de déclassements-remplacements en présence de progrès technique continu dans le cas où la valeur de revente est nulle. En utilisant les notations précédentes :

- $f(t,t)$: est le coût d'exploitation (par unité de temps) à la date t d'un équipement neuf, décroissant par suite du progrès technique;
- $f(T_N, t)$: le coût d'exploitation d'un équipement construit à la date T_N (non décroissant en fonction de l'âge du matériel);
- $p(t)$: le coût de revient économique.

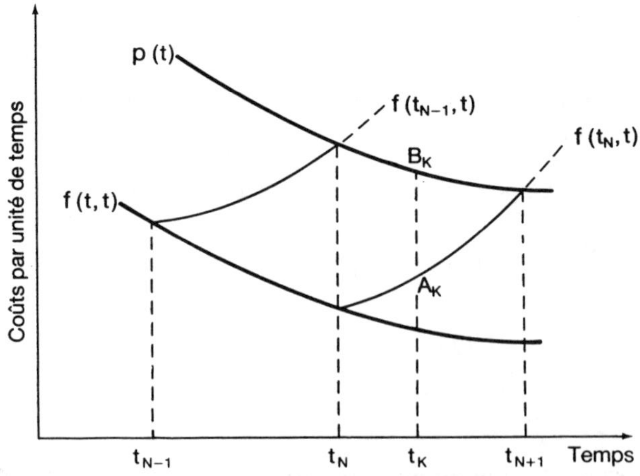

Fig. 8.1 Dates optimales de déclassement
(valeurs résiduelles nulles)

Le coût de revient économique est égal au coût marginal par rapport au temps généralisé. Lorsque la valeur de revente est nulle, le coût marginal vers le passé est égal au coût d'exploitation d'un équipement en cours de déclassement. D'où l'interprétation de la **date optimale de déclassement d'un équipement : c'est la date à partir de laquelle les frais d'exploitation deviendraient supérieurs au coût de revient économique.**

L'amortissement économique d'un équipement construit à une date T_N peut être représenté à une date t_K par le segment $A_K B_K$. Cet amortissement s'annule à la date de déclassement t_{N+1} de l'équipement. C'est une fonction décroissante du temps, correspondant à des annuités élevées dans les premières années de la vie de l'équipement et faibles dans les dernières années.

Remarque. Le coût de revient économique étant décroissant en présence de progrès technique, il serait incorrect dans ce cas d'utiliser une formule d'annuité constante (et a fortiori d'utiliser un amortissement économique constant). Ceci conduirait à une forte sous-estimation du coût de revient dans la ou les premières années de la vie de l'équipement.

B. Cas général. Compléments sur le coût marginal instantané

a. Propriété du coût marginal instantané. Rappel

Rappelons tout d'abord que le coût marginal instantané $\mu(T_N, t)$ à la date t d'un équipement acquis à la date T_N s'écrit :

$$\mu(T, t) = f(T_N, t) - \frac{\partial V(T_N, t)}{\partial t} + jV(T_N, t)$$

et que :

$$\int_{T_N}^{T_{N+1}} \mu(T_N, t)\ \mathrm{e}^{-jt}\ \mathrm{d}t = C(T_N, T_{N+1}) = \int_{T_N}^{T_{N+1}} p(t)\ \mathrm{e}^{-jt}\ \mathrm{d}t$$

Autrement dit, le coût marginal $\mu(T_N, t)$ obéit à la première condition de définition d'un prix de revient économique.

Par ailleurs, nous avons vu qu'un amortissement économique comprend, outre la dépréciation du matériel considéré, la rémunération du capital (rémunération calculée à un taux égal au taux d'actualisation).

Or, la somme des termes :

$$jV(T_N, t) - \frac{\partial V(T_N, t)}{\partial t}$$

qui s'ajoutent aux frais d'exploitation pour former le coût marginal $\mu(T_N, t)$ satisfait à cette propriété; la dépréciation est mesurée par la perte de valeur de revente de l'équipement, les frais financiers sont calculés sur la valeur de revente. De plus, la somme actualisée de ces termes est égale au montant de l'investissement diminué de la valeur de revente actualisée.

Si donc, le coût marginal $\mu(T_N, t)$ a certaines caractéristiques d'un coût de revient économique, il convient d'étudier dans quelles conditions il est effectivement égal au coût de revient économique $p(t)$ et, dans le cas contraire, nous étudierons sommairement ses variations en fonction du temps.

b. Cas où il existe un marché parfait de l'occasion

Supposons, dans un premier temps, qu'il existe un marché parfait de l'occasion, sur lequel les entreprises du secteur étudié pourraient acheter à tout instant t un équipement d'âge $t - t_N$ quelconque au prix $V(T_N, t)$ et ceci sans autres frais supplémentaires de mise en service (nous supposerons de plus que toutes les entreprises considérées utilisent le même taux d'actualisation).

Dans ce cas, à une date donnée t, le coût marginal $\mu(T_N, t)$ sera le même pour tous les équipements en service, quelle que soit leur date de construction T_N (à condition toutefois que cette date soit postérieure à la date de construction $N(t)$ d'un équipement d'une chaîne optimale déclassé à la date t). En effet, s'il n'en était pas ainsi, à la date t, les entreprises achèteraient uniquement des équipements construits à une date T_N telle que $\mu(T_N, t)$ soit minimum et revendraient les autres. A l'équilibre, les prix de vente des équipements sur le marché se fixeront de façon à ce que les coûts marginaux $\mu(T_N, t)$ soient indépendants de l'âge de ces équipements.

En particulier, ces coûts seront égaux au coût marginal $m(t)$ d'un équipement en cours de déclassement à la date t et donc au coût de revient économique $p(t)$. Ce qui peut encore s'énoncer :

S'il y a un marché parfait de l'occasion, le coût marginal $\mu(T_N, t)$ à la date t d'un équipement construit à la date T_N est égal au coût de revient économique $p(t)$ pour toutes les valeurs de t comprises entre T_N et la date de déclassement T_{N+1} :

$$\mu(T_N, t) = f(T_N, t) - \frac{\partial V(T_N, t)}{\partial t} + jV(T_N, t) = p(t)$$

L'amortissement économique est alors égal à la perte de valeur de revente pendant l'unité de temps majorée du coût d'immobilisation de cette valeur de revente :

$$a(T_N, t) = jV(T_N, t) - \frac{\partial V(T_N, t)}{\partial t}$$

Enfin, la valeur d'usage d'un équipement est à tout instant égale à sa valeur d'échange sur le marché.

c. *Cas où l'achat d'un équipement neuf est seul envisagé*

En fait, dans la pratique, l'achat d'un équipement d'occasion, même lorsqu'il est possible, entraîne le plus souvent des frais d'installation et de mise en service qui s'ajoutent au prix d'achat proprement dit. Le coût correspondant à l'achat étant différent du prix de vente, il ne sera pas possible d'utiliser les raisonnements du paragraphe précédent.

En conservant les hypothèses de J. Desrousseaux (flux continu d'investissement, absence d'économie d'échelle), nous reviendrons au cas où il n'y a pas de marché parfait des équipements d'occasion et, plus précisément, au cas particulier où l'entreprise n'envisage pas d'acheter un équipement ancien. Nous étudierons alors rapidement les variations en fonction du temps du coût marginal d'un équipement donné.

Considérons un équipement construit à une date T_N, faisant partie d'une suite optimale de déclassements et de remplacements. Nous avons remarqué au paragraphe 8.2.3 ci-dessus que si le coût marginal de cet équipement $\mu(T_N, t)$ n'est pas égal au coût de revient économique $p(t)$ pour toutes les dates comprises entre T_N et T_{N+1}, il ne peut être constamment supérieur à $p(t)$, ni constamment inférieur; en effet, la somme actualisée de $\mu(T_N, t)$ entre T_N et T_{N+1} est égale à la somme actualisée de $p(t)$.

Généralement, $\mu(T_N, t)$ sera supérieur à $p(t)$ au cours des premières périodes de la vie de l'équipement (pour les petites valeurs de $t - T_N$) et inférieur ensuite.

Pour le justifier rapidement, raisonnons par l'absurde en supposant que $\mu(T_N, t)$ est inférieur à $p(t)$ dans les premières années et ceci jusqu'à une date θ, telle que :

$$\mu(T_N, \theta) = p(\theta)$$

Dans ce cas, l'entreprise déclasserait l'équipement à la date θ et aurait supporté entre les dates T_N et θ un coût total actualisé strictement inférieur à la somme actualisée de $p(t)$:

$$\int_{T_N}^{\theta} \mu(T_N, t)\ \mathrm{e}^{-jt}\ \mathrm{d}t < \int_{T_N}^{\theta} p(t)\ \mathrm{e}^{-jt}\ \mathrm{d}t$$

ce qui n'est pas compatible avec la définition du coût de revient économique.

Les courbes représentatives des variations des différents coûts sont alors données par la figure 8.2.

En ce qui concerne la valeur d'usage (fig. 8.3) :

- à la date d'achat, elle est égale au coût d'acquisition de l'équipement;
- à la date de déclassement, elle est égale à la valeur de revente;
- pour une date intermédiaire, elle est supérieure à la valeur de revente.

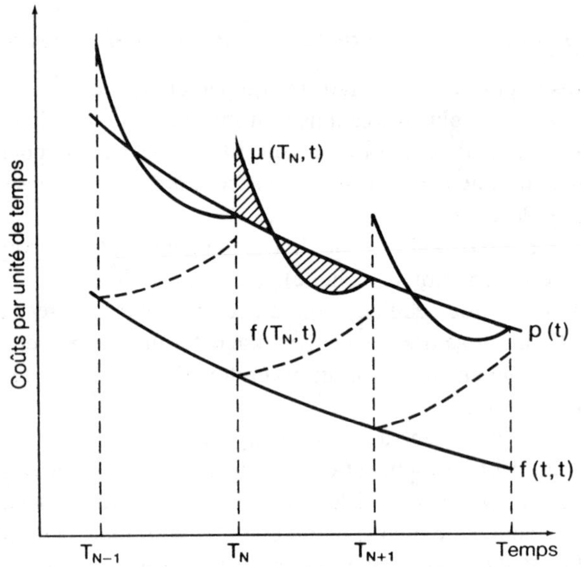

Fig. 8.2 Coût marginal instantané et coût de revient économique

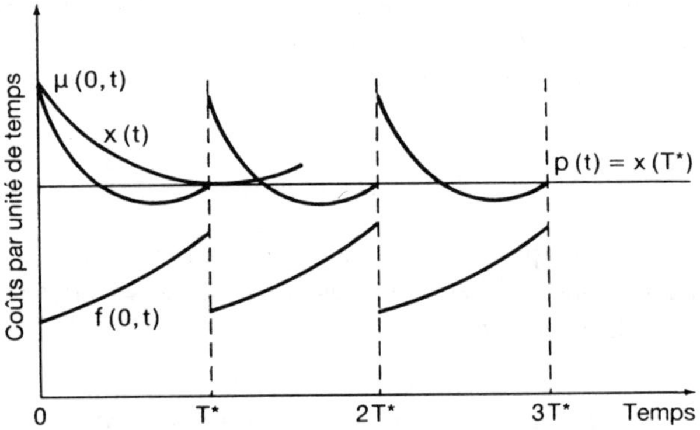

Fig. 8.3 Renouvellement à l'identique

En effet, au cours des premières années, nous avons vu que :

$$\mu(T_N, t) > p(t)$$

or :

$$\mu(T_N, t)\ \mathrm{e}^{-jt} = f(T_N, t)\ \mathrm{e}^{-jt} - \frac{\partial}{\partial t}[V(T_N, t)\ \mathrm{e}^{-jt}]$$

et :

$$\begin{aligned} p(t)\ \mathrm{e}^{-jt} &= f(T_N, t)\ \mathrm{e}^{-jt} + a(T_N, t)\ \mathrm{e}^{-jt} \\ &= f(T_N, t)\ \mathrm{e}^{-jt} - \frac{\partial}{\partial t}[U(T_N, t)\ \mathrm{e}^{-jt}] \end{aligned}$$

La dérivée de la valeur d'usage, en valeur absolue, est donc inférieure au cours des premières années à la dérivée de la valeur de revente. En d'autres termes, l'amortissement économique est dans les premières années inférieur à la perte de valeur de revente actualisée, et supérieur ensuite.

On peut alors donner les interprétations suivantes :

La date optimale de déclassement est la date à partir de laquelle le coût marginal instantané par rapport au temps μ deviendrait supérieur au coût de revient économique.

C'est la date pour laquelle la valeur d'usage devient égale à la valeur de revente.

8.2.6 Résumé de la section 8.2

Nous avons considéré une chaîne infinie de déclassements et remplacements d'équipements utilisant une technique unique. Les dates optimales de déclassement sont reliées par les «équations aux trois temps». Elles peuvent être interprétées en utilisant la notion de coût marginal par rapport au temps. La date optimale d'un déclassement est la date pour laquelle le coût marginal vers le futur est égal au coût marginal vers le passé. Le coût marginal «généralisé» vers le futur est le coût associé à l'anticipation d'une unité de temps du renouvellement. Le coût marginal «généralisé» vers le passé est le coût associé retard du déclassement d'une unité de temps. Il est égal au coût marginal «instantané» au moment du déclassement.

Si l'on suppose l'existence d'un flux continu d'investissement et l'absence d'économie d'échelle, le coût de revient économique est à tout instant égal au coût marginal par rapport au temps généralisé. La date optimale de déclassement peut alors faire l'objet d'une interprétation supplémentaire; il s'agit de la date à partir de laquelle le coût marginal instantané deviendrait supérieur au coût de revient économique.

Mais les équations aux trois temps sont indéterminées et ne permettent pas de calculer les durées de vie optimales. Pour résoudre le problème, il est nécessaire d'introduire une hypothèse supplémentaire. Différentes hypothèses permettant le calcul seront étudiées en section 8.4. Auparavant, nous traiterons en section 8.3 un cas particulier, celui où la durée de vie des équipements est déterminée a priori pour des raisons techniques. Le problème est alors de définir un coût de revient économique, ce qui peut être effectué très simplement si le progrès technique se traduit par des évolutions de coûts à taux constants. Le procédé utilisé sera repris par la suite, ce qui explique le plan qui a été retenu et l'insertion de ce cas particulier entre la présentation de la théorie générale et l'exposé des méthodes pratiques de calcul des dates de déclassement.

8.3 DURÉES DE VIE DÉTERMINÉES A PRIORI

8.3.1 Hypothèses

Nous nous intéressons toujours à une chaîne infinie d'achats et de déclassements d'un matériel assurant un service de qualité constante. Nous considérons maintenant un type d'équipement pour lequel la date de déclassement est déterminée « a priori » pour des raisons techniques. Par exemple, les études relatives aux premières centrales nucléaires de génération d'électricité se référaient à une durée de vie d'une vingtaine d'années, définies à partir de considérations relatives à la sécurité des installations. Ce cas, appelé « déclassement technique » par J. Desrousseaux [8.2] rentre dans le cadre plus général défini précédemment. Il correspond à une hypothèse de croissance très rapide des frais d'exploitation (éventuellement difficile à quantifier), à partir d'un âge donné des équipements, ce qui impose la date de déclassement. Les durées de vie étant connues, la question qui peut se poser est celle de la détermination du coût de revient économique.

Considérons des hypothèses de progrès technique qui conduisent à prévoir une **diminution à taux constants** (éventuellement une augmentation), des différentes composantes du coût total associé à l'investissement et à l'exploitation sur la durée de vie de l'équipement. Limitons-nous à deux composantes par exemple. Nous supposons donc que le coût actualisé est de la forme :

$$G(t) = A\mathrm{e}^{-\alpha t} + B\mathrm{e}^{-\beta t}$$

Ce coût $G(t)$ est la valeur actualisée à la date t de l'ensemble des dépenses associées à l'achat à la date t et à l'exploitation d'un équipement de la chaîne étudiée. Supposons cette valeur exprimée en monnaie constante de l'année 0.

8.3.2 Coût de revient économique

Sous ces hypothèses et, en supposant comme ci-dessus un flux continu d'investissement et une absence d'économie d'échelle, J. Desrousseaux a montré que le coût de revient économique s'écrit :

$$p(t) = \frac{A(\alpha + j)\ \mathrm{e}^{-\alpha t}}{1 - \mathrm{e}^{-(\alpha+j)\Delta T}} + \frac{B(\beta + j)\ \mathrm{e}^{-\beta t}}{1 - \mathrm{e}^{-(\beta+j)\Delta T}}$$

où ΔT représente la durée de vie, fixée a priori, des équipements.

Nous présenterons cette démonstration, puis en donnerons une interprétation simple.

Le coût de revient économique est égal au coût marginal par rapport au temps vers le futur :

$$p(t) = -\frac{\mathrm{d}D(t)}{\mathrm{d}t}\ \mathrm{e}^{jt}$$

avec :

$$\begin{aligned} D(t) = &\ G(t)\ \mathrm{e}^{-jt} + G(t + \Delta T)\ \mathrm{e}^{-j(t+\Delta T)} + \ldots \\ &+ G(t + k\Delta T)\ \mathrm{e}^{-j(t+k\Delta T)} + \ldots \end{aligned}$$

$$\begin{aligned} D(t) = &\ A\mathrm{e}^{-(\alpha+j)t}[1 + \mathrm{e}^{-(\alpha+j)\Delta t} + \ldots + \mathrm{e}^{-k(\alpha+j)\Delta T} + \ldots] \\ &+ B\mathrm{e}^{-(\beta+j)t}[1 + \mathrm{e}^{-(\beta+j)\Delta T} + \ldots + \mathrm{e}^{-k(\beta+j)\Delta T} + \ldots] \end{aligned}$$

$$D(t) = \frac{A\mathrm{e}^{-(\alpha+j)t}}{1 - \mathrm{e}^{-(\alpha+j)\Delta T}} + \frac{B\mathrm{e}^{-(\beta+j)t}}{1 - \mathrm{e}^{-(\beta+j)\Delta T}}$$

Il suffit de calculer la dérivée par rapport au temps pour obtenir le résultat ci-dessus.

8.3.3 Interprétation

Nous observons que le coût de revient économique est la somme de deux termes, chacun constituant un équivalent par unité de temps d'une des composantes du coût total $G(t)$. Le premier terme est décroissant au taux α, le deuxième au taux β. **Tout se passe comme si l'équipement était composé de deux unités indépendantes,** le coût de revient de l'ensemble étant la somme du coût de revient de chacune. Pour chacune de ces deux unités, le coût total actualisé à la date d'acquisition étant décroissant à taux constant, le coût de revient est lui-même décroissant au même taux. Cette séparation en deux composantes est ici possible parce que la durée de vie est fixée a priori. Ce ne sera pas vrai dans le cas général où la durée optimale d'utilisation est fonction de l'ensemble des paramètres.

Considérons donc l'une de ces deux unités, dont le coût total actualisé à la date d'achat t est $A\mathrm{e}^{-\alpha t}$. Pour interpréter le résultat obtenu, imaginons [3] un **changement d'unité monétaire**. Considérons une **monnaie courante (fictive) qui se déprécierait à un taux constant** α sur toute la période d'étude. Dans cette unité monétaire, le coût total actualisé $G''(t)$ serait stable. Il est alors naturel d'obtenir un coût de revient économique dans cette unité monétaire lui-même stable $p''_A(t) = P''_A$.

3. Nous utilisons ici un raisonnement semblable à celui proposé par A. Thomas [8.22] pour interpréter les résultats obtenus par J. Desrousseaux sur le modèle de «progrès harmonisé» qui sera présenté au paragraphe 8.4.4.

Pour le calculer, il suffit alors de prendre l'**annuité constante équivalente** au coût $G''(t)$, **annuité constante dans cette unité monétaire fictive ;** j étant le taux d'actualisation en monnaie constante, le taux d'actualisation en monnaie courante (fictive) est :

$$j'' = \alpha + j$$

L'annuité constante (en monnaie courante) s'écrit :

$$P''_A = \frac{(\alpha + j)A}{1 - e^{-(\alpha+j)\Delta T}}$$

soit en monnaie constante de l'année 0 :

$$p_A(t) = P''_A \, e^{-\alpha t} = \frac{(\alpha + j)A \, e^{-\alpha t}}{1 - e^{-(\alpha+j)\Delta t}}$$

Illustrons ce procédé par un exemple. Pendant un assez grand nombre d'années et pratiquement depuis leur apparition dans le commerce, le prix de vente des récepteurs de télévision en couleur est resté à peu près stable en francs courants. On peut supposer que cette évolution du prix de vente reflète l'évolution du coût de revient économique qui a donc été également stable en francs courants. Ceci correspond à une hypothèse de diminution, en francs constants, le taux de progrès technique α étant ici égal approximativement au taux d'inflation. Pour un fabricant qui effectuait des prévisions parfaites, le coût de revient devait donc être déterminé en supposant une stabilité en francs courants et donc en calculant une annuité constante en francs courants. Il s'agit ici du cas particulier où le taux de progrès technique α est égal au taux d'inflation. Dans le cas général, un changement d'unité monétaire permet de s'y ramener.

8.4 LA DÉTERMINATION DES DATES OPTIMALES DE DÉCLASSEMENT (UN SEUL TYPE D'ÉQUIPEMENT)

Nous considérons toujours un équipement assurant un service de qualité constante, en supposant qu'il existe un seul type d'équipement permettant d'assurer ce service. Nous revenons au cas où l'on doit déterminer les dates de déclassement. Nous avons présenté en section 8.2 ci-dessus des concepts et des raisonnements qui permettent d'interpréter ces dates optimales de déclassement. Mais ils ne permettent pas d'en effectuer le calcul. Quant aux équations aux trois temps de Terborgh, la première comprend deux inconnues T_1 et T_2 et chaque équation supplémentaire comprend une inconnue supplémentaire.

Si l'on considère une chaîne limitée (un équipement déclassé ne sera pas renouvelé), le problème comporte autant d'équations que d'inconnues. Nous aborderons ce problème dans un premier paragraphe. Dans le cas d'une chaîne illimitée, les équations aux trois temps constituent un système indéterminé. Pour lever cette indétermination, il est nécessaire de faire une hypothèse simplificatrice supplémentaire. L'hypothèse du renouvellement à l'identique a été étudiée en première partie. Nous donnerons rapidement quelques compléments relatifs à cette hypothèse, puis présenterons les hypothèses de Terborgh et de Desrousseaux.

8.4.1 Chaîne limitée

A. La date d'arrêt du programme est fixée

Dans le cas d'une chaîne de déclassements-remplacements limitée à une date donnée (abandon de la technique considérée à cette date par exemple), les équations aux trois temps comprennent autant d'équations que d'inconnues. Elles permettent, du moins en théorie, de résoudre le problème (la résolution nécessitant éventuellement d'effectuer les calculs pour différentes hypothèses concernant le nombre de remplacements qui seraient effectués au cours de la période d'étude).

Une solution numérique peut également être obtenue par programmation dynamique.

B. Déclassement simple pour le dernier équipement

Le problème peut également être résolu (toujours «en théorie») si, le nombre de remplacements étant fixé, la décision de déclassement du dernier équipement est indépendante des autres décisions de l'entreprise. C'est le cas lorsque la production est arrêtée, sans renouvellement de l'équipement ni substitution.

La date de déclassement étant inconnue, la durée d'exploitation et, par conséquent, le service rendu par l'équipement sont variables et on ne pourra raisonner en recherchant une solution de coût minimum.

Si les recettes d'exploitation sont connues, il sera possible de rechercher une solution maximisant le revenu actualisé (comme cela a été fait dans le cas d'un problème de «déclassement simple»). Le calcul conduit alors à un système d'équations aux trois temps analogue à celui qui a été obtenu ci-dessus et comportant autant d'équations que d'inconnues. L'interprétation des premières équations sera effectuée comme ci-dessus; l'interprétation de la dernière est semblable à celle qui a été donnée dans le cas du «déclassement simple» : le dernier équipement sera déclassé lorsque le revenu d'exploitation $y(T_{N-1}, t) - f(T_{N-1}, t)$ compense juste la perte de valeur de revente majorée du coût d'immobilisation de cette valeur, $jV(T_N, t) - \partial V(T_N, t)/\partial t$.

C. Durée de vie fixée pour le dernier équipement

Dans la pratique, les deux principaux problèmes que l'on rencontre sont :

- Problème 1 : détermination de la durée de vie d'un équipement dont on envisage l'achat, cette durée étant nécessaire au calcul de rentabilité.
- Problème 2 : détermination de la date de déclassement d'un équipement ancien actuellement en service.

Compte tenu des interactions entre ces décisions et celles concernant le renouvellement des équipements considérés, la théorie conduit, comme nous l'avons vu, à considérer des chaînes de déclassements et renouvellements illimitées. Mais il est clair que la durée de vie d'un matériel qui sera acheté dans 20 ou 30 ans aura peu d'influence sur les décisions à prendre aujourd'hui, l'actualisation conduisant à affecter un poids peu élevé aux années éloignées. Si l'on peut, de façon plus ou moins empirique, prévoir approximativement la durée de vie d'un $N^{\text{ième}}$ équipement, il est possible de limiter l'étude à N équipements. On dispose alors de $N-1$ équations aux trois temps, correspondant à l'annulation des dérivées partielles du coût total par rapport à chacune des dates T_1, T_2, ..., T_{N-1}. Fixer la durée d'exploitation du $N^{\text{ième}}$ équipement, soit $T_N - T_{N-1}$ permet alors d'obtenir un système de N équations à N inconnues.

Dans la mesure où cette durée de vie est définie a priori de façon approximative, la méthode n'est pas rigoureuse. Elle est cependant en général nettement préférable à celle qui consisterait à fixer arbitrairement une date de déclassement d'un équipement.

Mais si le problème ainsi posé admet, en théorie, une solution, la résolution numérique peut être assez lourde. Elle est par contre immédiate si l'on se limite à deux équipements. C'est ce cas que nous allons considérer maintenant.

D. Durée de vie fixée pour l'équipement de remplacement

Nous supposons maintenant que l'on dispose d'une estimation de la durée de vie de l'équipement (B) qui va remplacer l'équipement (A) considéré [8.22], qu'il s'agisse pour ce dernier d'un équipement neuf à acheter (premier problème cité ci-dessus) ou d'un équipement ancien en service (problème n° 2).

Considérons l'un ou l'autre de ces deux cas. La seule inconnue est alors la date T_1 de déclassement de l'équipement considéré A. L'équation correspondante peut être interprétée à l'aide d'un raisonnement marginal : l'**équipement A sera déclassé lorsque son coût marginal instantané deviendra supérieur au coût marginal vers le futur**, coût associé à l'anticipation de une unité de temps de l'achat **de l'équipement de remplacement B**.

Notons :

T_0 : la date d'achat du premier équipement A, égale à la date 0 si l'on étudie une décision d'achat, antérieure à la date 0 s'il s'agit d'un équipement en service ;

T_1 : date de déclassement du premier équipement A;
ΔT : la durée d'utilisation, fixée de façon empirique, du deuxième équipement B : $\Delta T = T_2 - T_1$.

Le coût marginal instantané du premier équipement A est :

$$\mu(T_0, T_1) = f(T_0, T_1) - \frac{\partial V(T_0, T_1)}{\partial T_1} + jV(T_0, T_1)$$

Le coût marginal vers le futur peut être calculé au moyen de la formule (8.4) (paragraphe 8.2.2.B) à partir des données disponibles relatives aux coûts de l'équipement B et à leurs évolutions :

$$m_f(T_1) = -\frac{\mathrm{d}I(T_1)}{\mathrm{d}T_1} + jI(T_1) + f(T_1, T_1) - \int_0^{\Delta T} \frac{\partial f(T_1, T_1 + \theta)}{\partial T_1} \, \mathrm{e}^{-j\theta} \, \mathrm{d}\theta + \frac{\partial V(T_1, T_1 + \Delta T)}{\partial T_1} \, \mathrm{e}^{-j\Delta T}$$

L'interprétation de ces différents termes a été donnée au paragraphe 8.2.2.B.

Enfin, le problème de la détermination de la date de déclassement T_1 est naturellement simplifié lorsque l'on peut supposer connue ou déterminée au préalable la loi d'évolution du coût de revient économique. Ce sera le cas sous les hypothèses que nous allons étudier au cours des paragraphes suivants.

8.4.2 L'hypothèse du renouvellement à l'identique. Complément

Nous avons étudié au chapitre 5 l'hypothèse du renouvellement à l'identique, le raisonnement étant effectué en considérant le temps comme une variable discrète.

Nous rappellerons rapidement les résultats obtenus en utilisant une formulation en temps continu et donnerons la représentation graphique des variations en fonction du temps des différentes fonctions de coût considérées.

Le coût actualisé associé à la construction et l'exploitation d'un équipement pendant une période T s'écrit :

$$C(0, T) = I + \int_0^T f(0, t) \, \mathrm{e}^{-jt} \, \mathrm{d}t - V(0, T) \, \mathrm{e}^{-jT}$$

Le coût total actualisé $D(0)$ d'une chaîne illimitée d'équipements identiques, de durée de vie T, démarrant à la date 0 est :

$$D(0) = C(0, T) + \mathrm{e}^{-jT} D(0)$$

$$D(0) = \frac{C(0, T)}{1 - \mathrm{e}^{-jT}}$$

Il revient au même de calculer une annuité constante équivalente à ce coût $D(0)$ sur une période de durée infinie, ou une annuité constante équivalente au coût $C(0,T)$ sur T années. Celle-ci s'écrit :

$$x(T) = \frac{jC(0,T)}{1 - \mathrm{e}^{-jt}} = jD(0)$$

La date optimale du déclassement est la date T^* qui minimise $x(T)$. Le coût de revient économique d'une suite optimale est alors constant et égal à $p(t) = p = x(T^*)$.

Nous avons indiqué au chapitre 5 que la date optimale est l'année N à partir de laquelle le coût μ_n associé à l'exploitation de l'équipement pendant une année supplémentairen (coût marginal par rapport au temps de l'équipement considéré) deviendra supérieur à l'annuité $x(n)$:

$$\mu_n = f_n + V_{n-1} - V_n + iV_{n-1}$$

ce qui s'écrit en temps continu :

$$\mu(0,T^*) = f(0,T^*) + jV(0,T^*) - \frac{\partial V(0,T^*)}{\partial T} = p$$

Ce résultat a été démontré en section 8.2 ci-dessus. Il peut naturellement sans difficulté être retrouvé, en temps discrétisé ou en temps continu, sans faire référence à la théorie générale présentée en section 8.2.

En temps continu, la démonstration est la suivante.
La relation donnant $D(0)$ s'écrit :

$$(1 - \mathrm{e}^{-jt})D(0) = C(0,T) = -I + \int_0^T f(0,t)\,\mathrm{e}^{-jt}\,\mathrm{d}t - V(0,T)\,\mathrm{e}^{-jT}$$

En dérivant par rapport à T et en annulant $\mathrm{d}D(0)/\mathrm{d}T$, il vient :

$$j\,\mathrm{e}^{-jT}D(0) = f(0,T)\,\mathrm{e}^{-jT} - \frac{\partial V(0,T)}{\partial t}\,\mathrm{e}^{-jT} + jV(0,T)\,\mathrm{e}^{-jT}$$

$$x(T) = f(0,T) - \frac{\partial V(0,T)}{\partial T} + jV(0,T) = \mu(0,T)$$

Les courbes représentatives des variations des différentes fonctions de coût sont données par la figure 8.3.

8.4.3 L'hypothèse et la méthode de Terborgh

A. Principe

Nous avons vu que dans le cas d'une suite illimitée de déclassements-remplacements, il était nécessaire d'introduire une hypothèse complémentaire pour résoudre le système des équations aux trois temps et déterminer les durées de vie optimales de chaque équipement. En présence de progrès technique, l'hypothèse de renouvellement à l'identique n'étant pas utilisable, la méthode de Terborgh [8.4] (ou méthode MAPI), à défaut d'une hypothèse de stationnarité du coût de revient économique, s'appuie sur une hypothèse de stationnarité de la moyenne de certains coûts. Nous préciserons cette hypothèse ci-dessous.

Pour ce faire, il introduit la notation d'**infériorité de service** d'un équipement ancien, de façon à caractériser **le supplément de coût d'exploitation qu'entraîne l'exploitation d'un équipement ancien,** supplément par rapport au coût qu'entraînerait l'utilisation d'un équipement neuf.

T_N étant la date de construction d'un équipement donné, son infériorité de service à la date t est égale à :

$$s(T_N, t) = f(T_N, t) - f(t, t)$$

Si les renouvellements sont rapprochés, la somme des infériorités de service sera faible, mais les dépenses d'investissement seront élevées. On aura l'inverse si les renouvellements sont peu fréquents. Au lieu de calculer une moyenne (annuité constante) équivalente à la somme de tous les coûts d'investissement et d'exploitation d'un équipement donné, Terborgh propose de calculer **la moyenne des coûts d'investissement et des infériorités de service** de l'équipement et de chercher à **minimiser cette moyenne**. Si T_{N+1} est la date de déclassement d'un équipement construit à la date T_N, cette annuité constante $\gamma(T_N, T_{N+1})$ est définie par :

$$\int_{T_N}^{T_{N+1}} \gamma(T_N, T_{N+1})\, \mathrm{e}^{-jt}\, \mathrm{d}t = I(T_N)\, \mathrm{e}^{-jT_N} + \int_{T_N}^{T_{N+1}} s(T_N, t)\, \mathrm{e}^{-jt}\, \mathrm{d}t$$
$$-V(T_N, T_{N+1})\, \mathrm{e}^{-jT_{N+1}} \qquad (8.6)$$

soit :

$$\gamma(T_N, T_{N+1}) = \frac{j}{1 - \mathrm{e}^{-j(T_{N+1} - T_N)}}$$
$$\left[I(T_N) + \int_0^{T_{N+1} - T_N} s(T_N, t)\, \mathrm{e}^{-jt}\, \mathrm{d}t - V(T_N, T_{N+1})\, \mathrm{e}^{-j(T_{N+1} - T_N)} \right]$$

On peut alors calculer de proche en proche les dates T_1^*, T_2^*, ..., T_N^*, ... qui minimisent les annuités $\gamma(0, T_1)$, $\gamma(T_1, T_2)$, ..., $\gamma(T_N, T_{N+1})$.

La valeur $\gamma(T_{N-1}^*, T_N^*)$ est appelée **minimum adverse** du $N^{\text{ième}}$ équipement.

B. Propriété (théorème de Terborgh)

Si le minimum adverse est constant pour tous les équipements de la chaîne illimitée considérée, les dates T_k^* qui minimisent les annuités γ sont les dates qui minimisent le coût total actualisé de la chaîne.

L'hypothèse de Terborgh, la stabilité du minimum adverse, est une hypothèse de stabilité de la moyenne de l'ensemble des coûts autres que le coût $f(t,t)$ d'exploitation d'un équipement neuf. De façon intuitive donc, il revient bien au même de minimiser cette moyenne ou le coût total actualisé. De façon plus précise, la démonstration est la suivante.

Démonstration.
Le coût total actualisé de la chaîne illimitée est :

$$D(0) = I(0) + \int_0^{T_1} f(0,t)\ \mathrm{e}^{-jt}\ \mathrm{d}t - V(0,T_1)\ \mathrm{e}^{-jT_1} + I(T_1)\ \mathrm{e}^{-jT_1} + \int_{T_1}^{T_2} f(T_1,t)\ \mathrm{e}^{-jt}\ \mathrm{d}t + \ldots$$

Il peut encore s'écrire, compte tenu de la définition de $\gamma(T_N, T_{N+1})$ (relation 8.6) :

$$D = \sum_{N=0}^{\infty} \int_{T_N}^{T_{N+1}} \gamma(T_N, T_{N+1})\ \mathrm{e}^{-jt}\ \mathrm{d}t + \int_0^{\infty} f(t,t)\ \mathrm{e}^{-jt}\ \mathrm{d}t$$

Les dérivées partielles par rapport aux dates T_N s'écrivent :

$$\frac{\partial D}{\partial T_N} = [\gamma(T_{N-1}, T_N) - \gamma(T_N, T_{N+1})]\ \mathrm{e}^{-jT_N} + \frac{\partial \gamma(T_{N-1}, T_N)}{\partial T_N} \left[\frac{\mathrm{e}^{-jT_{N-1}} - \mathrm{e}^{-jT_N}}{j} \right] + \frac{\partial \gamma(T_N, T_{N+1})}{\partial T_N} \left[\frac{\mathrm{e}^{-jT_N} - \mathrm{e}^{-jT_{N+1}}}{j} \right]$$

Calculons ces dérivées pour $T_1 = T_1^*$, $T_2 = T_2^*$, …, $T_N = T_N^*$, …
Par définition de T_N^* et T_{N+1}^* :

$$\frac{\partial \gamma(T_{N-1}^*, T_N^*)}{\partial T_N} = \frac{\partial \gamma(T_N^*, T_{N+1}^*)}{\partial T_N} = 0$$

Supposons de plus que les minima adverses sont égaux :

$$\gamma(0, T_1^*) = \gamma(T_1^*, T_2^*) = \ldots = \gamma(T_N^*, T_{N+1}^*) = \ldots = \gamma^*$$

Alors, pour l'ensemble des dates T_1^*, T_2^*, …, T_N^*, … les dérivées partielles $\partial D(T_1^*, T_2^*, \ldots, T_N^*, \ldots)/\partial T_N$ sont nulles, ce qui justifie la propriété énoncée.

Remarque. Formule approchée. Considérons le cas où l'on suppose que l'infériorité de service croît proportionnellement à l'âge de l'équipement (par exemple, $s(0,t) = St$).

Terborgh propose alors d'utiliser une formule approchée

$$T = \sqrt{2I/S}$$

Celle-ci s'obtient simplement par minimisation d'une moyenne non actualisée des infériorités de service et du coût d'investissement.

C. Interprétation de la date optimale de déclassement

Considérons un équipement construit à une date T_{N-1}, et cherchons la date T_N qui minimise la moyenne $\gamma(T_{N-1}, T_N)$.

En dérivant par rapport à T_N la relation (8.6), il vient :

$$\left[\frac{e^{-jT_{N-1}} - e^{-jT_N}}{j}\right] \frac{\partial\gamma(T_{N-1}, T_N)}{\partial T_N} + \gamma(T_{N-1}, T_N)\, e^{-jT_N}$$
$$= s(T_{N-1}, T_N)\, e^{-jT_N} - \frac{\partial V(T_{N-1}, T_N)}{\partial T_N}\, e^{-jT_N} + jV(T_{N-1}, T_N)\, e^{-jT_N}$$

En annulant la dérivée $\partial\gamma(T_{N-1}, T_N)/\partial T_N$, il vient :

$$s(T_{N-1}, T_N) - \frac{\partial V(T_{N-1}, T_N)}{\partial T_N} + jV(T_{N-1}, T_N) = \gamma(T_{N-1}, T_N) \qquad (8.7)$$

Si le minimum adverse γ^* est constant pour l'ensemble des équipements, ceci s'énonce : **la date optimale de déclassement est celle à laquelle l'infériorité de service, majorée de la perte de valeur de revente actualisée, devient égale au minimum adverse.**

Cette interprétation est celle qui avait été proposée par Terborgh, dont les travaux sont antérieurs à ceux de Desrousseaux sur la théorie du coût de revient économique. Nous pouvons maintenant en donner une interprétation équivalente, faisant intervenir le coût marginal instantané. Celle-ci nous sera utile pour définir un coût de revient économique au paragraphe ci-dessous.

Il suffit de remplacer $s(T_{N-1}, T_N)$ par sa valeur $f(T_{N-1}, T_N) - f(T_N, T_N)$ dans la relation (8.7). On remarque alors que le premier membre de cette relation est égal au coût marginal instantané $\mu(T_{N-1}, T_N)$ de l'équipement considéré, diminué des frais d'exploitation $f(T_N, T_N)$ d'un équipement neuf.

La relation (8.7) s'écrit donc encore :

$$\mu(T_{N-1}, T_N) = f(T_N, T_N) + \gamma^* \qquad (8.8)$$

La date optimale est celle à partir de laquelle le coût marginal instantané μ deviendrait supérieur à la somme du minimum adverse et des frais d'exploitation d'un équipement neuf.

D. Coût marginal généralisé et coût de revient économique

La relation (8.8) nous permet également de définir, sous l'hypothèse de Terborgh, le coût marginal généralisé par rapport au temps $m(T_N)$, égal au coût marginal instantané d'un équipement en cours de déclassement.

Supposons de plus maintenant vérifiées les hypothèses de Desrousseaux (flux continu d'investissement, pas d'économie d'échelle). Le coût de revient économique est alors égal au coût marginal par rapport au temps généralisé, soit pour toute date t :

$$p(t) = m(t) = f(t,t) + \gamma^*$$

Le coût de revient économique est la somme des frais d'exploitation d'un équipement neuf et d'une constante, le minimum adverse.

Remarque. On peut vérifier (cela résulte de la définition même d'une moyenne $\gamma(T_N, T_{N+1})$) que la somme actualisée des coûts de revient économiques entre deux dates T_N et T_{N+1} de construction et de déclassement d'un matériel est bien égale au coût total actualisé relatif à ce matériel.

La figure 8.4 donne les courbes représentatives des variations des différentes fonctions de coût. Dans le cas où le minimum adverse est constant, les courbes représentatives des fonctions $p(t)$ et $f(t,t)$ se déduisent l'une de l'autre par translation.

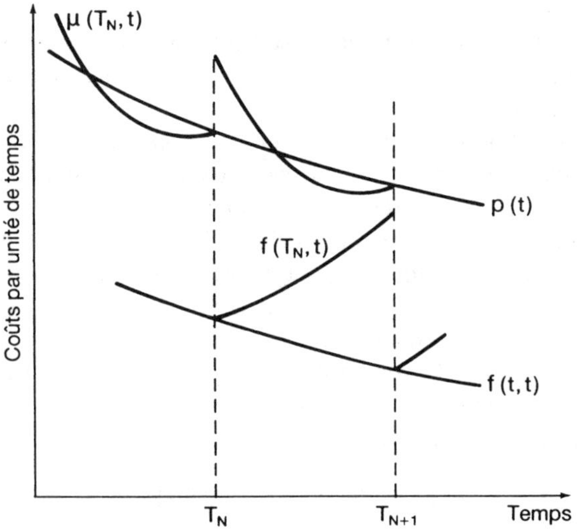

Fig. 8.4 Hypothèse de Terborgh

E. La méthode de Terborgh en résumé

Reprenons les deux types de problèmes que nous avons évoqués ci-dessus (paragraphe 8.4.1.C). Le premier est relatif à la détermination de la durée d'utilisation d'un équipement que l'on envisage d'acquérir. Le deuxième est celui de la définition de la date de déclassement d'un équipement existant qui devra être remplacé.

Considérons le premier problème. Dans l'hypothèse du renouvellement à l'identique, on déterminait la durée de vie optimale d'un équipement dont on envisage la construction, en minimisant la moyenne de tous les coûts, moyenne définie par une annuité constante (coût de revient économique constant). L'hypothèse justifiant le calcul était alors la stationnarité de cette moyenne pour les équipements qui seraient mis en service après déclassement.

Dans le cadre du deuxième problème, la date de déclassement d'un équipement donné, en cours de service, était déterminée comme la date à partir de laquelle le coût marginal par rapport au temps deviendrait supérieur au coût de revient économique. Ce dernier était calculé, comme pour le premier problème, à partir des données relatives à l'équipement de remplacement. L'hypothèse, éventuellement implicite, était alors que cet équipement serait remplacé à l'identique, ou tout au moins que l'exploitation se poursuivrait ensuite à un coût de revient économique stable.

Dans la méthode de Terborgh, on raisonne d'une façon semblable. L'hypothèse du renouvellement à l'identique est d'ailleurs un cas particulier de l'hypothèse de Terborgh.

Les coûts d'exploitation d'un équipement neuf $f(t,t)$ (décroissants au cours du temps) sont supportés quelle que soit la politique de gestion des équipements de l'entreprise. On raisonne alors seulement sur les coûts autres que $f(t,t)$. Pour déterminer la durée de vie optimale d'un équipement en projet, on minimise la moyenne des coûts autres que $f(t,t)$ relatifs à cet équipement, le procédé étant justifié par l'hypothèse de stationnarité de cette moyenne (le minimum adverse) pour l'ensemble des équipements futurs. La connaissance précise des différents coûts relatifs aux équipements futurs n'est pas alors indispensable (il n'est pas généralement nécessaire, à la date 0, de connaître les dates T_2^*, T_3^*, ... de déclassement d'équipements dont la mise en service est encore lointaine).

En ce qui concerne le deuxième problème, pour déterminer la date de déclassement d'un équipement en service, on calcule d'abord le minimum adverse de l'équipement qui le remplacera. La date de déclassement de l'équipement ancien est alors obtenue à l'aide du raisonnement marginal habituel. La première façon de présenter ce raisonnement est celle de Terborgh. Le déclassement doit intervenir lorsque l'infériorité de service de l'équipement ancien, éventuellement majorée de la perte actualisée de la valeur de revente, deviendrait supérieure au minimum adverse. Ce dernier est calculé à partir des données relatives à l'équipement de remplacement. La deuxième façon d'opérer, équivalente, consiste à utiliser le résultat obtenu à l'aide de la théorie générale : la date de déclassement est celle à partir de laquelle le coût marginal instantané μ de l'équipement ancien deviendrait supérieur au coût marginal vers le futur déterminé à l'aide des hypothèses concernant l'équipement de remplacement. Rappelons que celui-ci est égal à la somme des frais d'exploitation d'un équipement neuf et du minimum adverse. Le coût de revient économique lui est égal si les hypothèses de Desrousseaux sont satisfaites.

F. Exemple numérique. Problème de remplacement de camions-citernes

Nous avons traité aux chapitres 5, 6 et 7 (paragraphes 5.5.5, 6.3.3.D.b et 7.4.3) un exemple relatif à des camions-citernes.

Nous avons recherché leur durée d'utilisation optimale et leur coût de revient économique sous une hypothèse de renouvellement à l'identique. Bien que dans ce domaine le progrès technique ne soit pas très rapide, nous reprenons cet exemple de façon à travailler sur des données précédemment utilisées.

Rappelons-les rapidement. Le coût d'achat d'un camion est de 500 kF. Les frais d'entretien et la valeur de revente sont fournis par le tableau 8.1. Tous les coûts sont supposés localisés en fin d'année.

TABLEAU 8.1
FRAIS D'ENTRETIEN ET VALEUR DE REVENTE

Années	*1*	*2*	*3*	*4*	*5*	*6*	*7*	*8*	*9*	*10*	*11*
Frais d'entretien (kF/an)	10	15	20	30	40	50	60	75	100	115	130
Valeur de revente (kF)	400	320	250	200	160	130	100	70	50	35	25

Nous supposons que ces différents éléments ne seront pas modifiés par l'hypothèse de progrès technique que nous définirons plus loin.

L'entreprise est soumise à l'impôt sur le revenu des sociétés au taux de 42 %. L'amortissement est dégressif sur cinq ans. Le taux d'inflation est supposé stable sur la période et égal à 5 % par an. Le taux d'actualisation est de 10 % en francs constants.

Au cours des chapitres précédents, nous n'avions pas tenu compte des frais de carburant, supposés indépendants de l'âge des camions et donc indépendants de la politique de déclassement. Soit 50 kF/an la dépense annuelle de carburant d'un camion acheté à l'année 0. Nous introduisons une hypothèse de progrès technique, en supposant une diminution des consommations de carburant des camions achetés dans le futur. Cette diminution est estimée égale à 4 % par an. La *consommation d'un camion acheté à une année n est ainsi égale à $50(0{,}96)^n$, ceci sur toute sa durée de vie.*

L'infériorité de service s(0,n), à l'année n d'un camion acheté à l'année 0 est alors égale à la différence entre les frais d'exploitation de ce camion et les frais d'exploitation d'un camion neuf. Remarquons que, à l'année n, un camion neuf est un camion qui a été acheté à la fin de l'année n − 1 (compte tenu de la convention de localiser tous les coûts et les transactions en fin d'année). En notant ε_n les frais d'entretien à l'année n, l'infériorité de service à l'année n s'écrit :

$$s(0,n) = \varepsilon_n + 50 - \varepsilon_1 - 50(0,96)^{n-1}$$

Le tableau 8.2 résume les principales étapes du calcul correspondant à une durée de vie de 9 ans.

De façon plus condensée, la somme actualisée après impôt des coûts d'investissement et des infériorités de service s'écrit :

$$500 - 0,42\sum_{n=1}^{5}\frac{M_n}{(1+i)^n(1,05)^n} - 0,58\frac{V_N}{(1+i)^N}$$
$$+0,58\left[\sum_{n=1}^{N}\frac{\varepsilon_n+50-\varepsilon_1}{(1+i)^n} - \frac{50}{0,96}\sum_{n=1}^{N}\left(\frac{0,96}{1+i}\right)^N\right]$$

en notant M_n l'amortissement comptable (en monnaie courante) de l'année n et V_N la valeur de revente à l'année N (supposée postérieure à la durée de l'amortissement).

Pour une durée de vie de 9 ans, cette dépense est égale à 447,6 kF, l'annuité constante équivalente est égale à 77,7 kF/an. On vérifie que cette durée de vie est optimale au moyen du raisonnement marginal du paragraphe 8.4.3.C. La somme après impôts des infériorités de service et de la perte de valeur de revente actualisée est égale à :

0,58(77,4 + 100 − 70 + 0,1 × 100) = 68,1 kF	*à l'année 8*
0,58(103,9 + 70 − 50 + 7) = 75,9 kF	*à l'année 9*
0,58(120,4 + 50 − 35 + 5) = 81,4 kF	*à l'année 10*

L'hypothèse de progrès technique a donc raccourci la durée d'utilisation optimale.

Le coût de revient économique après impôt s'obtient en rajoutant au minimum adverse (77,7) les frais d'exploitation après impôt d'un camion neuf, soit à l'année n :

$$\widehat{p}(n) = 77,7 + 0,58[10 + 50(0,96)^{n-1}]$$

TABLEAU 8.2
HYPOTHESE DE TERBORGH

(kF)

Années	*0*	*1*	*2*	*3*	*4*	*5*	*6*	*7*	*8*	*9*
Investissement	*500*									
Revente										*50*
Frais d'exploitation		*60*	*65*	*70*	*80*	*90*	*100*	*110*	*125*	*150*
Frais d'exploitation d'un camion neuf			*58,0*	*56,1*	*54,2*	*52,5*	*50,8*	*49,1*	*47,6*	*46,1*
Infériorité de service		*0*	*7,0*	*13,9*	*25,8*	*37,5*	*49,2*	*60,9*	*77,4*	*103,9*
Amortissement		*190,5*	*108,8*	*62,2*	*44,4*	*42,3*				
Economie d'impôt		*80*	*48,6*	*32,0*	*29,5*	*33,5*	*20,7*	*25,6*	*32,5*	*22,7*
Dépenses après impôts		*–80*	*–41,6*	*–18,1*	*–3,7*	*4,0*	*28,5*	*35,3*	*44,9*	*31,3*

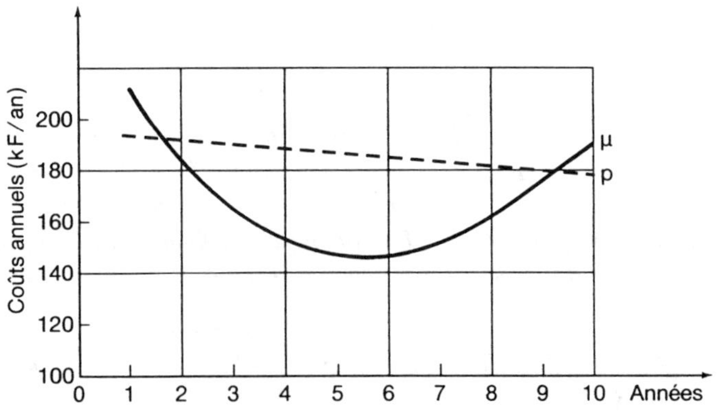

Fig. 8.5 Coûts annuels d'un camion-citerne

D'où le coût de revient économique, compte tenu de la fiscalité et ramené avant impôt :

$$\widetilde{p}(n) = 144 + 50(0,96)^{n-1}$$

On peut comparer à celui-ci le coût marginal instantané μ. Ce dernier vaut 177 kF à l'année 9 et 185 kF à l'année 10, tandis que le coût de revient $\widetilde{p}$ est égal à 180,1 kF à l'année 9 et à 178,6 kF à l'année 10.

Les variations en fonction du temps de ces deux fonctions sont données par la figure 8.5.

8.4.4 L'hypothèse de «progrès harmonisé» de J. Desrousseaux

A. Présentation

J. Desrousseaux [8.2] [8.12] a donné une solution au problème des déclassements-renouvellements lorsque l'on peut représenter l'influence du progrès technique au moyen de certains modèles, tel que celui du **progrès harmonisé**. Ce modèle s'écrit :

$$I(t) = J\ \mathrm{e}^{-\alpha t} \qquad (8.9)$$
$$f(T_N, t) = g\ \mathrm{e}^{-\alpha t_N}\ \mathrm{e}^{\beta(t-T_N)} + g_0$$

Autrement dit, le progrès technique se traduit par une **diminution continue, au même taux α, des coûts d'investissement et des frais d'exploitation d'un équipement neuf** (ou d'une partie de ces frais d'exploitation, $g\ \mathrm{e}^{-\alpha T_N}$, l'autre partie g_0 étant fixe).

La partie g_0 des frais d'exploitation étant supportée quelle que soit la politique de déclassement suivie, n'aura pas d'influence sur les dates optimales de déclassement. On pourra donc raisonner en faisant abstraction de g_0. Une fois déterminées les durées d'utilisation, il conviendra cependant de ne pas oublier ce terme g_0 pour déterminer un coût de revient économique.

L'usure d'un équipement en service se traduit par une augmentation des frais d'exploitation, augmentation à taux constant β fonction seulement de l'âge $(t - T_N)$ de l'équipement.

B. Durée de vie optimale : première propriété

J. Desrousseaux a montré que sous les hypothèses ci-dessus, **la durée de vie optimale d'un équipement est constante** (égale pour tous les équipements de la famille considérée) :

$$T_1^* - T_0 = T_2^* - T_1 = \ldots = T_{N+1}^* - T_N = \ldots = \Delta T^*$$

De façon intuitive, ce résultat peut être justifié de la manière suivante : les dates optimales de déclassement ne seront pas fonction de l'unité au moyen de laquelle on évalue J et g, autrement dit de la valeur absolue de J et g, mais seulement de leur rapport. Si maintenant on achète un équipement neuf à une date θ quelconque, le problème de la chaîne des déclassements sera défini à partir du modèle :

$$I(t) = J \, \mathrm{e}^{-\alpha\theta} \, \mathrm{e}^{-\alpha(t-\theta)}$$
$$f(T_N, t) = g \, \mathrm{e}^{-\alpha\theta} \, \mathrm{e}^{-\alpha(T_N-\theta)} \, \mathrm{e}^{\beta[(t-\theta)-(T_N-\theta)]}$$

A un changement près de l'origine des temps, ces équations sont celles du modèle initial (8.9) dans lequel J et g sont remplacés par $J \, \mathrm{e}^{-\alpha\theta}$ et $g \, \mathrm{e}^{-\alpha\theta}$. Les solutions seront donc les mêmes que les solutions obtenues à partir du modèle initial. La durée de vie optimale d'un équipement est donc indépendante de la date θ de sa construction.

C. Coût de revient économique

Supposons vérifiées les hypothèses de flux continu d'investissement et d'absence d'économie d'échelle. Les coûts d'investissement et les frais d'exploitation diminuant au même taux α, **le coût de revient économique est lui-même décroissant au taux** α, de la forme :

$$p(t) = P \, \mathrm{e}^{-\alpha t}$$

Il s'agit d'un résultat très intuitif. Pour le vérifier, remarquons que le coût de revient économique est égal au coût marginal instantané et donc aux frais d'exploitation d'un équipement en cours de déclassement à la date t. Un tel équipement ayant été construit à la date $t - \Delta T^*$, il vient :

$$p(t) = g \, \mathrm{e}^{-\alpha(t-\Delta T^*)} \, \mathrm{e}^{\beta \Delta T^*}$$

ΔT^* étant constant, $p(t) = P \, \mathrm{e}^{-\alpha t}$ avec :

$$P = g \, \mathrm{e}^{(\alpha+\beta)\Delta T^*}$$

En présence de «progrès harmonisé», les courbes représentatives des variations du prix de revient économique et les frais d'exploitation d'un équipement neuf se déduisent l'une de l'autre par affinité (fig. 8.6).

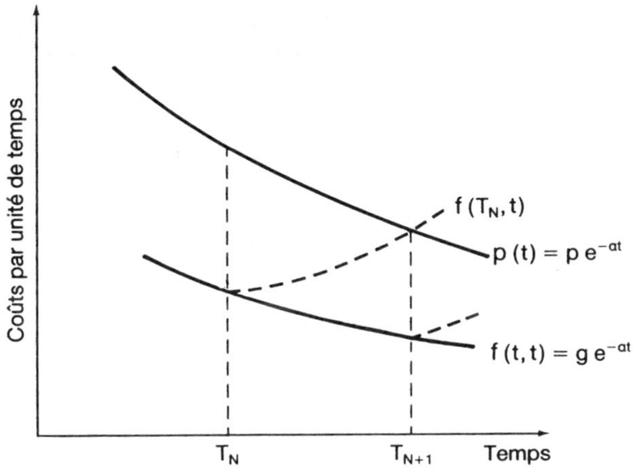

Fig. 8.6 Progrès harmonisé

D. Détermination des durées de vie optimales

a. *Résultat de J. Desrousseaux*

Dans le cas où le taux β caractérisant l'usure est nul, J. Desrousseaux a montré que la durée de vie optimale ΔT^* est solution de l'équation «standard» :

$$\frac{j}{\alpha}\ \mathrm{e}^{\alpha \Delta T^*} + \mathrm{e}^{-j\Delta T^*} = \left(1 + \frac{jJ}{g}\right)\left(1 + \frac{j}{\alpha}\right) \tag{8.10}$$

Dans le cas où β est différent de 0, on peut se ramener au cas précédent en effectuant un changement d'unité monétaire approprié.

Pour le calcul des dates optimales, un autre procédé peut être utilisé, procédé qui peut plus facilement être généralisé. Il s'appuie sur un calcul d'annuité constante.

b. *Calcul d'annuité constante*

On peut également obtenir la durée de vie optimale de la façon suivante : nous rechercherons une fonction satisfaisant la première condition de définition d'un coût de revient économique de la forme :

$$\pi(\Delta T, t) = \Pi(\Delta T)\ \mathrm{e}^{-\alpha t}$$

associée à l'exploitation de la suite des équipements en considérant une durée de vie ΔT égale pour tous les équipements, mais quelconque. Puis nous déterminerons ΔT de telle sorte que Π soit minimum.

Pour déterminer $\pi(\Delta T, t)$, nous écrirons que la somme actualisée de cette fonction de coût entre 0 et ΔT doit être égale à la dépense actualisée du premier équipement, $C(0, \Delta T)$:

$$\int_0^{\Delta t} \pi(\Delta T, t)\, \mathrm{e}^{-jt}\, \mathrm{d}t = C(0, \Delta T) = J + \int_0^{\Delta T} f(0,t)\, \mathrm{e}^{-jt}\, \mathrm{d}t \quad (8.11)$$

$$\Pi(\Delta T) \int_0^{\Delta T} \mathrm{e}^{-(\alpha+j)t}\, \mathrm{d}t = C(0, \Delta T)$$

On déterminera alors ΔT^*, tel que $\Pi(\Delta T)$ soit minimum et l'on aura : $P = \Pi(\Delta T^*)$.

$C(0, \Delta T)$ étant la dépense actualisée de l'équipement construit à la date 0 et déclassé à la date ΔT, la formule (8.11) ci-dessus montre que Π est l'annuité constante équivalente à la dépense $C(0, \Delta T)$, annuité calculée au taux $(\alpha + j)$.

c. *Interprétation*

Ce résultat peut encore être interprété en effectuant un changement d'unité monétaire (proposé par A. Thomas [8.22]). Il s'agit du même procédé que celui que nous avons utilisé plus haut en section 8.3. **Considérons une monnaie courante fictive dont le taux de dépréciation annuel est** α, par rapport à l'unité monétaire initiale (monnaie constante de l'année 0). Si l'on cherche un coût de revient $p(t)$ de la forme $P\ \mathrm{e}^{-\alpha t}$ en monnaie constante, ce **coût de revient sera constant en monnaie courante,** et égal à P.

En d'autres termes, l'hypothèse de diminution à taux α est une hypothèse de stationnarité en monnaie courante. Le mode de calcul est donc identique à celui utilisé dans le cas d'un renouvellement à l'identique. Il s'agit de **rechercher la durée de vie ΔT qui permet de minimiser l'annuité constante** (dans cette unité monétaire courante fictive) équivalente au coût $C(0, \Delta T)$. Pour calculer cette annuité, il convient d'utiliser le taux d'actualisation en monnaie courante, c'est-à-dire :

$$j'' = j + \alpha$$

Nous allons vérifier que ce procédé permet bien de retrouver l'équation standard de J. Desrousseaux.

Dans le cas où l'on ne tient pas compte d'une augmentation des frais d'exploitation avec l'âge du matériel ($\beta = 0$), il vient :

$$\Pi(\Delta T) \int_0^{\Delta T} \mathrm{e}^{-(\alpha+j)t} \mathrm{d}t = J + g \int_0^{\Delta T} \mathrm{e}^{-jt}\, \mathrm{d}t \quad (8.12)$$

Dérivons par rapport à ΔT et écrivons que $\mathrm{d}\Pi(\Delta T)/\mathrm{d}\Delta T$ est nul. Il vient :

$$\Pi(\Delta T^*)\, \mathrm{e}^{-(\alpha+j)\Delta T^*} = g\, \mathrm{e}^{-j\Delta T^*}$$

Nous retrouvons le fait qu'à la date ΔT^* optimale de déclassement les frais d'exploitation g sont égaux au coût de revient économique $p(t) = \Pi(\Delta T^*)\ \mathrm{e}^{-\alpha \Delta T^*}$.

En remplaçant alors $\Pi(\Delta T^*)$ par $g\ \mathrm{e}^{\alpha \Delta T^*}$ dans (8.12), il vient :

$$g\ \mathrm{e}^{\alpha \Delta T^*}[1 - \mathrm{e}^{-(\alpha + j)\Delta T^*}] = (\alpha + j)\left[J + g\frac{(1 - \mathrm{e}^{-j\Delta T^*})}{j}\right]$$

qui est bien l'équation standard (8.10).

E. Généralisation

Le modèle initial de J. Desrousseaux correspond à des hypothèses très fortes. Mais il est clair que le procédé de calcul ci-dessus consistant à rechercher le minimum d'une annuité constante, peut être utilisé dans un cadre beaucoup plus large. En particulier, l'évolution en fonction de l'âge des frais d'exploitation d'un matériel donné peut être quelconque. Elle peut être donnée de façon tabulée par des statistiques effectuées sur un parc de matériel du même type.

De même, la prise en compte dans le calcul d'un investissement réparti sur plusieurs années ou d'une possibilité de revente des équipements après déclassement ne présentera pas de difficultés. Comme dans la méthode de Terborgh, des estimations détaillées concernant les équipements futurs ne sont pas nécessaires. **Pour que ce mode de calcul puisse être utilisé, la seule hypothèse nécessaire est l'hypothèse de la diminution à taux constant α du coût de revient économique.**

Remarque. Lorsque l'on se donne des taux de diminution différents pour l'investissement (α_1) et les frais d'exploitation d'un équipement neuf (α_2), il n'y a pas de technique simple et rigoureuse permettant de définir l'évolution du coût de revient économique. Mais considérer un taux unique α comme une moyenne pondérée des deux taux α_1 et α_2 peut parfois constituer une approximation acceptable pour déterminer un coût de revient et/ou une durée d'utilisation optimale.

F. Exemple numérique

Une entreprise utilise un parc de matériel électronique dont les caractéristiques sont les suivantes :

- *Coût d'achat à l'année 0 : 600 kF (francs année 0). On suppose que ce coût diminuera au cours des prochaines années de 20 % par an en francs constants.*
- *Les frais de maintenance sont au cours de la première année d'utilisation égaux à 12 % du prix d'achat. Ils augmentent ensuite de 5 % par an en francs constants.*

- *L'amortissement du matériel est linéaire sur 3 ans.*
- *Nous supposerons négligeable la valeur de revente après déclassement (la prise en compte d'une valeur de revente ne présente aucune difficulté).*

L'entreprise est soumise à l'impôt sur le revenu des sociétés au taux de 50 %. Son taux d'actualisation i est de 7 % en francs constants. Le taux d'inflation d est égal à 4 % par an.

Nous recherchons la date de déclassement de ce type de matériel et son coût de revient économique.

En notant N une date de déclassement possible d'un matériel acheté à l'année 0, et en supposant celle-ci postérieure à l'année 3, le coût actualisé après impôt associé à un équipement s'écrit :

$$C(0,N) = 600 - 0,5 \sum_{n=1}^{3} \frac{200}{(1+i)^n (1+d)^n} + 0,5 \sum_{n=1}^{N} \frac{72(1,05)^{n-1}}{(1+i)^n}$$

Les hypothèses de progrès harmonisé étant satisfaites, nous recherchons un coût de revient économique de la forme suivante (en francs constants, après impôt) :

$$\widehat{p}(n) = P(0,80)^n = \frac{P}{(1,25)^n}$$

Nous cherchons donc un terme $\pi(0,N)$ tel que :

$$\sum_{n=1}^{N} \frac{\pi(0,N)}{(1,25)^n (1+i)^n} = C(0,N)$$

π est une annuité constante dans une unité monétaire fictive qui perdrait 20 % de sa valeur chaque année. Cette annuité est calculée à un taux i'' tel que :

$$1 + i'' = (1,25)(1,07) = 1,3375$$

La durée de vie optimale est de 6 ans. On obtient :

$$C(0,6) = 550 \text{ kF}$$
$$P = \pi(0,6) = 225 \text{ kF/an}$$
$$\widehat{p}(n) = 225(0,80)^n$$

en particulier $p(6) = 59$ kF et $p(7) = 47$ kF

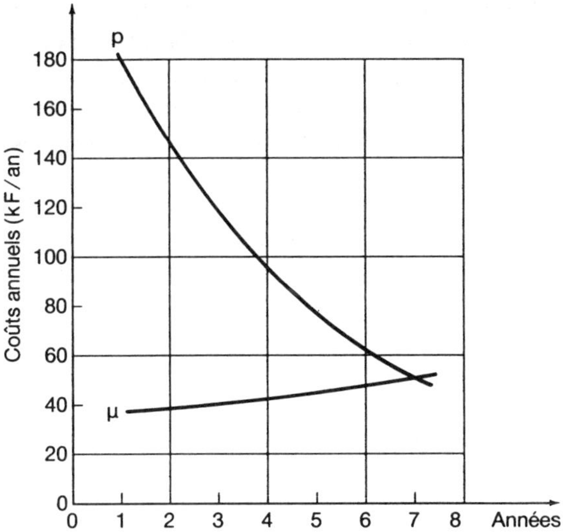

Fig. 8.7 Coûts annuels d'un matériel électronique

tandis que le coût marginal instantané est :

à l'année 6 : $\widehat{\mu}\ (0{,}6) = 46\ kF$
à l'année 7 : $\widehat{\mu}\ (0{,}7) = 48\ kF$

Les courbes représentatives de ces différentes fonctions de coût sont données par la figure 8.7.

8.4.5 Les hypothèses de «progrès limité»

A. Formulation et résultats de J. Desrousseaux

Dans l'hypothèse précédente de «progrès harmonisé», les coûts d'investissements diminuaient à taux constant sur une durée illimitée.

Les frais d'exploitation d'un équipement neuf, par contre, pouvaient comprendre une partie incompressible g_0. En ce sens, le progrès était «limité». Mais la prise en compte d'un terme fixe tel que g_0 n'avait pas d'influence sur la détermination des durées de vie optimales.

Dans certains cas, on peut être amené à prévoir également une limite à la baisse des coûts d'investissement. Ceci peut conduire à des modèles du type :

$$\begin{cases} I(t) = J_0 + J_1\ \mathrm{e}^{-\alpha t} \\ f(T_N, t) = g_0 + g_1\ \mathrm{e}^{-\alpha T_N}\ \mathrm{e}^{\beta(t-T_N)} \end{cases}$$

Un mode de résolution a été proposé par J. Desrousseaux. Il consiste, dans un premier temps, à déterminer la durée d'utilisation optimale des équipements qui seront construits à des dates éloignées, à partir desquelles le progrès technique devient négligeable, les coûts se rapprochant de leurs asymptotes. Le calcul correspondant peut être réalisé avec une hypothèse de renouvellement à l'identique.

Une durée de vie $T_N - T_{N-1}$ est ainsi déterminée; cela permet ensuite, comme nous l'avons vu plus haut (paragraphe 8.4.1.C), de lever l'indétermination des équations aux trois temps et d'effectuer une résolution numérique.

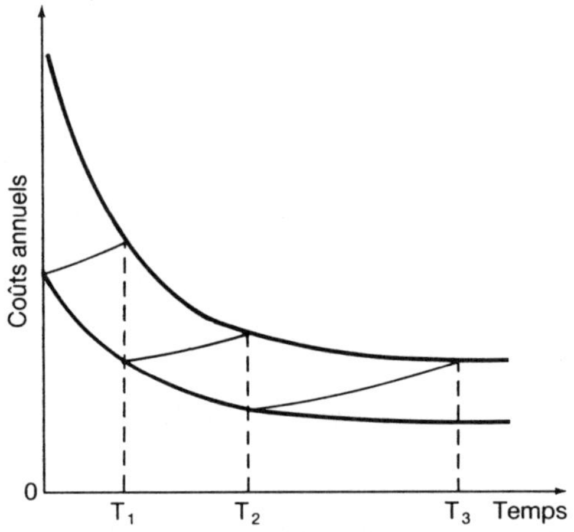

Fig. 8.8 Progrès limité

Le principal résultat obtenu au moyen de ce type de modèle est assez intuitif. Les durées de vie optimales des équipements d'une chaîne de déclassements et remplacements sont une fonction croissante du temps (fig. 8.8). En effet, lors de l'apparition d'une technique nouvelle, au cours des premières années, les progrès techniques sont très sensibles et les premiers équipements devront être déclassés assez rapidement. Il n'est donc pas nécessaire de consentir des efforts importants pour améliorer la robustesse de ces premiers équipements qui seront déclassés non pour des raisons techniques (usure) mais pour des raisons économiques (obsolescence). Par contre, lorsque la technique est plus ancienne, les diminutions de coût sont moins rapides et les équipements auront une durée de vie plus longue. Il devient alors intéressant de mettre l'accent sur la construction de matériel robuste permettant une utilisation prolongée.

Revenons au problème de la résolution numérique. Le procédé ci-dessus nécessite un logiciel spécifique. Pour éviter d'y recourir, on peut utiliser une approche simplifiée que nous présenterons ci-après en distinguant deux cas.

B. Une approche simplifiée : cas d'un seul taux de progrès technique

Nous supposons que le taux de diminution des coûts d'investissement est égal au taux de diminution des frais d'exploitation d'un équipement neuf, ce qui peut conduire à un modèle du type :

$$I(t) = J_0 + J_1 \text{ e}^{-\alpha t}$$
$$f(T_N, t) = g_0 + g_1(t - T_N) \text{ e}^{-\alpha t}$$

où g_1 est une fonction de l'âge de l'équipement caractérisant l'augmentation des coûts d'exploitation due à l'usure.

Les résultats obtenus à l'aide d'un calcul numérique exact montrent que le coût de revient économique peut être représenté avec une très bonne approximation par une fonction du type :

$$p(t) = P_0 + P_1 \text{ e}^{-\alpha t}$$

On peut alors considérer par hypothèse que l'évolution du coût de revient économique sera décrite au moyen de cette formule. Il convient dans ce cas de déterminer les coefficients P_0 et P_1 correspondants.

Le terme P_0 peut être déterminé à l'aide des valeurs asymptotiques des différents coûts. Le calcul est effectué sous une hypothèse de renouvellement à l'identique, justifiée lorsque le progrès technique devient négligeable.

Le terme P_1 est obtenu de la même façon que sous une hypothèse de progrès harmonisé, hypothèse appliquée aux coûts excédant P_0. De façon plus précise, le processus est le suivant.

Dans un premier temps, considérons une valeur possible quelconque ΔT de la durée de vie d'un équipement construit à la date 0. Nous cherchons un coefficient $\Pi_1(\Delta T)$ tel que la fonction :

$$\pi(t, \Delta T) = P_0 + \Pi_1(\Delta T) \text{ e}^{-\alpha t}$$

satisfasse la première condition de définition d'un coût de revient économique, c'est-à-dire telle que la somme actualisée sur la durée de vie ΔT soit égale au coût total actualisé.

Nous déterminerons ensuite la valeur ΔT^* de T qui minimise $\Pi_1(\Delta T)$; P_1 est alors égal à $\Pi_1(\Delta T^*)$.

La première condition s'écrit :

$$\int_0^{\Delta T} \pi(t, \Delta T) \text{ e}^{-jt} \text{ d}t = \int_0^{\Delta T} [P_0 + \Pi_1(\Delta T) \text{ e}^{-\alpha t}] \text{ e}^{-jt} \text{ d}t = C(0, \Delta T)$$

en notant comme précédemment $C(0, \Delta T)$ la somme actualisée des dépenses associées à l'équipement acquis à la date 0 :

$$C(0, \Delta T) = J_0 + J_1 + \int_0^{\Delta T} [g_0 + g_1(t)\ \mathrm{e}^{-\alpha t}]\ \mathrm{e}^{-jt}\ \mathrm{d}t$$

d'où :

$$\Pi_1(\Delta T) \int_0^{\Delta T} \mathrm{e}^{-(\alpha+j)t}\mathrm{d}t = C(0, \Delta T) - \int_0^{\Delta T} P_0\ \mathrm{e}^{-jt}\ \mathrm{d}t$$

$\Pi_1(\Delta T)$ est une annuité constante, calculée au taux $\alpha + j$.

ΔT^* étant la durée de vie qui minimise $\Pi_1(\Delta T)$, le coût de revient économique s'écrit :

$$p(t) = P_0 + \Pi_1(\Delta T^*)\ \mathrm{e}^{-\alpha t}$$

La méthode est approchée, mais elle conduit à des calculs très simples et permet de prendre en compte, pour le premier équipement, des échéanciers de dépenses quelconques, des possibilités de revente, etc.

Exemple numérique

Reprenons l'exemple traité au paragraphe 8.4.4.F. Nous supposons maintenant que le prix d'achat de l'équipement étudié ne peut devenir inférieur à 100 kF et que la différence entre le prix d'achat et cette valeur limite de 100 kF diminuera de 20 % par an. Effectuons une grossière estimation du coût de revient pour un coût d'investissement égal à cette valeur limite. En se fixant arbitrairement une durée de vie de 12 ans, on obtient un coût de revient après impôt égal à l'annuité constante équivalente à :

$$100 - 0,5 \sum_{n=1}^{3} \frac{100}{3(1+i)^n(1+d)^n} + 0,5 \sum_{n=1}^{12} \frac{12(1,05)^{n-1}}{(1+i)^n}$$

soit une valeur limite P_0 du coût de revient de l'ordre de 15 kF/an. Nous supposons que la différence entre le coût de revient et la valeur limite P_0 diminuera de façon approchée de 20 % par an. Pour un équipement acheté à l'année 0 et déclassé à l'année N :

$$\sum_{n=1}^{N} \frac{P_0}{(1+i)^n} + \sum_{n=1}^{N} \frac{\Pi_1(N)}{(1,25)^n(1+i)^n} = C(0,N)$$

La durée optimale sous ces hypothèses est de 7 ans avec $\Pi_1(N) = 194$ kF/an.

Le coût de revient après impôt est alors de façon approchée à l'année n :

$$\widehat{p}(n) = 15 + 194(0,8)^n$$

C. Méthode approchée. Cas où il y a plusieurs taux de progrès technique

Supposons maintenant que les coûts d'investissements sont la somme d'un terme décroissant à taux α et d'un terme constant. De même, les frais d'exploitation d'un équipement neuf sont la somme d'un terme décroissant à taux β et d'un terme constant.

Si la durée de vie est déterminée a priori, soit ΔT (déclassement technique), la dépense actualisée à la date de construction d'un équipement $C(t, t + \Delta T)$ est de la forme :

$$C(t, t + \Delta t) = A \text{ e}^{-\alpha t} + B \text{ e}^{-\beta t} + C$$

Nous avons vu en section 8.3.2 comment calculer le coût de revient économique dans ce cas. Il est de la forme :

$$p(t) = X \text{ e}^{-\alpha t} + Y \text{ e}^{-\beta t} + Z$$

où X, Y et Z sont les annuités constantes équivalentes respectivement à A, B et C, ces annuités étant calculées aux taux $j + \alpha$, $j + \beta$ et j respectivement.

Revenons au cas où la durée de vie est inconnue.

Une méthode approchée pour définir la durée de vie d'un équipement construit à la date 0 consiste à définir les annuités $X(\Delta T)$, $Y(\Delta T)$, $Z(\Delta T)$ de façon à minimiser

$$X(\Delta T) + Y(\Delta T) + Z(\Delta T)$$

Des expériences numériques sur des modèles analytiques ont été effectuées; les calculs exacts montrent que l'approximation est justifiée dans la plupart des cas.

8.4.6 Résumé de la section 8.4

Cette section était consacrée à l'étude d'une chaîne de déclassements et renouvellement d'équipements utilisant **une technique unique**.

La théorie générale présentée en section 8.2 ne permet pas de déterminer les durées optimales d'utilisation des équipements. Pour le faire, **il est nécessaire d'effectuer une hypothèse supplémentaire.**

Les hypothèses qui conduisent à des calculs simples sont principalement :

- Supposer déterminer a priori la durée de vie de l'équipement B qui remplacera l'équipement considéré A. La solution consiste à déclasser l'équipement A lorsque son coût marginal instantané deviendrait supérieur au coût marginal vers le futur de l'équipement B.
- L'hypothèse de renouvellement à l'identique. La durée de vie optimale est celle qui minimise l'annuité constante équivalente à l'ensemble des coûts.
- L'hypothèse de Terborgh, de stabilité du «minimum adverse». Il s'agit de l'annuité constante équivalente à la somme des coûts d'investissement et des infériorités de service (frais d'exploitation diminués des coûts d'exploitation d'un équipement neuf). La méthode consiste à minimiser cette annuité constante. L'hypothèse de Terborgh revient à supposer que le coût de revient économique est la somme des frais d'exploitation d'un équipement neuf et d'une constante (le minimum adverse).
- L'hypothèse de «progrès harmonisé» de J. Desrousseaux. Elle revient à supposer que le coût de revient économique diminue à taux constant α. Celui-ci est alors égal à une annuité constante dans une unité monétaire qui se déprécierait au taux α. L'optimum est obtenu en minimisant cette annuité.
- Une hypothèse de «progrès limité». On suppose que le coût de revient économique est la somme d'un terme fixe (incompressible par progrès technique) et d'un terme décroissant à taux constant α. Ce deuxième terme est constant dans une unité monétaire qui se déprécierait au taux α. Il peut donc être calculé comme une annuité constante. La date de déclassement est obtenue en minimisant cette annuité.

Au moyen de l'une ou l'autre de ces hypothèses il est possible de traiter la plupart des problèmes concrets.

8.5 CHOIX ET SUBSTITUTION DES TECHNIQUES

Dans ce qui précède, nous nous sommes limités à l'étude du coût de revient et des dates de déclassement et renouvellement pour une famille d'équipements correspondant à une technique unique. Nous aborderons maintenant les problèmes que pose l'apparition d'une technique nouvelle, en nous référant essentiellement aux travaux de J. Desrousseaux [8.2].

Nous supposons qu'une technique nouvelle permet d'assurer les mêmes productions qu'une technique plus ancienne et que les coûts correspondants (investissement et/ou exploitation) diminueront plus rapidement que ceux de la technique ancienne. Nous présenterons les raisonnements en considérant une période d'étude de durée infinie.

8.5.1 Premier cas : il n'y a plus d'investissement correspondant à la technique ancienne

Naturellement, si la nouvelle technique présente dès son apparition un coût de revient économique constamment inférieur à celui de l'ancienne, tout nouvel investissement se fera en utilisant la nouvelle. La date de déclassement d'un équipement de type ancien peut être déterminée par un raisonnement à la marge.

Il s'agit de la date à partir de laquelle le coût marginal instantané de l'équipement ancien deviendrait supérieur au coût de revient économique de la nouvelle technique (fig. 8.9).

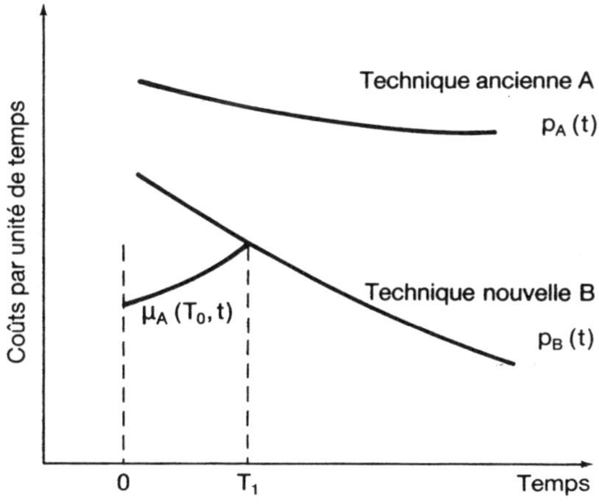

Fig. 8.9 Substitution de techniques

C'est le raisonnement que nous avons utilisé au chapitre 5 et appliqué à la substitution de camions nationaux par des camions importés (paragraphes 5.5.4 et 5.5.5).

La justification de cette proposition est la suivante :

Nous utilisons les notations précédentes, l'indice A correspondant à la technique ancienne, l'indice B à la nouvelle. A la date 0, nous considérons un équipement existant, construit à une date T_0, utilisant la technique ancienne. Nous recherchons la date T_1 à laquelle il doit être déclassé, sachant qu'il sera remplacé par un équipement utilisant la nouvelle technique. Le coût total actualisé correspondant à une production sur une période de durée infinie s'écrit :

$$\int_0^{T_1} f_A(T_0,t)\, \mathrm{e}^{-jt}\, \mathrm{d}t - V_A(T_0,T_1)\, \mathrm{e}^{-jT_1} + D_B(T_1)$$

Annulons la dérivée pour exprimer que ce coût est minimum :

$$f_A(T_0, T_1)\,\mathrm{e}^{-jT_1} - \frac{\partial V_A(T_0, T_1)}{\partial T_1}\,\mathrm{e}^{-jT_1} + jV_A(T_0, T_1)\,\mathrm{e}^{-jT_1} + \frac{\mathrm{d}D_B(T_1)}{\mathrm{d}T_1} = 0$$

soit :

$$\mu_A(T_0, T_1) = -\frac{\mathrm{d}D_B(T_1)}{\mathrm{d}T_1} = m_B(T_1) = p_B(T_1) \tag{8.13}$$

8.5.2 Généralisation

Contrairement au cas précédent, il peut arriver que les courbes représentatives du coût marginal généralisé en fonction du temps des deux techniques se coupent (fig. 8.10). Il convient alors de noter que la troisième condition de définition d'un coût de revient économique n'est plus satisfaite par le coût marginal généralisé : si un premier équipement est préférable à un deuxième, il faut en effet que le coût de revient du premier soit à tout instant inférieur au coût de revient du deuxième. Pendant une certaine période la notion de coût de revient économique n'est donc pas utilisable.

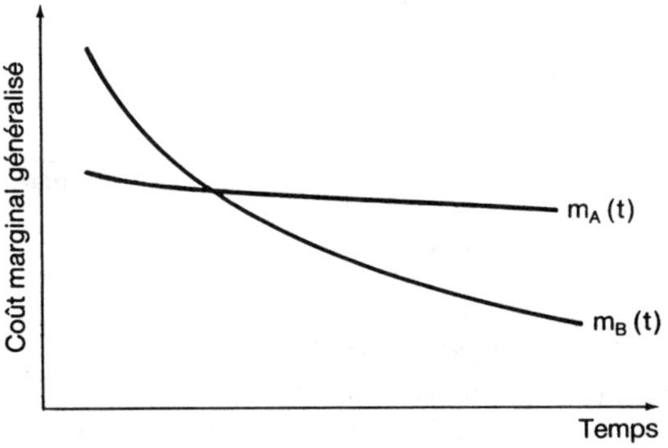

Fig. 8.10 Technique ancienne et technique nouvelle

Un problème qui se pose alors est de déterminer la date T_N à partir de laquelle on achète le dernier équipement utilisant l'ancienne technique.

Sachant qu'il sera remplacé par un équipement de type B, la date de déclassement T_{N+1} du dernier équipement de type A doit satisfaire la condition (8.13) ci-dessus, soit :

$$\mu_A(T_N, T_{N+1}) = m_B(T_{N+1})$$

Une deuxième relation est obtenue en écrivant que le coût total actualisé associé à une filière utilisant un équipement ancien, puis seulement des équipements nouveaux, est égal au coût total actualisé associé à une chaîne d'équipements nouveaux, soit :

$$I_A(T_N)\ \mathrm{e}^{-jT_N} + \int_{T_N}^{T_{N+1}} f_A(T_N, t)\ \mathrm{e}^{-jt}\ \mathrm{d}t - V_A(T_N, T_{N+1})\ \mathrm{e}^{-jT_{N+1}} + D(T_{N+1}) = D(T_N) \qquad (8.14)$$

ou encore :

$$I_A(T_N)\ \mathrm{e}^{-jT_N} + \int_{T_N}^{T_{N+1}} f_A(T_N, t)\ \mathrm{e}^{-jt}\ \mathrm{d}t - V_A(T_N, T_{N+1})\ \mathrm{e}^{-jT_{N+1}} = \int_{T_N}^{T_{N+1}} m(t)\ \mathrm{e}^{-jt}\ \mathrm{d}t \qquad (8.15)$$

Le système des deux équations (8.13) et (8.14) ou (8.13) et (8.15) permet de déterminer les dates T_N et T_{N+1} d'achat et de déclassement du dernier équipement de type ancien.

Remarquons que pour les calculs pratiques, la relation (8.15) est d'un emploi plus commode que la relation (8.14). En effet, bien que nous parlions ici de coût marginal généralisé et non de coût de revient économique, les techniques présentées à la section précédente pour définir un coût de revient économique peuvent être utilisées. Par exemple, si pour la nouvelle technique, les hypothèses de «progrès harmonisé» sont vérifiées, au moins de façon approchée, il sera possible de définir un coût marginal généralisé de la forme :

$$m(t) = \Pi\ \mathrm{e}^{-\alpha t}$$

où Π est une annuité constante au taux $\alpha + j$.

De façon un peu plus générale, considérons un problème de choix entre différents équipements A_1, A_2, ... parmi lesquels peut figurer un équipement de type B. Supposons acquis le fait que, quel que soit le choix retenu, l'équipement de remplacement sera de type B. Les dates de déclassement T_{A1}, T_{A2}, ... de chaque équipement A_1, A_2, ... seront déterminées au moyen de la relation (8.13). Le choix se fera par comparaison des coûts actualisés. Cette comparaison peut se faire sur une période limitée, en considérant comme date de fin de période la date de déclassement la plus éloignée :

$$\max_k \{T_{A_k}\}$$

Pour un (ou des) équipement(s) dont la durée de vie serait plus courte, il suffira de comptabiliser à partir de la date de déclassement et jusqu'à la date de fin de période le coût marginal généralisé de l'équipement de remplacement $m_B(t)$.

Lorsque l'on prévoit suffisamment à l'avance l'apparition d'une nouvelle technique, d'autres questions peuvent se poser : jusqu'à quelle date construire un équipement de type ancien qui sera lui-même remplacé par un équipement de type ancien avant de passer à la nouvelle technique? Quelle est la date de déclassement d'un équipement existant devant être remplacé par un équipement de type ancien? Les principes de formulation de ces problèmes sont les mêmes que ceux qui ont été utilisés ci-dessus. A l'équation (8.13) ou au système des équations (8.13) et (8.14) il convient d'ajouter une (ou plusieurs) équation(s) aux trois temps. Mais ces questions apparaissent de façon moins fréquente dans la pratique. Nous n'effectuerons donc pas les développements correspondants et renvoyons aux travaux de J. Desrousseaux [8.2].

Exemple.

Pour la régulation et la commande de ses équipements, une entreprise utilise un assez grand nombre d'éléments de type électromécanique. Leur coût de remplacement est de 10 kF. Les coûts d'entretien et les pertes de revenus d'exploitation dues aux arrêts pour réparation sont donnés par le tableau 8.3.

TABLEAU 8.3
FRAIS D'ENTRETIEN DES ELEMENTS ELECTROMECANIQUES

Age de l'appareil	*1*	*2*	*3*	*4*	*5*
Frais d'entretien (kF/an) ...	*2,0*	*3,0*	*4,4*	*6,2*	*7,0*

Des éléments de type électronique assurant les mêmes fonctions apparaissent sur le marché. Leur coût d'achat à l'année 0 est de 22 kF. On prévoit une diminution de ce prix de 15 % par an en francs constants. Ils devront être remplacés tous les trois ans. Leurs frais d'entretien sont nuls.

Toutes les données numériques sont en francs constants à l'année 0. L'entreprise ne paie pas d'impôt sur le revenu des sociétés. Son taux d'actualisation est égal à 8 % (en francs constants).

Nous remarquons tout d'abord qu'en l'absence d'éléments de type électronique les éléments électromécaniques seraient remplacés à l'identique tous les 4 ans, leur coût de revient serait égal à 6,79 kF/an (annuité constante équivalente à la somme du coût d'achat et des coûts d'entretien pendant 4 ans).

Calculons maintenant le coût marginal généralisé par rapport au temps des éléments électroniques. Ils sont soumis à un «déclassement technique» (cf. section 8.3). Les hypothèses de «progrès harmonisé» sont également vérifiées (en supposant une croissance très rapide des frais d'entretien au bout de 3 ans). Le coût marginal généralisé est donc décroissant au taux de 15 % par an. Sa valeur à l'année 0 peut être calculée comme une annuité constante au taux i'' tel que :

$$\frac{1}{1+i''} = \frac{0,85}{1+i}$$

soit $i'' \simeq 27$ %. Le coût marginal généralisé des éléments électroniques est donc à l'année n (en kF année 0) :

$$m_E(n) = 11,6(0,85)^n$$

La figure 8.11 représente les variations de ce coût en fonction du temps ainsi que les variations du coût marginal instantané d'éléments électromécaniques correspondant à différentes dates de remplacement.

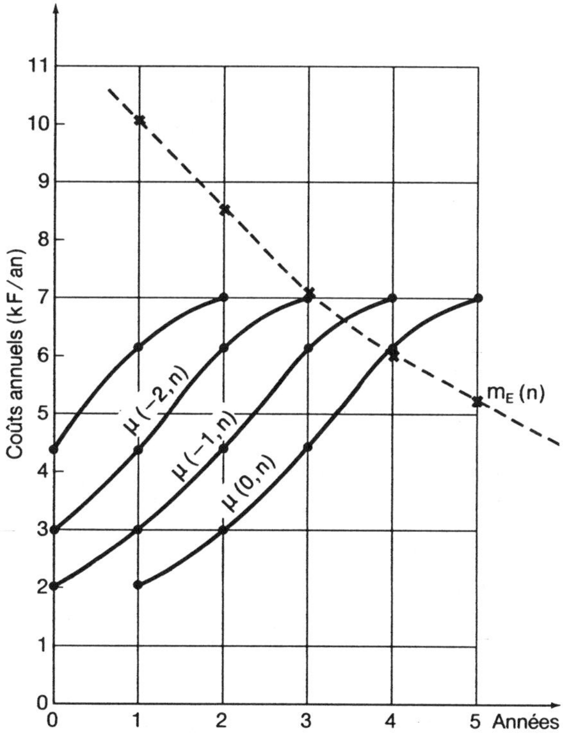

Fig. 8.11 Substitution d'éléments électromécaniques par des éléments électroniques

Sans passer en revue tous les cas possibles, nous en étudierons quelques-uns en nous plaçant à l'année 0.

Premier cas.

Des éléments doivent être achetés à l'année 0. De quel type? A quelle date devra-t-on les déclasser? Si l'on achète un élément électromécanique, le raisonnement marginal montre qu'il devra être déclassé au bout de 3 ans car μ (0,4) est supérieur à $m_E(4)$. On vérifie que cette solution est meilleure que celle qui consiste à acheter tout de suite un élément électronique, car le coût associé à une exploitation pendant 3 ans est :

$$10 + \frac{2}{1+i} + \frac{3}{(1+i)^2} + \frac{4,4}{(1+i)^3} = 17,9 \text{ kF}$$

Il est inférieur au coût associé à l'utilisation d'un élément électronique pendant la même période, égal à 22 kF.

Deuxième cas.

Eléments électromécaniques remplacés à l'année −1. Ils seront déclassés et remplacés par des éléments électroniques à la fin de l'année 3.

Troisième cas.

Eléments électromécaniques remplacés à l'année −2. Ils seront également déclassés en fin d'année 3 et auront donc été utilisés pendant 5 ans.

Quatrième cas.

Eléments électromécaniques remplacés à l'année −3. Différentes solutions peuvent être envisagées parmi lesquelles :

α) *Les déclasser à la fin de l'année 2.*

β) *Les remplacer à l'année 0 par des éléments électromécaniques. Ceux-ci seraient alors déclassés à la fin de l'année 3 (premier cas).*

γ) *Les remplacer à l'année 1 par des éléments électromécaniques. Ceux-ci seraient alors déclassés à la fin de l'année 4 car :*

$$\mu(1,4) < m_E(4) \quad \text{et} \quad \mu(1,5) > m_E(5)$$

Les coûts correspondant à chacune de ces solutions et associés à une exploitation jusqu'en fin d'année 4 sont respectivement :

$$\alpha)\quad \frac{6,2}{1+i}+\frac{7}{(1/i)^2}+\frac{m_E(3)}{(1+i)^3}+\frac{m_E(4)}{(1+i)^4}=21,9\ kF$$

$$\beta)\quad 10+\frac{2}{1+i}+\frac{3}{(1+i)^2}+\frac{4,4}{(1+i)^3}+\frac{m_E(4)}{(1+i)^4}=22,4\ kF$$

$$\gamma)\quad \frac{6,2+10}{1+i}+\frac{2}{(1+i)^2}+\frac{3}{(1+i)^3}+\frac{4,4}{(1+i)^4}=22,3\ kF$$

A chacune de ces solutions correspondent des coûts peu différents. Toutes choses égales par ailleurs c'est la première qui est préférable.

8.6 SYNTHÈSE

Les raisonnements conduits sur des périodes de durée de vie infinie peuvent paraître un peu artificiels et la théorie un peu « lourde ». Mais si elle est utile pour justifier les techniques de calcul, celles-ci sont en fait très simples comme l'ont montré les exemples numériques qui ont été traités. Rappelons-les brièvement :

1. Nous nous intéressons à un équipement qui sera remplacé par un équipement de même type (en théorie lui-même remplacé par un équipement de même type et ainsi de suite). La durée de vie optimale et le coût de revient économique peuvent être obtenus simplement au moyen de calculs d'annuités constantes dans les cas suivants :

   – renouvellement à l'identique : coût de revient économique constant;
   – méthode de Terborgh : le coût de revient économique est la somme des frais d'exploitation d'un équipement neuf et d'une constante;
   – progrès harmonisé : le coût de revient économique est décroissant à taux constant;
   – progrès limité : le coût de revient économique est la somme d'une constante et d'un terme décroissant à taux constant.

   L'ensemble recouvre donc un éventail assez large d'hypothèses, ce qui permet de traiter la plupart des problèmes concrets.

2. Nous considérons un équipement A quelconque qui sera remplacé par un équipement B pour lequel on peut effectuer l'une des hypothèses de l'alinéa ci-dessus. La date optimale de déclassement de l'équipement A s'obtient par un raisonnement marginal, par comparaison du coût marginal instantané de l'équipement A et du coût marginal généralisé (coût de revient économique éventuellement) de l'équipement B.

3. Un choix doit être fait entre deux (éventuellement plusieurs) équipements A1 et A2 (technique ancienne et technique nouvelle par exemple). Ayant défini les caractéristiques de l'équipement B de remplacement, les dates de déclassement des équipements A_1 et A_2 seront définies comme précédemment. Elles peuvent être différentes. Pour effectuer alors la comparaison sur une même période, il suffit de comptabiliser après déclassement du premier et jusqu'à la date de déclassement du second le coût marginal généralisé (coût de revient économique éventuellement) de l'équipement de remplacement.

Points importants

Calculer un coût de revient économique au moyen d'une annuité constante en monnaie constante en présence de progrès technique peut conduire à des résultats erronés. En particulier, cela conduit à sous-estimer de façon sensible l'amortissement économique des premières années.

Lorsque l'on considère un seul type d'équipement, on peut cependant se ramener en général à de simples calculs d'annuités constantes en se plaçant sous l'une des hypothèses suivantes (en supposant satisfaites les conditions de définition d'un coût de revient économique) :

- le coût de revient économique est la somme d'une annuité constante et des frais d'exploitation d'un équipement neuf (Terborgh) ;
- le coût de revient est décroissant à taux α. Il est alors égal à une annuité constante, mais dans une unité monétaire fictive qui se déprécierait au taux α (progrès harmonisé de J. Desrousseaux) ;
- le coût de revient est la somme d'un terme fixe et d'un terme décroissant à taux α (progrès limité). Ce deuxième terme est alors égal à une annuité constante dans une unité monétaire fictive se dépréciant au taux α.

Les dates optimales de déclassement dans chacun de ces différents cas sont obtenues par minimisation de l'annuité constante correspondante.

Considérons maintenant un équipement quelconque *A*, dont il faut déterminer la date de déclassement. Limitons-nous ici au cas où l'on suppose connu le type d'équipement *B* par lequel il sera remplacé, ainsi que la loi d'évolution du coût de revient économique[4] de cet équipement *B*. La date de déclassement s'obtient alors par un raisonnement marginal. Il s'agit de la date à partir de laquelle le coût marginal par rapport au temps (instantané) de l'équipement *A* deviendrait supérieur au coût de revient économique[4] de l'équipement de remplacement *B*.

Rappelons que le coût marginal par rapport au temps instantané est égal au coût d'exploitation de l'année si la valeur de revente est nulle. Dans le cas contraire, le coût marginal instantané est la somme des frais d'exploitation, de la perte de valeur de revente et du coût d'immobilisation du capital correspondant à la valeur vénale.

4. Coût marginal par rapport au temps généralisé si les conditions de définition d'un coût de revient économique ne sont pas satisfaites.

9 *Taux d'actualisation, coût du capital et hypothèses de rationnement en capital*

«Investissement : capital qu'on essaie de faire placer par autrui en s'en réservant les intérêts».

Philippe Bouvard

Questions posées

Comment définir le coût du capital et le taux d'actualisation d'une entreprise ?

Doit-on faire référence à un coût moyen ou à un coût marginal du capital ?

Comment sélectionner les projets lorsque le budget disponible pour les investissements est limité ? Comment décentraliser les décisions dans ce cas ?

INTRODUCTION

Dans tout ce qui précède, nous avons considéré le taux d'actualisation comme une donnée fournie par les services financiers de l'entreprise. Il représente le coût de cession du capital aux services techniques chargés des décisions d'investissement et de la réalisation des projets.

Les éléments qui permettent de déterminer un tel taux d'actualisation (coût du capital) seront présentés en première partie de ce chapitre. Une première section sera consacrée à une définition sommaire de la rentabilité des capitaux propres, notion à laquelle il sera parfois fait référence au cours des sections suivantes et qui fera l'objet d'une analyse plus détaillée au chapitre 10. Les suivantes traiteront des principes de calcul d'un coût direct de financement de l'entreprise. Nous aborderons ensuite l'étude des contraintes de disponibilité en capital qui peuvent conduire à l'utilisation d'un taux d'actualisation correspondant à un **coût de rareté** (c'est le cas du taux d'actualisation déterminé par le Plan et employé par les entreprises publiques et les administrations). Nous évoquerons les raisons de nature stratégique qui peuvent conduire à la définition de taux d'actualisation différenciés par secteurs.

Les dernières sections (9.8 et 9.9) seront consacrées à des compléments de théorie financière qui peuvent apporter un éclairage significatif sur les problèmes de coût du capital et de structure optimale du financement.

Pour un grand nombre d'études d'investissement, la donnée d'un taux d'actualisation peut résumer l'ensemble des informations relatives au financement et nécessaires au calcul économique. Le taux d'actualisation permet ainsi, en général, une séparation des problèmes de financement et des problèmes d'investissement. Mais la prise en compte de certaines hypothèses liées au financement des projets peut poser des problèmes particuliers. Ceux-ci seront abordés au cours du chapitre 10.

Enfin, remarquons qu'il n'est pas possible d'étudier les problèmes de coût de capital en éludant l'influence des incertitudes et des risques, en particulier sur le choix des actionnaires et la structure financière de l'entreprise. Au cours de ce chapitre, nous ne pourrons donc pas nous limiter à des calculs déterministes.

9.1 RENTABILITÉ GLOBALE ET RENTABILITÉ DES CAPITAUX PROPRES

Les calculs de rentabilité des capitaux propres et leurs conditions d'utilisation seront présentés de façon plus détaillée au chapitre 10. Nous nous limiterons ici à une définition rapide.

Nous considérons un projet d'investissement. Le taux de rentabilité des capitaux propres est le taux maximum auquel les revenus du projet permettent de rémunérer, non pas la totalité du capital investi, mais la mise de fonds correspondant aux seuls capitaux propres. Le calcul s'effectue donc sur un échéancier de flux de trésorerie qui prend en compte tous les encaissements et décaissements relatifs aux emprunts.

Lorsque cela est nécessaire, le taux de rentabilité défini et utilisé aux chapitres précédents, relatif à la totalité du capital investi, est appelé **taux de rentabilité globale**.

Nous raisonnerons sur un exemple très simple où un taux de rentabilité est obtenu directement comme le rapport d'un flux annuel à l'investissement initial. Nous supposons qu'il n'y a pas de fiscalité et que les prix sont stables sur toute la période. Nous considérons un projet dont l'investissement I est réalisé à une année 0, le flux de trésorerie étant ensuite constant à partir de l'année 1 sur une période infinie.

Nous supposons que le financement se fait en partie à l'aide d'un emprunt qui sera remboursé sur la durée de vie du projet, qui est infinie. Les annuités de remboursement sont donc réduites au seul paiement des intérêts.

Nous noterons :

A : le capital propre utilisé pour le financement du projet;
E : le capital emprunté;
e : le taux d'emprunt;
I : le montant de l'investissement ($I = A + E$);
F : le flux de trésorerie annuel (revenu d'exploitation, hors charges financières de remboursement ou d'intérêt).

Le **taux de rentabilité globale** est :

$$r_g = \frac{F}{I}$$

Le flux de trésorerie après charges financières étant $F - eE$, le **taux de rentabilité des capitaux propres** est :

$$r_p = \frac{F - eE}{A}$$

D'où la relation entre les taux r_g et r_p :

$$r_g = \frac{A}{I} r_p + \frac{E}{I} e$$

ou encore, en notant α le ratio d'endettement :

$$\boxed{r_g = \alpha e + (1 - \alpha) r_p}$$

Ceci s'interprète très simplement :

Le **taux de rentabilité globale** est la **moyenne pondérée entre le taux de rentabilité des capitaux propres** et le **coût des emprunts**.

Dans le cas général (flux de trésorerie non constants, période d'étude finie), cette relation n'est pas rigoureusement exacte mais constitue une formule approchée.

Pour l'étude d'une décision d'investissement, le taux de rentabilité des capitaux propres sera naturellement comparé au coût des seuls capitaux propres, alors que le taux de rentabilité globale est à comparer au coût de l'ensemble du capital (coût moyen du financement). Ce point sera repris au chapitre 10.

9.2 LE COÛT DES DIFFÉRENTES SOURCES DE FINANCEMENT : GÉNÉRALITÉS

9.2.1 Rappel : le cas d'un taux d'intérêt unique

Nous avons introduit au chapitre 3 l'actualisation dans le cas où il existe un marché parfait du capital. Nous avons montré ensuite que la technique de l'actualisation pouvait être justifiée sous une hypothèse moins forte, en considérant une entreprise qui peut emprunter sans limite sur un marché financier, à un taux d'intérêt unique donné. Nous avions alors supposé que l'entreprise, faisant appel à ce marché pour financer ses investissements industriels, se trouve constamment débitrice par rapport à ce marché sur lequel elle n'effectue pas de placements. Si, à un moment donné, l'entreprise a des disponibilités en capital (revenu de ses activités, par exemple), ces disponibilités lui permettent de diminuer le montant des emprunts à effectuer, ou de rembourser une partie de ses dettes, au taux i ; la rémunération à associer à ces sommes disponibles est donc égale au taux d'intérêt i correspondant au coût des emprunts. Ceci conduit à une hypothèse semblable à celle du marché parfait du capital caractérisé par des possibilités de placement et des possibilités d'emprunt illimitées au même taux d'intérêt. Comme dans l'hypothèse d'un marché parfait, un coefficient d'actualisation constitue donc un coefficient d'équivalence entre les sommes reçues ou dépensées à des dates différentes.

Rappelons également que le critère du revenu actualisé peut se justifier sans utiliser cette notion d'équivalence. Nous avons en effet montré que si l'entreprise emprunte la totalité du capital nécessaire pour financer un projet d'investissement, le revenu actualisé reste positif si (et seulement si) les flux de trésorerie positifs du projet permettent de rembourser le capital initial et de le rémunérer à un taux égal au taux d'actualisation [1].

Dans la réalité, une entreprise fait appel à diverses sources de financement ; à chacune d'elles correspond un taux d'intérêt (ou un coût) différent. Nous analyserons tout d'abord le coût à associer à chacune des principales composantes du capital d'une entreprise ; nous aborderons ensuite le problème de la détermination d'un taux d'actualisation par référence au coût (moyen ou marginal) du capital. Les hypothèses de rationnement du capital seront étudiées au cours de

---

1. Le revenu actualisé est égal à la somme qui peut être empruntée (en plus du montant de l'investissement) pour en disposer à l'année 0 et qu'il est possible de rembourser (y compris charges financières) grâce aux revenus dégagés par la réalisation du projet étudié (cf. sections 3.3 et 3.4).

la section 9.6. La prise en compte de considérations stratégiques sera abordée en section 9.7.

9.2.2 Détermination du coût associé à une opération de financement quelconque

Nous avons vu au chapitre 4 (paragraphe 4.6.3) comment calculer le taux d'intérêt (actuariel) associé à un emprunt obligataire pour tenir compte d'une prime d'émission, de frais d'émission ou d'une valeur de remboursement différente du pair. Il s'obtient, comme le taux de rentabilité interne d'un investissement, en recherchant la valeur du taux d'actualisation qui annule la somme des valeurs actuelles des flux de trésorerie associés à l'emprunt.

De façon plus générale, c'est ainsi que l'on calculera le coût associé à une opération de financement quelconque. Soient E_0, E_1, ..., E_n les montants de capital dégagés par l'opération (compte tenu des frais ou primes d'émission) et disponibles aux années 0, 1, ..., n (flux de trésorerie positifs). Soient X_1, X_2, ..., X_N les versements effectués aux années 1, 2, ..., N (remboursement, intérêts, dividendes, frais divers,...).

Le coût de l'opération est égal à la valeur du taux d'actualisation i qui annule le revenu actualisé :

$$\sum_{k=0}^{n} \frac{E_k}{(1+i)^k} - \sum_{k=1}^{N} \frac{X_k}{(1+i)^k}$$

Rappelons la justification de cette formule; elle découle de l'interprétation donnée (cf. par exemple paragraphe 3.3.5) à un échéancier dont le revenu actualisé est nul. C'est un échéancier tel que les encaissements permettent exactement de rembourser les sorties de fonds et de les rémunérer à un taux égal au taux d'actualisation (sans dette ni bénéfice).

Remarque. Une opération de financement pour l'entreprise constitue pour le bailleur de fonds une opération d'investissement. Le taux de rentabilité de cette dernière est naturellement égal au coût du capital (taux d'intérêt) pour l'entreprise, tout au moins si l'on suppose qu'il n'y a ni fiscalité, ni frais pour rémunérer des intermédiaires.

9.3 LE COÛT DES CAPITAUX EMPRUNTÉS

Le coût des capitaux empruntés peut être déterminé de façon précise comme indiqué ci-dessus. L'échéancier des versements correspondant aux intérêts et remboursement d'emprunt devra éventuellement être complété pour tenir compte de certains frais annexes (par exemple : frais d'émission d'obligations). Dans la pratique, ceci revient à majorer le taux d'intérêt (réel) d'un pourcentage qui peut souvent en fait être évalué de façon rapide et approximative sans recourir nécessairement à la formule ci-dessus. C'est ainsi que les frais d'émission d'obligations peuvent augmenter de un pour-cent environ le taux d'intérêt proprement dit.

Sauf cas particuliers d'emprunts indexés, les coûts ainsi calculés sont des coûts définis en monnaie courante.

Remarque. Lorsqu'un emprunt est émis et remboursé au pair et s'il n'y a pas de décalage entre les dates de versement et de comptabilisation des sommes considérées, le taux d'intérêt actuariel brut est égal au taux d'intérêt nominal (valeur du coupon annuel rapportée à la valeur nominale du titre).

Coût après impôt (monnaie courante)

Considérons une entreprise soumise à l'impôt sur le revenu des sociétés au taux t et dont les charges financières sont déductibles du bénéfice imposable. Nous avons vu au chapitre 6 que le coût après impôt $\widehat{e}'$ d'un emprunt dont le coût avant impôt est e' est égal, en monnaie courante, à :

$$\widehat{e}' = (1-t)e'$$

soit la moitié du coût avant impôt dans le cas d'un taux d'imposition de 50 % (dans la mesure où ce coût comprend des charges d'intérêts et des frais déductibles du bénéfice imposable).

En effet, le paiement de 1 franc d'intérêt diminue le montant du bénéfice imposable de l'entreprise de 1 franc et diminue donc le montant de l'impôt de l'année considérée de t francs. Compte tenu de cette économie d'impôt, le coût après impôt est égal à $(1-t)$ francs.

Coût après impôt (monnaie constante)

Si l'on désire définir un coût en monnaie constante, il convient d'utiliser une hypothèse d'érosion monétaire pour corriger la valeur précédente [2]. Si le taux d'inflation d est supposé constant sur la période de remboursement de l'emprunt, le coût $\widehat{e}$ en francs constants après impôt est tel que :

$$(1+\widehat{e})(1+d) = 1+\widehat{e}'$$

soit :

$$\widehat{e} = \frac{\widehat{e}'-d}{1+d} = \frac{(1-t)e'-d}{1+d}$$

2. Cf. chapitre 7, section 7.4.

et en première approximation :

$$\widehat{e} \simeq (1-t)e' - d$$

Rappel des notations :

d : taux d'érosion monétaire;
t : taux d'imposition;
e' : taux d'emprunt en monnaie courante;
$\widehat{e}'$: coût après impôt de l'emprunt en monnaie courante;
$\widehat{e}$: coût après impôt de l'emprunt en monnaie constante.

Nous avons vu que, pour des valeurs communément observées des taux d'emprunt et des taux de dépréciation monétaire, ce coût peut être négatif.

Exemple.

Si le taux d'inflation est égal à 7 %, le taux d'imposition à 50 %, si le taux d'intérêt d'un emprunt est de 10 % (en francs courants), le coût après impôt en francs courants est égal à 5 %, soit en francs constants : −2 %.

9.4 LE COÛT DES CAPITAUX PROPRES

Lorsqu'une entreprise émet des actions, les actionnaires sont rémunérés par le paiement de dividendes, éventuellement par une augmentation de la valeur de leurs titres. Le versement de dividendes n'est pas une obligation juridique, mais une rémunération minimum est indispensable, faute de quoi l'émission d'actions nouvelles serait compromise dans le futur. L'estimation de cette rémunération minimum est délicate et de nombreux facteurs de sa détermination sont difficiles à quantifier. La théorie financière, principalement développée aux États-Unis depuis une vingtaine d'années, apporte cependant quelques éléments d'appréciation. Nous étudierons tout d'abord le coût associé à une émission d'actions en présentant, dans un premier paragraphe, les calculs qui peuvent être effectués à partir d'une estimation des flux de dividendes futurs; le modèle d'équilibre des actifs financiers sera présenté dans un deuxième paragraphe. Le troisième paragraphe sera consacré au coût associé à l'autofinancement.

9.4.1 Prévisions de dividendes

Le maintien de la valeur des actions est en général un des objectifs prioritaires de l'entreprise. Pour l'actionnaire, cette valeur est liée aux revenus espérés des actions et donc à une prévision des dividendes qui seront versés.

La valeur théorique d'une action est définie comme suit. Supposons connue la suite des dividendes qui seront versés par l'entreprise ; soit a le taux d'actualisation psychologique d'un actionnaire. La valeur théorique d'une action (pour l'actionnaire) est égale à la valeur actuelle (actualisée au taux a) de la suite des dividendes, éventuellement majorée de la valeur actualisée de la revente si celle-ci est envisagée. Si l'on fait abstraction de la fiscalité, la valeur théorique de l'action A_0 à l'année 0 est égale à :

$$A_0 = \sum_{k=1}^{n} \frac{D_k}{(1+a)^k} + \frac{A_n}{(1+a)^n}$$

avec :

D_k : dividende par action à l'année k ;
A_n : valeur de revente à l'année n.

Dans ce paragraphe, nous supposerons connue la suite des dividendes futurs associés à une action. Il est alors possible d'utiliser le procédé de calcul général défini au paragraphe 9.2.2.

A. Les dividendes sont constants au cours du temps et ceci sur une durée illimitée

Dans ce cas, si la ressource en capital dégagée par l'émission d'une action est A, le dividende D, le coût associé à cette ressource est :

$$\boxed{a = \frac{D}{A}}$$

Il s'agit d'un coût en francs constants si le dividende est supposé constant en francs constants.

B. Évolution quelconque du dividende

Le dividende peut évoluer au cours du temps pour différentes raisons : l'actionnaire peut accepter pendant quelques années un dividende plus faible pour une action si ceci est compensé par une augmentation de ce dividende et/ou une augmentation de la valeur de l'action prévue dans le futur. Supposons connue la loi d'évolution du dividende sur une période de durée infinie et soit D_k le dividende de l'année k. Le coût associé à l'émission d'actions, comme indiqué en section 9.2, est la valeur du taux i qui annule le revenu actualisé :

$$A - \sum_{k=1}^{\infty} \frac{D_k}{(1+i)^k}$$

C. Croissance à taux constant : le modèle de Gordon et Shapiro [9.37]

Un cas particulier important est celui qui correspond à l'hypothèse d'une croissance du dividende à taux constant sur une période illimitée. Soient alors g le taux de croissance annuelle, D_1 le dividende de l'année 1 :

$$D_k = D_1(1+g)^{k-1}$$

Le coût a de la ressource est donné par :

$$A - \frac{D_1}{(1+g)} \sum_{k=1}^{\infty} \frac{(1+g)^k}{(1+a)^k} = 0$$

La série de terme général $(1+g)^k/(1+a)^k$ est convergente si $(1+g)/(1+a)$ est inférieur à 1, par conséquent si g est inférieur à a.

Plaçons-nous dans cette hypothèse (taux de croissance du dividende inférieur au coût des fonds propres; une hypothèse contraire serait naturellement irréaliste). Alors :

$$\sum_{k=1}^{\infty} \frac{(1+g)^k}{(1+a)^k} = \frac{1}{1 - \dfrac{1+g}{1+a}} - 1 = \frac{1+a}{a-g} - 1 = \frac{1+g}{a-g}$$

d'où :

$$A - \frac{D_1}{(a-g)} = 0 \qquad (9.1)$$

$$\boxed{a = \frac{D_1}{A} + g}$$

Le coût de la ressource en capital dégagée par l'émission d'actions est égal au rapport du dividende de la première année au cours de l'action, majoré du taux de croissance espéré du dividende.

Remarque 1. Coût du capital et rentabilité pour l'actionnaire. Si l'on fait abstraction des frais d'émission et de la fiscalité, le coût du capital obtenu par émission d'actions est égal au taux de rentabilité du placement effectué par l'investisseur achetant une action.

Si le dividende augmente à taux constant g, il est assez naturel de supposer que la valeur de l'action sur le marché augmentera également au même taux. Sous cette hypothèse, la formule (9.1) ci-dessus reste valable lorsqu'on raisonne sur une période finie de n années, la revente ayant lieu à l'année n.

Considérons un actionnaire qui achète à l'année 0 une action au prix A_0 ; cette action est revendue à l'année n au prix $A_0(1 + g)^n$. Chaque année $k(k = 1, 2, \ldots, n)$ l'actionnaire reçoit un dividende :

$$D_k = D_1(1+g)^{k-1}$$

Le taux de rentabilité de ce placement est la valeur r_a du taux d'actualisation qui annule son revenu actualisé :

$$-A_0 + D_1 \sum_{k=1}^{n} \frac{(1+g)^{k-1}}{(1+r_a)^k} + A_0 \frac{(1+g)^n}{(1+r_a)^n} = 0$$

$$A_0 \left[\left(\frac{1+g}{1+r_a} \right)^n - 1 \right] + \frac{D_1}{1+r_a} \sum_{k=0}^{n-1} \left(\frac{1+g}{1+r_a} \right)^k = 0$$

ce qui redonne la formule (9.1) :

$$r_a = \frac{D_1}{A_0} + g$$

L'interprétation de cette formule est alors très simple.

Si le rendement annuel d'une action (dividende rapporté au cours de l'action : D_k/A_{k-1}) est constant et si la valeur de l'action augmente à taux constant g, le taux de rentabilité de l'investisseur est égal au rendement D_1/A_0 majoré du taux de croissance de la valeur de l'action.

Exemple.

Considérons une action émise au nominal de 100 francs, un dividende de 6 francs par action étant considéré comme satisfaisant.

Si l'on prévoit une inflation au cours des prochaines années de 8 % par an et si l'on suppose que le cours de l'action et le montant du dividende augmenteront au même rythme que la moyenne des prix, le taux de rentabilité pour l'investisseur et le coût pour l'entreprise seront de 6/100 = 6 % en francs constants, soit 6 + 8 = 14 % en francs courants.

Une même rentabilité hors fiscalité peut être obtenue avec une politique de distribution de dividendes différente. Par exemple, un dividende réduit à 3 francs par action, soit 3 %, peut permettre un accroissement de l'autofinancement et donc de l'investissement. Si cela conduit à la possibilité d'augmenter le dividende de 3 % par an en francs constants (11 % en francs courants) la rentabilité pour l'investisseur est encore égale à 6 % en francs constants (3 % + 11 % = 14 % en francs courants).

Remarque 2. Si l'on tient compte des frais d'émission, le coût du capital pour l'entreprise est naturellement plus élevé que le taux de rentabilité pour l'actionnaire. Si A_0 désigne le prix d'achat d'une action par l'actionnaire, b les frais d'émission (exprimés en fraction du prix de l'action), le montant du capital K_0 obtenu par l'émission d'une action s'écrit :

$$K_0 = A_0(1 - b)$$

Dans le cas où le dividende est constant au cours du temps, soit D, la rentabilité pour l'actionnaire est :

$$r_a = \frac{D}{A_0}$$

Le coût du capital pour l'entreprise est :

$$a = \frac{D}{K_0} = \frac{D}{A_0(1-b)} = \frac{r_a}{1-b}$$

9.4.2 Définition d'une «prime de risque». Le Modèle d'Équilibre des Actifs Financiers et la Théorie de l'Arbitrage

A. Définition d'une prime de risque

Nous savons que si l'on néglige les taxes et les frais d'émission, le coût du capital (obtenu par émission d'actions) pour l'entreprise est égal à la rentabilité pour l'actionnaire. Pour estimer la rentabilité acceptable par les porteurs de titres, il est possible de se référer aux marchés boursiers. La rémunération d'une action d'une entreprise ne devrait pas en effet être durablement inférieure à la rémunération moyenne offerte par des titres d'autres entreprises et de caractéristiques semblables (sinon la valeur de l'action considérée baisserait).

Les caractéristiques à prendre en compte pour définir des entreprises semblables peuvent être nombreuses et présenter éventuellement un certain caractère subjectif.

Parmi celles-ci, le risque supporté par l'actionnaire est évidemment un élément fondamental. Les théories du «portefeuille» fournissent des outils d'analyse des marchés boursiers et, en particulier, des relations qui lient la rentabilité des valeurs mobilières et le niveau de risque qui leur est associé.

La plupart des raisonnements théoriques supposent que les acheteurs d'actions ont une aversion pour le risque, c'est-à-dire qu'entre deux titres ayant une même espérance mathématique de revenus, ils préfèrent celui dont les revenus présentent la dispersion la plus petite par rapport à cette espérance mathématique. En d'autres termes, la rentabilité demandée par l'actionnaire sera d'autant plus élevée que le risque associé à l'entreprise considérée sera élevé. La valeur minimale de cette rentabilité correspond à la rémunération obtenue sur les placements sans risques [3] (obligations garanties par l'Etat par exemple). D'où la relation :

$$\textbf{rentabilité attendue par l'actionnaire} = \textbf{rendement des placements sans risque} + \textbf{prime de risque} \qquad (9.2)$$

B. Le Modèle d'Équilibre des Actifs Financiers

Le «Modèle d'Équilibre des Actifs Financiers», en anglais : *Capital Asset Pricing Model (CAPM)* dû initialement à W.F. Sharpe [9.66] et J.V. Lintner [9.48], permet de préciser cette relation. A la suite des premières publications, plusieurs versions du modèle ont été proposées, plus ou moins sophistiquées et faisant appel à des hypothèses plus ou moins fortes. Nous nous limiterons ici [4] à une rapide présentation de la formule de base, correspondant à la version la plus simple. Différentes hypothèses sont nécessaires à la théorie :

- rationalité des agents économiques devant le risque (caractérisée au moyen des axiomes de la théorie de la décision et permettant de définir une fonction d'utilité) ;
- aversion pour le risque ;
- distributions de probabilité normales ;
- existence d'un équilibre concurrentiel sur le marché des actions, (les investisseurs ont des anticipations homogènes), marché efficace ;
- absence de coûts de transaction ;
- possibilité pour les investisseurs d'emprunter au taux des placements sans risque,...

En théorie du portefeuille, les risques sont classés en deux catégories : les **risques systématiques** et les **risques non systématiques (ou spécifiques).**

Les risques spécifiques (non systématiques) sont les risques propres à une entreprise (par exemple, trouver ou non du pétrole pour une entreprise d'exploration pétrolière).

Les risques systématiques sont ceux qui affectent l'ensemble du marché des actions (activité économique générale, évolution de la fiscalité par exemple).

Le risque non systématique peut être diminué (jusqu'à élimination complète) par les porteurs d'actions grâce à une diversification de leur portefeuille.

---

3. Il faut cependant remarquer que les valeurs dites «à revenus fixes» (bons du Trésor, obligations) ont un rendement qui est défini en francs courants. Ce rendement est en fait variable au cours du temps en valeurs réelles (francs constants) si le taux d'érosion monétaire n'est pas constant. Dans la mesure où l'inflation des années à venir est incertaine, on ne peut pas considérer les valeurs à revenus fixes comme des placements «sans risque».

4. Une présentation un peu plus détaillée est donnée en section 9.8. Pour un exposé de synthèse (en français) on pourra consulter [9.1] et [9.21].

Les études empiriques sur des séries statistiques confirment de façon assez satisfaisante cette proposition.

La prime de risque apparaissant dans la formule (9.2) ci-avant est donc relative au seul risque systématique. Cette formule s'écrit alors :

$$a_j = r_0 + \beta_j(r_{pm} - r_0)$$

avec :

- j : indice de l'entreprise ;
- a_j : coût des capitaux propres de l'entreprise j (espérance mathématique du rendement obtenu par l'actionnaire) ;
- r_0 : rentabilité des placements sans risque ;
- r_{pm} : espérance mathématique de la rentabilité moyenne de l'ensemble des actions ;
- β_j : paramètre β mesurant le risque systématique de l'entreprise j, égal au rapport de la covariance entre le taux de rentabilité de l'entreprise et le taux de rentabilité moyen du marché des actions à la variance de ce dernier.

La prime de risque est proportionnelle au risque systématique

La valeur $\beta_j = 1$ correspond à des entreprises pour lesquelles la rentabilité de l'action évolue dans des proportions égales aux variations de la rentabilité moyenne de l'ensemble des actions du marché.

Une valeur de β_j supérieure à 1 caractérise une entreprise dont les résultats présentent des variations plus fortes que celles observées en moyenne sur le marché.

Les paramètres β_j et $(r_{pm} - r_0)$ peuvent être estimés au moyen d'analyses statistiques sur le passé et l'estimation obtenue peut être utilisée pour définir le coût du capital. A titre d'exemple, la prime de risque moyenne $(r_{pm} - r_0)$ a été estimée sur le marché des actions aux États-Unis à 9 % (moyenne de 1926 à 1978) [9.58] [9.42].

Certes les hypothèses du modèle ne sont pas parfaitement vérifiées dans la réalité, mais les tests statistiques effectués aux États-Unis, sans apporter de preuve complète, confirment au moins en partie les principales conclusions du modèle (existence d'une relation linéaire entre les rendements passés et le paramètre β).

Parmi les extensions du modèle, citons celles qui concernent l'abandon de l'hypothèse relative à la possibilité pour un investisseur d'emprunter au taux des placements sans risque. Elle conduit à des résultats plus proches de la réalité, la droite représentant l'espérance de rendement en fonction de β ayant alors une ordonnée à l'origine plus élevée que le taux des emprunts sans risque.

Risque industriel et risque financier

Le risque industriel est lié aux incertitudes relatives à la rentabilité globale de l'ensemble des activités et projets de l'entreprise. En d'autres termes, il s'agit du risque que supporterait l'entreprise si elle était financée en totalité par capitaux propres. A ce risque s'ajoute, pour une entreprise financée en partie au moyen d'emprunts, un **risque financier.** En effet, le risque que supporte un actionnaire est associé à l'incertitude affectant la rentabilité des capitaux propres de l'entreprise. La dispersion de cette dernière (et donc le coefficient β du modèle *CAPM*), ainsi que le risque de faillite, sont fonction du ratio d'endettement. La prime de risque à considérer pour la rémunération des capitaux propres doit donc être elle-même une fonction croissante de l'endettement.

Nous reviendrons sur ce point ultérieurement (paragraphe 9.5.3 et section 9.9).

C. La Théorie de l'Arbitrage

Une autre approche, plus récente, due à Ross [9.63], s'appuie sur la Théorie de l'Arbitrage (*Arbitrage Pricing Theory*). Elle nécessite, comme le Modèle d'Équilibre des Actifs Financiers, des hypothèses de comportement rationnel dans l'incertain, d'anticipations homogènes, de distributions normales, d'aversion pour le risque et de marché financier parfaitement concurrentiel.

Partant de différentes critiques qui peuvent être faites au Modèle d'Équilibre des Actifs Financiers (et en particulier la difficulté d'observer un portefeuille de marché), elle conduit à distinguer plusieurs facteurs (au sens d'une analyse factorielle des données multidimensionnelles). Ces facteurs de risque (systématique) doivent être explicatifs des rendements observés pour l'ensemble des titres. La prime de risque associée à un actif est alors la somme d'un certain nombre de primes de risques, chacune étant associée, et proportionelle, à un facteur.

L'un de ces facteurs peut éventuellement être représentatif du marché. En introduisant d'autres facteurs, la Théorie de l'Arbitrage constitue ainsi, dans une certaine mesure, une généralisation du Modèle d'Équilibre des Actifs Financiers.

9.4.3 L'autofinancement

Les activités de l'entreprise engendrent des ressources (autofinancement) qui pourront être en partie utilisées pour des investissements nouveaux. Nous remarquerons tout d'abord que ces ressources ne doivent pas être considérées comme gratuites. En effet, si elles n'étaient pas réinvesties dans un projet de l'entreprise, elles pourraient être utilisées à d'autres fins ; dans la mesure où ces autres usages permettraient de rémunérer le capital, y renoncer entraîne un coût.

Pour définir ce coût, il convient d'analyser la composition de l'autofinancement. Pour employer une notion précise, considérons la Capacité Brute d'Autofinancement[5] d'une entreprise pour une année donnée. Une partie de celle-ci va être utilisée pour verser des dividendes aux actionnaires, une autre partie pour rembourser certains emprunts. La partie restante M vient en augmentation des fonds propres ; c'est celle-ci qui est disponible pour des investissements et que nous devons donc étudier. Si l'on suppose que les sommes considérées M pourraient être versées aux actionnaires (sous forme de dividendes) le fait de renoncer à ce versement entraîne un coût pour l'actionnaire[6]. Ce coût doit être compensé par la rentabilité des investissements réalisés grâce à l'utilisation des ressources M.

Il faut alors que ces investissements permettent une augmentation des dividendes futurs au moins égale à celle qu'obtiendraient les actionnaires si, la somme M étant distribuée sous forme de dividendes, ils plaçaient cette somme dans l'achat d'actions nouvelles. Ces actions nouvelles peuvent être émises par l'entreprise pour se procurer un montant de capital équivalent aux sommes distribuées M.

Si l'on néglige la fiscalité sur les personnes physiques, les sommes M correspondant à de l'autofinancement et réinvesties dans l'entreprise doivent donc avoir le même rendement et donc le même coût d'opportunité que le capital obtenu par émission d'actions nouvelles.

La non-distribution des sommes M sera alors compensée par une augmentation de la valeur (théorique) des actions[7].

Remarque 1. Des emprunts seront généralement associés à l'utilisation de l'autofinancement M dans l'entreprise. Le résultat précédent peut s'exprimer en d'autres termes de la façon suivante : pour l'actionnaire, la non-distribution des sommes sera compensée par la rentabilité des investissements réalisés si la rentabilité des capitaux propres est au moins égale au taux d'actualisation des actionnaires.

Remarque 2. Le résultat précédent peut être quelque peu modifié si l'on doit tenir compte des frais d'émission d'actions, de la fiscalité relative aux bénéfices distribués et l'imposition du revenu des personnes physiques :

- Utiliser de l'autofinancement permet à l'entreprise d'éviter les frais qu'entraînerait l'émission d'actions représentant un même montant de capital. Considérons par exemple le cas où le dividende est supposé constant au cours du temps. Nous avons vu au paragraphe 9.4.1 que la rentabilité pour

5. Définie au chapitre 6.

6. Nous considérons ici comme objectif la maximisation de la richesse des actionnaires. C'est celui-ci qui est le plus souvent retenu dans les raisonnements théoriques. Dans la pratique, naturellement, il ne constitue pas un critère unique. Mais c'est un critère qui ne peut être négligé. La réalisation de politiques contraires à l'intérêt des actionnaires risque en effet d'entraîner une chute du cours de l'action, avec toutes les conséquences que cela peut impliquer.

7. Nous avons vu au paragraphe 9.4.1 que la valeur de l'action est égale à la somme actualisée des dividendes futurs.

l'actionnaire est (en utilisant les mêmes notations) : $r_a = D/A$. Le coût pour l'entreprise d'une émission d'actions est :

$$a = \frac{D}{A(1-b)}$$

Considérons un actionnaire qui envisagerait de réinvestir ses dividendes en achetant des actions. Il acceptera que les bénéfices M soient réinvestis dans l'entreprise s'ils permettent un versement de dividendes supplémentaires dans le futur ΔD, tel que $\Delta D/M = r_a$, ce qui correspond à un coût inférieur à celui d'une émission d'actions pour un montant M, qui serait égal à : $\Delta D/M(1-b)$.

- Le taux de l'impôt sur les sociétés peut être différencié pour les bénéfices réinvestis dans l'entreprise et pour les bénéfices distribués. En France, le taux qui s'applique aux premiers a été ramené à 39 % pour 1989 et à 37 % pour 1990 tandis qu'il restait égal à 42 % pour les bénéfices distribués. L'autofinancement permet ainsi une taxation à taux réduit.
- Le versement de dividendes est soumis à l'impôt sur le revenu des actionnaires (assorti en France, d'un crédit d'impôt). L'autofinancement non distribué permet d'éviter cette imposition. Ceci peut conduire à une diminution du rendement exigé par l'actionnaire et donc le coût pour l'entreprise.

  Ces différents facteurs (frais d'émission, imposition des sociétés et des personnes sur les dividendes) vont dans le même sens : le coût de l'autofinancement est légèrement inférieur à celui du capital provenant de l'émission d'actions nouvelles.
- Nous avons présenté le raisonnement en considérant un actionnaire qui souhaiterait réinvestir les sommes M en achetant des actions. Qu'en est-il si l'actionnaire désire de l'argent liquide ? Si l'on suppose que la valeur boursière de l'action suit la valeur théorique, la non-distribution des sommes M entraîne une plus-value des actions égale à M. L'actionnaire désirant vendre peut être soumis à une taxation des plus-values. Si le taux est inférieur au taux d'imposition des dividendes (compte tenu de l'avoir fiscal), l'actionnaire préférera une plus-value à un versement de dividendes de même montant. (Remarquons de plus, que compte tenu des abattements autorisés, une partie des plus-values n'est pas imposable). Les conclusions ci-dessus restent vraies (coût de l'autofinancement inférieur au coût d'émission d'actions). Si, par contre, le taux de taxation des plus-values était supérieur au taux d'imposition des dividendes, se donner comme objectif la satisfaction de l'actionnaire pourrait alors conduire à un résultat inversé (coût d'autofinancement supérieur au coût d'émission d'actions).

9.4.4 Conclusion

Le foisonnement des recherches en théorie financière montre à lui seul qu'aucun modèle ne peut à l'heure actuelle apporter une réponse incontestable à la question de la détermination du coût des capitaux propres.

Chaque approche s'appuie sur des hypothèses qui ne sont pas vérifiées de façon parfaite dans la réalité. Par ailleurs, elles conduisent à déplacer le problème en remplaçant l'estimation du taux de rentabilité minimum demandé par l'actionnaire par l'estimation d'autres paramètres : le taux de croissance du dividende dans le modèle de Gordon, ou le coefficient β pour définir la prime de risque dans le Modèle d'Équilibre des Actifs Financiers.

Malgré leurs imperfections, ces différentes méthodes doivent plutôt être considérées comme complémentaires que concurrentes; elles permettent d'apporter un éclairage utile au praticien qui effectue des estimations de façon empirique à partir d'éléments souvent difficiles à quantifier. Le rendement acceptable par l'actionnaire est par exemple fonction de l'opinion qu'il a du potentiel de l'entreprise, opinion qui peut avoir un certain caractère subjectif.

Dans tous les cas, que l'on utilise une approche théorique ou une approche empirique, il convient de remarquer que le coût des capitaux propres est généralement plus élevé que le coût des capitaux empruntés. Ceci est d'autant plus vrai pour l'entreprise soumise à l'impôt sur le revenu des sociétés (du fait de la déductibilité des charges d'intérêts).

Remarquons enfin que l'introduction d'une prime de risque (explicite dans les Modèles d'Arbitrage ou d'Équilibre des Actifs Financiers, implicite dans le calcul effectué à partir d'une hypothèse relative au dividende) pour définir le coût du capital propre pose le problème de l'appréciation des risques au niveau de l'étude des projets d'investissement. Tous les projets ne présentent pas le même degré de risque. Peut-on utiliser un même et unique coût du capital? Cette question sera abordée au chapitre 12.

9.5 LE COÛT DU CAPITAL

Ayant présenté quelques éléments d'analyse du coût de chaque source de financement, il convient maintenant de définir le coût à associer à l'ensemble du financement, coût facturé par les services financiers aux services techniques responsables des investissements. Remarquons bien qu'il s'agit de coûts futurs définis sur la période d'étude des projets d'investissement. Un premier type de raisonnement possible (classique) consiste à définir l'offre et la demande du capital de l'entreprise et à comparer le coût marginal du financement et la rentabilité marginale des projets d'investissement.

Nous présenterons cette approche dans un premier paragraphe 9.5.1, puis la discuterons. Nous verrons ensuite les apports des théories financières américaines, les raisons qui conduisent en général à utiliser le coût moyen du capital et les principes du calcul de ce coût moyen.

9.5.1 Coût marginal du financement

Nous avons vu que l'entreprise peut faire appel à diverses sources de financement, chacune d'elles ayant un coût différent. Si le marché ne fournit pas un taux d'intérêt unique, il est possible d'essayer de simuler un marché au niveau de l'entreprise en analysant offre et demande de capital.

Dans cette approche, on suppose que si l'entreprise désire augmenter son capital, elle fera d'abord appel aux moyens de financement les moins onéreux et passera à un moyen plus cher lorsque les disponibilités en capital meilleur marché seront épuisées. Les sources de capital seront donc classées par taux d'intérêt croissant.

La courbe représentative des variations du coût marginal de financement en fonction du montant des ressources utilisées par l'entreprise constitue alors une courbe d'offre de capital. Il s'agit d'une courbe formée de paliers, l'ordonnée associée à chaque palier étant égale au taux d'intérêt d'un moyen de financement, le montant de capital disponible à ce taux définissant l'intervalle correspondant à chaque palier (fig. 9.1).

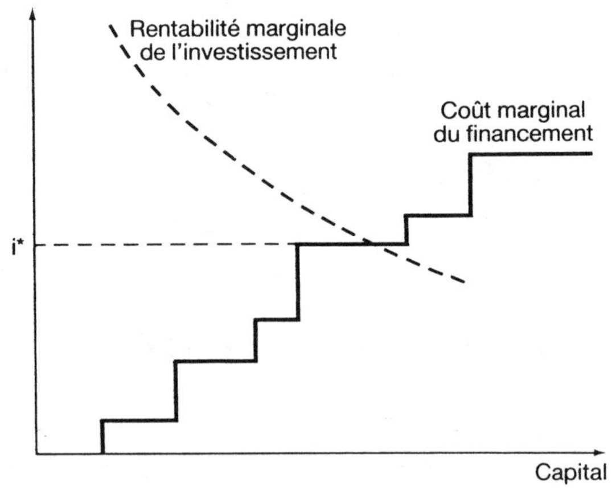

Fig. 9.1 Offre et demande de capital pour l'entreprise

Ayant défini la courbe d'offre de capital, il convient de déterminer la courbe de demande. Supposons que l'entreprise ait pu recenser l'ensemble de ses projets d'investissement. Il est alors possible de définir, pour une valeur quelconque donnée i du taux d'actualisation, le montant de capital K nécessaire pour financer les projets à retenir en utilisant les critères de revenu actualisé. Les gammes continues d'investissement seront dimensionnées, comme nous l'avons vu, de façon à ce que leur taux de rentabilité marginale soit égal au taux d'actualisation.

Inversement, à un montant de capital K utilisé dans l'entreprise, on peut donc associer une valeur du taux de rentabilité marginale des investissements. La courbe représentative des variations à ce taux en fonction du capital K constitue la courbe de demande de capital de l'entreprise.

Le taux d'actualisation à retenir est alors égal à l'ordonnée du point d'intersection de la courbe d'offre et de la courbe de demande : en effet, à partir de petites valeurs de K, l'entreprise augmentera sa demande en capital tant que le taux de rentabilité du dernier projet retenu (qui peut être financé compte tenu du capital disponible) sera supérieur au coût du dernier emprunt. Le montant du capital optimal sera donc tel que le taux de rentabilité du dernier franc investi, taux de rentabilité marginale des gammes continues, soit égal au coût du dernier emprunt; le taux d'actualisation [8] est alors égal à cette valeur commune i^*.

Les formules de l'actualisation peuvent alors s'appliquer, en remarquant toutefois que la valeur du taux d'actualisation ainsi calculée n'est valable que pour des variations limitées du montant de capital investi.

Discussion

Nous avons vu que les capitaux empruntés ont un coût généralement moins élevé que les capitaux propres. Ceci est particulièrement sensible pour les entreprises soumises à l'impôt sur le revenu des sociétés. Si l'avenir était certain, l'entreprise aurait intérêt à s'endetter au maximum; pour construire une courbe d'offre de capital analogue à celle de la figure 9.1, il faudrait donc supposer que l'entreprise fait appel à l'emprunt avant d'utiliser l'autofinancement et avant de recourir à des émissions d'actions. Dans la pratique cependant, il en va différemment et la possibilité d'emprunt est généralement subordonnée à la présence et à l'utilisation de fonds propres. L'avenir n'étant jamais «certain», les règles de bonne gestion financière supposent en effet que les risques associés aux investissements de l'entreprise doivent être supportés par les capitaux propres; les financiers demandent donc que le ratio d'endettement (dette/capital total), ou ce qui revient au même, le «levier» (ratio dette/fonds propres) ne dépasse pas une certaine valeur.

Cette valeur est fixée, souvent de façon empirique, en fonction des incertitudes qui pèsent sur les activités de l'entreprise et sur le secteur industriel dans lequel elle travaille [9].

---

8. Une démonstration plus formalisée peut être obtenue en utilisant des modèles semblables à ceux qui ont été présentés au chapitre 3 (section 3.9). Sur ce point, on pourra se référer à H. Levy-Lambert et J.P. Dupuy [3.4]. Un éclairage intéressant est également donné par les modèles de programmation mathématique (cf. chapitre 11).

9. L'analyse des principaux facteurs permettant de définir une structure financière «optimale» sera abordée en section 9.9.

Si le ratio d'endettement est ainsi considéré comme fixé, il n'est plus possible de supposer comme ci-dessus que l'entreprise fait appel aux différentes sources de financement dans l'ordre des coûts croissants : le coût marginal du capital ne peut donc plus être déterminé au moyen de l'approche précédente.

9.5.2 Coût moyen pondéré du capital

Au cours de ce paragraphe, nous supposerons que le ratio d'endettement de l'entreprise sera stable au cours des années futures de la période d'étude; cette hypothèse peut souvent être considérée comme approximativement vérifiée dans la pratique. Dans ce cas, l'augmentation du volume des capitaux permanents pour réaliser des investissements se fera par un accroissement des différents moyens de financement dans les proportions fixes correspondant à la valeur choisie pour le ratio d'endettement [10].

Le coût marginal du financement est alors égal à la moyenne du coût des sources de capital auxquelles l'entreprise va recourir.

Rappelons que les coûts que nous devons considérer sont naturellement des coûts correspondant aux moyens de financement qui seront utilisés dans le futur et non les coûts passés dont la valeur n'est pas à prendre en compte lors des décisions d'investissement ou de financement.

Comment calculer le coût moyen du capital ?

Une méthode exacte consisterait à utiliser le mode de calcul défini au paragraphe 9.2.2, en recherchant la valeur du taux de rentabilité interne de l'échéancier associé à l'ensemble des opérations de financement. Mais le nombre de ces opérations est généralement élevé et, d'autre part, il faut tenir compte des opérations de financement futures (grâce auxquelles la moyenne à long terme du ratio d'endettement peut être considérée comme constante).

La solution utilisée consiste donc à calculer la moyenne arithmétique pondérée des coûts des différents moyens de financement, la pondération étant effectuée en fonction de la part de chaque source de fonds dans le financement de l'entreprise.

Le calcul d'une telle moyenne fournit un résultat exact à condition que les proportions entre les différentes sources de fonds restent constantes pour chaque année de la période d'étude. Ceci est vrai même pour une durée d'étude (durée de vie de l'entreprise) quelconque.

10. En fait, les emprunts, les émissions d'actions ou d'obligations ne se font pas en continu. Le ratio d'endettement peut donc varier d'une année à l'autre au voisinage de la valeur retenue; c'est sa moyenne sur une longue période qui peut en général être supposée constante. Lorsque celle-ci n'est pas constante, son évolution est généralement lente et souvent déterminée à l'avance en fonction des grandes options stratégiques de l'entreprise; c'est ainsi que l'endettement peut augmenter si l'entreprise s'oriente vers des activités à degré de risque moins élevé.

Démonstration (due à C.M. Linke et M.K. Kim [9.47])

Nous nous limiterons au cas de deux sources de financement (capitaux propres et capitaux empruntés), la généralisation à plusieurs sources étant immédiate.

Notations :

- N : durée de vie de l'entreprise ;
- E_n : montant de la dette (capital restant dû) année n ;
- A_n : capital propre à l'année n ;
- K_n : capital total ($K_n = A_n + E_n$) ;
- e : coût de l'emprunt ;
- a : coût du capital propre ;
- c : coût du capital total ;
- X_n : annuité de remboursement des emprunts (un signe négatif correspond à un tirage d'emprunt) ;
- D_n : dividendes versés aux actionnaires (un signe négatif correspond à une augmentation du capital propre) ;
- F_n : flux de trésorerie (flux d'exploitation permettant de rémunérer actionnaires et prêteurs) :

$$F_n = X_n + D_n$$

- α : part d'emprunt dans le financement (constante au cours du temps par hypothèse) :

$$E_n = \alpha K_n$$
$$A_n = (1 - \alpha) K_n$$

L'évolution de la dette au cours du temps est donnée par :

$$E_n = (1 + e) E_{n-1} - X_n \tag{9.3}$$

avec $E_N = 0$.

Remarquons de plus que, si l'on pose $X_0 = -E_0$:

$$\sum_{n=0}^{N} \frac{X_n}{(1+e)^n} = 0 \tag{9.4}$$

Ces formules sont vraies quelle que soit l'opération de financement considérée. En particulier, pour les fonds propres, en posant $D_0 = -A_0$ et avec $A_N = 0$:

$$A_n = (1 + a) A_{n-1} - D_n$$
$$\sum_{n=0}^{N} \frac{D_n}{(1+a)^n} = 0$$

Comme indiqué en section 9.2, la rémunération du capital étant assurée par les flux de trésorerie F_n, le coût du capital c est la valeur de i qui annule la valeur actualisée :

$$\sum_{n=0}^{N} \frac{F_n}{(1+i)^n} = 0$$

Or, d'après (9.3) :

$$F_n = X_n + D_n = (1+e)E_{n-1} - E_n + (1+a)A_{n-1} - A_n$$
$$= (1+e)\alpha K_{n-1} - \alpha K_n + (1+a)(1-\alpha)K_{n-1}$$
$$F_n = [\alpha(1+e) + (1-\alpha)(1+a)]K_{n-1} - K_n = [1 + \alpha e + (1-\alpha)a]K_{n-1} - K_n$$

Comme : $F_0 = -K_0 = -A_0 - E_0$
et : $K_N = 0$
il s'agit des relations (9.3) appliquées aux flux F_n et au capital K_n. La relation (9.4), qui se déduit de la relation (9.3), s'applique donc aux flux F_n :

$$\sum_{n=0}^{N} \frac{F_n}{[1 + \alpha e + (1-\alpha)a]^n} = 0$$

On peut donc en conclure que le coût du capital c est bien la moyenne pondérée des coûts des différentes sources de fonds :

$$c = (1-\alpha)a + \alpha e$$

Cas particuliers

Le coût du capital est ainsi une moyenne arithmétique dans le cas où :

- les emprunts sont remboursés au bout d'un an (modèle à deux périodes seulement) ;
- les remboursements sont effectués sur une durée infinie.

Dans ces deux cas, une démonstration plus rapide que la précédente est triviale. Dans le deuxième, par exemple, les annuités de remboursement comprennent seulement des intérêts et le coût moyen est bien la moyenne arithmétique des taux. Bien que théorique, ce cas peut en fait être assez souvent considéré comme représentatif de la réalité. En effet, pour une entreprise ayant un volume d'activité stable (régime permanent) sur une période suffisamment longue et présentant un ratio d'endettement également assez stable, de nouveaux emprunts viennent constamment se substituer aux anciens qui sont en cours de remboursement. Si le coût de chaque source de financement est également stable, tout se passe comme si les remboursements étaient indéfiniment repoussés dans le temps.

Remarque 1. La formule est vraie en monnaie courante ou en monnaie constante, suivant la définition de a et e.

Pour un calcul de coût moyen du capital après impôts (entreprise soumise à l'impôt sur le revenu des sociétés et dont les charges financières sont déductibles), le coût des emprunts doit naturellement être défini après impôts.

Remarque 2. Considérons deux opérations de financement, par exemple deux emprunts remboursés sur une même durée de N années. Le remboursement par annuités constantes ne permet pas d'obtenir un rapport constant entre les montants de capital immobilisé relatif à chaque emprunt. L'utilisation d'une moyenne arithmétique pour calculer le coût de l'ensemble de ces deux emprunts ne conduirait donc pas à un résultat exact. L'approximation est cependant souvent acceptable.

Pour donner un aperçu sur l'ordre de grandeur de l'écart entre le coût effectif et une moyenne arithmétique, considérons deux emprunts de 10 000 F chacun remboursables en 8 ans par annuités constantes. Le taux d'intérêt du premier est de 4 %, celui du deuxième de 14 %. Les annuités constantes de remboursement sont respectivement de

1 485 F et 2 156 F, soit au total 3 641 F par an. Or, le taux d'intérêt réel correspondant au remboursement de 20 000 F sur 8 ans au moyen d'une annuité constante égale à 3 641 F est de 9,20 %, tandis que la moyenne arithmétique des taux d'intérêt des deux emprunts est égale à 9 %. Remarquons que cet écart est d'autant plus élevé que la différence entre les taux considérés est elle-même plus élevée.

Calcul d'un coût moyen de financement : un exemple d'ordre de grandeur

Considérons une entreprise dont le financement est assuré pour 60 % par capitaux propres (émission d'actions et autofinancement), 20 % par émission d'obligations, 20 % par emprunts bancaires.

Le taux d'inflation au cours des années à venir est estimé à 5 % par an. Le taux nominal des obligations est de 10 %, soit un coût de 11 % compte tenu des frais d'émission. Le taux des emprunts bancaires est supposé égal à 12 %. Nous supposons l'entreprise soumise à l'impôt sur le revenu au taux de 50 %. Le coût après impôt des obligations s'établit alors à 5,5 %, celui des emprunts bancaires à 6 % (en francs courants).

En ce qui concerne les fonds propres, le versement minimum de dividendes considéré comme acceptable par les actionnaires est estimé à 7 % (du montant des capitaux propres), la valeur du dividende devant augmenter au même rythme que la moyenne des prix. Le coût pour l'entreprise est donc égal à 7 % en francs constants, soit 12 % environ en francs courants.

Les éléments du calcul sont résumés par le tableau 9.1.

La valeur du coût moyen est ainsi égale à :

4,5 % environ en francs constants;
9,5 % environ en francs courants.

TABLEAU 9.1
CALCUL D'UN COUT MOYEN DU CAPITAL

	Capitaux propres	Obligations	Emprunts bancaires
Part dans le financement	60 %	20 %	20 %
Coût en francs courants	12 %	5,5 %	6 %
Coût en francs constants	7 %	0,5 %	1 %

9.5.3 Structure du financement

Si la plupart des théoriciens et praticiens utilisent une moyenne pondérée pour définir le coût du capital, il reste à définir les coefficients de pondération.

Dans la mesure où les proportions des différents moyens de financement sont supposées stables à long terme, on peut déterminer ces proportions à partir de l'analyse de la structure de financement présente.

Deux approches sont alors possibles :

- la première consiste à retenir, pour définir le montant de chaque source de fonds, sa valeur comptable;
- la deuxième consiste à retenir les valeurs du marché. C'est ainsi que, pour apprécier le montant des fonds propres, on utilisera la valeur boursière des actions.

La deuxième méthode permet, en théorie tout au moins, de donner une représentation plus proche de la valeur réelle des capitaux propres. Mais elle présente un inconvénient : les résultats qu'elle fournit dépendent des fluctuations du marché boursier qui peuvent être importantes. Par ailleurs, ce sont généralement les montants historiques, figurant au bilan, qui servent de base aux analystes financiers pour définir les capacités d'endettement d'une entreprise. Chaque méthode a donc ses partisans, aussi bien chez les théoriciens que parmi les praticiens.

Remarquons que, lorsque la structure du capital change, les pondérations devront être calculées en fonction des nouvelles proportions (ceci si le changement est immédiat et définitif; il est par contre plus difficile de proposer un mode de calcul valable pendant une période de transition au cours de laquelle la structure financière évoluerait).

La détermination d'une structure optimale du capital résulte d'un compromis. Augmenter l'endettement, c'est accroître la part de la source de financement la moins chère. Mais c'est aussi augmenter les risques, risque de faillite d'une part, variabilité du rendement des capitaux propres d'autre part. La recherche de ce compromis est dans la pratique principalement guidée par l'expérience. La théorie financière peut apporter cependant un éclairage intéressant. Nous en donnerons un aperçu rapide en section 9.9.

Dans ce domaine, les travaux de F. Modigliani et M.H. Miller [9.54] [9.55] constituent une référence fondamentale. Sous certaines hypothèses et en l'absence de fiscalité, ils ont montré que le coût moyen du capital est indépendant du ratio d'endettement de l'entreprise. L'actionnaire prend en effet un risque d'autant plus élevé que la part d'emprunt est forte. Le risque doit être rémunéré. Ceci entraîne une augmentation du coût du capital propre lorsque l'endettement augmente; elle compense le fait que le coût des emprunts est moins élevé. Ce résultat n'est plus valable lorsque l'entreprise est soumise à l'impôt sur le revenu qui diminue sensiblement le coût des emprunts (tout au moins si l'on ne tient pas compte de l'impôt sur le revenu des personnes physiques).

9.5.4 Les disponibilités en capital

Ayant calculé le coût du capital pour l'entreprise, il convient de comparer les ressources financières disponibles à ce coût et les besoins en capital nécessaires pour financer les projets d'investissement. Nous remarquerons tout d'abord que les ressources en capital ne correspondent pas à un montant fixé *ne varietur*. Les services financiers peuvent les diminuer par remboursement de dettes par exemple, ou bien les augmenter en faisant appel aux différentes sources de financement qui ont été étudiées ci-dessus. Il est clair que ces possibilités de variations sont limitées.

En ce qui concerne les projets d'investissement, l'ensemble des projets des différents secteurs devront être recensés (du moins dans leurs grandes lignes) par les services centraux de l'entreprise.

Deux cas peuvent alors se produire :

- L'ensemble des projets ayant un taux de rentabilité surpérieur au coût moyen du capital peut être financé, compte tenu des ressources qui peuvent être dégagées par l'entreprise. Dans ce cas, l'hypothèse utilisée aux chapitres précédents et qui justifiait l'emploi de l'actualisation est vérifiée : tout se passe comme si les services techniques responsables des projets d'investissement pouvaient emprunter de façon illimitée à un taux égal au coût moyen du capital (taux de cession du capital par les services financiers).
- Les ressources en capital sont insuffisantes (même compte tenu des possibilités de variations évoquées ci-dessus) pour financer tous les projets ayant un taux de rentabilité supérieur au coût moyen du capital.

La section suivante (9.6) est consacrée à l'étude de cette hypothèse.

9.6 LES HYPOTHÈSES DE RATIONNEMENT EN CAPITAL

9.6.1 Position du problème

Une situation de rationnement en capital peut apparaître dans différents cas.

Pour des raisons de contrôle de l'entreprise. Le rationnement peut résulter d'un choix des propriétaires de l'entreprise qui souhaitent, pour en garder le contrôle, ne pas «diluer» le capital. Ceci signifie que la donnée du coût du capital propre, taux d'actualisation des actionnaires, n'est pas suffisante pour refléter complètement leurs choix intertemporels. Dans ce cas, le rationnement en capital s'applique à l'ensemble des projets de l'entreprise.

Planification stratégique. Un budget limité peut être alloué à une division de l'entreprise pour des raisons de planification. C'est en effet le rôle des analyses stratégiques de préciser les objectifs de l'entreprise (cf. chapitre 1). Les décisions correspondantes qui doivent prendre en compte des effets indirects difficiles à quantifier se traduisent assez souvent par l'allocation aux différents secteurs de la firme d'enveloppes budgétaires. Certaines peuvent être insuffisantes pour réaliser tous les projets – apparemment – rentables au taux d'actualisation.

Opportunités ou difficultés passagères. Une entreprise peut avoir de (trop) nombreux projets à la suite de l'ouverture de certains marchés, du lancement d'un produit nouveau, etc. La limitation du capital devrait alors être temporaire. En effet, une entreprise possédant des projets ayant une bonne rentabilité ne devrait pas avoir, en théorie tout au moins, de difficultés à trouver des capitaux. A long terme, les disponibilités en capital ne devraient être limitées que par leur coût. S'il n'en était pas ainsi, une étude serait alors nécessaire, qui pourrait éventuellement conduire à remettre en question les éléments de définition du coût des différentes sources de financement.

Remarquons enfin que l'hypothèse de rationnement de capital ne correspond pas toujours à un excès de «bons» projets et n'est pas nécessairement un signe de bonne santé de l'entreprise. Elle peut être due à un manque de confiance des actionnaires et des organismes prêteurs.

Pour effectuer les choix d'investissements lorsque les ressources financières sont limitées, deux méthodes simplifiées sont disponibles. La première, décrite au paragraphe 9.6.3, est généralement appliquée à l'intérieur d'une division d'entreprise, division dont le budget d'investissement est fixé par la Direction Générale. La deuxième fera l'objet du paragraphe 9.6.4. Elle est le plus souvent utilisée pour tenir compte d'un rationnement de capital s'imposant à l'ensemble d'une entreprise. Les domaines d'application respectifs seront analysés de façon plus détaillée au paragraphe 9.6.5. Une présentation plus générale (relative à des budgets définis année par année) sera présentée au chapitre 11 à l'aide de modèles de programmation mathématique.

Mais avant d'aborder ces deux méthodes simplifiées, nous insisterons sur la nécessité d'une approche spécifique des problèmes de rationnement.

9.6.2 Nécessité de remise en question des critères de choix

Dans l'hypothèse de «rationnement de capital», la sélection des projets à réaliser ne pourra pas se faire au moyen d'un simple classement des projets par revenus actualisés décroissants [11].

Nous le montrerons tout d'abord au moyen d'un contre-exemple numérique, ensuite par un raisonnement par l'absurde dans le cas de gammes continues d'investissement.

11. Si tout au moins le taux d'actualisation est défini comme un coût **direct** du financement et ne prend pas en compte la rareté du capital.

Exemple.

Considérons un exemple très schématique : une entreprise dispose d'un budget de 20 MF. Trois projets d'investissements indépendants peuvent être envisagés ; leurs caractéristiques sont données dans le tableau 9.2.

TABLEAU 9.2
PROJETS D'INVESTISSEMENT

(MF)

Projets	*A*	*B*	*C*
Montant d'investissement	*20*	*12*	*8*
Revenu actualisé	*5,6*	*4,9*	*4,1*

Il est clair qu'au lieu de réaliser le projet A, qui présente le revenu actualisé le plus élevé, l'entreprise préférera réaliser les deux projets B et C ; dans ce cas, le montant du capital utilisé est le même (20 MF) que celui qui serait nécessaire pour réaliser le projet A ; le revenu actualisé est plus élevé (4,9 + 4,1 = 9,0 au lieu de 5,6).

Gammes continues d'investissement

Considérons une entreprise en «rationnement de capital» qui a plusieurs projets correspondant à des gammes continues d'investissement. Utiliser le critère du revenu actualisé conduit à dimensionner ces projets de façon à ce que leur taux de rentabilité marginal soit égal au taux d'actualisation. Ayant ainsi défini leur taille, nous supposons qu'ils sont classés par revenu actualisé. Nous supposons par ailleurs que le budget disponible ne permet pas de réaliser tous ceux qui ont un revenu actualisé positif. L'entreprise devra donc éliminer des projets dont le taux de rentabilité est supérieur (strictement) au taux d'actualisation, donc au taux de rentabilité marginale des projets retenus. C'est rejeter des projets dont le taux de rentabilité est supérieur au taux de rentabilité d'investissements marginaux qui ont été acceptés. Un tel critère de sélection (classer les projets par revenu actualisé décroissant) n'est donc pas cohérent avec le critère de dimensionnement.

9.6.3 Première méthode : Enrichissement relatif en capital et coût d'opportunité

La méthode définie dans ce paragraphe sera utilisée lorsqu'une division d'entreprise dispose d'un budget limité. Au niveau d'une entreprise, elle est employée lorsque l'on désire garder inchangée la valeur du taux d'actualisation. C'est le cas des entreprises publiques et des administrations qui utilisent le taux d'actualisation défini par le *Commissariat Général du Plan.*

L'objectif recherché est de maximiser le revenu actualisé de l'ensemble des projets en respectant la contrainte de budget. Nous présenterons la méthode d'abord dans des cas particuliers avant d'en donner une définition générale.

A. Définitions (rappel)

L'enrichissement relatif en capital d'un projet est le rapport du revenu actualisé au montant de l'investissement initial :

$$E = \frac{R}{I}$$

Si l'on considère une gamme continue d'investissement, l'enrichissement marginal en capital est le supplément de revenu actualisé obtenu par accroissement d'une unité (infinitésimale) du montant de l'investissement :

$$E_m = \frac{\partial R}{\partial I}$$

B. Dimensionnement de gammes continues indépendantes

Considérons une entreprise dont l'ensemble des projets est constitué par des **gammes continues d'investissement indépendantes**. Le problème est de dimensionner les projets de façon à rendre maximum le revenu actualisé total, le taux d'actualisation étant donné.

La méthode consiste à déterminer la taille de chaque projet (et donc le montant d'investissement I_k associé) **de telle façon que les enrichissements marginaux des différents projets soient égaux.**

Ce résultat peut être justifié par un raisonnement marginal : à l'optimum, le dernier franc investi dans chacun des projets doit apporter le même supplément de revenu actualisé.

En effet, considérons un ensemble de valeurs I_1, I_2, ..., I_n correspondant aux montants d'investissement de chaque projet, telles que leur somme soit égale au budget disponible B. Supposons que les enrichissements marginaux des différents projets ne sont pas égaux. Supposons, par exemple, que l'enrichissement marginal du premier projet est supérieur à celui du second :

$$\frac{\partial R_1}{\partial I_1} > \frac{\partial R_2}{\partial I_2}$$

Accroître le montant d'investissement I_1 de un franc entraînerait alors une augmentation de revenu actualisé supérieure à celle que l'on obtiendrait par accroissement du montant d'investissement I_2 de un franc. On pourrait ainsi augmenter le revenu actualisé total, avec le même budget d'investissement, en augmentant I_1 et diminuant I_2 d'une même somme. Le dimensionnement envisagé ne serait donc pas optimal.

Démonstration mathématique

Nous supposons fixée la valeur du taux d'actualisation i.

Soient m le nombre de projets à réaliser (supposés indépendants), I_k le montant d'investissement associé au projet k, $R_k(I_k, i)$ le revenu actualisé du projet k. Soit B le montant de capital disponible pour l'ensemble des projets. Si l'on désire maximiser le revenu actualisé total, le problème s'écrit :

$$\text{Max} \sum_{k=1}^{m} R_k(I_k, i)$$

avec :

$$\sum_{k=1}^{m} I_k \leq B$$

Sachant que la contrainte sera saturée à l'optimum (sinon l'entreprise ne serait pas en «rationnement de capital»), la solution de ce problème s'obtient au moyen des multiplicateurs de Lagrange. Les conditions nécessaires s'écrivent :

$$\frac{\partial R_k(I_k, i)}{\partial I_k} - \lambda = 0 \qquad (k = 1, 2, \ldots, m)$$

soit :

$$\frac{\partial R_1}{\partial I_1} = \frac{\partial R_2}{\partial I_2} = \ldots = \frac{\partial R_k}{\partial I_k}$$

Ces conditions sont suffisantes si les enrichissements marginaux sont décroissants en fonction du montant d'investissement et si l'optimum n'est pas à une borne d'un intervalle de variation.

Remarque 1. Cette approche suppose que chacun des projets sera réalisé à l'optimum et que les enrichissements marginaux sont décroissants.

Remarque 2. Une solution numérique peut être obtenue par programmation dynamique. Aucune hypothèse de convexité, continuité, dérivabilité n'est alors nécessaire. Elle permet de trouver en un seul calcul la solution optimale même si celle-ci correspond à ne pas réaliser tous les projets. Elle s'applique au cas où la taille de certains projets est fixée a priori.

C. Sélection de projets indépendants de taille donnée

Les projets dont la taille est fixée a priori seront sélectionnés en effectuant un classement par enrichissement relatif décroissant. Les projets seront alors pris dans cet ordre les uns après les autres jusqu'à ce que la somme des coûts d'investissement correspondants atteigne le montant du capital disponible.

Remarque. Résolution par programmation mathématique. Considérons la contrainte :

$$\sum_{k=1}^{m} I_k \leq B$$

au sens strict, c'est-à-dire en supposant que la somme B est fixée de façon précise. Si les h premiers projets ne permettent pas d'utiliser tout le capital disponible et si le coût d'investissement des $h+1$ premiers dépasse la somme B, la recherche d'un revenu actualisé maximum peut conduire à un problème de nature combinatoire. Il peut être intéressant, en effet, d'introduire dans la solution recherchée des projets ayant un enrichissement relatif plus petit que celui des h premiers (ou des $h+1$ premiers) projets, si ces projets permettent d'utiliser la totalité (ou une plus grande partie) du budget disponible B.

Lorsque le nombre de projets est élevé, le nombre de cas à envisager peut dépasser les possibilités de calcul manuel. La résolution peut alors se faire par programmation linéaire en variables bivalentes.

Soient :

m : le nombre de projets ayant un revenu actualisé positif;
I_k : le coût d'investissement du projet k;
R_k : son revenu actualisé;
u_k : une variable bivalente.

Le problème s'écrit :

$$\text{Max} \sum_{k=1}^{m} R_k \; u_k$$

avec :

$$\sum_{k=1}^{m} I_k \; u_k \leq B$$

$$u_k \in \{0, 1\}$$

$u_k = 0$ si le projet est rejeté;
$u_k = 1$ si le projet est retenu.

Il s'agit d'un problème classique en programmation combinatoire, appelé problème du havresac *(knapsack problem)*, pour la résolution duquel il existe de nombreux algorithmes, en particulier des algorithmes utilisant des procédures arborescentes d'optimisation.

Dans la pratique cependant, il existe un certain nombre de projets dont la taille n'est pas fixée a priori; de plus, la donnée de la somme B constitue rarement une contrainte rigide; enfin, le raisonnement est fait en considérant les projets à un niveau agrégé (et un ensemble de petits projets en nombre important est assez semblable à une gamme continue d'investissement). L'ensemble de ces considérations fait que, en général, le critère d'enrichissement relatif en capital peut être utilisé sans qu'il soit nécessaire de faire appel à des méthodes de programmation combinatoire.

D. Choix entre projets incompatibles

Nous avons supposé, ci-dessus, que les différents projets étaient indépendants. Il convient de remarquer que le choix entre projets incompatibles ne peut être fait en retenant le projet qui présente l'enrichissement relatif en capital le plus élevé. Nous utiliserons un contre-exemple pour le justifier. Soient A et B deux projets incompatibles, C et D deux projets indépendants de tous autres projets. Les montants d'investissements demandés par chacun de ces projets, leurs revenus actualisés et leurs enrichissements relatifs en capital sont donnés dans le tableau 9.3. Nous supposerons que tous les autres projets de l'entreprise ont un enrichissement relatif en capital inférieur à 0,2 et que le montant de capital disponible pour l'ensemble des projets est égal à 200.

TABLEAU 9.3
CHOIX ENTRE PROJETS COMPATIBLES

Projets	*A*	*B*	*C*	*D*
Investissement (MF)	50	150	50	150
Revenu actualisé (MF)	35	75	10	30
Enrichissement relatif en capital	0,7	0,5	0,2	0,2

Si la réalisation du projet A est décidée, le capital utilisé étant égal à 50, le capital restant (soit : 150) sera affecté au projet D. Le revenu actualisé est alors égal à :

$$R_A + R_D = 35 + 30 = 65$$

Si le projet B est retenu, le projet C sera également réalisé, le revenu actualisé étant alors égal à :

$$R_B + R_C = 75 + 10 = 85$$

Cette dernière solution est préférable à la première et le projet B sera choisi, bien que son enrichissement relatif soit inférieur à celui de A.

Remarquons que la solution optimale peut être obtenue en utilisant un classement des projets par enrichissement relatif décroissant, de la façon suivante : on fera apparaître dans la liste, non pas le projet B (plus cher en investissement que A), mais le projet différentiel qui consisterait à passer (par la pensée) du projet A au projet B. A ce projet différentiel, que nous noterons $B - A$, seront associés des montants d'investissement et de revenu actualisé correspondant au supplément d'investissement et au supplément de revenu actualisé procuré par le passage de A à B.

On obtient alors la liste du tableau 9.4.

TABLEAU 9.4
INTRODUCTION DU PROJET DIFFERENTIEL $B - A$

Projets	A	$B - A$	C	D
Investissement (MF)	50	100	50	150
Revenu actualisé (MF)	35	40	10	30
Enrichissement relatif en capital	0,7	0,4	0,2	0,2

Il est clair cependant que le projet $B - A$ ne peut être retenu que si le projet A est lui-même réalisé. La méthode utilisée ici suppose donc que l'enrichissement relatif en capital du projet $B - A$ est inférieur à celui de A. S'il n'en était pas ainsi, B serait en tout état de cause préféré à A (sauf problème de nature combinatoire évoqué ci-dessus).

E. Le cas général

Nous considérons maintenant un ensemble de projets parmi lesquels il peut y avoir des projets incompatibles, des gammes continues, des projets dépendants les uns des autres, etc.

Formulation mathématique

L'objectif est de maximiser un revenu actualisé (en utilisant les notations précédentes) :

$$\sum_{k=1}^{m} R_k$$

avec :

$$\sum_{k=1}^{m} I_k \leq B$$

R_k étant une fonction non nécessairement continue (projets discrets), fonction de I_k, mais aussi éventuellement, pour des projets interdépendants, fonction de la taille, et donc des montants d'investissement des autres projets. La formulation complète du problème peut éventuellement faire intervenir d'autres contraintes telles que celles qui traduisent l'incompatibilité entre projets. La résolution peut se faire à l'aide de modèles de programmation mathématique (cf. chapitre 11). Elle peut également être obtenue en utilisant la technique des multiplicateurs de Lagrange. Celle-ci permet de ramener le problème initial à un problème d'optimisation sans contrainte, l'objectif étant alors de maximiser le Lagrangien :

$$\Lambda = \sum_{k=1}^{m} R_k - \lambda \sum_{k=1}^{m} I_k$$

Remarque. La méthode des multiplicateurs de Lagrange peut être utilisée dans le cas où il n'est fait aucune hypothèse de continuité de dérivabilité sur les fonctions considérées en appliquant les théorèmes d'Everett [9.35]. L'interprétation économique qui suit permettra de justifier la procédure. Le coefficient λ peut être calculé par approximations successives de façon que la somme des investissements à l'optimum soit égale (ou inférieure sans possibilité d'égalité) au budget B.

Interprétation économique

Le Lagrangien s'écrit encore :

$$\Lambda = \sum_{k=1}^{m} L_k$$

avec :

$$L_k = R_k - \lambda I_k$$
$$L_k = R_k + I_k - (1 + \lambda) I_k$$

$R_k + I_k$ est la somme des flux de trésorerie postérieurs à l'année 0 actualisés.

L_k peut alors être interprété comme le revenu actualisé que l'on obtiendrait en affectant toute dépense d'investissement de l'année 0 d'un coefficient multiplicateur $1 + \lambda$. Dans la mesure où le capital disponible pour les investissements est limité, la technique consiste à affecter à chaque franc investi un coût (coût fictif ou coût d'opportunité) égal à $1 + \lambda$ francs (λ positif).

Il est clair que donner une valeur plus élevée à ce coût d'opportunité va conduire à rejeter certains projets, à diminuer la taille d'autres projets, bref, à retenir un budget total d'investissement moins élevé. Il est alors possible de déterminer, par itérations successives, le coût d'opportunité $1 + \lambda^*$ tel que le montant total des investissements retenus soit compatible avec le budget initial B.

Cela étant fait, les décisions d'investissement pourront être étudiées de façon décentralisée, comme en l'absence de rationnement de capital, à la seule condition d'utiliser le coût d'opportunité comme coefficient multiplicateur des dépenses d'investissement.

Cette méthode générale permet naturellement de retrouver les cas particuliers analysés ci-dessus. C'est ainsi que, dans le cas de projets discrets, tous indépendants, le coefficient λ^* correspond à un enrichissement relatif minimum; un projet d'indice k sera accepté si L_k est positif, c'est-à-dire si son enrichissement relatif en capital est supérieur à λ^*.

Les conditions de validité de cette première méthode seront analysées au paragraphe 9.6.5 par comparaison avec celles de la méthode suivante.

9.6.4 Deuxième méthode : Taux d'actualisation adapté défini comme un coût de rareté du capital

Nous supposons, comme au paragraphe précédent 9.6.3, que le capital disponible est insuffisant pour réaliser tous les projets ayant un revenu actualisé positif à un taux d'actualisation donné i_0.

Une seconde méthode, pour tenir compte d'une hypothèse de rationnement de capital, consiste à adapter la valeur du taux d'actualisation en fonction des ressources financières de l'entreprise. Le principe est très simple : si l'on augmente la valeur du taux de rentabilité minimum exigé, le nombre de projets à réaliser diminue. La valeur du taux d'actualisation sera donc majorée jusqu'à ce que le montant du capital nécessaire pour financer tous les projets rentables au nouveau taux corresponde au montant du capital disponible. Le taux d'actualisation ainsi défini correspond à un «coût de rareté» du capital. Il est parfois appelé «taux de rejet» (en anglais : *hurdle rate, cutoff rate*) [12].

Nous présenterons la procédure en distinguant dans un premier temps le cas des projets indépendants (continus puis discrets). Nous discuterons ensuite la méthode et ses justifications.

A. Gammes continues d'investissement indépendantes

Considérons une entreprise dont les différents projets d'investissement constituent des gammes continues d'investissement indépendantes.

Nous avons vu que, si le taux d'actualisation est donné (et sous certaines hypothèses), la taille optimale d'un projet correspondant à une gamme continue d'investissements est obtenue lorsque le taux de rentabilité marginale est égal au taux d'actualisation [13].

Les taux de rentabilité marginale des différentes gammes d'investissement doivent donc être égaux. Par approximations successives, cette valeur commune sera relevée

12. Il s'agit d'un coût fictif qui peut également être appelé «coût d'opportunité du capital». Remarquons que ce dernier terme peut avoir plusieurs acceptions : celle qui est relative à la première méthode conduit à définir un coefficient multiplicateur des dépenses d'investissement tandis que le coût fictif du capital associé à la deuxième méthode correspond à un seuil de rentabilité.

13. Pour chaque projet, il convient de vérifier que son taux de rentabilité moyenne est supérieur au taux d'actualisation.

tant que le montant de capital nécessaire pour financer l'ensemble des projets excède le montant de capital disponible. Le taux d'actualisation est alors défini comme égal au taux de rentabilité marginale ainsi obtenu, de façon que la taille des différents projets soit compatible avec les ressources financières.

B. Projets indépendants de taille fixée

Supposons maintenant que tous les projets ont une taille fixée et sont mutuellement indépendants. Dans ce cas, les projets seront classés par taux de rentabilité décroissants. Ils seront alors pris dans cet ordre. La somme des coûts d'investissements des projets retenus sera comparée au montant du capital disponible; des projets seront ajoutés à la liste des projets retenus, jusqu'à ce que les ressources financières soient complètement utilisées.

Le taux d'actualisation est alors égal au taux de rentabilité du dernier projet retenu.

La procédure peut être illustrée par le graphique de la figure 9.2.

Les notations utilisées sont :

r_k : taux de rentabilité du projet k;
I_k : coût d'investissement du projet k;
B : montant de capital disponible.

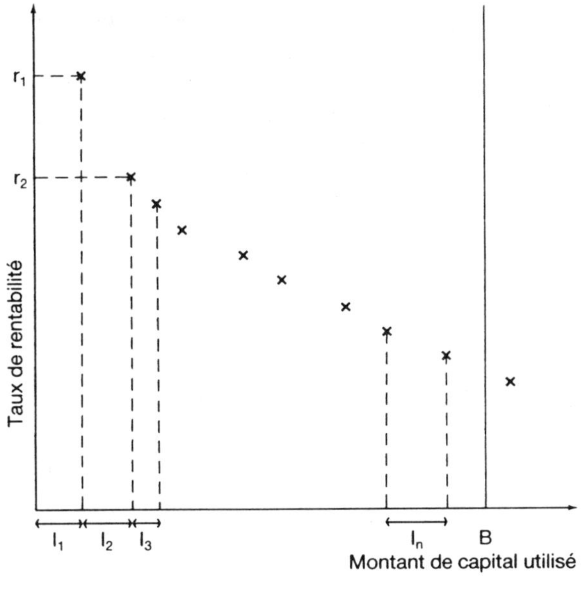

Fig. 9.2 Projets discrets indépendants

Il s'agit d'un graphique semblable à celui de la figure 9.1 qui présentait des courbes d'offre et de demande de capital pour l'entreprise. L'offre de capital étant ici inélastique, le coût marginal peut être considéré comme devenant infini lorsque le montant de capital utilisé dépasse le budget B.

Remarque importante 1. Projets incompatibles et taux de rentabilité maximum. Le classement des projets par taux de rentabilité décroissants ne permet pas d'effectuer des choix entre projets incompatibles : nous avons vu en effet que, lorsque l'on considère deux projets, celui qui présente le taux de rentabilité le plus élevé n'est pas toujours celui qui a le revenu actualisé le plus grand. Il n'est d'ailleurs pas nécessaire d'avoir défini un taux d'actualisation pour montrer qu'il peut être incorrect d'effectuer un choix entre projets incompatibles en prenant un critère de taux de rentabilité maximum. Ceci sera illustré par l'exemple numérique ci-dessous. Le problème qui se pose ici est alors semblable à celui que l'on rencontre lorsque, utilisant la méthode antérieure (paragraphe 9.6.3), on effectue un classement des projets par enrichissements relatifs décroissants.

Exemple.

Nous considérons une entreprise disposant d'un budget d'investissement de 300 MF.

Les projets possibles, au nombre de cinq, ont les caractéristiques suivantes : la dépense d'investissement est entièrement réalisée à l'année 0, le flux de trésorerie des années ultérieures est supposé constant sur une période considérée comme infinie. (Rappelons que, dans ce cas, le taux de rentabilité interne est égal au rapport de ce flux de trésorerie à la dépense d'investissement initiale). Les valeurs numériques sont données par le tableau 9.5. Les projets A et B sont incompatibles. Les projets C, D, E, sont indépendants de tous autres projets.

TABLEAU 9.5
PROJETS ETUDIES

Projets	*A*	*B*	*C*	*D*	*E*
Montant d'investissement (MF) ..	100	200	50	50	100
Flux de trésorerie des années d'exploitation (MF/an) ...	40	60	8	5	8
Taux de rentabilité	40 %	30 %	16 %	10 %	8 %

Pour effectuer un choix entre A et B, retenir le projet présentant le taux de rentabilité le plus élevé conduirait à réaliser le projet A. L'investissement de A étant de 100 MF, les projets C, D, E, pourraient alors être également réalisés, compte tenu du budget disponible.

L'ensemble de ces projets procurerait à l'entreprise un revenu annuel (perpétuel) de 40 + 8 + 5 + 8 = 61 MF/an.

Choisir le projet B conduirait à réaliser également les projets C et D, ce qui correspond à un revenu annuel de :

$$60 + 8 + 5 = 73\ MF/an$$

(toujours pour un montant total d'investissement de 300 MF).

Bien que le projet B ait un taux de rentabilité inférieur à celui de A, cette dernière solution est bien évidemment préférable à la première.

Remarque 2. Projets incompatibles et rentabilité relative. Comme avec la méthode précédente de l'enrichissement relatif en capital, le problème du choix entre deux projets incompatibles A et B peut éventuellement être résolu en introduisant le projet $B-A$ dans la liste des projets classés par taux de rentabilité décroissants. Nous ne développerons pas ce point, car pour une entreprise ayant de nombreux projets, il est en général nécessaire d'uiliser la procédure générale présentée ci-après.

Remarque 3. Problème combinatoire. Comme dans la méthode précédente, l'application au sens strict d'une procédure de classement, en supposant tous les projets de l'entreprise connus et recensés, peut conduire à ne pas utiliser exactement le capital disponible. Il peut donc, en théorie, apparaître un problème combinatoire. Dans la réalité cependant, le problème ne se pose généralement pas exactement en ces termes. D'une part, le nombre de projets est souvent assez élevé, et en particulier le nombre de petits projets qui peuvent être réalisés pour utiliser complètement un budget. D'autre part, les enveloppes budgétaires permettent toujours une certaine marge de manœuvre. Enfin et surtout, comme indiqué au cours de la remarque précédente, c'est la procédure générale définie ci-dessous qui est le plus souvent employée.

C. Cas général

Dans le cas général, il peut y avoir des relations d'incompatibilité entre plus de deux projets (variantes multiples), des relations de dépendance plus complexes, la présence simultanée de gammes continues et de projets discrets,... Le taux d'actualisation devra alors être déterminé par approximations successives. On considérera une première valeur du taux d'actualisation et les calculs de rentabilité seront faits à ce taux (choix entre projets incompatibles et décisions d'acceptation ou de rejet de projets interdépendants). Si le montant de capital disponible est insuffisant pour réaliser les projets retenus à l'issue de ce premier calcul, il devra être réitéré en donnant une valeur plus élevée au taux d'actualisation, jusqu'à l'obtention d'une valeur i^* de ce taux permettant un équilibre entre la somme des investissements retenus et les ressources en capital.

Dans la pratique, au-delà d'une certaine taille de l'entreprise, recenser l'ensemble des projets est impossible. La détermination du taux d'actualisation est souvent effectuée de façon très empirique. A partir d'une valeur utilisée dans le passé, la valeur est relevée si les contraintes budgétaires sont plus sévères. Elle est abaissée si ces contraintes s'assouplissent ou bien si le nombre de projets possibles diminue.

Remarque. Coût moyen du capital et coût de rareté. La méthode vient d'être présentée à partir d'une modification du taux d'actualisation et donc du coût à associer à l'ensemble du capital de l'entreprise. Pour une approche cohérente avec celle du coût moyen du financement, on peut toujours écrire que i^* est une moyenne pondérée du coût des emprunts et du coût des capitaux propres ; ce dernier doit alors être calculé à partir de la donnée de i^* et de la formule du coût moyen. Ceci revient à affecter une « prime de rareté » aux seuls fonds propres et non aux emprunts, ce qui est logique car, dans la réalité effectivement, le recours à l'emprunt est en général limité essentiellement par la disponibilité des capitaux propres.

D. Justification et validité de la méthode

La technique de l'actualisation a été définie intialement en considérant une entreprise ayant des possibilités de financement illimitées. En cas de rationnement de capital, par définition, ces possibilités sont limitées. Cependant, nous allons montrer que l'actualisation est encore justifiée ; pour le faire, nous considérerons des petites variations apportées à un programme d'investissement ; nous supposerons qu'un ensemble P de projets a été retenu au moyen de la méthode précédente, la somme des coûts d'investissement étant égale au montant B des fonds disponibles. A ce montant correspond un taux d'actualisation i^* tel que, en l'absence de rationnement de capital, la donnée de ce taux conduirait à accepter exactement l'ensemble des projets P.

Disponibilités supplémentaires. Supposons maintenant que l'entreprise puisse disposer pour ses investissements d'un montant de capital légèrement supérieur au montant B initialement prévu. Ce supplément de ressources ΔB va permettre de réaliser quelques petits projets supplémentaires, d'augmenter la taille des projets correspondant à des gammes continues.

Parmi les petits projets qui n'appartiennent pas à l'ensemble des projets P, l'entreprise sélectionnera (s'ils sont indépendants) ceux dont le taux de rentabilité est inférieur au taux d'actualisation i^*, mais peu différent de cette valeur i^*.

De même, en ce qui concerne les projets des gammes continues d'investissement, leur taux de rentabilité marginale est égal au taux d'actualisation i^*. A un petit accroissement de leur taille correspond donc un taux de rentabilité peu différent de i^*.

Si la ressource supplémentaire ΔB est petite, l'investir dans les projets de l'entreprise permet de la rémunérer à un taux peu différent de i^* ; le coût d'opportunité qu'il convient de lui affecter est donc égal à i^*.

Réduction des disponibilités. Un raisonnement semblable peut naturellement être fait en supposant que les ressources en capital sont réduites d'une quantité $\Delta B'$, par rapport au programme initial (ou, ce qui revient au même, en supposant que l'entreprise souhaite reprendre la disponibilité d'une partie $\Delta B'$ des sommes B pour l'affecter à d'autres utilisations que celles relatives à la réalisation des projets du programme P). Dans ce cas, la taille des projets appartenant à des gammes continues d'investissement sera réduite et certains projets seront rejetés.

Il s'agira de ceux dont le taux de rentabilité est le plus bas et, par conséquent, proche de i^*. Renoncer à investir le capital $\Delta B'$ dans les projets de l'ensemble P revient donc à renoncer à rémunérer la somme $\Delta B'$ à un taux peu différent de i^*. A l'utilisation de cette somme doit donc être associé un coût voisin de i^*.

En résumé, si à partir d'un programme et d'un montant d'investissement donnés, auquel est associé un taux d'actualisation i^*, l'entreprise envisage une petite variation (en plus ou en moins) du montant de ce capital à investir, le coût à affecter aux sommes considérées est peu différent de i^*. Dans la mesure où ces sommes sont petites, nous retrouvons une formulation semblable à celle d'une hypothèse de marché parfait du capital : possibilité de placement et d'emprunt au même taux. En rationnement de capital, ce taux ne correspond pas au coût effectivement payé pour l'utilisation du capital, mais à un « coût de rareté ». Comme dans l'hypothèse de marché parfait du capital, les coefficients d'actualisation (calculés au taux i^*) constituent donc des coefficients d'équivalence entre des sommes d'argent disponibles à des dates différentes.

Remarque. Comportement de l'entrepreneur. Au chapitre 3 nous avons étudié de façon théorique le comportement d'un entrepreneur sur un modèle à deux périodes. Nous avons introduit (au paragraphe 3.9.3) une contrainte de limitation du capital emprunté. Dans ce cas, à l'optimum, le taux d'actualisation psychologique de l'entrepreneur est égal à la rentabilité marginale de l'investissement. Remarquons cependant que la contrainte de rationnement en capital étudiée au chapitre 3 portait sur le seul montant des emprunts, tandis que l'analyse développée ici est relative à une limitation de l'ensemble du capital. La représentation de cette dernière avec un modèle à deux périodes sera évoquée au chapitre 11 (dernière remarque du paragraphe 11.4.6.B).

Décentralisation des décisions

La méthode présentée permet, peut-être plus facilement que la méthode de l'enrichissement relatif en capital, une décentralisation des décisions d'investissement. En effet, dans chaque secteur de l'entreprise, les calculs de rentabilité pourront être réalisés au taux d'actualisation i^*, en ignorant les contraintes de rationnement de capital. Le choix des projets sera effectué en fonction du résultat des calculs décentralisés.

Si le taux d'actualisation i^* a été correctement déterminé, la somme S des coûts d'investissement relatifs aux projets retenus par les différents secteurs de l'entreprise doit être peu différente du montant de capital disponible B. Une certaine différence $(S - B)$ peut naturellement apparaître, compte tenu de l'agrégation des projets et des approximations effectuées pour déterminer le taux i^* par les services centraux de l'entreprise. Mais, comme cela a été dit plus haut, la donnée d'un montant de fonds disponible B ne correspond pas généralement à une contrainte parfaitement rigide. Si la différence $(S - B)$ n'est pas trop élevée et en utilisant les souplesses dont peuvent disposer les services financiers, l'entreprise pourra effectivement réaliser l'ensemble des projets retenus à l'issue du calcul effectué de façon décentralisée.

Tout se passe donc comme si chaque secteur de l'entreprise pouvait emprunter du capital sans limite aux services financiers à un taux égal à i^*.

Évolution dans le temps des disponibilités en capital

La justification que nous venons de donner est évidemment valable si la période d'étude est seulement composée de deux périodes élémentaires, les investissements étant réalisés au cours d'une première période, les revenus étant comptabilisés au cours de la seconde. Ce ne sera pas toujours vrai si la méthode est appliquée à l'étude de projets d'investissement dont la réalisation et l'exploitation s'étendent sur plusieurs années. En effet, la méthode consiste à définir une seule valeur pour le taux d'actualisation, en fonction des ressources financières d'une année donnée et ne tient pas compte des disponibilités en capital des années ultérieures. En toute rigueur, il faudrait pouvoir déterminer le «coût de rareté» du capital pour chacune des années de la période d'étude, ce qui conduirait par conséquent à effectuer ensuite les calculs de rentabilité avec un taux d'actualisation dont la valeur varierait au cours du temps. Ceci est d'ailleurs vrai (en remplaçant coût de rareté i^* par coût d'opportunité $1 + \lambda^*$) pour la première méthode.

Pour que l'utilisation de cette méthode soit rigoureusement correcte, il faudrait donc pouvoir supposer que le coût de rareté du capital sera stable au cours des années à venir.

En fait, la détermination d'un taux d'actualisation fonction du temps [14] demande l'utilisation de méthodes assez lourdes. De plus, la réalisation décentralisée des calculs de rentabilité à partir de taux d'actualisation variables pose des problèmes pratiques. La méthode du «coût de rareté» est donc très souvent utilisée dans les entreprises (malgré les objections théoriques qui viennent d'être formulées) pour définir un taux d'actualisation constant au cours du temps.

Lorsque la valeur obtenue est sensiblement différente de celle qui correspond à un coût moyen du capital, il convient toutefois de s'interroger sur les causes de cette différence et sur la permanence de celles-ci à plus long terme.

Comme nous l'avons indiqué au paragraphe 9.6.1, la situation de rationnement peut, dans certains cas, résulter d'un choix des propriétaires de l'entreprise souhaitant garder le contrôle de l'entreprise. Mais dans le cas général, pour une entreprise possédant des projets ayant une bonne rentabilité, les disponibilités en capital ne devraient être limitées, à long terme, que par leur coût.

Remarque. La méthode présentée conduit à retenir comme taux d'actualisation la rentabilité marginale des projets retenus. Dans la pratique, cette dernière est souvent difficile à calculer, ce qui conduit certaines entreprises à retenir comme estimation du coût de

---

14. Le calcul peut être effectué à partir de modèles mathématiques (cf. chapitre 11). Ces modèles permettent, sous certaines hypothèses, de déterminer les programmes d'investissements optimaux (dans leurs grandes lignes). Ils fournissent en outre les valeurs du taux d'actualisation ou du coût d'opportunité (suivant la formulation retenue) à utiliser à chaque période pour l'étude des petits projets non pris en compte dans le programme global. Ces valeurs peuvent être calculées à partir des variables duales associées aux contraintes de disponibilités en capital.

rareté du capital la rentabilité moyenne historique calculée sur les investissements passés, éventuellement corrigée en fonction de prévisions d'amélioration ou de détérioration de celle-ci.

Notons par ailleurs que la méthode du coût de rareté peut éventuellement être utilisée en dehors de toute hypothèse de rationnement en capital (cf. section 9.7).

9.6.5 Comparaison des deux méthodes et domaines d'application

A. Taux d'actualisation associés

Nous avons indiqué que l'utilisation de la deuxième méthode (taux d'actualisation adapté) correspond implicitement à une hypothèse de stabilité du coût de rareté du capital. Ceci revient à supposer que le rationnement en capital se maintiendra dans le futur à un même niveau.

Quant à la première méthode (enrichissement relatif en capital), elle s'appuie de façon explicite sur l'écriture d'une contrainte de budget associée à la seule année ou aux seules années d'investissement. L'utilisation d'un taux d'actualisation inchangé [15] pour les périodes ultérieures peut donc être interprétée comme correspondant à une hypothèse d'absence de rationnement pour les années suivantes.

Pour préciser ceci, nous donnerons de la première méthode une interprétation complémentaire. Nous nous limiterons au cas particulier où l'investissement I_k d'un projet d'indice k est supposé réalisé en une seule année, l'année 0.

Supposons déterminé le coefficient λ permettant de ramener le problème posé, maximisation d'une somme de revenus actualisés sous contrainte, à un problème d'optimisation sans contrainte. Nous avons vu que le critère qui se substitue au revenu actualisé s'écrit, pour un projet d'indice k :

$$L_k = R_k + I_k - (1+\lambda)I_k$$

$R_k + I_k$ est la somme des flux de trésorerie postérieurs à l'année 0 actualisés. Notons $F_{n,k}$ le flux à l'année n d'un projet k :

$$L_k = \sum_{n=1}^{N} \frac{F_{n,k}}{(1+i)^n} - (1+\lambda)I_k$$

Il revient au même de chercher à maximiser $\sum_k L_k$ ou bien $\sum L_k/(1+\lambda)$

$$\frac{L_k}{1+\lambda} = \sum_{n=1}^{N} \frac{F_{n,k}}{(1+\lambda)(1+i)^n} - I_k$$

15. Non modifié par le rationnement de capital.

Ce critère peut être interprété en utilisant une suite de taux d'actualisation i_0^1, i_1^2, ..., i_{N-1}^N, en écrivant :

$$\frac{L_k}{1+\lambda} = -I_k + \frac{F_{1,k}}{1+i_0^1} + \frac{F_{2,k}}{(1+i_0^1)(1+i_1^2)} + \ldots + \frac{F_{N,k}}{(1+i_0^1)(1+i_1^2)\ldots(1+i_{N-1}^N)}$$

avec :

$$1 + i_0^1 = (1+\lambda)(1+i)$$
$$i_{n-1}^n = i \qquad \text{pour} \quad n = 2, 3, \ldots, N$$

Rechercher un coefficient λ permettant de lever la contrainte de disponibilité en capital revient donc à chercher la valeur du taux d'actualisation i_0^1.

Les deux méthodes peuvent alors donner lieu à une interprétation semblable ; **il s'agit dans les deux cas d'utiliser une suite de taux d'actualisation telle que l'ensemble des projets dont le revenu actualisé est positif puisse être financé au moyen du budget disponible.** Avec la première méthode (enrichissement relatif), seul le taux d'actualisation de l'année 1 par rapport à l'année 0 est modifié. Avec la deuxième (taux d'actualisation adapté), tous les taux d'actualisation i_{n-1}^n sont modifiés et égaux entre eux.

B. Comparaison des résultats

Dans la pratique, les deux méthodes conduisent à des choix d'investissement très voisins. A titre d'exemple, considérons le cas où tous les projets considérés sont indépendants les uns des autres. La première méthode consiste à classer les projets par enrichissement relatif décroissant, la deuxième à les classer par taux de rentabilité décroissant. Comme nous l'avons vu au chapitre 4 et contrairement au critère du revenu actualisé, ces critères sont tous deux des critères de rendement moyen par franc investi.

De façon plus précise, considérons un cas particulier où tous les projets, indépendants, ont une même durée de vie de N années. Nous supposons de plus que l'investissement, de montant I_k pour un projet k, est réalisé en une seule année, l'année 0, et que les flux correspondant aux revenus seront ensuite constants sur les N années. Soit $F_{.,k}$ le flux annuel d'un projet k.

L'enrichissement relatif en capital d'un projet k s'écrit :

$$\frac{\displaystyle\sum_{n=1}^{N} \frac{F_{.,k}}{(1+i)^n} - I_k}{I_k} = \frac{F_{.,k}}{I_k} \sum_{n=1}^{N} \frac{1}{(1+i)^n} - 1$$

La première méthode consiste à classer les projets par enrichissements relatifs décroissants et donc par valeurs décroissantes de $F_{.,k}/I_k$.

Le taux de rentabilité r_k d'un projet k, est défini par l'équation :

$$\sum_{n=1}^{N} \frac{F_{.,k}}{(1+r_k)^n} = I_k$$

$$\frac{F_{.,k}}{I_k} = \frac{1}{\displaystyle\sum_{n=1}^{N} \frac{1}{(1+r_k)^n}}$$

Classer les projets par taux de rentabilité décroissants revient à les classer par valeurs décroissantes de :

$$\frac{1}{\displaystyle\sum_{n=1}^{N} \frac{1}{(1+r_k)^n}}$$

et donc par valeurs décroissantes de $F_{.,k}/I_k$.

Dans ce cas particulier étudié, on obtiendra donc même classement des projets, même décision d'investissement, avec l'une ou l'autre méthode.

Dans le cas général, les choix réalisés ne sont pas rigoureusement identiques, mais assez souvent voisins. Lorsqu'ils diffèrent, la deuxième méthode (taux d'actualisation adapté) conduit généralement à favoriser, par rapport à la première, les projets dont la durée de vie est la plus courte, ou engendrant plus rapidement des rentrées de fonds importantes. Ceci découle immédiatement de l'interprétation relative aux taux d'actualisation. La méthode du taux d'actualisation adapté conduit à utiliser des taux plus élevés pour les années à venir, ce qui pénalise les encaissements éloignés dans le futur.

C. Domaines d'application

Rationnement au niveau de l'ensemble d'une entreprise

Nous supposons que l'entreprise dispose d'un budget limité pour l'ensemble de ses investissements. L'interprétation donnée (paragraphe 9.6.5.A) relative aux taux d'actualisation de chaque méthode permet de préciser leur domaine d'application. La première (enrichissement relatif) est théoriquement valable si l'on suppose que le rationnement en capital est passager, la méthode du taux d'actualisation adapté trouve sa justification dans le cas contraire.

En fait, il est souvent difficile d'effectuer des prévisions sur l'évolution des contraintes limitant le capital disponible. Par ailleurs, dans la mesure où les deux méthodes conduisent le plus souvent à des choix peu différents, un facteur pratique peut devenir déterminant. Nous avons indiqué en effet que la deuxième méthode, du coût de rareté, permet une décentralisation des décisions parfois plus facile que la première. Seule la donnée d'un taux d'actualisation est nécessaire, tandis qu'avec la première méthode, il faut également fournir la valeur du coefficient λ et expliquer comment s'en servir.

Dans les entreprises, la deuxième méthode est donc souvent préférée à la première.

Rationnement au niveau d'une division de l'entreprise

Lorsque c'est une division de l'entreprise qui dispose d'un montant de capital limité, c'est en général pour des raisons de planification stratégique. Le budget alloué à chaque division est défini par la direction générale à partir d'un plan à long terme qui prend en compte des éléments qualitatifs difficiles à intégrer dans les calculs de rentabilité.

Si, au niveau de l'ensemble des investissements de l'entreprise, il n'y a pas de rationnement de capital, le taux d'actualisation de l'entreprise est égal au coût du capital. S'il y a rationnement, supposons le taux d'actualisation défini, pour l'ensemble de l'entreprise au moyen de la deuxième méthode (taux d'actualisation qui permet d'ignorer les limitations du capital).

L'objectif d'une direction générale est de maximiser le revenu actualisé de l'ensemble des projets, l'actualisatison étant faite au taux de l'entreprise. Pour être cohérent avec l'objectif de l'entreprise, l'objectif d'une division disposant d'une enveloppe budgétaire donnée doit donc être de maximiser son revenu actualisé, au taux de l'entreprise, sous la contrainte de budget.

La solution du problème ainsi formulé est donnée par la première méthode. C'est donc celle-ci qui est adaptée.

Remarque. En cas de rationnement de capital au niveau de l'ensemble de l'entreprise, nous avons vu que la première méthode n'est pas justifiée, théoriquement, si la situation de rationnement doit se poursuivre dans l'avenir. La raison en est que cette première méthode revient à utiliser pour les années postérieures à l'investissement un taux d'actualisation défini hors rationnement. La méthode est cependant justifiée pour une division de l'entreprise, même si l'on ne prévoit pas un assouplissement des contraintes budgétaires de la division, parce que le taux d'actualisation à utiliser est celui de l'entreprise. Ce qui est limité, c'est non pas l'ensemble des fonds, mais les fonds alloués à certains investissements. Il est alors naturel, pour limiter ces investissements, de leur affecter un coût plus élevé, le coût d'opportunité $1 + \lambda$, sans modifier le poids (le coefficient d'actualisation) associé aux rentrées de fonds qui seront engendrées par les projets étudiés.

Généralisation

Ainsi les deux méthodes peuvent être simultanément utilisées dans les entreprises, la deuxième (taux d'actualisation adapté) pour prendre en compte un rationnement de l'ensemble du capital de l'entreprise, la première au niveau des divisions dont le budget est limité.

C'est d'ailleurs ainsi (tout au moins *grosso modo*) que procède le *Commissariat Général du Plan* français qui définit les règles de choix des investissements du point de vue de la Collectivité Nationale. Le taux d'actualisation du Plan est déterminé, pour l'ensemble de l'entreprise «FRANCE», de façon à assurer un équilibre entre l'épargne disponible (ressources en capital) et les besoins en capital nécessaires pour réaliser les investissements rentables à ce taux. Ceci correspond, en schématisant, à la deuxième méthode du taux d'actualisation défini comme un coût de rareté. Par contre, on constate qu'en utilisant ce taux le montant des investissements qui doivent être financés sur fonds publics dépasse le budget disponible. Pour en tenir compte, la première méthode est alors utilisée. C'est ainsi que le 9ème Plan préconise l'utilisation d'un taux d'actualisation de 8 % en francs constants et un coût d'opportunité des fonds publics égal à 1,5 (coefficient λ égal à 0,5).

9.6.6 Croissance de l'entreprise par autofinancement

Lorsque tous les projets sont indépendants, nous avons vu que la méthode du coût de rareté conduit à classer les projets par taux de rentabilité décroissants. Par ailleurs, un cas particulier de rationnement en capital est celui où les fonds disponibles pour les investissements sont limités à l'autofinancement dégagé grâce aux revenus des investissements passés. Ces deux remarques sont à rapprocher de propriétés théoriques parce que démontrées sous des hypothèses simplificatrices, mais riches d'enseignement, dues principalement à J. Lesourne [9.8].

A. Activité unique et investissement par autofinancement

Considérons une entreprise qui possède une seule activité, dont le taux de rentabilité est r. Elle réinvestit tous ses revenus dans des équipements permettant de développer cette activité. Nous supposons de plus que les possibilités d'investissement ne sont pas limitées par le marché, mais seulement par la capacité de l'entreprise à financer les investissements nécessaires.

Sous certaines hypothèses complémentaires, on peut alors montrer que **le taux de croissance de l'entreprise est (asymptotiquement) égal au taux de rentabilité *r*.**

Nous ne démontrerons pas cette propriété et renvoyons pour cela aux références données en bibliographie [9.8], [9.32], [9.24], mais une analogie permet de justifier de façon intuitive ce résultat. Lorsque l'on place un capital à un taux d'intérêt i, et que les intérêts obtenus sont capitalisés, placés au même taux i, le capital disponible après n années est multiplié par $(1+i)^n$. En d'autres termes, la croissance du capital se fait au taux i. Il en est de même pour l'entreprise qui place tous ses revenus dans des projets d'investissement dont le taux de rentabilité r est constant et ne dépend ni des investissements réalisés ni de la période de réalisation. Sa croissance se fera (asymptotiquement) au taux de rentabilité r [16].

---

16. En fait, le résultat n'est simple que dans des cas particuliers, tel que celui de projets dont les flux de trésorerie diminuent de façon exponentielle en fonction du temps [9.8].
Dans le cas général, la loi d'évolution de la valeur de l'entreprise fait intervenir un terme en $(1+r_1)^n$, r_1 étant le taux de rentabilité positif le plus élevé. Mais elle peut aussi faire intervenir des termes fonctions des autres racines, réelles ou complexes, de l'équation de définition des taux de rentabilité du projet, ce qui peut entraîner des mouvements oscillatoires [9.32].

B. Réinvestissement d'une fraction des revenus

Considérons maintenant le cas où l'entreprise réinvestit seulement une fraction b des flux de trésorerie engendrés par les projets antérieurs [17]. La fraction complémentaire $1-b$ est distribuée sous forme de dividendes. J. Lesourne [9.8] introduit alors la notion de **taux de rentabilité de réinvestissement.** Il s'agit de la valeur du taux d'actualisation pour laquelle la valeur actuelle des flux encaissés et réinvestis dans l'entreprise est égale à la dépense d'investissement. En d'autres termes, c'est le taux de rentabilité que présenterait un projet si on ne prenait en compte que la fraction b des flux positifs, fraction qui sera réinvestie. Si l'entreprise réinvestit uniquement dans le même type de projet, **la croissance se fera à un taux égal au taux de rentabilité de réinvestissement.**

C. Choix des investissements

Nous nous limiterons à un énoncé rapide de quelques résultats parmi les plus simples de J. Lesourne [9.8]. En dehors d'hypothèses simplificatrices nécessaires au calcul, les principales hypothèses sont les suivantes. L'entreprise peut choisir parmi différents types de projets d'investissement. Dans un premier temps, on suppose de plus que le choix doit être effectué une fois pour toutes en début de période, autrement dit que le réinvestissement ultérieur se fera dans des projets identiques ou de même type, dont le nombre n'est pas limité.

Si l'entreprise réinvestit tous les revenus de ses projets, la croissance de l'entreprise et la valeur actuelle de ses fonds propres seront maximisées en choisissant le projet dont le taux de rentabilité est le plus élevé. Si le volume des investissements de rentabilité maximale est limité, les projets seront classés par taux de rentabilité décroissants et pris dans cet ordre.

Considérons maintenant le cas où l'entreprise réinvestit seulement une partie des flux encaissés. La croissance de l'entreprise et sa valeur actuelle sont alors maximisées en choisissant le ou les projets qui présentent le taux de rentabilité de réinvestissement le plus élevé. Ceci n'est vrai cependant que si le taux de rentabilité de réinvestissement est supérieur au coût du capital. Dans le cas contraire, le choix s'effectue en retenant les variantes qui maximisent le revenu actualisé.

Ces résultats s'expliquent simplement à partir des propriétés des paragraphes précédents. Si le réinvestissement se fait dans des projets identiques aux projets initiaux, la croissance s'effectue à un taux égal au taux de rentabilité (de réinvestissement). C'est donc ce dernier qu'il convient de rechercher à maximiser. Ce sont les projets dont le taux de rentabilité de réinvestissement est le plus élevé qui engendrent les encaissements permettant un autofinancement maximum.

---

17. Dorfman [9.32] a étudié le cas où le réinvestissement est limité à la somme de l'amortissement comptable et d'une fraction θ du bénéfice imposable, la fraction $1 - \theta$ étant consacrée au versement de dividendes. Si l'amortissement comptable est calculé selon la méthode des valeurs actuelles (cf. chapitre 5, paragraphe 5.5.3.C), la croissance de l'entreprise se fait (asymptotiquement) au taux θr.

9.7 TAUX D'ACTUALISATION ET PLANIFICATION STRATÉGIQUE

9.7.1 Taux d'actualisation inférieur au coût direct du capital

Nous avons vu qu'en présence de rationnement du capital, la méthode du coût de rareté conduit à définir un taux d'actualisation égal à la rentabilité marginale du capital. Ce procédé peut éventuellement être utilisé en dehors de toute hypothèse de rationnement en capital [9.31]. Il est en effet toujours difficile d'estimer le rendement satisfaisant les actionnaires. De plus, ce n'est pas parce qu'une entreprise est dans l'impossibilité de rémunérer ses actionnaires au niveau voulu qu'elle leur remboursera leurs mises de fonds. Même si la rentabilité marginale chute au-dessous du coût moyen (direct) du capital, l'entreprise peut être amenée à continuer à investir pour éviter de licencier du personnel, pour conserver une position sur un marché en raison de décisions stratégiques qui ne peuvent être justifiées par un calcul économique seul, etc.

Dans ce cas, le taux d'actualisation peut être défini ainsi que cela a été fait ci-dessus, comme un coût de rareté, par référence aux derniers projets que l'entreprise peut réaliser avec les fonds dont elle dispose et qu'elle souhaite affecter aux investissements considérés.

9.7.2 Taux d'actualisation différenciés par secteurs

Le raisonnement ci-dessus peut être appliqué à différents secteurs d'une entreprise. Si les objectifs stratégiques de ces secteurs sont distincts, cela peut conduire à définir des taux d'actualisation différenciés.

De façon un peu plus précise, nous avons indiqué au paragraphe 9.6.1 que les analyses stratégiques pouvaient conduire à allouer des budgets limités à certaines divisions de l'entreprise. Mais définir un budget affecté à une activité ou définir un taux d'actualisation propre à cette activité sont deux problèmes duaux [18]. Adapter la valeur du taux d'actualisation en fonction des choix stratégiques est préconisé par différents auteurs (cf. par exemple [9.73] ou à un niveau macroéconomique [0.23]).

---

18. Nous avons vu que les deux méthodes de choix en présence de rationnement de capital n'étaient pas rigoureusement équivalentes, et que la première, celle de l'enrichissement en capital, est en principe préférable pour tenir compte d'une enveloppe budgétaire allouée à une division. Mais, comme nous l'avons indiqué, les deux méthodes conduisent en pratique aux mêmes décisions ou à des options très semblables.

Au lieu de fixer un budget, cela revient à définir une rentabilité minimale exigée. C'est ainsi que, dans certaines entreprises, des taux d'actualisation différenciés sont utilisés pour favoriser ou au contraire limiter les investissements dont les retombées indirectes peuvent difficilement être quantifiées. Par exemple, dans le passé, dans l'industrie pétrolière, on a pu observer des taux d'actualisation sensiblement moins élevés dans le secteur aval, distribution en particulier, que dans le secteur amont. L'appréciation du risque mise à part, cela a pu être un moyen de favoriser un développement du réseau de distribution, dont la rentabilité propre est peu élevée, mais qui permettait d'écouler une production de brut sur laquelle les profits pouvaient être plus élevés.

Un taux d'actualisation ainsi adapté peut constituer un crible économique permettant une lecture cohérente de l'intérêt de différents projets d'investissements participant à un même objectif stratégique.

Remarquons que lorsqu'il y a dans une entreprise des taux d'actualisation différenciés, ce peut être lié à des considérations de risque. Dans le cas de l'industrie pétrolière que nous venons de citer ce facteur est particulièrement important. Il peut parfois expliquer l'écart ou une partie de l'écart entre les taux pratiqués dans le domaine de l'exploration et de la production et les taux utilisés dans le secteur aval. Cet écart peut être justifié par des ratios d'endettement différents : le recours à l'emprunt est pratiquement exclu pour des investissements d'exploration par exemple. Le coût du capital peut donc être variable d'un secteur à l'autre, même si l'on néglige les différences pouvant exister au niveau de la prime de risque incluse dans le coût du capital propre [19]. Nous reviendrons sur ce point au chapitre 12 (section 12.7) et ne parlerons pas ici des primes de risque différenciées qui sont parfois ajoutées au coût direct du capital pour définir des taux d'actualisation spécifiques par secteurs.

---

19. Si l'on se réfère au Modèle d'Équilibre des Actifs Financiers, le coefficient β peut prendre éventuellement des valeurs différentes en fonction des activités des divers secteurs d'une entreprise.

Complément au chapitre 9
ÉLÉMENTS DE THÉORIE FINANCIÈRE

9.8 THÉORIE DU PORTEFEUILLE ET MODÈLE D'ÉQUILIBRE DES ACTIFS FINANCIERS

Cette section a pour but d'apporter quelques brefs compléments sur le modèle d'équilibre des actifs financiers *(CAPM, Capital Asset Pricing Model)* présenté au paragraphe 9.4.2.B.

On considère un marché d'actifs financiers pour lesquels tous les investisseurs ont des anticipations homogènes, c'est-à-dire effectuent une même estimation concernant les lois de probabilités à associer aux rendements futurs de leurs placements. On suppose ces lois normales (ou tout au moins symétriques). On suppose de plus que tous les investisseurs ont une aversion pour le risque, ce risque étant caractérisé par la dispersion du rendement des actifs, variance ou écart-type.

9.8.1 Portefeuille efficace

Un portefeuille de valeurs sera caractérisé par l'espérance mathématique μ et l'écart-type σ de son rendement. On appelle portefeuille efficace un portefeuille

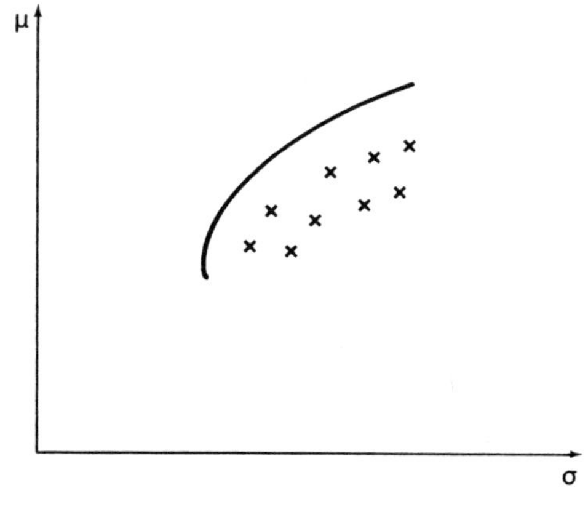

Fig. 9.3 Frontière d'efficacité

tel qu'il n'existe pas de portefeuille ayant même espérance de rendement μ et présentant un écart-type σ plus petit (ou inversement, tel qu'il n'existe pas de portefeuille de même écart-type et offrant une espérance de rendement meilleure).

Dans un plan (μ, σ), la frontière d'efficacité est le lieu des points représentant les portefeuilles efficaces (fig. 9.3).

On peut montrer que toute combinaison linéaire de portefeuille efficace est un portefeuille efficace et réciproquement.

9.8.2 Portefeuille optimum : 1er cas, tous les actifs sont risqués

Dans ce cas, le portefeuille optimum qui sera choisi par un investisseur donné est celui qui maximise sa fonction d'utilité. Dans un plan (μ, σ), on peut montrer que les courbes d'iso-utilité sont croissantes et convexes. Le portefeuille optimum sera alors caractérisé par les coordonnées (μ^*, σ) du point de contact entre la frontière d'efficacité et la courbe d'indifférence qui lui est tangente (courbe d'iso-utilité correspondant à l'utilité la plus élevée sur la figure 9.4).

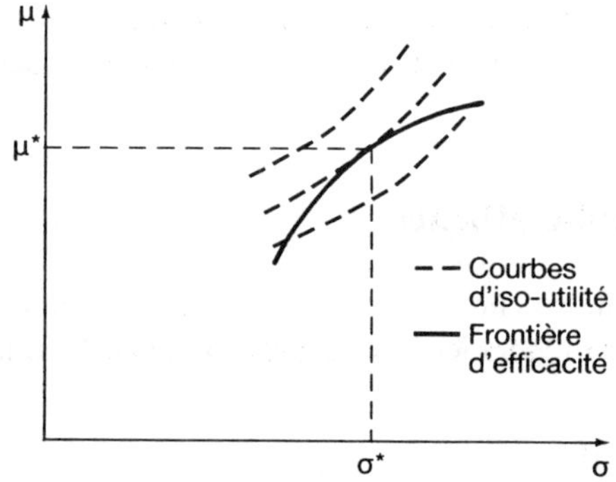

Fig. 9.4 Portefeuille optimum d'actifs risqués

La détermination d'un portefeuille efficace et donc de la frontière efficace peut être obtenue par le calcul : on recherchera les proportions x_j de chaque actif j dans le portefeuille p telles que, à espérance mathématique de rendement donné, la variance $\mathrm{Var}(r_p)$ soit minimale. Il s'agit d'un problème de recherche d'*extremum* sous contraintes :

$$\text{Min Var}(r_p) = \sum_{j,k} x_j\ x_k\ \sigma_{jk}$$

avec :

$$\sum_j x_j \, \mathrm{E}(r_j) = \mathrm{E}(r_p) = \mathrm{Cte}$$

$$\sum_j x_j = 1 \tag{9.5}$$

En notant :

x_j : part de l'actif j dans le portefeuille à déterminer ;
σ_{jk} : covariance des rendements des actifs j et k ;
r_j : rendement de l'actif j ;
$\mathrm{E}(r_j)$: espérance mathématique du rendement de l'actif j.

Les conditions du premier ordre obtenues par la méthode des multiplicateurs de Lagrange s'écrivent, pour chaque actif d'indice j :

$$\sum_k x_k \, \sigma_{jk} - \lambda \mathrm{E}(r_j) - \lambda' = 0 \tag{9.6}$$

Ces équations forment avec les deux équations de contraintes un système dont la résolution permet de déterminer la part x_j de chaque valeur dans le portefeuille optimum d'espérance donnée.

9.8.3 Portefeuille optimum : 2ème cas, introduction d'un actif sans risque

On suppose maintenant que tout investisseur peut placer sans risque à un taux e et emprunter sans limites à ce même taux.

Considérons l'ensemble des portefeuilles P obtenus par combinaison linéaire d'un portefeuille efficace k et de l'actif sans risque. Il est facile de montrer que dans le plan (μ, σ), le lieu des points représentatifs de ces combinaisons linéaires est une droite AK (A et K étant les points représentatifs de l'actif sans risque et du portefeuille k).

Considérons la droite AM tangente à la frontière d'efficacité issue du point A (fig. 9.5). Cette droite représente l'ensemble des portefeuilles qui sont combinaisons linéaires de l'actif sans risque et d'un portefeuille pm associé au point M.

Soit P un point de la droite AK. Soit P' le point de même écart-type σ sur la droite AM. P' ayant une espérance mathématique meilleure que celle de P, le portefeuille représenté par le point P n'est pas efficace. La nouvelle frontière efficace est donc la droite AM d'équation :

$$\mu = e + [\mathrm{E}(r_{pm}) - e] \frac{\sigma}{\sigma(r_{pm})}$$

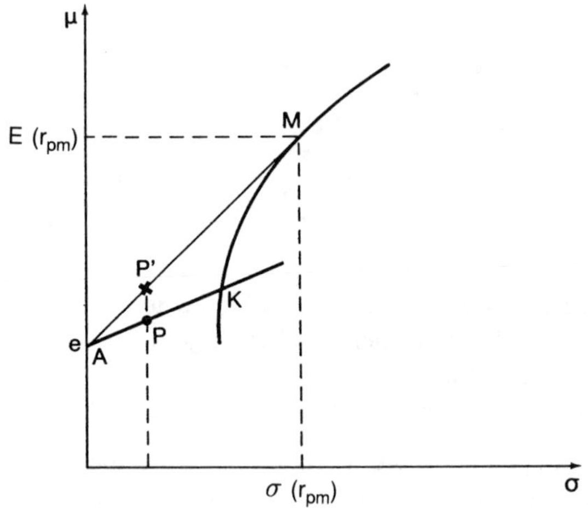

Fig. 9.5 Introduction de l'actif sans risques

Cette équation montre que pour un portefeuille efficace, la prime de risque (accroissement de l'espérance de rendement qui, à l'équilibre du marché, compense le risque) est proportionnelle au risque mesuré par l'écart-type σ. Le coefficient de σ,

$$[\mathrm{E}(r_{pm}) - e]/\sigma(r_{pm})$$

est donc appelé «prix du risque».

Le portefeuille de marché

Les portefeuilles efficaces (droite AM) sont donc des combinaisons linéaires de l'actif sans risque et du portefeuille pm associé au point M.

Les investisseurs effectuant tous les mêmes prévisions vont donc tous composer leurs portefeuilles à partir de pm et de l'actif sans risque; pm est donc le portefeuille composé de l'ensemble des titres du marché, dans les proportions du marché. Il est donc appelé «portefeuille de marché».

Les conditions de l'optimum

La détermination d'un portefeuille efficace peut se faire par le calcul comme précédemment (problème [9.5] de minimisation sous contrainte). Dans le système d'équations correspondant aux conditions du premier ordre (9.6), l'introduction d'un actif sans risque entraîne l'écriture d'une équation supplémentaire :

$$-\lambda e - \lambda' = 0$$

Les équations (9.6) s'écrivent alors, pour tout indice j associé à un actif risqué :

$$\sum_k x_k \, \sigma_{jk} - \lambda[\mathrm{E}(r_j) - e] = 0 \tag{9.7}$$

9.8.4 Relation fondamentale du modèle

Soit y_j la part d'actif j dans un portefeuille quelconque P.

La composition du portefeuille de marché (qui est un portefeuille efficace) obéit aux relations ci-dessus.

En multipliant chacune des équations (9.7) par y_j et en les additionnant, il vient :

$$\mathrm{Cov}(r_p, r_{pm}) - \lambda[\mathrm{E}(r_p) - e] = 0$$

en écrivant cette relation pour le portefeuille de marché :

$$\mathrm{Var}(r_{pm}) - \lambda[\mathrm{E}(r_{pm}) - e] = 0$$

ce qui permet d'éliminer λ. En considérant un portefeuille p constitué d'un actif unique j, on obtient la relation :

$$\mathrm{E}(r_j) = e + \frac{\mathrm{Cov}(r_j, r_{pm})}{\mathrm{Var}(r_{pm})}[\mathrm{E}(r_{pm}) - e]$$

$$\boxed{\mathrm{E}(r_j) = e + \beta_j[\mathrm{E}(r_{pm}) - e]}$$

Interprétation

A l'équilibre du marché, les rendements des actions font intervenir une «prime de risque», proportionnelle au risque mesuré par la covariance entre r_j et r_{pm}, ou par le coefficient $\beta_j = \mathrm{Cov}(r_j, r_{pm})/\mathrm{Var}(r_{pm})$, le coefficient de proportionnalité étant le même pour toutes les actions.

L'équation fondamentale peut s'écrire :

$$\mathrm{E}(r_j) = e + \frac{\mathrm{E}(r_{pm}) - e}{\sigma(r_{pm})} \cdot \frac{\mathrm{Cov}(r_j, r_{pm})}{\sigma(r_{pm})}$$

ou encore :

$$\mathrm{E}(r_j) = e + \frac{\mathrm{E}(r_{pm}) - e}{\sigma(r_{pm})} \, \rho(r_j, r_{pm}) \, \sigma(r_j)$$

où $\rho(r_j, r_{pm})$ est le coefficient de corrélation entre r_j et r_{pm}.

Elle fait alors apparaître le «prix du risque»

$$[\mathrm{E}(r_{pm}) - e]/\sigma(r_{pm})$$

défini au paragraphe 9.8.3 pour un portefeuille efficace (et qui, pour un portefeuille efficace, s'applique à son écart-type σ). Pour une action quelconque, ce prix du risque s'applique à $\rho(r_j, r_{pm})\sigma(r_j)$, c'est-à-dire à une partie seulement de l'écart-type $\sigma(r_j)$, correspondant au risque systématique [20].

9.8.5 Introduction de taux différents pour les placements et les emprunts

Comme indiqué ci-dessus, le modèle d'équilibre des actifs financiers a fait l'objet de très nombreux travaux ayant donné lieu à diverses extensions. Nous nous limiterons à celle qui concerne une différenciation des taux de placement et d'emprunt.

Soit r_1 et r_2 le taux du placement sans risque et celui de l'emprunt, A_1 et A_2 les points correspondants dans le plan E, σ.

Soient T_1 (respectivement T_2) les points de contact d'une tangente issue de A_1 (respectivement de A_2) à la frontière efficace des actifs risqués. Le raisonnement présenté au paragraphe 9.8.3 permet de définir la nouvelle frontière efficace (en traits pleins sur le graphique de la figure 9.6).

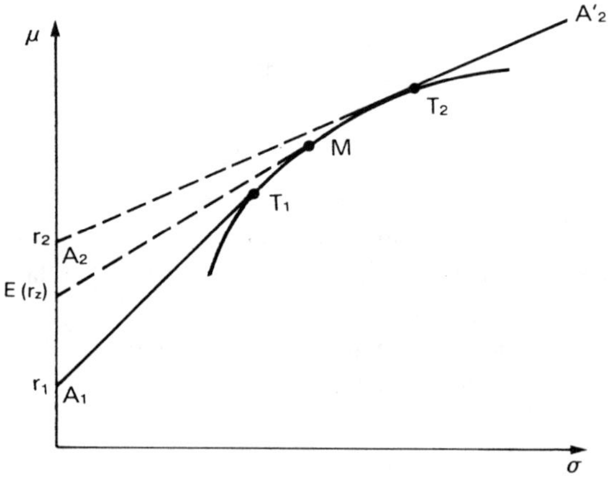

Fig. 9.6 Taux différenciés pour les placements et les emprunts

20. Défini au paragraphe 9.4.2.B.

Elle est formée :

- du segment de droite A_1T_1, les portefeuilles correspondants étant des combinaisons linéaires du portefeuille t_1 (associé au point T_1) et du placement sans risque ;
- de l'arc de courbe T_1T_2 auxquels sont associés des portefeuilles comprenant seulement des actifs risqués ;
- du segment de droite $T_2A'_2$ représentatif d'un portefeuille d'actifs risqués t_2 (associé au point T_2), l'achat étant effectué en faisant en partie appel à des emprunts effectués au taux r_2.

On montre [21] alors que la formule fondamentale du modèle devient, pour un portefeuille d'actifs risqués quelconque et en particulier pour un actif risqué j :

$$\mathrm{E}(r_j) = \mathrm{E}(r_z) + \frac{\mathrm{Cov}(r_j, r_{pm})}{\mathrm{Var}(r_{pm})}\,[\mathrm{E}(r_{pm}) - \mathrm{E}(r_z)]$$

où z désigne l'indice d'un portefeuille non corrélé avec le marché ($\mathrm{Cov}(r_z, r_{pm}) = 0$) et de variance minimale, appelé portefeuille à β zéro.

La principale conclusion du modèle est donc maintenue : à l'équilibre, le rendement d'une action est une fonction linéaire du risque mesuré par $\mathrm{Cov}(r_j, r_{pm})$ ou par le coefficient $\beta_j = \mathrm{Cov}(r_j, r_{pm})/\mathrm{Var}(r_{pm})$.

On peut cependant montrer que, dans le plan (μ, β) le lieu des portefeuilles efficaces n'est plus un segment de droite ; il est composé de trois segments de droites, le premier correspondant à des portefeuilles comprenant des placements sans risques, le deuxième à des portefeuilles d'actifs risqués, le troisième à des portefeuilles composés en utilisant l'emprunt (fig. 9.7).

---

21. Soit z_j la part de l'actif j dans le portefeuille z.
En multipliant le premier membre de la $i$ème équation du système (9.6) par z_j et en additionnant ensuite ces équations, on obtient :

$$\lambda \mathrm{E}(r_z) + \lambda' = 0$$

Le système (9.6) peut alors s'écrire :

$$\forall_j, \sum_k x_k\, \sigma_{jk} - \lambda[\mathrm{E}(r_j) - \mathrm{E}(r_z)] = 0$$

Le raisonnement se poursuit ensuite comme au paragraphe 9.8.4, e étant remplacé par $\mathrm{E}(r_z)$.
On peut par ailleurs montrer que :

- $\mathrm{E}(r_z)$ est l'ordonnée à l'origine de la tangente en M à la frontière d'efficacité des actifs risqués (M étant le point représentant le portefeuille de marché) ;
- tout portefeuille d'actifs risqués est une combinaison linéaire des portefeuilles pm et z.

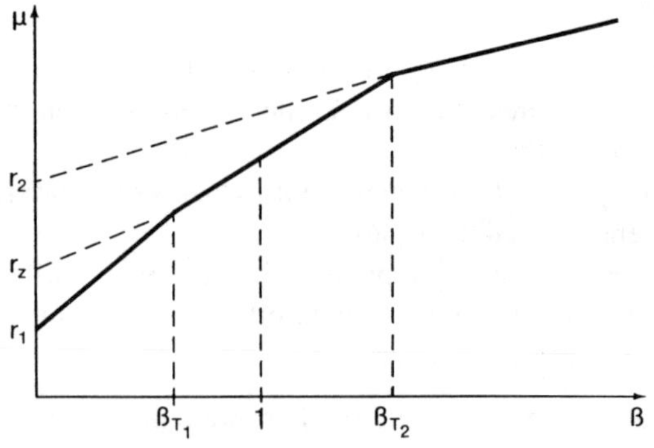

Fig. 9.7 Lieu des portefeuilles efficaces

9.9 STRUCTURE OPTIMALE DU CAPITAL ET THÉORIE DE MODIGLIANI ET MILLER

L'objet de cette section est de donner quelques éléments théoriques d'analyse relatifs à la structure optimale du capital et au coût moyen du capital.

9.9.1 La théorie classique

Comme nous l'avons vu, le fait que le coût des capitaux propres soit plus élevé que le coût des capitaux empruntés s'explique (s'il n'y a pas de fiscalité) par la rémunération du risque que l'actionnaire prend en achetant des actions dont le rendement est incertain, plutôt qu'en souscrivant des emprunts sans risque. Si la rentabilité (globale) des investissements industriels est aléatoire, la dispersion du taux de rentabilité des capitaux propres est d'autant plus élevée que le ratio d'endettement est lui-même élevé [22]. A ce risque, s'ajoute le fait que la probabilité de mise en faillite de l'entreprise est également une fonction croissante de l'endettement. Le rendement des actions demandé par un porteur

22. Rappelons que le taux de rentabilité r_g est, au moins de façon approchée, égal à la moyenne du coût des emprunts e et du taux de rentabilité des capitaux propres r_p (cf. section 9.1 et chapitre 10) :

$$r_g = \alpha e + (1 - \alpha) r_p$$

$$r_p = \frac{1}{1 - \alpha}(r_g - \alpha e)$$

Si l'écart-type de r_g est σ, l'écart-type de r_p est $\sigma/(1 - \alpha)$.

de parts augmente donc (au moins à partir d'un certain seuil) avec l'endettement de l'entreprise.

Enfin, le recours à l'emprunt devient lui-même plus difficile (et donc plus cher) quand le ratio d'endettement augmente. La figure 9.8 donne une représentation graphique des variations du coût moyen du capital en fonction du levier (rapport de l'endettement à long terme au capital propre).

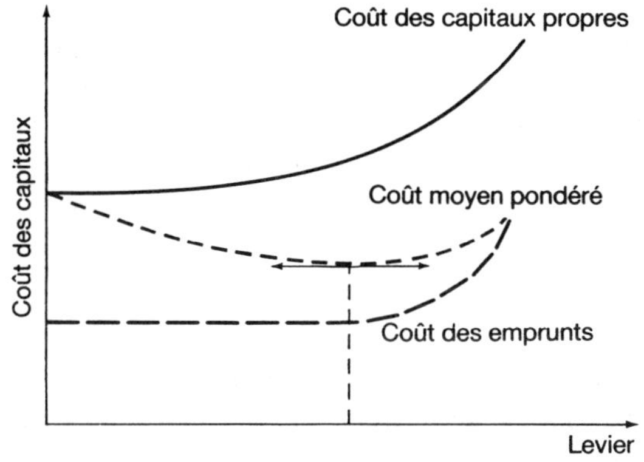

Fig. 9.8 Théorie classique : coût moyen du capital

Pour les petites valeurs de l'endettement, le coût moyen du capital diminue (par augmentation de la part des capitaux d'emprunts, meilleur marché). Il augmente par contre (pour les raisons indiquées ci-dessus) lorsque le levier est élevé. Il existe ainsi une valeur du levier pour laquelle le coût moyen pondéré est minimum.

9.9.2 La théorie et le théorème de Modigliani et Miller. Présentation

Dans une publication célèbre, F. Modigliani et M.H. Miller [9.54] ont montré que, sous certaines hypothèses, la valeur théorique de l'entreprise et le coût moyen du capital sont indépendants de la structure financière de l'entreprise.

Les principales hypothèses utilisées sont les suivantes :

- les particuliers ont la possibilité d'emprunter au même taux que les entreprises ; leur comportement est rationnel, leurs anticipations sont homogènes ;
- il n'y a pas de risque de faillite ;
- il n'y a pas de fiscalité, pas de coûts de transaction.

La démonstration (tout au moins celle qui a été présentée par les auteurs à l'origine) s'appuie sur des arbitrages effectués par les porteurs d'actions. En supposant qu'ils ont un comportement rationnel, ils vont modifier la composition de leur portefeuille de titres de telle façon que les valeurs sur le marché des entreprises présentant les mêmes caractéristiques de risque industriel soient égales, ceci quel que soit l'endettement des entreprises appartenant à une même classe de risque. La valeur de marché d'une entreprise est la somme de la valeur de marché des actions et de la valeur des dettes (obligations, emprunts, etc.).

Démonstration résumée

Considérons deux entreprises de même nature technique, la première financée entièrement par capitaux propres, la deuxième faisant appel à des emprunts (obligations). Nous supposerons que l'espérance mathématique et la variance des flux de trésorerie F qui seront disponibles pour verser des dividendes et les intérêts des emprunts sont les mêmes pour les deux entreprises. La durée de la période d'étude est supposée infinie.

Soient :

- $\overline{F}$: l'espérance du flux F (espérance de dividendes de l'entreprise 1);
- A_1 : la valeur de l'entreprise 1 (valeur des titres sur le marché);
- A_2 : la valeur des capitaux propres (sur le marché) de l'entreprise 2;
- E_2 : la valeur de ses obligations (la valeur de la deuxième entreprise étant ainsi $V_2 = A_2 + E_2$);
- e : le taux des obligations (emprunt et placement supposés sans risque).

Le flux de trésorerie disponible pour le versement de dividendes par l'entreprise 2 est :

$$F - eE_2$$

Supposons que les valeurs de marché des deux entreprises ne sont pas égales et supposons que $V_1 = A_1$ soit supérieur à $V_2 = A_2 + E_2$ avec $V_1 = (1 + k)V_2$ et k positif.

Considérons un actionnaire possédant une fraction φ du capital de l'entreprise 1. La valeur de ses titres est :

$$\varphi V_1 = \varphi(1 + k)V_2 = \varphi(1 + k)(A_2 + E_2)$$

S'il les revend, il peut donc acheter une fraction $\varphi(1 + k)$ des actions de la deuxième entreprise et une même fraction $\varphi(1 + k)$ des obligations de celle-ci. Son espérance de dividende serait alors :

$$\varphi(1 + k)\ (\overline{F} - eE_2)$$

Les revenus des obligations s'élèveraient à :

$$\varphi(1 + k)eE_2$$

L'espérance du flux de trésorerie à recevoir serait donc :

$$\varphi(1+k)\overline{F}$$

c'est-à-dire $(1+k)$ fois l'espérance de flux de trésorerie $\varphi\overline{F}$ correspondant aux dividendes qu'il toucherait s'il conservait ses parts de l'entreprise 1. Le degré de risque étant le même dans les deux cas, l'actionnaire considéré a donc intérêt à effectuer la vente envisagée. Les arbitrages ainsi réalisés par l'ensemble des opérateurs conduiront donc à une baisse de la valeur des titres de l'entreprise 1 et si le fonctionnement des marchés est parfait, les valeurs à l'équilibre des deux entreprises seront égales.

La rentabilité moyenne de l'action est alors :

- pour l'entreprise 1 : $M_1 = \overline{F}/A_1$;
- pour l'entreprise 2 : $M_2 = (\overline{F} - eE_2)/A_2$.

Pour cette dernière, le coût moyen du capital est égal à :

$$\frac{A_2}{A_2+E_2}\,\frac{\overline{F}-eE_2}{A_2} + \frac{E_2}{A_2+E_2}\,e = \frac{\overline{F}}{A_2+E_2} = \frac{\overline{F}}{A_1}$$

Le coût moyen du capital est donc indépendant du ratio d'endettement : l'augmentation de la part des capitaux d'emprunt (bon marché) est exactement compensée par l'accroissement de la rentabilité exigée par les actionnaires pour les capitaux propres.

La figure 9.9 donne les variations du coût des capitaux propres, des emprunts et du coût moyen du capital. Les courbes sont en traits pleins dans le cas où l'on suppose constant le coût des emprunts. Remarquons que Modigliani et Miller indiquent que le coût moyen du capital reste constant même si le coût des emprunts augmente (courbes en tiretés) à partir d'un certain seuil en fonction du levier, cette augmentation étant compensée par une croissance moins rapide du coût des fonds propres.

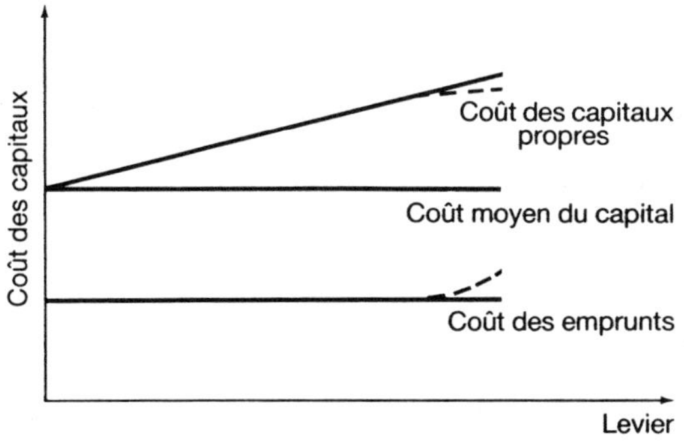

Fig. 9.9 Coût moyen du capital (théorie de Modigliani et Miller)

Relation avec le modèle d'équilibre des actifs financiers

Le théorème de Modigliani et Miller peut également être démontré à l'aide du modèle d'équilibre des actifs financiers, en supposant que les investisseurs peuvent placer et emprunter au taux sans risque. Nous avons vu que, à risque industriel donné, le risque total pris par une entreprise est fonction de son endettement. Notons β^p le coefficient Beta associé au risque relatif à la rentabilité des capitaux propres. Celui-ci peut alors être calculé si l'on connaît le coefficient β^g associé au seul risque industriel (risque d'exploitation relatif à la rentabilité globale ou encore risque que supporterait l'entreprise si elle était entièrement financée par capitaux propres). La formule est la suivante :

$$\beta_j^p = (1 + l)\beta_j^g$$

où l est le levier de l'entreprise (rapport de la dette au montant des capitaux propres).

En supposant admis les résultats de Modigliani et Miller, cette formule peut être retrouvée en remarquant simplement que la rentabilité des capitaux propres et la rentabilité globale d'une entreprise j sont liées, au moins de façon approchée, par la relation :

$$r_j^g = \frac{A}{A + E}\, r_j^p + \frac{E}{A + E}\, e$$

avec :

A	: montant du capital propre de l'entreprise considérée i ;
E	: montant de ses dettes ;
l	: levier, rapport E/A de la dette au montant des capitaux propres ;
r_j^p	: rentabilité des capitaux propres de l'entreprise j ;
r_j^g	: rentabilité globale de l'entreprise ;
e	: taux des emprunts (sans risque).

Ce qui s'écrit encore :

$$r_j^p = (1 + l)r_j^g - le$$

D'où, en introduisant la rentabilité moyenne r_{pm} du marché des valeurs :

$$\text{Cov}(r_j^p, r_{pm}) = (1 + l)\ \text{Cov}(r_j^g, r_{pm})$$
$$\beta_j^p = (1 + l)\ \beta_j^g$$

Développements

Depuis la parution de l'article de Modigliani et Miller, de très nombreuses recherches théoriques ont été effectuées et une abondante littérature est consacrée au coût du capital et à la recherche d'une structure financière «optimale».

Certains auteurs (parmi lesquels Modigliani et Miller eux-mêmes en 1969) ont montré que le «théorème» ci-dessus peut être justifié sous des hypothèses plus larges que celles de la publication originale (prise en compte du risque de faillite, abandon de l'hypothèse d'existence de classes d'entreprises de risques équivalents).

Par contre, certaines hypothèses, qui ne sont pas nécessairement vérifiées dans la pratique, ne peuvent être abandonnées sans remettre en cause le résultat (par exemple, la possibilité pour les particuliers d'emprunter au même taux que les entreprises ou les hypothèses de comportement dans l'incertain).

Introduction de l'impôt sur le revenu des sociétés

Nous avons vu que le coût après impôt des emprunts, en francs courants, est égal à $(1 - t)$ fois leur coût avant impôt (si le taux d'imposition est t). La prise en compte de l'impôt sur le revenu des sociétés abaisse le coût des emprunts. Si l'on néglige les effets de l'imposition sur le revenu des personnes physiques, sous les hypothèses de Modigliani et Miller, le coût moyen du capital est alors une fonction constamment décroissante du ratio d'endettement.

De façon plus précise, le gain pour l'actionnaire (augmentation de valeur de l'entreprise) est égal à :

$$tE$$

en notant t le taux d'imposition sur le revenu des sociétés et E le montant du capital emprunté. Il s'agit d'un cas particulier de la formule 9.9 présentée au paragraphe 9.9.3. Elle peut être obtenue de façon très rapide en remarquant que les crédits d'impôts sont chaque année égaux à teE. En supposant toujours un régime permanent sur une période de durée infinie, la valeur actualisée au taux e de ces crédits d'impôt est tE. L'actualisation au taux e est justifiée par le fait que les crédits d'impôt sont pratiquement certains, comme des flux d'emprunts.

9.9.3 Introduction de l'impôt sur le revenu des personnes physiques et théorie de Miller

L'effet de l'imposition sur le revenu des sociétés peut être compensé en partie ou en totalité par l'introduction d'une imposition sur le revenu des personnes physiques. Le taux d'imposition personnel sur le revenu des actions est souvent moins élevé que le taux d'imposition personnel sur le revenu des obligations. Ceci est dû en particulier au fait qu'une partie du revenu d'une action correspond à une plus-value. Les plus-values sont généralement taxées à taux réduit [23], et l'imposition peut être reportée dans le temps au moment de la revente.

---

23. Aux États-Unis, depuis le «*Tax Reform Act*» de 1986, les intérêts, dividendes et plus-values sont taxés au même taux. L'avantage fiscal des plus-values vient donc du fait qu'elles sont taxées seulement lors de la cession des titres. Remarquons que la théorie de Miller a été proposée en 1976 avant la réforme fiscale.

Considérons toujours le cas de flux perpétuels. Sous les hypothèses de Modigliani et Miller, le gain pour l'actionnaire procuré par un endettement de l'entreprise de 1 franc (l'augmentation de valeur de l'entreprise) est égal à [9.52] :

$$1 - \frac{(1-t)(1-\tau_a)}{1-\tau_b} \tag{9.9}$$

avec :

t : taux d'imposition sur le revenu des sociétés;
τ_a : taux d'imposition personnel sur le revenu des actions;
τ_b : taux d'imposition personnel sur le revenu des obligations.

Une justification de cette formule est la suivante. Considérons un actionnaire possédant une fraction θ des actions de l'entreprise et possédant également un portefeuille d'obligations. Soit F le flux annuel d'exploitation permettant de rémunérer actionnaires et prêteurs. Ce flux correspond au versement annuel de dividendes d'une firme identique non endettée. Soient e le taux d'emprunt, E le montant de capital emprunté par l'entreprise.

Le revenu annuel de l'actionnaire s'écrit :

$$\theta(F - eE)\ (1-t)\ (1-\tau_a)$$

Il pourrait obtenir un même revenu en achetant une fraction θ des actions d'une entreprise identique non endettée et en revendant des obligations pour un montant M que nous allons définir.

Le revenu après impôt des actions de la firme non endettée s'élève à :

$$\theta(1-t)(1-\tau_a)F$$

Pour obtenir le même revenu qu'avec des actions de l'entreprise endettée, notre investisseur devrait donc revendre un montant d'obligations :

$$M = \theta E \frac{(1-t)(1-\tau_a)}{1-\tau_b}$$

Celles-ci auraient rapporté chaque année un revenu après impôt :

$$(1-\tau_b)eM = \theta e E(1-t)(1-\tau_a)$$

La différence entre θE et M mesure le gain obtenu grâce à l'endettement de l'entreprise. Dans le cas où τ_a est égal à τ_b, et a fortiori s'il n'y a pas d'impôt sur le revenu des personnes physiques, le gain dû à l'endettement, tE, est proportionnel à l'endettement E. Il peut s'annuler et même devenir négatif pour un actionnaire ayant un taux marginal d'imposition élevé sur le revenu de ses obligations.

Pour que des obligations trouvent acquéreurs, il faut que le taux d'intérêt soit assez élevé pour compenser la différence de taxation entre le revenu des actions et le revenu des obligations. M.H. Miller [9.52] analyse les conséquences du fait que le taux d'imposition marginal du revenu des obligations est une fonction croissante du revenu de l'investisseur. Il en déduit que, pour que le marché des obligations soit en équilibre, les taux d'intérêt doivent s'établir à un niveau tel qu'en fait, le ratio d'endettement n'a pas d'influence sur la valeur de l'entreprise.

L'« effet de clientèle » permet ainsi de retrouver le résultat de Modigliani et Miller correspondant à l'absence de fiscalité.

9.9.4 La pratique

Dans la pratique, il existe très peu d'entreprises financées (presque) uniquement par emprunt. Les risques, en particulier le risque de faillite, augmentent en fonction du levier lorsque celui-ci prend des valeurs élevées ; le recours à l'emprunt (emprunt bancaire, obligations) est limité et peut devenir sensiblement plus cher si l'entreprise doit faire appel à des prêteurs moins exigeants lors de l'analyse des bilans et des ratios.

Les « coûts d'agence » augmentent également avec l'endettement. On appelle « coûts d'agence » [9.44] les coûts qu'entraîne la non identité d'objectifs entre les actionnaires et les dirigeants de l'entreprise. La marge de manœuvre des dirigeants devient plus étroite, leur « inconfort » se traduit par des coûts (réels ou d'opportunité) supplémentaires [9.37].

La prise en compte de ces éléments conduit alors à retrouver les résultats de la théorie classique et les courbes de la figure 9.8 sont bien adaptées pour représenter, en fonction du levier, l'évolution du coût moyen du capital et de ses composantes. Il s'agit cependant d'une représentation qualitative.

Pour déterminer la valeur optimale du levier, différents modèles théoriques ont été proposés, en particulier en France par J. Lesourne [9.8], R. Charreton et J.M. Bourdaire [9.4] ; nous renvoyons sur ce point aux publications citées en bibliographie. Remarquons que, quand on tient compte de l'imposition, le levier qui rend maximum la valeur de l'entreprise n'est pas nécessairement celui qui rend minimum le coût moyen du capital.

Dans la réalité, cependant, il est très difficile de définir, en fonction de l'endettement et des risques industriels relatifs au domaine d'activité de l'entreprise, le coût des différents moyens de financement et particulièrement le coût des fonds propres et les différents coûts associés à une augmentation de l'endettement. Il faut donc bien reconnaître que si la théorie apporte des éclairages intéressants, elle ne fournit pas de réponses simples à la question de la structure optimale du capital. Le levier est donc généralement défini de telle sorte que le risque ne prenne pas une valeur trop élevée, sachant que l'appréciation de ce risque, parfois subjective, reste souvent empirique et affaire d'expérience de la part des financiers. La plupart des auteurs s'accordent toutefois pour penser, sans qu'il soit possible de tracer de façon précise les courbes de la figure 9.8, que l'optimum est relativement « plat », autrement dit qu'il existe vraisemblablement un assez large intervalle de variations possibles du levier, à l'intérieur duquel le coût moyen du capital s'éloigne assez peu du coût correspondant au levier optimum.

Enfin, nous évoquerons une dernière question. Alors que l'avantage (fiscal) d'un endettement raisonnable a été clairement mis en lumière, comment se fait-il que certaines entreprises, en bonne santé, bien gérées, opérant dans des domaines d'activité peu risquée soient presque entièrement financées par fonds propres ? Pourquoi certaines entreprises moins rentables présentent-elles des ratios d'endettement élevés ? Résumons la réponse de S.C. Meyers [9.59] à ces questions. Une entreprise préfère d'abord utiliser pour ses investissement son autofinancement. S'il est insuffisant, elle fait appel à l'emprunt et émet des obligations. L'émission d'actions intervient en dernière place dans la hiérarchie («*pecking order*») des différents financements, d'une part, parce que les coûts d'émissions sont plus élevés que ceux d'obligations et, d'autre part, parce qu'elle nécessite une information du public qui peut ne pas être interprétée de façon favorable.

Résumé

Le coût du capital propre est en général supérieur, même hors fiscalité, au coût des emprunts. Il faut en effet que le revenu des actions d'un porteur de parts permette une rémunération du risque pris.

Si t est le taux d'imposition sur le revenu des sociétés, le coût après impôt en monnaie courante d'un emprunt de taux e' est :

$$\hat{e}' = (1 - t)e'$$

Et si le taux d'inflation d est supposé stable, le coût en monnaie constante est :

$$\hat{e} \simeq (1 - t)e' - d$$

L'hypothèse la plus couramment utilisée pour définir le coût du capital d'une entreprise est celle de la stabilité de son ratio d'endettement. Si le coût de chaque source de fonds est lui-même supposé stable, le coût marginal du financement est égal à son coût moyen.

Le taux d'actualisation est égal à ce coût moyen s'il n'y a pas de rationnement du capital.

Dans le cas contraire, deux méthodes simplifiées sont disponibles.

La première consiste à effectuer les calculs de rentabilité en utilisant un coefficient multiplicateur $1 + \lambda$ (λ positif) appliqué à toute dépense d'investissement, et dont la valeur est d'autant plus élevée que le rationnement est sévère. Un projet indépendant est alors retenu si son enrichissement relatif en capital est supérieur à λ. La méthode est principalement adaptée au cas où une contrainte de budget est imposée à une division de l'entreprise.

La deuxième méthode est le plus souvent utilisée lorsqu'il y a rationnement en capital pour l'ensemble des investissements de l'entreprise. Elle consiste à définir la valeur du taux d'actualisation de façon que l'ensemble des projets rentables à ce nouveau taux, qui incorpore alors un **coût de rareté**, puisse être financé au moyen des capitaux disponibles.

10 *Prise en compte du mode de financement dans les calculs de rentabilité*

«Faites-nous de bonne politique et je vous ferai de bonnes finances».
Baron J.D. Louis

«C'est par l'atelier qu'il faut financer une entreprise industrielle, non par la banque».
Henry Ford

Questions posées

Qu'est-ce qu'un calcul de rentabilité des capitaux propres?

A quoi sert-il?

Quand doit-on l'utiliser?

Objectifs du complément :

Présenter la méthode «des intérêts seulement déductibles» utile pour prendre en compte le mode de financement d'un projet en présence de fiscalités complexes.

Étudier quelques problèmes particuliers posés par :
– les prêts à taux préférentiels;
– le financement des actifs circulants;
– le recours au crédit-bail.

INTRODUCTION

Dans les calculs de rentabilité globale présentés jusqu'ici, l'ensemble des données relatives au financement des projets était résumé par la donnée d'un taux d'actualisation, éventuellement complétée par la définition d'un coût d'opportunité du capital destiné à prendre en compte des hypothèses de rationnement en capital.

Très souvent ces données sont suffisantes pour conduire le calcul économique. Mais ce n'est pas toujours le cas : lors de l'étude d'un grand projet et de son montage financier par exemple, l'hypothèse d'un ratio d'endettement invariable et indépendant de la réalisation du projet considéré peut être remise en cause. Il peut alors être souhaitable de prendre en compte les caractéristiques du financement du projet dans les calculs de rentabilité ; c'est ce que permettent les calculs de rentabilité des capitaux propres.

Les trois premières sections 10.1, 10.2 et 10.3 de ce chapitre leur seront consacrées. Une comparaison avec les calculs de rentabilité globale sera effectuée et les domaines d'application respectifs de chacune de ces deux approches seront présentés. Précisons tout de suite que les calculs de rentabilité des capitaux propres ne sont en principe pas utilisés pour l'étude de petits projets.

Une troisième approche pour prendre en compte le mode de financement, la méthode des « intérêts seulement déductibles » ou méthode d'Arditti, trouve des applications dans le domaine de la production des gisements pétroliers où interviennent des fiscalités très particulières. Les calculs de rentabilité globale « classiques » sont alors mal adaptés. La méthode des « intérêts seulement déductibles » sera présentée en section 10.4 (les sections 10.4 et 10.8 sont consacrées à des compléments d'usage moins courants).

En section 10.5 nous donnerons rapidement quelques éléments sur la méthode de la « Valeur Actuelle Ajustée » qui permet également de prendre en compte des fiscalités et des financements particuliers. Nous étudierons ensuite quelques problèmes particuliers de prise en compte du mode de financement. La section 10.6 traitera ainsi du cas où un projet permet d'obtenir des emprunts à taux privilégiés. La suivante (10.7) sera consacrée au financement des stocks et des capitaux circulants et la dernière (10.8) à la comparaison entre l'achat et le *leasing* d'un équipement.

10.1 RENTABILITÉ DES CAPITAUX PROPRES. DÉFINITION ET EXEMPLE DE CALCUL

10.1.1 Présentation

Au cours des chapitres précédents, les encaissements et décaissements associés aux emprunts permettant de financer un projet n'étaient pas pris en compte lors de la construction des échéanciers utilisés pour les calculs de rentabilité. Nous appellerons désormais **flux de trésorerie d'exploitation** ou **flux d'exploitation** les flux de trésorerie ainsi calculés.

Il s'agissait de calculs de rentabilité **globale**, le taux de rentabilité calculé (le cas échéant) correspondant alors au taux maximum auquel le projet permettait de rémunérer **la totalité** du capital investi.

Remarquons que lorsque le mot «rentabilité» est utilisé sans autres qualificatifs, il s'agit en général de rentabilité globale. De même, en l'absence de précision complémentaire, le terme flux de trésorerie correspond en général au flux d'exploitation.

Rappelons qu'un calcul de rentabilité globale correspond au point de vue d'un département de l'entreprise chargé de l'étude, de la réalisation et de l'exploitation des projets d'investissement (fig. 10.1). Le taux d'actualisation utilisé correspond à un coût de cession interne du capital échangé entre un département financier chargé de collecter les ressources en capital et le département responsable des projets d'investissement. Nous avons vu qu'il s'agit d'un coût moyen qui fait intervenir le coût des emprunts (lequel ne doit donc pas intervenir dans le calcul des flux de trésorerie).

Nous allons maintenant supposer connu le plan de financement d'un projet d'investissement à étudier et en particulier les caractéristiques des emprunts utilisés, taux d'intérêt et modalités de remboursement. Nous introduirons dans l'échéancier des flux de trésorerie tous les encaissements et décaissements relatifs aux emprunts. Les flux ainsi obtenus seront appelés **flux de fonds**

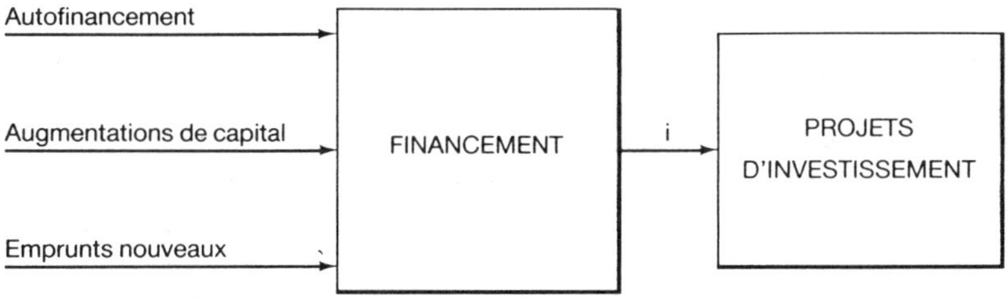

Fig. 10.1 Point de vue du département Projets

propres ; les calculs de rentabilité effectués seront appelés **calculs de rentabilité des capitaux propres**.

En effet, les mises de fonds initiales qui apparaissent dans l'échéancier considéré ne correspondent plus à la totalité du capital investi, mais aux décaissements en capitaux propres. Le taux de rentabilité ainsi calculé caractérise donc le taux maximum auquel les revenus du projet permettent de rémunérer les **capitaux propres** utilisés pour réaliser le projet.

Cette deuxième approche correspond au point de vue des actionnaires, propriétaires des fonds propres de l'entreprise.

Après avoir présenté les notations utilisées par la suite et traité un exemple, nous donnerons quelques éléments sur la courbe de rentabilité des capitaux propres, puis effectuerons une comparaison entre les deux approches, rentabilité globale et rentabilité des capitaux propres. Nous discuterons ensuite leurs domaines d'application respectifs.

10.1.2 Notations. Flux de fonds propres

Nous noterons :

F_n : Flux d'exploitation de l'année n ($n = 0, 1, 2, \ldots, N$) (après impôt). Lorsque l'entreprise est soumise à l'impôt sur le revenu des sociétés, rappelons que l'impôt intervenant dans le calcul du flux d'exploitation est calculé sur un résultat d'exploitation qui ne comprend aucune charge financière.

j_n : Intérêts des emprunts à l'année n.

b_n : Remboursement en capital à l'année n. Une valeur négative pour b_n correspond à un tirage d'emprunt.

X_n : Décaissement à l'année n relatif à l'emprunt. Pour une année de remboursement :

$$X_n = b_n + j_n$$

Pour une année où il y a tirage d'emprunt, X_n est négatif. De façon générale, X_n est l'opposé du flux d'emprunt.

D_n : Flux de fonds propres à l'année n.

Pour une année où interviennent seulement des dépenses d'investissement, le flux de fonds propres correspond à la dépense d'investissement diminuée des tirages d'emprunts.

Pour une année d'exploitation (hors cession d'actif et variations des stocks), le flux de fonds propres s'obtient en retranchant des recettes d'exploitation les dépenses d'exploitation, le remboursement d'emprunt (intérêt et capital) et l'impôt. Celui-ci est calculé sur une assiette fiscale déterminée après charges financières. La différence entre le montant d'impôt associé à un calcul de flux de fonds propres et le montant associé à un calcul de flux d'exploitation correspond à la comptabilisation des intérêts des emprunts. Si t_n est le taux d'imposition à l'année n, et pour une entreprise présentant des résultats en bénéfice sur toute la période d'étude, cette différence est égale à :

$$t_n \, j_n$$

Finalement, pour une année quelconque, on a :

$$D_n = F_n - X_n + t_n j_n$$
$$D_n = F_n - b_n - (1 - t_n) j_n$$

Les remboursements d'emprunt sont généralement définis en monnaie courante. Les formules ci-dessus peuvent cependant être écrites en monnaie constante comme en monnaie courante.

10.1.3 Exemple de calcul

Nous reprendrons l'exemple relatif à un projet de construction d'une unité de production d'ammoniac.

Considérons les hypothèses qui avaient été utilisées au chapitre 7 :

- *investissement : 1 000 MF, réalisé en un an à l'année 0 ;*
- *exploitation pendant 10 ans (années 1 à 10) ;*
- *production : 300 000 t/an ;*
- *prix de vente : estimation année 0 : 1 100 F/t, puis augmentation de 5 % par an (en francs courants).*

Les frais variables (gaz naturel, énergie, produits chimiques et divers), qui représenteraient 66 MF à l'année 0, augmenteront de 5 % par an (en francs courants). Les frais de personnel et autres frais fixes (estimation année 0 : 60 MF) augmenteront de 9 % par an.

Le taux d'inflation est estimé à 5 % sur l'ensemble de la période.

L'entreprise est soumise à l'impôt sur le revenu des sociétés (taux : 40 %) et prévoit de présenter des résultats en bénéfice (fiscal) sur toute la période d'étude. L'amortissement est linéaire sur 10 ans.

Nous supposerons que le financement est assuré par :

- *capitaux propres : 550 MF ;*
- *emprunt bancaire : 450 MF. Cet emprunt est effectué au taux de 10 % (en francs courants) et remboursable par annuités constantes sur 8 ans.*

Tous les calculs seront effectués en francs courants.

Le flux de trésorerie (fonds propres) de l'année 0 est égal à − 550 MF (investissement 1 000 MF diminué du montant de capital emprunté pour 450 MF).

Pour définir les flux de trésorerie après impôt des années d'exploitation, nous devrons tout d'abord calculer le bénéfice imposable. Les intérêts payés sur les capitaux empruntés étant déductibles de ce bénéfice, il convient de déterminer le montant d'intérêt versé chaque année.

L'annuité de remboursement (en francs courants) est égale (en MF/an) à :

$$\frac{450}{\sum_{n=1}^{8} \frac{1}{(1,10)^n}} = 84,35$$

Rappelons que cette annuité comprend une partie d'intérêt et une partie de remboursement de capital, chacune de ces parties variant au cours de la période de remboursement, leur somme étant constante et égale à 84,35 MF/an.

La part d'intérêt peut être calculée pour chaque année au moyen des formules[1] *présentées au chapitre 3. Elle peut également être déterminée de proche en proche :*

A l'année 1, le capital immobilisé étant égal à 450 MF, les intérêts portent sur la totalité de ce capital, soit :

$$0,10 \times 450 = 45 \text{ MF}$$

La part de remboursement du capital dans l'annuité s'obtient donc par différence :

$$84,35 - 45 = 39,35 \text{ MF}$$

A l'année 2, le capital restant dû est égal au capital restant dû l'année précédente diminué des remboursements de l'année 1, soit :

$$450 - 39,35 = 410,65 \text{ MF}$$

Le montant d'intérêt est alors égal à 10 % de ce capital, soit : 41,07 MF, etc.

---

1. Les parts de remboursement en capital augmentent au cours des années de la période de remboursement et sont en progression géométrique de raison 1,10.

Le bénéfice imposable s'obtient en retranchant des recettes les frais d'exploitation, l'amortissement et les intérêts, soit par exemple, à l'année 1 (en francs courants) :

$$346,5 - 65,4 - 69,3 - 100 - 45 = 66,8 \text{ MF}$$

L'impôt de l'année 1 est alors égal à :

$$0,4 \times 66,8 = 26,72 \text{ MF}$$

A l'année 1, le flux de trésorerie s'obtient en retranchant des recettes (346,5 MF) les décaissements suivants :

- *frais d'exploitation (134,7 MF) ;*
- *impôt (26,72 MF) ;*
- *annuité de remboursement (84,35 MF) ;*

soit :

$$100,73 \text{ MF}$$

Remarque. Flux de trésorerie et CBA. *Le flux de trésorerie peut également s'obtenir à partir de la* ***capacité brute d'autofinancement****. La CBA est égale à 140,08 MF la première année (bénéfice comptable après impôt : 40,08 MF + amortissement : 100 MF). Elle mesure les ressources en financement dégagées par le projet. Pour obtenir le flux de trésorerie, il faut retrancher de celle-ci les fonds employés pour le remboursement des emprunts, soit 39,35 MF à l'année 1.*

$$\text{Flux de l'année } 1 = 40,08 + 100 - 39,35 = 100,73 \text{ MF}$$

Ceci peut être justifié en remarquant que le calcul du bénéfice imposable fait intervenir en débit un terme d'amortissement auquel ne correspond aucun mouvement de caisse. Il ne fait pas apparaître les remboursements d'emprunts qui correspondent cependant à des décaissements effectifs. Pour déterminer le flux de trésorerie à partir du bénéfice imposable après impôt, il convient donc d'ajouter à ce dernier les amortissements et de retrancher les remboursements d'emprunt.

L'échéancier des flux de fonds propres (en francs courants) sur l'ensemble de la période d'étude est donné au tableau 10.1.

Le revenu actualisé des fonds propres obtenu pour différentes valeurs du taux d'actualisation est donné par le tableau 10.2.

Le taux de rentabilité des capitaux propres est de l'ordre de 17 % en francs courants et de 12 % en francs constants.

TABLEAU 10.1
ECHEANCIER DES FLUX DE FONDS PROPRES

(monnaie courante MF)

Années	*0*	*1*	*2*	*3*	*4*	*5*	*6*	*7*	*8*	*9*	*10*
Investissement	*1000*										
Recettes		*346,50*	*363,83*	*382,02*	*401,12*	*421,17*	*442,23*	*464,34*	*487,56*	*511,94*	*537,5*
Frais d'exploitation ...		*134,70*	*144,05*	*154,10*	*164,92*	*176,55*	*189,07*	*202,55*	*217,07*	*232,70*	*249,5*
Amortissement		*100,00*	*100,00*	*100,00*	*100,00*	*100,00*	*100,00*	*100,00*	*100,00*	*100,00*	*100,0*
Intérêts		*45,00*	*41,07*	*36,74*	*31,98*	*26,74*	*20,98*	*14,64*	*7,67*		
Bénéfice imposable ..		*66,80*	*78,71*	*91,17*	*104,22*	*117,88*	*132,18*	*147,15*	*162,83*	*179,24*	*187,9*
Impôts		*26,72*	*31,48*	*36,47*	*41,69*	*47,15*	*52,87*	*58,86*	*65,13*	*71,69*	*75,1*
Flux de fonds propres	*–550*	*100,73*	*103,94*	*107,09*	*110,16*	*113,12*	*115,94*	*118,58*	*121,01*	*207,54*	*212,7*

TABLEAU 10.2
REVENU ACTUALISE DES FONDS PROPRES

Taux d'actualisation en francs courants (%)	*0*	*6*	*10*	*15*	*20*
Revenu atualisé (MF année 0)	*760,9*	*377,4*	*206,2*	*51,7*	*–58,7*

Remarque. *La construction de l'échéancier complet n'est pas ici nécessaire. Le calcul peut en effet être fait de la façon suivante :*

Notons :

j'_n : *le montant des intérêts payés à l'année n ;*
b'_n : *le montant des remboursements de capital*

avec $j'_n + b'_n = 84,35$ *MF.*

En utilisant les formules présentées au chapitre 3, il vient :

$$b'_n = b'_1(1 + 0,10)^{n-1} \text{ pour } n = 1, 2, ..., 8$$

soit :

$$j'_n = 84,35 - b'_1(1,10)^{n-1}$$

On peut alors déterminer bénéfices imposables, flux de trésorerie et revenu actualisé du projet en effectuant un calcul par différence, par rapport au cas où les hypothèses de financement n'étaient pas prises en compte.

Le bénéfice imposable de l'année n est diminué de j'_n.

Le montant de l'impôt est diminué de : $0,4\ j'_n$.

Le flux de trésorerie est majoré de ce crédit d'impôt et diminué de la valeur de l'annuité constante de remboursement, soit :

$$\Delta D'_n = 0,4\ j'_n - 84,35$$
$$\Delta D'_n = -50,61 - 15,74(1,10)^{n-1}$$

Le revenu actualisé est donc majoré de :

$$450 - 50,61 \sum_{n=1}^{8} \frac{1}{(1+i')^n} - \frac{15,74}{1,1} \sum_{n=1}^{8} \left(\frac{1,1}{1+i'} \right)^n$$

10.2 COMPARAISON DES DEUX APPROCHES

10.2.1 Courbes de rentabilité

Portons sur un même graphique (fig. 10.2) la courbe de rentabilité des capitaux propres et la courbe de rentabilité globale d'un projet.

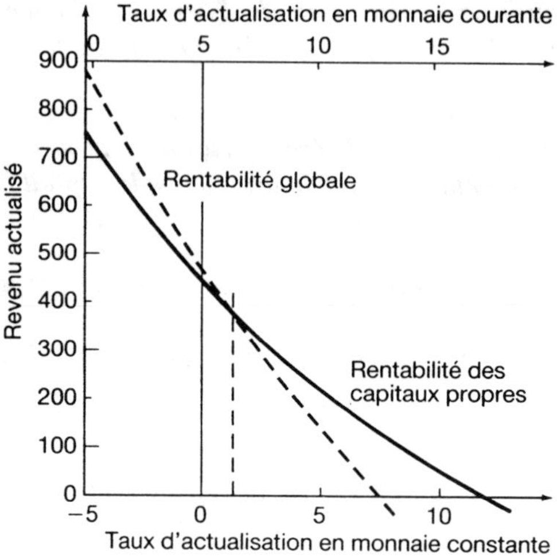

Fig. 10.2 Rentabilité globale et rentabilité des capitaux propres

On observe que les deux courbes se coupent pour un taux d'actualisation égal au coût après impôt des emprunts.

Dans notre exemple Ammoniac, si l'on porte en abscisses les valeurs du taux d'actualisation en francs courants, les courbes se coupent pour un taux de 6 % qui est bien le coût après impôt en francs courants. Les taux de rentabilité globale et des capitaux propres sont respectivement de 13 % et de 17 % en francs courants.

En francs constants, le coût de l'emprunt est $\widehat{e} \simeq (1-t)e' - d$, *soit : 1 % ; les taux de rentabilité globale et des capitaux propres en francs constants sont égaux respectivement à 8 % et 12 %.*

Interprétation

Les positions respectives des courbes de rentabilité traduisent simplement le fait que l'emprunt est intéressant lorsque le taux d'actualisation est supérieur au coût de l'emprunt. En effet, la courbe de rentabilité globale peut être interprétée comme étant la courbe de rentabilité des capitaux propres que l'on obtiendrait si la totalité de l'investissement était financée par fonds propres.

De façon plus précise, soit $\widehat{e}$ le coût de l'emprunt. **L'échéancier servant au calcul de rentabilité des capitaux propres s'obtient à partir de l'échéancier du calcul de rentabilité globale en ajoutant (algébriquement) aux flux de trésorerie de ce dernier les flux associés à l'emprunt.** A taux d'actualisation donné i, la différence entre les revenus actualisés correspondant aux deux types de calcul est donc égale au revenu actualisé de l'opération d'emprunt (après impôt). Or celui-ci, positif pour $i > \widehat{e}$, s'annule pour un taux d'actualisation égal à $\widehat{e}$ (par définition, le taux de rentabilité de l'échéancier des flux d'emprunt est égal au coût de l'emprunt après impôt). Le revenu actualisé des capitaux propres est donc plus élevé que le revenu actualisé global pour les valeurs du taux d'actualisation supérieures à $\widehat{e}$.

On en déduit que, si le revenu actualisé au taux $\widehat{e}$ est positif (ou, ce qui revient au même, si le taux de rentabilité globale est supérieur au coût des emprunts $\widehat{e}$), le taux de rentabilité des capitaux propres est plus élevé que le taux de rentabilité globale. Il s'agit de **l'effet de levier** bien connu des financiers. La rentabilité des capitaux propres est d'ailleurs d'autant plus élevée que la part d'emprunt est élevée. Le réseau des courbes obtenues pour différentes parts d'emprunts passe par un point fixe M d'abscisse $\widehat{e}$. Remarquons que si la part d'emprunt tend vers 100 %, le taux de rentabilité des capitaux propres tend vers l'infini.

Remarque. La justification du résultat ci-dessus et l'existence d'un « point fixe » peuvent encore être exprimées de la façon suivante. Le revenu actualisé représente la valeur actuelle des revenus disponibles lorsque l'exploitation du projet a permis de rembourser la mise de fonds initiale et de rémunérer celle-ci à un taux égal au taux d'actualisation. Lors d'un calcul de rentabilité des capitaux propres, la mise de fonds initiale correspond aux capitaux propres. Effectuons les calculs pour une valeur du taux d'actualisation égale au coût de l'emprunt $\widehat{e}$. Le revenu actualisé est alors égal à la valeur actuelle des revenus disponibles lorsque les capitaux propres ont pu être remboursés et rémunérés au taux $\widehat{e}$. Les capitaux empruntés étant remboursés et rémunérés au même taux $\widehat{e}$, le revenu actualisé au taux $\widehat{e}$ est indépendant de la part d'emprunt.

Notons enfin que le coût de l'emprunt après impôt est souvent négatif en monnaie constante. Si l'on porte en abscisses le taux d'actualisation en monnaie constante, le point M se trouve alors dans le deuxième quadrant (fig. 10.3).

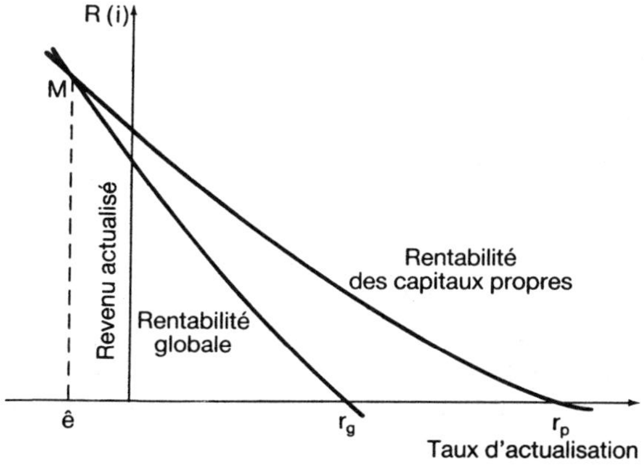

Fig. 10.3 Coût négatif d'emprunt en monnaie constante

10.2.2 Décision d'investissement : remarques préliminaires

Avant d'analyser l'intérêt d'un calcul de rentabilité des capitaux propres pour l'étude d'une décision d'investissement, nous effectuerons deux remarques.

A. Taux d'actualisation

Bien évidemment, les taux d'actualisation à utiliser pour des calculs de rentabilité globale et pour des calculs de rentabilité des capitaux propres ne sont pas de même nature.

Pour un calcul de **rentabilité globale**, le taux d'actualisation représente le **coût associé à l'ensemble du capital de l'entreprise**.

Le «point de vue» considéré, rappelons-le, est alors celui d'un département Projets, chargé de l'étude et de la réalisation des projets. Le taux d'actualisation est le coût de cession interne du capital entre les services financiers et ce département Projets.

Lors d'un calcul de **rentabilité des capitaux propres** par contre, le coût des emprunts est pris en compte lors de la définition des flux de trésorerie. Le taux d'actualisation à utiliser correspond donc au **coût des seuls capitaux propres**. Le «point de vue» est alors celui de l'actionnaire.

La comparaison du revenu actualisé global et du revenu actualisé des capitaux propres pour une même valeur du taux d'actualisation, comparaison effectuée ci-dessus, n'a donc pas d'autre signification ou d'autre objectif que de permettre de situer, de façon «mathématique» les deux courbes de rentabilité l'une par rapport à l'autre.

B. Décision de financement

Nous avons vu que, à taux d'actualisation fixé, et si ce taux est supérieur au coût des emprunts, $(i > \widehat{e})$, le revenu actualisé d'un projet est une fonction croissante de la part d'emprunt. Il ne faut pas en déduire que l'entreprise a intérêt à financer ses investissements essentiellement par emprunt. En effet, nous avons vu que le coût des fonds propres est une fonction croissante du risque pris par les actionnaires et que ce risque est fonction croissante du ratio d'endettement (chapitre 9, paragraphe 9.4.3 et section 9.8). Autrement dit, la structure du capital ne peut être définie sans une analyse des risques qu'entraîne l'utilisation d'un capital emprunté. Dans ce qui suit, nous supposerons que les ratios d'endettement à considérer (pour l'ensemble du capital de l'entreprise et éventuellement pour un projet d'investissement donné) sont fixés par des règles de gestion financière dont l'étude détaillée dépasse le cadre de cet ouvrage.

10.2.3 Comparaison des taux de rentabilité

Pour comparer les résultats des calculs de rentabilité des capitaux propres avec ceux d'un calcul de rentabilité globale, nous présenterons dans un premier temps la formule qui relie les taux de rentabilité, de façon exacte ou approchée. Les paragraphes suivants sont consacrés à la comparaison des revenus actualisés.

A. Premier cas : revenu perpétuel constant

Nous considérons un projet dont l'investissement est réalisé en une année et dont les revenus sont constants sur une durée infinie. L'investissement est financé en partie par un emprunt remboursé sur une durée infinie. Nous avons traité ce cas au chapitre 9 section 9.1 en l'absence de fiscalité. Nous le reprendrons ici en supposant de plus que l'entreprise est soumise à l'impôt sur le revenu des sociétés et présentera un bénéfice imposable positif sur l'ensemble de la période d'étude. Nous supposons qu'il n'y a pas d'érosion monétaire.

Nous noterons :

F	: le flux de trésorerie d'exploitation annuel (après impôt) ;
I	: le coût d'investissement ;
$E = \alpha I$	: le montant d'investissement financé par emprunt ;
$A = (1 - \alpha)I$	: le montant financé par capitaux propres ;
e	: le taux de l'emprunt ;
t	: le taux d'imposition ;
$\widehat{e} = (1 - t)e$	: le coût de l'emprunt après impôt.

Le taux de rentabilité globale est :

$$r_g = \frac{F}{I}$$

Le remboursement ayant lieu sur une durée infinie, l'annuité de remboursement se réduit à l'intérêt eE.

Le coût correspondant après impôt est $(1-t)eE = \widehat{e}E$. Le taux de rentabilité des capitaux propres est donc égal à :

$$r_p = \frac{F - (1 - t)eE}{A} = \frac{F - \widehat{e}E}{(1 - \alpha)I}$$

Il s'agit de la rentabilité pour l'actionnaire si les revenus sont entièrement distribués sous forme de dividendes.

La relation entre les taux de rentabilité globale r_g et des capitaux propres r_p s'écrit :

$$r_g = \frac{A}{I}r_p + \frac{E}{I}\widehat{e}$$

$$\boxed{r_g = (1 - \alpha)r_p + \alpha\widehat{e}}$$

Il s'agit d'un résultat assez intuitif :

La rentabilité globale (associée à la totalité du capital investi) est égale à la moyenne pondérée de la rentabilité des capitaux propres et du coût de l'emprunt, les coefficients de pondération étant respectivement la part de capital propre et la part d'emprunt.

B. Généralisation

Les résultats précédents sont valables pour un projet dont les flux de trésorerie et la durée de vie sont quelconques lorsque le mode de remboursement de l'emprunt permet de maintenir constant pour chacune des années de la période d'étude un certain ratio dette/capitaux propres [2].

Dans ce cas, la formule reste vraie en monnaie courante comme en monnaie constante si l'on introduit une hypothèse d'érosion monétaire (et à condition naturellement de définir les différents taux et le coût de l'emprunt de façon cohérente, à savoir, soit en monnaie courante, soit en monnaie constante).

Le cas d'un revenu perpétuel constant en francs constants (l'annuité de remboursement d'emprunt étant elle-même constante en francs constants) ainsi que le cas d'un modèle à deux périodes constituent des cas particuliers où l'hypothèse de Linke et Kim est vérifiée. Pour ces cas particuliers, la démonstration est immédiate [10.3].

Dans le cas général (mode de remboursement quelconque), une formule de moyenne arithmétique constitue une approximation. Elle est en général assez satisfaisante lorsque les taux en question ne sont pas très éloignés les uns des autres et lorsque la durée de remboursement de l'emprunt est peu différente de la durée de vie de l'équipement.

Exemple.

Revenons à notre exemple Ammoniac. L'hypothèse d'un ratio d'endettement constant sur la durée de vie du projet (10 ans) n'est pas vérifiée. En effet, l'emprunt est totalement remboursé à la fin de la huitième année. Considérons cependant les taux de rentabilité obtenus.

Le taux de rentabilité des capitaux propres est voisin de 12 % en monnaie constante. Le coût des emprunts est de 1 %. La part d'emprunt est de 45 %. La moyenne pondérée du coût des emprunts et de la rentabilité des capitaux propres est de 7 % environ. Le taux

2. Ce résultat, dû à C.M. Linke et M.K. Kim, a été présenté au chapitre 9 paragraphe 9.5.2 (calcul du coût du capital d'une entreprise comme la moyenne arithmétique pondérée du coût des différentes sources de fonds). Il peut être appliqué au calcul du taux de rentabilité globale comme la moyenne du taux de rentabilité des capitaux propres et du coût des emprunts. Il suppose alors constant le rapport du montant des emprunts restant dus au montant de capital propre revenant aux actionnaires, la rémunération du capital propre immobilisé étant effectuée à un taux égal aux taux de rentabilité des capitaux propres.

de rentabilité globale est voisin de 8 % (de façon plus précise, il est égal à 7,7 %).

C. Décision d'acceptation ou rejet d'un projet ayant même financement que l'ensemble des investissements

Nous considérons une entreprise qui dispose, pour simplifier, de deux sources de financement : les fonds propres, dont le coût est a (en monnaie constante) et l'emprunt, dont le coût après impôt est $\widehat{e}$ (en monnaie constante). Soit α son ratio d'endettement. Son taux d'actualisation [3,4] est alors, (en monnaie constante) :

$$i = (1 - \alpha)a + \alpha\widehat{e} \tag{10.1}$$

Nous considérons un projet d'investissement unique, indépendant de tout autre projet, d'une même classe de risque que l'ensemble des projets de l'entreprise. Nous supposons que la part d'emprunt dans son financement est égal au ratio d'endettement α de l'entreprise. Le taux d'emprunt est le même que pour l'ensemble des investissements, son coût après impôt étant $\widehat{e}$.

Alors, de façon exacte ou approchée, la relation entre taux de rentabilité globale et taux de rentabilité des capitaux propres s'écrit :

$$r_g = (1 - \alpha)r_p + \alpha\widehat{e} \tag{10.2}$$

Si elle est exacte, en rapprochant (10.1) et (10.2) il est clair que l'on aura $r_g > i$ si et seulement si $r_p > a$.

On obtiendra même décision en comparant le taux de rentabilité globale au coût moyen du capital ou le taux de rentabilité des capitaux propres au coût des capitaux propres.

10.2.4 Comparaison des revenus actualisés. Hypothèse 1, emprunt défini par référence à la valeur théorique du projet

Si l'on suppose la part d'emprunt dans le financement d'un investissement I égale au ratio d'endettement α de l'entreprise, ($E = \alpha I$), les revenus actualisés correspondant aux deux modes de calcul (global et capitaux propres) ne sont pas

---

3. **Remarque 1.** Rappelons que la formule est exacte si le ratio d'endettement est constant sur la période d'étude (cf. chapitre 9 paragraphe 9.5.2).

4. **Remarque 2.** Nous avons vu au chapitre 9 (paragraphe 9.6.4) que la valeur du taux d'actualisation peut refléter une rareté du capital. Lorsque le ratio d'endettement de l'entreprise est fixé, il est naturel de supposer qu'une hypothèse de rationnement en capital traduit une limitation non des capitaux empruntés, mais des capitaux propres disponibles. En affectant une «prime de rareté» au coût des seuls capitaux propres a, il est alors toujours possible de définir le taux d'actualisation i comme une moyenne pondérée du coût de l'emprunt $\widehat{e}$ et du coût des fonds propres a.

en général égaux, même sous des hypothèses de ratio d'endettement constant. Nous le verrons au paragraphe suivant.

Des hypothèses différentes, intéressantes sur le plan théorique, ont été étudiées par M. Ben Horim [10.5], puis K. Boudreaux et H. Long [10.7], D. Chambers, R. Harris, J. Pringle [10.8] :

a. L'investissement est réalisé en une seule année.
b. Le montant d'emprunt est déterminé comme égal à une fraction α fixée (α étant le ratio d'endettement de l'entreprise) non pas du seul montant d'investissement I_0, mais de la somme de l'investissement et du revenu actualisé : $E_0 = \alpha(I_0 + R)$.
c. Le montant de la dette est chaque année une fraction α de la valeur actuelle des flux de trésorerie des années suivantes.

L'hypothèse b. peut être justifiée par le fait que, lorsqu'un projet présente un revenu actualisé positif R, sa réalisation entraîne une augmentation de la valeur (théorique) de l'entreprise exactement égale à ce revenu actualisé. En théorie donc (en avenir certain ou sous certaines hypothèses d'avenir incertain), si l'entreprise souhaite maintenir un ratio d'endettement constant α, elle peut emprunter non seulement αI_0 mais $\alpha(I_0 + R)$. En effet, si elle emprunte seulement αI_0 et si la valeur des actions sur le marché augmente grâce à l'annonce de la réalisation du projet étudié, le ratio d'endettement (calculé par référence aux valeurs du marché) décroîtra au-dessous de la valeur α.

On peut ainsi définir la valeur du projet, une fois l'investissement réalisé, comme la valeur actuelle des flux de trésorerie futurs :

$$V_0 = \sum_{n=1}^{N} \frac{F_n}{(1+i)^n} = I_0 + R$$

De la même façon, la valeur du projet à une année quelconque n sera définie comme la valeur actuelle des flux de trésorerie postérieurs à l'année n :

$$V_n = \sum_{k=n+1}^{N} \frac{F_k}{(1+i)^{(k-n)}}$$

La troisième hypothèse énoncée ci-dessus, selon laquelle le montant de la dette E_n est à chaque année une fraction α de V_n :

$$E_n = \alpha V_n$$

s'interprète alors comme l'hypothèse d'un ratio d'endettement constant au cours du temps et égal à α. Ce ratio est défini non par rapport au capital investi (valeur comptable) I_0 mais par rapport à la valeur (de marché) théorique du projet.

Sous ces hypothèses, le revenu actualisé des fonds propres est égal au revenu actualisé global.

Remarquons que ceci reste vrai dans le cas où la dépense d'investissement est répartie sur plusieurs années.

Démonstration

Le principe de cette démonstration est dû à D. Chambers, R. Harris, J. Pringle [10.8]. Nous la reformulerons de façon à faire apparaître la valeur d'un projet comme la somme de la valeur des fonds propres et de la valeur de la dette (ce qui généralise au cas de flux quelconques une propriété classique en théorie financière).

Notations (toutes les grandeurs ci-dessous sont supposées définies en monnaie courante) :

e' : taux de l'emprunt;
a' : coût des capitaux propres;
α : ratio d'endettement de l'entreprise;
i' : taux d'actualisation

$$i' = \alpha\,(1-t)e' + (1-\alpha)a' \qquad (10.1')$$

F'_n : flux d'exploitation après impôt à l'année $n(n = 0, 1, 2, \ldots, N)$;
D'_n : flux de fonds propres à l'année n;
V'_n : valeur actualisée au taux i' et à l'année n des flux d'exploitations F'_k postérieurs à l'année n;
A'_n : valeur actualisée au taux a' et à l'année n des flux de fonds propres D'_k postérieurs à l'année n;
E'_n : valeur du capital emprunté restant dû à l'année n. Par analogie avec les notations précédentes remarquons que E'_n est la valeur actualisée au taux e' et à l'année n des remboursements d'emprunt X'_k (intérêt et capital) postérieurs à l'année n.

L'hypothèse de ratio d'endettement constant énoncé ci-dessus consiste à supposer que les remboursements d'emprunt sont calculés de sorte que le capital restant dû à chaque année E'_n soit égal à :

$$E'_n = \alpha V'_n$$

Nous remarquerons que :

$$V'_{n-1} = \frac{V'_n + F'_n}{1+i'}$$

et :

$$A'_{n-1} = \frac{A'_n + D'_n}{1+a'} \qquad 1 \leq k \leq n-1$$

avec :

$$D'_n = F'_n - [1 + (1-t)e']\; E'_{n-1} + E'_n$$

La démonstration se fait par récurrence. A l'année $N-1$ (avant-dernière année) :

$$A'_{N-1} = \frac{F'_N - [1+(1-t)e']\ \alpha V'_{N-1}}{1+a'}$$

en remplaçant F'_N par $(1+i)V'_{N-1}$ et i' par $\alpha(1-t)e' + (1-\alpha)a'$ il vient :

$$A'_{N-1} = (1-\alpha)V'_{N-1}$$
$$V'_{N-1} = A'_{N-1} + E'_{N-1}$$

La démonstration par récurrence est ensuite immédiate.
Pour toute année n :

$$\boxed{V'_n = A'_n + E'_n}$$

La valeur du projet (du point de vue du département Projets) est pour une année quelconque la somme de la valeur des fonds propres (valeur actualisée au taux a des flux revenant aux actionnaires) et de la valeur de la dette.

Remarque. Si l'on considère une entreprise ayant un projet unique ou bien si l'on regroupe l'ensemble des activités d'une entreprise en un projet unique, ce résultat s'énonce : sous l'hypothèse d'un ratio d'endettement constant, la valeur de l'entreprise $(A_0 + E_0)$ est égale à la somme des flux d'exploitation futurs actualisée à un taux égal au coût moyen du capital. Il s'agit d'une propriété classique en théorie financière sous des hypothèses de flux perpétuels constants et qui est ainsi généralisée à des flux quelconques sur une période de durée quelconque.
En particulier :

$$V'_0 = A'_0 + E'_0$$

D'où l'égalité des revenus actualisés :

$$R'_g = V'_0 + F'_0 = A'_0 + F'_0 + E'_0 = R'_p$$

$$\boxed{R_g = R_p}$$

Interprétation

Dans le calcul du revenu actualisé global, l'hypothèse d'un ratio d'endettement constant est implicite dans la mesure où le taux d'actualisation est défini comme une moyenne arithmétique du coût des fonds propres et du coût des emprunts. R_g est la somme qui, empruntée au département financier par un département responsable des projets à un taux égal à i (coût de cession interne du capital) en plus de la dépense d'investissement, peut être remboursée et rémunérée au taux i grâce aux revenus du projet. Emprunter R_g au taux i c'est, implicitement, emprunter αR_g à un taux égal au coût des emprunts, et $(1 - \alpha)R_g$ au taux a (coût des fonds propres). C'est donc bien en introduisant un montant total d'emprunt égal à $\alpha(I + R)$ (et cette fois de façon explicite) dans un calcul de rentabilité des capitaux propres, que l'on obtiendra un même revenu actualisé : $R_p = R_g$.

10.2.5 Comparaison des revenus actualisés. Hypothèse 2, emprunt défini par référence au coût d'investissement

Dans la pratique, pour une entreprise respectant sur l'ensemble de ses investissements un ratio d'endettement α, obtenir pour un projet un montant d'emprunt égal à une fraction α de la somme des coûts d'investissement et du revenu actualisé peut ne pas constituer une hypothèse réaliste, ce d'autant plus que la valeur du revenu actualisé n'est jamais certaine. Il peut donc être intéressant de comparer les résultats des calculs de rentabilité globale et de rentabilité des capitaux propres dans le cas où la part d'emprunt pour réaliser un projet donné est égale au ratio d'endettement de l'entreprise.

Nous considérons alors les hypothèses suivantes :

- Le montant d'emprunt E_0 est égal à αI_0. Ainsi, lorsque l'investissement est réalisé en une seule année, α est le ratio d'endettement (pour le projet) calculé en fonction des coûts (historiques) et non en fonction de la valeur théorique du projet.
- Le mode de remboursement de l'emprunt (et les modalités de tirage si l'investissement est réparti sur plusieurs années) sont définis de telle sorte que le ratio d'endettement du projet est constant au cours du temps; ce ratio est calculé comme le rapport du montant d'emprunt restant dû à la valeur actuelle des flux d'exploitation futurs (valeur théorique du projet).

La relation obtenue entre les revenus actualisés des deux méthodes est alors :

$$\frac{R_g}{\displaystyle\sum_{n=1}^{N} \frac{F'_n}{(1+i')^n}} = \frac{R_p}{\displaystyle\sum_{n=1}^{N} \frac{F'_n}{(1+a')^n}}$$

La démonstration est donnée en annexe.

Interprétation

Considérons un projet dont l'investissement est réalisé en une année, à l'année 0 ($F_0 = -I$) et qui présente un revenu actualisé positif.

Nous remarquons en premier lieu que si $a > i$ la relation ci-dessus entraîne $R_p < R_g$.

Ceci traduit le fait que l'effet de levier (et donc le revenu actualisé des fonds propres) est inférieur, lorsque l'on emprunte αI, à celui que l'on obtient en empruntant $\alpha(I + R)$.

Quant à la formule elle-même, elle peut être interprétée de la façon suivante :

Soit θ $(0 < \theta < 1)$ un nombre tel que si l'on remplace à chaque année n $(n \neq 0)$ le flux d'exploitation F'_n par $\theta F'_n$ le revenu actualisé global soit nul.

Considérons un projet P_θ de mêmes caractéristiques que le projet initial P mais dont le flux d'exploitation à l'année n est $\theta F'_n$ $(n > 0)$ et le montant d'investissement, le montant d'emprunt et les modalités de remboursement étant les mêmes pour les deux projets. Le capital restant dû est alors constamment égal à une fraction de la valeur actuelle au taux i des flux d'exploitation futurs. Pour le projet P_θ, il s'agit d'une fraction égale à α. Pour le projet P, il s'agit d'une fraction :

$$h = \frac{\alpha I}{V_0}$$

Or, $\theta V_0 = I$, soit :

$$h = \alpha\theta$$

Compte tenu des résultats du paragraphe précédent, le revenu actualisé global et le revenu actualisé des capitaux propres du projet P_θ sont tous les deux nuls.

Le revenu actualisé global du projet P peut alors être interprété comme une somme qui, empruntée (par le département responsable des projets au département financier) à un taux égal au taux d'actualisation i (prix de cession interne égal au coût moyen après impôt du capital), peut être remboursée et rémunérée au taux i grâce à la fraction $(1 - \theta)F'_n$ des flux de trésorerie F'_n.

En effet, la fraction complémentaire $\theta F'_n$ a permis de rembourser et de rémunérer l'investissement initial.

Ceci s'écrit :

$$R_g = \sum_{n=1}^{N} \frac{(1-\theta)F'_n}{(1+i')^n}$$

La même interprétation peut être donnée pour le revenu actualisé des fonds propres en utilisant un taux d'actualisation égal au coût des fonds propres a'.

D'où :

$$R_p = \sum_{n=1}^{N} \frac{(1-\theta)F'_n}{(1+a')^n}$$

Décision d'investissement

Considérons le cas où la dépense d'investissement est effectuée en une seule année à l'année 0. Les flux d'exploitation F'_n pour $n > 0$ sont alors généralement positifs. Les deux revenus actualisés seront de même signe et les deux calculs conduiront bien à la même décision.

Il faut cependant remarquer que, dans le cas général (investissement sur plusieurs années), ceci peut ne pas être vrai.

Cas particulier

Si les flux d'exploitation sont constants sur la période d'étude, la relation entre les revenus actualisés devient :

$$\frac{R_g}{\displaystyle\sum_{n=1}^{N} \frac{1}{(1+i)^n}} = \frac{R_p}{\displaystyle\sum_{n=1}^{N} \frac{1}{(1+a)^n}}$$

L'annuité constante équivalente au revenu actualisé est alors la même pour chacune des deux approches. Il convient naturellement d'utiliser des taux d'actualisation définis en monnaie constante si les flux de trésorerie sont supposés constants en monnaie constante.

Remarquons par ailleurs que cette formule, plus simple que la formule générale, est assez souvent vérifiée de façon approchée pour des projets dont les flux de trésorerie ne sont pas constants au cours du temps. Ceci est également vrai dans le cas où les remboursements d'emprunts sont quelconques (et non nécessairement définis de façon à respecter la stabilité au cours du temps d'un ratio d'endettement E_n/V_n) lorsque la durée de remboursement est voisine de la durée de vie du projet.

10.2.6 Conclusion

De ce qui précède, il ressort qu'un calcul de rentabilité des capitaux propres et un calcul de rentabilité globale conduiront à une même décision (acceptation ou rejet d'un projet d'investissement) si :

- le taux d'emprunt pour le projet est égal au taux moyen des emprunts de l'entreprise ;
- le ratio d'endettement du projet est égal (et ceci pour chaque année de la période d'étude) au ratio d'endettement de l'ensemble des investissements de l'entreprise, que ce ratio soit défini au sens de Linke et Kim, ou comme le rapport du capital emprunté à la valeur (théorique) de marché du projet, ou encore comme le rapport du capital emprunté à la totalité du capital investi (en rappelant cependant que dans ce dernier cas, le résultat n'est rigoureux que si l'investissement est réalisé en une seule année).

10.3 DOMAINE D'APPLICATION DES CALCULS DE RENTABILITÉ GLOBALE ET DE RENTABILITÉ DES CAPITAUX PROPRES

Dans ce qui précède, nous avons considéré un projet dont le ratio d'endettement était égal au ratio d'endettement de l'entreprise (qu'il soit défini par rapport à la valeur théorique de marché du projet, par rapport au coût d'investissement ou au sens de Linke et Kim). Nous avons vu que si ce ratio d'endettement est constant, les deux calculs conduisent aux mêmes décisions d'investissement[5].

Nous allons maintenant considérer le cas général où la part d'emprunt d'un projet est différente du ratio d'endettement de l'entreprise. Nous remarquerons d'ailleurs qu'un projet dont la part d'emprunt initiale est égale au ratio d'endettement de l'entreprise, mais dont le ratio d'endettement n'est pas constant au cours du temps, sera considéré comme un projet relevant du cas général (ratio d'endettement différent de celui de l'entreprise au moins au cours de certaines années).

Nous n'étudierons pas ici le cas où un projet permet d'obtenir des taux d'intérêts différents de ceux qui sont en moyenne pratiqués pour l'ensemble des investissements de l'entreprise. Ceci sera fait en section 10.6.

10.3.1 Ratio d'endettement fixé pour l'ensemble des projets

Considérons une entreprise dont le ratio d'endettement est fixé, les coûts des emprunts et du capital propre étant supposés constants au cours du temps. Nous considérons des projets dont le risque n'est pas différent du risque associé à l'ensemble des projets. On peut alors en général admettre qu'un projet sera financé par une fraction de l'ensemble du capital disponible pour les investissements, sans qu'il soit possible d'associer à un projet donné un financement déterminé. C'est le **principe de non affectation des ressources en capital aux emplois**.

Il conduit à effectuer **seulement des calculs de rentabilité globale**.

Dans la pratique, il arrive cependant que, même pour des projets de taille relativement petite, l'entreprise demande et obtienne des prêts pour des projets d'investissement bien déterminés. Dans la mesure où le ratio d'endettement est

5. Rappelons que dans le cas d'un ratio d'endettement défini par rapport aux coûts historiques, ceci est rigoureux seulement si la dépense d'investissement est effectuée en une seule année.

fixé pour l'ensemble des projets, ceci ne doit pas remettre en question le principe de non affectation.

Pour le montrer, nous emprunterons à C. Riveline [10.13] l'exemple de la voiture et du manteau de vison. Il met en scène un particulier achetant une voiture à crédit, l'organisme prêteur prenant un gage sur le véhicule. On peut penser que le prêt doit être affecté à cet achat et à lui seul. Mais on peut imaginer que l'acquéreur voulait aussi acheter un manteau de vison à son épouse et qu'il n'aurait pu faire cette deuxième acquisition s'il avait payé la voiture au comptant. Dans ces conditions, le prêt a-t-il financé la voiture ou le manteau de vison? Cette question n'a pas de réponse et il en sera de même dans l'entreprise : l'ensemble des capitaux forme un tout auquel il convient d'associer un coût unique. Dans un calcul de rentabilité globale, ce coût est pris en compte lors de la définition du taux d'actualisation.

Pour compléter ce qui vient d'être dit, précisons qu'un calcul de rentabilité des capitaux propres ne peut être pertinent.

En effet, si le ratio d'endettement du projet est le même que celui de l'ensemble des investissements (et ceci pour chacune des années de la période d'étude), un calcul de rentabilité des capitaux propres conduit à la même décision qu'un calcul de rentabilité globale.

Considérons alors un projet dont le ratio d'endettement est différent et par exemple supérieur au ratio d'endettement de l'entreprise. Alors, compte tenu de l'effet de levier, effectuer un calcul de rentabilité des capitaux propres conduirait à affecter au projet non seulement les résultats correspondant à sa rentabilité «technique» (rentabilité globale) mais aussi l'intérêt économique associé au fait de pouvoir emprunter une part du capital plus élevée que la part moyenne d'emprunt. Si, sur l'ensemble des projets, le ratio d'endettement est imposé, le fait d'avoir utilisé une proportion plus importante d'emprunt pour le projet considéré obligera l'entreprise à utiliser une part moins importante sur d'autres projets. L'avantage lié à la possibilité d'emprunter une fraction plus élevée du capital ne doit donc pas être affecté au projet considéré. Seul un calcul de rentabilité globale est donc justifié.

10.3.2 L'étude des grands projets

Pour l'étude des petits projets, il y a peu d'exceptions au principe énoncé ci-dessus. L'étude d'un grand projet, par contre, demande parfois une analyse plus détaillée des conditions de son financement et des résultats simples ne peuvent être énoncés que dans des cas particuliers.

A. Premier cas particulier. Le ratio d'endettement de l'entreprise est fixé

Ce cas est celui que nous avons étudié ci-dessus. L'entreprise s'impose de respecter, sur l'ensemble de ses investissements incluant le grand projet considéré, un ratio d'endettement fixé. Il convient alors d'effectuer seulement des calculs de rentabilité globale.

B. Deuxième cas particulier. Financement du projet séparé du financement des autres investissements

Nous supposons maintenant qu'il n'y a pas de relation entre le financement du projet étudié et le financement des autres investissements de l'entreprise. Un exemple type est celui des grands projets financés par la technique du *project financing*, c'est-à-dire avec des emprunts bancaires pour lesquels le seul recours des prêteurs réside dans la production et les revenus engendrés par le projet (et éventuellement les actifs du dit projet).

Le financement du projet n'a alors pas d'influence sur le ratio d'endettement relatif aux autres investissements de l'entreprise et peut donc être analysé de façon séparée.

L'étude d'un grand projet peut de même être menée de façon indépendante dans d'autres cas. Par exemple, les caractéristiques en matière de risque du projet étudié peuvent être différentes des caractéristiques moyennes des projets de l'entreprise.

Considérons une entreprise pétrolière dont les principaux investissements correspondent à des développements de gisements d'hydrocarbures. Les risques pris peuvent être très variables d'une zone géographique à une autre. Il peut alors arriver qu'un projet relatif à une zone peu risquée obtienne un financement bancaire d'un montant nettement supérieur à celui qui est en moyenne utilisé.

Si cette élévation de l'endettement est justifiée par des risques moins importants, il est possible que l'entreprise et ses bailleurs de fonds acceptent une évolution du ratio d'endettement global (calculé sur l'ensemble des investissements, y compris celui du projet étudié).

Un cas particulier (limite) est celui où l'on peut supposer que le ratio d'endettement du projet n'affecte pas le ratio qui devra être respecté par les autres projets de l'entreprise.

L'étude du financement du grand projet peut alors être menée de façon indépendante. Dans la mesure où les modalités en sont bien connues, il est possible de les prendre en compte dans un calcul de rentabilité des capitaux propres. Celui-ci est donc en général effectué. Pour ce qui concerne le taux d'actualisation à utiliser, rappelons que le coût des fonds propres est, au moins en théorie, fonction du ratio d'endettement (cf. chapitre 9).

Dans la pratique, un calcul de rentabilité globale est également réalisé. Il est nécessaire au moins pour les premières études, au cours desquelles le financement n'est pas encore totalement déterminé. C'est souvent sur un tel calcul que pourront se déterminer les éventuels prêteurs. Si le financement du projet est considéré comme sans incidences sur le financement des autres projets de l'entreprise, le calcul de rentabilité globale sera effectué avec un taux d'actualisation correspondant à un coût moyen du capital investi dans le projet.

Lorsque les hypothèses relatives au montage financier auront été définies, les deux critères, rentabilité globale et rentabilité des capitaux propres, seront bien compatibles [6]. Le second est alors plus précis que le premier [7].

C. Cas général

Lors de l'étude d'un grand projet, il peut arriver que ne soient vérifiées ni les hypothèses du paragraphe 10.3.2.A ci-dessus (ratio d'endettement d'ensemble fixé) ni celles du paragraphe 10.3.2.B (indépendance). Les relations entre le financement du projet étudié et celui des autres investissements peuvent être plus complexes et il n'est plus possible d'énoncer de conclusion à partir de critères simples. La construction de modèles mathématiques peut alors être envisagée. Dans la pratique cependant, ces modèles sont d'une utilisation lourde; d'autre part, les relations sont souvent difficiles à quantifier.

Une pratique courante consiste alors à effectuer les deux types de calcul (rentabilité des capitaux propres et rentabilité globale au taux d'actualisation de l'entreprise). Un problème se pose évidemment si les deux critères ne conduisent pas à la même décision. Ce cas se présente en général pour des projets dont la rentabilité est assez faible. Remarquons alors que les calculs de rentabilité ne constituent qu'un élément à prendre en compte lors de la préparation d'une décision qui s'appuie sur d'autres considérations : analyse de risque, insertion du projet parmi les grandes options stratégiques de l'entreprise, effets indirects difficiles à quantifier, etc. Ces considérations deviennent prépondérantes pour un projet dont la rentabilité est proche des limites imposées. Ceci étant dit, et toutes choses étant égales par ailleurs, les calculs de rentabilité globale et de rentabilité des capitaux propres apportent des éclairages complémentaires, le poids (nécessairement subjectif) à affecter à l'un ou l'autre critère étant d'autant plus élevé que les caractéristiques du projet se rapprochent plus ou moins des deux hypothèses A ou B.

---

6. Le cas, peu fréquent, où les critères ne conduiraient pas à la même décision (ratio d'endettement du projet non constant sur la durée de vie) correspond à des projets dont la rentabilité est très voisine du seuil minimum.

7. Tout au moins si l'on néglige le fait qu'en théorie le taux d'actualisation des actionnaires devrait évoluer en fonction de l'évolution du ratio d'endettement.

Résumé

Un calcul de rentabilité globale correspond au point de vue du département chargé de l'étude et de la réalisation des projets. Il s'appuie sur des flux de trésorerie «d'exploitation» qui ne font intervenir aucun flux lié aux emprunts. Le taux d'actualisation utilisé est le coût moyen du capital.

Un calcul de rentabilité des capitaux propres reflète le point de vue des actionnaires. Les flux de fonds propres intègrent tous les flux d'emprunt et les crédits d'impôt associés. Le taux d'actualisation correspond alors au coût des fonds propres.

Les deux calculs conduisent à la même décision si l'on peut supposer la stabilité d'un ratio d'endettement du projet sur toute la période d'étude et si la part d'emprunt dans le financement du projet est la même que pour l'ensemble des investissements.

Lorsque le ratio d'endettement d'une entreprise est fixé, seul un calcul de rentabilité globale est effectué. Par contre, lorsque le financement d'un grand projet n'a pas d'incidences sur le ratio d'endettement qui doit être respecté par les autres investissements de l'entreprise, un calcul de rentabilité des capitaux propres permet d'intégrer les modalités de financement propres au projet.

Complément au chapitre 10
CAS PARTICULIERS DE FINANCEMENT

«Un industriel place son argent; un banquier déplace le sien».
Auguste Detœuf

Les calculs de rentabilité globale et de rentabilité des capitaux propres constituent deux méthodes de prise en compte du mode de financement lors de l'étude économique d'un projet. Il existe une troisième méthode, la méthode des «intérêts seulement déductibles», plus récente, qui trouve des applications dans l'industrie pétrolière. Elle fera l'objet de la section 10.4. Une quatrième méthode, celle de la «Valeur Actuelle Ajustée» sera présentée en section 10.5.

La section 10.6 sera consacrée à l'étude du cas où un projet permet d'obtenir des taux d'emprunts privilégiés.

Nous aborderons ensuite le problème du financement des stocks et des capitaux circulants (section 10.7).

Enfin, nous donnerons quelques éléments sur la comparaison entre l'achat et le *leasing* ou la location d'un équipement (section 10.8).

10.4 LA MÉTHODE DES «INTÉRÊTS SEULEMENT DÉDUCTIBLES» (*SHADOW INTEREST*)

Synonymes : méthode d'Arditti, méthode du coût du capital avant impôt.
En anglais : *Shadow Interest, before tax weighted average cost of capital.*

10.4.1 Définition

Un calcul de rentabilité globale correspond au point de vue du département responsable des projets d'une entreprise.

Un calcul de rentabilité de capitaux propres correspond au point de vue de l'actionnaire propriétaire des fonds propres de l'entreprise.

Pour étudier la structure optimale du capital d'une entreprise, F. Arditti introduit en 1973 [10.1] un troisième point de vue : celui de **l'ensemble des bailleurs de fonds** de l'entreprise en considérant comme flux de trésorerie la somme des flux reçus (ou décaissés) par les actionnaires et les prêteurs. Son objectif est de montrer que la structure optimale du capital est obtenue en minimisant le coût moyen du capital avant impôt et non le coût après impôt i préconisé par la théorie classique. Ce coût avant impôt s'écrit avec les notations précédentes (toujours en monnaie courante) :

$$s' = \alpha e' + (1 - \alpha)a'$$
$$s' = i' + te'\alpha \tag{10.3}$$

Dans ce premier article, il n'aborde pas le problème de la détermination du taux d'actualisation à utiliser pour l'étude des décisions d'investissement. Mais cette publication suscite les réactions de nombreux auteurs. Parmi ceux-ci, T. Bloomfield et R. Ma [10.6], puis T.J. Nantell et C.R. Carlson [10.12] mettent l'accent sur les calculs de rentabilité. Ils considèrent un projet d'investissement de même degré de risque et de même structure financière que l'ensemble des projets de l'entreprise, engendrant des flux de trésorerie perpétuels constants. Ils montrent alors que la méthode classique (coût moyen du capital après impôt) et la méthode d'Arditti conduisent bien à la même décision d'acceptation ou de rejet du projet, à condition que les flux de trésorerie soient définis en conséquence : flux de trésorerie après impôt et hors charges financières F dans le premier cas, flux F majoré des crédits d'impôts dus à la déductibilité des intérêts dans le second cas (somme des flux revenant aux propriétaires des fonds propres et aux prêteurs).

Pour T.J. Nantell et C.R. Carlson, il n'y a pas de «vrai» coût du capital; plusieurs définitions peuvent être données. A chacune correspond un «point de vue» différent, celui d'une direction financière de l'entreprise dans le premier cas, celui de l'ensemble des bailleurs de fonds dans le second.

Flux de trésorerie

Au cours des années pendant lesquelles les investissements sont réalisés, les flux versés par les actionnaires et les prêteurs correspondent à la totalité du capital investi.

Lors de l'exploitation de l'équipement, les prêteurs recevront intérêts et remboursement en capital. Soit X_n la somme correspondant à l'année n. Les capitaux propres seront rémunérés par les flux de trésorerie D_n utilisés ci-dessus pour les calculs de rentabilité des capitaux propres. Ils sont obtenus en retranchant du revenu d'exploitation l'impôt sur le revenu des sociétés et les sommes versées aux prêteurs. Rappelons que l'impôt est alors calculé en tenant compte du fait que les intérêts des emprunts sont déductibles de l'assiette fiscale.

Avec les notations de la première partie, le flux de fonds propres s'écrit :

$$D'_n = F'_n + tj'_n - X'_n$$

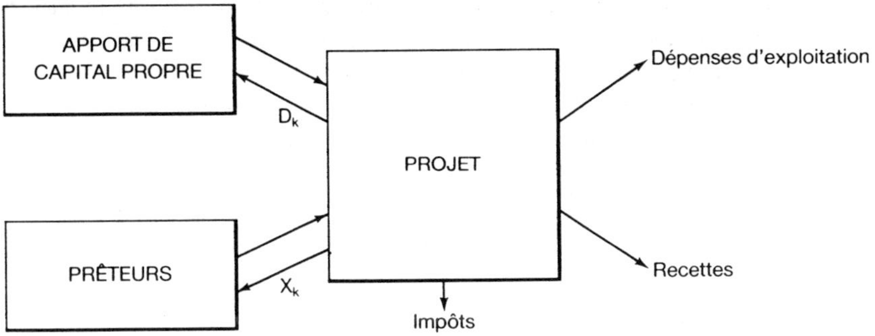

Fig. 10.4 Méthode des intérêts seulement déductibles

Le flux total vers l'ensemble des bailleurs de fonds est alors (fig. 10.4) :

$$S'_n = D'_n + X'_n$$
$$S'_n = F'_n + tj'_n \qquad (10.4)$$

Le flux de trésorerie S'_n considéré ne comprend donc pas les encaissements et décaissements relatifs aux emprunts, mais seulement les économies d'impôt entraînées par la déductibilité des intérêts (d'où le nom de la méthode *Shadow Interest*).

Le calcul de rentabilité ainsi effectué est un calcul de rentabilité globale, puisque c'est l'ensemble des dépenses d'investissement qui est comptabilisé aux années où l'investissement est réalisé.

Il est donc naturel d'utiliser un taux d'actualisation défini comme un coût moyen du capital. Mais la déductibilité des intérêts étant prise en compte dans les flux de trésorerie, **le coût des emprunts** (utilisé pour déterminer ce coût moyen) **doit être calculé avant impôt**. La méthode est d'ailleurs parfois appelée «méthode du coût du capital avant impôt».

Nous noterons R_s le revenu actualisé correspondant :

$$R_s = \sum_{n=0}^{N} \frac{S_n}{(1+s)^n}$$

Exemple.

Le cas Ammoniac traité au paragraphe 10.1.3 n'est pas un «bon» exemple puisque, comme nous l'avons déjà indiqué, le ratio d'endettement n'est pas constant sur la durée de vie du projet (l'emprunt est totalement remboursé au bout de huit ans). Or, le fait d'utiliser un taux d'actualisation défini comme une moyenne arithmétique pondérée du coût du financement implique un ratio d'endettement constant. Nous y reviendrons.

Nous reprendrons cependant cet exemple et calculerons le flux de trésorerie S'_1 de l'année 1 en monnaie courante. Nous reprenons les hypothèses du paragraphe 10.1.3. Nous pourrions utiliser l'une des formules (10.4) en employant les calculs précédents de flux d'exploitation ou de flux de fonds propres. Nous procéderons plutôt à un calcul direct.

Le bénéfice imposable à considérer prend en compte les charges d'intérêt. C'est celui qui a été calculé au paragraphe 10.1.3, soit 66,8 MF.

Le montant d'impôt est de même 0,4 × 66,8 = 26,7 MF.

Le flux S'_1 s'obtient alors en retranchant des recettes (346,5 MF) les frais d'exploitation (134,7 MF) et l'impôt (26,7 MF).

$$S'_1 = 185,1 \text{ MF}$$

10.4.2 Courbes de rentabilité

Avant de comparer les critères de décisions correspondant aux trois méthodes, nous présenterons les courbes de rentabilité obtenues. Nous reprenons le graphique de la figure 10.2 sur lequel figurent les courbes de rentabilité globale classique et de rentabilité des capitaux propres. Nous le complèterons en traçant la courbe de rentabilité obtenue avec la méthode des intérêts seulement déductibles (fig. 10.5).

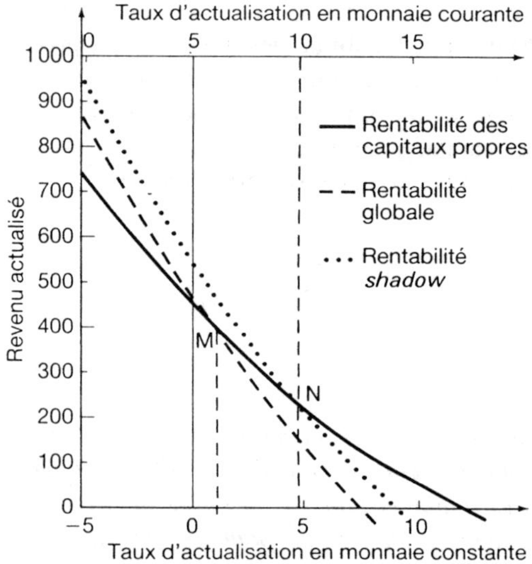

Fig. 10.5 Rentabilité globale, rentabilité des capitaux propres et méthode des intérêts seulement déductibles

Comparaison avec la courbe de rentabilité globale classique

Pour une même valeur du taux d'actualisation i, le revenu actualisé avec « intérêts seulement déductibles » $R_s(i)$ est toujours supérieur au revenu actualisé global $R_g(i)$. En effet, $R_s(i)$ s'obtient à partir de $R_g(i)$ en ajoutant à celui-ci la somme des valeurs actualisées des crédits d'impôt dus à la comptabilisation des intérêts.

Comparaison avec la courbe de rentabilité des capitaux propres

La courbe représentative des variations de $R_s(i)$ coupe la courbe de rentabilité des capitaux propres $R_p(i)$ pour un taux égal au coût e avant impôt de l'emprunt (point N). En effet, le taux d'actualisation correspondant au point d'intersection des deux courbes est le taux de rentabilité associé à l'échéancier des flux différentiels $S_n - D_n$. Or la différence entre le flux S_n avec « intérêts seulement déductibles » et le flux de fonds propres D_n est égale au flux lié à l'emprunt (formule 10.4 ci-dessus) :

$$S_n - D_n = X_n$$

L'échéancier des flux X_n est ainsi défini avant impôt (puisque la déductibilité des intérêts est prise en compte dans les deux modes de calcul). Le taux de rentabilité de cet échéancier est (par définition) égal au coût de l'emprunt (taux d'intérêt si l'on raisonne en monnaie courante et en négligeant les coûts d'émission). $R_s(e)$ est donc égal à $R_g(e)$.

On notera que le point d'intersection N d'abscisse e, contrairement au point M, n'est pas invariant lorsque l'on fait varier la part d'emprunt dans le financement du projet.

Exemple.

Dans notre cas Ammoniac, les valeurs numériques sont les suivantes : $r'_g = 13$ %; $r_g = 8$ %; $r'_p = 17$ %; $r_p = 12$ %; $r'_s = 14,5$ %; $r_s = 9$ %; $e' = 10$ %; $e = 5$%; $\widehat{e}' = 6$ %; $\widehat{e} = 1$ %.

10.4.3 Taux de rentabilité

A. Flux d'exploitation perpétuel constant

Nous supposons qu'il n'y a pas d'érosion monétaire. Nous reprenons le cas d'un projet engendrant un flux de trésorerie constant sur une période de durée infinie. Nous considérons un emprunt de taux d'intérêt e, de montant αI (I étant le montant d'investissement) remboursé sur une durée infinie.

Pour une année d'exploitation, le flux de trésorerie avec «intérêts seulement déductibles» S s'obtient en ajoutant au flux d'exploitation F le crédit d'impôt dû à la comptabilisation des intérêts, soit $te\alpha I$:

$$S = F + te\alpha I$$

Le revenu actualisé est égal à :

$$R_s = -I + \frac{F + te\alpha I}{s}$$

Le taux de rentabilité est :

$$r_s = \frac{F}{I} + te\alpha$$
$$r_s = r_g + te\alpha$$
$$r_s = (1 - \alpha)r_p + \alpha e$$

Le taux de rentabilité r_s est la moyenne pondérée entre le taux de rentabilité des capitaux propres et le coût avant impôt des emprunts.

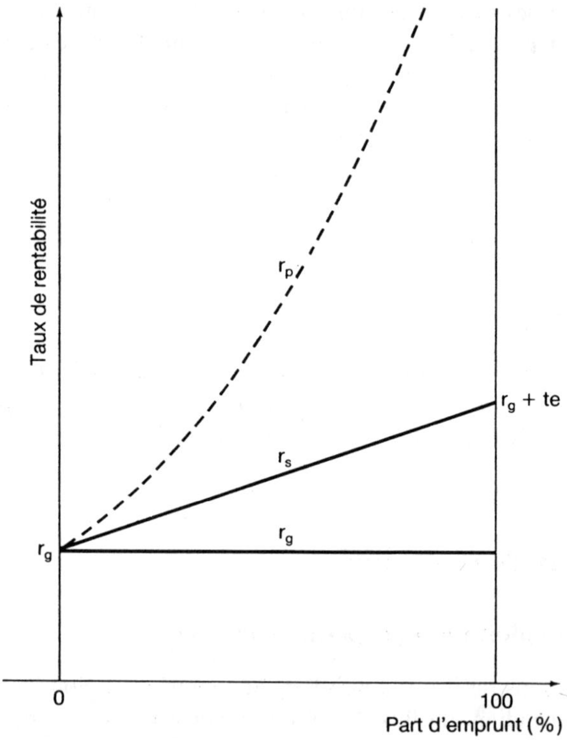

Fig. 10.6 Taux de rentabilité en fonction de la part d'emprunt

La figure 10.6 donne les variations des trois taux de rentabilité (globale, capitaux propres, intérêts seulement déductibles) en fonction de la part d'emprunt.

B. Généralisation

De façon semblable à ce qui a été dit à la section précédente concernant la comparaison entre rentabilité globale et rentabilité des capitaux propres, la formule précédente reste vraie si le ratio d'endettement du projet, défini au sens de Linke et Kim, reste constant sur la période d'étude.

Lorsque l'on introduit une hypothèse d'érosion monétaire, ces relations restent vraies, tous les taux étant définis en monnaie courante :

$$r'_s = (1-\alpha)r'_p + \alpha e'$$
$$r'_s = r'_g + te'\alpha$$

En monnaie constante, si le taux d'inflation est supposé constant sur la période d'étude et égal à d, elles s'écrivent :

$$r_s = r_g + \frac{te'\alpha}{1+d}$$
$$r_s = (1-\alpha)r_p + \alpha\frac{e'-d}{1+d}$$

en remarquant que :

$$\frac{e'-d}{1+d}$$

est le coût de l'emprunt avant impôt en monnaie constante :

$$r_s = (1-\alpha)r_p + \alpha e$$

Des démonstrations simples peuvent être obtenues dans le cas d'un flux perpétuel constant en monnaie constante (le remboursement étant effectué par annuités constantes en monnaie constante) ou dans le cas d'un modèle à deux périodes [10.3].

Dans le cas général, ces formules ne sont plus exactes mais approchées. L'approximation est en général assez bonne lorsque la durée de remboursement des emprunts est peu différente de la durée de vie des équipements considérés.

Exemple.

Dans le cas Ammoniac, les valeurs numériques obtenues ont été données au paragraphe 10.4.2. Bien que le ratio d'endettement ne soit pas constant sur la durée de vie de l'unité, on constate que les relations ci-dessus sont vérifiées à 1 % près.

C. Décision d'investissement

Comme en première partie, nous considérons une entreprise dont le ratio d'endettement est constant sur la période d'étude et égal à α. Nous supposons que la part d'emprunt utilisée pour financer le projet est égale au ratio d'endettement α correspondant au financement de l'ensemble des projets de l'entreprise. Nous considérons un projet de même classe de risque que l'ensemble des projets de l'entreprise.

En rapprochant les formules :

$$r'_s = (1 - \alpha)r'_p + \alpha e'$$

et :

$$s' = (1 - \alpha)a' + \alpha e'$$

il est clair que si la première formule est exacte, (ratio d'endettement constant au sens de Linke et Kim), on aura :

$$r'_s > s'$$

si, et seulement si :

$$r'_p > a'$$

On aura donc bien **même décision d'acceptation ou de rejet du projet** avec la méthode des intérêts seulement déductibles ou avec un calcul de rentabilité des capitaux propres (et par conséquent même décision qu'avec un calcul de rentabilité globale comme nous l'avons vu en première partie).

10.4.4 Comparaison des revenus actualisés. Hypothèses 1, emprunt défini par référence à la valeur théorique du projet

A. Rappel des hypothèses 1

Nous considérons un projet vérifiant les hypothèses 1 définies au paragraphe 10.2.4, α étant le ratio d'endettement de l'entreprise supposé constant sur la période :

– Le montant d'emprunt à l'année 0 est égal à :

$$E_0 = \alpha(I_0 + R)$$

– Le montant de la dette E_n est chaque année égal à une fraction α de la valeur du projet V_n :

$$V_n = \sum_{k=n+1}^{N} \frac{F_k}{(1+i)^{k-n}}$$

Rappelons que sous ces hypothèses, la valeur du projet V_n, correspondant au point de vue du département Projet, est égale à la somme de la valeur des fonds propres et de la valeur de la dette :

$$V_n = A_n + E_n$$

avec :

$$A_n = \sum_{k=n+1}^{N} \frac{D_k}{(1+a)^{k-n}}$$

B. Hypothèses relatives à la fiscalité. Fiscalité quelconque

Dans tout ce qui précède, nous avons considéré une entreprise soumise à l'impôt sur le revenu des sociétés et qui prévoit des résultats en bénéfice sur toute la période d'étude, le taux d'imposition étant unique et constant. Cette hypothèse est nécessaire pour que puissent être définis de façon simple le coût après impôt des emprunts $\widehat{e'} = (1-t)e'$ et donc le taux d'actualisation à utiliser pour des calculs de rentabilité globale.

Cette hypothèse n'est nécessaire ni pour les calculs de rentabilité des capitaux propres, ni pour les calculs avec « intérêts seulement déductibles ». Un avantage de cette méthode est d'ailleurs, comme nous le verrons au paragraphe 10.4.6 ci-après, de permettre la prise en compte de fiscalités complexes.

Dans un premier temps, nous considérerons donc une fiscalité quelconque.

Sous les hypothèses 1, et quelle que soit la fiscalité, le revenu actualisé calculé avec « intérêts seulement déductibles » est égal au revenu actualisé des fonds propres.

Démonstration

Nous noterons Z_n la somme des valeurs actualisées au taux s des flux calculés avec intérêts seulement déductibles S_n :

$$Z_n = \sum_{k=n+1}^{N} \frac{S_k}{(1+s)^{k-n}}$$

ou encore :

$$Z_{n-1} = \frac{Z_n + S_n}{1 + s}$$

L'hypothèse du ratio d'endettement constant peut s'écrire pour chaque année n :

$$E_n = \alpha(A_n + E_n)$$
$$E_n = \frac{\alpha A_n}{1 - \alpha}$$

La relation entre le flux de fonds propres D_n d'une année n et le flux avec intérêts seulement déductibles S_n s'écrit :

$$D_n = S_n + X_n$$
$$D_n = S_n - (1 + e)E_{n-1} + E_n \tag{10.5}$$

On remarque que cette relation ne fait pas intervenir les crédits d'impôt dus à la comptabilisation des intérêts et reste vraie quelles que soient les modalités de calcul de l'impôt.

La démonstration se fait par récurrence en montrant que pour toute année n :

$$Z_n = A_n + E_n$$

Ce qui s'écrit encore :

$$A_n = (1 - \alpha)Z_n$$

A l'année N, on a :

$$D_N = S_N - (1 + e)E_{N-1}$$

D'où à l'année $N - 1$:

$$A_{N-1} = \frac{D_N}{1 + a} = \frac{S_N - (1 + e)E_{n-1}}{1 + a}$$

En remplaçant S_N par : $(1 + s)Z_{N-1}$ et s par $(1 - \alpha)a + \alpha e$ la relation est bien vérifiée pour l'année $N - 1$:

$$A_{N-1} = (1 - \alpha)Z_{N-1}$$

Supposons la relation vraie pour une année n quelconque.

Pour l'année $n - 1$:

$$A_{n-1} = \frac{D_n + A_n}{1 + a}$$

D'après (10.5) et en remplaçant E_n par αZ_n et A_n par $(1-\alpha)Z_n$, il vient :

$$A_{n-1} = \frac{S_n - (1+e)\alpha Z_{n-1} + \alpha Z_n + (1-\alpha)Z_n}{1+a}$$

En remplaçant S_n par $(1+s)Z_{n-1} - Z_n$ et s par $\alpha e + (1-\alpha)a$, on obtient bien :

$$A_{n-1} = (1-\alpha)Z_{n-1}$$
$$Z_{n-1} = A_{n-1} + E_{n-1}$$

et donc quel que soit n :

$$Z_n = A_n + E_n$$

Pour toute année n, la valeur du projet Z_n, du point de vue de l'ensemble des bailleurs de fonds, est égale à la somme de la valeur des fonds propres et de la valeur de la dette.

En particulier, à l'année 0 :

$$R_s = Z_0 - I_0 = A_0 + E_0 - I_0$$
$$\boxed{R_s = R_p}$$

C. Taux d'imposition constant et résultats en bénéfice sur toute la période

Dans le cas où l'entreprise prévoit des bénéfices sur toute la période d'étude et où le taux d'imposition est unique et constant, ces relations peuvent s'écrire, d'après ce qui a été vu au paragraphe 10.2.4 :

$$Z_n = A_n + E_n = V_n$$
$$\boxed{R_s = R_p = R_g}$$

Les revenus actualisés correspondant aux trois approches sont égaux.

10.4.5 Comparaison des revenus actualisés. Hypothèses 2, emprunt défini par référence au coût d'investissement

Nous revenons au cas d'une entreprise dont le taux d'imposition est unique et constant sur la période d'étude et qui prévoit des résultats en bénéfice sur toute la période. Les hypothèses 2, définies au paragraphe 10.2.5, sont les suivantes :

- Le montant d'emprunt à l'année 0 est $E_0 = \alpha I_0$ (α : ratio d'endettement de l'entreprise).

– Le mode de remboursement (ou de tirage d'emprunt) est défini de façon à ce que le ratio E_n/V_n soit constant.

Les relations obtenues en première partie entre le revenu actualisé global et celui des capitaux propres peuvent être complétées en faisant intervenir le revenu actualisé calculé avec «intérêts seulement déductibles» R_s :

$$\frac{R_g}{\displaystyle\sum_{n=1}^{N}\frac{F_n}{(1+i)^n}} = \frac{R_p}{\displaystyle\sum_{n=1}^{N}\frac{F_n}{(1+a)^n}} = \frac{R_s}{\displaystyle\sum_{n=1}^{N}\frac{F_n}{(1+s)^n}}$$

Le principe de la démonstration (donnée en annexe) est le même que celui utilisé au paragraphe 10.2.5 et l'interprétation identique. Nous énoncerons comme précédemment :

Dans le cas où la dépense d'investissement est effectuée en une seule année (année 0), les trois revenus actualisés seront de même signe et les trois méthodes conduiront bien à la même décision.

10.4.6 Intérêt de la méthode et domaine d'application : le cas de l'industrie pétrolière

Dans l'industrie pétrolière – et principalement dans le domaine du développement des gisements – les risques, la fiscalité, le financement des projets sont autant de caractéristiques qui peuvent être très variables d'une zone géographique à une autre.

Les filiales d'exploration-production ne sont pas toujours en situation bénéficiaire, en particulier lors du démarrage d'activités dans une zone nouvelle. Dans ce cas, les pertes comptables éventuelles, qui apparaissent fréquemment au cours des premières années d'exploitation, ne peuvent être déduites du bénéfice lié à d'autres activités. Elles doivent donc être reportées dans le temps. De plus, le système de «barrière fiscale» entre permis de recherche, instauré par certains pays, peut interdire la consolidation fiscale des résultats à l'intérieur même d'un pays donné.

Enfin, les régimes fiscaux sont souvent complexes et varient généralement d'un permis à l'autre. Le taux d'imposition peut être fonction du rythme de production du gisement, etc. Ainsi, les fiscalités pétrolières (et leur impact au niveau du coût de financement) ne peuvent être résumées par un taux d'imposition.

Compte tenu de ces caractéristiques, il n'est alors en général pas possible d'utiliser un mode de calcul simple pour définir le coût après impôt d'un emprunt. Les calculs de rentabilité globale sont alors mal adaptés. Et même si un calcul de coût moyen du capital après impôt était effectué, l'entreprise serait conduite à définir autant de taux d'actualisation (pour un calcul de rentabilité globale classique) qu'elle a de fiscalités pétrolières à considérer.

Par ailleurs, les calculs de rentabilité des capitaux propres, dont les résultats sont naturellement très sensibles aux hypothèses concernant le financement, sont le plus souvent utilisés seulement au cours des phases finales des études.

La méthode des «intérêts seulement déductibles» permet de déterminer une rentabilité globale qui constitue le principal critère de décision, au moins au cours des premières phases de l'étude des projets. Elle est utilisée avec un taux d'actualisation qui fait intervenir le coût des emprunts avant impôt, plus facile à déterminer, et dont la valeur est indépendante du régime fiscal. Toutes les spécificités associées du projet (report de pertes, règles fiscales relatives à la déductibilité des intérêts des emprunts, taxation des dividendes, etc.) sont prises en compte au niveau de l'échéancier des flux de trésorerie.

Cette démarche permet de limiter le nombre de taux d'actualisation, voire de n'en retenir qu'un si l'on considère que la valeur du coût du capital avant impôt est peu variable d'une zone géographique à une autre.

Ces différentes raisons expliquent le développement de son utilisation pour l'étude des grands projets dans le secteur de l'exploration et de la production pétrolières.

Cette méthode ne doit cependant pas être utilisée sans précaution : il faut naturellement que les hypothèses relatives à l'emprunt et nécessaires pour le calcul des flux de trésorerie S_n soient cohérentes, au moins de façon approchée, avec les hypothèses employées pour la détermination du taux d'actualisation.

Ce dernier doit être calculé en utilisant le coût de l'emprunt et le ratio d'endettement du projet (rappelons que définir un taux d'actualisation comme un coût moyen du capital repose, théoriquement, sur l'hypothèse d'un ratio d'endettement supposé fixe et constant au cours du temps). Le domaine d'application de la méthode est le même que celui des calculs de rentabilité des capitaux propres : projets ayant même structure de financement que l'ensemble des investissements ou bien grands projets dont le financement peut être considéré comme indépendant du financement des autres projets.

Pour terminer, en mettant l'accent sur «ce qu'il ne faut pas faire», prenons un exemple. Considérons un projet pour lequel on effectue une analyse de sensiblité relative au taux de l'emprunt. On ne peut le faire sans modifier à la fois les flux de trésorerie (qui incluent les crédits d'impôt dus à la comptabilisation des intérêts) et le taux d'actualisation. Il est clair en effet que le taux de rentabilité et le revenu actualisé calculé à taux d'actualisation inchangé sont d'autant plus élevés que le taux d'intérêt des emprunts est élevé (puisque le flux S_n est égal au flux d'exploitation F_n majoré des crédits d'impôts sur charges financières $S_n = F_n + tj_n$). Ne pas modifier le taux d'actualisation conduirait à conclure que l'entreprise a avantage à ce que le taux d'intérêt des emprunts soit le plus élevé possible ...

10.5 Le critère de la Valeur Actuelle Ajustée *(Adjusted Present Value)*

Nous avons vu trois façons de prendre en compte le financement dans les calculs de rentabilité : les calculs de rentabilité globale, de rentabilité des capitaux propres et la méthode des intérêts seulement déductibles. S.C. Myers [10.11] en a proposé une quatrième, la méthode de la « Valeur Actuelle Ajustée » *(Adjusted Present Value)*. Elle s'appuie sur un modèle de programmation mathématique. Dans le cas où l'on admet que la politique de dividendes est sans effet sur la valeur de l'entreprise, le critère retenu est la somme de deux termes :

- Le premier est la **valeur actuelle des flux d'exploitation. L'actualisation est effectuée à un taux égal au coût du capital d'une entreprise non endettée**.
- Le deuxième correspond à la valeur actuelle des incidences financières. Si l'on admet, ce qui est le cas le plus fréquent, que la politique de dividendes est sans effet sur la valeur de l'entreprise, ce deuxième terme se réduit à la valeur actuelle de la dette associée au projet. Sous certaines hypothèses, il s'agit de la **valeur actuelle des crédits d'impôt dus à la comptabilisation des intérêts**.

Les flux considérés sont donc les mêmes que ceux de la méthode des intérêts seulement déductibles, mais les taux d'actualisation sont définis différemment. Le coût du capital d'une entreprise non endettée est déterminé par référence à la théorie de Modigliani et Miller (cf. chapitre 9, section 9.9).

Sous les hypothèses de Modigliani et Miller et si le ratio d'endettement est fixé par référence aux coûts d'investissement, les crédits d'impôts sur intérêts sont actualisés au taux d'emprunt.

L'interprétation de la méthode est alors la suivante. Les flux d'exploitation sont soumis à un risque correspondant au risque industriel; ils sont donc actualisés à un taux d'actualisation qui prend en compte le seul risque indutriel (taux d'une entreprise non endettée). Les crédits d'impôt par contre sont considérés comme certains et sont donc actualisés au taux sans risque.

Sous certaines hypothèses, on peut montrer [10.10] que la méthode de la Valeur Actuelle Ajustée conduit aux mêmes décisions qu'une méthode de rentabilité globale classique pour des projets de même classe de risque que l'entreprise et présentant sur toute leur durée de vie le même ratio d'endettement que celui de l'entreprise.

On remarque que si l'on admet la théorie de Miller (chapitre 9, section 9.9), selon laquelle il n'y a pas de ratio d'endettement optimal, le critère correspond directement au revenu actualisé d'un calcul de rentabilité globale classique.

Un inconvénient de la méthode vient du fait qu'elle s'appuie sur le coût du capital d'une entreprise non endettée identique à l'entreprise considérée. Il s'agit d'un concept théorique. Pour obtenir une valeur numérique, il est nécessaire de faire référence à une théorie (celle de Modigliani et Miller par exemple), ce qui pose le problème de l'adhésion à cette théorie.

10.6 TAUX D'EMPRUNT PRIVILÉGIÉS

10.6.1 Principes

Considérons un projet permettant d'obtenir un (ou des) prêt(s) ξ_0 à taux privilégié. Il n'est pas en général possible, pour tenir compte de ce financement particulier, d'effectuer un calcul de rentabilité des capitaux propres.

Un tel calcul peut être effectué seulement s'il s'agit d'un projet dont le financement est indépendant de celui des autres investissements de l'entreprise ou si la part d'emprunt pour ce projet était égale au ratio d'endettement de l'entreprise. Rappelons en rapidement la raison : considérons une entreprise qui doit respecter un ratio d'endettement donné α pour l'ensemble de ses investissements et un projet permettant d'obtenir une part d'emprunt supérieure à ce ratio. Effectuer un calcul de rentabilité des capitaux propres reviendrait à affecter au projet l'intérêt que présente la possibilité d'emprunter une fraction du capital investi supérieure à α. Or cet intérêt est annulé par le fait qu'il faut, pour respecter le ratio imposé, utiliser une part d'emprunt inférieure à α sur d'autres projets.

Nous raisonnerons donc en terme de rentabilité globale. En particulier, le taux d'actualisation utilisé sera celui habituellement retenu pour l'ensemble des projets de l'entreprise (de même classe de risque).

Mais les échéanciers de flux de trésorerie devront naturellement être déterminés de façon à ce que soient mises au crédit du projet les économies de charges financières que sa réalisation permettra d'obtenir. L'économie de chaque année sera simplement calculée par différence entre l'annuité de remboursement du prêt à taux préférentiel ξ_0 et l'annuité de remboursement d'un prêt ξ_1 de même montant, et auquel il aurait été fait appel en l'absence du prêt étudié. Si l'entreprise est soumise à l'impôt sur le revenu des sociétés, il convient naturellement de tenir compte de la déductibilité des intérêts.

Le problème qui se pose est alors de définir l'emprunt ξ_1 (contracté au taux habituel des emprunts de l'entreprise) auquel l'emprunt à taux bonifié va se substituer.

Deux hypothèses sont alors possibles :

1ère hypothèse H1 : même modalité de calcul des annuités de remboursement. Une hypothèse assez naturelle consiste à supposer que l'emprunt à taux privilégié se substitue à un emprunt de même montant qui serait remboursé sur une même durée et dont les annuités de remboursement seraient définies de la même manière. Par exemple, un emprunt remboursé par annuités constantes se substituerait à un emprunt également remboursé par annuités constantes. Un exemple de calcul est donné ci-après.

2ème hypothèse H2 : même échéancier de remboursement en capital. Considérons une entreprise qui s'impose de respecter un ratio d'endettement fixé. Prendre cette hypothèse au sens strict conduit à supposer que, pour l'emprunt à taux privilégié ξ_0 et pour l'emprunt ξ_1 auquel il se substitue, le montant de capital restant dû doit être chaque année identique. Les deux emprunts doivent alors présenter un même échéancier de remboursement en capital [8].

Remarque. Les deux hypothèses H1 et H2 sont naturellement équivalentes si le prêt ξ_0 est remboursé par parts de capital constantes.

10.6.2 Exemples de calcul

Toutes les données suivantes sont définies en francs courants. Le taux d'intérêt moyen des emprunts de l'entreprise est égal à 12 %. On étudie un projet d'investissement (coût : 13 MF) donnant droit à un prêt de 10 MF au taux préférentiel de 8 %. Ce prêt est remboursable par annuités constantes sur 7 ans.

L'annuité constante est de 1 921 kF/an. La décomposition entre remboursement en capital et charge d'intérêt est donnée par le tableau 10.3 (en kF).

Nous présenterons les calculs sous les deux hypothèses précédentes et en supposant :

a. Que l'entreprise n'est pas soumise à l'impôt sur le revenu des sociétés.

b. Que le taux d'imposition est de 45 %, l'entreprise prévoyant des résultats en bénéfice sur toute la période d'étude.

Hypothèse H1.

Nous supposons que le prêt considéré se substitue à un prêt ξ_1 de même montant au taux de 12 % également remboursé par annuités constantes sur 7 ans. L'annuité correspondante est de 2 191 kF/an.

8. **Remarque.** Dans la pratique, ceci peut conduire, pour l'emprunt substitut ξ_1, à des modalités de remboursement inhabituelles et qui pourraient être considérées comme irréalistes. En fait, la substitution peut concerner non pas un seul prêt mais, si les modalités de remboursement ne peuvent être adaptées au respect du ratio, différents prêts contractés au cours de la période d'étude et dont les montants seraient précisément ajustés de façon à maintenir le ratio d'endettement fixé. Considérer l'emprunt ξ_1 est alors équivalent à considérer ces différentes variations.

TABLEAU 10.3
EMPRUNT ξ_0

(monnaie courante en kF)

Années	*1*	*2*	*3*	*4*	*5*	*6*	*7*
Capital restant dû	*10 000*	*8 879*	*7 669*	*6 362*	*4 950*	*3 425*	*1 778*
Intérêts	*800*	*711*	*614*	*509*	*396*	*274*	*143*
Remboursement en capital	*1 121*	*1 210*	*1 307*	*1 412*	*1 525*	*1 647*	*1 778*

TABLEAU 10.4
HYPOTHESE H1b

(monnaie courante en kF)

Années		*1*	*2*	*3*	*4*	*5*	*6*	*7*
mprunt ξ_1	*Capital restant dû*	*10 000*	*9 009*	*7 899*	*6 656*	*5 263*	*3 703*	*1 956*
	Intérêts	*1 200*	*1 081*	*948*	*798*	*631*	*444*	*235*
	Remboursement en capital	*991*	*1 110*	*1 243*	*1 393*	*1 560*	*1 747*	*1 956*
	Intérêts après impôt	*660*	*595*	*521*	*439*	*347*	*244*	*129*
	Annuité après impôt	*1 651*	*1 705*	*1 764*	*1 832*	*1 907*	*1 991*	*2 085*
mprunt ξ_0	*Intérêt après impôt*	*440*	*391*	*338*	*280*	*218*	*151*	*79*
	Annuité après impôt	*1 561*	*1 601*	*1 645*	*1 692*	*1 743*	*1 798*	*1 857*
	Flux	*90*	*104*	*119*	*140*	*164*	*193*	*228*

TABLEAU 10.5
HYPOTHESES H2 a et b

(monnaie courante en kF)

Années	*1*	*2*	*3*	*4*	*5*	*6*	*7*
Flux hors fiscalité......	*400*	*355*	*307*	*254*	*198*	*137*	*71*
Flux après impôt........	*220*	*195*	*169*	*140*	*109*	*75*	*39*

a. Il n'y a pas de fiscalité

L'économie permise par le prêt est égale à la différence entre les deux annuités, soit : 2 191 – 1 921 = 270 kF/an.

C'est cette somme qui devra être portée chaque année au crédit du projet lors de la construction de l'échéancier des flux de trésorerie.

b. Taux d'imposition 45 % (entreprise en bénéfice sur toute la période)

Pour tenir compte de cette hypothèse, il suffit de remarquer que la comptabilisation des intérêts entraîne un crédit d'impôt égal à 45 % de leurs montants. Le tableau 10.4 donne pour l'emprunt ξ_1 la décomposition entre intérêt et remboursement en capital, le coût après impôt des intérêts (55 % du montant hors fiscalité) et l'annuité après impôt (remboursement en capital majoré du coût après impôt des intérêts). Pour l'emprunt ξ_0, ces deux derniers postes sont obtenus à partir du tableau 10.3. Le flux à porter au crédit du projet est alors égal à la différence entre les deux annuités après impôt.

Hypothèse H2.

Nous supposons maintenant que le prêt considéré ξ_0 se substitue à un prêt ξ_2 de même montant, de taux d'intérêt 12 %, dont les remboursements en capital seraient égaux à ceux du prêt ξ_0 (ligne 3 du tableau 10.3). Le montant des intérêts s'obtient à partir du capital restant dû (12 % des montants de la ligne 1, tableau 10.3).

***a. S'il n'y a pas de fiscalité**, le flux à associer au projet est alors la différence entre les montants d'intérêt des deux emprunts, soit 4 % du capital restant dû.*

***b. S'il y a fiscalité**, il convient de prendre la différence entre les coûts après impôts correspondants (c'est-à-dire 55 % de la différence précédente, soit 2,2 % du capital restant dû). Les flux dont il convient de créditer le projet sont donnés par le tableau 10.5.*

10.7 FINANCEMENT DES ACTIFS CIRCULANTS

Comme nous l'avons indiqué précédemment, la réalisation d'un investissement nécessite en général une augmentation des actifs circulants :

– pour constituer les stocks initiaux de pièces de rechange, de matières

premières, de produits intermédiaires et de produits finis nécessaires à la marche de l'équipement ;
- pour financer les « en-cours » clients, les avances de TVA à récupérer, etc.

Une partie de cette augmentation (besoin en fonds de roulement net) doit être financée par des capitaux permanents. Nous rappellerons les principes permettant d'en tenir compte dans un premier paragraphe.

La partie restante peut être considérée comme financée par des crédits à court terme dans la mesure où l'accroissement d'activité conduit à une augmentation du passif à court terme.

Nous donnerons quelques éléments sur le calcul des flux de trésorerie associés dans un deuxième paragraphe.

10.7.1 Actifs circulants financés par ressources durables

A. Flux de trésorerie associés à la constitution et à la récupération d'un fonds de roulement

Considérons une dépense S_0 nécessaire à une année 0 pour constituer, par exemple, un stock-outil. A la fin de la période d'étude, on suppose que ce stock-outil sera récupéré. Soit S_N sa valeur à l'année N.

La façon de procéder la plus courante consiste, lors de la construction des échéanciers de flux de trésorerie, à porter la somme S_0 en dépense à l'année 0 et en recette, à la dernière année N, la valeur S_N.

En valeur actuelle, le coût de la constitution du stock est donc :

$$C_s = S_0 - \frac{S_N}{(1+i)^N}$$

Ce principe présenté pour des années 0 et N sera naturellement appliqué à chacune des années pour lesquelles on prévoit une variation du stock (en volume) nécessaire pour suivre l'évolution de l'activité.

Remarque. Lorsque la valeur d'un stock varie, il convient de bien distinguer variation en volume et variation en valeur à volume constant. Une variation en volume se traduit par un flux de trésorerie (achat ou vente) tandis qu'une variation en valeur à volume constant n'entraîne pas en général d'encaissement ou de décaissement (sauf taxation des plus ou moins-values analysées au chapitre 6 et sur laquelle nous ne reviendrons pas ici).

B. Utilisation d'un coût d'immobilisation

Au lieu de comptabiliser les flux correspondant aux variations en volume d'un capital circulant, on peut comptabiliser chaque année un coût d'immobilisation de la valeur du capital considéré. Lors d'un calcul de valeurs actualisées, ce deuxième mode de calcul conduit aux mêmes résultats. Un intérêt de cette formulation est d'être semblable à celle qui sera utilisée au paragraphe suivant.

Un cas particulier correspondant à une hypothèse souvent utilisée en pratique est celui où l'on suppose **la valeur d'un stock-outils constante en monnaie constante**.

Le coût d'immobilisation à comptabiliser chaque année n est alors, en monnaie constante :

$$\omega_n = iS_0$$

Il est immédiat de vérifier que la somme des valeurs actuelles des coûts ω_n est bien égale au coût C_s défini ci-dessus (avec $S_N = S_0$) :

$$\sum_{n=1}^{N} \frac{iS_0}{(1+i)^n} = S_0 \left[1 - \frac{1}{(1+i)^N} \right]$$

Dans le cas général, soit δ_n le taux de variation de la valeur du stock à une année n. Si on note S_n la valeur du stock en fin d'année n, le capital immobilisé au cours d'une année n est S_{n-1}. Le coût d'immobilisation proprement dit, iS_{n-1}, doit être diminué de l'augmentation de valeur du stock. Le coût à affecter à l'année n est donc :

$$\omega_n = (i - \delta_n)S_{n-1}$$

Si la valeur du stock varie à taux constant δ sur toute la période, ce coût s'écrit :

$$\omega_n = (i - \delta)S_0(1+\delta)^{(n-1)}$$

On vérifie immédiatement que la somme actualisée des coûts ω_n est égale au coût C_s :

$$(i-\delta)S_0 \sum_{n=1}^{N} \frac{(1+\delta)^{n-1}}{(1+i)^n} = S_0 \left[1 - \frac{(1+\delta)^N}{(1+i)^N} \right] = S_0 - \frac{S_N}{(1+i)^N}$$

10.7.2 Actifs circulants financés par crédits à court terme

Par souci de prudence, on sera souvent conduit à supposer que la totalité des actifs circulants associés à un projet sera financée par des ressources durables.

Il arrive cependant que l'on puisse supposer qu'une partie sera financée par des dettes à court terme.

Nous remarquerons tout d'abord que les taux d'intérêts des crédits à court terme sont généralement peu élevés en monnaie constante. C'est encore plus vrai pour une entreprise soumise à l'impôt sur le revenu des sociétés, le coût après impôt de ces crédits en monnaie constante, $\widehat{e} \simeq (1-t)e' - d$, est parfois même négatif. Ceci explique que les conséquences de l'augmentation des actifs circulants financés par crédit à court terme soient souvent négligés lors des études de rentabilité.

Une hypothèse précise est en particulier nécessaire lorsque l'on étudie un projet d'investissement permettant de diminuer un volume de stockage, par exemple mise en place d'un système de gestion informatisé des stocks.

Si l'on doit tenir compte d'une hypothèse de financement par crédit à court terme, il convient de comptabiliser à chaque année de la période d'étude, dans l'échéancier des flux de trésorerie, un coût d'immobilisation du capital considéré. Ce coût est calculé en utilisant, non le taux d'actualisation qui correspond au coût des ressources durables, mais le coût (après impôt le cas échéant) des crédits à court terme.

La formule est alors celle du paragraphe 10.7.1.B soit, dans le cas général, pour une année n (toutes les valeurs étant définies en monnaie courante)

$$\omega'_n = (\widehat{e}' - \delta'_n)\ S'_{n-1}$$

avec :

$\widehat{e}'$: coût (après impôt) des crédits à court terme;
δ'_n : taux de variation de la valeur du capital circulant;
S'_{n-1} : valeur du capital circulant à l'année $n-1$.

La justification peut être faite schématiquement de la façon suivante. Supposons que le gestionnaire d'un stock achète en fin d'année $n-1$ un stock d'une valeur S_{n-1} en empruntant au taux $\widehat{e}'$. A la fin de l'année n, il rembourse le prêt en versant une somme $(1+\widehat{e}')S_{n-1}$, et revend le stock pour une valeur $S'_n = (1+\delta'_n)S'_{n-1}$.

Cas particuliers

– **Si le taux de variation de la valeur du capital circulant est constant** sur la période et égal à δ' :

$$\omega'_n = (\widehat{e}' - \delta')S_0(1+\delta')^{n-1}$$

– **Si la valeur S_n est constante en francs constants** et égale à S et en appelant d le taux d'inflation supposé constant sur la période ($\delta' = d$) :

$$\omega'_n = (\widehat{e}' - d)S_0(1+d)^{n-1} = \widehat{e}S_0(1+d)^n$$

puisque, rappelons-le :

$$\widehat{e} = \frac{\widehat{e}' - d}{1+d}$$

soit, en francs constants :

$$\omega_n = \widehat{e}S_0$$

10.7.3 Exemple de calcul

La réalisation d'un projet d'investissement à une année 0 nécessite la constitution d'un stock-outils correspondant à la production d'un mois de produits finis. La production sera de 30 000 t à l'année 1, de 40 000 t à l'année 2. Elle se fera ensuite à capacité maximale (50 000 t/an) de l'année 3 à l'année 15 (dernière année de la période d'étude). La valeur moyenne d'une tonne stockée (matière première, produits intermédiaires et finis) est estimée à 1 200 F/t (francs année 0) et supposée constante en francs constants.

Ce stock est supposé financé pour moitié par ressources durables, pour moitié par crédit à court terme. Le taux d'actualisation de l'entreprise est i = 7 % en francs constants.

Le taux d'inflation, supposé constant sur la période d'étude, est égal à 4 % par an.

Le taux des crédits à court terme est égal à 10 % (en francs courants). Le taux d'imposition sur le revenu des sociétés est de 40 %. Nous ne ferons pas intervenir ici la taxation des plus-values et nous limiterons aux coûts liés au financement du stock.

Stock financé par ressources durables.

Premier mode de calcul.

Les flux de trésorerie correspondant à la constitution, l'augmentation de volume puis la récupération du stock sont (en francs constants année 0),

$$\text{à l'année 0 :} \quad -\frac{30\,000 \times 1\,200}{12} = -3 \text{ MF}$$

$$\text{aux années 1 et 2 :} \quad -\frac{10\,000 \times 1\,200}{12} = -1 \text{ MF}$$

$$\text{à l'année 15 : } 5 \text{ MF}$$

Soit en valeur actualisées :

$$-3 - \frac{1}{1+i} - \frac{1}{(1+i)^2} + \frac{5}{(1+i)^{15}} = -3{,}0 \text{ MF}$$

Deuxième mode de calcul.

Le coût d'immobilisation est (en francs constants année 0) de :

0,07 × 3 = 0,21 MF à l'année 1 ;

0,07 × 4 = 0,28 MF à l'année 2 ;

0,07 × 5 = 0,35 MF/an de l'année 3 à l'année 15.

Nous retrouvons bien une somme de coûts actualisés égale à 3,0 MF.

Stocks financés par des dettes à court terme.

Le coût après impôt des emprunts à court terme est de : (1 – 0,4) × 10 = 6 % en francs courants soit de : 6 – 4 = 2 % en francs constants (environ).

D'où un coût d'immobilisation de :

0,02 × 3 = 0,06 MF à l'année 1 ;

0,02 × 4 = 0,08 MF à l'année 2 ;

0,02 × 5 = 0,10 MF/an de l'année 3 à l'année 15.

Soit en valeur actuelle un coût de 0,85 MF.

10.8 LE RECOURS AU CRÉDIT-BAIL

10.8.1 Présentation

Le contrat de crédit-bail (ou *leasing*) est un contrat par lequel un locataire s'engage à payer des loyers à un propriétaire (bailleur) en contre-partie du droit d'utiliser un actif lui appartenant. Cette location est assortie d'une option d'achat à l'issue de la période contractuelle.

Contrairement à la location classique, une fois le contrat signé, le paiement des loyers ne peut être interrompu. Il s'agit donc d'un engagement à long terme (la durée de la location doit être au moins égale à la durée d'amortissement fiscal). La décision d'acquérir un bien en leasing correspond donc à une décision d'investissement. Mais choisir entre le leasing et l'achat par autofinancement et/ou emprunt, c'est choisir un mode de financement. Un tel choix dépasse le cadre de ce document. Mais il est difficile de séparer décision d'investissement et décision de financement dans la mesure où l'intérêt de l'acquisition d'un équipement peut être accru par le recours au leasing. C'est la raison pour laquelle nous donnerons ici quelques éléments permettant d'étudier un financement par leasing.

Un avantage apparent du crédit-bail est qu'il permet d'obtenir la disposition d'un équipement sans mise de fonds initiale. Il reste la propriété du bailleur ; sa valeur n'apparaît pas en général parmi les immobilisations au bilan.

De même, les montants des loyers ne font pas partie des dettes figurant au passif du bilan. Le crédit-bail a donc parfois pu apparaître comme un mode de financement sans mise de fonds propres et n'altérant pas le ratio d'endettement. En fait, les engagements de crédit-bail doivent figurer dans les engagements hors bilan (en annexe du bilan) et les analystes financiers les considèrent en général comme faisant partie des dettes. C'est ce que préconise l'ordre des Experts-Comptables. En effet, les loyers constituent des paiements définis par contrats semblables à des annuités de remboursement d'emprunt et générateurs d'un risque semblable. Le leasing s'apparente ainsi à un emprunt hypothécaire qui servirait à l'achat de l'équipement considéré. L'utiliser revient à utiliser une partie de la capacité d'emprunt de l'entreprise. Celle-ci étant toujours limitée, le leasing se substitue à un emprunt possible et il convient d'en tenir compte lors d'une étude économique.

La comparaison entre leasing et achat avec emprunt pose des problèmes délicats. Différents modèles ont été proposés, qui ont donné lieu à de nombreuse publications. Signalons à ce propos que la liste des articles cités en bibliographie (limitée à quelques références jugées les plus significatives) est loin d'être exhaustive.

Une première approche consiste à maintenir la séparation entre décision d'investissement et décision de financement, en considérant seulement le problème du choix entre le leasing et l'emprunt. Ceci peut se faire par simple comparaison du coût de chacune de ces sources de financement (taux de rentabilité). Mais si le leasing s'avère plus intéressant qu'un emprunt, il faut en tenir compte lors du calcul de rentabilité qui servira à l'étude de la décision d'investissement. Il faut donc pouvoir calculer un gain en valeurs actualisées.

Nous présenterons de façon rapide les principes les plus couramment retenus en distinguant les calculs de coût de financement (actuariel) et les calculs de valeurs actualisées.

Nous considérons une entreprise soumise à l'impôt sur le revenu des sociétés au taux t et qui prévoit des résultats en bénéfice sur toute la période.

Notations :

- I : valeur à l'achat de l'équipement (supposé payé à une année 0) ;
- L_n : montant du loyer à l'année $n (n = 1, 2, ..., N-1, N)$;
- M_n : amortissement comptable à l'année n ;
- $\widehat{V}_N$: coût après impôt de la valeur résiduelle à payer en fin de période de location (année N) pour devenir propriétaire de l'équipement[9] ;
- $\widehat{e}$: coût de l'emprunt après impôt ;
- i : taux d'actualisation de l'entreprise (coût moyen du capital).

9. Il s'agit de la valeur à payer diminuée des crédits d'impôt actualisés associés à la comptabilisation de l'amortissement ou des amortissements correspondants. La valeur résiduelle est généralement amortie l'année suivante ou dans les deux ans qui suivent.

Remarque 1. Si certains frais (maintenance, assurances) sont à la charge du bailleur, il suffit de les déduire du montant des loyers versés pour pouvoir effectuer la comparaison avec l'achat.

Remarque 2. Lorsqu'une revente intervient après l'année N, le calcul des plus-values, et donc le traitement fiscal, peuvent être différents suivant que l'équipement a été acheté ou pris en leasing. Il n'en sera pas tenu compte ici.

10.8.2 Coût du financement par leasing

Nous remarquerons que les loyers sont des charges déductibles du bénéfice imposable. Leur coût après impôt pour une année n est donc $(1-t)L_n$.

Par ailleurs, recourir au leasing fait perdre la déductibilité des amortissements comptables qui serait intervenue dans le cas d'un achat.

Le coût actualisé des dépenses associées au leasing s'écrit :

$$CL(i) = \sum_{n=1}^{N} \frac{(1-t)L_n}{(1+i)^n} + \sum_{n=1}^{N} \frac{tM_n}{(1+i)^n} + \frac{\widehat{V}_N}{(1+i)^N}$$

Il permet d'obtenir un financement d'un capital de valeur I. Le coût du financement par leasing est donc la valeur c du taux d'actualisation qui annule le revenu actualisé de l'échéancier des flux associés à cette opération :

$$I - \left[\sum_{n=1}^{N} \frac{(1-t)L_n}{(1+c)^n} + \sum_{n=1}^{N} \frac{tM_n}{(1+c)^n} + \frac{\widehat{V}_N}{(1+c)^N}\right] = 0$$

Le choix entre leasing et emprunt peut alors se faire par comparaison du coût c avec le coût de l'emprunt après impôt $\widehat{e}$.

10.8.3 Valeur actuelle de l'avantage (algébrique) du leasing par rapport à l'emprunt

A. Formule fondamentale

Différents auteurs, à la suite de Bierman et Smidt [10.15], préconisent une comparaison de valeurs actualisées en utilisant comme taux d'actualisation le coût de l'emprunt après impôt $\widehat{e}$. Ceci est justifié par le fait qu'un leasing est assimilé à un emprunt et que c'est l'emprunt qui constitue la seule solution alternative à considérer (toutes choses égales par ailleurs, c'est-à-dire en utilisant la même capacité d'endettement).

La somme actualisée des dépenses de leasing est alors :

$$CL(\widehat{e}) = \sum_{n=1}^{N} \frac{(1-t)L_n}{(1+\widehat{e})^n} + \sum_{n=1}^{N} \frac{tM_n}{(1+\widehat{e})^n} + \frac{\widehat{V}_N}{(1+\widehat{e})^N}$$

Elle devra être comparée à la somme actualisée des annuités de remboursement de l'emprunt. Mais la somme actualisée au taux $\widehat{e}$ des annuités d'emprunts après impôt (compte tenu des économies d'impôt dues à la comptabilisation des intérêts) est par définition de $\widehat{e}$, égale au montant du capital emprunté I.

Au lieu de comptabiliser la valeur actuelle de ces annuités, on peut donc comptabiliser I, d'où l'avantage du leasing en valeurs actualisées.

$$AL(\widehat{e}) = I - CL(\widehat{e})$$

$$AL(\widehat{e}) = I - \sum_{n=1}^{N} \frac{(1-t)L_n}{(1+\widehat{e})^n} - \sum_{n=1}^{N} \frac{tM_n}{(1+\widehat{e})^n} - \frac{\widehat{V}_N}{(1+\widehat{e})^N} \quad (10.6)$$

Il est naturellement équivalent de vérifier si cet avantage est positif ($AL > 0$) ou si le coût du financement par leasing c, défini précédemment, est inférieur au coût de l'emprunt $\widehat{e}$.

Cette formule (10.6) peut être justifiée et interprétée de différentes façons.

B. Interprétation 1. Utilisation d'un taux sans risque

Parmi les premiers «modèles» relatifs à la comparaison achat-leasing figure la formule :

$$AL(i) = I - \sum_{n=1}^{N} \frac{tM_n}{(1+i)^n} - \sum_{n=1}^{N} \frac{(1-t)L_n}{(1+i)^n} - \frac{\widehat{V}_N}{(1+i)^N} \quad (10.7)$$

où i est le taux d'actualisation de l'entreprise (coût moyen du capital). Les deux premiers termes :

$$I - \sum_{n=1}^{N} \frac{tM_n}{(1+i)^n}$$

représentent la dépense après impôt qui serait effectuée dans le cas où l'équipement serait acheté à l'année 0.

Les termes suivants représentent les coûts actualisés associés au leasing (actualisés au coût moyen du capital). Cette formule n'est en général pas correcte, puisqu'elle suppose implicitement que le montant de l'achat est financé par l'ensemble des ressources durables de l'entreprise qui doivent être rémunérés à un taux égal au coût moyen du capital. Or, un financement par leasing et un financement par l'ensemble des ressources durables ne sont pas directement comparables puisque n'ayant pas le même impact sur la capacité d'endettement de l'entreprise.

Mais si la formule (10.7) ne peut être utilisée telle quelle, on remarquera qu'elle est formellement semblable à la formule (10.6); seul le taux d'actualisation utilisé est différent. La formule (10.6) peut alors être interprétée comme l'avantage du leasing par rapport à l'achat, les coûts étant actualisés au taux de l'emprunt, donc à un taux sans risque. Ce taux sans risque peut être justifié par le fait que les paiements de loyers sont contractuels et peuvent être considérés comme certains. De même des crédits d'impôt sur amortissement sont pratiquement sans risque.

C. Interprétation 2. Perte du revenu actualisé de l'opération d'emprunt

Nous présenterons ici un autre mode de raisonnement. Dans un but de clarté, nous le ferons dans un premier temps en faisant abstraction de la fiscalité, que nous réintroduirons ensuite.

Si l'entreprise s'impose de respecter un certain ratio d'endettement, faire appel à du leasing (dont les engagements sont considérés comme des dettes) fait perdre à l'entreprise la possibilité d'un emprunt au taux habituel e. Appelons E cet emprunt. Considérons le point de vue du département responsable de l'étude et de la réalisation des projets et qui effectue les calculs d'actualisation au taux i (coût moyen du capital de l'entreprise). Au taux i, l'emprunt E a un revenu actualisé positif. La perte de cet emprunt a un coût égal en valeur absolue au revenu actualisé auquel l'entreprise doit renoncer. Ce coût doit venir majorer le coût $CL(i)$ du leasing actualisé au taux i.

Pour déterminer l'emprunt équivalent, on peut supposer qu'il s'agit d'un emprunt qui serait remboursé au taux e, au moyen des dépenses qui auraient été affectées au leasing (loyers et valeur résiduelle).

Si l'on fait abstraction de la fiscalité, le montant de cet emprunt est E tel que :

$$E = \sum_{n=1}^{N} \frac{L_n}{(1+e)^n} + \frac{\widehat{V}_N}{(1+e)^N} \tag{10.8}$$

Le revenu actualisé au taux i de l'emprunt est alors :

$$RE(i) = E - \sum_{n=1}^{N} \frac{L_n}{(1+i)^n} - \frac{\widehat{V}_N}{(1+i)^N}$$

Le coût du leasing, actualisé au taux i, $CL(i)$, doit être majoré du coût correspondant à la perte du revenu de l'emprunt E :

$$CL(i) + RE(i) = \sum_{n=1}^{N} \frac{L_n}{(1+i)^n} + \frac{\widehat{V}_N}{(1+i)^N} + E - \sum_{n=1}^{N} \frac{L_n}{(1+i)^n} - \frac{\widehat{V}_N}{(1+i)^N}$$

en remplaçant E par sa valeur d'après l'équation (10.8) :

$$CL(i) + RE(i) = E = \sum_{n=1}^{N} \frac{L_n}{(1+e)^n} + \frac{\widehat{V}_N}{(1+e)^N}$$

L'avantage du leasing est alors :

$$AL = I - CL(i) - RE(i) = I - \sum_{n=1}^{N} \frac{L_n}{(1+e)^n} - \frac{\widehat{V}_N}{(1+e)^N}$$

Il s'agit de la formule (10.6) appliquée au cas où il n'y a pas d'imposition sur le revenu des sociétés. La formule (10.6) trouve ainsi une autre justification.

Introduisons à nouveau l'imposition au taux t. L'emprunt équivalent E au taux e auquel se substitue le leasing serait remboursé au moyen des dépenses qui auraient été affectées au leasing (loyers après impôt et valeur résiduelle) et des sommes dégagées grâce aux économies d'impôt dues à la comptabilisation des amortissements. Compte tenu de la déductibilité des intérêts, en notant $\widehat{e}$ le coût après impôt de l'emprunt, le montant E de l'emprunt équivalent s'écrit :

$$E = \sum_{n=1}^{N} \frac{(1-t)L_n}{(1+\widehat{e})^n} + \frac{\widehat{V}_N}{(1+\widehat{e})^N} + \sum_{n=1}^{N} \frac{tM_n}{(1+\widehat{e})^n} \qquad (10.8')$$

Le revenu actualisé au taux i de l'opération d'emprunt est alors :

$$RE(i) = E - \sum_{n=1}^{N} \frac{(1-t)L_n}{(1+i)^n} - \frac{\widehat{V}_N}{(1+i)^N} - \sum_{n=1}^{N} \frac{tM_n}{(1+i)^n}$$

Comme précédemment, l'avantage du leasing, calculé au moyen de la formule (10.7) à un taux égal au taux d'actualisation i, doit être diminué du coût correspondant à la perte du revenu de l'emprunt E.

Compte tenu de la substitution d'emprunt, l'avantage du leasing s'écrit alors :

$$AL = I - \sum_{n=1}^{N} \frac{tM_n}{(1+i)^n} - \sum_{n=1}^{N} \frac{(1-t)L_n}{(1+i)^n} - \frac{\widehat{V}_N}{(1+i)^N}$$
$$- \left[E - \sum_{n=1}^{N} \frac{(1-t)L_n}{(1+i)^n} - \frac{\widehat{V}_N}{(1+i)^N} - \sum_{n=1}^{N} \frac{tM_n}{(1+i)^n}\right]$$
$$AL = I - E$$

En remplaçant E par sa valeur d'après (10.8'), il vient :

$$AL = I - \sum_{n=1}^{N} \frac{(1-t)L_n}{(1+\widehat{e})^n} - \sum_{n=1}^{N} \frac{tM_n}{(1+\widehat{e})^n} - \frac{\widehat{V}_N}{(1+\widehat{e})^N}$$

Il s'agit bien de la formule (10.6).

Remarque. Une autre démonstration de la même formule (10.6) a été donnée par S.C. Myers, D.A. Dill et A.J. Bautista [10.29] à partir des formules de

Modigliani et Miller relatives au coût du capital et à la prise en compte de la déductibilité des intérêts, en supposant également que le leasing se substitue à un emprunt.

D. Discussion et généralisation

Différents modèles ont été proposés pour l'étude d'une décision de financement par crédit-bail. Plusieurs constituent des variantes de l'approche précédente. Pour certains [10.23], [10.27], [10.31], les taux d'actualisation utilisés sont différents du taux $\widehat{e}$ de la formule (10.6), éventuellement distincts suivant les flux de trésorerie considérés. En se référant à l'interprétation 1 ci-dessus (10.8.3.B), ceci est justifié par le fait que la valeur résiduelle, voire les crédits d'impôts sur amortissements, ne sont pas certains comme des loyers définis par contrat. La différence entre les frais opératoires supportés en cas de leasing et en cas d'achat peut également intervenir avec un taux d'actualisation correspondant au coût moyen du capital, tandis que le loyer lui-même est actualisé au coût de l'emprunt.

D'autres auteurs [10.25], [10.30], pour tenir compte du fait que certains flux de trésorerie présentent des degrés de risques différents, préconisent l'utilisation de coefficients correcteurs multiplicateurs (compris entre 0 et 1) des flux en question.

Une autre variante [10.17] revient (elle n'est pas exactement présentée ainsi dans [10.17]) à utiliser le raisonnement de l'interprétation 2 (10.8.3.C), mais en calculant, même lorsque l'entreprise est soumise à imposition, le montant de l'emprunt équivalent à partir des seules dépenses de leasing avant impôt (en définissant donc l'emprunt E comme si l'analyste financier faisait abstraction de la fiscalité).

Enfin, une question difficile concerne le montant d'emprunt auquel le leasing se substitue. Les raisonnements précédents ont été conduits en supposant que le leasing déplace un montant de dette exactement équivalent (« 1 franc pour 1 franc »). Dans la mesure où le leasing peut être considéré comme moins risqué qu'un emprunt et n'a pas un effet strictement identique sur la perception du ratio d'endettement de l'entreprise, il est possible d'admettre que 1 franc d'engagement de loyers de leasing déplace λ francs $(0 < \lambda \leq 1)$ de dette (λ étant cependant proche de 1). Les calculs proposés par S.C. Myers, D.A. Dill et A.J. Bautista [10.29] permettent d'en tenir compte.

En résumé

Différentes hypothèses et donc différentes formulations peuvent être envisagées. La formule (10.6) présente l'avantage d'une relative simplicité (hypothèses, calcul et interprétation). Dans tous les cas, il est important de retenir que le leasing se substitue à un emprunt et que la décision d'y recourir ne peut être prise sans en tenir compte.

Résumé (du complément au chapitre 10)

La méthode des intérêts déductibles peut être utile en présence de fiscalités complexes. Elle correspond au point de vue de l'ensemble des bailleurs de fonds (actionnaires et prêteurs). Les flux de trésorerie considérés comprennent les crédits d'impôt dus à la comptabilisation des intérêts, mais n'intègrent aucun flux d'emprunt. Le taux d'actualisation à utiliser est alors un coût moyen du capital avant impôt. La méthode conduit à la même décision qu'un calcul de rentabilité globale classique si l'on peut supposer la stabilité d'un ratio d'endettement du projet sur toute la période d'étude et lorsque ce ratio est égal au ratio d'endettement de l'ensemble des investissements de l'entreprise.

Projets permettant d'obtenir des emprunts à taux privilégiés : sauf cas particuliers de grands projets, le calcul de rentabilité globale est effectué en portant au crédit du projet les différences (éventuellement après impôt) entre charges financières calculées au taux courant des emprunts et au taux préférentiel.

Financement des capitaux circulants : lorsque celui-ci est effectué par emprunts à court terme, les flux de trésorerie de chaque année comprennent un coût d'immobilisation du capital défini à partir du taux des emprunts.

Crédit-bail : un financement par crédit-bail se substitue généralement à un emprunt et il est indispensable d'en tenir compte dans les calculs de rentabilité.

Annexe au Chapitre 10

10.9 COMPARAISON DU REVENU ACTUALISÉ GLOBAL ET DU REVENU ACTUALISÉ DES CAPITAUX PROPRES SOUS L'HYPOTHÈSE 2, EMPRUNT DÉFINI PAR RÉFÉRENCE AU COÛT D'INVESTISSEMENT

Rappel des hypothèses

On considère une entreprise dont le ratio d'endettement est α sur toute la période d'étude. On étudie un projet dont le financement est défini comme suit :

- le montant d'emprunt est : $E_0 = \alpha I_0$;
- le mode de remboursement est défini de sorte que le ratio d'endettement E_n/V_n reste constant au cours du temps.

Rappel des notations

Ce sont celles du paragraphe 10.2.4. Toutes les grandeurs sont définies en monnaie courante.

e' : taux de l'emprunt;
a' : coût des capitaux propres;
α : ratio d'endettement de l'entreprise;
i' : taux d'actualisation :

$$i' = \alpha\widehat{e}' + (1-\alpha)a' = \alpha(1-t)e' + (1-\alpha)a'$$

F'_n : flux d'exploitation à l'année n (après impôt);
V'_n : valeur actualisée au taux i' et à l'année n des flux F'_k postérieurs à l'année n;
D'_n : flux de fonds propres :

$$D'_n = F'_n - (1+\widehat{e}')E'_{n-1} + E'_n$$

A'_n : valeur actualisée au taux a' et à l'année n des flux de fonds propres D'_k postérieurs à l'année n;

E'_n : capital emprunté restant dû à l'année n ;
I'_0 : investissement de l'année 0. En supposant qu'il n'y a pas d'autre flux à l'année 0 : $F'_0 = -I'_0$.

Relation à démontrer

$$\frac{R_g}{\displaystyle\sum_{n=1}^{N} \frac{F'_n}{(1+i')^n}} = \frac{R_p}{\displaystyle\sum_{n=1}^{N} \frac{F'_n}{(1+a')^n}}$$

Démonstration

Nous remarquons que, à l'année 0, $E'_0 = \alpha I'_0$, le capital emprunté représente une faction de la valeur du projet égale à :

$$h = \frac{E'_0}{V'_0} = \frac{\alpha I'_0}{V'_0}$$

L'hypothèse de ratio d'endettement constant s'écrit :

$$E'_n = hV'_n$$

Le revenu actualisé global R_g est :

$$R_g = V'_0 - I'_0$$

Le revenu actualisé des fonds propres :

$$R_p = A'_0 - (1-\alpha)I'_0 = A'_0 - \frac{(1-\alpha)E'_0}{\alpha}$$

La relation à démontrer s'écrit :

$$\frac{V'_0 - \dfrac{E'_0}{\alpha}}{\displaystyle\sum_{n=1}^{N} \frac{F'_n}{(1+i')^n}} = \frac{A'_0 - \dfrac{1-\alpha}{\alpha}E'_0}{\displaystyle\sum_{n=1}^{N} \frac{F'_n}{(1+a')^n}}$$

La démonstration se fait par récurrence, en montrant que pour une année n quelconque on a :

$$\frac{V'_n - \dfrac{E'_n}{\alpha}}{\displaystyle\sum_{q=n+1}^{N} \frac{F'_q}{(1+i')^{q-n}}} = \frac{A'_n - \dfrac{1-\alpha}{\alpha}E'_n}{\displaystyle\sum_{q=n+1}^{N} \frac{F'_q}{(1+a')^{q-n}}} \tag{10.9}$$

Rappelons que le flux de fonds propres s'écrit :

$$D'_n = F'_n - (1+\widehat{e'})E'_{n-1} + E'_n$$

et :

$$V'_{n-1} = \frac{V'_n + F'_n}{1+i'} \tag{10.10}$$

$$A'_{n-1} = \frac{A'_n + D'_n}{1+a'} \tag{10.11}$$

Il suffit d'utiliser la relation $i' = \alpha(1-t)e' + (1-\alpha)a'$ pour vérifier que la relation (10.9) est vraie pour $n = N-1$.

Supposons-la vérifiée pour une année n quelconque.

En remplaçant E'_n par hV'_n, elle s'écrit :

$$\alpha A'_n = (\alpha - h)\sum_{q=n+1}^{N} \frac{F'_q}{(1+a')^{q-n}} + (1-\alpha)hV'_n \tag{10.12}$$

Or :

$$A'_{n-1} = \frac{A'_n + F'_n - (1+\widehat{e'})E'_{n-1} + E'_n}{1+a'}$$

D'après (10.12) et en remplaçant :

E'_{n-1} par hV'_{n-1}

E'_n par hV'_n

V'_n par $(1+i')V'_{-1} - F'_n$ (d'après (10.10)),

il vient :

$$\alpha A'_{n-1} = (\alpha - h)\sum_{q=n}^{N} \frac{F'_q}{(1+a')^{q-n+1}} + \frac{h}{1+a}[1 + i' - \alpha(1+\widehat{e'})]V'_{n-1}$$

En remplaçant i' par $\alpha\widehat{e'} + (1-\alpha)a'$ on vérifie bien que la relation (10.12) est vraie pour l'indice $n-1$.

10.10 COMPARAISON AVEC LE REVENU ACTUALISÉ DE LA MÉTHODE DES «INTÉRÊTS SEULEMENT DÉDUCTIBLES» SOUS L'HYPOTHÈSE 2

Nous utiliserons les notations de la section précédente. Nous noterons de plus :

s' : taux d'actualisation correspondant au coût moyen du capital avant impôt :

$$s' = \alpha e' + (1 - \alpha)a'$$

S'_n : flux avec «intérêts seulement déductibles» :

$$S'_n = F'_n + te'E'_{n-1}$$
$$S'_n = D'_n + X'_n$$
$$S'_n = D'_n + (1 + e')E'_{n-1} - E'_n$$

Z'_n : valeur actualisée au taux s' et à l'année n des flux S'_k postérieurs à l'année n.

La relation à démontrer s'écrit :

$$\frac{R_g}{\displaystyle\sum_{n=1}^{N} \frac{F'_n}{(1+i')^n}} = \frac{R_s}{\displaystyle\sum_{n=1}^{N} \frac{F'_n}{(1+s')^n}} = \frac{R_p}{\displaystyle\sum_{n=1}^{N} \frac{F'_n}{(1+a')^n}}$$

Comme précédemment :

$$E'_n = hV'_n$$

La relation à démontrer s'écrit :

$$\frac{V_0 - \dfrac{E_0}{\alpha}}{\displaystyle\sum_{n=1}^{N} \frac{F'_n}{(1+i')^n}} = \frac{Z_0 - \dfrac{E_0}{\alpha}}{\displaystyle\sum_{n=1}^{N} \frac{F'_n}{(1+i')^n}}$$

Pour une année quelconque on considère la relation :

$$\frac{V'_n - \dfrac{E'_n}{\alpha}}{\displaystyle\sum_{q=n+1}^{N} \frac{F'_q}{(1+i')^{q-n}}} = \frac{Z'_n - \dfrac{E'_n}{\alpha}}{\displaystyle\sum_{q=n+1}^{N} \frac{F'_q}{(1+s')^{q-n}}}$$

Soit, avec $E'_n = hV'_n$:

$$\alpha Z'_n - hV'_n = (\alpha - h) \sum_{q=n+1}^{N} \frac{F'_q}{(1+s')^{q-n}}$$

On vérifie qu'elle est vraie pour l'année $N - 1$ et la démonstration pour une année quelconque est immédiate par récurrence.

11 *Projets interdépendants et programmation des investissements*

«Tout ce qui est simple est faux, mais tout ce qui ne l'est pas est inutilisable».
Paul Valéry

La lecture de ce chapitre n'est pas nécessaire à la compréhension du chapitre suivant.

Questions posées

Comment utiliser un modèle de programmation mathématique pour tenir compte des interdépendances entre projets, interdépendances techniques ou liaisons provenant d'un rationnement en capital ?

Comment décentraliser les décisions pour qu'une approche marginale soit cohérente avec une approche globale ?

Quels sont les enseignements des modèles reliant investissement et financement ?

Nous avons évoqué au chapitre 1 les problèmes que pose l'étude des projets liés. Mais pour l'ensemble des chapitres suivants, nous nous sommes limités à deux types de questions : faire ou non un projet supposé indépendant de tout autre projet, choisir entre projets incompatibles. L'objet de ce chapitre est de revenir sur les interdépendances entre projets en donnant des indications rapides sur l'apport des méthodes d'optimisation et les procédures permettant des approches décentralisées. Nous étudierons d'abord les liaisons techniques en présentant dans un premier temps les modèles statiques, puis les modèles dynamiques. Nous aborderons ensuite les liaisons qui peuvent apparaître lorsque l'on introduit des contraintes financières (rationnement en capital). La dernière section sera consacrée aux modèles intégrant les liaisons entre les problèmes de choix des investissements et les décisions de financement.

11.1 LIAISONS D'ORDRE TECHNIQUE ET MODÈLES STATIQUES

11.1.1 Présentation

Nous présenterons l'étude des liaisons d'ordre technique en nous appuyant sur un exemple. Nous considérons une entreprise pétrolière dont l'outil de raffinage doit être adapté pour suivre l'évolution de la structure des consommations, de l'approvisionnement, des spécifications de qualité des produits finis, etc. Pour simplifier, nous nous limiterons à un seul facteur d'évolution, la baisse de la demande en produits résiduels (fuel lourd) et ne ferons pas intervenir les considérations de qualité telles que la nécessité de produire de l'essence sans plomb.

Le problème posé est donc celui de l'augmentation des capacités de conversion d'une raffinerie, c'est-à-dire de la capacité des unités qui permettent de produire des produits légers (essences et gasoils) à partir de produits plus lourds (résidus atmosphériques, distillats ou résidus sous vide). Il s'agit de choisir les unités à construire et de déterminer leur taille. Il faut également définir les dates de construction. Dans un premier temps, et pour sérier les problèmes, donnons-nous une année horizon. Nous supposons que la structure de la demande au-delà de cette année horizon sera assez stable pour pouvoir négliger l'influence des évolutions ultérieures. Notre première approche est donc statique ; nous rechercherons une structure optimale de la raffinerie pour l'année horizon choisie.

Simplifions encore le problème. Nous supposons que des calculs préliminaires ont montré que la seule solution intéressante consiste à augmenter la capacité de craquage catalytique par construction d'un deuxième craqueur. Il convient donc de calculer la rentabilité d'un tel projet et la taille optimale de l'unité. Mais la valeur de la charge (le distillat sous vide), comme la valeur des produits issus de l'unité, sont fonction des utilisations alternatives de ces produits, de la qualité des autres bases qui, en mélange, permettent d'obtenir un produit fini, etc. En bref, la rentabilité et la taille optimale sont fonction des programmes de fabrication qui seront retenus. Mais les décisions de gestion seront fonction des unités disponibles et de leur capacité.

Une solution est alors de déterminer simultanément la dimension du craqueur et le plan de raffinage, en utilisant un modèle de programmation linéaire [1] du type de ceux qui sont couramment utilisés pour la gestion des raffineries.

Si l'on envisage la construction de plusieurs unités, compte tenu des non-linéarités, le problème peut se compliquer. Nous aborderons ces questions successivement. Mais avant de présenter les modèles qui peuvent être utilisés pour l'étude des décisions d'investissement, nous décrirons rapidement les modèles de gestion et construirons un exemple simplifié.

11.1.2 Modèles de gestion du raffinage sur une période. Principes

L'utilisation la plus courante des modèles de programmation linéaire est relative aux plans de fabrication annuels, trimestriels ou mensuels [2]. Ces modèles permettent de déterminer les quantités de brut à traiter, les points de coupe à la distillation, les sévérités de marche (conditions opératoires) des unités, les consommations de combustibles, la composition des produits finis, etc. Ils sont construits de la façon suivante :

L'objectif est généralement de satisfaire une demande donnée en produits finis au moindre coût.

Les principales variables représentent les flux de pétrole brut et de produits à traiter, de produits intermédiaires et de produits finis correspondant à chacune des affectations possibles de ces produits à l'intérieur de la raffinerie.

Parmi les principales équations, **les équations de bilan matière** sont les plus nombreuses. Elles expriment l'égalité entre une quantité disponible d'un produit intermédiaire donné (rendement en produit à la sortie d'une unité multiplié par la quantité de charge traitée) et les quantités utilisées correspondant aux différentes destinations possibles de ce produit.

En fait, les rendements des unités ne sont pas constants. Ils sont fonction des conditions opératoires et les relations ne sont plus linéaires. Cette difficulté peut être tournée en considérant deux ou plusieurs «marches-types» des unités, la formulation du problème étant effectuée comme s'il existait plusieurs unités distinctes dont les caractéristiques correspondraient aux différentes marches possibles d'une même unité.

De plus, les rendements et les qualités des produits sont le plus souvent fonction du type de charge de l'unité et du pétrole brut utilisé ; dans ce cas,

---

1. Résoudre un problème de programmation linéaire, c'est rechercher le maximum ou le minimum d'une fonction linéaire de variables devant satisfaire un certain nombre de contraintes exprimées sous la forme d'équations ou inéquations linéaires. Les logiciels actuellement disponibles permettent de résoudre couramment des problèmes comportant plusieurs milliers de variables et de contraintes.

2. Nous ne parlerons pas ici des programmes de fabrication au jour le jour qui posent des problèmes combinatoires de nature différente.

il doit y avoir un ensemble d'équations pour chaque type de charge et chaque brut.

Les équations de demande traduisent le fait que la somme des quantités des produits intermédiaires utilisés pour la constitution d'un produit fini, éventuellement diminuée des ventes à l'exportation et majorée des achats à l'importation, doit permettre de répondre à la demande de ce produit.

Les équations de qualité expriment l'obligation de respecter, pour chaque produit fini, les spécifications légales ainsi qu'un certain nombre de contraintes techniques ; pour les carburants automobiles : densité, tension de vapeur, indices d'octane (de la fraction totale et des fractions légères), points de distillation, sensibilité, teneur en aromatiques et en oléfines ; pour les distillats moyens et fuels lourds : densité, teneur en soufre, viscosité, température de congélation, indice de cétane (pour le gazole moteur).

Lorsque ces qualités n'obéissent pas à une loi de mélange linéaire pondérale ou volumique, les contraintes correspondantes sont écrites en utilisant des tables d'indices de mélange.

Les équations de capacité et de disponibilité traduisent les limitations de capacité des unités existantes, les limitations de disponibilité en pétrole brut, etc.

Pour obtenir une représentation précise des relations étudiées, un nombre important de contraintes et de variables est souvent nécessaire et les modèles employés dans l'industrie comprennent généralement quelques centaines, voire quelques milliers de contraintes et de variables. Enfin, certains modèles représentent plusieurs raffineries, ce qui conduit à des tailles plus importantes.

Lorsqu'une entreprise dispose de **plusieurs raffineries**, elle recherchera naturellement un optimum correspondant à la marche de l'ensemble. Les programmes de fabrication des différentes usines sont interdépendants et fonction, en particulier, des volumes livrés par chacune aux dépôts. Il est alors possible d'intégrer dans un même modèle plusieurs raffineries et leurs liaisons avec les dépôts de la distribution. Les équations de demande des dépôts (faisant intervenir les quantités livrées à partir des raffineries) constituent la liaison entre les sous-modèles représentatifs des différentes usines.

11.1.3 Gestion sur une période. Exemple

Pour illustrer les principes précédents, nous prendrons un exemple schématisé à l'extrême en considérant un seul type de coupe à la distillation, une seule sévérité des unités, une seule spécification de qualité.

Considérons donc une raffinerie disposant des unités suivantes : distillation atmosphérique et sous vide, reformage, hydrodésulfuration des gazoles, craquage catalytique. La raffinerie traite deux types de pétrole brut que nous noterons $B1$ et $B2$. Les rendements sont donnés sur le schéma de la figure 11.1, les unités de distillation et reformage ayant été regroupées.

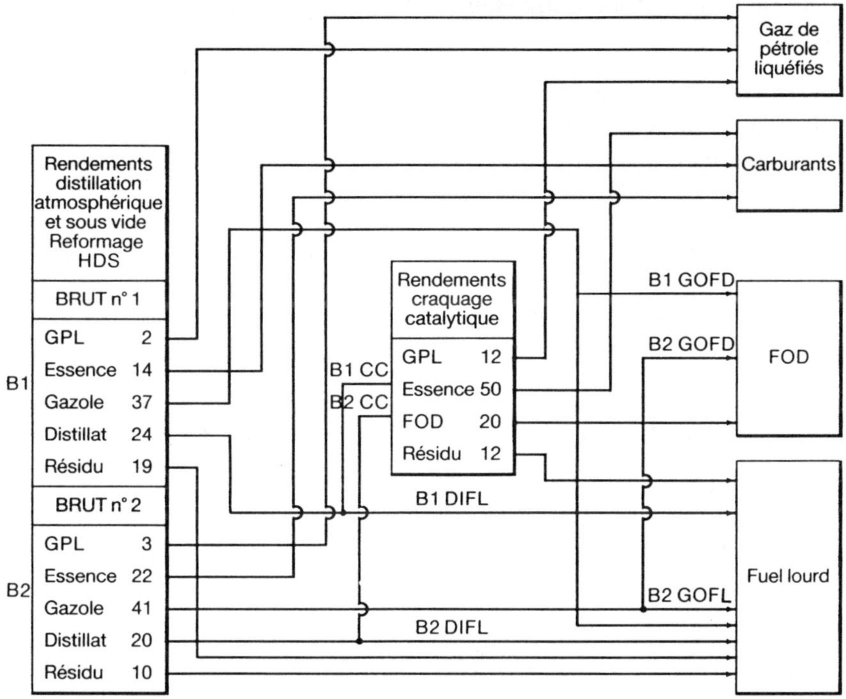

Fig. 11.1 Schéma simplifié d'une raffinerie

Les prix d'achat des bruts sont de 750 F/t pour $B1$ et de 800 F/t pour $B2$. Les frais de distillation sont estimés à 10 F/t. Le coût de traitement du distillat sous vide au craquage catalytique (*CC*) est de 20 F/t. Nous distinguerons seulement 4 types de produits. La raffinerie doit fabriquer, pendant la période considérée, au moins 1,4 Mt de carburants, 2,8 Mt de fuel-oil domestique (*FOD*), 1,8 Mt de fuel lourd (*FL*). Quant aux gaz de pétrole liquéfié (*GPL*), la production n'est pas imposée. Leur valorisation est estimée à 1 000 F/t.

Les variables du problème sont les quantités $B1$ et $B2$ des bruts à traiter ainsi que les quantités de produits intermédiaires correspondant aux différentes affectations possibles de ces produits. Le nom de ces variables est indiqué sur le schéma. La variable *GPLPRO* représente la quantité de *GPL* produite.

La fonction à minimiser est alors le coût de production, soit :

$$F = 760\ B1 + 810\ B2 + 20\ B1CC + 20\ B2CC - 1\,000\ GPLPRO$$

Les premières relations entre les variables du problème sont **les équations de bilan-matière**, exprimant que les quantités utilisées d'un produit intermédiaire sont égales aux quantités disponibles (calculées en utilisant les rendements des unités).

Gazole de distillation brut 1	:	$0,37\ B1 - B1GOFD - B1GOFL = 0$
Gazole de distillation brut 2	:	$0,41\ B2 - B2GOFD - B2GOFL = 0$
Distillat lourd brut 1	:	$0,24\ B1 - B1CC - B1DIFL = 0$
Distillat lourd brut 2	:	$0,20\ B2 - B2CC - B2DIFL = 0$

Dans un problème réel, il faudrait également prévoir des équations de bilan du combustible (en masse et en énergie).

Les équations de demande traduisent l'obligation de fabriquer une quantité minimale de chacun des produits.

Demande de carburant :

$$0,14\ B1 + 0,22\ B2 + 0,5\ B1CC + 0,5\ B2CC \geq 1,4$$

Fuel-oil domestique :

$$B1GOFD + B2GOFD + 0,2B1CC + 0,2B2CC \geq 2,8$$

Fuel lourd :

$$B1GOFL + B2GOFL + B1DIFL + B2DIFL + 0,19B1 + 0,10B2$$
$$+0,12B1CC + 0,12B2CC \geq 1,8$$

La production de GPL est donnée par :

$$0,02\ B1 + 0,03\ B2 + 0,12\ B1CC + 0,12\ B2CC - GPLPRO = 0$$

Pour donner un exemple de **contrainte de qualité**, supposons par exemple que la teneur en soufre du fuel-oil domestique doit être inférieure à 0,3 %, la teneur en soufre des gazoles issus de la distillation étant de 1,2 % en poids pour le brut 1 et de 0,2 % pour le brut 2, la teneur des gazoles de craquage étant de 2,5 % en poids pour le brut 1 et de 0,3 % en poids pour le brut 2.

La contrainte s'écrira :

$$1,2\ B1GOFD + 0,2\ B2GOFD + 2,5 \times 0,2\ B1CC + 0,3 \times 0,2B2CC$$
$$\leq 0,3\ (B1GOFD + B2GOFD + 0,2\ B1CC + 0,2\ B2CC)$$

Enfin, si la capacité de l'unité de craquage est de 0,7 Mt/an, on introduira la contrainte :

$$B1CC + B2CC \leq 0,7$$

11.1.4 Projet de construction d'une unité

Revenons maintenant au problème d'investissement. Pour une année horizon, nous considérons une demande de produits finis qui peut justifier la construction d'un second craqueur. Il convient donc tout d'abord de définir le coût de construction de celui-ci en fonction de sa taille.

Le modèle étant construit pour une année moyenne, la fonction objectif devra inclure un amortissement économique annuel correspondant à cet investissement (calculé si besoin est en tenant compte de la fiscalité). A celui-ci s'ajouteront les frais de personnel, assurances, etc., qui correspondent à des charges considérées comme fixes une fois l'unité construite. Certaines sont cependant *ex ante* fonction de la capacité à construire.

Mais ces coûts ne sont pas proportionnels à la capacité. Nous avons vu en effet que les économies d'échelle conduisent assez souvent à utiliser des formules du type :

$$I = kQ^{\alpha}$$

avec :

- I : montant d'investissement;
- Q : taille de l'unité;
- α : coefficient d'extrapolation généralement inférieur à 1.

Pour l'ensemble de ces charges, les variations en fonction de la capacité peuvent être représentées par une courbe telle que celle de la figure 11.2.

Si l'on connaît a priori l'intervalle de variation possible de la capacité, une linéarisation peut être effectuée en écrivant que le coût de revient économique est

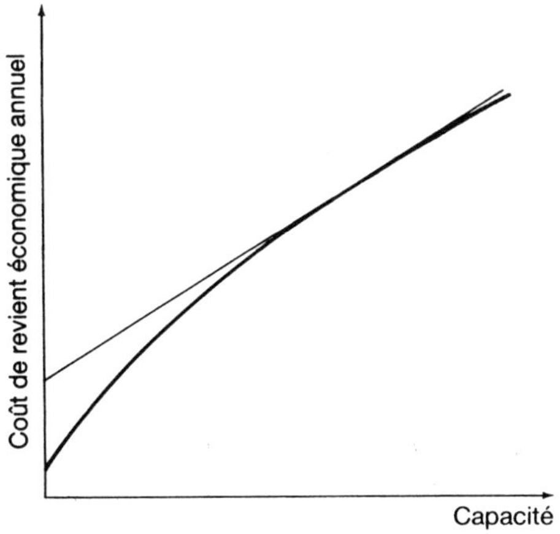

Fig. 11.2 Coût annuel en fonction de la capacité

la somme d'un terme constant a et d'un terme proportionnel de coefficient b. Ce dernier, b, sera affecté à une variable de capacité. Dans notre exemple très simplifié, si l'on admet que les caractéristiques techniques du craqueur supplémentaire sont les mêmes que celles du craqueur existant (de capacité 700 000 t/an), et en appelant $CAPCC$ la capacité effective du craqueur supplémentaire, on pourra écrire par exemple :

$$B1CC + B2CC \leq 0,7 + CAPCC$$

Une ou deux itérations peuvent éventuellement être nécessaires si la valeur à l'optimum de la capacité à construire n'appartient pas à l'intervalle où la linéarisation initiale est justifiée.

La décision de construire ou non le craqueur additionnel sera étudiée en effectuant deux passages du modèle, avec et sans la variable $CAPCC$. Pour effectuer la comparaison des fonctions économiques obtenues dans chaque cas, il convient naturellement de rajouter le terme fixe a à la fonction économique optimale calculée avec la première hypothèse (construction de l'unité).

11.1.5 Projet de construction de plusieurs unités

A. Position du problème

Le problème se complique un peu si différentes solutions sont techniquement possibles. Complétons notre exemple en introduisant la possibilité de construire, par exemple, un hydrocraqueur, une unité de viscoréduction, une unité d'alkylation [3].

L'unité de viscoréduction et l'unité d'alkylation peuvent venir en complément de l'unité de craquage. Leurs dimensions sont alors dépendantes les unes des autres. L'unité d'hydrocraquage par contre peut constituer une solution qui exclut l'unité de craquage catalytique.

B. Énumération des cas possibles

Pour tenir compte de ces interactions, une première façon de procéder, citée au chapitre 1, consiste à étudier comme un seul projet chacune des solutions possibles, par exemple :

- craquage seul ;
- craquage + viscoréduction ;
- craquage + alkylation ;

3. L'hydrocraquage assure principalement une production de distillats moyens de bonne qualité (sans soufre) mais à un coût relativement élevé dû en particulier à la consommation d'hydrogène. La viscoréduction, relativement peu onéreuse, traite des résidus sous vide dont elle abaisse la viscosité ; son degré de conversion est peu poussé. L'alkylation permet de récupérer les gaz issus principalement de l'unité de craquage catalytique pour produire des essences à haut indice d'octane.

– craquage + viscoréduction + alkylation;
– hydrocraquage;
– hydrocraquage + viscoréduction.

Dans chacun de ces différents cas, une linéarisation de la fonction de coût sera effectuée comme ci-dessus et permettra un traitement par programmation linéaire, avec itérations éventuelles pour obtenir une linéarisation ayant une précision satisfaisante.

Dans cet exemple, le nombre de combinaisons à étudier est relativement petit. Il peut devenir sensiblement plus élevé lorsque le problème se pose pour un ensemble de plusieurs raffineries d'une même entreprise, les choix à effectuer pour chaque raffinerie n'étant pas indépendants les uns des autres. La combinatoire s'alourdit encore lorsque l'on ajoute à la question du choix entre unités et de leur dimension la question de la date de construction. Cette dernière question fera l'objet de la section suivante 11.2.

C. Programmation linéaire en variables mixtes

Une deuxième approche consiste à intégrer l'ensemble des unités envisagées dans un même modèle. Mais se pose alors un problème de choix en tout ou rien : construction ou non d'une unité et comptabilisation ou non du terme constant de la fonction de coût associée. La modélisation peut être effectuée en faisant appel à un programme linéaire en variables mixtes, bivalentes et continues [4].

Pour donner un exemple de formulation, revenons à notre exemple très simplifié. Considérons une unité, par exemple le craqueur supplémentaire. Utilisons une linéarisation de la fonction de coût analogue à celle de la figure 11.2, par exemple :

$$\begin{array}{c}\text{charges annuelles}\\ \text{fixes } \textit{ex-post}\end{array} = 50 + 60\; CAPCC$$

$CAPCC$ étant la capacité exprimée en millions de tonnes, le coût annuel en millions de francs par an. Soit UCC une variable bivalente, égale à 1 si la construction est retenue, à 0 sinon. On introduit alors dans la fonction objectif du modèle précédent les termes :

$$50\; UCC + 60\; CAPCC$$

Il faut encore écrire que la capacité $CAPCC$ peut prendre une valeur positive seulement si le terme constant (50 MF/an) est comptabilisé, donc seulement si UCC est égale à 1. Pour éviter les multiplications de variables qui conduiraient à

4. Il s'agit d'un programme linéaire dont certaines variables (bivalentes) sont astreintes à ne prendre que l'une de deux valeurs possibles, 0 et 1. La plupart des codes de programmation linéaire disponibles sur le marché offrent cette possibilité. Les temps de calcul sont plus élevés et augmentent rapidement avec le nombre de variables bivalentes, qui doit donc être limité (une centaine par exemple). Le coût du calcul est cependant très inférieur à celui que l'on obtient par énumération des cas possibles.

des problèmes non linéaires, la formulation généralement retenue est la suivante. On se donne a priori une borne supérieure de la capacité possible de l'unité, par exemple, 2 Mt/an.

Il suffit alors d'introduire les contraintes :

$$B1CC + B2CC \leq 0,7 + CAPCC$$
$$CAPCC \leq 2\ UCC$$

Si UCC est égale à 1, le terme fixe de 50 MF/an est comptabilisé et la contrainte ci-dessus est redondante. Si UCC est égale à 0, $CAPCC$ est également nulle.

11.1.6 Note sur la prise en compte de non-linéarités

A. Coût marginal décroissant (économies d'échelle)

Pour que la linéarisation d'une fonction de coût soit satisfaisante, il est parfois nécessaire d'utiliser plusieurs segments de droite.

Reprenons notre exemple. Pour l'unité d'hydrocraquage envisagée, considérons les fonctions de coût suivantes (charges considérées *ex-post* comme fixes) (fig. 11.3).

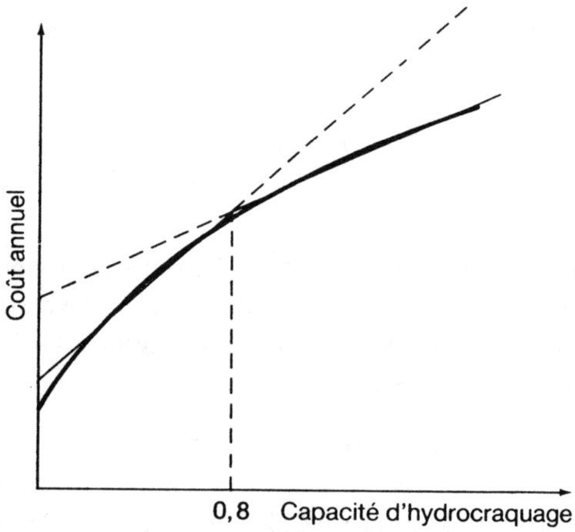

Fig. 11.3 Linéarisation du coût de l'hydrocraquage

Pour une capacité inférieure à 0,8 Mt/an :

$$C_1 = 52 + 105\ CAPHC$$

Pour une capacité supérieure à 0,8 Mt/an :

$$C_2 = 80 + 70\ CAPHC$$

$CAPHC$ étant la capacité de l'unité exprimée en Mt/an.

Pour introduire cette fonction dans un modèle de programmation linéaire en variables mixtes, une solution consiste à créer deux variables bivalentes, associées chacune à une fonction de coût. Notons les $UHC1$ et $UHC2$. Introduisons également deux variables de capacités, $CAPHC1$ et $CAPHC2$, la capacité totale étant la somme de ces deux capacités.

Une formulation possible consiste alors à utiliser le procédé employé ci-dessus pour chaque fonction de coût. On introduira ainsi dans la fonction économique :

$$52\ UHC1 + 105\ CAPHC1 + 80\ UHC2 + 70\ CAPHC2$$

et les contraintes :

$$CAPHC = CAPHC1 + CAPHC2$$
$$CAPHC1 \leq 0,8\ UHC1$$
$$CAPHC2 \leq 2\ UHC2$$

En bref, on formule le problème comme s'il était possible de construire deux unités d'hydrocraquage $HC1$ et $HC2$ qui différeraient seulement par la fonction de coût qui leur est associée. A l'optimum, il est clair que l'une des deux (au plus) apparaîtra, car une solution faisant intervenir les deux sera nécessairement plus coûteuse qu'une solution en comportant une seule [5]. On peut aussi remarquer qu'une capacité inférieure à 0,8 Mt avec la deuxième fonction ($UHC1 = 0$, $UHC2 = 1$, coût égal à y_2 sur la partie de droite en tireté sur la fig. 11.3) constitue une solution réalisable. Elle ne pourra cependant pas être optimale car elle serait plus onéreuse que d'utiliser la même capacité Q avec la première fonction de coût ($UHC1 = 1$, $UHC2 = 0$, coût égal à y_1).

Autrement dit, la partie en tireté sur la figure 11.3 ne peut pas apparaître dans la solution optimale.

Le procédé peut naturellement être généralisé à un nombre quelconque de segments de droites adapté à la précision recherchée et permet de représenter des

5. En fait, il est souhaitable d'introduire la contrainte redondante :

$$UHC1 + UHC2 \leq 1$$

exprimant le fait que les deux unités fictives $HC1$ et $HC2$ s'excluent mutuellement. Ceci permet d'accélérer la résolution numérique. La plupart des codes disponibles dans le commerce utilisent en effet une procédure arborescente d'optimisation; la contrainte ci-dessus permet d'éliminer certaines branches de l'arborescence. De même, il peut être souhaitable d'écrire :

$$0,8\ UHC2 \leq CAPHC2$$

fonctions quelconques. Le nombre de segments est en fait limité, lorsque l'on considère plusieurs fonctions de coût, par l'augmentation des temps de calcul qu'entraîne celle du nombre de variables bivalentes.

B. Remarque. Coût marginal croissant

La formulation présentée permet de prendre en compte les fonctions de coût correspondant à un coût marginal décroissant. Elle permet de même d'intégrer des phénomènes de rendement marginal croissant. Lorsque l'on considère des fonctions de coût marginal croissant (ou des problèmes de rendement marginal décroissant), rappelons qu'il n'est pas nécessaire d'introduire des variables bivalentes et qu'une formulation en variables continues est possible. Prenons l'exemple d'une fonction de coût $f(x)$ correspondant à un coût marginal croissant, à introduire dans la fonction objectif d'un programme linéaire. Cette fonction est linéarisée comme indiqué sur la figure 11.4 au moyen de trois segments de droite de pentes b_1, b_2, b_3.

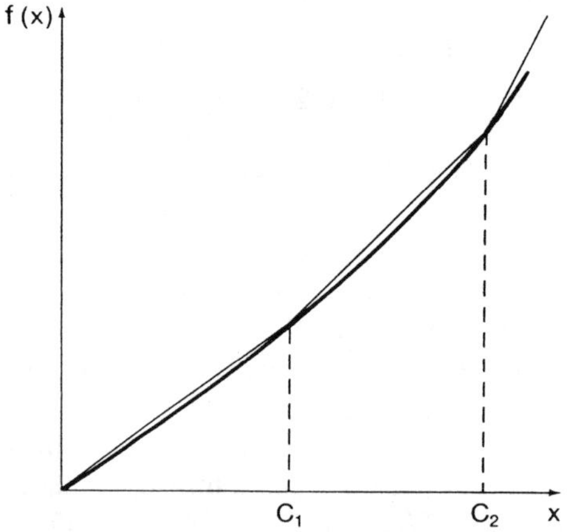

Fig. 11.4 Linéarisation d'une fonction de coût : coût marginal croissant

On introduit alors dans la fonction objectif :

$$b_1x_1 + b_2x_2 + b_3x_3$$

et l'on ajoute les contraintes :

$$x = x_1 + x_2 + x_3$$
$$x_1 \leq c_1$$
$$x_2 - x_1 \leq c_2$$

L'interprétation est la suivante : si x représente la quantité utilisée d'une ressource, c_1 et $c_2 - c_1$ représentent des quantités disponibles aux prix respectifs b_1 et b_2. Il ne sera fait appel à la ressource de prix b_2 et x_2 ne sera donc positif que si toute la quantité disponible au prix b_1 a déjà été utilisée, c'est-à-dire si x_1 est à sa borne c_1. De même, x_3 ne sera positif que si $x_1 + x_2 = c_2$.

La programmation linéaire en variables mixtes permet ainsi la prise en compte des non-linéarités apparaissant dans les fonctions de coût (fonctions d'une seule variable). Le recours à la programmation non linéaire, dont les performances sont en général inférieures à celles de la programmation linéaire, peut ainsi être limité à certains cas «graves» faisant intervenir, par exemple, des produits de variables.

11.2 LIAISONS TEMPORELLES ET MODÈLES DYNAMIQUES

Nous avons négligé ci-dessus la variable temps. Revenons maintenant au problème de la détermination des dates de réalisation des différents projets qui composent un programme d'investissement. Il est dans certains cas difficile de négliger les liaisons existant entre le choix des projets, leurs tailles et leurs dates de réalisation. Les modèles dynamiques sont d'une utilisation moins fréquente (tout au moins dans l'industrie pétrolière) que les modèles statiques. Ils nécessitent en effet des prévisions à plus long terme, donc soumises à des incertitudes plus grandes. Ils sont également plus «lourds». Ils s'avèrent cependant parfois utiles pour mettre en évidence l'intérêt d'anticiper ou de retarder une construction, éventuellement un déclassement, ou pour apprécier le bien fondé d'une solution provisoire difficile à intégrer dans une approche statique.

Dans le domaine de l'énergie, ils sont utilisés par un grand nombre d'organismes : *Communauté Économique Européenne (CEE), International Institute for Applied System Analysis (IIASA), Institut Français du Pétrole (IFP), Universités de Brookhaven, de Jülich, de Stanford,* etc.) pour effectuer des études à un niveau agrégé. Il s'agit le plus souvent de modèles de programmation linéaire dynamique représentant l'ensemble des industries de transformation et de production de l'énergie d'un pays ou d'une zone géographique donnée.

Les principales méthodes d'optimisation disponibles pour l'étude de modèles dynamiques sont la programmation linéaire dynamique, les techniques issues de la théorie du contrôle et la programmation dynamique.

11.2.1 La programmation linéaire dynamique

Un modèle de programmation linéaire dynamique est schématiquement constitué d'autant de sous-modèles que de périodes considérées. Ces sous-modèles sont reliés entre eux principalement au moyen d'équations d'évolution du parc des équipements, équations qui définissent les variations de capacités disponibles par suite des constructions et des déclassements.

Les périodes

Pour construire un modèle dynamique, il convient d'abord de définir les périodes à considérer. La durée des périodes n'est pas nécessairement une constante. Elle peut être adaptée au fait que l'on dispose de prévisions plus précises pour les premières périodes, que l'on souhaitera décrire de façon plus détaillée. Par contre, les périodes éloignées, dont le poids est moins élevé (du fait de l'actualisation) pourront être représentées de façon plus grossière. On peut ainsi considérer, par exemple, 2 ou 3 premières périodes ayant chacune une durée de 2 ou 3 ans, suivies d'une période de 5 ans, puis d'une période de 7 ans.

Se pose alors le problème de la date de fin de jeu et des valeurs résiduelles associées. Une façon de procéder consiste à définir une dernière période de durée infinie, en considérant par conséquent, à partir d'une certaine date, une hypothèse de régime permanent et un renouvellement à l'identique des équipements. Pour que cette hypothèse simplificatrice soit acceptable et n'ait que peu d'influence sur les décisions des premières périodes, il faut naturellement que la dernière période soit suffisamment éloignée dans le temps.

La fonction objectif

Dans une approche dynamique, la fonction objectif est un revenu actualisé (à maximiser) ou un coût actualisé (à minimiser).

Exemple de formulation

Revenons à notre exemple de construction de capacités de conversion pour une entreprise de raffinage. Supposons donné sur longue période un scénario d'évolution de la demande de produits, des valorisations possibles sur les marchés, des contraintes relatives aux spécifications de qualité des produits finis, de l'approvisionnement en bruts, etc. Inutile de dire que certaines de ces prévisions sont particulièrement difficiles à effectuer. Mais on remarquera que ce ne sont pas les décisions à prendre dans cinq ou dix ans qui sont réellement l'objet de l'étude. Il s'agit simplement, pour prendre des décisions aujourd'hui, de tenir compte au mieux des évolutions prévues à long terme et des implications que peuvent avoir les décisions présentes sur l'adéquation ultérieure de la structure de production à ces évolutions.

Ayant défini les périodes à considérer, supposons-les caractérisées par un indice 1, 2, 3,... Comme indiqué ci-dessus, la matrice du programme linéaire dynamique est constituée de matrices associées à chaque période. La matrice relative à une période est construite comme cela a été fait ci-dessus pour un modèle statique. Chaque nom de contraintes et de variables doit maintenant comporter l'indice de période : par exemple, $B1CC01$ peut représenter la charge de craquage en provenance du premier brut traité au cours de chacune des années de la première période, d'indice 01.

En ce qui concerne les capacités d'unités, elles seront reliées par des équations du type :

$$CAPCC_{01} = 0,7 + DELTACC_{01}$$
$$CAPCC_{02} = 0,7 + DELTACC_{01} + DELTACC_{02}$$

où $DELTA_{01}$, $DELTA_{02}$, etc. sont les capacités créées pour être mises en service au début de la période 1, au début de la période 2, etc.

Dans les équations précédentes, les différentes capacités peuvent éventuellement être multipliées par un coefficient d'utilisation inférieur à 1 (dans le domaine de la génération d'électricité par exemple, ces coefficients permettent de représenter les arrêts pour «maladies de jeunesse»).

Comme indiqué précédemment, les variables de capacité peuvent être reliées à des variables bivalentes destinées à formuler des choix en tout ou rien ou à prendre en compte des économies d'échelle.

Des variables correspondant à des déclassements de capacités peuvent également être introduites. Leurs coefficients dans la fonction objectif correspondent alors à des économies de coûts fixes.

11.2.2 Les modèles de commande optimale ou de programmation dynamique

A. Principes

Un certain nombre de problèmes d'investissement correspondant à des augmentations (ou déclassements) de capacités de production peuvent être formulés comme des problèmes de programmation dynamique ou de commande optimale [6].

La fonction objectif est un revenu actualisé à maximiser ou un coût actualisé à minimiser.

Les variables de commande sont les variables correspondant aux augmentations de capacité, éventuellement aux déclassements. Soit $DELTA(j,n)$ la capacité d'un équipement d'indice j créée pour mise en service à la période n.

Les variables d'état sont les capacités disponibles à une date donnée. Soit $CAPA(j,n)$ la capacité d'un équipement d'indice j à la période n.

Les équations d'évolution sont alors, pour chaque type d'équipement :

$$CAPA(j,n) = CAPA(j,n-1) + DELTA(j,n)$$

Le coût total actualisé est la somme des coûts d'investissement actualisés associés aux variables $DELTA$ (création de capacité) et des coûts actualisés d'exploitation fonctions, à une période donnée n, des capacités disponibles $CAPA(j,n)$.

Pour étudier l'évolution souhaitable d'une structure de raffinage, il est difficile d'envisager une modélisation utilisant la programmation dynamique ou la théorie du contrôle, car le calcul des coûts (ou revenus) d'exploitation pour chaque valeur possible du vecteur d'état à chaque période nécessiterait l'appel à un programme linéaire. Ce sont donc des exemples différents que nous évoquerons rapidement ci-dessous.

6. La programmation dynamique et la théorie du contrôle (également appelée commande optimale) permettent la résolution de problèmes du type suivant. Supposons le temps discrétisé, la période d'étude décomposée en périodes élémentaires d'indices 0, 1, 2,..., $N-1$, N. Soit un système caractérisé à la période k par un ensemble de variables d'état appelé vecteur d'état x_k. Ce système évolue en fonction d'un ensemble de décisions, prises à chaque étape par un opérateur, ensemble appelé vecteur de commande u_k.

$$x_{k+1} = f_k(x_k, u_k)$$

Le critère à optimiser est, soit une fonction de l'état final, soit une somme de fonctions élémentaires :

$$\sum_{k=0}^{N-1} g_k(x_k, u_k)$$

une fonction élémentaire $g_k(x_k, u_k)$ étant associée à chaque transition du système d'une période à la période suivante.

Le principe d'un algorithme de Bellman utilisé en programmation dynamique est très simple (algorithme de plus court chemin). Mais la méthode est limitée aux problèmes ne comportant qu'une ou quelques variables d'état. Les algorithmes issus de la théorie du contrôle et s'appuyant sur le principe du maximum de Pontryagin ne souffrent pas de cette limitation mais sont plus complexes. Par contre, ils fournissent la valeur de variables duales, ce qui n'est pas le cas lorsque l'on utilise la programmation dynamique.

B. Le modèle d'investissement d'*Électricité de France* *(EdF)*

Les premiers modèles d'*EdF* utilisés pour les études d'investissement étaient des modèles de programmation linéaire et celle-ci demeure une référence [11.5]. Le problème est de déterminer les capacités à construire ou à déclasser et les dates correspondantes des différents types de centrales de production d'électricité : nucléaire, thermique classique, turbines à gaz, etc. Ces capacités correspondent aux variables de commande.

L'électricité ne pouvant être stockée [7], la puissance fournie doit permettre de répondre à la demande de consommation à tout instant. L'année est donc découpée en saisons, les saisons en postes horaires.

Les principales variables de gestion sont alors les puissances fournies par chaque type de centrale pour chaque poste horaire.

Les contraintes principales sont :

- des équations de disponibilité limitant la puissance fournie par utilisation d'un coefficient appliqué à la capacité installée;
- des équations de demandes, exprimant pour chaque poste horaire que la somme des puissances fournies par les différents types de centrale est égale à la demande de consommation [8].

Une modélisation par programmation linéaire est donc en principe possible. Mais la recherche d'une description détaillée demande un nombre de postes horaires et un nombre d'aléas relativement élevés. La définition d'un «pas de temps» assez fin, par exemple annuel, pour les modèles dynamiques, conduit à prévoir un nombre de périodes difficilement compatible avec les possibilités de résolution sur ordinateur des programmes linéaires.

Cela constitue une des raisons qui ont conduit *EdF* à utiliser des modèles de commande optimale. Précisons enfin que pour une capacité donnée des équipements, la détermination des variables de gestion (puissances fournies par les différentes centrales) ne demande pas d'utiliser un algorithme d'optimisation. Elle peut être faite par application de règles simples, telles que l'appel aux différentes centrales (dans la limite de leur disponibilité) dans l'ordre de leurs coûts variables croissants, si l'on suppose connues les productions des

---

7. Ceci peut en fait être réalisé de façon indirecte mais très limitée par pompage d'eau d'un réservoir de niveau inférieur dans un réservoir de niveau supérieur.

8. Des possibilités de «défaillance» sont autorisées et peuvent être intégrées dans les modèles (variables d'écart) en leur affectant un coût permettant de limiter leur probabilité d'occurrence. Ce coût est en général une fonction croissante de la défaillance. Bien que ceci dépasse le cadre des calculs déterministes, signalons qu'il est possible d'introduire des demandes aléatoires. Il faut alors écrire une équation de demande pour chaque aléa, ceci pour chaque poste horaire. La fonction objectif est une espérance mathématique de coût.

centrales hydrauliques et le placement dans le temps de l'entretien des centrales thermiques [9].

C. Un exemple de programmation dynamique

La programmation dynamique ne permet de résoudre que des problèmes comportant un petit nombre de variables d'état. Son domaine d'application est par conséquent assez limité et nous nous bornerons ici à une présentation très rapide d'un exemple. Considérons un dépôt de distribution de produits pétroliers dans une zone géographique où l'on prévoit une croissance des consommations. Pour suivre cette évolution, il faut construire un ou plusieurs bacs de stockage supplémentaires. La première question est celle de la taille du premier bac à construire. Un bac de grande dimension permet de bénéficier d'une économie d'échelle mais sera utilisé en dessous de sa capacité pendant un certain nombre d'années. Une petite taille permet d'immobiliser un capital moins important et de s'adapter progressivement à l'évolution des besoins. Toute taille intermédiaire est possible. La décision est liée aux décisions d'extension après saturation du premier bac. Le nombre de cas à étudier peut donc être relativement élevé. L'utilisation d'un programme dynamique permet alors de limiter les calculs. Avec une seule variable d'état (la capacité en place), ils peuvent être effectués à la main. La méthode peut également être utilisée (avec deux variables d'état) si les décisions d'extension d'un premier dépôt sont liées aux décisions d'extension d'un deuxième, voisin du premier [11.22].

11.3 LES CALCULS DÉCENTRALISÉS

11.3.1 Principes

Rares sont dans la pratique les projets qui peuvent être considérés comme indépendants de toute autre décision d'investissement; mais très souvent l'étude décentralisée d'un projet peut être effectuée, au moins de façon approchée, comme s'il s'agissait d'un projet indépendant, à condition d'utiliser des prix de cession interne correctement définis. Ce point a été abordé au chapitre 1, où nous avons défini l'approche globale et l'approche marginale (ou décentralisée). Nous nous limiterons donc à quelques rappels et quelques compléments rapides.

---

9. L'optimisation de la gestion des réserves hydrauliques ou du placement de l'entretien des centrales pour l'année à venir est, par contre, un problème difficile d'optimisation dynamique (faut-il lâcher de l'eau aujourd'hui ou la conserver pour demain ?), aléatoire (en fonction de la demande d'électricité) et de grande taille (une quinzaine de vallées hydrauliques, une cinquantaine de tranches nucléaires...).

Commençons par un exemple cité au chapitre 1. On étudie dans une raffinerie un ou des projets permettant des économies d'énergie. Pour ce faire, il est nécessaire de connaître le type du combustible qui sera économisé et sa valeur. S'agit-il de gaz fatal, de produit résiduel difficile à valoriser ou d'un fuel de qualité commerciale ? La réponse est fonction de la structure de la raffinerie, et donc des projets de construction d'unités ; par contre, la rentabilité et la dimension des unités envisagées seront pratiquement indépendantes de la réalisation du ou des projets d'économie de combustible. Il est donc possible d'effectuer l'étude de ces derniers en les considérant comme situés à la marge du programme global d'investissement en unités de traitement, programme éventuellement analysé à l'aide d'un modèle de programmation linéaire. Le coût à affecter au combustible est le coût de fabrication des dernières tonnes produites. Il s'agit donc d'un coût marginal.

De façon plus générale, lorsqu'un projet entraîne la consommation (ou la production) de biens qui peuvent être fabriqués (ou utilisés) par d'autres secteurs de l'entreprise, le prix de cession interne doit correspondre au coût marginal (ou à la valorisation marginale) du bien considéré. Ceci découle immédiatement de la propriété [10] énoncée et démontrée sous certaines hypothèses au chapitre 5 (paragraphe 5.2.8).

Précisons que, puisque nous nous intéressons ici à des problèmes de choix d'investissement, le coût marginal (ou la valorisation marginale) doit être un coût marginal (ou une valorisation marginale) à long terme [11].

L'obtention de ces coûts marginaux est grandement facilitée lorsque dans ses grandes lignes le programme d'ensemble des investissements est étudié à l'aide de modèles de programmation mathématique.

11.3.2 Programmation mathématique et variables duales

Lorsqu'un programme global est étudié à l'aide d'un modèle de programmation mathématique (programmation linéaire ou non linéaire, théorie du contrôle), le modèle fournit non seulement les variables relatives aux capacités à construire (variables primales) mais aussi des variables duales. En programmation mathématique, une variable duale est associée à chaque contrainte saturée. Elle s'interprète comme un coût marginal ou une valorisation marginale. Prenons quelques exemples en nous référant au modèle de raffinage utilisé ci-dessus :

Équation de demande. Une équation de demande exprime le fait que la quantité fabriquée d'un produit doit être au moins égale à la demande. La

10. Lorsqu'un produit est échangé entre deux secteurs d'une entreprise, la gestion décentralisée de chaque secteur conduit aux mêmes décisions qu'une gestion centralisée si le prix de cession interne du produit considéré est égal à son coût marginal de production.

11. Une justification, présentée de façon pédagogique et sans aucune formalisation mathématique, est donnée par M. Boiteux [5.16] dans le cadre plus général de la recherche d'un optimum pour la collectivité.

variable duale associée est le coût marginal de fabrication du produit (ou sa valeur actualisée dans un modèle dynamique).

Remarque. Introduisons dans le modèle une possibilité d'achat et de vente (importations et exportations par exemple) d'un produit fabriqué par l'entreprise. L'équation de demande s'écrit alors :

$$\text{production} + \text{achat} - \text{vente} = \text{demande}$$

A l'optimum :

- si des achats du produit sont effectués pour satisfaire la demande, la variable duale est égale au prix d'achat; sinon elle est inférieure;
- si des ventes sont effectuées, le coût marginal est égal au prix de vente; sinon il est supérieur.

Équation de disponibilité d'une matière première (pétrole brut par exemple). La variable duale associée, ajoutée au coût d'un achat, donne la valorisation marginale de la matière première dont la quantité est limitée (ou la valeur actualisée de cette valorisation marginale dans le cas de modèles dynamiques).

Équation de qualité. La variable duale permet de calculer le coût associé à un durcissement des spécifications.

Équation d'évolution des capacités dans le cas d'un modèle dynamique. La variable duale (variable auxiliaire de Pontryagin dans le cas d'un modèle de commande optimale) correspond à la valorisation marginale de la capacité de l'équipement considéré. C'est la valeur d'usage d'un accroissement marginal de capacité.

Remarque. Il peut arriver que des contraintes limitent les possibilités d'augmentation de capacité. C'était le cas du nucléaire dans les années 1970, le nombre de centrales qui pouvaient être construites étant limité. Considérons un équipement dont le développement n'est pas soumis à de telles contraintes, ni à des contraintes imposant une extension minimum. Alors, à l'optimum du programme, la valorisation marginale de la capacité, égale par définition à la valeur actuelle des gains futurs (ou des économies de coût d'exploitation) que procurerait la disponibilité d'une unité de capacité supplémentaire, est égale au coût d'investissement d'une unité de capacité.

Ecrivons cette relation pour deux périodes successives et effectuons la différence entre les deux relations ainsi obtenues. Supposons que le coefficient de disponibilité de la capacité est égal à 1 pour chacune des périodes suivantes. On en déduit que le coût d'anticipation d'un investissement pendant une période est égal au gain (ou à l'économie de coût d'exploitation) effectué pendant la période grâce à l'anticipation considérée.

Un exemple particulièrement significatif de la complémentarité entre approche globale et approche décentralisée est donné par l'utilisation qu'*EdF* fait de ses modèles [11.5]. Remarquons qu'*EdF* est à l'origine des travaux réalisés dans ce domaine. Le modèle de choix d'investissement décrit à la section précédente (paragraphe 11.2.2.B) est utilisé pour l'approche globale. Il détermine les capacités à construire pour chaque type de centrale de façon agrégée. Les décisions relatives à une centrale donnée (localisation en particulier) font l'objet de calculs décentralisés effectués en utilisant les variables duales du modèle global.

Remarque. Lorsque la gestion de différentes divisions d'une entreprise est déterminée par programmation linéaire, la décentralisation ne peut pas se faire, tout au moins de façon rigoureuse, par les prix. Pour le montrer, prenons un exemple. Considérons un produit fabriqué par une division A. Pour une demande donnée de ce produit, le coût marginal est une variable duale du programme linéaire permettant de définir le plan de fabrication de la division A. Ce coût marginal est une fonction non décroissante de la demande. Il varie par paliers. Autour d'une demande donnée d_0, il est constant sur un certain intervalle de variation de la demande. Notons $[d_1, d_2]$ un tel intervalle, pour lequel le coût marginal du produit est égal à $C_m(d_1, d_2)$. Dans la formulation du programme linéaire si, au lieu de fixer la demande du produit à d_0, on fixe un prix de vente égal à $C_m(d_1, d_2)$, tout plan de fabrication conduisant à une production comprise entre d_1 et d_2 est optimal. Une production égale à d_0 n'est qu'une solution particulière.

Cette caractéristique des programmes linéaires fait que les algorithmes de décomposition, tel que celui de Dantzig et Wolfe [11.35] ne peuvent opérer par simple échange de prix entre sous-modèles à chaque itération.

En dehors des problèmes algorithmiques, les conséquences pratiques peuvent être considérées comme négligeables lorsque la décentralisation est effectuée de façon manuelle. D'une part, lorsque l'on traite des problèmes en vraie grandeur, le nombre de paliers de la courbe de paramétrisation est en général assez grand, ce qui fait que cette courbe «ressemble» fort à une courbe représentative d'une fonction strictement monotone. Par ailleurs, l'utilisation des variables duales pour la décentralisation se fait souvent sans aller-retour entre le programme principal (global) et le ou les programmes décentralisés. C'est le cas de notre exemple d'économie d'énergie en raffinerie. On peut admettre en première approximation que la réalisation ou non du projet est sans effet retour sur le programme d'investissement en unités de traitement.

11.4 PROJETS LIÉS PAR DES CONTRAINTES DE BUDGET

De nombreuses recherches ont été menées, principalement à partir des années 1960, pour étudier les problèmes de choix d'investissement en présence de rationnement de capital à l'aide de modèles de programmation mathématique. Nous distinguerons deux cas. Dans le premier cas, on suppose fixées des enveloppes budgétaires et on ne tient pas compte des interactions possibles entre décisions d'investissement et décisions de financement. Cette section 11.4 lui sera consacrée. La section 11.5 abordera les modèles faisant intervenir différentes modalités de financement.

Lorsque les possibilités de financement ne sont pas modélisées, le critère utilisé est un revenu actualisé à maximiser, éventuellement un coût actualisé à minimiser, sous des contraintes de budget. Les problèmes rencontrés constituent alors une généralisation du problème étudié au chapitre 9 (paragraphe 9.6.3) où une seule contrainte était introduite pour limiter la somme des investissements d'une année « zéro ».

11.4.1 Projets indépendants. Le modèle de Lorie et Savage

Un des premiers modèles de choix d'investissement en présence de rationnement de capital, et auquel il est souvent fait référence, est celui de Lorie et Savage [11.44]. Il a été reformulé en utilisant une présentation sous forme de programme linéaire par H.M. Weingartner [11.13].

Le budget disponible pour les investissements d'une année n, soit B_n, est supposé fixé a priori. On considère m projets indépendants. Ils sont supposés divisibles; les flux de trésorerie associés à un projet d'indice k sont supposés proportionnels à la fraction x_k réalisée de ce projet.

Le problème s'écrit alors :

$$\text{Max} \sum_{k=1}^{m} \sum_{n=0}^{N} \frac{F_{n,k} x_k}{(1+i)^n}$$

sous les contraintes :

$$\sum_{k=1}^{m} I_{n,k} x_k \leq B_n$$

$$0 \leq x_k \leq 1$$

avec :

$F_{n,k}$: flux de trésorerie à l'année n d'un projet d'indice k intégralement réalisé;

$I_{n,k}$: montant d'investissement nécessaire à l'année n pour réaliser intégralement un projet k.

11.4.2 Variante. Contraintes portant sur l'ensemble des flux

Nous avons supposé ci-dessus que la contrainte de rationnement en capital correspondait à une limitation du budget disponible pour les investissements.

Cette limitation était fixée a priori et supposée indépendante du choix des projets. Dans la pratique, il s'agit d'une hypothèse assez souvent vérifiée lorsqu'un budget est affecté par une Direction Générale à une division de l'entreprise. Dans ce cas, le budget d'investissement peut être défini de façon tout à fait indépendante des rentrées de fonds qui seront générées par les investissements réalisés. Les encaissements sont mis à la disposition de la Direction Générale qui, pour des raisons stratégiques par exemple (recherche d'un équilibre entre différentes activités), peut décider de les affecter à d'autres divisions ou les remettre dans le «pot commun» géré par la Direction Financière.

Dans certains cas cependant, et en particulier lorsqu'un problème de rationnement en capital se pose pour l'ensemble d'une entreprise, une hypothèse différente peut être considérée [11.48]. Elle consiste à supposer que les revenus des investissements étudiés s'ajouteront aux disponibilités préétablies B_n. Ces dernières correspondent aux différentes ressources qui peuvent être dégagées indépendamment des projets étudiés (emprunts, augmentations éventuelles de capital, autofinancement correspondant aux investissements antérieurs à la période d'étude et disponible après remboursements d'emprunts et versements de dividendes).

Le modèle s'écrit alors :

$$\text{Max} \sum_{k=1}^{m} \sum_{n=0}^{N} \frac{F_{n,k} x_k}{(1+i)^n}$$

avec :

$$-\sum_{k=1}^{m} F_{n,k} x_k \leq B_n$$

$$0 \leq x_k \leq 1$$

11.4.3 Généralisation

Le modèle précédent est évidemment en général trop sommaire pour représenter des problèmes réels. Mais il peut être étendu sans difficultés. Nous donnerons quelques indications pour le faire, sans remettre en cause ici la définition des ressources disponibles B_n, ce qui sera effectué à la section suivante (11.5).

Non-linéarités

Le modèle de Lorie et Savage suppose pour chaque projet une divisibilité (gamme continue d'investissement) et une absence d'économie d'échelle. Cette hypothèse peut être parfois vérifiée dans la pratique, par exemple lorsqu'une entreprise a la possibilité d'une prise de participation dans un projet auquel d'autres entreprises sont associées. Dans le cas général cependant, le revenu actualisé n'est pas une fonction linéaire du montant d'investissement. Mais nous avons vu au cours de la première section de ce chapitre comment peut être linéarisée une fonction objectif pour l'introduire dans un modèle de programmation linéaire. Rappelons que ceci peut être effectué, dans le cas d'un revenu marginal décroissant, en utilisant seulement des variables continues. Des variables bivalentes sont par contre nécessaires dans le cas général (économies d'échelle sur certains intervalles).

Projets de taille donnée

Un certain nombre de choix d'investissement sont des choix en tout ou rien. Pour en tenir compte dans un modèle de programmation linéaire, il suffit, comme nous l'avons indiqué en première section (11.1), d'introduire des variables bivalentes associées à chaque projet discret.

Projets incompatibles

Rappelons encore ce qui a été dit en première section 11.1. L'incompatibilité entre projets peut être exprimée simplement à l'aide de variables bivalentes. Considérons par exemple deux projets discrets d'indices h et k auxquels sont associées des variables bivalentes u_h et u_k. La relation d'incompatibilité s'écrit :

$$u_h + u_k \leq 1$$

Lorsque la réunion de plusieurs projets conduit à des flux de trésorerie qui ne sont pas égaux à la somme des flux associés à chacun des projets élémentaires, une formulation possible consiste à considérer cette réunion comme un projet supplémentaire, incompatible avec chacun des projets élémentaires.

Projets liés par des interdépendances techniques

Nous avons étudié au cours des deux premières sections un exemple de projets liés dans le domaine du raffinage. Considérons le modèle de programmation linéaire correspondant. Supposons maintenant que le budget disponible pour les investissements soit limité pour une ou plusieurs années. Pour chaque année, il suffit d'introduire une contrainte supplémentaire portant sur la somme des investissements, le coût d'investissement de chaque unité étant une fonction linéarisée des capacités à construire et éventuellement des variables bivalentes associées.

Prenons l'exemple d'un autre modèle, à la construction duquel nous avons participé. La société pétrolière nationale d'un pays d'Amérique Latine a développé un ensemble de modèles pour l'aide à la décision d'investissement. Il s'agit de modèles de programmation linéaire représentant les secteurs du raffinage, de la pétrochimie et de la production des gisements. Ils peuvent d'ailleurs, dans une version agrégée, être intégrés en un seul modèle permettant l'étude des interactions entre ces différents secteurs (et le secteur de génération d'électricité). Dans le domaine de la mise en production des gisements, les opportunités de développement sont nombreuses et les besoins en investissements correspondants dépassent les capacités de financement de l'entreprise. Des contraintes de budget sont donc introduites.

Autres méthodes d'optimisation

Nous avons fait référence ici à des modèles de programmation linéaire (en variables mixtes éventuellement). Il va sans dire que l'introduction de contraintes de budget peut se faire de façon semblable lorsque les modèles utilisés font appel à la programmation non linéaire ou à la théorie du contrôle.

11.4.4 Décentralisation des décisions. Coût d'opportunité du capital et taux d'actualisation

Au chapitre 9 (paragraphe 9.6.3) nous avions présenté une méthode simplifiée de prise en compte d'une hypothèse de rationnement du capital. Nous avions considéré une seule contrainte limitant le budget des investissements d'une année présente. A l'optimum du programme global était associé un multiplicateur de Lagrange λ. Une fois celui-ci déterminé, le choix des investissements pouvait se faire à l'aide d'un critère de revenu actualisé. Le calcul devait alors être effectué en utilisant un coût d'opportunité du capital, égal à $1 + \lambda$, c'est-à-dire en remplaçant chaque franc investi par $1 + \lambda$ francs.

Ce résultat peut être généralisé en distinguant deux cas.

A. Contraintes relatives aux budgets d'investissement

Considérons, comme au paragraphe 11.4.1, des contraintes du type :

$$\sum_{k=1}^{m} I_{n,k} \leq B_n$$

où $I_{n,k}$ représente le montant d'investissement nécessaire à l'année n pour réaliser un projet k. Ce montant peut être une fonction éventuellement non linéaire de la taille du projet lorsque celui-ci correspond à une gamme continue d'investissement.

Supposons le problème global résolu par une méthode de programmation mathématique, qu'il s'agisse de programmation linéaire, non linéaire ou de théorie du contrôle. On dispose alors des variables duales λ_n associées à chacune des contraintes de budget. Il s'agit des valeurs des multiplicateurs de Lagrange qui permettent de remplacer le problème initial par un problème formulé sans contraintes de budget [12].

La fonction économique de ce deuxième problème est alors un Lagrangien. Il s'obtient en retranchant de la fonction économique du problème initial un terme de la forme :

$$\sum_{n=1}^{N} \lambda_n \sum_{k=1}^{m} I_{n,k}$$

Ceci revient donc à rajouter un coût λ_n à chacune des variables $I_{n,k}$ apparaissant dans la fonction économique initiale (revenu actualisé à maximiser ou coût total actualisé à minimiser) et donc à remplacer le coefficient initial $1/(1+i)^n$ par un coefficient :

$$z_n = \frac{1}{(1+i)^n} + \lambda_n$$

Comme dans le cas simplifié étudié au chapitre 9, on peut donc donner l'interprétation suivante. Les projets pourront être étudiés de façon décentralisée en utilisant un critère de revenu actualisé. Mais les coûts d'investissement devront être corrigés. Les montants d'une année n devront être multipliés par le coût d'opportunité du capital :

$$1 + \lambda_n(1+i)^n$$

B. Contraintes portant sur l'ensemble des flux de trésorerie

Considérons maintenant une formulation du type de celle du paragraphe 11.4.2 avec des contraintes de rationnement en capital du type :

$$-\sum_{k=1}^{m} F_{n,k} \leq B_n$$

où $F_{n,k}$ représente le flux de trésorerie à l'année n engendré par un projet d'indice k. Il peut être une fonction non seulement de la taille du projet, mais des choix relatifs aux autres projets.

---

12. En fait, nous avons vu au paragraphe 11.3.2 (dernière remarque) qu'il n'y a pas équivalence stricte entre le problème initial (avec contraintes) et le problème obtenu par relaxation et utilisation des coefficients de Lagrange lorsque ces problèmes sont formulés à l'aide de la programmation linéaire. Des réserves doivent également être faites lorsque l'on utilise les multiplicateurs de Lagrange généralisés et les théorèmes d'Everett [11.31], [11.39]. Lors de l'étude de problèmes réels, les contraintes sont rarement rigides et l'équivalence stricte n'est pas indispensable.

a. Décentralisation. Coût d'opportunité

Comme précédemment, supposons déterminées à l'aide d'un programme d'optimisation les variables duales λ_n associées aux contraintes de budget.

Si la fonction économique initiale est :

$$H_1 = \sum_{k=1}^{m} \sum_{n=0}^{N} \frac{F_{n,k}}{(1+i)^n}$$

le Lagrangien s'écrit :

$$\Lambda = \sum_{k=1}^{m} \sum_{n=0}^{N} \left[\frac{1}{(1+i)^n} + \lambda_n \right] F_{n,k}$$

Pour une décentralisation des décisions [13], le rationnement en capital peut être pris en compte par l'utilisation d'un coût d'opportunité égal à :

$$1 + \lambda_n (1+i)^n$$

Il s'agit d'un coefficient multiplicateur qui devra être appliqué à chaque flux de trésorerie (positif ou négatif) d'une année n.

b. Coût de rareté et taux d'actualisation endogènes

Une autre interprétation, équivalente, peut être utilisée. Elle consiste à définir une suite de coefficients ou de taux d'actualisation qui correspondent à des coûts de rareté prenant en compte le rationnement en capital. Ces taux d'actualisation peuvent être qualifiés d'« endogènes ».

Le coefficient d'actualisation (endogène) d'une année p par rapport à une année n peut être défini comme égal au rapport de la valorisation marginale d'un capital disponible à l'année p à la valorisation marginale d'un capital disponible à l'année n. Or, les variables duales λ_n mesurent l'accroissement de la fonction économique que permettrait la disponibilité d'un franc supplémentaire à l'année n. La valorisation marginale d'un capital disponible à l'année n est donc :

$$z_n = \frac{1}{(1+i)^n} + \lambda_n$$

---

13. En fait, et nous l'avons signalé au paragraphe 11.4.4.A (note 12), il n'est pas toujours rigoureusement équivalent de raisonner sur le Lagrangien ou sur le problème initial, en particulier lorsque les coefficients de Lagrange correspondent aux variables duales d'un problème de programmation linéaire.

En notant c_p^n le coefficient d'actualisation endogène de l'année n par rapport à l'année p :

$$c_0^n = \frac{\dfrac{1}{(1+i)^n} + \lambda_n}{1 + \lambda_0}$$

En notant g_n^{n+1} le taux d'actualisation endogène de l'année $n+1$ par rapport à l'année n il vient :

$$c_0^1 = \frac{1}{1 + g_0^1} = \frac{\dfrac{1}{1+i} + \lambda_1}{1 + \lambda_0}$$

- - - - - - - - -

$$c_n^{n+1} = \frac{1}{1 + g_n^{n+1}} = \frac{\dfrac{1}{(1+i)^{n+1}} + \lambda_{n+1}}{\dfrac{1}{(1+i)^n} + \lambda_n}$$

On vérifie immédiatement qu'il est bien équivalent de maximiser le Lagrangien Λ défini ci-dessus ou un revenu actualisé calculé avec la suite des taux d'actualisation g_0^1, g_2^1, ..., g_n^{n+1}. Celle-ci permet de «lever» les contraintes de rationnement [14].

Remarquons au passage que lorsque deux contraintes de rationnement successives, relatives respectivement à une année n et une année $n+1$, ne sont pas saturées, le coefficient d'actualisation endogène est égal à :

$$c_n^{n+1} = \frac{1}{1+i}$$

Le taux d'actualisation endogène g_n^{n+1} est alors égal au taux d'actualisation initial.

Notons enfin que les taux d'actualisation endogènes ont bien les «bonnes» propriétés que l'on attend d'un taux d'actualisation.

En effet, un projet marginal (le dernier projet retenu) est un projet dont le Lagrangien L_k est nul :

$$L_k = \sum_{n=0}^{N} \left[\frac{1}{(1+i)^n} + \lambda_n \right] F_{n,k}$$

14. Sous les réserves des notes 12 et 13 des paragraphes 11.4.4.A et 11.4.4.B.a.

Un projet marginal, ou bien le dernier franc investi dans une gamme continue d'investissement, ont donc un revenu actualisé nul lorsque ce revenu est calculé avec les taux d'actualisation endogènes. Le transfert de sommes disponibles d'une année à une autre peut donc se faire en acceptant ou rejetant des projets marginaux. Tout se passe donc comme s'il était possible d'effectuer (pour le département Projets) des placements ou des prêts à un taux égal au taux d'actualisation.

11.4.5 Invariance de la solution optimale par rapport au taux *i*

Considérons le cas où les contraintes de rationnement en capital portent sur la totalité des flux de trésorerie et où elles sont toutes saturées, sauf celle de la dernière année N, au cours de laquelle on peut supposer qu'il n'y a pas d'investissement. **La solution optimale** (le choix et la taille des projets) **est alors indépendante de la valeur du taux d'actualisation i choisie initialement. De plus, la suite des taux d'actualisation endogènes est indépendante de la valeur de i.**

La justification de cette proposition est la suivante. Considérons le problème de rationnement en capital :

$$\text{Max} \sum_{k=1}^{m} \sum_{n=0}^{N} \frac{F_{n,k}}{(1+i)^n}$$

avec :

$$-\sum_{k=1}^{m} F_{n,k} \leq B_n \quad \text{pour} \quad n = 0, 1, 2, \ldots, N-1$$

Considérons dans un premier temps seulement des projets qui constituent des gammes continues d'investissement indépendantes les unes des autres. Nous supposons que les flux de trésorerie $F_{n,k}$ sont des fonctions continues et dérivables $F_{n,k}(x_k)$ de la taille x_k des projets.

Remarquons que cette formulation recouvre celle faisant appel à la programmation linéaire utilisée pour le modèle de Lorie et Savage; les flux de trésorerie étaient de la forme $F_{n,k}x_k$ avec $0 \leq x_k < 1$. Avec nos hypothèses, pour introduire une taille de projet bornée, il suffit en effet de définir des fonctions $F_{n,k}(x_k)$ telles que, au voisinage de la borne, le coût d'investissement croisse très rapidement ou bien telles que les revenus chutent brutalement.

Remplaçons dans la fonction objectif le critère de revenu actualisé par un critère équivalent de revenu capitalisé à la dernière année N de la période d'étude. Nous supposons de plus les contraintes de budget des $N-1$ premières années saturées. Le problème s'écrit alors :

$$\text{Max} \sum_{k=1}^{m} \sum_{n=0}^{N} (1+i)^{N-n} F_{n,k}(x_k)$$

avec :

$$-\sum_{k=1}^{m} F_{n,k}(x_k) = B_n \qquad n = 0, 1, 2, \ldots, N-1 \tag{11.1}$$

Le Lagrangien s'écrit :

$$\Lambda = \sum_{n=0}^{N-1} [(1+i)^{N-n} + \lambda_n] \sum_{k=1}^{m} F_{n,k} + \sum_{k=1}^{m} F_{N,k} \tag{11.2}$$

En dérivant par rapport à la taille x_k du projet k, il vient :

$$\sum_{n=0}^{N-1} [(1+i)^{N-n} + \lambda_n] \frac{\mathrm{d}F_{n,k}}{\mathrm{d}x_k} + \frac{\mathrm{d}F_{N,k}}{\mathrm{d}x_k} = 0 \tag{11.3}$$

L'optimum est donné par le système (11.1) et (11.3) de $m+N$ équations à $m+N$ inconnues x_1, x_2, ..., x_m, λ_0, λ_1, ..., λ_{N-1}.

Posons $\pi_n = (1+i)^{N-n} + \lambda_n$, et remplaçons dans (11.3) :

$$\sum_{n=0}^{N-1} \pi_n \frac{\mathrm{d}F_{n,k}}{\mathrm{d}x_k} + \frac{\mathrm{d}F_{N,k}}{\mathrm{d}x_k} = 0 \tag{11.4}$$

Le système des équations (11.1) et (11.3) est équivalent au système des équations (11.1) et (11.4). Dans l'écriture de ce dernier, le taux i n'apparaît pas. La solution optimale x_1^*, x_2^*, ..., x_m^*, π_0^*, π_1^*, ..., π_{N-1}^* est donc indépendante de i. La taille des projets est indépendante de i.

Compte tenu de l'interprétation économique des multiplicateurs de Lagrange et de façon semblable à ce qui a été fait au paragraphe précédent, la valorisation marginale d'un franc disponible à l'année n, en valeur capitalisée à l'année N, est égale à π_n. Par conséquent, π_n représente l'inverse du coefficient d'actualisation endogène c_n^N de l'année N par rapport à l'année n. La valeur à l'optimum des coefficients d'actualisation endogènes (et donc des taux d'actualisation) est indépendante de i :

$$c_n^{n+1} = \frac{\pi_{n+1}}{\pi_n}$$

Remarque. L'interprétation des équations (11.3) est alors immédiate. Elles expriment le fait que le revenu actualisé (aux taux endogènes) du dernier franc investi dans un projet k est nul. Ceci correspond bien à l'optimum du dimensionnement d'un projet lorsqu'il n'y a pas de rationnement de capital. Ici il y a rationnement de capital, mais les taux d'actualisation (endogènes) sont définis de façon que les limitations initiales ne soient pas contraignantes.

De façon plus générale, on peut avoir à considérer des projets discrets, des projets interdépendants, etc. Les hypothèses de continuité et dérivabilité peuvent ne pas être satisfaites. Il est alors possible d'utiliser les multiplicateurs de Lagrange généralisés d'Everett. L'écriture du Lagrangien reste dans le cas général celle de l'équation (11.2). Il apparaît clairement que le taux d'actualisation n'intervient que dans les termes :

$$\pi_n = (1+i)^{N-n} + \lambda_n$$

La recherche des coefficients λ_n permettant de lever les contraintes se ramène donc à la recherche des coefficients π_n, dont la valeur à l'optimum sera indépendante de i si les $N-1$ contraintes de budget sont saturées. La propriété reste donc vraie dans le cas général [15].

La propriété énoncée ici peut être rapprochée de propriétés étudiées précédemment. Au chapitre 9, nous avions présenté une méthode simplifiée de prise en compte de rationnement en capital. Il s'agissait de définir un taux d'actualisation compatible avec un budget disponible à une année présente. Ce taux était égal au taux de rentabilité marginale des gammes continues, égal au taux de rentabilité du dernier projet discret retenu. Il était par définition indépendant du coût initial du capital. Il s'agissait d'un cas particulier de l'approche présentée ici. La méthode simplifiée est justifiée si l'on peut supposer que les contraintes de budget des années futures seront telles que les taux d'actualisation endogènes seront stables sur la période d'étude.

11.4.6 Discussion. Validité de l'approche

Pour discuter la validité de l'approche étudiée, nous distinguerons le cas où il y a rationnement de capital pour une division de l'entreprise de celui où il s'impose à l'ensemble de l'entreprise.

A. Rationnement en capital d'une division de l'entreprise

Considérons le cas où des restrictions budgétaires sont fixées par une Direction Générale à une division de l'entreprise. Supposons de plus que le taux d'actualisation de l'entreprise soit défini de façon à avoir les «bonnes» propriétés d'un tel taux : coût du financement dans le cas où le capital n'est pas rationné (au niveau de l'entreprise), taux d'actualisation endogène défini comme ci-dessus dans le cas contraire. L'objectif de l'entreprise, cohérent avec celui de ses actionnaires, est de maximiser son revenu actualisé à ce taux. L'objectif de la division est donc également de maximiser son revenu actualisé, au taux d'actualisation de l'entreprise, sous les contraintes de budget imposées.

Dans ce cas, la pertinence de la formulation présentée n'est pas discutée.

15. Toujours sous les mêmes réserves quant à l'équivalence du problème initial et du problème de Lagrange.

B. Rationnement en capital pour l'ensemble de l'entreprise

Lorsqu'il y a rationnement en capital, les coefficients d'actualisation, calculés au coût – initial – du capital, ne constituent plus des coefficients d'équivalence entre sommes d'argent disponibles à des dates différentes. En effet, cette équivalence repose sur la possibilité, pour le département Projets, d'emprunter (au département financier) à un taux égal au coût du capital. Cette hypothèse n'est plus vérifiée, même marginalement, lorsque les budgets sont limités. Pour de nombreux auteurs, ceci conduit à remettre en cause l'utilisation d'un critère de revenu actualisé lorsque le rationnement s'impose à l'ensemble des projets de l'entreprise.

Remarque. Pour d'autres auteurs, le coût du capital, qui inclut le coût du capital propre, tient compte des préférences intertemporelles des actionnaires. Les possibilités d'allocation de leurs consommations à différentes périodes sont données aux actionnaires par le marché des actions des entreprises de même classe de risque que l'entreprise considérée. Ils peuvent moduler leurs placements sur ce marché. Le seul taux d'actualisation valable est donc celui qui est calculé par référence au rendement du capital sur ce marché. Si les propriétaires de l'entreprise lui allouent des budgets limités (en refusant de procéder à des augmentations de capital ou en imposant des versements de dividendes) qui ne permettent pas de réaliser tous les projets rentables au coût du capital, cela ne doit pas remettre en cause la valeur du taux d'actualisation, mais doit conduire l'entreprise à rechercher un optimum sous contraintes. Autrement dit, le raisonnement effectué au paragraphe 11.4.6.A précédent, faisant intervenir une Direction Générale d'une part et une division de l'entreprise d'autre part, peut s'appliquer aux propriétaires de l'entreprise d'une part et à l'entreprise d'autre part.

En fait, la question de la pertinence du taux d'actualisation initial, défini comme un coût du capital, ne nous paraît pas constituer un problème réel. En effet, nous avons vu au cours de cette section 11.4 comment définir une suite de taux d'actualisation endogènes associés à un problème de maximisation de revenu actualisé sous contraintes. Les coefficients d'actualisation correspondants constituent bien, comme nous l'avons vu, des coefficients d'équivalence de sommes disponibles à des dates différentes, tout au moins lorsque l'on considère des variations marginales de disponibilités en capital. Et nous avons vu qu'il était équivalent [16] de résoudre le problème initial, maximisation d'une valeur actuelle sous contraintes, ou bien d'effectuer les calculs sans contraintes avec les taux d'actualisation endogènes.

Les deux problèmes sont équivalents : si l'on admet la pertinence de l'un, la validité de l'autre en découle.

16. Moyennant les réserves mentionnées aux notes 12 et 13 qui ne limitent pas la portée opérationnelle.

Remarque. Les taux d'actualisation endogènes permettent une décentralisation des décisions. Ils assurent une cohérence interne aux décisions d'investissement de l'entreprise. Mais si l'on fait référence aux choix intertemporels d'un entrepreneur, dans un schéma semblable à ceux qui ont été utilisés au chapitre 3 (section 3.9), les taux d'actualisation endogènes ne sont pas nécessairement égaux aux taux que l'on obtiendrait à partir des taux d'actualisation psychologiques de l'entrepreneur. En effet, limiter le budget des investissements c'est fixer a priori des choix sur les sommes allouées à la consommation de l'entrepreneur aux différentes périodes.

La figure 11.5 en donne une illustration sur un modèle à deux périodes.

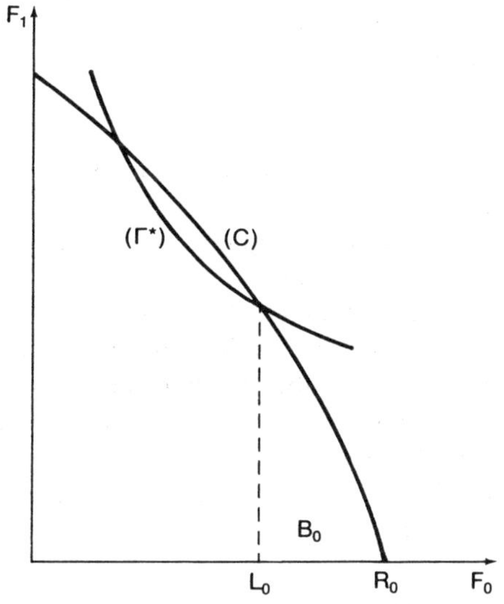

Fig. 11.5 Modèle à deux périodes

On suppose ici que le financement est entièrement assuré par capital propre. Comme au chapitre 3, la courbe (C) représente les possibilités d'investissement. R_0 représente le revenu initial de l'entrepreneur. Le budget qu'il accepte d'affecter à l'investissement est B_0, avec $R_0 - B_0 = L_0$. Si la contrainte de budget est saturée, la courbe (Γ^*) d'utilité maximale n'est pas à l'optimum tangente à la courbe (C). Le taux d'actualisation psychologique est donc différent du taux de rentabilité marginale. Mais c'est ce dernier qui constitue le taux d'actualisation à retenir pour une décentralisation des décisions.

11.5 PROGRAMMES D'INVESTISSEMENT ET PLANS DE FINANCEMENT

Comme indiqué au paragraphe précédent, la validité d'un critère de revenu actualisé calculé à un taux d'actualisation égal au coût du capital a été mise en cause par un certain nombre d'auteurs. Par ailleurs, une limitation de l'approche développée à la section précédente vient du fait que les budgets sont fixés a priori. La définition de ces budgets et le plan de financement peuvent ne pas être indépendants du choix des projets.

Différents auteurs ont alors proposé de construire des modèles permettant d'étudier simultanément les décisions d'investissement et les décisions de financement.

Sur le plan de la formalisation des concepts et des principes, leur intérêt est indéniable. Nous présenterons donc rapidement certaines approches qui constituent des références méthodologiques souvent citées dans la littérature. Mais il faut bien dire que les espoirs mis dans le développement de modèles de grande taille à des fins opérationnelles dans l'entreprise ont été, au moins partiellement, déçus. En effet, leur utilisation est relativement lourde. Elle demande la quantification de nombreuses hypothèses sur l'évolution à moyen et long terme des modalités d'appel aux différentes sources de financement. Compte tenu des incertitudes qui pèsent à la fois sur ces facteurs et sur les paramètres dont dépend la rentabilité des investissements, leur utilisation dans la pratique est assez limitée.

Remarque. D'autres modèles ont été proposés pour apporter un éclairage théorique sur les modalités de séparation des décisions d'investissement et des décisions de financement (cf. par exemple [11.9], [11.14], [11.34]).

11.5.1 Le modèle de Baumol et Quandt

Le modèle de Baumol et Quandt [11.23] est régulièrement cité dans les synthèses sur les modèles proposés pour l'étude des problèmes de rationnement de capital. Bien qu'il ne permette pas l'analyse de plans de financement, il semble difficile de ne pas le mentionner ici, mais ce sera fait essentiellement pour des raisons historiques.

Baumol et Quandt partent du principe que l'actualisation à un taux égal au coût du capital n'est pas justifiée en présence de rationnement du capital. Ils proposent alors d'utiliser une fonction d'utilité des propriétaires de l'entreprise, en supposant cette utilité fonction linéaire des sommes disponibles à chaque année. Le modèle s'écrit :

$$\text{Max} \sum_{n=1}^{N} U_n D_n$$

avec :

$$-\sum_{k=1}^{m} F_{n,k}x_k + D_n \leq B_n \tag{11.5}$$

B_n : budget disponible à l'année n ;
$F_{n,k}$: flux de trésorerie du projet k à l'année n ;
x_k : fraction réalisée du projet k ;
D_n : flux mis à la disposition des propriétaires pour leur consommation que nous appellerons, de façon abrégée, dividendes de l'année n ;
U_n : utilité d'une unité monétaire disponible à l'année n.

En fait, ainsi que l'a montré S.C. Myers [11.48], ce modèle est formellement le même que celui de Lorie et Savage avec contraintes portant sur l'ensemble des flux de trésorerie :

$$\text{Max} \sum_{k=1}^{m} \sum_{n=0}^{N} \frac{F_{n,k}x_k}{(1+i)^n} \tag{11.6}$$

avec :

$$-\sum_{k=1}^{m} F_{n,k}x_k \leq B_n$$

Il suffit en effet de remarquer que dans la formulation de Baumol et Quandt [11.21] les contraintes de budget sont nécessairement saturées à l'optimum. S'il n'en était pas ainsi, les dividendes pourraient être augmentés, et donc la fonction économique.

On a alors :

$$D_n = B_n + \sum_{k=1}^{m} F_{n,k}x_k$$

En reportant dans la fonction objectif, celle-ci s'écrit :

$$\sum_{n=0}^{N} U_n B_n + \sum_{k=1}^{m} \sum_{n=0}^{N} U_n F_{n,k}x_k$$

Mais le premier terme est une constante. Il est donc équivalent de maximiser l'objectif initial ou le deuxième terme. Aux variables d'écart près D_n, il s'agit du modèle [11.6] dans lequel les coefficients d'actualisation calculés avec un coût du capital sont remplacés par des coefficients d'actualisation psychologique.

Nous ne reprendrons pas ici toutes les critiques qui peuvent être faites à cette approche (on voit mal une politique de dividendes définie par un modèle de ce type, et des coefficients d'actualisation psychologique peuvent difficilement être quantifiés sans référence à un rendement ou à un coût du capital).

Aux éléments de discussion apportés par S.C. Myers, nous ajouterons le suivant. Considérons le cas où toutes les contraintes sont saturées, sauf la dernière. Tous les dividendes sont alors versés à l'année N. Nous avons vu au paragraphe 11.4.4 que dans ce cas, la solution optimale et les coefficients d'actualisation endogènes sont indépendants du taux d'actualisation initial i. La discussion sur la signification du taux à utiliser dans la fonction objectif n'a plus alors de raison d'être.

11.5.2 Le modèle de Weingartner

A. Présentation

H.M. Weingartner [11.13] pour les raisons exposées en introduction, propose d'intégrer dans un modèle de choix d'investissement une modélisation des flux financiers. Il utilise des modèles de programmation linéaire, éventuellement en variables mixtes. Compte tenu des réserves émises sur la validité du taux d'actualisation défini comme un coût du capital, et puisque le financement constitue une inconnue, il préconise d'utiliser comme critère la valeur de l'entreprise à l'année horizon (dernière année de la période d'étude). Plusieurs versions sont définies. Certaines diffèrent selon que l'on considère ou non plusieurs taux d'emprunt. Des taux croissants permettent en effet, suivant l'auteur, de tenir compte d'un coût du risque qui s'accroît lorsque l'endettement s'accroît. Lorsqu'il y a ainsi plusieurs types d'emprunt et lorsque les projets sont indépendants et divisibles, le modèle s'écrit :

$$\text{Max} \sum_{k=1}^{m} \overline{F}_k x_k + M_N - \sum_{h=1}^{q} E_{N,h}$$

avec :

$$-\sum_{k=1}^{m} F_{0,k} x_k + M_1 - \sum_{h=1}^{q} E_{0,h} \leq A_1$$

$$\sum_{k=1}^{m} F_{n,k} x_k - (1+v) M_{n-1} + M_n + \sum_{h=1}^{q} (1+e_h) E_{n-1,h}$$
$$- \sum_{h=1}^{q} E_{n,h} \leq A_n \ (n = 1, 2, \ldots, N-1)$$

$$\begin{array}{rll} & & (n = 0, 1, 2, \ldots, N-1) \\ E_{n,h} \leq & L_{n,h} & (h = 1, 2, \ldots, q) \\ 0 \leq x_k \leq 1 & & (k = 1, 2, \ldots, m) \end{array}$$

Notations :

x_k : fraction du projet k réalisé $(k = 1, 2, \ldots, m)$;
$F_{n,k}$: flux de trésorerie à l'année n du projet k;
$\overline{F}_k$: valeur actuelle à l'année N des flux de trésorerie du projet k postérieurs à l'année N (y compris année N);

A_n : autofinancement disponible à l'année n et résultant des activités de l'entreprise préexistantes et indépendantes de la réalisation des projets étudiés (constante);
M_n : liquidités disponibles à l'année n pour des placements financiers;
v : taux d'intérêt appliqué au placement des liquidités M_n;
$E_{n,h}$: endettement à l'année n portant intérêt au taux e_h;
e_h : taux d'intérêt de l'emprunt d'indice h $(h = 1, 2, \ldots, q)$;
$L_{n,h}$: limite imposée à l'année n à l'endettement d'indice h portant intérêt au taux e_h.

L'année horizon N est choisie de telle sorte que ce choix ait peu d'effets sur les décisions d'investissement à prendre au cours des années proches. L'utilisation dans la fonction économique de la valeur actualisée des flux postérieurs à l'année N peut être justifiée par le fait que le rationnement en capital devrait s'atténuer à long terme.

Un certain nombre de résultats théoriques ont été fournis par l'auteur. Nous en citerons deux. Nous ne reprendrons pas les démonstrations car ces propriétés, qui ont été présentées au chapitre 3 sur deux périodes, sont conformes aux résultats que l'on obtient simplement par un raisonnement marginal élémentaire.

Marché parfait du capital

Supposons que le taux d'intérêt soit unique et s'applique aussi bien aux placements qu'aux emprunts. Supposons de plus que l'accès à l'emprunt ne soit pas limité. Alors l'analyse du problème dual montre que les taux d'actualisation endogènes de chaque année sont égaux au taux de l'emprunt.

Cas général

Revenons au problème faisant intervenir plusieurs taux d'emprunt formulés ci-dessus. Supposons les emprunts classés par taux d'intérêt croissants. A l'optimum, le taux d'actualisation endogène d'une année est égal au taux d'intérêt du dernier emprunt utilisé lorsque le montant emprunté n'atteint pas la limite fixée pour l'année considérée. Lorsqu'au contraire la contrainte de limitation de ce dernier emprunt est saturée, le taux d'actualisation endogène est compris entre le taux d'intérêt du dernier emprunt utilisé et le taux d'intérêt de l'emprunt suivant.

B. Maximisation du revenu actualisé et maximisation de la valeur à l'horizon

a. Reformulation du modèle

En fait, un projet de financement peut faire l'objet de la même formulation qu'un projet d'investissement. Le problème de Weingartner formulé ci-dessus peut donc s'écrire :

$$\text{Max} \sum_{k=1}^{m} \overline{F}_k x_k$$

avec :

$$-\sum_{k=1}^{m} F_{n,k} x_k \leq A_n$$
$$0 \leq x_k \leq 1$$

où $F_{n,k}$ représente maintenant le flux de trésorerie associé à un projet quelconque, qu'il s'agisse d'un projet d'investissement, d'un projet de financement (emprunt) ou d'un placement financier. Dans le cas d'un emprunt ou d'un placement financier, $\overline{F}_k$ correspond à une dette à rembourser ou à un solde à encaisser, produit d'un placement.

Le terme $\sum_{k=1}^{m} F_{n,k} x_k$ représente alors le flux de fonds propres de l'année n.

b. Equivalence des problèmes de maximisation du revenu actualisé et de maximisation de la valeur à l'horizon

Lorsque le placement de la trésorerie à court terme est possible, il est clair que toutes les contraintes seront saturées pour chacune des années 1 à $N - 1$.

Considérons alors le problème de maximisation du revenu actualisé (des fonds propres) sous les mêmes contraintes. Supposons que toutes les contraintes de ce deuxième problème soient également saturées.

Le problème de maximisation de la valeur à l'horizon est dans ce cas équivalent au problème de maximisation du revenu actualisé.

En effet, il est équivalent de maximiser la valeur à l'horizon ou bien, quel que soit le taux d'actualisation a des actionnaires :

$$\sum_{k=1}^{m} \frac{\overline{F}_k x_k}{(1+a)^N} - \sum_{n=1}^{N-1} \frac{A_n}{(1+a)^n}$$

puisque le deuxième terme de cette expression est une constante. Mais si toutes les contraintes sont saturées, ceci s'écrit encore :

$$\sum_{k=1}^{m} \frac{\overline{F}_k x_k}{(1+a)^N} + \sum_{k=1}^{m} \sum_{n=0}^{N-1} \frac{F_{n,k} x_k}{(1+a)^n} = \sum_{k=1}^{m} \sum_{n=0}^{\infty} \frac{F_{n,k} x_k}{(1+a)^n}$$

Nous retrouvons au passage un résultat énoncé et démontré au paragraphe 11.4.5 : la valeur à l'horizon étant indépendante des taux d'actualisation des années antérieures, la solution optimale est également indépendante de la valeur des taux d'actualisation des années 1 à N.

Comme à la section précédente 11.4, une fois résolu le problème global dans ses grandes lignes, une décentralisation des décisions peut être effectuée. Il suffit d'utiliser les taux d'actualisation endogènes calculés comme précédemment (paragraphe 11.4.4.B.b). Ils permettent non seulement l'étude des décisions d'investissement, mais également celles de financement.

Remarque. Considérons le problème I de maximisation de la valeur de la firme à l'horizon. Nous avons indiqué que les $N - 1$ contraintes sont saturées à l'optimum si l'on suppose possible d'effectuer des placements d'une année sur l'autre. Ceci n'implique pas que, pour le problème II de maximisation du revenu actualisé, les $N - 1$ contraintes soient saturées à l'optimum. Les deux problèmes sont équivalents seulement si l'on peut supposer que les contraintes seront saturées à l'optimum pour chacun pris séparément. Ils peuvent être équivalents pour certaines valeurs du taux d'actualisation (faibles valeurs) et non pour d'autres (valeurs élevées). Prenons un exemple et considérons un projet de placement pendant un an à une année n, placement possible à un taux inférieur au taux d'actualisation. Il peut se faire que, pour le problème II, la $n$ième contrainte ne soit pas saturée, le placement envisagé n'étant pas utilisé, alors qu'il le sera à l'optimum du problème I.

11.5.3 Le modèle «Capri» de la *Sema*

Le modèle Capri [11.6], [11.9], [11.21] a été construit par la *Sema (Société d'Economie et de Mathématique Appliquées)* en collaboration avec un certain nombre d'entreprises industrielles dans le but de constituer un outil opérationnel. Il s'agit d'un modèle de programmation linéaire en variables mixtes.

L'objectif peut être, soit de maximiser un revenu actualisé soit, de façon semblable à ce qui a été fait par A. Charnes, W.W. Cooper et M.H. Miller [11.30] et par H.M. Weingartner, de maximiser la valeur des fonds propres de l'entreprise à une année horizon.

Ce choix peut être justifié pour différentes raisons :

- Dans la mesure où les modalités de financement sont à définir, il est difficile d'effectuer a priori le choix d'un taux d'actualisation nécessaire au calcul de revenus actualisés.
- Ce critère représente bien l'objectif de maximisation de richesse de l'actionnaire propriétaire de l'entreprise, en même temps qu'un objectif de croissance de l'entreprise qui est souvent celui des dirigeants. La distribution de dividendes ne fait pas l'objet d'une optimisation. Un versement minimum permettant de répondre aux désirs des actionnaires est imposé par les contraintes du modèle.

Nous n'écrirons pas de façon explicite les équations du modèle ; la formulation, bien que plus complète, est de même nature que celle qui a été présentée pour le modèle de H.M. Weingartner.

Nous nous limiterons à un exposé rapide des principales caractéristiques de Capri.

Projets envisagés. Comme précédemment, des variables sont associées à la réalisation de chaque projet recensé. Il s'agit de variables bivalentes représentant les choix en tout ou rien lorsque les projets sont de taille donnée. Les relations d'exclusion associées aux projets incompatibles sont écrites comme indiqué aux paragraphes 11.1.5 et 11.4.3. La prise en compte d'interdépendances techniques peut être faite comme à la section 11.1 au moyen d'un ensemble d'équations et d'inéquations linéaires. Peuvent y apparaître, en plus des variables associées aux investissements, des variables de gestion telles que des flux de matières premières et de produits intermédiaires.

Projets non identifiés. Au-delà d'un certain nombre d'années, l'entreprise continuera sans doute à investir, mais il est difficile de définir de façon précise ses investissements. Capri introduit donc la notion d'« investissement non identifié ». Les projets correspondants sont caractérisés par un taux moyen de rentabilité et un rythme moyen d'amortissement. La possibilité d'effectuer des placements dans de tels projets correspond pour les années où ils sont utilisés, à définir la valeur d'un taux d'actualisation.

Emprunts. Différents types d'emprunts peuvent être introduits, auxquels sont associées des variables continues. Les modalités de remboursement sont données a priori. La formulation est donc un peu différente de celle qui a été écrite au paragraphe précédent. Le capital restant dû chaque année s'obtient en retranchant des tirages d'emprunt les remboursements des années antérieures. Le montant de chaque emprunt est limité. L'endettement total est limité à une fraction donnée des fonds propres. Il peut également être lié à la marge brute d'autofinancement de l'entreprise.

Augmentations de capital. Contrairement à l'option retenue dans le modèle de Weingartner, aux augmentations de capital sont associées des variables de décision. Leur montant étant déterminé a priori, les variables sont bivalentes. Elles sont liées par des relations d'exclusion exprimant le fait qu'il ne peut y avoir plus d'une augmentation de capital sur une période de temps donnée.

Les dividendes représentent une fraction donnée du capital correspondant aux émissions d'actions antérieures.

La trésorerie. L'excédent de trésorerie (elle doit être naturellement positive) peut être placé en emprunts à court terme. A partir de la trésorerie d'une année précédente, la trésorerie d'une année donnée s'obtient en rajoutant les flux de trésorerie d'exploitation après impôt des projets antérieurs, les augmentations en capital, les tirages d'emprunts, les intérêts (après impôt) des placements et en retranchant les investissements, les remboursements d'emprunt, les charges financières (après impôt) et les dividendes.

Les fonds propres. Le calcul est effectué de proche en proche et s'appuie sur les conventions comptables ; la variation de fonds propres est égale au bénéfice comptable diminué des versements de dividendes et majoré des augmentations de capital. Remarquons que le calcul du bénéfice comptable nécessite la connaissance des amortissements des investissements antérieurs.

Le critère. Lorsqu'il s'agit de maximiser la valeur des fonds propres à l'année horizon, la fonction objectif s'obtient en retranchant des fonds propres de l'année horizon, calculés comme précédemment, le montant des augmentations de capital. L'expression obtenue est corrigée de l'écart entre la valeur comptable des immobilisations et la valeur résiduelle réelle des investissements.

Le modèle Capri est sans doute l'un des plus complets, si ce n'est le plus complet des modèles qui aient été utilisés de façon opérationnelle pour l'étude des projets d'investissement et l'analyse des interactions entre les décisions de financement et les décisions d'investissement.

12 *Introduction aux méthodes d'analyse en avenir incertain*

«Rien n'est moins sûr que l'incertain».
Pierre Dac

Questions posées

Quelles sont les techniques utilisées en pratique dans l'industrie pour préparer des décisions d'investissement en avenir incertain ?

Quel est l'apport de la théorie, en particulier de la théorie de la décision ?

L'objet de ce chapitre est de présenter de façon rapide les méthodes et les concepts les plus courants permettant d'aborder les problèmes de choix d'investissement en avenir incertain. Nous nous limiterons à une introduction et ce chapitre ne possèdera pas de «Compléments», ceci pour différentes raisons. Parmi celles-ci figure le fait que pour approfondir un tel sujet, quelques sections seraient insuffisantes. Il y faudrait tout un ouvrage. Par ailleurs, dans les enseignements de l'*École Nationale Supérieure du Pétrole et des Moteurs (ENSPM)*, calcul économique déterministe et théorie de la décision font l'objet de deux cours distincts. Au deuxième correspond l'ouvrage de R. Charreton et J.M. Bourdaire [12.2], que nous aurons l'occasion de citer à nouveau plus loin et dont les apports sont fondamentaux, particulièrement en ce qui concerne les applications dans l'industrie pétrolière et auquel nous renvoyons le lecteur.

Après quelques lignes sur le critère empirique du temps de retour, la section 12.2 sera consacrée aux analyses de sensibilité. Au cours des sections suivantes, nous introduirons les probabilités et aborderons les critères issus de la théorie de la décision. Enfin, les critères maximin et minimax seront définis au cours de la dernière section (12.10).

12.1 LE CRITÈRE DU TEMPS DE RÉCUPÉRATION

Comme nous l'avons indiqué au chapitre 2, le temps de récupération est couramment utilisé dans l'industrie comme un critère empirique, particulièrement en présence de fortes incertitudes : risque commercial (l'exemple des produits de la pétrochimie est significatif), risque politique majeur, risque technologique (une avance technique peut être de courte durée), etc. Il fait l'objet de différentes définitions et peut être calculé à partir du démarrage de l'exploitation ou à partir de la date des premières dépenses d'investissement, en valeurs non actualisées ou en valeurs actualisées. Dans tous les cas, il permet de façon très simple de formaliser le souhait de ne pas réaliser de projets dont la rentabilité s'appuierait sur des flux de trésorerie qui interviendraient après une date au-delà de laquelle il est très difficile d'effectuer des prévisions.

Un inconvénient de ce critère réside bien sûr dans son caractère arbitraire. Négliger les revenus d'un projet au-delà de la durée de récupération exigée, supposer qu'ils seront nuls, peut correspondre à une hypothèse peu réaliste.

Malgré ces inconvénients le temps de retour est un critère (éventuellement secondaire) auquel de nombreux décideurs restent sensibles.

12.2 LES ANALYSES DE SENSIBILITÉS

Les analyses de sensibilité sont en général indispensables lors d'une étude économique. Nous ne reviendrons pas ici sur les difficultés, évoquées au chapitre 1, que présentent la prévision des différentes recettes et dépenses associées à un projet d'investissement. Une étude de sensibilité consiste à analyser comment varie la rentabilité d'un projet lorsque l'on fait varier les hypothèses relatives à chacune des composantes de l'échéancier des flux de trésorerie.

Exemple.

Reprenons encore une fois notre projet de construction d'une unité de production d'ammoniac. De nombreux paramètres ne sont connus qu'avec des incertitudes plus ou moins importantes. Sans prétendre à l'exhaustivité, citons :

– *le coût d'investissement et le planning des travaux ;*

- *le prix de vente de l'ammonicac et son évolution au cours de la période d'étude ;*
- *le volume des ventes et son évolution, en particulier lors des années de démarrage ;*
- *éventuellement, le coût d'opportunité de la matière première (gaz naturel) ;*
- *les caractéristiques de l'environnement économique et fiscal, le taux d'inflation, etc.*

Le diagramme en toile d'araignée

Pour présenter les résultats d'une analyse de sensibilité, un graphique, le diagramme en toile d'araignée [12.56], est souvent plus parlant que des tableaux de valeurs numériques.

Celui-ci est construit en portant en abscisses les variations des différents paramètres auxquels la rentabilité du projet peut être sensible. Il s'agit en général de variations par rapport à un cas de base défini au préalable. En ordonnées figure la valeur du critère retenu pour présenter les résultats : revenu actualisé, taux de rentabilité ou coût de revient économique.

Pour chaque analyse, à laquelle correspond une courbe, un seul paramètre est considéré comme variable, les valeurs des autres étant fixées et égales aux valeurs retenues pour le cas de base.

Exemple.

Revenons au projet de construction d'une unité d'ammoniac. Nous nous référons au calcul de rentabilité globale effectué au chapitre 7 (section 7.2).

Nous nous limiterons à des calculs très simplifiés et à trois paramètres pris comme exemple.

Le prix de vente. *Le prix de vente effectif peut s'établir à une valeur différente de l'estimation qui a été utilisée (1 100 F/t sur le marché local). Supposons qu'il sera cependant stable en francs constants et la production égale, conformément à l'estimation initiale, à 300 000 t/an. Une variation de 10 % du prix de vente conduit à une variation de recettes de 10 %, soit 33 MF/an. La variation du flux de trésorerie après impôt est alors de 0,6 × 33 = 19,8 MF/an (le taux d'imposition étant égal à 40 %). La variation du revenu actualisé est donc de :*

$$\Delta R_1 = 19,8 \sum_{n=1}^{10} \frac{1}{(1+i)^n} = 139 \text{ MF}$$

Le coût d'investissement. *Toutes choses étant égales par ailleurs, supposons sous-estimée de 10 % la dépense d'investissement, soit un* *écart de 100 MF par rapport à l'estimation initiale de 1 000 MF. Le flux de trésorerie de l'année 0 serait alors majoré de 100 MF. Par ailleurs, l'amortissement comptable serait majoré de 10 MF/an (amortissement linéaire sur 10 ans), ce qui conduirait à une diminution d'impôt de 0,4 × 10 = 4 MF/an. La variation de revenu actualisée serait alors de :*

$$\Delta R_2 = -100 + \sum_{n=1}^{10} \frac{4}{(1+i')^n}$$

Soit, avec les hypothèses du chapitre 7 (inflation de 5 % par an, taux d'actualisation en francs constants égal à 7 %) :

$$\Delta R_2 = -78 \ MF$$

On observe ainsi que la rentabilité de ce projet est plus sensible à l'hypothèse concernant le prix de vente qu'à l'hypothèse relative au coût d'investissement (ce qui est très fréquent).

Le taux d'inflation. *Si celle-ci s'accélère, par exemple au taux de 10 % par an, les crédits d'impôts dus à la comptabilisation des amortissements seront érodés. Si l'on s'en tient à cet effet, en laissant de côté les conséquences de l'inflation sur les charges financières, la variation correspondante est de :*

$$0,4 \times 100 \sum_{n=1}^{10} \left[\frac{1}{(1,07)^n (1,05)^n} - \frac{1}{(1,07)^n (1,10)^n} \right] = 41 \ MF$$

Ces résultats sont reportés sur le graphique de la figure 12.1 en remarquant que les variations du revenu actualisé sont proportionnelles aux variations du paramètre étudié dans les deux premiers cas. (Nous supposons toujours que le projet est réalisé par une entreprise qui prévoit des résultats en bénéfice sur toute la période quels que soient les bénéfices ou pertes associés au projet).

Le premier intérêt d'un tel graphique est de permettre une visualisation rapide d'un ensemble de résultats et de repérer les paramètres auxquels la rentabilité du projet est la plus sensible.

Sensibilité à plusieurs paramètres indépendants

Envisageons maintenant la variation possible de deux paramètres indépendants. Le point résultant sur le graphique en toile d'araignée, ou plutôt le vecteur représentant la variation résultante s'obtient graphiquement comme la somme des deux vecteurs associés chacun à la variation d'un paramètre.

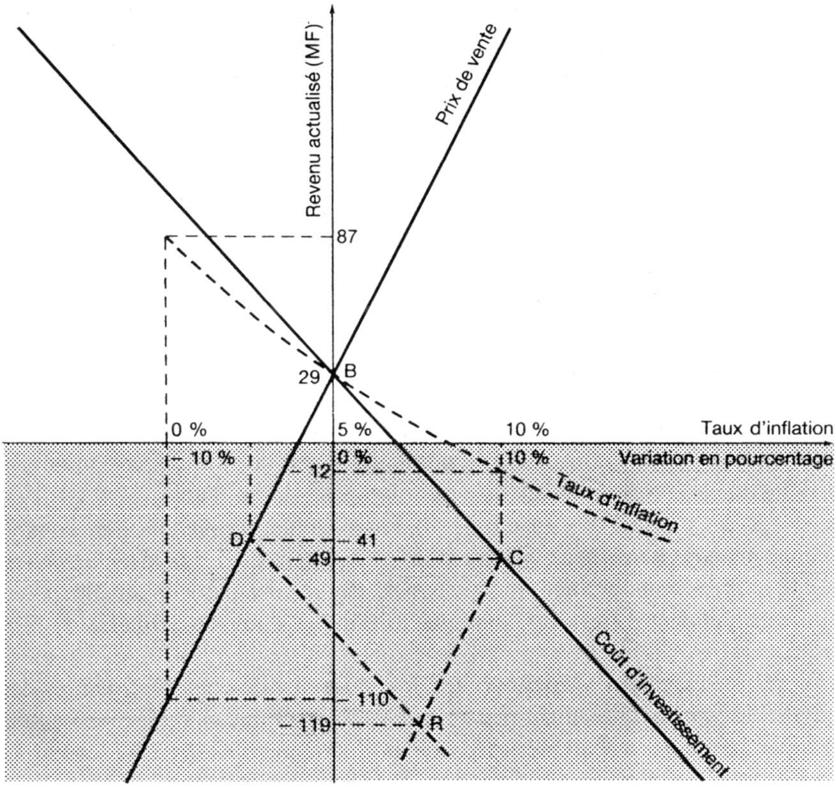

Fig. 12.1 Graphique en toile d'araignée

Dans le cas de notre unité d'ammoniac, supposons simultanément que le coût d'investissement est supérieur de 10 % au coût du cas de base et que le prix de vente est inférieur de 5 % à la prévision initiale.

Sur le graphique de la figure 12.1, soit B le point représentatif du cas de base étudié au chapitre 7 (section 7.2), pour lequel le revenu actualisé est de 29 MF. Soit D le point correspondant à la seule variation de 5 % du prix de vente par rapport au cas de base représenté par B. D est le point d'abscisse (–5 %) sur la droite issue de B et représentative des variations du revenu actualisé en fonction des variations du prix de vente. Soit C le point associé à la seule variation de 10 % du coût d'investissement par rapport au cas de base.

En considérant comme réalisé cet écart de 10 % sur le coût d'investissement, c'est-à-dire en partant du point C, la courbe représentative des variations du revenu actualisé en fonction des variations de prix de vente est une droite (en tiretés) parallèle à la droite BD. Le point résultant R associé à la variation simultanée de 10 % du coût d'investissement et de 5 % du prix de vente est donc défini par :

$$\vec{BR} = \vec{BC} + \vec{BD}$$

Le procédé permet de la même façon de considérer la variation simultanée de plusieurs paramètres à condition qu'ils soient indépendants les uns des autres. Dans le cas général, les courbes représentatives ne sont pas des droites et les parallélogrammes à construire sont alors curvilignes. Remarquons également que lorsque le critère choisi est un taux de rentabilité, le procédé ne peut constituer qu'une méthode approchée, mais peut permettre de déterminer des ordres de grandeur.

Au vu du graphique, il est alors possible de mieux caractériser l'ensemble des cas favorables, pour lesquels le revenu actualisé est positif, et l'ensemble des cas défavorables (correspondant au demi-plan grisé sur la figure 12.1 et que l'on pourrait plutôt qualifier de « zone rouge »). Par exemple, si l'on considère comme possible un dépassement du budget d'investissement de x %, la construction graphique précédente permet immédiatement de savoir à partir de quelle valeur d'un autre paramètre (prix de vente par exemple), le revenu actualisé devient négatif.

La décision d'investissement pourra être prise si l'on considère que les cas défavorables sont relativement peu probables, ceci de façon subjective et sans que cette notion de probabilité fasse l'objet d'une quantification, et à condition que les pertes possibles éventuelles ne puissent constituer un risque majeur pour l'entreprise. Très fréquemment dans l'entreprise effectivement, l'étude de sensibilité peut être considérée comme suffisante pour présenter le dossier à la direction compétente.

Il arrive assez souvent cependant qu'une telle confrontation des ensembles de cas favorables et de cas défavorables, avec les gains et pertes associés, ne soit pas suffisante pour pouvoir trancher. Pour des projets d'une certaine taille, l'analyse peut alors être approfondie par une étude des probabilités associées aux différents cas possibles.

12.3 L'INTRODUCTION DE PROBABILITÉS ET LE CRITÈRE D'ESPÉRANCE MATHÉMATIQUE

12.3.1 L'espérance mathématique

Pour un certain nombre de projets d'investissement, on ne peut supposer que la valeur des paramètres varie de façon continue sur un certain intervalle, comme nous l'avons supposé avec l'exemple de la construction d'une unité d'ammoniac présenté à la section précédente. Un exemple caractéristique est donné par l'exploration pétrolière. A la suite d'une campagne de forages, on peut ou non trouver un gisement. L'introduction de probabilité (souvent utile dans l'exemple précédent) est alors nécessaire.

Commençons par un exemple très schématique. Considérons un projet correspondant à l'exploration d'un permis de recherche d'hydrocarbures. Le coût est estimé à 100 MF. La probabilité de trouver un gisement exploitable est de 20 %. En cas de succès, compte tenu des données géophysiques, deux possibilités seulement sont retenues, considérées comme équiprobables : la mise à jour d'un gisement de taille moyenne qui permettrait de dégager un revenu actualisé de 400 MF et celle d'un assez gros gisement dont le revenu actualisé serait de 750 MF. Ces revenus actualisés sont supposés calculés en tenant compte des dépenses de développement, mais non de celles d'exploration.

Calculons la moyenne du revenu actualisé du projet, moyenne pondérée par les probabilités :

$$M = 0,8(0 - 100) + 0,1(400 - 100) + 0,1(750 - 100) = 15 \text{ MF}$$

C'est **l'Espérance Mathématique du Revenu Actualisé,** valeur vers laquelle tendrait la moyenne observée si l'entreprise pouvait renouveler cette expérience un grand nombre de fois.

En fait, il n'est pas nécessaire de supposer qu'une expérience **identique** sera souvent effectuée. Le critère d'espérance mathématique sera justifié par la loi des grands nombres si l'entreprise réalise un nombre suffisant de projets semblables indépendants entre eux.

Remarque. Il est possible de calculer l'espérance mathématique d'un revenu, d'un coût actualisé ou d'un coût de revient annuel. Il n'est par contre pas possible, en général, de calculer l'espérance mathématique d'un taux de rentabilité comme une moyenne pondérée par des probabilités.

12.3.2 Définition des probabilités

A. Estimation à partir de fréquences observées

On dispose parfois de statistiques pour caractériser certaines variables aléatoires. Des données passées sur la pluviométrie d'une région peuvent être utilisées pour définir la loi de probabilité nécessaire au calcul de dimensionnement d'un barrage hydraulique. De la même façon, les statistiques relatives aux consommations d'électricité sont utilisées par *EdF* pour estimer les probabilités associées aux variations possibles de la demande des années à venir autour de valeurs moyennes ; le modèle employé (présenté au chapitre précédent, paragraphe 11.2.2.B) permet ainsi de déterminer les investissements conduisant à une espérance mathématique de coût actualisé minimale.

Pour des équipements de technologie courante, une probabilisation du coût d'investissement peut dans certains cas s'appuyer sur des données du passé.

B. Probabilités subjectives

Lorsqu'il s'agit de paramètres tels que le prix de vente du pétrole brut, le taux de croissance d'une économie, l'évolution politique d'un pays, la référence à des fréquences passées n'est plus suffisante. Les probabilités que l'on peut définir sont alors des probabilités subjectives. Elles caractérisent le degré de vraisemblance qu'associe un expert à l'occurrence d'un événement donné.

Le caractère subjectif peut d'ailleurs être plus ou moins important. Lorsqu'un géologue estime à 20 % la probabilité de trouver des hydrocarbures dans une structure mise à jour à la suite d'une campagne de géophysique, il s'appuie sur son expérience relative à des cas semblables. Et, suivant les cas (zone nouvelle ou ancienne, degré de similitude avec des zones mieux connues,...), son expérience passée lui est plus ou moins utile pour estimer des probabilités associées à un nouveau prospect.

Dans tous les cas, l'utilisation de probabilités subjectives permet une quantification qui constitue une aide précieuse pour rationaliser les décisions.

La notion de probabilité subjective a été introduite par T. Bayes dès le $18^{\text{ème}}$ siècle, puis formalisée de façon plus complète par B. de Finetti. Pour un individu donné, la probabilité subjective d'un événement peut être définie comme le rapport du prix qu'il est prêt à payer pour obtenir un résultat dépendant de l'occurrence de l'événement considéré à la valeur de ce résultat une fois l'événement arrivé. Pour un individu rationnel, les probabilités subjectives obéissent aux règles classiques du calcul des probabilités.

Le théorème de Bayes permet de corriger des probabilités subjectives, déterminées a priori, en fonction des informations acquises (probabilités a posteriori). C'est ainsi que les probabilités subjectives associées aux valeurs possibles des réserves d'un gisement d'hydrocarbures peuvent être améliorées par le forage de puits supplémentaires.

Le théorème de Bayes permet également de déterminer la valeur d'une « information imparfaite ». On appelle « information imparfaite » une information qui, sans apporter de certitude comme une « information parfaite », conduit à réviser des probabilités a priori et donc à réduire l'incertitude (information apportée par le forage d'un puits supplémentaire par exemple). Sur ces questions, on peut consulter par exemple [12.4], [12.17].

12.4 PROBABILITÉS ASSOCIÉES AUX PARAMÈTRES ET LOI DE PROBABILITÉ DU REVENU ACTUALISÉ

12.4.1 Présentation

Que l'on souhaite seulement calculer une espérance mathématique ou que l'on s'intéresse à d'autres caractéristiques, telles que la variance, il faut disposer

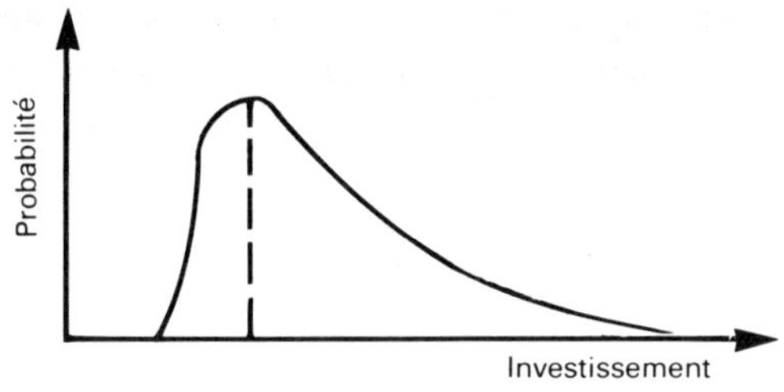

Fig. 12.2 Coût d'investissement

d'une estimation de la loi de probabilité associée au revenu actualisé. Mais le revenu actualisé est fonction d'un certain nombre de paramètres ; c'est en général à ces paramètres que l'on peut plus facilement associer une loi de probabilité.

Revenons à notre exemple relatif à la construction d'une unité d'ammoniac. Les principaux paramètres de ce projet ont été cités en section 12.2. Pour le coût d'investissement, on peut éventuellement se référer à des cas passés pour estimer une loi de probabilité. Remarquons qu'une telle loi est le plus souvent dissymétrique (fig. 12.2). La probabilité d'obtenir un coût nettement plus petit que l'estimation des services d'ingéniérie est nulle, tandis que la probabilité de dépassements importants ne l'est pas. La valeur moyenne peut être alors sensiblement plus élevée que la valeur la plus probable. Et lorsqu'une estimation est effectuée c'est souvent, implicitement, la valeur la plus probable qui est avancée.

En ce qui concerne le prix de vente et le volume des ventes, on devra (sauf cas particulier d'un marché protégé par exemple) se référer à des probabilités subjectives. On utilise alors généralement des lois de probabilités schématiques. La loi uniforme permet de représenter la donnée d'une « fourchette » à l'intérieur de laquelle il est difficile de définir une valeur plus probable. Lorsqu'au contraire une valeur plus probable (le mode) est estimée, une loi triangulaire peut être adaptée (fig. 12.3). Dans l'industrie pétrolière, la référence à des lois log-normales est assez fréquente [12.2], [12.8].

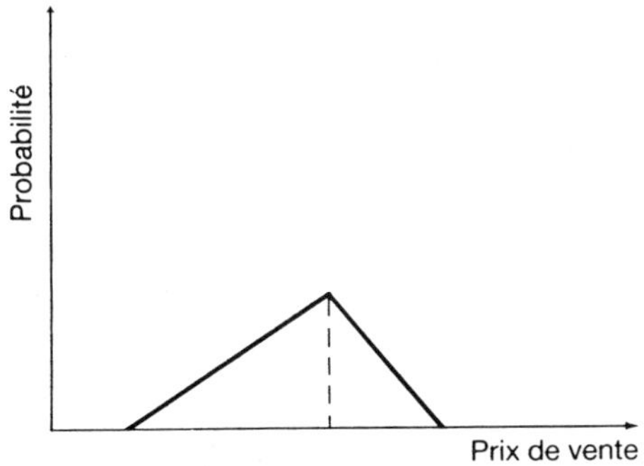

Fig. 12.3 Loi triangulaire

De façon générale, supposons que l'on ait pu schématiser l'information relative aux différents paramètres d'un projet en leur affectant des lois de probabilité. Le problème qui se pose alors est d'en déduire la loi de probabilité du revenu actualisé.

12.4.2 La simulation

La technique la plus couramment employée consiste à utiliser une méthode de simulation ou méthode de Monte-Carlo [1]. Elle nécessite en général un traitement sur ordinateur. Pour chaque paramètre considéré comme aléatoire, on tire un nombre au hasard obéissant à la loi de probabilité donnée. Ayant ainsi une valeur possible pour chaque paramètre, on peut calculer une valeur possible du revenu actualisé. En renouvelant cette opération un assez grand nombre de fois (plusieurs centaines), on obtient un échantillon de réalisations artificielles du revenu actualisé. Il est alors possible d'effectuer sur cet échantillon un traitement statistique : tracé d'histogramme, calcul de la moyenne, de l'écart-type, etc. Si la taille de l'échantillon est suffisante, la méthode permet ainsi de définir la loi de probabilité du revenu actualisé. En particulier, la moyenne calculée constitue une estimation de l'espérance mathématique.

La méthode est utilisée depuis le début des années 1960 dans l'industrie pétrolière [2], principalement dans le domaine du développement des gisements. Des paramètres importants de la rentabilité d'un investissement de mise en exploitation sont alors le volume des réserves récupérables et la productivité des puits. Ces derniers sont eux-mêmes fonction d'un certain nombre de variables qui peuvent être considérées comme aléatoires : surface du gisement, épaisseur de la couche, porosité des roches, perméabilité, viscosité des fluides, etc. Ce sont ces paramètres élémentaires qui peuvent être estimés et **probabilisés** par les géologues et les géophysiciens. Assez souvent, on a pu calculer par ailleurs à partir de quel volume de réserves récupérables le développement est rentable. L'utilisation d'une méthode de simulation est donc parfois limitée à la détermination de la loi de probabilité de ce volume de réserve.

Un inconvénient des méthodes de simulation tient à l'effet de «boîte noire». A partir des données probabilisées relatives aux différents paramètres, elles fournissent la distribution de probabilité du critère considéré. Mais, contrairement à ce qui est fait au cours d'une analyse de sensibilité, l'influence du facteur donné n'apparaît pas. Or, les incertitudes sur chaque paramètre peuvent être de nature assez différente. Ainsi, pour un projet de mise en production d'un gisement d'hydrocarbures, nous avons cité les paramètres physiques et techniques. L'estimation des probabilités correspondantes s'appuie sur un grand nombre de cas étudiés dans l'entreprise et l'expérience des spécialistes. D'un autre côté, pour les paramètres économiques (prix du brut et règles fiscales), il est beaucoup

1. Popularisée par D. Hertz [12.38], elle est parfois appelée méthode de Hertz.
2. Cf. par exemple [12.10], [12.17]. Des dizaines d'articles sur ce sujet pourraient être citées.

plus difficile d'obtenir des distributions de probabilités, même subjectives. C'est une des raisons pour lesquelles, comme nous l'avons indiqué, la simulation est souvent limitée à l'évaluation d'un volume de réserves récupérables. Elle permet de résumer l'impact des incertitudes de nature technique, tandis que celles qui portent sur le prix du brut sont souvent traduites à l'aide de quelques scénarios.

De façon plus générale, il arrive souvent que l'estimation de l'évolution d'un prix de vente ait un caractère subjectif plus marqué que l'estimation des autres paramètres. On peut alors utiliser la simulation pour déterminer la distribution de probabilités du seul **coût de revient économique.** Ceci permet de bien distinguer, parmi les incertitudes qui affectent un revenu actualisé, celles qui sont relatives aux prix de vente et celles qui proviennent des autres facteurs.

Enfin, pour éviter d'effectuer des simulations, toujours lourdes, des formules approchées peuvent être employées pour déterminer l'espérance mathématique et la variance du revenu actualisé d'un projet. Elles peuvent également être utiles pour mieux cerner l'impact des différents paramètres d'un projet.

12.4.3 Utilisation de formules approchées

A. Développement limité

Les formules suivantes sont obtenues à l'aide d'un développement limité [12.40] :

$$\mathrm{E}(R) \simeq f(m_1, m_2, \ldots, m_n) + \frac{1}{2} \sum_{p,q} \frac{\partial^2 f}{\partial X_p \partial X_q} \operatorname{Cov}(X_p, X_q)$$

$$\sigma^2 \simeq \sum_{p,q} \frac{\partial f}{\partial X_p} \frac{\partial f}{\partial X_q} \operatorname{Cov}(X_p, X_q)$$

où :

$X_1, X_2, \ldots, X_n$	sont les paramètres, considérés comme des variables aléatoires, dont dépend la rentabilité du projet ;
$m_1, m_2, \ldots, m_n$	les espérances mathématiques des variables X_1, X_2, ..., X_n ;
$R = f(X_1, X_2, \ldots, X_n)$	le revenu actualisé du projet étudié, considéré comme une fonction des variables X_1, X_2, ..., X_n ;
$E(R)$	l'espérance mathématique du revenu actualisé ;
σ^2	sa variance.

Les formules sont particulièrement simples dans le cas de variables indépendantes.

B. Référence à la loi log-normale

Les paramètres dont dépend un projet sont en général des grandeurs non négatives et leur distribution est souvent dissymétrique. Ceci conduit R. Charreton et J.M. Bourdaire à proposer, pour représenter la distribution de chaque paramètre, d'utiliser une loi de probabilité log-normale de borne nulle, caractérisée par son mode, une valeur «mini» et une valeur «maxi». Les valeurs «mini» et «maxi» correspondent aux valeurs dont les probabilités d'être dépassées sont respectivement de 5 % et 95 %.

Cette référence est particulièrement justifiée dans le cas cité ci-dessus, où l'on cherche à déterminer la loi de probabilité d'un volume de réserves récupérables de pétrole fonction de paramètres physiques. En effet, les formules donnant le volume font principalement intervenir des produits de variables. C'est donc au logarithme du volume que peut s'appliquer le théorème central limite. Par ailleurs, la loi log-normale correspond généralement aux statistiques observées relatives à des tailles de gisement (cf. par exemple les travaux de G. Kaufman [12.8]).

La référence à la log-normale permet un calcul manuel des valeurs mode, mini et maxi d'un produit de variables. La moyenne et la variance sont alors données par les formules approchées :

$$m \simeq \frac{1}{3}\,(\text{mini} + \text{mode} + \text{maxi})$$

$$\sigma \simeq \frac{1}{3}\,(\text{maxi} - \text{mini})$$

Remarque. Des calculs simplifiés sont également possibles en utilisant des lois de distribution Beta [12.55].

12.5 DÉCISIONS SÉQUENTIELLES ET ARBRES DE DÉCISION

Dans ce qui précède, nous avons considéré qu'une seule décision d'investissement était étudiée. Il peut arriver qu'une ou plusieurs décisions soient à prendre ultérieurement et soient fonction du résultat (aléatoire) d'une première décision ou d'une suite de décisions antérieures.

Un exemple très souvent cité est relatif à l'exploration pétrolière. Une première décision peut être d'effectuer ou non un forage d'exploration. Les décisions de développement en cas de succès, ou de poursuite éventuelle de l'exploration, seront prises au vu du résultat du ou des premiers forages.

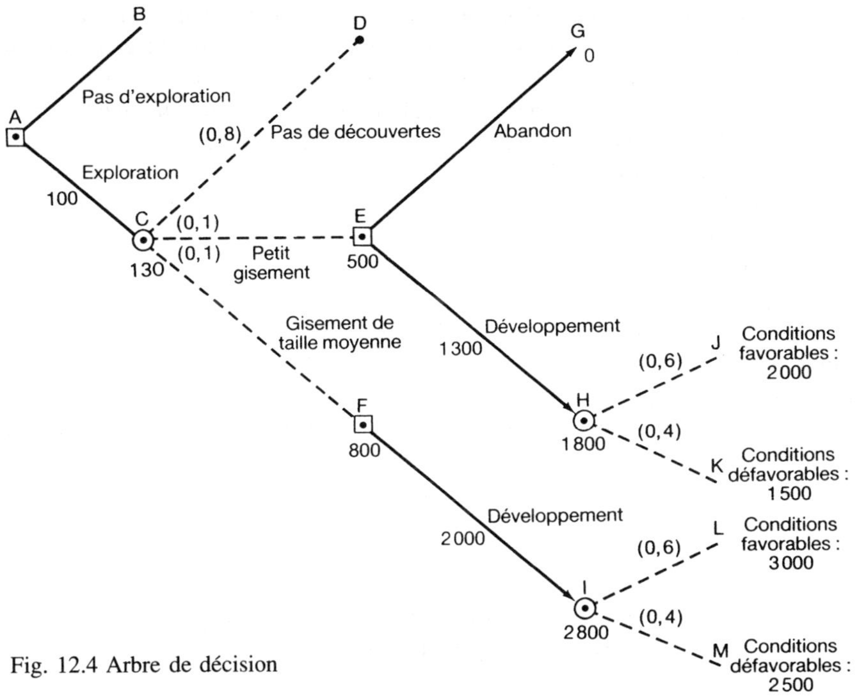

Fig. 12.4 Arbre de décision

L'analyse à effectuer doit donc prendre en compte l'ensemble des décisions ultérieures.

Pour ce faire, on construit un **arbre de décision** tel que celui de la figure 12.4. Il se lit généralement de la gauche vers la droite, parfois de haut en bas. Les arcs du graphe représentent, soit les décisions possibles (en trait plein), soit des résultats aléatoires des décisions prises (en tireté). A un sommet correspond donc un état des faits et des informations obtenues. Les sommets à partir desquels une décision doit être prise sont représentés par un carré sur la figure 12.4 («sommets de décision») tandis que les «sommets de hasard», associés à des événements aléatoires, sont représentés par des cercles.

Pour déterminer l'espérance mathématique du revenu actualisé associé à une décision étudiée, on effectue les calculs du futur vers le présent. Sur le graphe de la figure 12.4 on opère de la droite vers la gauche.

On associe à chaque sommet une valeur (encore appelée «marque» ou «potentiel») qui correspond à l'espérance mathématique des revenus ultérieurs. On commence par les sommets de la dernière étape (H et I). La marque à affecter au sommet H par exemple est l'espérance des revenus du développement d'un petit gisement. Les probabilités sont indiquées entre parenthèses sur le graphe. L'espérance est donc :

$$m_H = (0,6 \times 2\,000) + (0,4 \times 1\,500) = 1\,800$$

Ayant défini les valeurs des sommets de la dernière étape, on passe aux sommets de l'avant-dernière, soit E et F. Alors que la dernière étape est une phase de hasard, l'avant-dernière est une phase de décision. La décision retenue est naturellement celle qui permet d'obtenir l'espérance la plus élevée. Pour le sommet E, l'« abandon » a une espérance mathématique nulle, tandis qu'au « développement », qui demande un investissement de 1 300, correspond une espérance de 1 800 − 1 300 = 500. La marque associée au point E est donc l'espérance de la décision optimale, soit 500.

Les calculs se poursuivent ainsi de la même façon en passant aux sommets de l'étape précédente jusqu'à ce que soit marqué le sommet initial A.

Dans la pratique, le nombre de décisions possibles est souvent élevé, le nombre de conséquences possibles encore plus. Ceci peut conduire à des arbres de grande taille et limite considérablement l'utilisation de cette méthode. L'arbre de décision, même s'il n'y a pas calculs explicites, constitue cependant une référence à laquelle il est utile de recourir, au moins mentalement, pour éviter d'oublier des conséquences ou des actions possibles.

12.6 LES LIMITES DU CRITÈRE D'ESPÉRANCE DU REVENU

Le critère de l'espérance mathématique est justifié lorsque l'on peut supposer que l'entreprise a la possibilité de réaliser des projets indépendants et semblables un nombre de fois suffisant pour que la loi des grands nombres puisse s'appliquer. Ce n'est plus vrai lorsque l'on étudie des projets de grande taille qui nécessitent de très importants investissements, comme certains projets de développement de gisements pétroliers en mer.

Prenons un exemple et supposons que l'on donne à un particulier le choix suivant :

- toucher de façon certaine une somme de 400 000 F ;
- jouer à pile ou face, toucher une somme de 1 MF si le résultat est pile, rien s'il est face.

L'espérance mathématique du jeu de pile ou face est égale à 500 000 F. Nombreux cependant sont sans doute ceux qui préféreraient un chèque de 400 000 F (certain) à un billet de loterie donnant accès au jeu de pile ou face. Si la somme certaine considérée comme équivalente au fait de posséder ce billet de loterie est inférieure à l'espérance mathématique (500 000 F), on dit que l'individu interrogé à une « **aversion pour le risque** ».

L'hypothèse d'aversion pour le risque est généralement retenue lorsqu'il s'agit de choix d'investissement d'une entreprise.

Prenons maintenant un exemple industriel et revenons à l'étude d'une décision d'exploration présentée au paragraphe 12.3.1. Le coût est de 100 MF.

La probabilité de trouver un gisement de taille moyenne est de 10 %; le revenu actualisé correspondant serait de 400 MF (hors dépenses d'exploration). La probabilité de trouver un gros gisement est également de 10 %; le revenu actualisé serait alors de 750 MF. Nous avons calculé au paragraphe 12.3.1. l'espérance mathématique du revenu actualisé, égale à 15 MF.

Considérons une nouvelle opportunité d'exploration, dans une zone plus difficile d'accès, moins bien connue. Le coût de l'exploration y est plus élevé : 160 MF, mais les tailles de gisements possibles sont nettement plus grandes. Les valeurs des probabilités et des revenus actualisés (hors dépenses d'exploration) correspondant aux différentes découvertes possibles sont données par le tableau 12.1.

TABLEAU 12.1
EXPLORATION EN ZONE DIFFICILE

Découverte	Probabilité (%)	Revenu actualisé (MF)
Petite	5	100
Importante	10	1 000
Très importante	5	1 500

L'espérance mathématique du revenu actualisé est égale à :

$$-160 + (0,05 \times 100) + (0,10 \times 1\,000) + (0,05 \times 1\,500) = 20 \text{ MF}$$

Supposons que les deux opportunités étudiées ne diffèrent que par les coûts et revenus indiqués et que l'on doive choisir entre elles. Pour une grande entreprise qui peut les considérer comme des petits projets, la deuxième opportunité sera préférée à la première puisque son espérance de revenu est plus élevée. Par contre, pour une petite entreprise indépendante, la décision la meilleure n'est pas nécessairement celle-ci. Elle devra tenir compte du fait que la probabilité de perdre de l'argent est plus élevée avec cette deuxième solution et que la perte possible est d'un montant supérieur. Bref, que le risque pris est plus grand.

Avant d'étudier les réponses possibles à la question ainsi posée, prenons encore un exemple. Nous étudions maintenant deux projets dont le revenu actualisé peut être considéré comme une variable aléatoire continue. Supposons égales les espérances mathématiques des revenus actualisés correspondant aux deux projets. Un décideur ayant une aversion pour le risque préférera le projet qui présente la dispersion la plus faible. Il s'agit du projet A sur la figure 12.5 qui présente les lois de probabilité des revenus actualisés des deux projets.

Le risque est en général caractérisé par l'écart-type [3] (ou la variance) du revenu actualisé.

3. L'écart-type d'une variable est la moyenne quadratique des écarts de cette variable par rapport à la moyenne. Il s'agit d'une caractéristique de dispersion. La variance est égale au carré de l'écart-type.

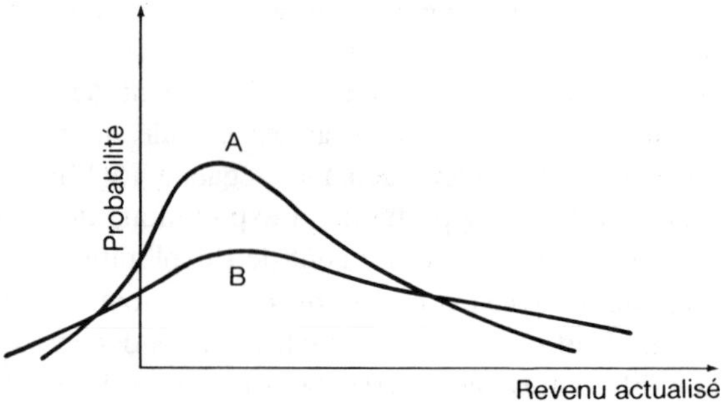

Fig. 12.5 Comparaison de projets

Si deux projets présentent la même espérance de revenu, l'aversion pour le risque se traduit par le choix du projet qui présente l'écart-type le plus petit. Un problème se pose lorsqu'un premier projet possède une espérance plus élevée mais un risque également plus élevé. Le décideur est alors confronté à un choix pour lequel il dispose de deux critères.

Le problème est de même nature lorsqu'il s'agit d'une décision de réalisation ou de rejet d'un projet. Il ne suffit pas que son espérance mathématique de revenu actualisé soit positive, encore faut-il que le risque encouru ne soit pas trop élevé.

Dans la pratique, les deux critères sont assez fréquemment utilisés sans qu'il y ait une pondération affectée une fois pour toutes à chacun. Dans le domaine de la production pétrolière par exemple, comme nous l'avons indiqué au paragraphe 12.4.2, les méthodes de simulation sont d'un emploi courant. Elles permettent le calcul de l'espérance et de la variance d'un volume de réserves récupérables ou éventuellement, de façon plus complète, de l'espérance et de la variance du revenu actualisé associé à un projet de développement de gisement.

L'information peut d'ailleurs ne pas être résumée seulement par les caractéristiques d'espérance et de variance, la fonction de répartition étant également disponible. Celle-ci permet de déterminer de plus la probabilité que le projet conduise à des pertes.

La décision est souvent prise au vu de ces informations auxquelles peuvent s'ajouter des considérations de nature stratégique, et sans aller plus loin dans la recherche d'une quantification du poids à accorder à chaque élément, en particulier du poids à affecter à l'espérance et à la variance (valeur moyenne et risque).

Pour faire intervenir le risque de façon explicite, différentes approches sont utilisées.

Une solution possible consiste à se donner comme objectif de maximiser l'espérance de revenu actualisé, mais sous une contrainte exprimant que la probabilité de ruine de l'entreprise ne doit pas dépasser une valeur fixée à l'avance [12.51].

Dans l'entreprise, une méthode couramment employée est celle de la prime de risque incluse dans le taux d'actualisation. Elle sera discutée au cours de la section 12.7. La définition et l'utilisation d'une fonction d'utilité seront étudiées ensuite.

12.7 TAUX D'ACTUALISATION ET PRIME DE RISQUE

12.7.1 Éléments de théorie financière

Nous avons rencontré au chapitre 9 le problème de valuation du risque (paragraphe 9.4.2). Rappelons rapidement quelques principes. Sur le marché des actions, le risque pris par un porteur d'actions est rémunéré par une prime. En d'autres termes, la valeur d'une action sur le marché s'établit de façon à ce que l'espérance mathématique du rendement d'une action soit égale à la somme du rendement d'un actif sans risque et d'une prime de risque. La théorie du portefeuille nous apprend que seul le risque systématique (lié à l'évolution de l'ensemble du marché boursier) est rémunéré tandis que le risque spécifique peut être éliminé par diversification des portefeuilles. Le modèle théorique auquel il est le plus souvent fait référence pour estimer cette prime de risque est le Modèle d'Équilibre des Actifs Financiers présenté au chapitre 9. Dans le cadre de ce modèle, la prime de risque est proportionnelle à un paramètre β qui caractérise le risque systématique associé au rendement de l'action considérée. Parmi les hypothèses du modèle figure une hypothèse d'aversion au risque des investisseurs qui cherchent à maximiser leur fonction d'utilité.

Le modèle peut théoriquement s'appliquer aux projets d'investissement d'une entreprise. Pour chaque projet indépendant des autres projets de l'entreprise, les échéanciers de flux de trésorerie sont déterminés en calculant l'espérance mathématique de chacun des flux. Le taux d'actualisation à utiliser pour les calculs de rentabilité (le coût du capital) est alors calculé en intégrant une prime de risque. Cette prime est proportionnelle au risque systématique que présente chaque projet.

La théorie rejoint ainsi une pratique utilisée dans les entreprises, dont le taux d'actualisation incorpore fréquemment une prime de risque, parfois appelée «chargement de sécurité». Cette pratique appelle un certain nombre de remarques.

Tout d'abord, la théorie conduit à affecter une prime de risque au seul risque systématique. Pour l'appliquer il faudrait donc pouvoir calculer le coefficient β associé à chaque projet[4]. Mais de plus, la théorie est construite en prenant comme objectif la maximisation de l'utilité d'un actionnaire qui peut diversifier son portefeuille. L'actionnaire est donc supposé insensible au risque spécifique d'un actif donné. Ceci n'est pas vrai pour un actionnaire dont le portefeuille

---

4. Le coefficient β est la covariance du rendement r_k de l'actif k considéré et du rendement moyen r_{pm} du marché, rapportée à la variance de r_{pm}.

serait peu diversifié et en particulier pour le propriétaire d'une part importante du capital (entreprises familiales). Et a fortiori, il est clairement impossible pour un dirigeant d'entreprise de considérer comme négligeable le risque spécifique. Lorsque dans l'entreprise il est fait référence au Modèle d'Équilibre des Actifs Financiers, c'est donc en général pour définir le coût du capital pour l'ensemble de l'entreprise (cf. chapitre 9) et non projet par projet. A ce coût du capital est parfois encore ajoutée une prime de risque destinée, de façon plus ou moins explicite, à prendre en compte le risque spécifique. C'est cette méthode que nous analyserons rapidement.

12.7.2 Définition empirique d'une prime de risque spécifique

Dans un souci de clarification, précisons tout d'abord la signification des termes utilisés. Le coût du capital de l'entreprise est un coût moyen; c'est la moyenne pondérée du coût des emprunts et du coût du capital propre. Ce dernier est supposé inclure une prime de risque rémunérant le risque systématique pris par l'actionnaire. La prime de risque est en principe calculée à l'aide de corrélations statistiques et analyse du marché boursier, que ce soit de façon empirique ou par référence à un modèle théorique tels que ceux qui ont été présentés au chapitre 9 (modèle de Gordon, Modèle d'Équilibre des Actifs Financiers, Théorie de l'Arbitrage). Nous appelons alors «prime de risque spécifique» le chargement de sécurité qui est éventuellement ajouté au coût du capital pour définir un taux d'actualisation. Nous utilisons le qualificatif «spécifique» puisque le risque systématique est en général pris en compte dans la définition du coût du capital, mais dans la pratique, la prime en question est souvent définie de façon empirique sans qu'il y ait une distinction effective entre risque spécifique et risque systématique.

Majorer ainsi le taux d'actualisation revient à diminuer le poids des flux de trésorerie futurs et ceci d'autant plus qu'ils sont éloignés dans le temps. Pour certains auteurs, ceci peut être justifié par le fait qu'un revenu est souvent d'autant plus incertain qu'il est plus lointain. Mais ce n'est pas toujours vrai. Lorsque l'on fait appel à des équipements de technologie récente, le coût d'investissement, supporté au cours d'années proches, peut être beaucoup plus incertain que les recettes futures.

Un inconvénient majeur de cette approche vient bien sûr du fait que la définition d'une prime de risque spécifique est arbitraire. Une prime de risque élevée ne peut être justifiée que dans des cas très particuliers. A la suite de R. Charreton et J.M. Bourdaire [12.2], remarquons qu'utiliser une prime de risque, c'est équivalent à l'utilisation de certaines probabilités. En notant i_0 le taux d'actualisation sans risque et p_r la prime de risque, la valeur actualisée d'un flux de trésorerie F_n d'une année n s'écrit :

$$\frac{F_n}{(1+i_0)^n(1+p_r)^n}$$

Considérer une prime de risque de 10 %, c'est multiplier le flux de trésorerie d'une année 5 par :

$$\frac{1}{(1,1)^5} \simeq 0,6$$

C'est prendre en compte seulement 60 % du flux considéré. Il s'agit de la même valeur que celle que l'on obtiendrait avec l'hypothèse suivante : le flux considéré sera réalisé avec une probabilité de 60 %, il sera nul (expropriation complète sans indemnités par exemple) avec une probabilité de 40 %. Ceci correspond donc à une hypothèse de risque particulièrement élevé.

Une autre hypothèse conduisant à la même espérance mathématique de valeur actuelle est obtenue en remarquant que :

$$\frac{F_n}{(1+i_0)^n(1+p_r)^n} \simeq \frac{F_n(1-p_r)^n}{(1+i_0)^n}$$

p_r peut alors s'interpréter comme la probabilité, à chaque année n, de perdre sans recours le flux de l'année n et tous les flux futurs associés au projet.

Lorsque cette méthode est pratiquée, la marge de sécurité peut être différente d'une division à une autre de l'entreprise, en fonction des risques que présente l'activité de chacune. C'est ainsi que, dans l'industrie pétrolière, on a pu observer des taux d'actualisation différents dans le secteur amont de l'exploration et de la production et dans le secteur aval du raffinage et de la distribution. Un problème se pose lorsque la même prime de risque spécifique est appliquée à l'ensemble des projets d'un secteur, alors qu'à l'intérieur d'un même secteur peuvent apparaître des projets plus ou moins risqués. L'utilisation de la méthode à la lettre peut ainsi conduire à des décisions non cohérentes. Prenons l'exemple d'une entreprise pour laquelle le taux d'actualisation est fixé à 18 % en francs constants dans un premier secteur 1, à 12 % dans un deuxième secteur 2.

Imaginons alors deux projets A et B, l'échéancier des flux de trésorerie du projet B étant «dominé» par l'échéancier du projet A (c'est-à-dire que pour chaque année, le flux de A est supérieur au flux de B). Il peut se faire que le risque associé au projet A soit inférieur à celui du projet B. Bref, le projet A est «meilleur» que le projet B. Mais si A appartient au secteur 1, B au secteur 2, et si les taux de rentabilité des deux projets sont compris entre 12 et 18 %, A sera rejeté et B accepté, ce qui ne correspond pas à une décision rationnelle.

Remarque. Taux d'actualisation différenciés par domaine d'activité. Indépendamment d'une prise en compte du risque spécifique, des taux d'actualisation différents peuvent être justifiés par le fait que certaines activités peuvent présenter un risque systématique différent. Dans certains cas, la différence peut être liée à des ratios d'endettement variables d'un secteur à l'autre. Une autre raison peut être liée, comme nous l'avons indiqué au chapitre 9, paragraphe 9.6.5, à des considérations stratégiques.

Définir une valeur faible pour le taux d'actualisation permet de favoriser des investissements qui présentent un intérêt stratégique difficile à quantifier. Nous avons pris au chapitre 9 l'exemple d'investissements dans un réseau de distribution. Compte tenu des prix et marges affichés, leur rentabilité directe est faible. Mais accroître les capacités de distribution peut permettre d'écouler une production sur laquelle l'entreprise réalise des profits élevés. En théorie, il faudrait pouvoir en tenir compte dans la définition des flux de trésorerie des projets d'extension du réseau de distribution. Compte tenu des difficultés pratiques que cela pose, une règle simple parfois utilisée consiste à accepter des taux de rentabilité moins élevés dans le secteur que l'on sait devoir développer. Il ne s'agit pas ici de prendre en compte des incertitudes mais l'imprécision avec laquelle sont définis les effets indirects d'un investissement (positifs ou négatifs).

Mentionnons encore un inconvénient de la pratique de la prime de risque. Nous avons vu au pragraphe précédent que le critère d'espérance mathématique est bien adapté à l'étude des petits projets indépendants. La prise en compte du risque n'est nécessaire que pour les grands projets (ou lorsque les projets sont liés). Or, majorer la valeur du taux d'actualisation conduit à proposer une même décision quel que soit le coefficient multiplicateur que l'on appliquerait à chacun des flux de trésorerie d'un projet, donc quelle que soit la taille du projet si l'on considère des projets homothétiques.

Compte tenu de ce qui précède, lorsque dans une entreprise un taux d'actualisation est défini en intégrant une prime de risque spécifique, les critères utilisant ce taux ne sont jamais appliqués au sens strict. Il semble d'ailleurs que cette pratique soit à l'heure actuelle moins utilisée que par le passé dans l'industrie. Lorsqu'elle subsiste, les valeurs retenues pour la prime de risque spécifique sont peu élevées (un à quelques pour-cent par exemple).

En tout état de cause, une analyse du risque et des incertitudes propres à chaque projet est toujours nécessaire. Suivant les cas, elle peut se limiter à une étude de sensibilité ou faire intervenir des calculs probabilistes. Les techniques qui permettent d'aller au-delà de l'approche multicritère définie au paragraphe précédent s'appuient sur la théorie de la décision et la définition de fonctions d'utilité.

12.8 FONCTION D'UTILITÉ

Reprenons l'exemple de notre jeu de pile ou face. Supposons que le prix d'un ticket permettant de jouer soit de 4 F. Si le résultat est pile, le joueur gagne 10 F, rien s'il est face. Il est vraisemblable que la plupart des personnes interrogées seront prêtes à acheter un tel ticket, auquel est associée une espérance mathématique de revenu de 5 F. Ce sera encore vrai si la mise est de 40 F et le gain possible de 100 F. Mais posons une question semblable à un individu dont toute la fortune s'élève à 400 000 F, en lui proposant un billet permettant de gagner 1 MF (avec une chance sur deux) au prix de 400 000 F. Peu nombreux sont ceux qui accepteront un tel pari. Cela signifie que **la satisfaction que**

procure une somme d'argent n'est pas proportionnelle à sa valeur[5]. La théorie de la décision propose de quantifier cette satisfaction au moyen d'une fonction d'utilité, parfois appelée fonction de préférence.

L'utilité est définie de façon que le critère de choix consiste à maximiser l'espérance mathématique de l'utilité.

Pour déterminer l'utilité d'un individu, on lui propose une suite de paris.

Prenons un exemple. Au préalable, nous conviendrons (ce qui est fait habituellement) d'associer à une somme de 0 F une utilité nulle :

$$U(0) = 0$$

L'utilité est alors définie à un coefficient multiplicatif près. Pour fixer la valeur de ce coefficient convenons d'affecter à une somme de 1 000 kF une utilité de 100 :

$$U(1\,000) = 100$$

Pour définir l'utilité d'une somme comprise entre 0 et 1 000 kF, on imagine un pari et l'on demande à l'individu étudié quelle est la somme certaine qu'il considère comme équivalente au jeu proposé. Par exemple, considérons le jeu consistant à recevoir 1 MF avec une probabilité de 1/2 ou 0 F avec une probabilité de 1/2. Supposons que le prix de vente minimum jugé acceptable par notre patient soit de 300 kF (prix de vente de son billet lui donnant droit de jouer). On peut alors écrire :

$$U(300) = 0,5\ U(1\,000) + 0,5\ U(0)$$

L'utilité d'une somme de 300 kF est donc égale à 50.

La somme de 300 kF est appelée «**équivalent certain**» du pari étudié ou encore «valeur ajustée au risque» («*risk adjusted value*»). De façon plus générale, **l'équivalent certain d'une loterie est la somme d'argent dont la disponibilité est certaine et qui a même utilité que la loterie considérée.**

Revenons à notre exemple. Ayant défini l'utilité des sommes de 0 kF, 300 kF et 1 000 kF, on proposera à notre décideur un nouveau pari faisant intervenir, avec des probabilités quelconques, deux de ces sommes; ceci permettra de déterminer l'utilité d'une nouvelle mise. Chacun des paris suivants utilisera ainsi des gains ou des pertes dont l'utilité aura été définie par convention (0

---

5. Un exemple conduisant à cette conclusion est donné par le célèbre «paradoxe de Saint Pétersbourg». N. Bernouilli a imaginé un jeu de pile ou face dont le gain serait de 2^{n-1} francs si le côté face n'apparaît pas avant le $n^{\text{ième}}$ coup.
Personne n'accepterait de jouer une mise égale à l'espérance mathématique de gain; celle-ci est en effet infinie puisque donnée par la somme :

$$\frac{1}{2}2^0 + \frac{1}{4}2^1 + \ldots + \left(\frac{1}{2}\right)^n 2^{n-1} + \ldots$$

et 1 000 kF dans notre exemple) ou au cours des paris précédents. Les valeurs ainsi obtenues permettent alors de tracer la courbe représentative des variations de l'utilité en fonction des gains ou pertes.

On remarquera que, bien évidemment, et sauf cas particuliers, l'utilité d'une perte n'est pas l'opposé de l'utilité d'un gain de même montant. Un individu ayant une aversion pour le risque est beaucoup plus sensible à une perte élevée qu'à un gain de même montant.

La première question que l'on peut se poser est de savoir si, en fonction des paris et de l'ordre dans lequel ils sont proposés, il n'est pas possible d'obtenir avec ce procédé plusieurs valeurs possibles de l'utilité d'une même somme. La théorie [12.20], [12.26] montre que la fonction d'utilité est unique (à une transformation linéaire près) si sont vérifiés certains axiomes de rationalité de comportement auxquels la plupart des décideurs peuvent adhérer[6].

Pour un individu ayant une aversion pour le risque, la courbe présente la forme de la figure 12.6.

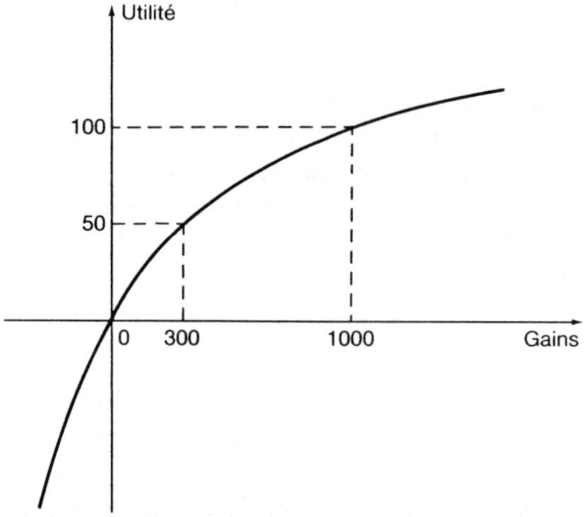

Fig. 12.6 Fonction d'utilité avec aversion pour le risque

Cette forme n'est pas la seule possible : le joueur de loto accepte de payer un billet à un prix assez sensiblement supérieur à son espérance mathématique de gain. Sa courbe d'utilité est donc convexe (au moins pour les valeurs positives des gains) (fig. 12.7).

Le même joueur peut prendre une assurance pour se protéger contre le vol, l'incendie, etc., ce qui peut conduire à des courbes plus complexes telles que celle de la figure 12.8.

---

6. Bien que la validité de certains axiomes soit parfois contestée. Le «paradoxe» de M. Allais est célèbre [12.28]. Il a imaginé un exemple de Loteries, qu'il a proposé à un groupe de spécialistes de théorie de la décision. Ceux-ci ont effectué des choix en contradiction avec les axiomes de Savage.

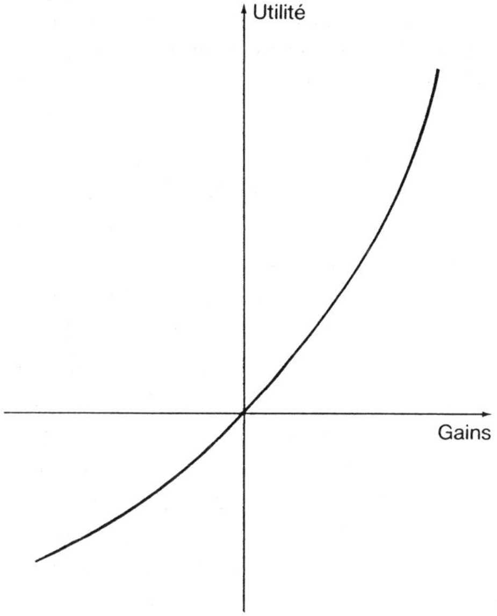

Fig. 12.7 Utilité d'un joueur

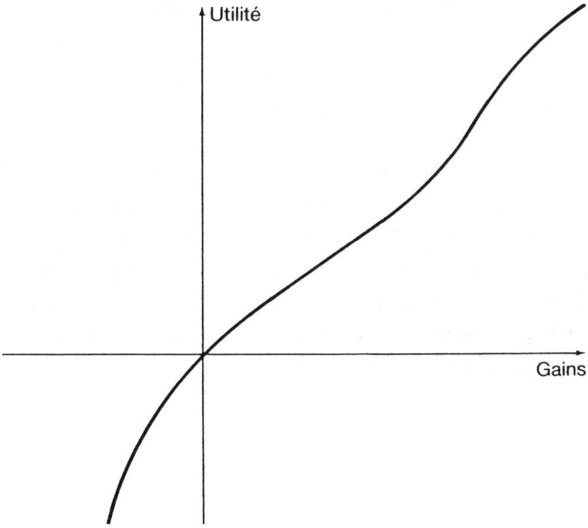

Fig. 12.8 Utilité complexe

La première référence à une fonction d'utilité remonte au milieu du XVIIIème siècle où D. Bernouilli proposa d'utiliser une fonction logarithmique. La théorie a été développée ensuite par J. Von Neumann et O. Morgenstern [12.26] dans le cas de probabilités objectives, puis complétée par L.J. Savage [12.20]. Remarquons que dans la construction de ce dernier, probabilités subjectives et fonction d'utilités sont simultanément relevées à l'aide d'interrogatoires portant sur des loteries.

La théorie de la décision fournit ainsi une réponse en principe très simple à la question des choix dans l'incertain. Pour chaque échéancier de flux de trésorerie possible, on calcule le revenu actualisé correspondant. A chaque valeur possible du revenu actualisé on fait correspondre son utilité. Le critère de décision est alors de maximiser l'espérance mathématique de l'utilité.

Remarquons bien que la théorie ne propose pas d'éliminer le caractère subjectif qui caractérise aussi bien la définition des probabilités que la détermination de la fonction d'utilité. Elle propose des moyens de révéler les sentiments de vraisemblance et les préférences d'un décideur; elle propose un critère qui lui permet de prendre des décisions cohérentes avec ses convictions personnelles.

Depuis les travaux de L. Savage et la parution d'ouvrages [7] qui ont contribué à la diffusion des recherches effectuées dans ce domaine, de nombreux essais d'application ont été effectués dans les entreprises, en particulier dans l'industrie pétrolière. La définition et l'utilisation de probabilités subjectives sont maintenant relativement courantes.

En ce qui concerne la détermination d'une fonction d'utilité, différents dirigeants d'entreprise ont «joué le jeu». Ils ont accepté de répondre aux questions d'un analyste présentant des séries de loteries telles que celles décrites ci-dessus. Mais le passage aux applications s'est heurté à un certain nombre de difficultés. Le peu de succès rencontré conduisait même, en 1976, J.C. Moisdon à publier un article au titre significatif «La théorie de la décision en quête d'une pratique» [12.49].

Différentes raisons expliquent ces difficultés. La nature subjective de l'utilité peut induire une certaine instabilité dans le temps de la courbe d'utilité. Il faut fréquemment dans l'entreprise considérer les préférences, non d'un seul dirigeant, mais de plusieurs. L'existence d'un grand nombre de projets pose un problème d'agrégation. Enfin, l'insertion dans l'entreprise d'un critère issu d'une théorie considérée comme abstraite peut conduire à des problèmes organisationnels non négligeables [12.36].

---

7. En particulier celui de R.D. Luce et H. Raiffa [12.11].

12.9 L'APPROCHE DE R. CHARRETON ET J.M. BOURDAIRE

L'approche de R. Charreton et J.M. Bourdaire [12.2] s'appuie sur la théorie de la décision. Mais en proposant un critère simple et parlant, elle constitue une avancée déterminante pour lui donner un caractère plus opérationnel dans l'entreprise.

Les hypothèses retenues sont les suivantes :

- Les dirigeants de l'entreprise ont une aversion pour le risque.
- Pour des gains très élevés, il y a saturation de l'utilité. Ceci peut se traduire par une limite asymptotique (fig. 12.9), comme c'est le cas lorsque l'on utilise pour représenter l'utilité une fonction exponentielle négative. Un autre modèle possible est le modèle logarithmique (fig. 12.10) dans lequel l'utilité croît très lentement en fonction des gains considérés.

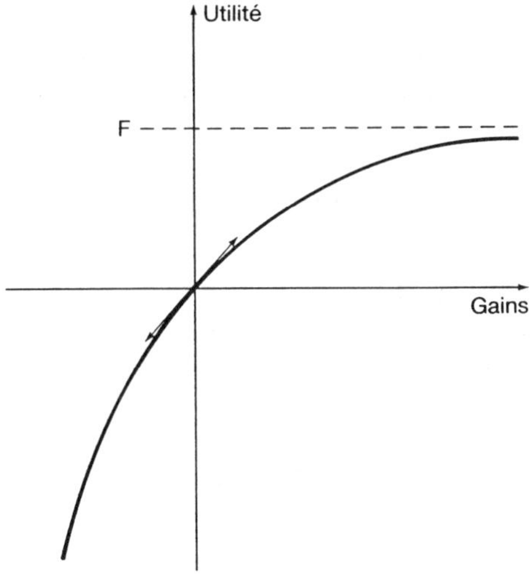

Fig. 12.9 Modèle exponentiel

- Des pertes élevées peuvent mettre en danger la survie de l'entreprise. Le modèle logarithmique schématise alors un refus de pertes supérieures à un certain paramètre P. Le modèle exponentiel négatif suppose une désutilité croissant très rapidement en fonction des pertes lorsqu'elles atteignent des montants importants.

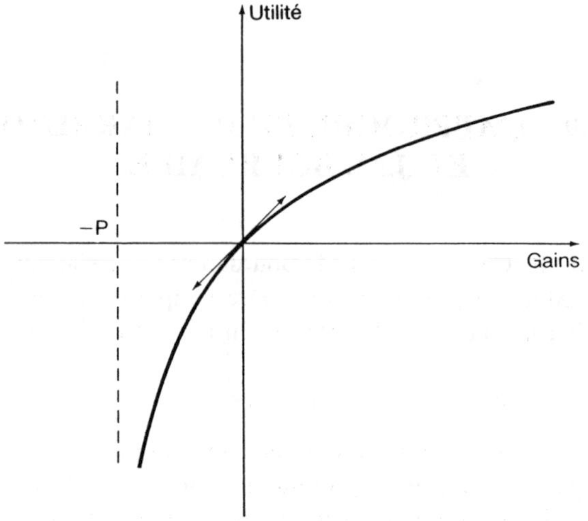

Fig. 12.10 Modèle logarithmique

Le paramètre P peut assez facilement faire l'objet d'une estimation par la Direction Générale [8]. Les auteurs citent un ordre de grandeur possible correspondant au quart des fonds propres de l'entreprise. La recherche d'une représentation plus sophistiquée que celle correspondant à l'un des deux modèles cités (exponentiel ou logarithmique) et faisant intervenir plusieurs paramètres conduirait à une précision tout à fait illusoire.

Programme optimal d'investissement

En partant de l'un ou l'autre de ces deux modèles, R. Charreton et J.M. Bourdaire ont montré [9] que le programme d'investissement, le «portefeuille de projets» qui maximise l'utilité est celui qui maximise son équivalent certain [10] calculé par la formule :

$$M - \frac{\Sigma^2}{2P}$$

8. Pour que le paramètre P du modèle exponentiel et, de façon plus générale, pour qu'une utilité soit mesurée dans la même unité que des revenus actualisés, les auteurs conviennent de définir l'utilité de façon que la courbe passe par l'origine et que la pente de la tangente à l'origine soit égale à 1.

9. En supposant que la loi de probabilité du revenu actualisé d'un ensemble de projets est une loi normale, ce qui est justifié par le théorème central limite lorsque le nombre de projets est élevé.

10. L'équivalent certain d'une loterie (et un projet ou un ensemble de projets d'investissement en est une) a été défini au paragraphe précédent. Il s'agit de la somme d'argent disponible de façon certaine ayant même utilité que la loterie considérée.

où :

M : est l'espérance mathématique du revenu actualisé d'un portefeuille de projets ;
Σ^2 : sa variance ;
P : le paramètre de la fonction d'utilité qui caractérise l'aptitude de l'entreprise à prendre des risques.

Projets indépendants

Lorsque tous les projets de l'entreprise sont indépendants les uns des autres, l'espérance mathématique M du revenu actualisé d'un ensemble de projets est la somme des espérances mathématiques m_k des différents projets ; la variance de l'ensemble est la somme des variances k des projets élémentaires. Le programme d'investissement optimal est donc obtenu en maximisant pour chaque projet élémentaire son équivalent monétaire certain EC_k.

$$EC_k = m_k - \frac{\sigma_\kappa^2}{2P}$$

Le premier intérêt de cette formule est sa simplicité. L'espérance mathématique du revenu actualisé est minorée d'un terme proportionnel au risque présenté par le projet. Le risque est ici mesuré par la variance qui caractérise la dispersion du revenu actualisé autour de sa valeur moyenne. La pondération entre ces deux critères, espérance et variance, n'est pas arbitraire comme c'est parfois le cas dans la pratique (cf. section 12.6). Elle est effectuée par un coefficient mesurant l'aversion au risque des dirigeants de l'entreprise.

Remarquons enfin que pour les petits projets, la variance σ_k^2 est petite par rapport au paramètre P (nous avons vu qu'un ordre de grandeur possible correspond au quart des fonds propres). On retrouve alors le critère d'espérance mathématique justifié par la loi des grands nombres. L'importance du terme correctif $\sigma_k^2/2P$ est d'autant plus grande que la taille du projet est grande, ce qui est bien conforme au bon sens.

Projets interdépendants

Dans le cas de projets interdépendants, la contribution d'un projet à l'équivalent certain de l'ensemble du programme est donnée par une formule plus complexe de la forme :

$$m_k - \frac{\theta_k^2}{2P} - \lambda_k I_k$$

où :

θ_k^2 : représente la variance des seuls risques spécifiques du projet ;
λ_k : est un coefficient analogue à celui d'une contrainte de rationnement en capital (cf. chapitre 9). Il fait intervenir les covariances du projet

avec chacun des autres projets et mesure la contribution du projet à l'accroissement du risque de l'ensemble du portefeuille. Nous avons vu au chapitre 9 que la prise en compte d'un tel coefficient conduisait à des résultats semblables à ceux que l'on obtient à l'aide d'une majoration du taux d'actualisation. Celle-ci peut être préférée pour des raisons de simplification. Pour des projets de développement de gisements, l'ordre de grandeur de cette majoration est de 1 à quelques pour-cent.

Sans détailler cette formule, signalons qu'elle permet à ses auteurs d'éclairer un certain nombre de problèmes : détermination d'une participation optimale de l'entreprise dans un projet donné, détermination du budget à allouer à une division de l'entreprise.

12.10 LES CRITÈRES MAXIMIN ET MINIMAX

Pour certains auteurs, il est des cas où il est très difficile, voire impossible, d'affecter des probabilités à certains événements («avenir non probabilisable» ou «incertain total»)[11]. Il est alors proposé d'utiliser des critères issus de la théorie des jeux (jeux contre la nature). Pour définir un critère maximin ou minimax, prenons un exemple.

Pour rejoindre un lieu donné en voiture, un automobiliste a le choix entre deux trajets possibles. Le premier, qui emprunte une grande route, est plus rapide que le second si le trafic est fluide. Mais en cas d'embouteillages, il peut aussi être plus long. La matrice donnant les temps de trajet possibles est donnée par le tableau 12.2 pour chaque décision (grande route ou petite route) et chaque «état de la nature» (embouteillage ou non).

Si le trajet en question doit être régulièrement effectué à la même heure, notre automobiliste, à la suite d'un certain nombre d'expériences, pourra estimer

TABLEAU 12.2
DUREES D'UN TRAJET (en minutes)

Décision	Etats du trafic	
	Fluide	Dense
Grande route	20	60
Petite route	45	50

11. A la suite de F.H. Knight [12.9], un certain nombre d'auteurs parlent de situation d'incertitude dans le cas où il est impossible de définir des probabilités, tandis que le risque peut faire l'objet de calculs probabilistes.

la fréquence d'apparition d'embouteillages. Son choix se portera alors sur la route qui minimisera la moyenne (l'espérance mathématique) de son temps de parcours.

Le critère Maximin ou Minimax de Wald

Supposons maintenant qu'il s'agit d'un trajet occasionnel et que l'on ne dispose d'aucune information sur la probabilité de fluidité du trafic. Un critère de décision possible peut consister à retenir le trajet qui, dans le cas le plus défavorable, permettra d'arriver au point de rendez-vous le plus tôt possible. Il s'agit du critère **Minimax** ou critère de Wald. Pour chaque décision, le cas le plus défavorable est celui pour lequel la durée est maximale. Le critère consiste à **prendre la décision qui minimise cette valeur maximale.**

Dans notre exemple, la durée maximale de parcours sur la grande route est de 60 min, sur la petite route de 50 min. La décision préconisée est donc de prendre la petite route. Au pire, le temps de parcours sera de 50 min. Il s'agit d'un critère de prudence qui peut être adapté au cas où arriver tard pourrait avoir de graves conséquences.

Dans le cas où la décision étudiée est une décision d'investissement, le critère de prudence est un critère **Maximin Revenu Actualisé** ; on recherche la décision conduisant au revenu le plus élevé dans le cas le plus défavorable. Si les différentes décisions conduisent à la satisfaction d'un même objectif et sont caractérisées par leur coût, le critère est alors un critère **Minimax coût**.

Le critère Minimax Regret de Savage

Une autre façon de raisonner s'appuie sur la notion de « regrets » définie par Savage. Reprenons l'exemple de l'automobiliste. Si, ayant choisi la petite route, il aperçoit la grande route dégagée, il aura perdu 25 min (45 − 20) par rapport à la décision qui aurait été la meilleure en présence de trafic fluide. Il va « regretter » d'avoir perdu 25 min.

De façon plus générale, un regret est défini pour chaque décision et chaque événement possible. C'est la différence entre la valeur de la décision étudiée pour l'événement donné et la valeur de la décision qui serait la meilleure en cas de réalisation de l'événement considéré.

Notons $V_{k,m}$ la valeur initiale associée à une décision d'indice k et à un événement d'indice m. Le regret $\rho_{k,m}$ s'écrit :

$$\rho_{k,m} = V_{k,m} - \underset{k}{\mathrm{Min}} \{V_{k,m}\}$$

Pour notre automobiliste, la matrice des regrets est donnée par le tableau 12.3.

Le critère **Minimax Regret** conduit alors à choisir la décision qui minimise le regret que l'on aurait dans le cas le plus défavorable.

S'il utilise ce critère, l'automobiliste choisira la grande route sur laquelle son regret sera au pire de 10 min.

TABLEAU 12.3
MATRICE DES REGRETS

Décision	Etats du trafic	
	Fluide	Dense
Grande route	0	10
Petite route	25	0

Discussion

Dans la pratique, il est rare que l'on n'ait aucune idée des probabilités associées aux événements qui vont conditionner la rentabilité d'un projet. Revenons à l'exemple de notre automobiliste. Il est possible que celui-ci choisisse la petite route et présente sa décision comme correspondant à l'application d'un critère maximin de Wald. Cela ne veut pas nécessairement dire qu'il n'a aucune idée des probabilités à considérer. Sa décision peut être liée à une hypothèse implicite, l'automobiliste supposant que la probabilité d'apparition d'embouteillage est assez élevée. Ou bien, ce peut être qu'il associe aux dix minutes qu'il pourrait perdre en choisissant la grande route une désutilité très importante (retard à un rendez-vous important si son temps de trajet dépassait 50 min).

En d'autres termes, à défaut de définir de façon précise des probabilités, il est souhaitable de déterminer pour quelles valeurs de celles-ci la décision retenue est conforme à celle qui résulterait d'un critère d'espérance mathématique d'utilité. Dans l'exemple de choix d'un trajet, on désigne par p la probabilité pour que le trafic soit fluide.

Supposons l'utilité de l'automobiliste proportionnelle au temps de parcours et de signe opposé. L'espérance mathématique de la durée du trajet est :

- pour la grande route : $20p + 60(1 - p) = 60 - 40p$;
- pour la petite route : $45p + 50(1 - p) = 50 - 5p$.

Avec un critère d'espérance mathématique, la grande route est préférable si :

$$60 - 40p < 50 - 5p$$

$$p > 0,29$$

S'il est difficile pour notre automobiliste d'estimer p, il peut lui être plus facile de répondre à la question : la probabilité d'un trafic fluide est-elle inférieure à 0,29 ? Si la réponse est positive, la décision issue de l'application du critère minimax est justifiée. Toujours dans l'hypothèse d'une désutilité proportionnelle au temps de parcours, s'il peut donner une réponse négative, cela veut dire qu'il se fait une certaine idée des probabilités, qu'il n'est pas dans l'incertain total. Il est alors difficile de justifier un critère minimax.

On pourrait effectuer un raisonnement et un calcul semblables avec le critère minimax regret.

Les critères maximin sont des critères pratiques qui permettent de caractériser simplement une décision. Mais lorsque ceux-ci sont mentionnés, cela ne signifie pas nécessairement qu'ils ont été considérés comme des critères importants de décision. De façon semblable en effet, lorsqu'un dirigeant parle d'un projet qui a un temps de retour de 4 ans, cela ne veut pas dire que la décision a été prise au vu d'un seul critère de durée de récupération. La référence à un tel critère permet de mettre en lumière un souci de prudence présent lors de l'étude de projets d'investissement.

Remarque. D'un point de vue plus théorique, J. Milnor [12.14] a défini un certain nombre d'axiomes qui devraient être satisfaits pour qu'un critère de décision soit un «bon critère». Il a alors montré que les critères maximin ou minimax ne remplissent pas ces conditions. Par exemple, le classement au moyen d'un «bon critère» de différentes décisions ne devrait pas être modifié si l'on introduit une décision possible supplémentaire. Or cela peut être le cas lorsque l'on utilise un critère minimax regret de Savage.

Le critère Minimax Espérance et l'avenir «partiellement incertain»

Pour certains auteurs [12.34] [12.52], il peut arriver que l'avenir ne soit ni totalement incertain, ni probabilisable, mais «partiellement incertain». Il s'agit du cas où il est difficile d'affecter des probabilités à certaines éventualités, mais où il est possible d'associer à chaque événement une plage de valeurs possibles de sa probabilité d'apparition. Le critère Minimax Espérance a fait l'objet d'études en vue d'applications à *EdF*.

L'ensemble des valeurs possibles pour chaque probabilité constitue un domaine (domaine des solutions réalisables d'un problème de programmation linéaire). A chaque point du domaine est associée une probabilité de chaque événement possible. A un point du domaine et à une décision est donc associée une espérance mathématique de gain ou de coût. Considérons un problème de minimisation de coût.

La méthode consiste, dans un premier temps, à rechercher pour chaque décision envisagée quelle est l'espérance mathématique de coût maximale en faisant varier les valeurs possibles des probabilités. Ensuite, la décision choisie est celle qui minimise cette espérance mathématique. Le problème peut être résolu par programmation linéaire. Il est possible dans cette approche d'introduire, sous forme de contraintes du problème de programmation linéaire, des relations entre probabilités associées à différents événements. En particulier, une inéquation très simple permet de traduire l'information suivante : la probabilité d'un événement A est supérieure à la probabilité d'un événement B.

Lorsque les probabilités sont supposées données de façon unique, le critère conduit à minimiser l'espérance mathématique de coût. Lorsqu'elles sont totalement inconnues (variations possibles entre 0 et 1), on retrouve le critère minimax coût de Wald.

Remarquons que le critère minimax espérance ne satisfait pas les conditions de Milnor.

Résumé

Malgré son caractère empirique, le temps de récupération est un critère auquel de nombreux responsables restent sensibles.

Lors de l'étude d'un projet d'investissement, les analyses de sensibilité sont indispensables. Elles sont assez souvent suffisantes pour préparer une décision.

Pour refléter l'aversion au risque des dirigeants d'entreprises, la pratique consistant à majorer le taux d'actualisation d'une «prime de risque» ne doit pas être utilisée sans précautions.

L'introduction de probabilités subjectives permet de définir des critères cohérents avec l'appréciation de vraisemblance des différentes conséquences possibles de la décision étudiée.

La distribution de probabilités du revenu actualisé doit en général être déterminée à partir de probabilités associées à chacun des paramètres qui définissent un projet. Elle peut être obtenue par une méthode de simulation (Monte-Carlo) ou bien au moyen de formules approchées.

Pour des petits projets indépendants, le critère est celui de l'espérance mathématique (moyenne en probabilités) du revenu actualisé.

Pour de grands projets indépendants, le critère de Charreton et Bourdaire, qui s'appuie sur la théorie de la décision, s'écrit :

$$EC = m - \frac{\sigma^2}{2P}$$

où :

m est l'espérance mathématique du revenu actualisé ;
σ^2 sa variance ;
P un paramètre caractérisant l'aptitude de l'entreprise à prendre des risques, exprimé en francs.

Conclusion

La pratique du calcul économique s'appuyant sur l'actualisation s'est beaucoup développée dans les entreprises depuis les années soixante. Mais il ne suffit pas de connaître la définition d'une valeur actualisée pour effectuer correctement un calcul de rentabilité.

Les pièges dans lesquels peuvent tomber les débutants sont nombreux. Citons-en quelques-uns : parmi plusieurs projets incompatibles, préférer toutes choses égales par ailleurs celui qui présente le «meilleur» taux de rentabilité; utiliser sans précaution un taux d'actualisation intégrant une prime de risque arbitrairement élevée; calculer un coût de revient économique au moyen d'une annuité constante lorsque le prix de vente ne peut être supposé stable; classer les projets par revenus actualisés décroissants lorsque l'on dispose d'un budget limité; mélanger des données en monnaie courante et des données en monnaie constante, etc.

Notre objectif n'est pas de proposer des techniques dont la sophistication serait disproportionnée par rapport aux enjeux ou par rapport à la précision avec laquelle sont déterminées les données d'un problème. Mais il est important, une fois un cadre d'hypothèses défini, d'assurer la cohérence entre ces hypothèses et les résultats obtenus.

Comme nous l'avons vu, des critères simplifiés peuvent être tout à fait justifiés. Lorsqu'ils sont utilisés, leurs domaines d'application doivent être clairement définis. Dans la pratique, les projets sont étudiés à un niveau de décision d'autant plus élevé que leur taille est importante; il va de soi que les calculs les plus complets ne sont en général effectués, par des services spécialisés, que pour des montants d'investissement importants. On peut d'ailleurs remarquer qu'avec les moyens dont on dispose à l'heure actuelle (calculatrices de poche financières, tableurs et logiciels spécialisés sur micro-ordinateur) le temps nécessaire au calcul ne constitue pas un facteur déterminant. Le choix de méthodes ou de critères simplifiés est donc essentiellement lié à leur «transparence». Il s'agit d'un point important. Les études d'investissement font le plus souvent intervenir différents interlocuteurs (techniciens, financiers, gestionnaires, ...) et le calcul économique doit pouvoir être utilisé comme un outil de communication.

La cohérence entre données initiales et critères de rentabilité doit être recherchée même si l'on sait bien que le calcul de rentabilité n'est qu'un élément à prendre en compte lors d'une décision. Il n'est jamais possible de quantifier toutes les conséquences d'une décision d'investissement. Nous avons insisté au premier chapitre sur l'importance des analyses stratégiques pour définir les objectifs de l'entreprise. Le calcul économique a le plus souvent pour but de définir les moyens d'atteindre les objectifs fixés au moindre coût. Que l'on s'en tienne à une analyse de sensibilité, toujours indispensable, ou que l'on développe une analyse de risques plus sophistiquée, redisons encore que le but d'un calcul de rentabilité est de résumer au moyen d'un ou quelques critères un ensemble d'hypothèses qui a pu faire l'objet d'une quantification.

L'analyse stratégique précède et fournit les informations nécessaires à la phase de calcul économique. Certaines d'entre elles permettent de définir un jeu d'hypothèses – souvent sous forme de quelques scénarios – qui sera utilisé pour l'ensemble des études d'investissement. Mais il reste de nombreux facteurs qui ne peuvent pas être pris en compte au moyen de données chiffrées, qui peuvent conduire à sélectionner un projet de faible rentabilité pour sa contribution à la réalisation d'objectifs prioritaires, pour ses retombées dans les domaines sociaux, commerciaux, techniques, ou pour sa participation à l'acquisition de nouvelles compétences, ...; il reste l'appréciation du chef d'entreprise.

Nous insisterons encore sur un point présenté au chapitre 1. Il est impératif de toujours examiner les solutions alternatives et, en particulier, de définir correctement la situation de référence en cas de non réalisation du projet. Une source d'erreur courante consiste à supposer qu'en l'absence du projet (surtout pour des projets de modernisation), l'exploitation se poursuivra comme auparavant; ceci revient à ne pas remettre en question la situation de référence, qui peut ne pas être optimale. Dans certains cas, il peut être préférable de désinvestir plutôt que de moderniser. D'autre part, un projet est souvent présenté comme une entité unique qui serait «à prendre ou à laisser». Dans la réalité, il est souvent possible de scinder un projet en sous-projets dont l'examen fera apparaître des rentabilités fort différentes. On peut ainsi obtenir de meilleurs solutions en effectuant des «coupes» ou parfois en retardant (ou anticipant) la mise en œuvre de certaines phases.

Pour terminer, nous énoncerons une évidence de plus. Il est nécessaire que soient régulièrement mises à jour les hypothèses de base des calculs de rentabilité. Il est souhaitable également que cette mise à jour soit utilisée non seulement pour les nouveaux projets, mais aussi pour une réévaluation des projets en cours et passés (*reappraisal* ou *follow-up*). Que la même équipe qui conduit les études de préparation des décisions d'investissement soit également chargée du suivi de la rentabilité effective des investissements passés et de son évolution, elle peut alors enrichir son analyse des projets à venir par l'analyse des écarts entre prévisions passées et réalisations. «L'expérience» a dit Confucius «est comme une lanterne que l'on traîne derrière soi. Elle n'éclaire que le chemin parcouru». Mais l'utilité de la lanterne est indéniable. Nous remarquerons que, lorsqu'on s'aperçoit qu'une décision prise n'est pas celle qui aurait pu être la meilleure, ce n'est pas en général la méthode de calcul qu'il faut rejeter. C'est éventuellement le processus de décision qu'il faut mettre en cause et le plus souvent le processus d'analyse qui a conduit à définir les hypothèses retenues.

Annexe 1
Les calculatrices financières

Les calculatrices financières permettent la plupart des calculs qui font intervenir des coefficients de capitalisation ou d'actualisation. Différents types, plus ou moins perfectionnés, existent sur le marché.

Nous présenterons ici seulement les applications les plus courantes, en remarquant toutefois que ces machines offrent en général d'autres possibilités (par exemple, calcul de la part d'intérêt et de la part de remboursement en capital dans une annuité constante de remboursement d'emprunt). Certaines permettent l'introduction d'un échéancier de flux de trésorerie quelconques dont elles calculent la valeur actuelle et le taux de rentabilité.

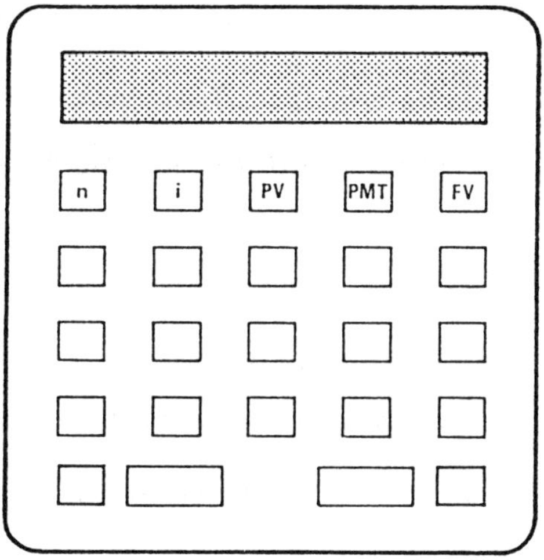

Fig. A.1 Calculatrice financière

Toutes possèdent des touches de fonctions pré-programmées (cf. fig. A.1) repérées par les symboles suivants :

n	nombre de périodes
i	taux d'intérêt ou taux d'actualisation

PMT	paiement périodique (annuité lorsque la période élémentaire est l'année)
PV	*Present Value* - Valeur actuelle ou valeur d'un flux de l'année 0
FV	*Future Value* - Valeur d'un flux disponible à l'année n

Le principe d'utilisation de ces touches est très simple. Connaissant trois grandeurs parmi celles-ci, la calculatrice fournit la valeur d'une quatrième demandée par l'opérateur.

Calcul d'une valeur capitalisée

Entrer [n] : nombre de périodes
[i] : taux d'intérêt par période
[PV] : somme placée à la période 0

La valeur capitalisée au bout de n périodes est obtenue au moyen de la touche [FV].

Calcul de la valeur actualisée d'une somme disponible à une période n

Entrer [n] : nombre de périodes
[i] : taux d'intérêt par période
[FV] : valeur de la somme disponible à la période n

La valeur actualisée est obtenue au moyen de la touche [PV].

Valeur actuelle d'un paiement périodique

Entrer [n] : nombre de périodes
[i] : taux d'intérêt par période
[PMT] : paiement par période

La somme des valeurs actualisées des paiements effectués de la période 1 à la période n s'obtient au moyen de la touche [PV].

Calcul d'une annuité constante

(Annuité de remboursement d'un emprunt ou équivalent annuel d'une somme dépensée année 0)

Entrer [n] : nombre d'années

[i] : taux d'intérêt (ou taux d'actualisation)

[PV] : montant de capital emprunté (ou somme dépensée année 0 et dont on cherche un équivalent annuel)

On obtient au moyen de la touche [PMT] l'annuité constante par laquelle le capital emprunté peut être remboursé en n années (ou l'annuité constante sur n années équivalente à la somme dépensée année 0).

Dans tout ceci, le mot « année » peut naturellement être remplacé par le mot « période », le mot « annuité » par « paiement périodique » (calcul de mensualités ou de trimestrialités par exemple).

Calcul du temps de récupération d'un capital au moyen d'un flux constant

Entrer [i] : taux d'actualisation

[PV] : valeur du capital investi

[PMT] : flux annuel (de façon plus générale, flux périodique) constant

La durée de récupération en valeurs actualisées s'obtient au moyen de la touche [n].

Calcul du taux de rentabilité d'un échéancier à flux constant

Entrer [n] : durée d'exploitation du projet

[PV] : capital investi année 0

[PMT] : flux annuel constant de l'année 1 à l'année n

Le taux de rentabilité s'obtient au moyen de la touche [i].

Annexe 2
Tables d'actualisation

Coefficient de capitalisation $(1+i)^n$

Année n	Taux d'intérêt ou taux d'actualisation i (en %)									
	1 %	2 %	3 %	4 %	5 %	6 %	7 %	8 %	9 %	10 %
1	1.010	1.020	1.030	1.040	1.050	1.060	1.070	1.080	1.090	1.100
2	1.020	1.040	1.061	1.082	1.102	1.124	1.145	1.166	1.188	1.210
3	1.030	1.061	1.093	1.125	1.158	1.191	1.225	1.260	1.295	1.331
4	1.041	1.082	1.126	1.170	1.216	1.262	1.311	1.360	1.412	1.464
5	1.051	1.104	1.159	1.217	1.276	1.338	1.403	1.469	1.539	1.611
6	1.062	1.126	1.194	1.265	1.340	1.419	1.501	1.587	1.677	1.772
7	1.072	1.149	1.230	1.316	1.407	1.504	1.606	1.714	1.828	1.949
8	1.083	1.172	1.267	1.369	1.477	1.594	1.718	1.851	1.993	2.144
9	1.094	1.195	1.305	1.423	1.551	1.689	1.838	1.999	2.172	2.358
10	1.105	1.219	1.344	1.480	1.629	1.791	1.967	2.159	2.367	2.594
11	1.116	1.243	1.384	1.539	1.710	1.898	2.105	2.332	2.580	2.853
12	1.127	1.268	1.426	1.601	1.796	2.012	2.252	2.518	2.813	3.138
13	1.138	1.294	1.469	1.665	1.886	2.133	2.410	2.720	3.066	3.452
14	1.149	1.319	1.513	1.732	1.980	2.261	2.579	2.937	3.342	3.797
15	1.161	1.346	1.558	1.801	2.079	2.397	2.759	3.172	3.642	4.177
16	1.173	1.373	1.605	1.873	2.183	2.540	2.952	3.426	3.970	4.595
17	1.184	1.400	1.653	1.948	2.292	2.693	3.159	3.700	4.328	5.054
18	1.196	1.428	1.702	2.026	2.407	2.854	3.380	3.996	4.717	5.560
19	1.208	1.457	1.754	2.107	2.527	3.026	3.617	4.316	5.142	6.116
20	1.220	1.486	1.806	2.191	2.653	3.207	3.870	4.661	5.604	6.728
21	1.232	1.516	1.860	2.279	2.786	3.400	4.141	5.034	6.109	7.400
22	1.245	1.546	1.916	2.370	2.925	3.604	4.430	5.437	6.659	8.140
23	1.257	1.577	1.974	2.465	3.072	3.820	4.741	5.871	7.258	8.954
24	1.270	1.608	2.033	2.563	3.225	4.049	5.072	6.341	7.911	9.850
25	1.282	1.641	2.094	2.666	3.386	4.292	5.427	6.848	8.623	10.835
30	1.348	1.811	2.427	3.243	4.322	5.743	7.612	10.063	13.268	17.449
40	1.489	2.208	3.262	4.801	7.040	10.286	14.974	21.725	31.409	45.259
50	1.645	2.692	4.384	7.107	11.467	18.420	29.457	46.902	74.358	117.391

Coefficient de capitalisation $(1+i)^n$

Année n	Taux d'actualisation i									
	11 %	12 %	13 %	14 %	15 %	16 %	17 %	18 %	19 %	20 %
1	1.110	1.120	1.130	1.140	1.150	1.160	1.170	1.180	1.190	1.200
2	1.232	1.254	1.277	1.300	1.322	1.346	1.369	1.392	1.416	1.440
3	1.368	1.405	1.443	1.482	1.521	1.561	1.602	1.643	1.685	1.728
4	1.518	1.574	1.630	1.689	1.749	1.811	1.874	1.939	2.005	2.074
5	1.685	1.762	1.842	1.925	2.011	2.100	2.192	2.288	2.386	2.488
6	1.870	1.974	2.082	2.195	2.313	2.436	2.565	2.700	2.840	2.986
7	2.076	2.211	2.353	2.502	2.660	2.826	3.001	3.185	3.379	3.583
8	2.305	2.476	2.658	2.853	3.059	3.278	3.511	3.759	4.021	4.300
9	2.558	2.773	3.004	3.252	3.518	3.803	4.108	4.435	4.785	5.160
10	2.839	3.106	3.395	3.707	4.046	4.411	4.807	5.234	5.695	6.192
11	3.152	3.479	3.836	4.226	4.652	5.117	5.624	6.176	6.777	7.430
12	3.498	3.896	4.335	4.818	5.350	5.936	6.580	7.288	8.064	8.916
13	3.883	4.363	4.898	5.492	6.153	6.886	7.699	8.599	9.596	10.699
14	4.310	4.887	5.535	6.261	7.076	7.988	9.007	10.147	11.420	12.839
15	4.785	5.474	6.254	7.138	8.137	9.266	10.539	11.974	13.590	15.407
16	5.311	6.130	7.067	8.137	9.358	10.748	12.330	14.129	16.172	18.488
17	5.895	6.866	7.986	9.276	10.761	12.468	14.426	16.672	19.244	22.186
18	6.544	7.690	9.024	10.575	12.375	14.463	16.879	19.673	22.901	26.623
19	7.263	8.613	10.197	12.056	14.232	16.777	19.748	23.214	27.252	31.948
20	8.062	9.646	11.523	13.743	16.367	19.461	23.106	27.393	32.429	38.338
21	8.949	10.804	13.021	15.668	18.822	22.574	27.034	32.324	38.591	46.005
22	9.934	12.100	14.714	17.861	21.645	26.186	31.629	38.142	45.923	55.206
23	11.026	13.552	16.627	20.362	24.891	30.376	37.006	45.008	54.649	66.247
24	12.239	15.179	18.788	23.212	28.625	35.236	43.297	53.109	65.032	79.497
25	13.585	17.000	21.231	26.462	32.919	40.874	50.658	62.669	77.388	95.396
30	22.892	29.960	39.116	50.950	66.212	85.850	111.065	143.371	184.676	237.376
40	65.001	93.051	132.781	188.884	267.864	378.721	533.868	750.380	1051.670	1469.772
50	184.565	289.002	450.736	700.233	1083.657	1670.701	2566.213	3927.368	5988.931	9100.438

Coefficient de capitalisation $(1 + i)^n$

Année n	Taux d'actualisation i				
	22 %	25 %	30 %	40 %	50 %
1	1.220	1.250	1.300	1.400	1.500
2	1.488	1.563	1.690	1.960	2.250
3	1.816	1.953	2.197	2.744	3.375
4	2.215	2.441	2.856	3.842	5.063
5	2.703	3.052	3.713	5.378	7.594
6	3.297	3.815	4.827	7.530	11.391
7	4.023	4.768	6.275	10.541	17.086
8	4.908	5.960	8.157	14.758	25.629
9	5.987	7.451	10.605	20.661	38.443
10	7.305	9.313	13.786	28.925	57.665
11	8.912	11.642	17.922	40.496	86.498
12	10.872	14.552	23.298	56.694	129.746
13	13.264	18.190	30.288	79.371	194.620
14	16.182	22.737	39.374	111.120	291.929
15	19.742	28.422	51.186	155.568	437.894
16	24.086	35.527	66.542	217.795	656.841
17	29.384	44.409	86.504	304.913	985.261
18	35.849	55.511	112.456	426.879	1477.892
19	43.736	69.389	146.192	597.630	2216.838
20	53.358	86.736	190.050	836.682	3325.257
21	65.096	108.420	247.065	1171.355	4987.885
22	79.418	135.525	321.184	1639.897	7481.828
23	96.889	169.407	417.540	2295.856	11222.741
24	118.205	211.758	542.801	3214.198	16834.111
25	144.210	264.698	705.642	4499.877	25251.168
30	389.758	807.794	2620.000	24201.418	191751.063
40	2847.042	7523.164	36118.941	700037.063	11057332.000
50	20796.600	70064.930	497930.563	20248894.000	637621504.000

Coefficient d'actualisation $\frac{1}{(1+i)^n}$

Année n	Taux d'actualisation i									
	1 %	2 %	3 %	4 %	5 %	6 %	7 %	8 %	9 %	10 %
1	0.9901	0.9804	0.9709	0.9615	0.9524	0.9434	0.9346	0.9259	0.9174	0.9091
2	0.9803	0.9612	0.9426	0.9246	0.9070	0.8900	0.8734	0.8573	0.8417	0.8264
3	0.9706	0.9423	0.9151	0.8890	0.8638	0.8396	0.8163	0.7938	0.7722	0.7513
4	0.9610	0.9238	0.8885	0.8548	0.8227	0.7921	0.7629	0.7350	0.7084	0.6830
5	0.9515	0.9057	0.8626	0.8219	0.7835	0.7473	0.7130	0.6806	0.6499	0.6209
6	0.9420	0.8880	0.8375	0.7903	0.7462	0.7050	0.6663	0.6302	0.5963	0.5645
7	0.9327	0.8706	0.8131	0.7599	0.7107	0.6651	0.6227	0.5835	0.5470	0.5132
8	0.9235	0.8535	0.7894	0.7307	0.6768	0.6274	0.5820	0.5403	0.5019	0.4665
9	0.9143	0.8368	0.7664	0.7026	0.6446	0.5919	0.5439	0.5002	0.4604	0.4241
10	0.9053	0.8203	0.7441	0.6756	0.6139	0.5584	0.5083	0.4632	0.4224	0.3855
11	0.8963	0.8043	0.7224	0.6496	0.5847	0.5268	0.4751	0.4289	0.3875	0.3505
12	0.8874	0.7885	0.7014	0.6246	0.5568	0.4970	0.4440	0.3971	0.3555	0.3186
13	0.8787	0.7730	0.6810	0.6006	0.5303	0.4688	0.4150	0.3677	0.3262	0.2897
14	0.8700	0.7579	0.6611	0.5775	0.5051	0.4423	0.3878	0.3405	0.2992	0.2633
15	0.8613	0.7430	0.6419	0.5553	0.4810	0.4173	0.3624	0.3152	0.2745	0.2394
16	0.8528	0.7284	0.6232	0.5339	0.4581	0.3936	0.3387	0.2919	0.2519	0.2176
17	0.8444	0.7142	0.6050	0.5134	0.4363	0.3714	0.3166	0.2703	0.2311	0.1978
18	0.8360	0.7002	0.5874	0.4936	0.4155	0.3503	0.2959	0.2502	0.2120	0.1799
19	0.8277	0.6864	0.5703	0.4746	0.3957	0.3305	0.2765	0.2317	0.1945	0.1635
20	0.8195	0.6730	0.5537	0.4564	0.3769	0.3118	0.2584	0.2145	0.1784	0.1486
21	0.8114	0.6598	0.5375	0.4388	0.3589	0.2942	0.2415	0.1987	0.1637	0.1351
22	0.8034	0.6468	0.5219	0.4220	0.3419	0.2775	0.2257	0.1839	0.1502	0.1228
23	0.7954	0.6342	0.5067	0.4057	0.3256	0.2618	0.2109	0.1703	0.1378	0.1117
24	0.7876	0.6217	0.4919	0.3901	0.3101	0.2470	0.1971	0.1577	0.1264	0.1015
25	0.7798	0.6095	0.4776	0.3751	0.2953	0.2330	0.1842	0.1460	0.1160	0.0923
30	0.7419	0.5521	0.4120	0.3083	0.2314	0.1741	0.1314	0.0994	0.0754	0.0573
40	0.6717	0.4529	0.3066	0.2083	0.1420	0.0972	0.0668	0.0460	0.0318	0.0221
50	0.6080	0.3715	0.2281	0.1407	0.0872	0.0543	0.0339	0.0213	0.0134	0.0085

Coefficient d'actualisation $\frac{1}{(1+i)^n}$

Année n	Taux d'actualisation i									
	11 %	12 %	13 %	14 %	15 %	16 %	17 %	18 %	19 %	20 %
1	0.9009	0.8929	0.8850	0.8772	0.8696	0.8621	0.8547	0.8475	0.8403	0.8333
2	0.8116	0.7972	0.7831	0.7695	0.7561	0.7432	0.7305	0.7182	0.7062	0.6944
3	0.7312	0.7118	0.6931	0.6750	0.6575	0.6407	0.6244	0.6086	0.5934	0.5787
4	0.6587	0.6355	0.6133	0.5921	0.5718	0.5523	0.5337	0.5158	0.4987	0.4823
5	0.5935	0.5674	0.5428	0.5194	0.4972	0.4761	0.4561	0.4371	0.4190	0.4019
6	0.5346	0.5066	0.4803	0.4556	0.4323	0.4104	0.3898	0.3704	0.3521	0.3349
7	0.4817	0.4523	0.4251	0.3996	0.3759	0.3538	0.3332	0.3139	0.2959	0.2791
8	0.4339	0.4039	0.3762	0.3506	0.3269	0.3050	0.2848	0.2660	0.2487	0.2326
9	0.3909	0.3606	0.3329	0.3075	0.2843	0.2630	0.2434	0.2255	0.2090	0.1938
10	0.3522	0.3220	0.2946	0.2697	0.2472	0.2267	0.2080	0.1911	0.1756	0.1615
11	0.3173	0.2875	0.2607	0.2366	0.2149	0.1954	0.1778	0.1619	0.1476	0.1346
12	0.2858	0.2567	0.2307	0.2076	0.1869	0.1685	0.1520	0.1372	0.1240	0.1122
13	0.2575	0.2292	0.2042	0.1821	0.1625	0.1452	0.1299	0.1163	0.1042	0.0935
14	0.2320	0.2046	0.1807	0.1597	0.1413	0.1252	0.1110	0.0985	0.0876	0.0779
15	0.2090	0.1827	0.1599	0.1401	0.1229	0.1079	0.0949	0.0835	0.0736	0.0649
16	0.1883	0.1631	0.1415	0.1229	0.1069	0.0930	0.0811	0.0708	0.0618	0.0541
17	0.1696	0.1456	0.1252	0.1078	0.0929	0.0802	0.0693	0.0600	0.0520	0.0451
18	0.1528	0.1300	0.1108	0.0946	0.0808	0.0691	0.0592	0.0508	0.0437	0.0376
19	0.1377	0.1161	0.0981	0.0829	0.0703	0.0596	0.0506	0.0431	0.0367	0.0313
20	0.1240	0.1037	0.0868	0.0728	0.0611	0.0514	0.0433	0.0365	0.0308	0.0261
21	0.1117	0.0926	0.0768	0.0638	0.0531	0.0443	0.0370	0.0309	0.0259	0.0217
22	0.1007	0.0826	0.0680	0.0560	0.0462	0.0382	0.0316	0.0262	0.0218	0.0181
23	0.0907	0.0738	0.0601	0.0491	0.0402	0.0329	0.0270	0.0222	0.0183	0.0151
24	0.0817	0.0659	0.0532	0.0431	0.0349	0.0284	0.0231	0.0188	0.0154	0.0126
25	0.0736	0.0588	0.0471	0.0378	0.0304	0.0245	0.0197	0.0160	0.0129	0.0105
30	0.0437	0.0334	0.0256	0.0196	0.0151	0.0116	0.0090	0.0070	0.0054	0.0042
40	0.0154	0.0107	0.0075	0.0053	0.0037	0.0026	0.0019	0.0013	0.0010	0.0007
50	0.0054	0.0035	0.0022	0.0014	0.0009	0.0006	0.0004	0.0003	0.0002	0.0001

Coefficient d'actualisation $\dfrac{1}{(1+i)^n}$

Année n	Taux d'actualisation i				
	22 %	25 %	30 %	40 %	50 %
1	0.8197	0.8000	0.7692	0.7143	0.6667
2	0.6719	0.6400	0.5917	0.5102	0.4444
3	0.5507	0.5120	0.4552	0.3644	0.2963
4	0.4514	0.4096	0.3501	0.2603	0.1975
5	0.3700	0.3277	0.2693	0.1859	0.1317
6	0.3033	0.2621	0.2072	0.1328	0.0878
7	0.2486	0.2097	0.1594	0.0949	0.0585
8	0.2038	0.1678	0.1226	0.0678	0.0390
9	0.1670	0.1342	0.0943	0.0484	0.0260
10	0.1369	0.1074	0.0725	0.0346	0.0173
11	0.1122	0.0859	0.0558	0.0247	0.0116
12	0.0920	0.0687	0.0429	0.0176	0.0077
13	0.0754	0.0550	0.0330	0.0126	0.0051
14	0.0618	0.0440	0.0254	0.0090	0.0034
15	0.0507	0.0352	0.0195	0.0064	0.0023
16	0.0415	0.0281	0.0150	0.0046	0.0015
17	0.0340	0.0225	0.0116	0.0033	0.0010
18	0.0279	0.0180	0.0089	0.0023	0.0007
19	0.0229	0.0144	0.0068	0.0017	0.0005
20	0.0187	0.0115	0.0053	0.0012	0.0003
21	0.0154	0.0092	0.0040	0.0009	0.0002
22	0.0126	0.0074	0.0031	0.0006	0.0001
23	0.0103	0.0059	0.0024	0.0004	0.0001
24	0.0085	0.0047	0.0018	0.0003	0.0001
25	0.0069	0.0038	0.0014	0.0002	0.0000
30	0.0026	0.0012	0.0004	0.0000	0.0000
40	0.0004	0.0001	0.0000	0.0000	0.0000
50	0.0000	0.0000	0.0000	0.0000	0.0000

Valeur actuelle d'un flux de 1 F par an pendant n années $\sum_{k=1}^{n} \frac{1}{(1+i)^k} = \frac{(1+i)^n - 1}{i(1+i)^n}$

Nombre d'années n	Taux d'actualisation i									
	1 %	2 %	3 %	4 %	5 %	6 %	7 %	8 %	9 %	10 %
1	0.990	0.980	0.971	0.962	0.952	0.943	0.935	0.926	0.917	0.909
2	1.970	1.942	1.913	1.886	1.859	1.833	1.808	1.783	1.759	1.736
3	2.941	2.884	2.829	2.775	2.723	2.673	2.624	2.577	2.531	2.487
4	3.902	3.808	3.717	3.630	3.546	3.465	3.387	3.312	3.240	3.170
5	4.853	4.713	4.580	4.452	4.329	4.212	4.100	3.993	3.890	3.791
6	5.795	5.601	5.417	5.242	5.076	4.917	4.767	4.623	4.486	4.355
7	6.728	6.472	6.230	6.002	5.786	5.582	5.389	5.206	5.033	4.868
8	7.652	7.325	7.020	6.733	6.463	6.210	5.971	5.747	5.535	5.335
9	8.566	8.162	7.786	7.435	7.108	6.802	6.515	6.247	5.995	5.759
10	9.471	8.983	8.530	8.111	7.722	7.360	7.024	6.710	6.418	6.145
11	10.368	9.787	9.253	8.760	8.306	7.887	7.499	7.139	6.805	6.495
12	11.255	10.575	9.954	9.385	8.863	8.384	7.943	7.536	7.161	6.814
13	12.134	11.348	10.635	9.986	9.394	8.853	8.358	7.904	7.487	7.103
14	13.004	12.106	11.296	10.563	9.899	9.295	8.745	8.244	7.786	7.367
15	13.865	12.849	11.938	11.118	10.380	9.712	9.108	8.559	8.061	7.606
16	14.718	13.578	12.561	11.652	10.838	10.106	9.447	8.851	8.313	7.824
17	15.562	14.292	13.166	12.166	11.274	10.477	9.763	9.122	8.544	8.022
18	16.398	14.992	13.754	12.659	11.690	10.828	10.059	9.372	8.756	8.201
19	17.226	15.678	14.324	13.134	12.085	11.158	10.336	9.604	8.950	8.365
20	18.046	16.351	14.877	13.590	12.462	11.470	10.594	9.818	9.129	8.514
21	18.857	17.011	15.415	14.029	12.821	11.764	10.836	10.017	9.292	8.649
22	19.660	17.658	15.937	14.451	13.163	12.042	11.061	10.201	9.442	8.772
23	20.456	18.292	16.444	14.857	13.489	12.303	11.272	10.371	9.580	8.883
24	21.243	18.914	16.936	15.247	13.799	12.550	11.469	10.529	9.707	8.985
25	22.023	19.523	17.413	15.622	14.094	12.783	11.654	10.675	9.823	9.077
30	25.808	22.396	19.600	17.292	15.372	13.765	12.409	11.258	10.274	9.427
40	32.835	27.355	23.115	19.793	17.159	15.046	13.332	11.925	10.757	9.779
50	39.196	31.424	25.730	21.482	18.256	15.762	13.801	12.233	10.962	9.915

Valeur actuelle d'un flux de 1 F par an pendant n années $\sum_{k=1}^{n} \frac{1}{(1+i)^k} = \frac{(1+i)^n - 1}{i(1+i)^n}$

Nombre d'années n	Taux d'actualisation i									
	11 %	12 %	13 %	14 %	15 %	16 %	17 %	18 %	19 %	20 %
1	0.901	0.893	0.885	0.877	0.870	0.862	0.855	0.847	0.840	0.833
2	1.713	1.690	1.668	1.647	1.626	1.605	1.585	1.566	1.547	1.528
3	2.444	2.402	2.361	2.322	2.283	2.246	2.210	2.174	2.140	2.106
4	3.102	3.037	2.974	2.914	2.855	2.798	2.743	2.690	2.639	2.589
5	3.696	3.605	3.517	3.433	3.352	3.274	3.199	3.127	3.058	2.991
6	4.231	4.111	3.998	3.889	3.784	3.685	3.589	3.498	3.410	3.326
7	4.712	4.564	4.423	4.288	4.160	4.039	3.922	3.812	3.706	3.605
8	5.146	4.968	4.799	4.639	4.487	4.344	4.207	4.078	3.954	3.837
9	5.537	5.328	5.132	4.946	4.772	4.607	4.451	4.303	4.163	4.031
10	5.889	5.650	5.426	5.216	5.019	4.833	4.659	4.494	4.339	4.192
11	6.207	5.938	5.687	5.453	5.234	5.029	4.836	4.656	4.487	4.327
12	6.492	6.194	5.918	5.660	5.421	5.197	4.988	4.793	4.611	4.439
13	6.750	6.424	6.122	5.842	5.583	5.342	5.118	4.910	4.715	4.533
14	6.982	6.628	6.302	6.002	5.724	5.468	5.229	5.008	4.802	4.611
15	7.191	6.811	6.462	6.142	5.847	5.575	5.324	5.092	4.876	4.675
16	7.379	6.974	6.604	6.265	5.954	5.668	5.405	5.162	4.938	4.730
17	7.549	7.120	6.729	6.373	6.047	5.749	5.475	5.222	4.990	4.775
18	7.702	7.250	6.840	6.467	6.128	5.818	5.534	5.273	5.033	4.812
19	7.839	7.366	6.938	6.550	6.198	5.877	5.584	5.316	5.070	4.843
20	7.963	7.469	7.025	6.623	6.259	5.929	5.628	5.353	5.101	4.870
21	8.075	7.562	7.102	6.687	6.312	5.973	5.665	5.384	5.127	4.891
22	8.176	7.645	7.170	6.743	6.359	6.011	5.696	5.410	5.149	4.909
23	8.266	7.718	7.230	6.792	6.399	6.044	5.723	5.432	5.167	4.925
24	8.348	7.784	7.283	6.835	6.434	6.073	5.746	5.451	5.182	4.937
25	8.422	7.843	7.330	6.873	6.464	6.097	5.766	5.467	5.195	4.948
30	8.694	8.055	7.496	7.003	6.566	6.177	5.829	5.517	5.235	4.979
40	8.951	8.244	7.634	7.105	6.642	6.233	5.871	5.548	5.258	4.997
50	9.042	8.304	7.675	7.133	6.661	6.246	5.880	5.554	5.262	4.999

Valeur actuelle d'un flux de 1 F par an pendant n années $\sum_{k=1}^{n} \frac{1}{(1+i)^k} = \frac{(1+i)^n - 1}{i(1+i)^n}$

Nombre d'années n	Taux d'actualisation i				
	22 %	25 %	30 %	40 %	50 %
1	0.820	0.800	0.769	0.714	0.667
2	1.492	1.440	1.361	1.224	1.111
3	2.042	1.952	1.816	1.589	1.407
4	2.494	2.362	2.166	1.849	1.605
5	2.864	2.689	2.436	2.035	1.737
6	3.167	2.951	2.643	2.168	1.824
7	3.416	3.161	2.802	2.263	1.883
8	3.619	3.329	2.925	2.331	1.922
9	3.786	3.463	3.019	2.379	1.948
10	3.923	3.571	3.092	2.414	1.965
11	4.035	3.656	3.147	2.438	1.977
12	4.127	3.725	3.190	2.456	1.985
13	4.203	3.780	3.223	2.469	1.990
14	4.265	3.824	3.249	2.478	1.993
15	4.315	3.859	3.268	2.484	1.995
16	4.357	3.887	3.283	2.489	1.997
17	4.391	3.910	3.295	2.492	1.998
18	4.419	3.928	3.304	2.494	1.999
19	4.442	3.942	3.311	2.496	1.999
20	4.460	3.954	3.316	2.497	1.999
21	4.476	3.963	3.320	2.498	2.000
22	4.488	3.970	3.323	2.498	2.000
23	4.499	3.976	3.325	2.499	2.000
24	4.507	3.981	3.327	2.499	2.000
25	4.514	3.985	3.329	2.499	2.000
30	4.534	3.995	3.332	2.500	2.000
40	4.544	3.999	3.333	2.500	2.000
50	4.545	4.000	3.333	2.500	2.000

Annuité constante $\dfrac{1}{\displaystyle\sum_{k=1}^{n} \frac{1}{(1+i)^k}} = \dfrac{i(1+i)^n}{(1+i)^n - 1}$

Nombre d'années n	Taux d'intérêt ou taux d'actualisation i									
	1 %	2 %	3 %	4 %	5 %	6 %	7 %	8 %	9 %	10 %
1	1.01000	1.02000	1.03000	1.04000	1.05000	1.06000	1.07000	1.08000	1.09000	1.10000
2	0.50751	0.51505	0.52261	0.53020	0.53781	0.54544	0.55309	0.56077	0.56847	0.57619
3	0.34002	0.34676	0.35353	0.36035	0.36721	0.37411	0.38105	0.38803	0.39505	0.40211
4	0.25628	0.26262	0.26903	0.27549	0.28201	0.28859	0.29523	0.30192	0.30867	0.31547
5	0.20604	0.21216	0.21835	0.22463	0.23098	0.23740	0.24389	0.25046	0.25709	0.26380
6	0.17255	0.17853	0.18460	0.19076	0.19702	0.20336	0.20980	0.21632	0.22292	0.22961
7	0.14863	0.15451	0.16051	0.16661	0.17282	0.17914	0.18555	0.19207	0.19869	0.20541
8	0.13069	0.13651	0.14246	0.14853	0.15472	0.16104	0.16747	0.17401	0.18067	0.18744
9	0.11674	0.12252	0.12843	0.13449	0.14069	0.14702	0.15349	0.16008	0.16680	0.17364
10	0.10558	0.11133	0.11723	0.12329	0.12950	0.13587	0.14238	0.14903	0.15582	0.16275
11	0.09645	0.10218	0.10808	0.11415	0.12039	0.12679	0.13336	0.14008	0.14695	0.15396
12	0.08885	0.09456	0.10046	0.10655	0.11283	0.11928	0.12590	0.13269	0.13965	0.14676
13	0.08241	0.08812	0.09403	0.10014	0.10646	0.11296	0.11965	0.12652	0.13357	0.14078
14	0.07690	0.08260	0.08853	0.09467	0.10102	0.10758	0.11434	0.12130	0.12843	0.13575
15	0.07212	0.07783	0.08377	0.08994	0.09634	0.10296	0.10979	0.11683	0.12406	0.13147
16	0.06794	0.07365	0.07961	0.08582	0.09227	0.09895	0.10586	0.11298	0.12030	0.12782
17	0.06426	0.06997	0.07595	0.08220	0.08870	0.09544	0.10243	0.10963	0.11705	0.12466
18	0.06098	0.06670	0.07271	0.07899	0.08555	0.09236	0.09941	0.10670	0.11421	0.12193
19	0.05805	0.06378	0.06981	0.07614	0.08275	0.08962	0.09675	0.10413	0.11173	0.11955
20	0.05542	0.06116	0.06722	0.07358	0.08024	0.08718	0.09439	0.10185	0.10955	0.11746
21	0.05303	0.05878	0.06487	0.07128	0.07800	0.08500	0.09229	0.09983	0.10762	0.11562
22	0.05086	0.05663	0.06275	0.06920	0.07597	0.08305	0.09041	0.09803	0.10590	0.11401
23	0.04889	0.05467	0.06081	0.06731	0.07414	0.08128	0.08871	0.09642	0.10438	0.11257
24	0.04707	0.05287	0.05905	0.06559	0.07247	0.07968	0.08719	0.09498	0.10302	0.11130
25	0.04541	0.05122	0.05743	0.06401	0.07095	0.07823	0.08581	0.09368	0.10181	0.11017
30	0.03875	0.04465	0.05102	0.05783	0.06505	0.07265	0.08059	0.08883	0.09734	0.10608
40	0.03046	0.03656	0.04326	0.05052	0.05828	0.06646	0.07501	0.08386	0.09296	0.10226
50	0.02551	0.03182	0.03887	0.04655	0.05478	0.06344	0.07246	0.08174	0.09123	0.10086

Annuité constante $\frac{1}{\sum_{k=1}^{n} \frac{1}{(1+i)^k}} = \frac{i(1+i)^n}{(1+i)^n - 1}$

Nombre d'années n	Taux d'intérêt ou taux d'actualisation i									
	11 %	12 %	13 %	14 %	15 %	16 %	17 %	18 %	19 %	20 %
1	1.11000	1.12000	1.13000	1.14000	1.15000	1.16000	1.17000	1.18000	1.19000	1.20000
2	0.58393	0.59170	0.59948	0.60729	0.61512	0.62296	0.63083	0.63872	0.64662	0.65455
3	0.40921	0.41635	0.42352	0.43073	0.43798	0.44526	0.45257	0.45992	0.46731	0.47473
4	0.32233	0.32923	0.33619	0.34320	0.35027	0.35738	0.36453	0.37174	0.37899	0.38629
5	0.27057	0.27741	0.28431	0.29128	0.29832	0.30541	0.31256	0.31978	0.32705	0.33438
6	0.23638	0.24323	0.25015	0.25716	0.26424	0.27139	0.27861	0.28591	0.29327	0.30071
7	0.21222	0.21912	0.22611	0.23319	0.24036	0.24761	0.25495	0.26236	0.26985	0.27742
8	0.19432	0.20130	0.20839	0.21557	0.22285	0.23022	0.23769	0.24524	0.25289	0.26061
9	0.18060	0.18768	0.19487	0.20217	0.20957	0.21708	0.22469	0.23239	0.24019	0.24808
10	0.16980	0.17698	0.18429	0.19171	0.19925	0.20690	0.21466	0.22251	0.23047	0.23852
11	0.16112	0.16842	0.17584	0.18339	0.19107	0.19886	0.20676	0.21478	0.22289	0.23110
12	0.15403	0.16144	0.16899	0.17667	0.18448	0.19241	0.20047	0.20863	0.21690	0.22526
13	0.14815	0.15568	0.16335	0.17116	0.17911	0.18718	0.19538	0.20369	0.21210	0.22062
14	0.14323	0.15087	0.15867	0.16661	0.17469	0.18290	0.19123	0.19968	0.20823	0.21689
15	0.13907	0.14682	0.15474	0.16281	0.17102	0.17936	0.18782	0.19640	0.20509	0.21388
16	0.13552	0.14339	0.15143	0.15962	0.16795	0.17641	0.18500	0.19371	0.20252	0.21144
17	0.13247	0.14046	0.14861	0.15692	0.16537	0.17395	0.18266	0.19149	0.20041	0.20944
18	0.12984	0.13794	0.14620	0.15462	0.16319	0.17188	0.18071	0.18964	0.19868	0.20781
19	0.12756	0.13576	0.14413	0.15266	0.16134	0.17014	0.17907	0.18810	0.19724	0.20646
20	0.12558	0.13388	0.14235	0.15099	0.15976	0.16867	0.17769	0.18682	0.19605	0.20536
21	0.12384	0.13224	0.14081	0.14954	0.15842	0.16742	0.17653	0.18575	0.19505	0.20444
22	0.12231	0.13081	0.13948	0.14830	0.15727	0.16635	0.17555	0.18485	0.19423	0.20369
23	0.12097	0.12956	0.13832	0.14723	0.15628	0.16545	0.17472	0.18409	0.19354	0.20307
24	0.11979	0.12846	0.13731	0.14630	0.15543	0.16467	0.17402	0.18345	0.19297	0.20255
25	0.11874	0.12750	0.13643	0.14550	0.15470	0.16401	0.17342	0.18292	0.19249	0.20212
30	0.11502	0.12414	0.13341	0.14280	0.15230	0.16189	0.17154	0.18126	0.19103	0.20085
40	0.11172	0.12130	0.13099	0.14075	0.15056	0.16042	0.17032	0.18024	0.19018	0.20014
50	0.11060	0.12042	0.13029	0.14020	0.15014	0.16010	0.17007	0.18005	0.19003	0.20002

Annuité constante $\dfrac{1}{\displaystyle\sum_{k=1}^{n} \frac{1}{(1+i)^k}} = \dfrac{i(1+i)^n}{(1+i)^n - 1}$

Nombre d'années n	Taux d'intérêt ou taux d'actualisation i				
	22 %	25 %	30 %	40 %	50 %
1	1.22000	1.25000	1.30000	1.40000	1.50000
2	0.67045	0.69444	0.73478	0.81667	0.90000
3	0.48966	0.51230	0.55063	0.62936	0.71053
4	0.40102	0.42344	0.46163	0.54077	0.62308
5	0.34921	0.37185	0.41058	0.49136	0.57583
6	0.31576	0.33882	0.37839	0.46126	0.54812
7	0.29278	0.31634	0.35687	0.44192	0.53108
8	0.27630	0.30040	0.34192	0.42907	0.52030
9	0.26411	0.28876	0.33124	0.42034	0.51335
10	0.25489	0.28007	0.32346	0.41432	0.50882
11	0.24781	0.27349	0.31773	0.41013	0.50585
12	0.24228	0.26845	0.31345	0.40718	0.50388
13	0.23794	0.26454	0.31024	0.40510	0.50258
14	0.23449	0.26150	0.30782	0.40363	0.50172
15	0.23174	0.25912	0.30598	0.40259	0.50114
16	0.22953	0.25724	0.30458	0.40185	0.50076
17	0.22775	0.25576	0.30351	0.40132	0.50051
18	0.22631	0.25459	0.30269	0.40094	0.50034
19	0.22515	0.25366	0.30207	0.40067	0.50023
20	0.22420	0.25292	0.30159	0.40048	0.50015
21	0.22343	0.25233	0.30122	0.40034	0.50010
22	0.22281	0.25186	0.30094	0.40024	0.50007
23	0.22229	0.25148	0.30072	0.40017	0.50004
24	0.22188	0.25119	0.30055	0.40012	0.50003
25	0.22154	0.25095	0.30043	0.40009	0.50002
30	0.22057	0.25031	0.30011	0.40002	0.50000
40	0.22008	0.25003	0.30001	0.40000	0.50000
50	0.22001	0.25000	0.30000	0.40000	0.50000

Bibliographie

BIBLIOGRAPHIE GÉNÉRALE

Ouvrages

0.1 Abraham, C., Thomas, A., *Microéconomie. Décisions optimales dans l'entreprise et dans la nation*, Dunod, Paris, 1970.

0.2 Aftalion, F., Dubois B., Malkin, J., *Théorie financière de l'entreprise*, PUF, Paris, 1974.

0.3 Albouy, M., *La régulation économique dans l'entreprise*, 2 tomes, Dunod, Paris, 1972.

0.4 Alfred, A.M., Evans, J.B., *Appraisal of investment projects by discounted cash-flow. Principles and some short cut techniques*, Chapman and Hall, London, 1971.

0.5 Allais, M., *Économie et intérêt*, Imprimerie Nationale, Paris, 1947.

0.6 Allais, M., *Traité d'économie pure*, Imprimerie Nationale, Paris, 1953.

0.7 Allais, M., *Cours d'économie générale*, École des Mines, Paris, 1959.

0.8 Babeau, A., *Calcul économique appliqué*, Dunod, Paris, 1975.

0.9 Baranger, P., Bonnassies, P., *Le prix de revient, outil de décision et de rentabilité de l'entreprise*, Les Éditions d'Organisation, Paris, 1977.

0.10 Bienaymé, A., *La croissance des entreprises*, 2 tomes, Bordas, Paris, 1971 et 1973.

0.11 Bierman, H., Smidt, S., *La préparation des décisions financières dans l'entreprise*, Dunod, Paris, 1968.

0.12 Bierman, H., Smidt, S., *The capital budgeting decision*, Macmillan, New York, 1980 (5ème édition).

0.13 Brealey, R.A., Pyle, C. (Editors), *A bibliography of finance and investment*, MIT Press, Cambridge, Massachusetts, 1973.

0.14 Brealey, R.A., Myers, S.C., *Principle of corporate finance*, McGraw-Hill, New York, 1981.

0.15 Bromwich, M., *The economics of capital budgeting*, Penguin Books, Harenondsworth, Middlesex, 1976.

0.16 Bursk, C., Chapman, J.F., *Nouveaux outils de décision à l'usage des entreprises*, Dunod, Paris, 1970.

0.17 Charreton, R, Bourdaire, J.M., *La décision économique*, Que Sais-Je ?, PUF, Paris, 1985.

0.18 Chervel, M., *Calculs économiques publics et planification*, Publisud, Paris, 1987.

0.19 Copeland, T.E., Weston, J.F., *Financial theory and corporate policy*, Addison-Wesley, 1988 (3ème édition).

0.20 Couvreur, J.P., *La décision d'investir et la politique de l'entreprise*, EME, Paris, 1982 (4ème édition).

0.21 Dean, J., *Capital budgeting*, Columbia University Press, New York, 1951.

0.22 Depallens, G., *Gestion financière de l'entreprise*, Sirey, Paris, 1977.

0.23 Desrousseaux, J., *L'évolution économique et le comportement industriel*, Dunod, Paris, 1966.

0.24 Fisher, I., *The theory of interest*, Kelley and Macmillan, New York, 1930 et 1954.

0.25 Forget, J.P., Grymberg, G., *Financement et rentabilité des investissements*, Les Éditions d'Organisation, Paris, 1977.

0.26 Franquet, A., *La pratique des études de rentabilité*, EME, Paris, 1966.

0.27 Franquet, A., Coinde, A., Reboul, P., *Les études de rentabilité. 9 exemples*, EME, Paris, 1969.

0.28 Gervais, J., *Le programme d'investissement. Orientation. Calcul économique*, EME, Paris, 1970.

0.29 Gordon, N.J., *The cost of capital to a public utility*, East Lansing, Michigan State University, 1974.

0.30 Heline, R., Poupart-Lafarge O., *Principes et techniques des investissements. Sélection et financement*, Delmas, Paris, 1975.

0.31 Henderson, J.M., Quandt, R.E., *Microéconomie*, Dunod, Paris, 1967.

0.32 Holl, J.C., Plas, J.P., Riou, P., *Les choix d'investissement dans l'entreprise*, PUF, Paris, 1973.

0.33 Holl, J.C., *Cinq cas d'étude d'investissement*, EME, Paris, 1974.

0.34 Ibbotson, R.G., Sinquefeld, R.A., *Stocks, bonds, bills and inflation*, Dow-Jones, Irwin, 1988.

0.35 James Boness, A., *Capital budgeting. The public and private sectors.* Proeger Pub., New York, 1972.

0.36 Kantorovitch, L.V., *Calcul économique et utilisation des ressources*, Dunod, Paris, 1963.

0.37 Lesourne, J., *Technique économique et gestion industrielle*, Dunod, Paris, 1965.

0.38 Lesourne, J., *Du bon usage de l'étude économique dans l'entreprise*, Dunod, Paris, 1966.

0.39 Lesourne, J., *Le calcul économique*, Dunod, Paris, 1972.

0.40 Lesourne, J., *Modèles de croissance des entreprises*, Dunod, Paris, 1973.

0.41 Lévy-Lambert, H., *Problèmes d'économie de l'entreprise*, Dunod, Paris, 1965.

0.42 Lévy-Lambert, H., Dupuy, J.P., *Les choix économiques dans l'entreprise et dans l'administration*, Tome 1, *Principes de base*, Dunod, Paris, 1973, Tome 2, *Etudes de cas*, Dunod, Paris, 1973.

0.43 Lur'e, A.L., *Ehkonomicheskij analiz modelej planirovanija socialisticheskogo khozjajstva*, Izdat. Nauka, Moskva, 1973.

0.44 Lutz, F. and V., *The theory of investment of the firm*, Princeton University Press, Princeton, 1951.

0.45 Malinvaud, E., *Leçons de théorie microéconomique*, Dunod, Paris, 1969.

0.46 Massé, P., *Le choix des investissements*, Dunod, Paris, 1964.

0.47 Morlat, G., Bessière, F., *Vingt-cinq ans d'économie électrique*, Dunod, Paris, 1971.

0.48 Peumans, H., *Théorie et pratique des calculs d'investissement*, Dunod, Paris, 1965.

0.49 Porterfield, J.T.S., *Coût du capital et choix des investissements*, Dunod, Paris, 1969.

0.50 Quintart, A., Ziswiller, R., *Théorie de la finance*, PUF, Paris, 1985.

0.51 Quirin, G.D., *L'investissement*, Dunod, Paris, 1973 (Traduction de *The capital expenditure decision*, Irwin, Homewood, Illinois, 1967).

0.52 Samuelson, P., *L'économique*, Armand Colin, Paris, 1957.

0.53 Stengel, J., *Le choix des investissements dans une économie incertaine*, EME, Paris, 1977.

0.54 Sternole, F.J., *Economic evaluation and investment decision method*, Golden, Colorado, 1974.

0.55 Stoleru, L., Moustacchi, A., *L'entreprise face à la décision d'investir*, La Documentation Française, Paris, 1969.

0.56 Thiriez, H., *Initiation au calcul économique*, Dunod, Paris, 1977.

0.57 Van Horne, J.C., *Gestion et politique financière*, 2 tomes, Dunod, Paris, 1972 (Traduction de *Financial management policy*, Prentice Hall, Englewood Cliffs, New Jersey, 1968).

0.58 Weingartner, H.M., *Mathematical programming and the analysis of capital budgeting problems*, Prentice Hall, Englewood Cliffs, New Jersey, 1963 et Kershaw, London, 1974.

0.59 Worms, G., *Les méthodes modernes de l'économie appliquée*, Dunod, Paris, 1965.

0.60 Commissariat Général au Plan, *Calcul économique et planification*, La Documentation Française, Paris, 1973.

0.61 EdF, *Le calcul économique et le système électrique. Principes élémentaires*, Eyrolles, Paris, 1979.

Articles

0.62 Gitman, L.J., Forrester Jr, J.R., « A survey of capital budgeting techniques used by major US firms », *Financial Management*, **6**, n° 3, Fall 1977.

0.63 Boyle, H.F., Schenk, G.K., « Investment analysis : U.S. oil and gas producers score high » in : *University Survey Journal of Petroleum Technology*, April 1985.

0.64 Hirshleifer, « On the theory of optimal investment decision », *Journal of Political Economy*, **66**, n° 5, August 1958.

Chapitre 1
LE PROBLÈME DE L'INVESTISSEMENT
LA CONSTRUCTION DES ÉCHÉANCIERS

Ouvrages

Choix d'investissement et choix stratégiques

1.1 Ackoff, R.L., *Méthodes de planification de l'entreprise*, Éditions d'Organisation, Paris, 1973.

1.2 Boston Consulting Group, *Les mécanismes fondamentaux de la compétitivité*, Homme et Techniques, Paris, 1981.

1.3 Gervais, M., *Contrôle de gestion et planification d'entreprise*, Economica, Paris, 1983.

1.4 Giroire, J., *La volonté stratégique*, EME, Paris, 1985.

1.5 Godet, M., *Prospective et planification stratégique*, Economica, Paris, 1985.

1.6 Grayson, L.E., *Who and how in planning for large companies. Generalizations from the experiences of oil companies*, Mac Millan Press, London, 1987.

1.7 Lesourne, J., *Technique économique et gestion industrielle*, Dunod, Paris, 1965.

1.8 Lesourne, J., *Les mille sentiers de l'avenir*, Seghers, Paris, 1981.

1.9 Martinet, A.C., *Stratégie*, Vuibert, Paris, 1983.

1.10 Peters, T., Waterman, R., *Le prix de l'excellence*, Inter Editions, Paris, 1983.

1.11 Peters, T., Austin, N., *La passion de l'excellence*, Inter Editions, Paris, 1985.

1.12 Porter, M.E., *Choix stratégiques et concurrence*, Economica, Paris, 1985.

1.13 Roy, B., *Méthodologie multicritère d'aide à la décision*, Economica, Paris, 1985.

1.14 Thiétart, R.A., *La stratégie d'entreprise*, McGraw-Hill, Paris, 1984.

Évaluation des coûts

1.15 Chauvel, A., Leprince, P., Barthel, Y., Raimbault, C., Arlie, J.P., *Manuel d'évaluation économique des procédés. Avant-projets en raffinage et pétrochimie*, Éditions Technip, Paris, 1976.

1.16 Guthrie, K.M., *Managing capital expenditures for construction projects*, Craftsman Book Co. of America, Solana Beach, California, 1977.

1.17 Pages, J.S., *Conceptual cost estimating manual*, Gulf Publishing Co., Houston, 1984.

1.18 Pery, J.H., *Pery's chemical engineer's handbook*, McGraw-Hill, New York, 1984 (6ème édition).

1.19 Peters, M.S., Timmerhaus, K.D., *Plant design and economics for chemical engineers*, McGraw-Hill, New York, 1980.

1.20 Richardson, *Process plant construction estimating standards*, 4 volumes, Richardson Engineering Services Inc., San Marcos, California, 1987.

Articles

Choix d'investissement et choix stratégiques

1.21 Alberts, W.W., Mc Taggart, J.M., «Value based strategic investment planning», *Interfaces*, **14**, n° 1, January-February 1984.

1.22 Hax, A.C., Majluf, N.S., «The use of the industry actractiveness-Business strength matrix in strategic planning», *Interfaces*, **13**, n° 2, April 1983.

1.24 Kervern, G.Y., «L'évangile selon Saint-Mac», *Annales des Mines*, «*Gérer et comprendre*», n° 2, mars 1986.

1.25 Montel, J., «Acceptabilité des méthodes d'aide à la décision», *Pétrole et Techniques*, n° 315, avril 1985.

1.26 Myers, S.C., «Finance theory and financial strategy», *Interfaces*, **14**, n° 1, January-February 1984.

1.27 Ponssard, J.P., Sarrazin, J., «Fondements des nouvelles méthodes d'analyse stratégique : le critère de la part de marché relative», *Annales des Mines*, n° 7-8, juillet-août 1981.

Évaluation des coûts

1.28 Bach, N.G., «More occurate plant cost estimates», *Chemical Engineering*, n° 19, September 1958.

1.29 Benchecroun, N., «Mise à jour des coûts d'investissements. Parité technique du Dollar», *Rapport IFP Réf. 32604*, octobre 1984.

1.30 Boyd, N., «Cost and price indices», *Engineering Cost and Production Economics*, n° 61982.

1.31 Chauvel, A., Benchecroun, N., Raimbault, C., Bergman, J., «Évaluation rapide du coût d'un investissement : méthode des modules fonctionnels», *Rev. Inst. Franç. du Pétrole*, **42**, n° 4, juillet-août 1987.

1.32 Cran, J., «Location index compares costs of building process plant overseas», *Process Engineering*, April 1973.

1.33 Cran, J., «EPE plant cost indices international», *Engineering and Process Economics*, n° 1, 1976.

1.34 Farrar, G.L., «Nelson indexes change names», *The Oil and Gas Journal*, October 5th 1987.

1.35 Hand, W.E., «From flow sheet to cost estimate», *Petroleum Refiner*, **37**, n° 9, 1958.

1.36 Lang, H.J., «Simplified approach to preliminary cost estimates», *Chemical Engineering*, June 1948.

1.37 Miller, C.A., «Current concepts in capital cost forecasting», *Chemical Engineering Progress*, **69**, n° 5, May 1973.

1.38 Nelson, W.L., «Refinery cost index», *The Oil and Gas Journal*, December 15th 1949.

1.39 Nelson, W.L., «What are the Nelson refinery indexes», *The Oil and Gas Journal*, n° 44, 1974.

1.40 Thieblemont, R., Gerdeaux, D., Benchecroun, N., Gousty, Y., «Évolution des coûts de construction dans l'industrie chimique : élaboration d'un indice global réduit», *Rev. Inst. Franç. du Pétrole*, **42**, n° 5, septembre-octobre 1987.

Chapitre 2
LES CRITÈRES EMPIRIQUES

Articles

2.1 Barreau, J., « Relation entre le taux de rentabilité interne des investissements et le taux de rendement comptable », *RAIRO*, **12**, n° 1, février 1978.

2.2 Fisher, F.M., Mc Gowan, J.J., « On the misuse of accounting rates of return to infer monopoly profits », *The American Economic Review*, **73**, March 1983.

2.3 Kay, J.A., « Accountants, too, could be happy in a golden age : the accountants rate of profit and the internal rate of return », *Oxford Economic Papers*, **28**, n° 3, November 1976.

2.4 Long, W.F., Ravenscraft, D.J. « The misuse of accounting rate of return : comment », *The American Economic Review*, **74**, n° 3, June 1984.

2.5 Salamon, G.L., « Accounting rates of return », *The American Economic Review*, June 1985.

2.6 Wright, F.K., « Accounting rate of profit and internal rate of return », *Oxford Economic Papers*, n° 3, November 1978.

Chapitre 3
LES FONDEMENTS DE L'ACTUALISATION

Ouvrages

3.1 Allais, M., *Économie et intérêt*, Imprimerie Nationale, Paris, 1947.

3.2 Allais, M., *Cours d'économie générale*, École des Mines, Paris, 1959.

3.3 Fisher, I., *The theory of interest*, Macmillan, New York, 1930.

3.4 Levy-Lambert, H., Dupuy, J.P., *Les choix économiques dans l'entreprise et dans l'administration*, Dunod, Paris, 1973.

3.5 Lutz, F. and V., *The theory of investment of the firm*, Princeton University Press, Princeton, 1951.

Articles

3.6 Boiteux, M., «Note sur le taux d'actualisation», *Revue d'Économie Politique*, n° 1, janvier-février 1969.

3.7 Davis, M.L., «Constrained optimal investment decisions under conditions of capital rationing : the restricted borrowing case», *The Manchester School of Economics and Social Studies*, n° 2, June 1971.

3.8 Hirshleifer, J., «On the theory of optimal investment decision», *Journal of Political Economy*, **66**, n° 5, August 1958.

3.9 Parker, R.H., «Discounted cash-flow in historical perspective», *Journal of Accounting Research*, n° 1, Spring 1968.

3.10 Stoleru, L., «Taux d'intérêt et taux d'actualisation», *Économie et Statistique*, n° 5, octobre 1969.

3.11 Weingartner, H.M., «Capital rationing : *n* authors in search of a plot», *Journal of Finance*, **32**, n° 5, December 1977.

Chapitre 4
LES CRITÈRES D'ÉVALUATION DES PROJETS D'INVESTISSEMENT

Ouvrages

4.1 Couvreur, J.P., *La décision d'investir et la politique de l'entreprise*, EME, Paris, 1982 (4ème édition).

4.2 Galesne, A., *Les décisions financières de l'entreprise. L'investissement*, Dunod-Bordas, Paris, 1981.

Articles

4.3 Albouy, M., «Commentaires sur le taux interne de rentabilité», *Revue française de gestion*, **19**, mai-août 1979.

4.4 Alchian, A.A., «The rate of interest, Fisher's rate of return over costs and Keyne's internal rate of return», *The American Economic Review*, **45**, December 1955.

4.5 Athanasopoulos, P.J., «A note on the modified internal rate of return and investment criterion», *The Engineering Economist*, **23**, Winter 1978.

4.6 Aucamp, D.C., Eckardt, W.L., «A sufficient condition for a unique nonnegative internal rate of return-comment», *Journal of Financial and Quantitative Analysis*, **11**, n° 2, June 1976.

4.7 Baldwin, R.H., «How to assess investment proposals», *Harvard Business Review*, **37**, May-June 1959.

4.8 Bernhard, R.H., «On the consistency of the Soper and Sturm-Kaplan conditions for uniqueness of the rate of return», *Journal of Industrial Engineering*, **18**, n° 8, August 1967.

4.9 Bernhard, R.H., «A more general sufficient condition for a unique nonnegative internal rate of return», *Journal of Financial and Quantitative Analysis*, **14**, n° 2, June 1979.

4.10 Bernhard, R.H., «Modified rates of return for investment project evaluation. A comparison and critique», *The Engineering Economist*, **24**, n° 3, Spring 1979.

4.11 Capen, E.C., Clapp, R.V., Phelps, W.W., «Growth rate. A rate of return measure of investment efficiency», SPE Reprint Series n° 16, *Economics and Finance*, 1982.

4.12 Dougherty, E.L., «What discounted cash-flow rate of return never did require», *Journal of Petroleum Technology*, January 1986.

4.13 de Faro, C., «On the internal rate of return criterion», *The Engineering Economist*, **19**, n° 3, Spring 1974.

4.14 de Faro, C., Soares, L., «A flexible sufficient condition for a unique nonnegative internal rate of return», *The Engineering Economist*, **23**, n° 2, Winter 1978.

4.15 Jean, W.H., «On multiple rates of return», *Journal of Finance*, **23**, n° 1, March 1968.

4.16 Kaplan, S., «A note on a method for precisely determining the uniqueness or non-uniqueness of the internal rate of return for a proposed investment», *Journal of Industrial Engineering*, **16**, n° 1, January-February 1965.

4.17 Lefkovits, H.C., Kanner, H., Harbottle, R.B., «On multiple rates of return», *Fifth World Petroleum Congress*, New York, June 1959.

4.18 Lin, S.A.Y., «The modified internal rate of return and investment criterion», *The Engineering Economist*, **21**, Summer 1976.

4.19 Norstrom, C.J., «A sufficient condition for a unique nonnegative internal rate of return», *Journal of Financial and Quantitative Analysis*, **7**, n° 3, June 1972.

4.20 Pratt, J.W., Hammond, J.S., «Evaluating and comparing projects : simple detection and false alarms», *Journal of Finance*, **34**, n° 5, December 1979.

4.21 Solomon, E., «The arithmetic of capital budgeting decisions», *Journal of Business*, **29**, April 1956.

4.22 Soper, C.S., «The marginal efficiciency of capital - a further note», *The Economic Journal*, **69**, n° 273, March 1959.

4.23 Teichroew, D., Robichek, A.A., Montalbano, M., «Mathematical analysis of rates of return under certainty», *Management Science*, **11**, n° 3, January 1965.

4.24 Teichroew, D., Robichek, A.A., Montalbano, M., «An analysis of criteria for investment and financing decisions under certainty», *Management Science*, **12**, n° 3, November 1965.

Chapitre 5
ÉTUDE DES COÛTS, COÛT DE REVIENT ÉCONOMIQUE ET DURÉE D'UTILISATION OPTIMALE DES ÉQUIPEMENTS

Ouvrages

5.1 Abraham, C., Thomas, A., *Microéconomie. Décisions optimales dans l'entreprise et dans la nation*, Dunod, Paris, 1966 et 1970.

5.2 Albouy, M., *La régulation économique dans l'entreprise*, 2 tomes, Dunod, Paris, 1972.

5.3 Cabet, R., Lizoret, Y., *L'économie du transport par conduite*, Éditions Technip, Paris, 1974.

5.4 Desrousseaux, J., *L'évolution économique et le comportement industriel*, Dunod, Paris, 1966.

5.5 EdF, *Le calcul économique et le système électrique. Principes élémentaires*, Eyrolles, Paris, 1979.

5.6 Guyot, F., *Éléments de microéconomie*, Éditions Technip, Paris, 1985.

5.7 Henderson, J.M., Quandt, R.E., *Microéconomie. Formulation mathématique élémentaire*, Dunod, Paris, 1972 (traduction de *Microeconomic theory*, McGraw-Hill, 1958 et 1971).

5.8 Krelle, W., *Production, demande, prix*, 2 tomes, Gauthiers-Villars, Paris, 1970.

5.9 Lesourne, J., *Technique économique et gestion industrielle*, Dunod, Paris, 1965.

5.10 Lévy-Lambert, H., Dupuy, J.P., *Les choix économiques dans l'entreprise et dans l'administration*, Tome 1, Dunod, Paris, 1973.

5.11 Malinvaud, E., *Leçons de théorie microéconomique*, Dunod, Paris, 1982.

5.12 Samuelson, P.A., Les fondements de l'analyse économique, Gauthiers-Villars, Paris, 1971.

5.13 Thomas, A., *Amortissement, fiscalité, croissance*, Dunod-Bordas, Paris, 1975.

Articles

5.14 Blondel, D., «Note sur le coût de régression», *Revue d'Économie Politique*, janvier-février 1967.

5.15 Boiteux, M., «L'amortissement peut-il jouer un rôle dans le calcul économique?», *Rev. Fr. de recherche opérationnelle*, **1**, n° 1, 4ème trimestre 1956.

5.16 Boiteux, M., «La vente au coût marginal», *Revue Française de l'Énergie*, décembre 1956.

5.17 Desrousseaux, J., «Théorie du déclassement et du prix de revient réel dans les industries capitalistiques», *Rev. Fr. de recherche opérationnelle*, n° 26, 1er trimestre 1963.

5.18 Griffin, J.M., «The process analysis alternative to statistical cost functions; an application to petroleum refining», *The American Economic Review*, March 1972.

5.19 Hotelling, H., «A general mathematical theory of depreciation», *Journal of the American Statistical Association*, n° 20, September 1925.

5.20 Itami, H., Kaplan, R.S., «An activity analysis approach to unit costing with multiple interactive products», *Management Science*, **26**, n° 8, August 1980.

5.21 Lhermitte, P., «De l'équivalence entre le calcul économique classique et le langage de l'amortissement», *Rev. Fr. de recherche opérationnelle*, n° 23, 1962.

5.22 Lhermitte, P., «Calcul théorique de l'amortissement», *Rev. Fr. de recherche opérationnelle*, n° 26, 1963.

5.23 Malinvaud, E., «Prices for individual consumption, quantity indicators for collective consumption», *Review of Economics Studies*, **39**, n° 4, October 1972.

5.24 Riveline, C., «L'évaluation des coûts», *Annales des Mines*, juin 1973.

5.25 Thomas, A., «Un modèle simple de renouvellement des équipements», *Gestion*, février 1966.

5.26 Ward, T.L., Sullivan, W.G., «Equivalence of the present worth and revenue requirement methods of capital investment analysis», *AIIE Transactions*, **13**, n° 1, March 1981.

Chapitre 6
CALCULS DE RENTABILITÉ ET FISCALITÉ

Ouvrages

6.1 Bierman, H., Smidt, S., *La préparation des décisions financières dans l'entreprise*, Dunod, Paris, 1972.

6.2 Blinn, K.W., Duval, C., Le Leuch, H., Pertuzio, A., *International Petroleum Exploration and Exploitation Agreements*, Barrows, New York, 1986.

6.3 de Bodinat, H., Klein, J., *La gestion financière internationale*, 2 tomes, Dunod, Paris, 1975.

6.4 Boulot, J.L., Cretal, J.P., Jolivet, J., Koskas, S., *La comptabilité générale de l'entreprise*, Publi-Union, Paris, 1988.

6.5 Boulot, J.L., Cretal, J.P., Jolivet, J., Koskas, S., *L'analyse financière*, Paris, Publi-Union, 1986.

6.6 Corre, J., *La consolidation des bilans*, Dunod, Paris, 1976.

6.7 Guedj, N., *Le Nouveau Plan Comptable Général*, Éditions d'Organisation, Paris, 1984.

6.8 Mallard, J.C., *Comprendre et gérer la fiscalité de l'entreprise*, Éditions d'Organisation, Paris, 1986.

6.9 Solnik, B., *Gestion financière*, Éditions Fernand Nathan, Paris, 1980.

6.10 Thomas, A., *Amortissement, fiscalité, croissance*, Dunod, Paris, 1975.

6.11 Turq, A., *Fiscalité de l'entreprise*, Sirey, Paris, 1975.

6.12 Commissariat Général du Plan, *Calcul Économique et Planification*, La Documentation Française, Paris, 1973.

6.13 *Lamy Fiscal*, Éditions Lamy, Paris, 1987.

6.14 *Memento Pratique Francis LEFEBVRE - Fiscal, 1987*, Éditions Francis Lefebvre, Paris, 1987.

6.15 *Memento Pratique Francis LEFEBVRE - Comptable, 1987*, Éditions Francis Lefebvre, Paris, 1987.

Articles

6.16 Dorfman, R., «The meaning of internal rates of return», *Journal of Finance*, **36**, n° 5, December 1981.

6.17 Krasker, W.S., «Building depreciation : which method pays off ?», *Harvard Business Review*, November-December, 1982.

6.18 Lesourne, J., «De la comptabilité à l'économique», *Metra*, n° 2, 1967.

Chapitre 7
HYPOTHÈSES D'ÉVOLUTION DES PRIX CALCULS EN MONNAIE COURANTE ET EN MONNAIE CONSTANTE

Ouvrages

7.1 Fisher, I., *The theory of interest*, Macmillan, New York, 1930.

7.2 Sandilands, F.E.P., *Inflation accounting : report of the inflation accounting committee*, Command Document 6225 - Her Majesty's Stationary Office, London, 1975.

7.3 Tournier, J.C., *Savoir gérer l'entreprise face à l'inflation vers une comptabilité indexée*, Éditions d'Organisation, Paris, 1976.

7.4 Commissariat Général du Plan, *La réévaluation des bilans*, La Documentation Française, Paris, 1976.

7.5 *Memento pratique Francis* LEFEBVRE *Fiscal*, 1987, Éditions Francis Lefebvre, Paris, 1987.

Articles

7.6 Aho, T., Virtanen, I., «On relationships between R01 and IRR under inflation; a constant real cash-flow case», *European Journal of Operational Research*, **13**, 1983.

7.7 Angel, M.G., Nitsch, T.O., «Inflation and the rationality of investing in projects with negative net present values», *American Economist*, **27**, n° 2, Fall 1983.

7.8 Baldwin, C.Y., Ruback, R.S., «Inflation, discrete replacement and the choice of asset lines», Working paper, n° 9-783-008, *Harvard Business School*, June 1982.

7.9 Brenner, M., Venezia, I., «The effects of inflation and taxes on growth investments and replacement policies», *Journal of Finance*, **38**, n° 5, December 1983.

7.10 Caillau, J.C., «Étude comparée des méthodes de réévaluation des comptes», *Économie et Comptabilité*, juin 1976.

7.11 Casey, C.J., Sandretto, M.J., «Internal uses of accounting for inflation», *Harvard Business Review*, November-December 1981.

7.12 Cravioglio, A., «Analisi di redditivita degli investimenti in periodi di inflazione», *L'Impresa*, **19**, n° 2, giugno 1977.

7.13 Fleming, J.S., Wright, J.F., «Uniqueness of the internal rate of return : a generalization», *The Economic Journal*, **81**, n° 322, June 1971.

7.14 Freidenfelds, J., Kennedy, M., «Price-inflation and long-term present worth studies», *Engineering Economist*, **24**, n° 3, Spring 1979.

7.15 de Guenin, J., «Les coûts différés de l'inflation», *Revue de l'AFTP*, n° 236, mars-avril 1976.

7.16 Harrison, D.D., Hernandez, W.H. «Measuring the impact of inflation on working capital», *Harvard Business Review*, **61**, n° 1, January-February 1983.

7.17 de Kerviller, I., «Le rapport de la Commission Sandilands», *Économie et Comptabilité*, n° 114, juin 1976.

7.18 Kim, M.K., «Inflationary effects in the capital investment process : an empirical examination», *Journal of Finance*, **34**, n° 4, September 1979.

7.19 Nelson, C.R., «Inflation and capital budgeting», *Journal of Finance*, **31**, n° 3, June 1976.

7.20 Ramin, M., «La provision pour hausse des prix et l'interprétation des résultats», *Analyse financière*, n° 20, 1er trimestre 1975.

7.21 Rappaport, A., «Measuring company growth capacity during inflation», *Harvard Business Review*, **57**, n° 1, January-February 1979.

7.22 Rappaport, A., Taggart, R.A., «Evaluation of capital expenditure proposals under inflation», *Financial Management*, **10**, n° 5, Spring 1982.

7.23 Rey, F., «Comptabilité d'inflation : les ambiguités de la valeur de remplacement», *Revue Française de Gestion*, n° 8, janvier-février 1977.

7.24 Teston, J.C., «La réévaluation des comptes», *Enseignement et Gestion*, n° 2, 1977.

7.25 Thomas, A., «Inflation et systèmes d'amortissements : une approche quantitative», *Analyse financière*, n° 20, 1er trimestre 1975.

7.26 Thomas, A., Dardel, P., «Incidence de l'inflation sur les comptes, les résultats et l'équilibre financier des entreprises», *Economie Appliquée*, n° 4, 1976.

7.27 Vanciel, R.F., «Inflation accounting. The great controversy», *Harvard Business Review*, **54**, n° 2, March-April 1976.

7.28 Van Horne, J.C., «A note on biases in capital budgeting introduced by inflation», *Journal of financial and quantitative analysis*, January 1971.

7.29 Wanenmacher, J.M., «Geometric progression and discount factors aid quick appaisals», *The Oil and Gas Journal*, April 3, 1978.

Chapitre 8
COÛT DE REVIENT ÉCONOMIQUE ET DURÉES DE VIE EN PRÉSENCE DE PROGRÈS TECHNIQUE

Ouvrages

8.1 Albouy, M., *La régulation économique dans l'entreprise*, 2 tomes, Dunod, Paris, 1972.

8.2 Desrousseaux, J., *L'évolution économique et le comportement industriel*, Dunod, Paris, 1966.

8.3 Rapp, B., *Models for optimal investment and maintenance decisions*, Wiley Halsted Press, New York, 1974.

8.4 Terborgh, G., *Dynamic equipment policy*, McGraw-Hill, New York, 1949.

Articles

8.5 Ahmed, S.B., «Optimal equipment replacement policy», *Journal of Transport Economics and Policy*, **7**, n° 1, January 1973.

8.6 Barra, J.R., Segond A., «Problèmes de remplacement de matériel», *Gestion*, juin 1965.

8.7 Boiteux, M., «Comment calculer l'amortissement», *Revue d'Économie Politique*, janvier-février 1956.

8.8 Boiteux, M., «L'amortissement peut-il jouer un rôle dans le calcul économique?», *Rev. Fr. de recherche opérationnelle*, **1**, n° 1, 4ème trimestre 1956.

8.9 Boiteux, M., «L'amortissement industriel», *Annales des Mines*, mars 1956.

8.10 Boiteux, M., «L'amortissement. Dépréciation des automobiles», *Revue de Statistique Appliquée*, **4**, n° 4, 1956.

8.11 Desrousseaux, J., «Le coût du temps, le rythme de marche du matériel», *Annales des Mines*, juillet-août 1959.

8.12 Desrousseaux, J., «Théorie du déclassement et du prix de revient réel dans les industries capitalistiques», *Rev. Fr. de recherche opérationnelle*, n° 26, 1er trimestre 1963.

8.13 Feldstein, M.S., Rothschild, M., «Towards an economic theory of replacement investment», *Econometrica*, **42**, n° 3, May 1974.

8.14 Foster, J.W., Norton, M.G., «New way to analyze capital investments», *Industrial Engineering*, **3**, n° 8, August 1971.

8.15 Henon, R., «La gestion du matériel dans les entreprises privées», *Cahiers du Séminaire d'Économétrie*, n° 1, avril 1951.

8.16 Hotelling, H., «A general mathematical theory of depreciation», *Journal of the American Statistical Association*, n° 20, September 1925.

8.17 Lhermitte, P., «De l'équivalence entre le calcul économique classique et le langage de l'amortissement», *Rev. Fr. de recherche opérationnelle*, n° 23, 2ème trim. 1962.

8.18 Lhermitte, P., «Calcul théorique de l'amortissement», *Rev. Fr. de recherche opérationnelle*, n° 26, 1er trim. 1963.

8.19 Lhermitte, P., Albouy, M., «A propos de la substitution d'une technique nouvelle à une technique ancienne dans un processus de production», *Revue Française de Recherche Opérationnelle*, n° 32, 3ème trimestre 1966.

8.20 Malcomson, J.M., «Replacement and the rental value of capital equipment subject to obsolescence», *Journal of Economic Theory*, **10**, 1975.

8.21 Sethi, S., Chand, S., «Planning horizon procedures for machine replacement models», *Management Science*, **25**, n° 2, February 1979.

8.22 Thomas, A., «Un modèle simple de renouvellement des équipements», *Gestion*, février 1966.

8.23 Waddell, R., «A model for equipment replacement decisions and policies», *Interfaces*, **13**, n° 4, August 1983.

8.24 Ward, T.L., Sullivan, W.G., «Equivalence of the present worth and revenue requirement methods of capital investment analysis», *AIIE Transactions*, **13**, n° 1, March 1981.

8.25 Zijlstra, M., «Optimum replacement and maintenance policies for units with a decreasing performance level», *European Journal of Operational Research*, **5**, n° 4, October 1980.

8.26 Zuckerman, D., «Optimal replacement rule - Discounted cost criterion», *RAIRO*, **13**, n° 1, février 1979.

Chapitre 9
TAUX D'ACTUALISATION, COÛT DU CAPITAL ET HYPOTHÈSES DE RATIONNEMENT EN CAPITAL

Ouvrages

9.1 Aftalion, F., Dubois, B., Malkin J., *Théorie financière de l'entreprise*, PUF, Paris, 1974.

9.2 Aftalion, F., Vialet, C., *Théorie du portefeuille*, PUF, Paris, 1977.

9.3 Brealey, R.A., Myers, S.C., *Principle of corporate finance*, McGraw-Hill, New-York, 1988 (3ème édition).

9.4 Charreton, R., Bourdaire, J.M., *La décision économique*, Que Sais-Je ?, PUF, Paris, 1985.

9.5 Fama, E.F., *Foundation of finance*, Basic Books, New York, 1976.

9.6 Fisher, I., *The theory of interest*, Macmillan, New York, 1954.

9.7 Gordon, M.J., *The investment, financing and valuation of the corporation*, R. Irwin, Homewood, Illinois, 1962.

9.8 Lesourne, J., *Modèles de croissance des entreprises*, Dunod, Paris, 1973.

9.9 Levy, H., Sarnat, M., *Portforlio and investment selection : Theory and practice*, Prentice Hall International, Englewood Cliffs, 1984.

9.10 Markowitz, H.M., *Portfolio selection*, Wiley, New York, 1959.

9.11 Quintart, A., Ziswiller, R., *Théorie de la finance*, PUF, Paris, 1985.

9.12 Solomon, E., *The theory of financial management*, Columbia University Press, New York, 1963.

9.13 Zisswiller, R., *Microéconomie et décisions financières*, Dalloz, Paris, 1977.

Articles

9.14 Albouy, M., «Théorie financière de la firme. Séparation de l'activité financière et de l'activité technique, incidence de la fiscalité, stratégie financière», *RAIRO*, **10**, n° 2, février 1976.

9.15 Auerbach, A.J., «Wealth maximisation and the cost of capital», *Quaterly Journal of Economics*, n° 3, August 1979.

9.16 Auerbach, A.J., «Inflation and the tax treatment of firm behavior», *The American Economic Review*, **71**, n° 2, May 1981.

9.17 Baron, B.F., «Default risk, nome-made leverage and the Modigliani-Miller theorem. A synthesis», *The American Economic Review*, **66**, n° 1, March 1976.

9.18 Beranek, W., «The weighted average cost of capital and shareholder wealth maximisation», *Journal of Financial and Quantitative Analysis*, **12**, n° 1, March 1977.

9.19 Bernard, A., «Le coût d'usage du capital productif : une ou plusieurs mesures ?», *Annales de l'INSEE*, n° 28, octobre-décembre 1977.

9.20 Black, F., Scholes, M., «The effects on dividend yield and dividend policy on common stock prices and returns», *Journal of Financial Economics*, **1**, n° 1, May 1974.

9.21 Boisvieux, P., «Etudes économiques et taux d'actualisation - Considérations inhabituelles», *Metra*, **14**, n° 1, 1975.

9.22 Boiteux, M., «Note sur le taux d'actualisation», *Revue d'Économie Politique*, n° 1, janvier-février 1969.

9.23 Brennan, M.J., Schwartz, E.S., «Corporate income taxes, valuation and the problem of optimal capital structure», *Journal of Business*, n° 51, January 1978.

9.24 Cantor, D.G., Lippman, S.A., «Investment selection with imperfect capital markets», *Econometrica*, **51**, n° 4, July 1983.

9.25 Chamberlain, G., Rothschild, M., «Arbitrage, factor structure and mean-variance analysis on large asset markets», *Econometrica*, **51**, n° 5, September 1983.

9.26 Chipman, J.S., «A renewal model of economic growth : the continuous case», *Econometrica*, **35**, n° 2, March 1977.

9.27 Chauveau, T., «L'inflation et les entreprises», *Revue Economique*, **34**, n° 5, septembre 1983.

9.28 Chen, A.H., Han Kim, E., «Theories of corporate debt policy : a synthesis», *Journal of Finance*, **34**, n° 2, May 1979.

9.29 Clout, P.C., Krief, A., Weymuller, B., «Choix des investissements d'une entreprise», *Metra*, **9**, n° 3, septembre 1970.

9.30 Derycke, P.H., «Taux d'intérêt, taux d'actualisation et croissance économique», *Revue Economique*, juillet 1966.

9.31 Donaldson, G., «Strategic hurdle rates for capital investment», *Harvard Business Review*, **52**, n° 2, March-April 1972.

9.32 Dorfman, R., «The meaning of internal rates of return», *Journal of Finance*, **36**, n° 5, December 1981.

9.33 Dumas, B., Zisswiller, R., «La mort du beta ?», *Analyse Financière*, 4ème trimestre 1984.

9.34 Elliot, J.W., «The cost of capital and US capital investment : a test of alternative concepts», *Journal of Finance*, **35**, n° 4, September 1980.

9.35 Everett, H., «Generalized Lagrange multipliers method for solving problems of optimum allocation of resources», *Operations Research*, **11**, n° 3, 1963.

9.36 Gordon, M.J., Shapiro, E., «Capital equipment analysis the required rate of profit», *Management Science*, **3**, October 1956.

9.37 Gordon, M.J., «Towards a theory of financial distress», *Journal of Finance*, **26**, n° 2, May 1971.

9.38 Harrington, D.R., «Stock prices, beta and strategic planning : the case of a company that used the CAPM to analyse risk», *Harvard Business Review*, **61**, n° 3, May-June 1983.

9.39 Hellwig, M.F., «Bankrupty, limited liability and the Modigliani-Miller theorem», *The American Economic Review*, **71**, March 1981.

9.40 Helmer, J.Y., «Essai sur la croissance de l'entreprise», *Revue Economique*, mars 1973.

9.41 Hochman, S., Palmon, O., «The irrelevance of capital structure for the impact of inflation in investment», *Journal of Finance*, **33**, n° 3, June 1983.

9.42 Ibbotson, R.G., Sinquefeld, R.A., «Stocks, bonds, bills and inflation : historical returns 1926-1978», *Journal of Finance*, **35**, n° 1, March 1980.

9.43 Ingersoll, J.E., «Some results in the theory of Arbitrage Pricing», *Journal of Finance*, **39**, n° 4, September 1984.

9.44 Jensen, M., Meckling, W., «Theory of the firm : managerial behavior, agency costs and ownership structure», *Journal of Financial Economics*, **3**, n° 4, October 1976.

9.45 Kim, E., «Miller's equilibrium shareholder leverage clienteles, and optimal capital structure», *Journal of Finance*, **37**, n° 2, May 1982.

9.46 Lanstein, R.J., Jahnke, W.W., «Applying capital market theory to investing», *Interfaces*, **9**, n° 2, February 1979.

9.47 Linke, C.M., Kim, M.K., «More on the weighted average cost of capital : a comment and analysis», *Journal of Financial and Quantitative Analysis*, **9**, n° 4, December 1974.

9.48 Lintner, J.V., «The cost of capital and optimal financing of corporate growth», *Journal of Finance*, **18**, n° 2, May 1963.

9.49 Lintner, J.V., «Security prices, risk and maximal gains from diversification», *Journal of Finance*, **20**, n° 5, December 1965.

9.50 Lipman, S.A., «Capital accumulation in a riskless environment», *Journal of Economic Theory*, n° 2, 1970.

9.51 Llau, P., «La rationalité du taux d'actualisation», *Revue Economique*, juillet 1966.

9.52 Miller, M.H., «Debt and taxes», *Journal of Finance*, **32**, n° 2, May 1977.

9.53 Milleron, J.C., «Rôle des facteurs financiers dans la décision d'investissement, un essai de formalisation», *Annales de l'INSEE*, n° 5, 1970.

9.54 Modogliani, F., Miller, M.H., «The cost of capital, corporate finance and the theory of investment», *The American Economic Review*, **45**, n° 3, June 1958.

9.55 Modigliani, F., Miller, M.H., «Corporate income taxes and the cost of capital : a correction», *The American Economic Review*, June 1963.

9.56 Modigliani, F., Miller, M.H., «Reply to HEINS and SPRENKLE», *The American Economic Review*, **59**, n° 4, September 1969.

9.57 Modigliani, F., «Debt, dividend policy, taxes, inflation and market valuation», *Journal of Finance*, **37**, n° 2, May 1982. Idem, «erratum», **38**, n° 3, June 1983.

9.58 Mullins Jr, D.W., «Does the Capital Asset Pricing work?», *Harvard Business Review*, **60**, January-February 1982.

9.59 Myers, S.C., «The capital structure puzzle», *Journal of Finance*, **74**, n° 3, June 1984.

9.60 Pyndick, R.S., «Risk, inflation and the stock market», *The American Economic Review*, **74**, n° 3, June 1984.

9.61 Roll, R., «A critique of the Asset Pricing theory's tests», *Journal of Financial Economics*, **4**, n° 2, March 1977.

9.62 Roll, R., Ross, S.A., «An empirical investigation of the Arbitrage Pricing Theory», *Journal of Finance*, **35**, n° 5, December 1980.

9.63 Ross, S.A., «The Arbitrage Theory of Capital Asset Pricing», *Journal of Economic Theory*, n° 13, December 1976.

9.64 Roure, F., Butery, A., «Droite de marché des titres et performances des sociétés holding pures françaises», *Revue Economique*, **33**, n° 3, mai 1982.

9.65 Shanken, J., «The Arbitrage Pricing Theory : is it testable?», *Journal of Finance*, **37**, n° 5, December 1982.

9.66 Sharpe, W.F., «Capital Asset Prices : a theory of market equilibrium under conditions of risk», *Journal of Finance*, September 1964.

9.67 Shelton, J., «Equal access and Miller's equilibrium», *Journal of Financial and Quantitative Analysis*, n° 76, November 1981.

9.68 Smith, V.L., «Default risk, scale, and the home-made leverage theorem», *The American Economic Review*, March 1972.

9.69 Stapelton, R.C., Subramanyam, M.G., «A multiperiodic equilibrium Asset Pricing Model», *Econometrica*, **46**, n° 5, September 1976.

9.70 Stiglitz, J.E., «A re-examination of the Modigliani-Miller theorem», *The American Economic Review*, **59**, December 1969.

9.71 Stoleru, L., «Taux d'intérêt et taux d'actualisation», *Économie et Statistique*, n° 5, octobre 1969.

9.72 Weingartner, H.M., «Capital rationing : *n* authors in search of a plot», *Journal of Finance*, **32**, n° 5, December 1977.

9.73 Zisswiller, R., «La prise en compte des éléments stratégiques dans l'analyse financière des projets d'investissement par la méthode des valeurs actuelles», *Annales de Science Economique Appliquée*, **35**, n° 3, 1979.

Chapitre 10
PRISE EN COMPTE DU MODE DE FINANCEMENT DANS LES CALCULS DE RENTABILITÉ

Rentabilité globale, rentabilité des capitaux propres, méthode des intérêts seulement déductibles et valeur actuelle ajustée

Articles

10.1 Arditti, F.D., «The weighted average cost of capital; some question in its definition, interpretation and use», *Journal of Finance*, **28**, n° 4, September 1973.

10.2 Arditti, F.D., Levy, H., «The weighted average cost of capital as a cutoff rate : a critical examination of the classical text book weighted average», *Financial Management*, **6**, n° 3, Fall, 1977.

10.3 Babusiaux, D., Karnik, J.L., «Sur la prise en compte du mode de financement dans les calculs de rentabilité : la méthode des intérêts seulement déductibles», *Rev. Inst. Franç. du Pétrole*, **41**, n° 3, mai-juin 1986.

10.4 Babusiaux, D., «Rentabilité globale, rentabilité des capitaux propres et méthode des intérêts seulement déductibles», *Économies et Sociétés, Sciences de gestion*, **13**, janvier 1989.

10.5 Ben-Horim, M. «Comment on the weighted average cost of capital as cutoff rate», *Financial Management*, **8**, n° 2, Summer 1979.

10.6 Bloomfield, T., Ma, R., «The weighted average cost of capital : some questions on its definition, and use : comment», *Journal of Finance*, **28**, n° 3, June 1973.

10.7 Boudreaux, K.J., Long, H.W., «The weighted average cost of capital as a cutoff rate : a further analysis», *Financial Management*, **8**, n° 2, Summer 1979.

10.8 Chambers, D.R., Harris, R.S., Pringle, J.J., «Treatment of financing mix in analyzing investment opportunities», *Financial Management*, **8**, n° 2, Summer 1979.

10.9 Linke, C.M., Kim, M.K., «More on the weighted average cost of capital : comment and analysis», *Journal and Financial and Quantitative Analysis*, **19**, n° 4, December 1984.

10.10 Miles, J., Ezzell, R., «The weighted average cost of capital, perfect capital markets and project life : a clarification», *Journal of Financial and Quantitative Analysis*, September 15th 1980.

10.11 Myers, S.C., «Interactions of corporate financing and investment decisions. Implications for capital budgeting», *Journal of Finance*, **29**, n° 1, March 1974.

10.12 Nantell, T.J., Carlson, C.R., «The cost of capital as a weighted average», *Journal of Finance*, **30**, n° 5, December 1975.

10.13 Riveline, C., «L'évaluation des coûts», *Annales des Mines*, n° 6, juin 1973.

Comparaison achat-leasing

Ouvrages

10.14 Anderson, P.F., *Financial aspects of industrial leasing decisions ; implications for marketing*, Michigan State University Business Studies, 1977.

10.15 Bierman, H., Smidt, S., *La préparation des décisions financières dans l'entreprise*, Dunod, Paris, 1968 (Traduit de *The capital budgeting decision*, Macmillan, 1966).

10.16 Pace, G., *Pratique et technique financière du crédit-bail (leasing)*, Delmas, Paris, 1974.

10.17 Stengel, H., *Le choix des investissements dans une économie incertaine*, EME, Paris, 1977.

Articles

10.18 Allen, C.L., Martin, J.D., Anderson, P.F., «Debt capacity and the lease-purchase problem : a sensitivity analysis», *Engineering Economist*, **24**, n° 2, Winter 1978.

10.19 Anderson, P.F., Martin, J.D., «Lease vs. purchase decisions; a survey of current practice», *Financial Management*, **6**, n° 1, Spring 1977.

10.20 Bierman Jr, H., «Analysis of the lease-or-buy decision : comment», *Journal of Finance*, **28**, n° 4, September 1973.

10.21 Bower, R.S., «Issues in lease financing», *Financial Management*, **2**, n° 4, Winter 1973.

10.22 Bower, R.S., Herringer, F.C., Williamson, J.P., «Lease evaluation», *The Accounting Review*, **41**, April 1966.

10.23 Brigham, E.F., «Equipement lease financing : a bank management imperative», *The Banker's Magazine*, n° 149, Winter 1966.

10.24 Mac Connel, J., Schallheim, J.S., «Valuation of asset leasing contracts», *Journal of Financial Economics*, **10**, n° 2, August 1983.

10.25 Findlay, M.C., «Financial lease evaluation : survey and synthesis», *Financial Review*, 1974.

10.26 Gordon, M.J., «A general solution to the buy or lease decision : a pedogogical note», *Journal of Finance*, **29**, n° 1, March 1974.

10.27 Johnson, R.W., Lewellen, W.G., «Analysis of the lease-or-buy decision», *Journal of Finance*, **27**, n° 4, September 1972.

10.28 Lewellen, W.G., Long, M.S., Mc Connell, J.J., «Asset leasing in competitive capital markets», *Journal of Finance*, **31**, n° 3, June 1976.

10.29 Myers, S., Dill, D., Bautista, A., «Valuation of financial lease contracts», *Journal of Finance*, **31**, n° 3, June 1976.

10.30 Roenfeld, R.L., Osteryoung, J.S., «Analysis of financial leases», *Financial Management*, **2**, n° 1, Spring 1973.

10.31 Schall, L.D., «The lease-or-buy and asset acquisition decisions», *Journal of Finance*, **29**, n° 4, September 1974.

10.32 Vancil, R.F., «Lease or borrow - New method of analysis», *Harvard Business Review*, **39**, September-October 1961.

10.33 Van Horne, J.C., «The cost of leasing with capital market imperfections», *Engineering Economist*, **23**, n° 1, Fall, 1977.

Chapitre 11
PROJETS INTERDÉPENDANTS ET PROGRAMMATION DES INVESTISSEMENTS

Ouvrages

11.1 Albouy, M., *Régulation économique dans l'entreprise*, 2 tomes, Dunod, Paris, 1962.

11.2 Bellman, R.E., *Dynamic programming*, Princeton University Press, Princeton, New Jersey, 1957.

11.3 Dantzig, G.B., *Linear programming and extensions*, Princeton University Press, Princeton, New Jersey, 1963.

11.4 Dorfman, R., Samuelson, P.A., Solow, R.M., *Programmation linéaire et gestion économique*, Dunod, Paris, 1962.

11.5 EdF, *Le calcul économique et le système électrique. Principes élémentaires*, Eyrolles, Paris, 1979.

11.6 Holl, J.C., Plas, J.P., Riou, P., *Les choix d'investissement dans l'entreprise*, PUF, Paris, 1973.

11.7 Leban, R., Lesourne, J., *Vers une théorie de l'adaptation de l'entreprise aux fluctuations de la conjoncture, in* AFCET ed. "Modélisation et Maîtrise des systèmes", tome 2, Éditions Hommes et Techniques, 1977.

11.8 Lebraty, J., *Programmation linéaire et choix du taux d'actualisation, in* "Mélanges offerts à Henri GUITTON", Dalloz-Sirey, Paris, 1976.

11.9 Lesourne, J., *Modèles de croissance des entreprises*, Dunod, Paris, 1973.

11.10 Maurin, H., *Programmation linéaire appliquée*, Éditions Technip, Paris, 1967.

11.11 Palmer, K.H., *A model management framework for mathematical programming*, Wiley, New York, 1984.

11.12 Pontryagin, L.S., Boltyanskii, V.G., Gamkrelidze, R.V., Mischenko, E.F., *The mathematical theory of optimal processes*, Interscience Publishers, New York, 1962.

11.13 Weingartner, H.M., *Mathematical programming and analysis of capital budgeting problems*, Prentice Hall, Englewood Cliffs, 1963 (réédité Markham, Chicago, 1967 et Kershaw, London, 1974).

Articles

11.14 Albouy, M., «Théorie financière de la firme. Séparation de l'activité financière et de l'activité technique. Incidence de la fiscalité. Stratégie financière». *RAIRO*, **10**, n° 2, février 1976.

11.15 Albouy, M., Breton, A., «Taux d'actualisation et modèles de croissance», *Revue d'Economie Politique*, 1969.

11.16 Antle, R., Eppen, G.D., «Capital rationing and organizational slack in capital budgeting», *Management Science*, **31**, n° 2, February 1985.

11.17 Armand, A., «La décentralisation par les prix», *Metra*, 1968.

11.18 Ashton, D.J., Atkins, D.R., «Rules of thumb and the impact of debt in capital budgeting models», *Journal of Operational Research Society*, **30**, n° 1, January 1979.

11.19 Ashton, D.J., Atkins, D.R. «Horizon valuations for mathematical programming in financial planning», *Journal of Operational Research Society*, **30**, n° 7, July 1979.

11.20 Atkins, D.R., Ashton, D.J., «Discount rates in capital budgeting : a re-examination of the Baumol and Quandt paradox», *Engineering Economist*, **21**, n° 3, Spring 1976.

11.21 Audibert, J.M., Holl, J.C., Plas, J.P., «CAPRI, un modèle de calcul de programmes d'investissement», *Gestion*, juin 1968.

11.22 Babusiaux, D., «Implantation d'un réseau de dépôts de produits finis pétroliers compte tenu des fluctuations saisonnières de la demande», *Rev. Inst. Franç. du Pétrole*, **26**, n° 3, mars-avril 1971.

11.23 Baumol, W.J., Quandt, R.E., «Investiment and discount rates under capital rationing, a programming approach», *The Economic Journal*, **75**, n° 298, June 1965.

11.24 Bernhard, R.H., «Mathematical programming models for capital budgeting. A survey, generalization and critique», *Journal of Financial and Quantitative Analysis*, **4**, n° 2, June 1969.

11.25 Bertoneche, M., Langohr, H., «Le choix des investissements en situation de rationnement de capital. Comparaison des solutions fournies par différents modèles théoriques». *Revue Economique*, **28**, n° 5, septembre 1977.

11.26 Bessière, F., Petcu, M., «Analyse marginale et optimisation structurelle des investissements : application au secteur de l'électricité», *RIRO*, n° 6, 1967.

11.27 Boiteux, M., Bessière, F., «Sur l'emploi des méthodes globales et marginales dans le choix des investissements», *Revue Française de Recherche opérationnelle*, n° 20, 3ème trim. 1961.

11.28 Burton, R.M., Damon, W.W., «Budgets for integrating decentralized investiment and production planning», *Omega International Journal of Management Science*, **7**, n° 2, 1979.

11.29 Carleton, W.T., «Linear programming and capital budgeting models : a new interpretation», *Journal of Finance*, **24**, n° 5, December 1969.

11.30 Carleton, W.T., Kendall, G., Tandon, S., «Application of the decomposition principle to the capital budgeting problems in a decentralized firm», *Journal of Finance*, **29**, n° 3, June 1974.

11.31 Charnes, A., Cooper, W.W., «A note on the "Fail-Safe" properties of the generalized Lagrange multiplier method», *Operations Research*, 13, July-August 1965.

11.32 Charnes, A., Cooper, W.W., Miller, M.H., «Application of linear programming to financial budgeting and the costing of funds», *Journal of Business*, **32**, n° 1, January 1959 (p.20-46).

11.33 Charreton, R., «La décentralisation des choix économiques vue à travers une méthode de résolution de programmes linéaires par décomposition», *RAIRO*, **V-2**, mai 1973.

11.34 Clout, P.C., Krief, A., Weymuller, B., «Choix des investissements d'une entreprise», *Metra*, septembre 1970.

11.35 Dantzig, G.B., Wolfe, P., «Decomposition principles for linear programs», *Operations Research*, **8**, n° 2, February 1960.

11.36 Ederington, L.H., Henry, W.R., «On costs of capital in programming approaches to capital budgeting», *Journal of Financial and Quantitative Analysis*, **14**, n° 5, December 1978.

11.37 Elton, E.J., «Capital rationing and external discount rates», *Journal of Finance*, **25**, n° 3, June 1970.

11.38 Everett, H., «Generalized Lagrange multiplier method for solving problems of optimum allocation of resources», *JORSA*, **11**, n° 3, 1963.

11.39 Everett, H., «Comments on the preceding note», *Operations Research*, **13**, July-August 1965.

11.40 Guillaume, M., «La détermination du taux d'actualisation associée à la croissance française», *Economie Appliquée*, Tome 21, n° 3-4, 1968.

11.41 Helmer, J.Y., «Essai sur la croissance de l'entreprise», *Revue Economique*, mars 1973.

11.42 Kassiecieh, S.K., «International intra-company transfer pricing», *Operations Research*, **29**, n° 4, July-August 1981.

11.43 Kornaï, J., Liptak, T., «Two-level planning», *Econometrica*, 3**3**, n° 1, 1965.

11.44 Lorie, J.H., Savage, L.J., «Three problems in capital rationing», *The Journal of Business*, **28**, n° 4, October 1955.

11.45 Malinvaud, E., «Prices for individual consumption, quantity indicators for collective consumption», *Review of Economic Studies*, **39**, n° 4, October 1972.

11.46 Merville, L.J., Tavis, L.A., «A generalized model for capital investment», *Journal of Finance*, **28**, n° 1, March 1973.

11.47 Milleron, J.C., «Rôle des facteurs financiers dans la décision d'investissement. Un essai de formalisation», *Annales de l'INSEE*, n° 5, 1980.

11.48 Myers, S.C., «A note on linear programming and capital budgeting», *Journal of Finance*, **37**, n° 1, March 1972.

11.49 Myers, S.C., Pogue, G.A., «A programming approach to corporate financial management», *Journal of Finance*, **37**, n° 1, March 1972.

11.50 Sautter, E., «Modèles équivalents et coûts marginaux», *RIRO*, n° 3, 1967.

11.51 Sharon, E.M., «The budget-limit effect on the delegation of the capital budgeting authority : the case of sequential and frequent investment decisions», *Management Science*, **29**, n° 3, March 1983.

11.52 Weingartner, H.M., «Capital rationing : n authors in search of a plot», *Journal of Finance*, **32**, n° 5, December 1977.

11.53 Whitmore, G.A., Amey, L.R., «Capital budgeting under rationing : comments in the Lusztig and Schwab procedure», *Journal of Financial and Quantitative Analysis*, **8**, n° 1, January 1973.

Chapitre 12
INTRODUCTION AUX MÉTHODES D'ANALYSE EN AVENIR INCERTAIN

Ouvrages

12.1 Boiteux, M., de Montbrial, Th., Munier, B., *Marchés, capital et incertitude. Essais en l'honneur de M. ALLAIS*, Economica, Paris, 1986.

12.2 Charreton, R., Bourdaire, J.M, *La décision économique*, PUF, Que Sais-Je ?, Paris, 1985.

12.3 Mac Cray, A.W., *Petroleum evaluations and economic decisions*, Prentice Hall, Englewood Cliffs, 1975.

12.4 Fericelli, A.M., *Théorie statistique de la décision*, Economica, Paris, 1978.

12.5 de Finetti, B., *Probability, Induction and Statistics*, Wiley, New York, 1972.

12.6 Hillier, F.S., *The evaluation of risky interrelated investments*, North-Holland, Amsterdam, 1971.

12.7 Ikoku, C.U., *Economic analysis and investment decisions*, Wiley, New York, 1985.

12.8 Kaufman, G., *Statistical decision and related techniques in oil and gas exploration*, Prentice Hall, Englewood Cliffs, 1963.

12.9 Knight, F.H., *Risk, uncertainty and profit*, Houghton Mifflin Co, New York, 1921.

12.10 Lardenois, M., Montel, J., *Etablissement par le calcul de la courbe de probabilité du bénéfice actualisé de projets d'exploration pétrolière et méthodes du choix*, Programme à long terme. Centre International de Calcul de Rome, 1965. Dunod, Paris, 1967.

12.11 Luce, R.D., Raiffa, H., *Games and decisions*, Wiley, New York, 1957.

12.12 Markowitz, H.M., *Portfolio selection : efficient diversification of investment*, Wiley, New York, 1959.

12.13 Mathieu-Nicot, B., *Espérance mathématique de l'utilité floue*, Collections de L'IME, Dijon, 1985.

12.14 Milnor, J., *Games against nature*, in Thrall, Coombs and Davis (Ed.) Decision processes, Wiley, New York, 1954.

12.15 Mothes, J., *Incertitudes et décisions industrielles*, Dunod, Paris, 1967.

12.16 Munier, B.R. (ed.), *Risk, decision and rationality*, D. del Pub. Co, Dordrecht, 1988.

12.17 Newendorp, P.D., *Decision analysis for petroleum exploration*, Petroleum Pub. Co, Tulsa, 1975.

12.18 Raiffa, H., *Analyse de la décision*, Dunod, Paris, 1973 (Traduction de *Decision analysis*, 1968).

12.19 Raiffa, H., Schlaiffer, R., *Applied statistical decision theory*, Harvard University, 1961.

12.20 Savage, L.J., *The foundations of statistics*, Wiley, New York, 1959 et 1964.

12.21 Schall, L.D., Haley, C.W., *Introduction to financial management*, McGraw-Hill, New York, 1980 (2ème édition).

12.22 Shackle, G.L.S., *Expectation in economics*, Cambridge University Press, Cambridge, 1949 et 1952.

12.23 Shlaiffer, *Analysis of decisions under uncertainty*, McGraw-Hill, New York, 1967.

12.24 Tribus, M., *Décisions dans l'incertain*, Masson, Paris, 1972.

12.25 Tyner, W.E., Kalter, R.J., *Western coal promise or problem*, Lexington Books, Lexington, Massachusetts, 1978.

12.26 Von Neumann, J., Morgenstern, O., *Theory of games and economic behavior*, Wiley, New York, 1964 (1ère édition 1944).

12.27 Wald, A., *Statistical decision functions*, Wiley, New York, 1950.

Articles

12.28 Allais, M., «Le comportement de l'homme rationnel devant le risque : critique des postulats et axiomes de l'école americaine», *Econometrica*, **21**, 1953.

12.29 Bourdaire, J.M., Charreton, R., «Rien de plus pratique qu'une bonne théorie. Théorie de la décision et choix d'un groupe pétrolier», *Annales des Mines*, série Gérer et comprendre, septembre 1977.

12.30 Brennan, M.J., Schwartz, E.S., «A new approach to evaluating natural resource investments». *Journal of Business*, **58,** n° 2, 1985.

12.31 Carter, E.E., «What are the risks and risk analysis ?», *Harvard Business Review*, **50**, n° 4, July-August 1972.

12.32 Cohen, M., Jaffray, J.Y., «L'axiome d'indépendance de Savage peut-il être un principe universel de rationalité dans l'incertain ?», *Bulletin de Mathématiques Économiques*, n° 17, avril 1982.

12.33 de Finetti, B., «La prévision : ses lois logiques, ses sources subjectives», *Annales de l'Institut Henri Poincaré*, 1937.

12.34 Fourgeaud, C., Lenclud, J., Sentis, P., «Critères de choix en avenir partiellement incertain», *RIRO*, n° 14, novembre 1968.

12.35 Guesnerie, R., «Sur l'usage de la notion de probabilités subjectives», *RAIRO*, **1**, mars 1972.

12.36 Hatchuel, A., Moisdon, J.C., «Théorie de la décision et pratiques organisationnelles : le cas des investissements pétroliers», *Economies et Sociétés, Sciences de Gestion*, n° 4, janvier 1984.

12.37 Henry, C., «Critères simples pour la prise en compte du risque», *Econometrica*, **49**, n° 1, janvier 1981.

12.38 Hertz, D.B., «Risk analysis in capital investment», *Havard Business Review*, **42**, n° 1, January-February, 1964, réédité **57**, n° 5, September-October 1979.

12.39 Hirshleifer, J., Riley, J.C., «The analysis of uncertainty and information. An expository survey», *The Journal of Economic Literature*, **17**, December 1979.

12.40 Howard, R., «Proximal decision analysis», *Management Science*, **17**, n° 9, May 1971.

12.41 Mac Knight, «An empirical methodology for the valuation of risky gold cashflows», *in Gold Mining, 2nd International Conference, AIME*, Vancouver, 1988.

12.42 Lambert, G., «Choix d'investissements : un nouvel outil de décision», *Revue Française de Gestion*, mars-avril-mai 1988.

12.43 Lesourne, J., «La rénovation de l'équilibre économique général et le comportement individuel en face de l'incertain», *Economie Appliquée*, **32**, n° 2-3, 1979.

12.44 Lesourne, J., «Les critères de choix en avenir aléatoire», *Metra*, **7**, n° 2, 1968.

12.45 Levy, H., Markowitz, H.M., «Approximating expected utility by a function of Mean and Variance», *The American Economic Review*, **69**, n° 3, June 1979.

12.46 Lewellen, W.G., «Some observations on risk-adjusted discount rates», *Journal of Finance*, **32**, n° 4, September 1977.

12.47 Machina, M.J., «Expected utility analysis without the independance axiom», *Econometrica*, **50**, n° 2, March 1982.

12.48 Malgrange, P., «Critère de choix en avenir incertain. Ebauche d'un algorithme d'optimisation», *RIRO*, **V-2**, juin 1970.

12.49 Moisdon, J.C., «La théorie de la décision en quête d'une pratique», *Annales des Mines*, **14**, avril 1977.

12.50 Paddock, J.L., Siegel, D.R., Smith, J.L., «Option valuation of claims on real assets : the case of offshore petroleum leases», *Quarterly Journal of Economics*, August 1988.

12.51 Ramsey, J.B., «The economics of oil exploration. A probability of ruin approach», *Energy Economics*, January 1980.

12.52 Rizzi, M., «Une nouvelle méthode d'aide à la décision en avenir incertain», *RAIRO*, **16**, n° 4, novembre 1982.

12.53 Shoemaker, P.J.H., «The expected utility model : its variants, purposes, evidence and limitations», *The Journal of Economic Literature*, **20**, n° 2, June 1982.

12.54 Siegel, D.R., Smith, J.L., Paddock, J.L., «Valuing offshore oil properties with option pricing models», *Midland Corporate Finance Journal*, **5**, n° 1, Spring 1987.

12.55 Wagle, B., «A statistical analysis of risk in capital investment projects», *Operational Research Quarterly*, n° 1, 1967.

12.56 Wood, T., «How spider diagrams work as a management tool», *Petroleum and Petrochemical International*, **12**, n° 8, August 1972.

12.57 Zisswiller, R., «La prise en compte du risque dans le choix des investissements par la détermination de taux d'actualisation», *Analyse financière*, **59**, 1983.

Définitions simplifiées et formules de base

Actualisation (voir également résumé du chapitre 3, page 88)

Taux d'actualisation : coût du capital (coût effectif ou coût d'opportunité), prix de cession interne du capital entre le département financier et le département Projets. Dans l'entreprise le coût effectif du capital est en général défini comme un coût moyen pondéré des différentes sources de financement (en supposant donné le ratio d'endettement). En cas de rationnement du capital, le taux d'actualisation peut, éventuellement, être plus élevé que le coût effectif moyen du capital. Il s'interprète alors comme un coût de rareté.

Taux d'actualisation en monnaie courante i' et taux d'actualisation en monnaie constante i : si le taux d'inflation d est supposé stable :

$$1 + i' = (1 + i)(1 + d)$$

Coefficient d'actualisation : coefficient d'équivalence entre des sommes disponibles à des dates différentes. Coefficient d'actualisation de l'année n par rapport à l'année 0 :

$$\frac{1}{(1 + i)^n}$$

Valeur actuelle à l'année 0 d'un capital S_n disponible à une année n : somme S_0 qui, placée à intérêts composés jusqu'à la date n à un taux égal au taux d'actualisation i, deviendrait égale à ce capital à la date de disponibilité n :

$$S_0 = \frac{S_n}{(1 + i)^n}$$

Si le capital disponible au taux i n'est pas limité, la valeur actuelle est équivalente à une somme de même montant disponible à l'année 0.

Valeur actuelle d'un paiement périodique de 1 F chaque année pendant n années :

$$\sum_{k=1}^{n} \frac{1}{(1 + i)^k} = \frac{(1 + i)^n - 1}{i(1 + i)^n}$$

Amortissement comptable : constatation comptable de la perte de valeur d'un actif.

Amortissement dégressif : l'amortissement annuel est égal à une fraction donnée du capital non encore amorti.

Amortissement linéaire sur n années : l'amortissement est égal chaque année à $1/n$ du capital initial.

Amortissement économique : équivalent annuel des dépenses d'investissement égal à la différence entre le coût de revient économique et les frais d'exploitation. Lorsque le coût de revient économique et les frais d'exploitation sont supposés stables au cours du temps, l'amortissement économique est égal à l'annuité constante équivalente aux coûts d'investissements.

Analyse de sensibilité : analyse des variations de la rentabilité d'un projet en fonction des variations possibles des différents paramètres caractérisant le projet (coût d'investissement, prix de vente, etc).

Annuité constante x à recevoir pendant n années équivalente à 1 F disponible à l'année 0 :

$$x = \frac{1}{\sum_{k=1}^{n} \frac{1}{(1+i)^k}} = \frac{i(1+i)^n}{(1+i)^n - 1}$$

C'est la somme qui, versée chaque année de l'année 1 à l'année n, permet le remboursement d'une somme de 1 F empruntée à l'année 0 au taux d'intérêt i.

Bénéfice actualisé (voir Revenu actualisé).

Beta : paramètre mesurant le risque systématique associé au rendement d'une action (voir Coût du capital propre, Modèle d'Equilibre des Actifs Financiers).

Coût d'un emprunt

Coût après impôt $\hat{e}'$ d'un emprunt en monnaie courante :

$$\hat{e}' = (1-t)e'$$

e' : taux avant impôt de l'emprunt
t : taux d'imposition sur le revenu de l'entreprise.

Coût après impôt $\hat{e}$ d'un emprunt en monnaie constante, si le taux d'inflation d est supposé stable :

$$\hat{e} \simeq (1-t)e' - d$$

Coût des capitaux propres a : Modèle d'Equilibre des Actifs Financiers

$$a = e + \beta[\mathrm{E}(r_{pm}) - e]$$

e : taux d'intérêt des placements sans risques,
$\mathrm{E}\,(r_{pm})$: espérance mathématique du rendement moyen des actions sur le marché boursier,
β : coefficient caractérisant le risque systématique associé au rendement des actions de l'entreprise, égal au rapport de la covariance entre le taux de rentabilité de l'entreprise et le taux de rendement moyen du marché des actions à la variance de ce dernier.

Coût des capitaux propres a : modèle de Gordon
Si l'on suppose stable le taux de croissance g des dividendes :

$$a = \frac{D_1}{A} + g$$

D_1 : valeur du dividende de l'année 1,
A : valeur de l'action à l'année 0.

Coût de revient économique : équivalent de l'ensemble des coûts associés à un projet d'investissement. Dans le cas où le coût de revient (annuel ou unitaire) peut être supposé stable au cours du temps :

Le coût de revient économique annuel est l'annuité constante équivalente à la somme (actualisée) des dépenses d'investissement et d'exploitation.

Le coût de revient économique unitaire est le rapport de la somme des dépenses actualisées à la somme des productions actualisées.

Un projet présente un revenu actualisé positif si et seulement si le coût de revient économique annuel (respectivement le coût de revient unitaire) est inférieur à la recette annuelle (respectivement au prix de vente de la production).

Coût de revient économique après impôt : équivalent de l'ensemble des dépenses après impôt associées à un projet. Une dépense après impôt est égale à la dépense effective diminuée des crédits d'impôt associés à la comptabilisation de cette dépense.

Coût de revient économique annuel (respectivement unitaire) compte tenu de la fiscalité ramené avant impôt $\tilde{p}$: recette annuelle (respectivement prix de vente) minimum assurant une stricte rentabilité au projet. En notant $\hat{p}$ le coût de revient après impôt et t le taux d'imposition supposé stable au cours du temps :

$$\tilde{p} = \frac{\hat{p}}{(1-t)}$$

Durée de récupération en valeurs actualisées : durée à partir de laquelle la somme algébrique des valeurs actuelles des flux de trésorerie associés à un projet devient positive. Durée nécessaire pour que les revenus du projet permettent de rembourser le capital investi et de le rémunérer à un taux égal au taux d'actualisation. Cette durée peut être définie à partir du début de l'investissement ou à partir du début de l'exploitation.

Durée de récupération en valeurs non actualisées : durée nécessaire pour que les revenus d'un projet permettent de rembourser l'investissement initial.

Enrichissement relatif en capital : revenu actualisé rapporté au coût (actualisé) de l'investissement.

Espérance mathématique du revenu actualisé : moyenne des valeurs possibles du revenu actualisées pondérées par leurs probabilités.

Flux de trésorerie : encaissements moins décaissements.

Flux de trésorerie d'exploitation : flux de trésorerie calculé hors financement, c'est-à-dire n'incluant aucun flux associé aux emprunts utilisés pour le financement du projet.

Flux de fonds propres : flux de trésorerie intégrant les flux associés aux emprunts utilisés pour le financement d'un projet.

Flux de trésorerie F'_n en monnaie courante et flux F_n en monnaie constante année 0 : si le taux d'inflation d est stable au cours du temps :

$$F_n = \frac{F'_n}{(1+d)^n}$$

Intérêts composés : si les intérêts sont capitalisés chaque année, la valeur acquise par une somme de 1 F placée pendant n années à un taux d'intérêt i est égale à $(1+i)^n$.

Levier (effet de levier) : utilisation de l'emprunt pour améliorer la rentabilité des capitaux propres.

Levier : ratio Dettes/Fonds propres.

Monnaie constante : unité monétaire fictive ayant même valeur que la monnaie d'une année de référence. En abrégé : monnaie de l'année de référence.

Monnaie courante : monnaie de l'année considérée.

Monte-Carlo : méthode de simulation utilisée en particulier pour déterminer la loi de probabilité d'une variable (revenu actualisé par exemple) fonction d'autres variables dont la loi de probabilité est donnée.

Mouvement de trésorerie (voir Flux de trésorerie).

Payback period, pay-out period, pay-out time (voir Durée de récupération).

Projet d'investissement «simple» : projet dont l'échéancier des flux de trésorerie est composé de flux négatifs suivis de flux positifs (un seul changement de signe).

Revenu actualisé : somme des valeurs actuelles des flux de trésorerie associés à un projet. Un projet d'investissement qui présente un revenu actualisé positif permet de rembourser le capital investi, de le rémunérer à un taux égal au taux d'actualisation et de dégager un surplus dont la valeur actuelle est le revenu actualisé.

Taux d'actualisation (voir Actualisation).

Taux de rendement comptable : rapport du revenu comptable à la valeur nette des immobilisations. Pour un projet d'investissement : rapport du revenu moyen annuel du projet à la valeur initiale ou à la valeur nette moyenne des immobilisations (il existe plusieurs définitions).

Taux de rentabilité (interne)

Définition : taux d'actualisation qui annule le revenu actualisé d'un projet. Pour un projet d'investissement «simple», ce taux est unique. Il s'agit du taux maximum auquel les revenus du projet permettent de rémunérer le capital investi sans que le projet ne devienne déficitaire. Un projet d'investissement «simple» dont le taux de rentabilité est supérieur au taux d'actualisation présente un revenu actualisé positif. Par contre, parmi plusieurs projets incompatibles, celui qui présente le taux de rentabilité le plus élevé n'est pas nécessairement le meilleur (revenu actualisé le plus élevé).

Taux de rentabilité relative (ou taux de rentabilité différentielle) : taux de rentabilité du supplément d'investissement permettant de passer d'un projet A à un projet B (valeur du taux d'actualisation qui annule le supplément de revenu actualisé obtenu par le supplément d'investissement). Si le taux de rentabilité relative d'un projet simple B par rapport à un projet simple A est unique et supérieur au taux d'actualisation, le revenu actualisé du projet B est plus élevé que celui du projet A.

Taux de rentabilité en monnaie courante r' **et taux de rentabilité en monnaie constante** r : si le taux d'inflation d est stable au cours du temps :

$$(1 + r') = (1 + r)(1 + d)$$
$$r' \simeq r + d$$

Taux de rentabilité globale : taux de rentabilité associé à l'échéancier des flux de trésorerie d'exploitation. Taux maximum auquel les revenus du projet permettent de **rémunérer la totalité du capital** investi dans un projet.

Taux de rentabilité des capitaux propres : taux de rentabilité associé à l'échéancier des flux de fonds propres. Taux maximum auquel les revenus du projet permettent de **rémunérer le montant des fonds propres** investis dans un projet. Relation entre taux de rentabilité globale et taux de rentabilité des capitaux propres : de façon approchée, le taux de rentabilité globale est la moyenne entre le taux de rentabilité des capitaux propres et le coût des emprunts, moyenne pondérée par la part de fonds propres et la part d'emprunt dans le financement du projet.

Temps de retour (voir Durée de récupération).

Valeur actualisée, valeur actuelle (voir Actualisation)

Valeur Actuelle Nette (voir Revenu actualisé)

Valeur nominale : valeur exprimée en monnaie courante.

Valeur présente : synonyme de valeur actuelle (voir Actualisation)

Valeur réelle : valeur corrigée de l'inflation, valeur exprimée en monnaie constante.

Lexique Anglais-Français

Accelerated depreciation: amortissement dégressif
Accounting: comptable (adj.); comptabilité
Accounting rate of return: taux de rendement comptable
Adjusted present value: valeur actuelle ajustée (méthode de MYERS)
Amortization: amortissement (d'un prêt); amortissement (d'un bien immatériel)
Annuities: annuités (de remboursement)
Arbitrage Pricing Theory (APT): théorie de l'arbitrage
Assets: avoirs, actifs
ATWACC (After Tax Weighted Average Cost of Capital): coût moyen du capital après impôt
Average cost: coût moyen

Balance sheet: bilan
Benefit-cost ratio: enrichissement relatif en capital
Bond: obligation
Book value: valeur comptable
Borrow (to): emprunter
Break even point: seuil de rentabilité, point mort
BTWACC (Before Tax Weighted Average Cost of Capital): coût moyen du capital avant impôt
Business risk: risque économique, risque industriel (par opposition à risque financier)

Capital Asset Pricing Model: Modèle d'Équilibre des Actifs Financiers
Capital budgeting decision: décision d'investissement
Capital expenditure: investissement
Capital gain: plus-value en capital
Capital intensive: capitalistique

Capital rationing: rationnement en capital
Capital recovery factor: coefficient d'annuité constante
Capital stock: actions ; fonds propres
Capital structure: structure du capital
Carry back of losses: report de pertes
Cash flow: flux de trésorerie (en comptabilité, ce terme peut avoir plusieurs acceptions)
Certainty equivalent: équivalent certain
Claim: réclamation ; recours ; demande d'indemnité ; droit, créance
Common stock: action ordinaire
Company: société
Company cost of capital: coût d'opportunité du capital
Compound amount factor, compound interest factor: coefficient de capitalisation
Compound interest: interêt composé
Constant money: monnaie constante
Control theory: théorie du contrôle, théorie de la commande optimale
Corporation tax: impôt sur les sociétés
Cost: coût, frais
Current assets: actifs circulants
Current money: monnaie courante
Cutoff rate: taux de rejet

DCF (Discounted Cash Flow): revenu actualisé
DCF rate of return: taux de rentabilité interne
Debt ratio: ratio d'endettement (généralement dettes/capital total)
Debt-equity ratio: ratio dettes/fonds propres
Decision theory: théorie de la décision
Decision tree: arbre de décision
Declining balance depreciation: amortissement dégressif
Deflate (to): déflater
Depletion allowance: provision pour épuisement de gisement (ressource naturelle)
Depreciation: amortissement (éléments corporels) ; dépréciation
Depreciation provision: provision pour moins-value
Discount factor: coefficient d'actualisation
Discounted production: production actualisée
Discounted cash flow: revenu actualisé
Discounting: actualisation
Discount rate: taux d'actualisation
Discount (to): escompter ; actualiser
Dividend: dividende
Dollar weighted rate of return: taux de rentabilité interne
Double declining balance depreciation: amortissement dégressif à un taux double du taux linéaire
Dual variables: variables duales

EBIT (Earnings Before Interest and Taxes): résultat d'exploitation avant impôt et frais financiers
Economy of scale: économie d'échelle
Economic depreciation: amortissement économique
Effective rate: taux actuariel
Efficient portfolio: portefeuille efficace
Equity: actif net; fonds propres
Equity capital: (mise en) capital propre
Equity cash-flow: flux de fonds propres
Equity share: part de capital
Equivalent cost: coût de revient économique
Equivalent investment cost: amortissement économique
Exclusive projects, mutually exclusive projets: projets incompatibles
Expected gain: espérance mathématique de gain
Expected NPV: espérance mathématique de revenu actualisé
Expected value: espérance mathématique
Expenditures: dépenses
Expense: dépense
Expensed: comptabilisé en charge

Face value: valeur faciale, valeur nominale (d'un titre)
Feasibility study: étude préalable
Financial costs: frais financiers
Financial exposure: exposition financière
Financial income: produits financiers
Financial risk: risque financier
Financing: financement
Fixed capital: capital fixe; capital immobilisé
Follow-up: suivi des réalisations
Future value: valeur future; valeur capitalisée

Gearing: levier financier
Goodwill: survaleur, surplus; éléments incorporels de la valeur d'une affaire; fonds de commerce; parfois : revenu actualisé
Growth rate of return: taux de rentabilité intégré

Hurdle rate: taux de rejet

Income tax: impôt sur les sociétés
Incremental rate of return: taux de rentabilité relative, taux de rentabilité différentielle
Index of profitability: enrichissement relatif en capital
Inflate (to): inflater
Inflation: inflation
Installments: paiements échelonnés (**monthly installments:** mensualités)
Intangible assets: actifs immatériels, actifs incorporels
Integer programming: programmation en nombres entiers, programmation en variables discrètes
Interest rate: taux d'intérêt
Internally generated funds: autofinancement
Internal financing: financement par ressources internes
Internal transfer price: prix de cession interne
Internal rate of retun: taux de rentabilité interne
Investment: investissement ; placement
IRR (Internal Rate of Return): taux de rentabilité interne
Issue (to): émettre
Issue: émission

Leasing: crédit-bail
Lender: prêteur
Lending rate: taux d'intérêt (d'un prêt)
Leverage (financial): levier (financier)
Leverage effect: effet de levier
Liability: engagement ; dette (**current liabilities:** passif exigible)
Lifetime: durée de vie
Linear programming: programmation linéaire
Loan: emprunt ; prêt
Loan capital: capital emprunté
Long run: longue période, long terme
Long-run marginal cost: coût marginal à long terme
Loss: perte

MAPI Method: méthode de TERBORGH
Marginal cost: coût marginal
Market portfolio: portefeuille de marché
Market research: étude de marché
Market risk: risque systématique
Mean: moyenne
Mean-variance criterion: critère espérance-variance
Modified rate of return: taux de rentabilité intégré

Net earnings: bénéfice net
Net income: résultat net
Net Present Value, Net Present Worth: Valeur Actuelle Nette, revenu actualisé
Net profit: résultat net
Non recourse financing: financement non gagé
NPV (Net Present Value): Valeur Actuelle Nette, revenu actualisé

Objective function: fonction économique, fonction objectif
Operating cash flow: flux de trésorerie d'exploitation
Operating cost: coût opératoire
Operating income, operating profit: résultat d'exploitation
Operating revenues: recettes d'exploitation
Opportunity cost: coût d'opportunité
Overall return: rentabilité globale

Par value: valeur nominale (d'un titre). **At par:** au pair
Pay back: durée de récupération
Pay off time (or period): durée de récupération
Pay out time (or period): durée de récupération
Perfect capital market: marché financier parfait
Perpetuity: investissement dégageant un flux de trésorerie perpétuel constant
Portfolio: portefeuille
Preferred stock: action de préférence
Present value: valeur actuelle
Present value factor: coefficient d'actualisation
Pretax profit: bénéfice avant impôt
Pricing: valorisation
Principal: principal (capital restant dû)
Probability study: étude probabiliste
Profit: bénéfice
Profitability index: enrichissement relatif en capital
Project financing: financement de projet; financement avec recours limité (voir **non recourse financing**)
Purchasing power: pouvoir d'achat

Real estate: bien immobilier
Real interest rate: taux d'intérêt en valeurs réelles, en monnaie constante
Reappraisal: suivi des réalisations
Redemption: remboursement (de titres)

Reducing balance depreciation: amortissement dégressif
Refunding: remboursement (du capital)
Residual risk: risque spécifique
Retained earnings: bénéfices non distribués
Retirement: déclassement
Return on equity: rentabilité des capitaux propres
Return on investment: rentabilité
Revenues: recettes
Risk adjusted value: équivalent certain
Risk analysis: analyse de risque
Risk premium: prime de risque
ROI (Return On Investment): rentabilité (généralement, taux de rendement comptable)
Royalty: redevance
Running costs: frais (ou coût) d'exploitation

Salvage value: valeur résiduelle
Schedule: échéancier
Scrapping: déclassement
Security (généralement utilisé au pluriel): valeur mobilière, titre (actions et obligations)
Sensitivity analysis: étude de sensibilité
Self financing: autofinancement
Shadow interest: intérêts seulement déductibles
Shadow prices: variables duales, prix fictifs
Share: part, action
Shareholder: actionnaire
Shareholders' equity: capitaux propres
Source of funds: ressources
Specific risk: risque spécifique
Spider diagram: diagramme en toile d'araignée
Standard deviation: écart-type
Stockholder's equity: fonds propres
Straight line depreciation: amortissement linéaire
Straight interest: interêt simple
Stream of cash-flows: échéancier de flux de trésorerie
Subjective probability: probabilité subjective
Sum of the years' digits method: amortissement par annuités linéairement décroissantes
Systematic risk: risque systématique

Table of cash-flows: échéancier de flux de trésorerie
Tangible assets: actifs corporels
Tax: impôt

Taxation: fiscalité
Technical progress: progrès technique
Technological improvement: progrès technique
Timing: échéancier
Transfer price: prix de transfert, prix de cession interne

Uniform series present value factor: somme des coefficients d'actualisation
Unique risk: risque spécifique
Useful life: durée de vie (d'une immobilisation)
Utility value (Monetary): valeur d'usage

Value in real terms: valeur réelle
Variance: variance
VAT (Value Added Tax): TVA, taxe à la valeur ajoutée

Working capital: capital circulant; fonds de roulement

Yardstick: critère
Yield: rendement; taux de rendement
Yield to maturity: rendement à l'échéance

Index

Actifs circulants, 484-489.
Actualisation
Coût moyen du capital, 62-64, 225-226, 314-315, 394-398.
en temps continu, 68-70, 288-289.
Les fondements, 51-88.
psychologique, 53, 73-75.
Rationnement de capital, 85-86, 225-226, 315, 399-420, 523-526.
Adjusted present value (*voir* **Valeur actuelle ajustée)**
Allais, 55, 566
Amortissement comptable, 201-204, 271-276.
Amortissement économique
Définition, 166-167, 188-191, 256-258.
après impôt, 238, 258-264.
compte tenu de la fiscalité et ramené avant impôt, 238-239, 258-264.
et valeur d'usage (cas général), 330-332.
Analyse marginale, 147-162, 175-183.
Analyse stratégique, 10-13.
Annuité constante
Définition, 65-66.
en temps continu, 70.
Approche globale et approche marginale
Décentralisation des décisions, 34-35, 520-523.
Arbitrage pricing theory (*voir* **Arbitrage)**
Arbitrage (théorie de l'), 388.
Arbres de décision, 556-558.
Arditti, 468.
Autofinancement
Coût de l'-, 388-390.
Croissance par -, 419-420.
Baumol et Quandt (modèle de), 536-538.
Bayes, 552.
Bénéfice actualisé (*voir* **Revenu actualisé)**
Bénéfice imposable (calcul), 201-213.
Bernhard (règle de), 131.
Beta, 387, 427.
Boiteux, 164, 327.
Boston Consulting Group, 11-13.
Bourdaire, 556, 562, 569-572.

Calculatrices financières, 577-579.
Capacité brute d'autofinancement, 211-213.
Capital Asset Pricing Model (*voir* **Modèle d'équilibre des actifs financiers)**
Capri (modèle de la Sema), 541-543.
Cash flow (*voir* **Flux de trésorerie)**
Cash flow net disponible (*voir* **Capacité d'autofinancement)**
Charreton, 556, 562, 569-572.
Choix intertemporels
de l'entrepreneur, 82-87.
du consommateur, 71-81.
Coefficient d'actualisation, 52-53.
Coefficient d'escompte (*voir* **Coefficient d'actualisation)**
Commande optimale, 517-520.
Comptabilité (éléments), 264-277, 303-306, 309-310.
Courbe en U, 148-149.
Coût de financement
Coût marginal du financement, 392-394.
Généralités, 60-64, 225-226, 314-315, 375-440.

Coût de rareté (*voir* **Rationnement de capital)**
Coût de revient comptable, 163-164.
Coût de revient économique
après impôt, 232.
compte tenu de la fiscalité et ramené avant impôt, 236.
en monnaie courante et en monnaie constante, 291-292.
en régime permanent, 163-175.
et progrès technique (cas général), 327-364.
Influence de la fiscalité, 230-244,258-264.
Coût des capitaux propres, 381-391.
Coût des emprunts, 225, 307-309, 379-381.
Coût d'opportunité (du capital), 401-408, 527-529.
Coût marginal
à capacité (structure) adaptée, 176-182.
à court terme, 147-162.
à long terme, 175-183.
en développement, 182-183.
en régression, 183.
généralisé, 324-327.
instantané (par rapport au temps), 320, 323-324, 333-337.
par rapport au temps, 186-187, 320, 322-327, 333-337.
vers le futur, 325.
vers le passé, 326.
Coût moyen (court terme), 147-162.
Coût moyen actualisé, 169-171, 261-264.
Coût moyen du capital, 62-64, 314-315, 378-379, 394-398.
Crédit-bail, 489-495.
Critères empiriques, 39-49.
Cutoff rate (*voir* **Taux d'actualisation et coût de rareté)**

Date de remboursement (*voir* **Durée de récupération)**
Date optimale de déclassement (*voir* **Déclassement)**
Décentralisation des décisions
Approche globale et approche marginale, 34-35, 520-523.
de production, 159-162.
d'investissement et de financement, 62-64, 413-414, 527-535.
Décisions séquentielles, 556-558.
Déclassement
avec progrès technique (cas général), 317-374.
avec renouvellement à l'identique, 37, 183-197, 240-244, 313-314, 343-344.
Coût marginal par rapport au temps, 324-325.
Déclassement technique, 338-340.
Hypothèse de progrès harmonisé, 353-359.
Hypothèse de progrès limité, 359-360.
Théorème (coût de revient économique), 328-330.
Déclassement simple, 319-320.
Déclassement technique, 338.
Dépréciation fiscale et économique, 256-258.
Descartes (règles des signes), 125.
Diagramme en toile d'araignée, 547-550.
Dividendes (associés à une action), 381-385.
Durée de récupération, 44-48, 109-113, 546.
Durée de vie (*voir* **Déclassement)**
Durée d'utilisation (*voir* **Déclassement)**

Echéancier, 14-15.
Effet de levier (*voir* **Levier)**
Electricité
Modèle d'investissement EDF, 519-520.
Enrichissement relatif en capital
Définition, 106-109, 120.
et rationnement de capital, 401-408.
Equations aux trois temps, 321-323.
Equivalent certain, 565.
Espérance et variance, 560, 571.
Espérance mathématique du revenu actualisé, 550-561.

Evolution des prix, 279-315.
Evolution relative et générale des prix, 282-283.

Financement
Généralités, 441-503.
Plan de -, 536-543.
Finetti (probabilité subjective), 552.
Fiscalité
Influence de l'inflation, 302-315.
sans inflation, 199-278.
Flux de fonds (*voir* **Flux de trésorerie)**
Flux de liquidités (*voir* **Flux de trésorerie)**
Flux de trésorerie
de fonds propres, 377, 443-445.
d'exploitation, 14-28, 211-213, 280-284.
différentiels, 31-33.
shadow interest (avec), 468-469.
Fonction d'utilité (théorie de la décision), 564-568.
Fonction d'utilité intertemporelle (*voir* **Choix intertemporels)**
Fonctions de coûts (représentation usuelle), 152-155.
Frais d'exploitation (*voir* **Dépenses d'exploitation)**
Frais financiers, 26-27.
Franc constant (*voir* **monnaie constante)**
Franc courant (*voir* **monnaie courante)**

Gain relatif en valeur actuelle (*voir* **Enrichissement relatif en capital)**
Gamme continue d'investissements, 117-124, 224, 250-251.
Gordon-Shapiro (modèle), 383-384.

Hertz, 554.
Hurdle rate (*voir* **Taux d'actualisation et coût de rareté)**

Incertain, 546-576
Incremental cash flow (*voir* **Flux de trésorerie différentiels)**
Infériorité de service, 345.
Inflation (*voir* **Evolution des prix)**
Intérêts composés, 56, 59.
Intérêts seulement déductibles (méthode des), 467-479.
Investissements
Couts des -, 15-19.
incorporels, 8.
matériels, 8.

Leasing (*voir* **Crédit-bail)**
Lesourne, 419.
Levier, 451.
Linke et Kim, 395.
Lintner, 386.
Lorie et Savage, 524.

MAPI (méthode), 345-353
Marché financier parfait, 55-57.
Marge brute d'autofinancement (*voir* **Capacité d'autofinancement)**
Matrice BCG, 11-13.
Maximin, 572-576.
Méthode des valeurs actuelles (amortissement économique), 191, 257.
Miller
théorie de Miller, 435-437.
théorie de Modigliani-Miller, 430-435.
Milnor, 575.
Minimax, 572-576.
Minimax espérance, 575-576.
Minimum adverse, 345.
Modèle d'équilibre des actifs financiers, 385-388, 423-430, 561-562.
Modigliani-Miller, 430-435.
Monnaie constante (échéancier), 280-284.
Monnaie courante (échéancier), 280-284.
Montalbano, 140-141.
Monte-Carlo (méthode de), 554-555.

Mouvement de trésorerie (*voir* **Flux de trésorerie)**
Myers, 480

Neutralité fiscale, 220-221, 258.
Norstrom, 130.

Pay back (*voir* **Durée de récupération)**
Pay off (*voir* **Durée de récupération)**
Pay out (*voir* **Durée de récupération)**
Période d'étude, 24-26, 92-95.
Planification stratégique, 10-13, 399-400, 421-422.
Prime de risque, 385-388, 561-564.
Principe de non affectation des ressources, 462.
Prix de cession interne, 21-22, 159-162.
Prix de transfert (*voir* **Prix de cession interne)**
Prix de vente minimum, 236-237.
Probabilité subjective, 552.
Production actualisée, 171.
Produits liés (coûts), 155-156.
Programmation dynamique, 517-520.
Programmation linéaire
- dynamique, 516-517
- en variables mixtes, 511-512
- statique, 504-515

Progrès harmonisé (hypothèse), 353-359.
Progrès limité (hypothèse), 359-363.
Progrès technique, 301,317-374.
Project financing, 464.
Projets
- de financement, 133-134.
- d'investissement, 132.
- incompatibles, 30-31.
- indépendants, 33-34.

Provisions, 205-206.

Quandt (*voir* Baumol)

Raffinage (modèles de), 505-515.
Rationnement de capital
- Généralités, 85-86, 225-226, 315, 399-420.
- Modèles mathématiques, 523-543.

Recettes (estimation des), 22-24
Réévaluation des bilans, 309-310.
Réinvestissement
- des flux encaissés, 136-143.
- et taux de rentabilité, 420.

Remplacement (*voir* **Déclassement)**
Renouvellement à l'identique 184-188, 343-344.
Rentabilité
- des capitaux propres, 443-466.
- *shadow interest* (avec), 467-479.

Rentabilité (taux de)
- *Définition*, 96-101.
- après impôt, 213-229.
- comptable (*voir* Taux de rendement comptable)
- de réinvestissement, 420.
- des capitaux propres, 376-378,449-455.
- en monnaie courante et en monnaie constante, 290-291.
- globale, 376-378
- intégré, 136-140.
- modifié (*voir* Taux de rentabilité intégré)
- moyenne et marginale, 115-124.
- multiple, 124-135.
- relative ou différentielle, 101-106.
- *shadow*, 470-474.

Résultat comptable, 268-269.
Return on investment (*voir* **Taux de rendement comptable)**
Revenu actualisé
- après impôt, 213-229, 245-250
- des capitaux propres, 455-461.
- en monnaie courante et en monnaie constante, 289-290, 310-314.
- globale, 54-55, 60, 90-96.
- *shadow*, 474-478.

Risque industriel et risque financier, 388, 561-562.
Risque systématique et risque spécifique, 386-387, 428, 562-564.
Robichek, 140-141.

Savage
Critère minimax regret, 573-576.
Lorie et -, 524.
Sema, 541.
Sensibilité
Analyse de -, 546-550.
Shadow interest (*voir* **Intérêts seulement déductibles)**
Shapiro (*voir* **Gordon)**
Sharpe, 386.
Simulation (*voir* **Monte-Carlo)**
Soper (règle de), 130
Stratégie (*voir* **Planification stratégique)**
Stocks, 19, 202-204, 304-306, 484-489.
Structure optimale du capital, 430-438.
Substitution technique, 364-371.
Sum of the years' digits method, 275-276.

Taux d'actualisation
Définition, 53-54, 62-64.
avant impôt, 226-229, 256-258.
avec prime de risque, 561-564.
Coût de rareté, 408-415.
Coût du capital, 375-399.
endogène, 529-533, 535.
en monnaie courante et en monnaie constante, 284-289.
Influence de la fiscalité, 224-229.
Influence des évolutions de prix, 314-315.
Taux actuariel, 133,379.
Taux d'emprunt privilegiés, 481-484.
Taux de rejet (*voir* **Taux d'actualisation et coût de rareté)**
Taux de rendement comptable, 40-44.
Taux de rentabilité (*voir* **Rentabilité)**
Taux d'escompte (*voir* **Taux d'actualisation)**
Taux d'intérêt, 133, 284-285, 380-381.
Teichroew, 140-141.
Temps de récupération (*voir* **Durée de récupération)**
Terborgh
Equations de -, 321-323.
Hypothèse et méthode de -, 345-353.
Théorie de la décision, 552, 556, 564-572.
Théorie de Miller, 435-437.
Théorie de Modigliani et Miller, 430-435.
Théorie du contrôle, 517-520.
Théorie du portefeuille, 423-430.
Théorie financière (éléments), 423-438, 561.
Thomas, 339, 356.

Utilité (*voir* **Fonction d'utilité)**

Valeur actuelle, 52.
Valeur actuelle ajustée, 480.
Valeur actuelle intégrée, 141-143.
Valeur actuelle nette (*voir* **Revenu actualisé)**
Valeur capitalisée, 64-65.
Valeur d'usage, 188-191, 330-332.
Valeur nominale (*voir* **Monnaie courante)**
Valeur présente (*voir* **Valeur actuelle)**
Valeur réelle (*voir* **Monnaie constante)**
Valeur résiduelle, 25-26, 205.
Variables duales (en programmation mathématique), 521-523.
Variantes de projets, 29-37.

Wald, 573.
Weingartner (modèle de), 538-541.

Achevé d'imprimer
en mai 1992 sur les presses
de l'imprimerie LOUIS-JEAN
05003 GAP

N° éditeur : 857 (1ère réimpression)
Dépôt légal : 333 – mai 1992
IMPRIMÉ EN FRANCE